DAS GROSSE BUCH VOM BARBECUE!

DAS GROSSE BUCH VOM

BARBECUE!

ÜBER 500 GRILL-REZEPTE

STEVEN RAICHLEN

ILLUSTRATIONEN
MARGARET CHODOS-IRVINE

KÖNEMANN

Fotos:
S. xxii, 40, 112, 178, 458 © Steven Raichlen; S. 24 © Mark
Greenberg/Envision; S. 70, 370 © J. B. Marshall/Envision; S. 102 ©
1995 Bruno Barbey/Magnum Photos, Inc.; S. 152 © 1998 Costa
Manos/Magnum Photos, Inc.; S. 202 © Jean Higgins/Envision;
S. 236, 340 © 1970 Costa Manos/Magnum Photos, Inc.; S. 286 ©
Sheilah Scully; S. 400 © 1995 Thomas Hoepker/Magnum Photos, Inc.;
S. 416 © StockFood America/Bischof; S. 434 © 1998 Simon Russell;
S. 488 © Dennie Cody/FPG International; S. 510 © 1966 Bruno
Barbey/Magnum Photos, Inc.

Originalausgabe 1998:
Workman Publishing Company, Inc.
708 Broadway
New York, NY 10003-9555

Copyright © Steven Raichlen 1998
Illustrationen © Margaret Chodos-Irvine 1998
Covergestaltung: Paul Hanson
Buchgestaltung: Lisa Hollander

Umschlagfotos: Autor © Anthony Loew; Hähnchen und Grillgemüse-
platte © Greg Schneider; Chillies © StockFood America/Conrad;
Paprika © StockFood America/Bumann; sonstige © Louis Wallach

Originaltitel: The Barbecue Bible

© 2000 für die deutsche Ausgabe:
Könemann Verlagsgesellschaft mbH, Bonner Straße 126, D-50968 Köln

Übersetzung: Almuth Dittmar-Kolb und Astrid Ogbeiwi für folio
Redaktion und Satz: folio · Marion Voigt

Projektkoordination: Dr. Marten Brandt
Herstellung: Ursula Schümer

Druck und Bindung: Dürer Nyomda
Printed in Hungary

ISBN 3-8290-3673-6

10 9 8 7 6 5 4 3 2 1

Jede Familie braucht einen
Patriarchen. Bei uns war das mein
lieber Großvater.

———————

Dieses Buch ist dem
Andenken Samuel Israel Raichlens
gewidmet.

DANK

Das Erfreulichste daran, ein Buch zu schreiben, ist, all denjenigen zu danken, die ihren Teil dazu beigetragen haben. Beim *großen Buch vom Barbecue* waren es Tausende.

Zuallererst danke ich meiner Frau Barbara, die mich in eine Gegend brachte, wo ich das ganze Jahr über grillen konnte (Miami), mich auf vielen Barbecuereisen begleitete und diese während einer dreijährigen Phase hektischen Rezepte-Testens auf unserer Terrasse noch mal durchlebte. Barb, du bist toll.

Als nächstes möchte ich mich beim gesamten Team von Workman Publishing bedanken.

Peter Workman ermutigte mich, mein ursprünglich ziemlich bescheidenes Projekt zu einem Buch von geradezu biblischen Ausmaßen zu erweitern. Die Dankbarkeit für meine Lektorin Suzanne Rafer läßt sich nicht mit Worten ausdrücken. Geduldig kämpfte sie so lange mit dem Manuskript von über 2000 Seiten, bis es tatsächlich zwischen zwei Buchdeckel paßte; dabei arbeitete sie mit unbedingter Sorgfalt, Hingabe und Verve und hielt einen unmöglichen Drucktermin ein. Man kann verstehen, daß Autoren bis zum Äußersten gehen, um mit ihr zusammenzuarbeiten.

Margery Tippie hatte die beängstigende Aufgabe, das Buch druckfertig zu machen; ihre Professionalität und außerordentliche Genauigkeit wurden nur noch von ihrer Geduld und ihrem Fleiß übertroffen. Dasselbe gilt für Charles Pierce, der das Manuskript Zeile für Zeile, Wort für Wort ausfeilen half. Paul Hanson entwarf den flotten Umschlag, und Lisa Hollander, assistiert von Kristen M. Nobles, Jeanne Hogle und Lori Malkin, ist für das schöne Layout verantwortlich. Margaret Chodos-Irvine machte mit ihren bezaubernden Linolschnitten meine Texte anschaulich. Auch Carrie Schoen, Barbara Mateer und Cathy Dorsey waren unermüdliche Mitstreiter.

Es war meine erste und sehr angenehme Zusammenarbeit mit den Öffentlichkeitsarbeiterinnen Ellen Morgenstern und Jackie Mills von Workman und eine Wiederbegegnung mit der unbezähmbaren Susan Schwartzman. Wie immer danke ich auch Andrea Glickson, Jenny Mandell, Pat Upton, Janet Harris, David Schiller und allen anderen Kollegen bei Workman.

Ich wurde auch in Miami von einem ganz besonderen Team unterstützt – den Lektoratsassistentinnen Blanca Silva, Lorraine Massey und Donna Morton de Souza sowie Elida Proenza und Roger Thrailkill, die die Rezepte testeten. Boris Djokic hielt die Computer am Summen und steuerte sein Wissen über das Grillen in seiner Heimat Jugoslawien bei, während mein Cousin David Raichlen bei der anthropologischen Recherche half. Während ich an dem Buch schrieb, eröffnete mein Stiefsohn Jake ein Restaurant, JADA. (Schaun Sie mal rein, wenn Sie in South Miami sind.) Das ist sehr praktisch, wenn man gerade dabei ist, Rezepte für ein Kochbuch dieses Umfangs zu entwickeln. Ich danke Jake und seinem Partner David Gordon sowie dem ganzen Team von JADA für ihre Begeisterung und Unterstützung.

Ich danke meinen Kollegen, Kochbuchautoren verschiedener Länder, dafür, daß sie mir Einblick in ihre enorme Erfahrung gaben (und mir ihre Lieblings-Grillrestaurants verrieten): Burton Anderson, Najmieh Batmanglij, Giuliano Bugialli, Darra Goldstein, Jessica Harris, Madhur Jaffrey, Patsy Jamieson, Nancy Harmon Jenkins, John Mariani, Joan Nathan, David Rosengarten, Nicole Routhier, Julie Sahni, Mimi Sheraton, Nina Simonds, Anne Willan, Anya von Bremsen und Patricia Wells.

Ich wurde bei diesem Projekt auch von zahlreichen Küchenchefs beraten. Hervorheben möchte ich hier Rick Bayless, Alain Ducasse, George Germon, Vinod Kapor, Johanne Killeen, Emeril Lagasse, Mark Miller, Mark Militello, Stephan Pyles, Charlie Trotter und selbstverständlich Chris Schlesinger (der das Grillen fit fürs 21. Jahrhundert machte). Don Hysko von Peoples Wood erklärte mir die Finessen des Grillens mit Holz und Holzkohle.

Ich möchte auch meinen Kollegen bei Weber-Stephen Products danken, vor allem für die Vermittlung ihrer Fachkenntnisse (ganz zu schweigen von dem Erlebnis, mitten im Winter bei Minustemperaturen zu grillen, das ich auf ihrem Versuchsgelände in Palatine, Illinois hatte): Mike Kempster sen., Mark Kempster jun., Betty Hughes, Kirk Cleveland, Tom Wenke, Jim Forbes, Edna Schlosser und die übersprudelnde Elizabeth Karmel.

Ein ganz herzliches Dankeschön geht auch an drei spezielle Freunde: Kathleen Cornelia, Katherine Kenny und Milton Eber.

Bei den Recherchen für dieses Buch halfen mir Hunderte von Tourismusexperten und Barbecuefans, nicht nur in den USA. Ich werde niemals allen danken können, aber ich will so viele wie möglich nennen.

Argentinien: Eduardo Piva, Enrique Capozzolo und Gloria Pacheca vom argentinischen Verkehrsamt.

Australien: Peter Hackworth vom »Chili Queens« und dem »New York Latin Restaurant« in Brisbane.

Aserbaidschan: Peter Richards vom »Hyatt Regency Baku«.

Brasilien: Sara Widness von Kaufman Widness Communications; Marius Fontena von der Churrascaria »Marius«; Yara Castro Roberts und Belita Castro.

China/Hongkong: Trina Dingler Ebert, Aman Resorts in Hongkong; Angela Herndon von Lou Hammond & Associates; Margaret Sheriden, früher South China Morning Post.

Curaçao: Traci La Rosa und Mark Walsh von Peter Martin Associates, Inc.; Curaçao Tourist Development Bureau.

Frankreich: Marion Fourestier und Robin Massee vom französischen Verkehrsamt.

Französisch-Westindien (Martinique, Guadeloupe): Myron Clement und Joe Petrocik, Clement-Petrocik Co.; The French West Indies Tourist Board; mein Freund Eric Troncani vom »Carl Gustaf Hotel«.

Indien: T. Balakrishnan, Y. K. Jain, Seema Schahi vom Indian Government Tourist Office; Küchenchef Manjit S. Gill, Welcomgroup; Nakkul Anand, Geeta Kranhke, Shishir Baijal, Gev Desai und J. P. Singh, Küchenchefs im »Maurya Sheraton Hotel & Towers«, New Delhi; Mohammed Farooq und Amitabh Devendra, Küchenchefs im »Mughal Sheraton« in Agra; Manu Mehta und Nisar Waris, Küchenchefs im »Rajputana Palace Sheraton« in Jaipur.

Indonesien: Fauzi Bowo, Madi Chusnun und Yuni Syafril vom Indonesia Tourist Promotion Office; William W. Wongso, William F & B Management Co. in Jakarta.

Israel: Don Weitz, Israeli Government Tourist Office; Ehud Yonay, Greater Galilee Gourmet, Inc.

Italien: Juliet Cruz, Italian Trade Commission; Maria und Angelo Leocastre von der »Villa Roncalli« in Foligno.

Jamaika: Patricia Hannan und Jackie Murray, Jamaica Tourist Board; Winston Stoner of Busha Browne's Company, Ltd.

Japan: Eriko Kawaguchi, M. B. Maslowski, Osamu Akiyama und Nobuko Misawa, Japan National Tourist Organization; Lucy Seligman, Herausgeberin von *Gochisosama*.

Korea: Sang-hoon Rah, Sean Nelan und Peter Jang, Korea National Tourism Corporation; Herr Park vom »Samwon Garden«.

Macao: Eric L. Chen, Government Tourist Office in Macao.

Malaysia: Azizah Aziz, Tourism Malaysia.

Marokko: Pamela Windo (eine gute Freundin und außergewöhnliche Führerin).

Mexiko: Lori Jones und Patricia Echenique, Mexican Tourism Board; Tom Fisher und Alina Gambor von »Burson Marsteller«; Jesus Arroyo Bergeyre, »Arroy Restaurantes«.

Monaco: Emmanuelle Perrier, Monaco Tourism Bureau.

Republik Georgien:: Meine E-mail-Freundin Betsy Haskell von »Betsy's Hotel« in Tbilisi.

Singapur: Mak Ying Kwan und Faizah Hanim Ahmad vom Singapore Tourist Promotion Board.

Südafrika: Heather Kowadla und Laura Morrill von Lou Hammond & Associates; Christina Martin von der Christina Martin School of Food & Wine in KuaZulu Natal; Alicia Wilkinson von der Silwood Kitchen Cookery School in Kapstadt.

Spanien: Alejandro Gomez Marco und Maria Luisa Albacar, Officina Española de Turismo; Ana Rodriguez vom »Hotel Ritz«, Madrid.

Thailand: Kim Vacher-Ta, Tourism Authority of Thailand; Phenkhae Chattanont vom »Oriental Bangkok Hotel«; Ann Laschever von Lou Hammond and Associates.

Trinidad: Michael De Peaza, Nancy Pierre und Tony Poyer, Trinidad Tourism Development Bureau.

Türkei: Murat Barlas und Ayfer Unsal; Mustafa Siyahhan vom Turkish Tourist Office in Washington, D. C.; Mehmet Dogan vom Tourism Office in Gaziantep.

USA: Karen Adler von Pig Out Publications, Inc.; Judith Fertig, Danny Edwards von »Little Jake's Eat It and Beat It« und Lindsey Shannon von »BB's Lawnside« in Kansas City; Mike Alexander und Mike DeMaster von »Sonny Bryan's« in Dallas; Roy und Jane Barber und Barry Maxwell (Memphis in May International Festival, Inc.).

Uruguay: Alexis Parodi vom Ministerio de Turismo del Uruguay.

Vietnam: Trai Thi Duong vom Truc Orient Express und Binh Van Duong vom »Le Truc«.

Zum Schluß tausend Dank an alle Grill-Jockeys – die im Buch erwähnten wie die ungenannten –, die mich an ihren Kenntnissen und Speisen sowie an ihrer Passion fürs Grillen teilhaben ließen. Barbecuefans sollen sehr verschwiegen sein, doch wohin ich auch kam, hießen mich Menschen in ihren Herzen und Küchen willkommen. Ich danke ihnen für drei besondere Jahre auf Barbecuereisen.

INHALT

CRASHKURS GRILLEN UND BARBECUE . . 1

Alles, was Sie wissen müssen, um wie ein Profi zu grillen: Sie erfahren, wie direktes und indirektes Grillen vor sich geht, wie Sie Barbecue im geschlossenen Grill zubereiten, wie ein Drehspieß funktioniert und wie Sie ohne Rost grillen. Außerdem bekommen Sie Informationen über unterschiedliche Gerätetypen, Brennmaterialien, Anzündtechniken und nützliches Zubehör.

DURSTLÖSCHER 25

Wer am heißen Grill steht, bekommt Durst. Dagegen hilft nicht nur Bier. Die Grillmeister dieser Erde kennen viele andere Möglichkeiten, um Abhilfe zu schaffen. Hier finden Sie eine Reihe von kühlenden Getränken – mit oder ohne Alkohol –, die zu jeder Art von Barbecue passen.

AUFTAKT 41

Servieren Sie zum Auftakt Ihrer Grillparty köstliche Horsd'œuvres: Huhn im Silbermantel, Hähnchenflügel mit Honigglasur, Garnelen-Mousse auf Zuckerrohr oder einen Eintopf mit gegrilltem Mais. Die Vorspeisen schmecken so gut, daß sie glatt als Höhepunkt des Abends durchgehen könnten.

SALATE 71

Beim Barbecue kommen Salate zweifach ins Spiel: Manche werden gegrillt – dazu gehören zum Beispiel Gemüse-Caponata und Schweinefleisch-Salat mit süß-saurem Dressing. Andere Salate bilden die ideale Ergänzung zu Grillgerichten. Beide Arten sind in diesem Kapitel vertreten.

GEGRILLTES BROT 103

Von unwiderstehlichen Knoblauchstangen über katalanisches Tomatenbrot bis zu Tandoori-Fladen reicht die Palette. Durch Grillen wird Brot – ob gekauftes oder selbstgebackenes – unübertroffenen schmackhaft und kroß.

RIND VOM GRILL 113

Ob Rinderbrust aus Texas, Rollbraten aus Brasilien, Stetsons Steak, bengalisches Schisch-Kebab, Rindfleisch-Spieße vom Markt in Saigon oder Rippchen aus Korea – Rindfleisch und Feuer sind das perfekte Paar: würzig, saftig, super.

SCHWEIN GEHABT 153

Gehen Sie aufs Ganze und grillen Sie das zarteste »gezupfte Schweinefleisch nach North-Carolina-Art« oder aber das feurigste Jamaika-Jerk (mit Schweinefilet). Schlemmen Sie mit maurisch gewürzten Spießen, Koteletts mit Honig und Knoblauch oder Rippchen à la Memphis.

LIEBEN SIE LAMM? 179

Die Variationsbreite von Gerichten mit gegrilltem Lammfleisch ist riesig, denn sie gehören zu den beliebtesten der Welt. Probieren Sie Kapstadt-Lamm aus Südafrika, Lammkoteletts mit Zwiebelwasser aus Afghanistan und türkischen Schisch-Kebab.

HACKFLEISCH, FRIKADELLEN UND WURST 203

Vielleicht gibt es in den USA die besten Hamburger, aber wenn Sie wissen, was der Rest der Welt zu bieten hat – indonesische Flugfuchs-Satés, Oasen-Kebabs aus dem Nahen Osten, Original Seekh-Kebabs aus Indien –, wissen Sie auch, daß gut gewürztes Hackfleisch weltweit unwiderstehlich ist.

GEFLÜGEL 237

Gegrillte Hähnchen sind überall beliebt. Hier finden Sie Rezepte, mit denen Sie Beifall ernten, zum Beispiel thailändische Geflügel-Satés im Salatblatt, Hähnchen-Tikka Kapitänsart, gegrilltes Hähnchen à la Bahamas. Und nicht zu vergessen – auch anderes Geflügel schmeckt gegrillt besonders lecker: Wachtel, Ente, Puter, Rebhuhn!

FEUER UND WASSER: DAS GRILLEN VON FISCH

Auf den Punkt gegrillter frischer Fisch ist besonders saftig. Keinesfalls verpassen: Rotbarsch mit südafrikanischen Gewürzen, Loup de mer mit Salat von frischen Artischocken, Lachs Kiew sowie Seezunge katalanisch.

SCHICK IN SCHALE: HUMMER, GARNELEN & MUSCHELN

Languste mit Basilikum-Butter, Muschel-Spieße mit Pancetta, Zitrone und Basilikum, Austern mit Sahnemeerrettich und so viele Garnelen-Rezepte, daß der Grill wochenlang in Betrieb sein könnte!

GEMÜSE: GRÜNES AUF DEM GRILL

Grillen ist wahrscheinlich das Beste, um den natürlichen Eigengeschmack von Gemüse hervorzuheben. Lassen Sie es sich beweisen an Hand von georgischen Gemüse-Kebabs, Tandoori-Blumenkohl, argentinischer gegrillter Aubergine, mit Chorizo gefüllten Champignons

und wunderbar wärmenden Süßkartoffeln mit Sesamdip.

GRILLEN VEGETARISCH

Nicht nur Fleischesser lieben's gegrillt. Sie können auch eine rein vegetarische Grillparty veranstalten, zum Beispiel mit gegrillter Pizza, exotischen Spinat-Käse-Kebabs aus Indien, üppigen provenzalischen oder steakähnlichen Portobello-Sandwiches mit Basilikum-Aïoli.

REIS, BOHNEN UND ANDERE SATTMACHER

Zu den meisten Grillgerichten gehören Getreide und Hülsenfrüchte. Greifen Sie zu bei gedünstetem persischem Reis und schnell im Rauch gebackenen Bohnen. Wenn's ungewöhnlicher sein darf, probieren Sie mal gegrillten Yorkshirepudding.

FREUNDE UND HELFER: PICKLES, RELISH, SALSA & CO

Diese Beilagen – herb, süß oder scharf – geben einem Barbecue erst die richtige Würze: süß-sauer eingelegtes Gemüse aus Zentralasien, Zwiebel-Relish mit Granatapfelsirup, Ananas-Chutney, Dog's-nose-

Salsa oder Tomaten-Erdnuß-Sambal machen aus einem schlichten Hähnchen, Steak oder Fischfilet etwas Besonderes.

SAUCEN 459

Die Klasse eines Grillmeisters wird an sei-nen Saucen gemessen. Wenn Sie's mit den Großen aufnehmen wollen, bedienen Sie sich aus dieser breitgefächerten Auswahl. Probieren Sie zum Beispiel süß-saure Barbecue-Grundsauce, moderne Ingwer-Pflaumen-Barbecuesauce oder höllisch scharfe portugiesische Piri-piri.

SCHARFMACHER 489

Memphis-Rub und indisches Garam masala, mexikanische Chili-Marinade mit Rauch-aroma und Teriyaki-Marinade, Roquefort-Butter, Ketjap-Butter und Bourbon-Butter-Sauce zum Bestreichen. Hier finden Sie eine komplette Palette von Gewürzmischungen, Marinaden, Würzbutter und Saucen, die noch dem einfachsten Gericht Pfiff geben.

FEUER UND EIS: DESSERTS 511

Ein Barbecue ohne tolles Dessert ist nicht komplett. Ob Sie nun zum Abschluß ein letztes Bravourstück vom Grill oder ein leckeres Eisdessert servieren, ist letzten Endes egal. Lassen Sie also ruhig noch ein bißchen Platz für gegrillte Ananas mit Zuk-kerkruste, gegrillte Bana-nen mit Kokosmilch-Kara-mel, persisches »Sundae« (Zitronen-Rosenwasser-Eis mit Sauerkirschsirup) oder einfach eine Kokos-nußeiscreme.

DREI JAHRE AUF BARBECUEREISEN

Vor ca. einer halben Million Jahren war die Welt Zeuge eines folgenschweren Ereignisses. Ein affenähnliches Geschöpf bereitete sich als erstes Lebewesen ein warmes Mittagessen zu. Die Entdeckung des Feuers bedeutete damit nichts Geringeres als den Beginn der Zivilisation. Nach Meinung der Anthropologen gingen aus dem primitiven Akt des Röstens von Fleisch gewissermaßen Sprache, Kunst, Religion und eine komplexere Sozialstruktur hervor: das Grillen als Mutter des Fortschritts.

Wie unsere Vorfahren zum Grillen kamen, bleibt ungewiß. Ergab sich das erste Barbecue aus einem Waldbrand, bei dem zufällig ein Tier gebraten wurde? Fiel ein Lendenstück versehentlich ins Lagerfeuer? Machte der Blitzschlag Grillkohle aus einem Baum? Archäologische Befunde ergaben, daß der Mensch schon vor einer Viertelmillion Jahren das Feuer einsetzte, um Fleisch zu braten und einen in prähistorischer Zeit hochgeschätzten Leckerbissen aus den Knochen herauszuholen: das Mark.

Im Lauf der Zeit wurde die Kochkunst mannigfach verfeinert, angefangen mit der Erfindung von Tontopf und Metallpfanne bis zu Mikrowellenherd und Brotbackautomat. Doch um den Eigengeschmack von Speisen hervorzuheben, ist Grillen über offenem Feuer unschlagbar.

Diese Erkenntnis gilt für so unterschiedliche Länder wie Griechenland, Japan, Australien, Südafrika oder Argentinien. Grillen ist immer noch die verbreitetste und beliebteste Garmethode der Welt.

Gerade dieser Tatsache – sowie dem Wunsch, mehr über die Kulturen zu erfahren, aus denen die zahllosen regionalen Grillvarianten stammen – verdanke ich die Anregung zu vorliegendem Buch.

Wozu dieses Buch?

Die Idee zu diesem Buch kam mir kurz nach dem Umzug von Boston nach Miami. Südflorida ist allein schon Grund genug, um die Lust am Grillen zu wecken. Erstens wegen seines Klimas, das Grillen nicht nur möglich, sondern fast zur Pflicht macht. (Anders als in Boston, wo man sich wie ein Eskimo anziehen muß, will man im Winter grillen!)

Zweitens wegen der unterschiedlichen kulturellen Einflüsse in Miami. In Dade County, wo Miami liegt, stammt die Hälfte der Bevölkerung aus lateinamerikanischen Ländern, und in Miami selbst leben mehr Kubaner, Nicaraguaner, Kolumbianer und Haitianer als in jeder anderen Stadt der USA. Aber die »Hispanics« sind nur ein Teil der bunten Vielfalt auf Märkten und in Restaurants. Hier sind nicht nur die Karibik und Südamerika vertreten, sondern fast alle Länder Europas, Afrikas und Asiens. In Florida ist internationale Küche weder etwas Besonderes noch Luxus. Sie

gehört einfach zum Leben dazu.

Hier verfestigte sich die Idee immer mehr herauszufinden, wie die älteste und am weitesten verbreitete Garmethode von Land zu Land und von Region zu Region variiert wird. Ich wollte die Welt bereisen und erfahren, wie Grillmeister und Barbecuespezialisten das alte Problem lösen, etwas über dem offenen Feuer zu garen, ohne es zu verbrennen!

Ich beschloß, die Asados in Argentinien und die Churrascos in Brasilien zu versuchen, in Jamaika Jerk und in Mexiko Barbacoa zu kosten. Ich wollte nach Griechenland, um das Geheimnis der Souflaki herauszufinden, und nach Italien, um zu lernen, wie man eine echte Bistecca alla fiorentina zubereitet. Bei meinen Recherchen würde ich in Marokko Mechouie und im Nahen Osten Koftas probieren, Dönerkebab in der Türkei und Tandoori in Indien. Ich würde die Heimat von japanischem Ysakitori, indonesischen Satés sowie koreanischem Kui und Bool kogi besuchen.

Natürlich gäbe es auch in meinem eigenen Land zahlreiche Gerichte zu erforschen: Rippchen in Kansas City und Memphis, Pulled pork in North und South Carolina, langsam geräucherte Rinderbrust in Texas. Ich wollte die Brennholzgrills in Kalifornien kennenlernen und das Herdstellenkochen in Neuengland. Je länger mich das Grillen beschäftigte, desto sicherer war ich, daß es nicht bloß eine von vielen Garmethoden ist und es dabei um mehr als nur ein kulturelles Phänomen geht. Grillen gehört eben zum Leben dazu.

Das Barbecue paßt zum heutigen Lebensstil und entspricht genau den vier Haupttrends unserer modernen Küche: der Vorliebe für scharfe Gewürze; der schnellebigen Zeit, die schnelle, simple Garmethoden erfordert; dem wachsenden Gesundheitsbewußtsein samt dem Wunsch, fettarm, aber aromareich zu essen; und schließlich dem Trend, das Zuhause zu einer Insel der Gastlichkeit und Unterhaltung sowie das Kochen zu einer entspannenden, ja vergnüglichen Freizeitbeschäftigung zu machen!

Falls es überhaupt eine wegweisende Zubereitungsart für das nächste Jahrtausend gibt, dann diese. Die wachsende Beliebtheit des Barbecue zeigt sich nicht nur in den immensen Mengen verkaufter Grillgeräte (derzeit besitzen über 70 Prozent der Amerikaner einen Grill), sondern auch an der Zunahme von Grillfestivals und Restaurants mit Holzkohlegrills.

Eines steht fest: In bezug auf Unkompliziertheit, Schnelligkeit und geschmackliche Intensität kann sich nichts mit gegrillten Speisen messen. Und solange immer mehr Grillfans auch die feinen regionalen Unterschiede dieser Methode entdecken, steht der Höhepunkt dieses Trends erst noch bevor.

Ich trug meine Idee Peter Workman und Suzanne Rafer von Workman Publishing vor, die davon bald ebenso begeistert waren wie ich. Sie ermunterten mich sogar, das geplante Spektrum von zwölf Ländern auf die ganze weite Welt des Grillens auszudehnen. (Sie hatten gut reden, denn sie brauchten sich ja nicht mit Jetlag, Visa, komplizierten Reiseplänen, Impfungen, die die Arme in Stecknadelkissen verwandeln, und Gefährdungen des Magen-Darm-Trakts herumzuschlagen, die mich an die Grenzen meiner kulinarischen Neugier brachten.)

Ein Exposé wurde verfaßt, der Vertrag unterzeichnet. Und erst dann geriet ich in Panik.

Wie sollte ich innerhalb von drei Jahren mehr als 25 Länder bereisen? Wie die Sprachbarrieren überwinden und die oft wenig angenehmen Vorurteile gegenüber Journalisten entkräften? Und

selbst wenn es mir gelänge, mit Straßenköchen und Küchenchefs zu kommunizieren – wieso sollten sie mir ihre Grillgeheimnisse anvertrauen? Wie sollte ich in Ländern, die ich nur aus Reiseführern kannte, die besten Grillgerichte ausfindig machen?

Ich stand vor der größten Herausforderung meines Lebens.

Wie dieses Buch entstand

Für einen Journalisten steht am Anfang immer die Recherche. Ich las also Koch- und Reisebücher und befragte Kollegen – ausgewiesene Kenner der Länder, die ich besuchen wollte. Ich ließ mich von Tourismuszentralen und Kulturattachés beraten und unterhielt mich mit Importeuren von Lebensmitteln und Küchenartikeln, Reisebürokaufleuten, Anthropologen, Ausländern und später mit den Einheimischen – kurz mit jedem, der mir Einblick in die Grillpraktiken eines Landes geben konnte.

Zu meinen Informanten gehörten Journalisten, Professoren, Geschäftsreisende, Diplomaten und Flugbegleiter. Taxifahrer gaben oft die besten Tips. (Bei der Frage, wo es das beste Barbecue gibt, haben sie anscheinend von allen Berufsgruppen die geringste Fehlerquote.) Ich plante soviel es ging im voraus, um später an der richtigen Stelle zu landen, wo ich den Rest dem glücklichen Zufall überlassen konnte.

Ich spreche Französisch, Spanisch und ein paar Brocken Italienisch, Portugiesisch und Deutsch (letzteres hilft in der Türkei weiter), deshalb konnte ich dort, wo diese Sprachen verstanden werden, allein arbeiten. In Ländern, deren Sprache ich nicht beherrsche, besorgte ich mir Fremdenführer oder Dolmetscher. Und natürlich erfand ich meine ganz persönliche Zeichensprache:

ich (auf mich zeigen)

schreibe (entsprechende Handbewegung)

über Essen (eine unsichtbare Gabel oder Eßstäbchen zum Munde führen oder den Bauch reiben)

ich würde gern (wieder Zeigefinger auf mich selbst)

zusehen (aufs Auge zeigen)

wie Sie kochen (Grillen, Mixen, Hacken oder Rühren pantomimisch darstellen)

Außerdem zeigte ich ein von mir verfaßtes Kochbuch, blätterte die Rezepte auf und deutete auf mein Foto auf der Rückseite.

Ich hatte befürchtet, man würde mir mit Mißtrauen, Geheimnistuerei oder Ablehnung begegnen, doch fast überall hieß man mich freundlich willkommen. Fast alle Grillmeister, die ich interviewte, waren nicht nur bereit, ihr Wissen weiterzugeben, sondern sie taten dies mit Wonne. Immer wieder lud man mich ein, mit in die Küche zu kommen. Und dort versuchte ich mich daran, Fleisch für Koftas um Spieße zu formen, Holzkohle an-

zufächeln oder Naan auf die Innenwände eines lodernden Tandoor (Lehmofens) zu klatschen. Meine Bemühungen lösten meistens gutgemeinte Lachsalven aus.

Ich gelangte an viele Orte, die nur selten von Reisenden besucht werden, und erlebte faszinierende, manchmal haarsträubende Dinge. In Mexiko bekam ich Kaktuswürmer und Grillen zum Knabbern. (Letztere schmeckten wie Kartoffelchips mit Beinen.) In Uruguay probierte ich Hoden, Kutteln, Därme, Nieren und Blutwurst. In Bali besuchte ich früh um sechs den örtlichen Schweinebraten-Mann (zuständig für Babi guli) und durfte ihm als Lohn für mein pünktliches Erscheinen beim Schlachten eines Spanferkels assistieren. In Bangkok war ich Ehrengast eines Isarn-Restaurants (nordöstliche Thaiküche), dessen von Fliegen wimmelnde Küche Aussicht auf einen sumpfigen Kanal bot. (Ich zwang mich, mit der gebührenden Begeisterung zuzulangen, und zu meiner größten Überraschung war ich tags darauf gesund und munter.)

Einige Länder mit großer Grilltradition waren unerreichbar. Ich hätte gern Afghanistan, Irak, Iran und bestimmte ehemalige Sowjetrepubliken besucht, doch die politischen Turbulenzen ließen es nicht zu. Statt dessen fand ich zu Hause Experten und Restaurants, die sich auf die Eßkultur des jeweiligen Landes spezialisiert hatten.

Grillfans stehen im Ruf, nicht sehr mitteilsam zu sein (zumindest in den Vereinigten Staaten), doch wohin ich auf meinen Bar-

becuereisen auch kam, überall vertrauten mir die Köche ihre Rezepte und Insidertips an. Manche gaben mir handgeschriebene Rezepte mit, die ich mir im Hotel übersetzen lassen sollte. Andere machten Zeichnungen in mein Notizbuch, um zu erklären, von welcher Stelle ein bestimmtes Stück Fleisch stammt oder wie ein spezieller Schnitt ausgeführt wird. Wo es möglich ist, nenne ich die hervorragenden Grillmeister, die ich kennenlernte, namentlich oder erwähne zumindest den Namen ihres Etablissements.

Ohne Zweifel bilden die Rezepte den Kern eines Kochbuchs. In diesem hier finden Sie mehr als 500 Gerichte beschrieben, von brasilianischem Churrascos bis zu balinesischen Garnelensatés und Rippchen nach Memphisart. Die Berichte über einige meiner Erlebnisse sind sowohl für Reisende (die aktiven wie die Sesseltouristen) als auch für Köche gedacht.

Meine drei Jahre auf Barbecuereisen waren, so kommt es mir vor, im Nu vorüber.

Während ich hier sitze und schreibe, sehe ich die eindrucksvollen Orte vor mir, an denen ich gewesen bin, die freundlichen, großherzigen Menschen, die ich traf, und die köstlichen Speisen, die ich verkosten durfte. Und trotzdem habe ich das Gefühl, es sei immer noch viel an Erfahrens- und Mitteilenswertem übriggeblieben. Das Thema Grillen erweist sich als so komplex, daß jeder Versuch einer Gesamtdarstellung mit weißen Flecken auskommen muß. Nach meiner ehrlichen Überzeugung würde ich, selbst wenn ich den Rest meines Lebens damit verbrächte, über Barbecue zu schreiben, immer noch etwas Neues entdecken.

Zu den Rezepten

Bei der Niederschrift der Rezepte habe ich mich um größtmögliche Authentizität bemüht. Aber ich habe auch berücksichtigt, daß es bestimmte Lebensmittel, Gewürze und Gerätschaften nicht überall gibt (ganz abgesehen von der Tatsache, daß wir einen anderen Geschmack und andere Vorstellungen von Ästhetik haben). Wo ich ein traditionelles Rezept abwandle, versuche ich auch zu beschreiben, wie es in seinem Ursprungsland zubereitet wird.

Während meiner Barbecuereisen habe ich so manches probiert, was wohl die meisten hier nicht einmal im Traum selbst zubereiten würden. (Ich denke dabei beispielsweise an Choto in Uruguay – gegrillte, spiralförmig aufgerollte Schafsdärme – und Saté padang in Indonesien – Spieße mit Rinderkaldaunen, serviert in einer feurigen Sauce.) Ich habe solche Gerichte jedoch in den Essays und Kästen dieses Buches beschrieben, weil ich hoffe, daß Sie sich auf Reisen doch einmal daran wagen.

Wie ich sehr bald unterwegs entdeckte, ist Grillen eine Kunst und keine Wissenschaft. Viele Köche müssen unter unglaublich primitiven Bedingungen arbeiten. Und einer der Gründe, warum mir das Grillen so gefällt, ist, daß es dabei nicht so haargenau auf Mengen und Zusammenstellungen ankommt. Ich hoffe, Sie benutzen die Rezepte in diesem Buch so wie ich, nämlich als Leitlinie, von der man auch abweichen kann. Wenn Sie gerade keine Lust auf Rindfleisch haben, nehmen Sie für das gleiche Rezept einfach Huhn oder Meerestiere. Die meisten Marinaden und Würzmischungen – Sie finden sie entweder als frei gestellte Rezepte oder Unterrezepte bei aufwendigeren Zubereitungen – passen zu jeder Art von Gegrilltem. Sie werden auch sehen, daß es oft mehr als eine Art gibt, ein bestimmtes Gericht zuzubereiten. Bei meinen Kochseminaren pflege ich zu sagen: In der Küche gibt es keine Fehler, sondern nur neue Rezepte, die darauf warten, entdeckt zu werden.

Würzen, Marinieren und Grillen bilden die Grundpfeiler des Garens über offenem Feuer, und das bringt mich zu meiner ganz speziellen Barbecuemethode, die sehr einfach ist. Zuerst wird das Fleisch mariniert oder mit Gewürzen eingerieben. Dann lassen Sie die Gewürzzutaten so lange einziehen, wie es das Rezept empfiehlt oder wie Sie Zeit haben. Und zuletzt grillen Sie das Fleisch über just dem Brennmaterial und auf dem Grillgerät, mit dem Sie am besten klarkommen. Das ist alles.

Natürlich hoffe ich, daß Sie sich anregen lassen, mit neuen Techniken und Geschmacksnoten zu experimentieren. Aber eigentlich will ich nur eines: Probieren Sie diese Rezepte aus! Denken Sie daran, daß Kochen kein Hexenwerk ist. Und das trifft insbesondere auf die gewiß simpelste Garmethode der Welt zu – das Grillen.

Streifzüge zum weltbesten Barbecue

Gegrillt wird fast überall auf der Welt, wenn auch auf unterschiedliche Art. In manchen Gegenden führt dieses Verfahren jedoch ein Schattendasein: Grillen als etwas, was im Freien stattfindet, weil man zum Beispiel keine richtige Küche besitzt. Oder etwas für arme Straßenverkäufer, denen Kenntnisse oder materielle Ressourcen fehlen, um sich einer ausgefeilteren Technik zu bedienen.

In anderen Ländern bildet das Grillen dagegen den Kern der kulinarischen Identität. Die Grillgeräte mögen schuhschachtelgroße Roste wie in Südostasien oder monströse Feuergruben wie in Südamerika und im Süden der USA sein. Die Zubereitung kann so schlicht wie bei argentinischem Bife de lomo (gegrilltes, nur mit Salz gewürztes Rinderfilet) sein oder so komplex wie bei vietnamesischem Bo bun (zarte, in Zitronengras marinierte Rindfleischscheiben, dazu Nudeln, Chillies, knackiges Gemüse, aromatische Kräuter und Reispapier).

Bei den Recherchen für meine Weltreise in Sachen Grillkultur entdeckte ich einen Barbecuegürtel rund um den Erdball. Genauer gesagt, handelt es sich um sechs große Barbecuezonen.

Die erste umfaßt die USA, Mexiko und die Karibik, die zweite Südamerika. Auf der anderen Seite des Atlantiks erstreckt sich eine Barbecuezone vom Mittelmeer bis zum Mittleren Osten und von Arabien die afrikanische Westküste hinunter bis nach Südafrika.

Die nächste und größte Zone beginnt in der Türkei und verläuft ostwärts durch den Kaukasus, Zentralasien, Irak, Iran, Afghanistan, Pakistan und Indien. Im dreizehnten Jahrhundert trugen die Mongolen unter Dschingis Khan ihre Vorliebe für gegrilltes Fleisch bis auf den Balkan. In der arabischen Welt wurde die Idee verfeinert, später durch die Mogulherrscher wieder auf den indischen Subkontinent und womöglich bis nach Indonesien gebracht.

Die letzte große Barbecuezone liegt am Ostrand des Pazifiks, sie erstreckt sich von Australien über Indonesien bis nach Korea. Hier finden sich die interessantesten Grillgerichte der Welt – in

Singapur, Malaysia, Thailand, Vietnam, Macao und Japan.

Wie man sieht, ist das Grillen hauptsächlich in den Tropen verbreitet, was wenig überrascht angesichts der Tatsache, daß man in dieser Klimazone am liebsten draußen kocht. (Außerdem wachsen hier weltweit die meisten Gewürze, und das macht Marinaden und Würzmischungen, die traditionell zum Grillen gehören, so reizvoll.) Aber zu einem nicht unerheblichen Teil wird auch fern der Tropen über offenem Feuer gekocht: in Japan, Argentinien und in den USA.

Fast so interessant wie die Frage, wo auf der Welt gegrillt wird, ist die Frage, wo nicht. In zwei gastronomischen Supermächten spielte das Grillen nie eine große Rolle: in Nordeuropa und China. Und obwohl das Grillen in Afrika durchaus bekannt ist, werden die Holzkohlefeuer dort eher zum Erhitzen von Kochtöpfen und Bratpfannen verwendet, als um darüber Fleisch direkt zu garen.

Im ersten Jahr als Barbecuereisender nahm ich mir meine eigene Hemisphäre vor. Zuerst machte ich Station in Boston Beach in Jamaika, der Heimat von Jerk. Beim weiteren Inselhüpfen durch die Karibik probierte ich Boucanée (über Zuckerrohr geräuchertes Huhn) in Guadeloupe, Choka in Trinidad (scharf gewürztes gegrilltes Gemüse) und Lechon asado (lateinamerikanisches Spanferkel). Die nordamerikanische Form des Barbecue (intensives Würzen und langsames Grillen im Rauch) stammt aus der Karibik, wo diese Tradition weiterhin lebendig ist.

Als nächstes ging es nach Südamerika, wo einige der grandiosesten Grilladen der Welt beheimatet sind. Ich besuchte elegante Churrascarias in Rio de Janeiro, die gemütlichen Grillbuden des Mercado del Puerto in Montevideo und die berühmtesten Steakhäuser von Buenos Aires. Ich sah zu, wie ganze Rinderhälften vor dem Lagerfeuer auf einer Estancia in der Pampa geröstet wurden. Mir wurde klar, daß die südamerikanische Art zu grillen – mit ihrer gewollten Kunstlosigkeit und der Ursprünglichkeit des Geschmacks – nur ein Extrem des Barbecuespektrums darstellt. Die Argentinier machen sich bei den meisten Fleischsorten gar nicht erst die Mühe des Marinierens – bei ihnen beschränkt sich das Würzen auf Meersalz und den duftenden Rauch des Holzfeuers.

Im zweiten Jahr wandte ich mich nach Asien. Ich besuchte Indonesien, die Heimat der Saté-Spießchen und des wohl größten Repertoires von Grillgerichten in der Welt. Ich kostete Dutzende von Saté-Arten – und das war nur ein kleiner Teil der in Indonesien verbreiteten Spieße. Die kleinen, aber feinen indonesischen Satés werden auf Grillrosten, so groß wie ein Schuhkarton, gegart und auf Spießchen, so dünn wie die Borsten eines Besens, serviert.

Indonesien wie auch meine nächsten Reiseziele Singapur und Malaysia verfügen über einige der raffiniertesten Marinaden und Gewürzmischungen. Auf der Insel Penang im Norden Malaysias sah ich den Grillmeistern über die Schulter, wenn sie Ingwer, Chillies, Galangal, Zitronengras, Kaffirlimettenblätter, Garnelenpaste und Kokosmilch zu einer pikant duftenden Würzmischung für Fleisch und Meerestiere zerstampften. Ich verbrannte mir die Zunge an den superscharfen Atjars (Essigfrüchten) und Sambals (Würzsaucen), die man in Südostasien zu Gegrilltem reicht. Das hochverfeinerte Würzen des gegrillten Fleisches stellt das andere Extrem des Barbecuespektrums dar, den krassen Gegensatz zur Schlichtheit südamerikanischer Grilladen.

Ein geläufiger Einwand gegen das Grillen ist, daß es so gnadenlos den »Fleischfresser« in uns anspricht. In Thailand und Vietnam fand ich ein perfektes Beispiel für gesundes Grillen: kleine Portionen von gegrilltem Fleisch zusammen mit großen Portionen Gemüse, Reis und Nudeln. Die Thai (wie die Koreaner) essen oft gegrillte, in Salatblätter gewickelte Speisen, während die Hülle in Vietnam aus kreppartigen Blättern Reispapier besteht. Dips auf Fischsaucenbasis, feingeschnittene Chilischoten sowie duftende Basilikum- und Minzezweige werden oft mit gegrilltem Fleisch zu einem einzigen feurig-aromatischen Häppchen kombiniert.

Weiter nördlich machten die Marinaden mit Fischsauce und Kokosmilch Platz für Sojasaucen, die Fünf-Gewürze-Mischungen Hongkongs und Macaos und die süßen Sesam-Marinaden Koreas. In Japan (übrigens mein Geburtsland) saß ich Schulter an Schulter mit japanischen Geschäfts-

leuten in gedrängt vollen Yakitori-Salons in Tokio und genoß süßsalziges Teriyaki sowie pikante Barbecuesaucen aus Miso (Paste aus fermentierten Sojabohnen) und Umeboshi (Essigpflaumen). Ich tat mich gütlich am berühmten Kobe-Rindfleisch und an Zutaten, von denen ich nie gedacht hätte, daß sie zum Grillen taugen, wie Okra und Gingkofrüchte. Auch hier lernte ich, daß »klein« »fein« und Barbecue so subtil wie ein Haiku sein kann.

Im dritten Jahr konzentrierte ich mich auf den Nahen Osten und die Mittelmeerregion. Türkische Köche eröffneten mir eine erstaunliche Vielfalt von Grillspießen und gegrilltem Gemüse. In Marokko entdeckte ich Mechouie (Lamm am Spieß) sowie Brochettes nach französischer Art, doch mit scharfen nordafrikanischen Gewürzen. In Frankreich hatte ich das berauschende Vergnügen, über Rebholz zu grillen. (Einmal fuhr ich sogar 640 Kilometer, um gegrillte Schnecken in einem winzigen Dorf bei Perpignan zu probieren.) In Italien, Spanien und Portugal beeindruckte mich die Fülle von gegrillten Meeresfrüchten und Gemüsesorten.

Nebenbei füllte ich Lücken: Ich besuchte Mexiko wegen Barbacoas und Carne asado, Indien wegen seines ausgezeichneten Tandoori und des gegrillten Brots, Israel wegen Schwarma, Kofta und gegrillter Gänseleber. Und ich flog kreuz und quer durch die Staaten, kostete Pulled pork in North und South Carolina, Rinderbrust in Texas und Rippchen in Kansas City und Memphis.

Alles in allem reiste ich mehr als 24 000 Kilometer durch 25 Länder auf fünf Kontinenten.

Fragen Sie mich jetzt bitte nicht nach meinem Lieblingsbarbecue. Es wäre so, als fragten Sie die Eltern einer großen Kinderschar nach ihrem Lieblingskind.

Mir gefielen die riesigen argentinischen Steaks, die den Teller unter sich begruben, ebenso gut wie das delikate japanische Yakitori. Ich genoß die Eindeutigkeit einer italienischen Bistecca alla fiorentina ebenso sehr wie die vielen für das indische Tandoori typischen Aromen. Ich fand es ebenso schön, bei einem zwanglosen nordamerikanischen Barbecue mit den Fingern zu essen, wie in einer eleganten brasilianischen Churrascaria zu speisen. Ich mochte den asiatischen Grillstil, mit den vergleichsweise bescheidenen Fleischportionen zu großzügigen Mengen an Reis, Nudeln und Gemüse. Aber deshalb verschmähe ich noch lange keinen dicken, saftigen Hamburger aus frisch durchgedrehter Rinderlende, gegrillt über hellglühendem Hickory- oder Mesquitholz.

Genaugenommen gab es in dieser ganzen Zeit kein Gericht, das mir nicht geschmeckt hätte. Deshalb wünsche ich Ihnen mit den Spaniern Buen provecho, mit den Vietnamesen Chuc qui ban an ngon, in Hindi Aap kha lijiya, auf Japanisch Itadakimasu, auf Arabisch Bessahaa, auf Hebräisch B'teavon, auf Koreanisch Jharr chop su se yo, auf Französisch Bon appétit, auf Chinesisch Man man chi. Lassen Sie es sich schmecken!

Steven Raichlen

NORDAMERIKA

KARIBIK

SÜDAMERIKA

Die Barbecuereisen

NORDAMERIKA & KARIBIK

USA • Jamaika
Nicaragua • Kuba • Haiti
Mexiko • Barbados
Trinidad & Tobago
Bahamas • Anguilla
Guadeloupe • Martinique
Niederländische Antillen

SÜDAMERIKA

Brasilien • Uruguay
Argentinien • Peru

EUROPA

Portugal • Spanien • Frankreich • Italien • Bosnien
Schweiz • Rußland
Rumänien • Ukraine
Bulgarien • Griechenland

AFRIKA

Marokko • Senegal

Äquatorialguinea
Südafrika

MITTLERER/NAHER OSTEN

Türkei • Israel
Libanon • Irak • Iran
Aserbaidschan
Usbekistan
Georgien • Armenien

ZENTRALASIEN

Indien • Bangladesch
Afghanistan • Pakistan
Sri Lanka

OSTASIEN

China • Japan • Korea
Macao • Thailand
Vietnam • Malaysia
Singapur • Indonesien

AUSTRALIEN

EUROPA

MITTLERER
& NAHER
OSTEN

ZENTRAL-
ASIEN

OSTASIEN

AFRIKA

AUSTRALIEN

N

W   E

S

CRASHKURS
Grillen und Barbecue

In Mittelamerika ist das Grillen von Rindfleisch durchaus kein männliches Privileg.

Grillen als die älteste und am weitesten verbreitete Garmethode nimmt so leicht nichts übel. Im Laufe der Zeit wurde es immer mehr verfeinert: Zu Bratrosten und Holzkohlegrills kamen Handspieße und elektrische Drehspieße, Gas- und Elektrogrills sowie Infrarotbrenner. Dank dieser Weiterentwicklungen verfügen wir über ein ständig wachsendes Repertoire an Grillgerichten, während das Grundprinzip gleich geblieben ist, genau wie die Urlust am Feuermachen und Brutzeln!

WORUM GEHT'S?

Die Begriffe Grillen und Barbecue führen zu vielen Mißverständnissen, zumal das Wort Barbecue unterschiedliche Bedeutungen hat: Es kann den Grill bezeichnen, eine oder mehrere Garmethoden (unter Verwendung des Grills) sowie bestimmte Gerichte (z.B. Barbecue auf Texas-Art). Es wird sogar noch umfassender verwendet: für das Kochen unter freiem Himmel generell, für eine im Freien zubereitete und servierte Mahlzeit und schließlich für das gesellige Beisammensein, bei dem es Barbecue zu essen gibt.

Ein großer Teil der Verwirrung rührt daher, daß wir sowohl bei der als Grillen bekannten Garmethode (bei starker direkter Hitze) als auch bei der echten Barbecuemethode (bei geringer Hitze plus Raucheinwirkung) sowie beim indirekten Grillen (bei mäßiger Temperatur) häufig ein und dasselbe Gerät – den Barbecuegrill – gebrauchen.

Diese drei Methoden sind verwandt und doch ganz verschieden, wie Sie im folgenden sehen werden.

Grillen

Beim Grillen wird unter starker Hitzeeinwirkung gegart; die Zutaten liegen direkt über dem offenen Feuer, so daß sie in Minutenschnelle fertig sind. Entscheidend sind die Begriffe »direkt«, »starke

Grillen im Haus

Seit es Elektroherde mit eingebautem Grill gibt, läßt sich die ursprünglich aufs Freie beschränkte Garmethode auch drinnen anwenden. Backofengrills wie elektrische Grillgeräte allgemein bestehen aus Grillheizkörper, Rost und Tropfschale. Aber ist das noch echtes Grillen? Puristen würden es verneinen. Schließlich fehlt das offene Feuer. Doch beim elektrischen Grillen wird das Grillgut ebenso knusprig braun wie beim Grillen im Freien. Ich bin mir nicht sicher, ob man mit verbundenen Augen einen Unterschied schmecken würde, sofern das Fleisch gut mariniert wurde.

Und sicher ist ein Backofengrill ideal für alle Nordlichter, die damit auch ganzjährig Gegrilltes genießen können.

Wo wir gerade dabei sind: Auch die schweren Grillbratpfannen, die mit ihren geriffelten Böden die Spuren des Grillrosts imitieren sollen, könnte ein Purist ablehnen. Zugegeben, es fehlt das offene Feuer. Doch dank der Rillen ist die Wirkung ähnlich, und das Fleisch weist die typischen Grillspuren auf. Eine Grillpfanne vermag das Freiluftgrillen nicht zu ersetzen, aber wer weder Garten noch Balkon hat, kann sich damit doch ein bißchen Grillaroma herbeizaubern.

Hitze« und »Minutenschnelle«: Das Grillgut wird bei Temperaturen von über 260 °C (Restaurantgrills können sogar 420–540 °C heiß werden) nur wenige Zentimeter über den Flammen oder den glühenden Kohlen gegart. Durch die starke Hitze schließen sich die Poren, so daß gar kein Saft mehr austreten kann, und es entsteht die so geschätzte rauchige, karamelisierte Kruste.

Richtiges Grillen eignet sich am besten für zartes oder dünn geschnittenes Fleisch, Lebensmittel wie Kebabs, Frikadellen, Würstchen, Steaks, Koteletts, Geflügelteile, Fischfilets und -steaks, kleine

ganze Fische, Schalentiere, Gemüse und sogar Brot – also für alles, was relativ kurze Garzeiten sowie starke Hitze verträgt. Während des Grillens muß man gut aufpassen. Aber genau darin liegt ja der Reiz: daß man zusehen kann, wie das Essen fertig wird.

Grillen ist die weltweit verbreitetste Methode, über offenem Feuer zu kochen; man bedient sich ihrer in Restaurants, Imbißbuden und privaten Gärten, bei arm und reich. Und ob über einem Lagerfeuer in Argentinien oder auf einem schuhschachtelgroßen Saté-Grill in Bali gegrillt wird, macht keinen großen Unterschied.

Barbecue

Barbecuegrillen ist der Gegenpol zum echten Grillen. Es handelt sich dabei um eine langsame, indirekte Garmethode bei niedriger Temperatur. Brennmaterial sind Holzscheite oder -kohle plus Holzklötzchen, und das Grillgut – meist Fleisch – gart im Rauch. »Indirekt« heißt, zwischen Wärmequelle und Fleisch besteht ein gewisser Abstand. So wird beim traditionellen amerikanischen Pit barbecue die Wärme in einem separaten Glutkasten erzeugt, der außen am eigentlichen »Backofen« angebracht, aber nicht direkt damit verbunden ist. Beim Barbecuegrillen auf dem Holzkohle- oder Gasgrill unterhält man nur auf einer Seite oder am Rand des Grills ein niedriges Feuer, während das Grillgut auf der anderen Seite bzw. in der Mitte gegart wird.

Mit »langsam« meine ich auch langsam. In den berühmten KC-Masterpiece-Restaurants in Kansas City werden die Baby back ribs zehn und die Schweineschultern sechzehn Stunden gegart. Auch mit »niedrig« meine ich genau das. Die Temperatur im »pit« des legendären »Sonny Bryan's«-Restaurant in Dallas steigt nie über 107°C. Geringe Hitze sorgt für Rauch (das Holz schwelt, es verbrennt nicht), der dem Barbecue den typischen Geschmack verleiht. Rauch ist ein natürliches Konservierungsmittel; vor Erfindung des Tiefgefrierens wurden Fleisch und Fisch durch Räuchern haltbar gemacht.

Die langsame, niedrige, indirekte Hitze beim Barbecuegrillen ist ideal für große Braten wie Spanferkel und Puter sowie für bindegewebsreiche Stücke wie Rinderbrust und Rippchen. Einst war Barbecuegrillen eine Sache für diejenigen, die sich kein teures Fleisch leisten konnten. Deshalb erfand man Rezepte für preiswerte Teile, die heute als Barbecue ganz groß rauskommen.

Die Barbecuetechnik entstand in der Karibik und erreichte ihren Höhepunkt in Tennessee, Missouri und dem ganzen amerikanischen Süden. Auch das Poulet boucanée auf den französischen Karibikinseln ist eine Art Barbecue, so wie Jerk in Jamaika, auch wenn das Fleisch dort direkt über den (nur mäßig glühenden) Kohlen gegart wird.

Die Erfindung des Kugelgrills

Bei einer so alten und verbreiteten Garmethode wie dem Grillen meint man kaum, daß ein Einzelner für die Erfindung einer neuen Technik verantwortlich sein kann. Doch es war tatsächlich ein Mann allein, der die Kunst des Freiluftkochens in Nordamerika revolutionierte, indem er Grillen und Barbecuegrillen in einem einzigen Gerät vereinte – dem Kugelgrill. Sein Name war George Stephen, und die Methode, die er erfand, nennt man heute indirektes Grillen.

Das Ganze spielte sich 1951 in Palatine, Illinois, ab. Wie viele andere Amerikaner in den geruhsamen fünfziger Jahren war Stephen ein leidenschaftlicher Grillfan. Doch die flachen, kohlebeckenähnlichen Grills, die damals verbreitet waren, funktionierten bei regnerischem oder windigen Wetter nicht besonders gut, und Stephen war frustriert.

Er arbeitete damals im Metallwerk des Bojenherstellers Weber Brothers und kam auf die geniale Idee, einen Metallrost in eine der Kugelschalen zu setzen, die zur Bojenherstellung dienten. Dann stellte er aus denselben Metallschalen eine Abdeckhaube mit Lüftungsöffnungen her. Ab Juli 1952 vermarktete George Stephen seinen Grill als »Georges Kessel«, der bald wegen seiner runden Form den Spitznamen Sputnik erhielt.

Der tiefe, abgedeckte Kugelgrill hat nicht bloß den Vorzug, Wind und Regen abzuhalten. Vor allem kann der Benutzer den Grill in eine Art Backofen verwandeln, in dem Fleisch und anderes über Holzkohleglut brät bzw. zum Barbecue wird.

Bis heute ist die Weber-Kugel der meistverkaufte Holzkohlegrill der Welt.

Indirektes Grillen

Diese im 20. Jahrhundert erfundene Methode ist ein Mittelding zwischen Barbecue und Grillen. Wie bei ersterem wird das Grillgut nicht direkt über, sondern nahe bei der Holzkohle gegart. Doch die Glut befindet sich im gleichen Behälter, und die Temperatur ist höher – etwa 170–200°C. Um wie beim Barbecue Rauch zu erzeugen, legt man oft Holzspäne oder -klötzchen auf die Glut. Aber ebensooft wird auch ohne Rauch gegrillt.

Beim indirekten Grillen auf dem Holzkohlegrill kommen die Kohlen links und rechts in die Glutwanne oder rundherum an deren Rand, das Grillgut in die Rostmitte. Beim Gasgrill werden die Brenner nur auf der einen Seite (oder vorn und hinten) angezündet, das Grillgut liegt über dem nicht angestellten Brenner.

Das Schöne am indirekten Grillen ist, daß es den Grill in eine Art Backofen verwandelt. So lassen sich große Stücke (Hochrippe, Puter, ganze Fische) oder auch fettes Fleisch (Ente, Huhn, Rippchen) garen, ohne anzubrennen.

Indirektes Grillen bietet die Vorteile zweier Welten – das Holzkohlearoma des Grillens, die Zartheit und den Rauchgeschmack der Barbecuemethode – ohne deren Nachteile. Sie brauchen nicht ganz so genau auf Zeit und Temperatur zu achten wie beim direkten Grillen. Und es geht viel schneller als Barbecuegrillen, das sechs bis zwölf Stunden dauern kann.

Die meisten Rezepte in diesem Buch sind Grillrezepte, wobei ein großer Teil der Speisen indirekt gegrillt werden sollte. Einige jedoch – wie z.B. Texanische Rinderbrust oder Pulled pork North-Carolina-Art – werden so lange und bei so niedriger Temperatur gegart, daß sie als echtes Barbecue gelten dürfen.

Pit cooking

Das sogenannte Pit cooking (wörtlich: in der Grube garen) ist wohl die älteste Art, Speisen über Feuer zu garen. Doch der Begriff wird heute für ganz unterschiedliche Verfahren benutzt.

In Argentinien nennt man es Asado. Große Fleischstücke (sogar Lämmer oder Ferkel) werden an T-förmigen Spießen gegart, die im Kreis um ein loderndes Feuer stehen. Es handelt sich hier um direkte Hitze, die jedoch nicht unmittelbar unter dem Fleisch und auch nicht so stark wie beim Grillen auf dem Rost ist. Bei mittelhohen Flammen gart eine Rinderhälfte oder Ziege in vier bis sechs Stunden.

Barbecuefans in North und South Carolina, Texas und im Mittleren Westen bezeichnen ihren Grill als »pit«, obwohl es sich meist um Backsteinaufbauten handelt oder sogar um tragbare, auf einen fahrbaren Untersatz gestellte Geräte aus Benzintanks. Doch vermutlich wurde das Barbecue in diesen Staaten einst im Rauch einer Kochgrube gegart.

Zum stilechten Pit cooking gehört eine echte Grube. So zu sehen beim traditionellen Clambake in New England, wo Meeresfrüchte gegart werden, oder beim Luau in Hawaii. In Mexiko liebt man Barbacoa und Pebil (in der Grube gegartes, in Kaktus- oder Avocadoblätter gewickeltes Ziegen- oder Lammfleisch bzw. mit Bananenblättern umwickeltes Schweinefleisch).

Bei dieser Garmethode wird ein großes Loch gegraben, mit Steinen ausgekleidet und mit Holz gefüllt. Wenn das Feuer nur noch glüht, wird das Grillgut – meist große Stücke wie Spanferkel oder Ziege – in schwer brennbares Material wie Bananenblätter oder Seetang eingewickelt, in die Grube gelegt und mit Erde, Sand, weiterem Seetang oder einer Plane bedeckt. Das Fleisch gart zwölf bis 24 Stunden in der Erde, bis man es ausgräbt. Es schmeckt unglaublich aromatisch und ist so zart, daß es vom Knochen fällt.

Aber ist das nun Barbecue?

Zugegeben, es handelt sich um eine indirekte Garmethode, und das glühende Holz verleiht dem Fleisch eine Spur Rauchgeschmack. Doch die niedrige, feuchte Hitze, mit der gegart wird, hat genau genommen mehr mit Dünsten oder Braten gemein.

Ob das Pit cooking zum Barbecue zählt oder nicht, bleibt strittig, wie so manches beim Kochen mit offenem Feuer.

AUSRÜSTUNG

Nachdem der Unterschied zwischen Grillen und Barbecue geklärt ist, wenden wir uns nun dem Handwerkszeug zu, also Grillgeräten und Zubehör.

Holzkohle oder Gas?

Über die jeweiligen Vorzüge von Holzkohle und Gas wird seit den fünfziger Jahren, als die ersten Gasgrills aufkamen, diskutiert. Holzkohlegrills können zeitraubend und unberechenbar sein, und sie machen Schmutz – alles Gründe, warum Grillfans sie lieben. Auch die meisten Profis bevorzugen Holzkohle.

Die Köche, die ich auf meiner Barbecuereise traf, nahmen in der Mehrheit Holz oder Holzkohle. Zum Teil wegen des Aromas, aber auch aus ökonomischen Gründen. Holzkohle ist in der sogenannten Dritten Welt reichlich vorhanden, und wer einen Grill benötigt, braucht das Material dafür nur aus dem Müll zu fischen. Bei richtigem Gebrauch erzeugt ein Holzkohlegrill eine saubere, starke Hitze, die sich mit Gas einfach nicht erzielen läßt.

Aber auch Gasgrillgeräte haben ihre Verfechter, darunter prominente Küchenchefs wie z. B. Alain Ducasse. Der Pariser Drei-Sterne-Spitzenkoch entschied sich bei seinen selbstentworfenen Hightech-Grills mit mehreren Drehspießen für Gas. Auch die Köche im vielleicht berühmtesten Grillrestaurant Tokios, dem unnachahmlich theatralischen »Inakaya«, garen ihre Robatayaki über winzigen Hightech-Gasgrills. Und allen öffentlichen Bekundungen zum Trotz werden mittlerweile in den USA mehr Gas- als Holzkohlegrills verkauft.

Ich besitze mehrere Holzkohlegrills und verbreite mich gern über ihre Vorzüge. Aber ich muß zugeben, daß ich für ein Abendessen unter der Woche eher einen unserer vier Gasgrills anheize. Natürlich vermisse ich das Stochern in der Glut und das Hin- und Herschieben der Portionen von heiß nach kalt. Aber dafür springt der Gasgrill auf Knopfdruck an, wärmt gleichmäßig und ist leicht zu säubern.

Warum also Gas? Aus purer Bequemlichkeit. Für Gasgrills braucht man keine abfärbende Holzkohle, keine Anzündhilfen, keine 40 Minuten fürs Anheizen. (Die Anheizzeit beim Gasgrill beträgt 15 Minuten.) Ein Gasgrill ist leicht zu regulieren und verteilt die Wärme gleichmäßiger. Man muß seltener Brennstoff nachfüllen, denn mit den üblichen Gasflaschen können Sie zwölf bis 18 Stunden nonstop grillen. Außerdem haben die meisten eine Haube, so daß man auch räuchern und indirekt garen kann.

Und warum benutzt dann nicht jeder einen Gasgrill? Nun, Gas hat auch Nachteile. Man kann damit einfach keine so hohen Temperaturen erzielen wie mit Holzkohle (vor allem, wenn diese noch angefächelt wird), auch wenn die neueste Generation von Gasgrills heißer ist denn je. Gas gibt kein Aroma ab, der Grillgeschmack stammt nur von der Fleischkruste, und der Rauchgeschmack von speziellen Aromariegeln (Flavorizer) oder Lavasteinen, auf denen herabtropfendes Fett und Fleischsaft verbrennen. Gas erzeugt eine leicht feuchte Hitze (Propangas gibt beim Verbrennen neben Kohlendioxyd auch Wasser ab), und Puristen meinen, die Feuchtigkeit beeinflusse die Fleischkonsistenz negativ.

Davon abgesehen hat Holzkohle eine Vielzahl von Vorzügen, darunter den nicht zu unterschätzenden, daß die meisten Männer gern mit Feuer spielen. Beim Grillen auf Holzkohle wird der Koch mehr gefordert als bei Gas, weshalb es in den Augen vieler Spezialisten mehr Spaß macht. Holzkohle brennt heißer als Gas, was durch zusätzliche Sauerstoffzufuhr noch verstärkt werden kann. Deshalb gehört in vielen Regionen, besonders in Asien, Fächer oder Fön zur Ausrüstung. Und soweit Holzkohle Holz enthält, liefert sie auch ein natürliches Raucharoma.

Holzkohlegrills kosten weniger als Gasgrills und können improvisiert werden, wo es keine zu kaufen gibt. Als ich nach dem College ein Jahr in Europa verbrachte, nahm ich nur ein einziges Teil zum Kochen mit, einen Wok. Wenn ich grillen wollte, kleidete ich ihn einfach mit Alufolie aus und legte Holzkohle oder -briketts darauf.

Welchen Grill man anschaffen sollte, hängt vom Typ und den Lebensumständen ab. Machen Sie sich gern mit Feuer zu schaffen und interessieren sich nicht nur für das Endresultat? Dann ist ein Holzkohlegrill das Richtige. Oder haben Sie's gern bequem und leiden unter Zeitmangel – und wer täte das heute nicht? Dann wäre wohl ein Gasgrill angesagt. Am besten, Sie kaufen von jeder Sorte einen.

Gerätetypen

Da sich die Lust am Grillen ständig weiter verbreitet, steht eine wachsende Zahl von Geräten zur Auswahl – vom fahrbaren Kugelgrill zum gemauerten Gartengrill, vom simplen Hibachi bis zum Hightech-Gasgrill. Hier ein kleiner Überblick über gängige Typen. Wir beginnen mit dem kleinsten.

HIBACHI: Ein kleiner, tragbarer Holzkohlegrill aus Japan, der dank perfekter Konstruktion zur Spitzenklasse gehört. Er macht aus Bescheidenheit eine Tugend und besteht nur aus einer rechteckigen oder ovalen Glutwanne (zur besseren Wärmeleitung meist aus Gußeisen) mit ein oder zwei Metallrosten darüber. Der Hibachi dient zum direkten Grillen bei starker Hitze von Teriyaki, Kebabs, Satés und kleinen Fleischstücken. Die Temperatur wird durch unten angebrachte Lüftungsschlitze reguliert sowie durch das Höher- oder

Tiefersetzen des Rosts. Die indonesischen Satégrills und die flachen Kohlepfannen in der Türkei sind Varianten des Hibachi.

TISCHGRILL, auch **australischer** oder **argentinischer** Grill genannt: Langer, schmaler Grill (1,20 bis 1,80 m lang, 45 bis 60 cm breit), der wie ein Tisch mit einem Rost darauf aussieht. Er steht auf Beinen oder einem Rollwagen, so daß sich die Grillfläche bequem in Taillenhöhe befindet. Holzkohlemodelle haben eine flache Glutwanne und einen höhenverstellbaren Rost, Gasmodelle einen Thermostat. Tischgrills dienen zum direkten Garen bei starker Hitze, insbesondere von vielen Steaks, Koteletts, Garnelen und Hummern zugleich, und werden gern bei großen Grillfesten verwendet. Wenn Australier von Barbecuegrills sprechen, meinen sie Vertreter dieses Typs.

KUGELGRILL: Ein uramerikanischer Grill, geformt wie ein Kessel; ganz unten enthält er einen Rost für Holzkohle (oder Brennholz), darüber einen Rost für das Grillgut. Abgedeckt kann man den Grill auch zum Räuchern (mit Holzspänen) oder als Backofen benutzen. Auf Kugelgrills kann direkt gegrillt werden, doch das Besondere ist, daß auch indirektes

Grillen und Barbecuegrillen möglich sind. Die besten Ausführungen haben aufklappbare Roste (um an die Kohlen zu gelangen) und seitlich einsetzbare Kohleabstandshalter zum indirekten Grillen. Die Temperatur wird durch Schlitze am Boden und im gewölbten Deckel reguliert. Es gibt sie auch in quadratischer Ausführung.

FASSGRILL: Variante des Kugelgrills, bei Profi-Grillern besonders beliebt. Zwei Stunden Schweißen genügen, um ein 200-Liter-Stahlfaß (55 Gallonen) längs durchzuschneiden und Beine, Schornstein, Rost sowie Scharniere und Griffe zum Öffnen der Haube anzubringen. Die gewaltigen Ausmaße erlauben das Garen von großen Braten (Spanferkel). Gibt man die Glut nur in eine Faßhälfte oder in einen separaten Behälter, läßt sich die Barbecuemethode mit Rauchentwicklung und indirekter, geringer Hitze anwenden, bei der das Fleisch so zart wird, daß es vom Knochen fällt. In der Karibik gibt's eine 10-Gallonen-Version (37,8 l) aus alten Propangastanks, bei Barbecuefestivals die 200-bis-500-Gallonen-Jumboversion aus Öltanks.

Tips für den Kauf

Angesichts des riesigen Angebots kann der Kauf eines Grills eine stressige Angelegenheit sein. Achten Sie auf die folgenden Punkte:

HOLZKOHLEGRILLS

UNENTBEHRLICH (bei Hibachi, Tisch-, Kugel- und Faßgrill):

- stabile, standfeste Beine
- kesselförmige oder eckige Glutwanne aus starkem Metall mit fest schließendem Deckel (Ausnahme: Hibachis)
- Rost für die Holzkohle unten im Kessel
- Belüftungsschlitze im Ober- und Unterteil zur Regulierung der Temperatur (Ausnahme: Hibachis)
- solider Grillrost (bei Hibachi und Tischgrill muß er sich leicht höher und tiefer anbringen lassen)
- Griffe aus Holz oder hitzebeständigem Material

EMPFEHLENSWERT:

- eingebautes Thermometer
- seitlich einzuhängende Glutkörbe aus Metall oder Drahtgeflecht zum indirekten Grillen
- hochklappbarer Rost mit Scharnieren, damit man bei Bedarf leicht zur Glut kommt, um mehr Kohle zuzugeben
- Aschekasten auf dem Boden zum leichteren Reinigen und Entsorgen
- zusätzliche Arbeitsfläche an der Seite
- Vorrichtung zum Einhängen eines Drehspießes

GASGRILLS

UNENTBEHRLICH:

- stabile Konstruktion
- dickwandige, schwere Glutwanne und fest schließende Haube zur gleichmäßigen Verteilung der Wärme
- elektrische Zündung
- mindestens zwei (vorzugsweise drei) separate Kochzonen
- Thermostat, mit dem sch der Grill auf »high«, »medium«, »low« einstellen läßt. Auf hoher Stufe sollte die Grilltemperatur durchgehend etwa 260°C betragen.
- Druckregler
- eingebautes Thermometer

EMPFEHLENSWERT:

- zusätzliche Arbeitsflächen an beiden Seiten
- seitliche Kochplatte zum Erwärmen von Saucen und Beilagen
- Vorrichtung zum Einsetzen eines Drehspießes und für einen Räucherkasten
- Warmhalterost
- Insektenschutz an den Brennern
- Sichtfenster in der Haube

GASGRILL: Auch er ist eine amerikanische Erfindung und besteht aus einem Metallbehälter mit röhrenförmigen Flüssiggasbrennern. Darüber befindet sich die Heizfläche – das können eine Reihe von umgedrehten V-förmigen Metallstäben sein, Lavasteine oder Keramikbriketts. Propangas gibt beim Brennen keinen Geschmack ab, doch wenn Fleischsaft und Fett auf die Steine oder Metallstangen tropfen, entsteht ein Raucharoma. Die meisten Gasgrills haben heute zwei bis drei Kochzonen, so daß man damit auch indirekt grillen kann.

GEMAUERTER GARTENGRILL: Die Kolosse aus Naturstein oder Mauerwerk gab es zuerst in den fünfziger Jahren, dem goldenen Zeitalter des Grillens. Es gibt zwei Typen: den herdartigen Grillkamin und das »Barbecue pit« im Südstaatenstil. Ersterer, mit Holzkohle oder Holz beheizt, dient zum direkten Grillen von Steaks, Geflügel und Frikadellen. Der zweite ist für das langsame Räuchern beim echten Barbecue gedacht. Mit zunehmender Mobilität der Bevölkerung verschwinden die Selbstgemauerten nach und nach. Heute ist eine neue Generation von Gartengrills im Kommen – veritable Hightech-Freiluft-Kochcenter, mit Gas, Holz oder Kohle beheizt.

ELEKTROGRILL: Diese Variante erfreut sich in jüngster Zeit wachsender Beliebtheit. Die erforderliche Hitze wird mit Hilfe von Heizschlangen erzeugt, die sich über einer wassergefüllten Tropfschale befinden. Wenn Sie sich für einen Elektrogrill als Tisch- oder Standgerät mit Untergestell interessieren, lassen Sie sich bitte im Fachhandel ausführlich beraten.

Zubehör

Das richtige Handwerkszeug allein macht zwar keinen Grillmeister, aber ohne passende Utensilien tut man sich noch schwerer. Hier erfahren Sie, was Sie unbedingt brauchen und was weniger wichtig, doch angenehm und nützlich ist. Einen Überblick über gängiges Grillzubehör erhalten Sie bei: Grills & Accessoires SIA-Handelsgesellschaft mbH, Am Bahnhof, 38239 Salzgitter, Tel. 05341-29410, Fax 294139. Internetadresse: www.sia.de

UNENTBEHRLICH:

- Anzündkamin (für den Holzkohlegrill); s. Seite 12

- Drahtbürste zum Säubern des Rosts

- zwei Zangen mit langen Griffen (besonders zu empfehlen sind Exemplare mit einer Feder – in Geschäften für Restaurantbedarf erhältlich)

- Grillwender mit langem Griff, vorzugsweise mit abgeknickter Wendefläche

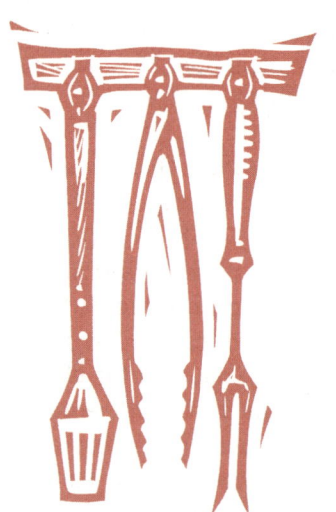

- zwei Küchenpinsel mit langem Griff zum Bestreichen (mit Naturborsten; Plastik schmilzt. Gut ist auch ein Fettpinsel, der wie ein kleiner Mop aussieht.)

- ein Paar robuste Grillhandschuhe

- drei scharfe Messer: Chefmesser (20–30 cm lange Klinge), Küchenmesser, Tranchiermesser

- Fleischgabel

- Instant-Fleischthermometer mit Digitalanzeige

- Einweg-Aluschalen (beim indirekten und Barbecuegrillen unbedingt erforderlich als Tropfschalen; auch zum Einweichen von Holzspänen und Aufbewahren von Marinaden) aus dem Supermarkt

- extra starke Alufolie

- Küchenpapier

- Wasserpistole (um kleine Flammen zu löschen)

- Plastik- oder Gummihandschuhe (zum Tragen beim Einreiben von Schweinefleisch oder Rippchen mit Gewürzen)

- verschiedene Metall-, Bambus- und Holzspieße

- Stoppuhr oder Küchenwecker

- Taschen- oder Stirnlampe für nächtliches Grillen (damit man das Fleisch auch sehen kann)

- Trocken-Feuerlöscher

EXTRAS:

- flacher Gemüse-Spezialrost bzw. Gemüse-Grillkorb mit so kleinen Öffnungen, daß Rauch und Hitze ein- und austreten, die Gemüsestücke jedoch nicht herausfallen

- aufklappbarer Fisch-Grillkorb, zum Grillen und Wenden eines ganzen Fisches

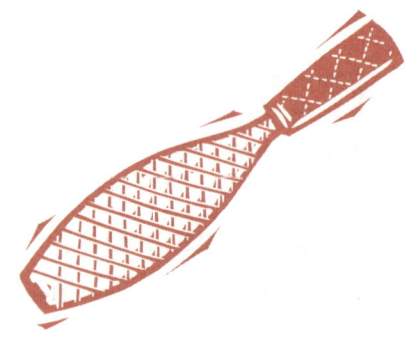

- Drehspieß mit Elektromotor, der am Grill eingehängt wird (prima geeignet für Hähnchen und Lammkeulen)

- Spicknadel: lange, dicke Nadel mit V-förmiger Spitze, zum Einziehen von Speck-, Käse- oder Gemüsestreifen in einen Braten

- elektrische Gewürzmühle (ähnlich einer Kaffeemühle) – großartig zum Mahlen von Körnern für extrascharfe Würzmischungen

- Omas Fleischwolf (zum Zerkleinern von Fleisch besser als die Küchenmaschine)

- Küchenspritze – sehr praktisch zum Injizieren von Flüssigkeiten in Putenbrust, Schweinebraten und andere fettarme Fleischsorten, um sie von innen zu befeuchten

- Zerstäuber, um gegrilltes Fleisch mit Essig oder anderen Würzessenzen zu befeuchten. Für Essig können Sie auch eine Blumenspritze nehmen. Einen Zerstäuber für Olivenöl erhalten Sie z.B. bei Küchen-Hilfe GmbH, Neuer Wall 52, 20354 Hamburg, Tel. 040-3697170, Fax 040-36971717

BRENNMATERIAL

Da Sie nun wissen, worauf Sie beim Kauf eines Grillgeräts achten sollten, kommen wir jetzt zum Brennstoff.

Schwarzes Gold – Holzkohle

Vor etwa 300 000 Jahren machten unsere Ahnen eine revolutionäre Entdeckung: Verkohltes Holz (Holzkohle) brennt heller, heißer und effektiver als frisches Holz.

Um Holzkohle herzustellen, erhitzt man Holz, ohne es völlig zu verbrennen (Holzkohle hat nichts mit Steinkohle zu tun, einem kohlenstoffhaltigen Mineral). Das Verfahren wurde wahrscheinlich zufällig entdeckt, als man Erde oder Sand auf ein Lagerfeuer schaufelte und das Holz, ohne Sauerstoffzufuhr, gerade so stark weiterschwelte, daß Wasser und Harze austraten und der reine Kohlenstoff übrigblieb.

Rohholz enthält 20–30 Prozent Wasser, verkohltes Holz 2–3 Prozent. Daher hat Holzkohle viele Vorzüge: Sie brennt schneller und heißer (um bis zu 100°C) und läßt sich leichter transportieren und lagern. Mehr als die Hälfte der Weltbevölkerung nimmt als Brennmaterial zum Kochen am liebsten Holzkohle; sie wird in ganz Afrika, der Karibik und Asien verwendet.

Besonders köstlich ist die in Südostasien verwendete Holzkohle aus Kokosnußschalen.

Im größten Teil der Welt benutzt man Holzkohle in Stücken, in Nordamerika sind Holzkohlebriketts die Nummer eins. Das Gute an Briketts ist, daß sie von weit einheitlicherer Form, Größe und Konsistenz sind als Holzkohle in Stücken. Schlecht ist, daß man nie genau weiß, was drin ist (s. Kasten rechts). Manche Briketts werden aus verkohltem Hartholz hergestellt, mit natürlichen, pflanzlichen Stärkemehlen als Bindemittel. Andere enthalten Holzabfall, Baumrinde, Sägemehl, Kohlenstaub, Borax, Kalkstein und/oder Salpeter, und diese Stoffe werden von einem mehr oder weniger mineralölhaltigen Bindemittel zusammengehalten.

Aromareich: Holz

Holz war der erste Brennstoff, den der Mensch zum Grillen benutzte. In vieler Hinsicht ist es immer noch der beste. Holz brennt

Drei Arten von Holzkohle

Das beliebteste Brennmaterial fürs Grillen im Freien ist Holzkohle. Handelsüblich sind:

HOLZKOHLE, bevorzugtes Brennmaterial der Profiköche. Man gewinnt sie durch Verschwelen ganzer Baumstämme oder großer Scheite unter Luftabschluß in einem Kohlenmeiler. Die Stücke sind unterschiedlich groß und brennen sauber und heiß.

UNBEHANDELTE HOLZKOHLEBRIKETTS bestehen aus zermahlener Holzkohle, die mit natürlicher Stärke gebunden wird.

KOMPOSITBRIKETTS bestehen aus verbranntem Holz, Holzabfällen und/oder Kohlenstaub, als Bindemittel wird Paraffin oder Mineralöl verwendet.

heiß und lange, wobei aromatischer Rauch frei wird, der zum Wohlgeschmack der Speisen beiträgt. (Holzkohle, einmal abgesehen von Vorzügen wie Bequemlichkeit und Temperaturregelung, hat im Grunde kein Aroma. Nur wenn man Holzspäne auf die Glut streut, läßt sich ein richtiger Räuchergeschmack erzeugen.)

Die Überlegenheit des Holzfeuers läßt sich auch an seiner Be-

Kochen mit Holz

Beim Grillen über Holzkohle oder Gas habe ich jahrelang als zusätzliches Brennmaterial Holzspäne verwendet sowie kleine Holzwürfel, um dem Grillgut ein Raucharoma zu verleihen. Aber ich bin nie auf den Gedanken gekommen, daß ich auch über einem reinen Holzfeuer grillen könnte. Ich war der Meinung, auf Holz zu grillen sei nichts für den Hobby-Griller, sondern gehöre zu den Dingen, die nur auf speziellen Restaurantgrills funktionieren.

Dann lernte ich Larry Jawson kennen, Präsident von W W Wood, Inc., in Pleasanton, Texas, einen leidenschaftlichen Grillkoch. Seine Firma verkauft eine Reihe von Naturholzprodukten – schwere Hickory- und Mesquitholzkloben, abgepackt in Packpapiertüten. Dank ihrer brennbaren Verpackung braucht man die Tüte nur flach ins Grillgerät zu legen und anzuzünden; nach zehn bis 15 Minuten hat man ein loderndes Grillfeuer.

Inzwischen weiß ich, daß es viele Firmen gibt, die fertig verpacktes Feuerholz in praktischen Mengen führen.

Ein Anzündkamin eignet sich besonders gut zum Anzünden von Holzwürfeln. Man legt einfach zuunterst einige zusammengeknüllte Zeitungen (oder einen Paraffinanzünder) in das Gerät, füllt Holzstücke darauf (fast bis obenhin) und zündet das Papier an. In zehn bis 15 Minuten ist das Holz gut angebrannt. Schütten Sie es ins Grillgerät und ziehen Sie es mit Zange, Schürhaken oder Schaufel auseinander, bis die Stücke eine gleichmäßige Schicht bilden.

Lassen Sie das Holz so lange brennen, bis es glüht – drei bis fünf Minuten – und freuen Sie sich auf eines der schönsten Geschmackserlebnisse Ihres Lebens.

Mit Holz zu grillen ist kaum anders als mit Holzkohle. Denken Sie aber daran, daß Holz eventuell heißer brennt, so daß Sie etwas weniger davon brauchen. Wegen der starken Hitze lassen Sie die Haube Ihres Grills am besten offen. (Alle Rezepte zum Direktgrillen sind geeignet.) Verwenden Sie nur trokkenes, unbehandeltes Hartholz. Weichhölzer wie Kiefernholz verursachen einen unangenehmen Harzgeschmack, Altholz enthält möglicherweise krebserregende Stoffe.

GEEIGNETES HOLZ

Macht es wirklich einen Unterschied, mit welchem Holz Sie grillen? Charlie Trotter, Starkoch in Chicago, ist davon überzeugt. Er wechselt das Feuerholz in seinem Grill je nach Jahreszeit. »Im Winter verwenden wir schwereres Holz wie Eiche und Hickorynußbaum«, erklärt Trotter. »Im Frühling folgen leichtere Hölzer wie Erle und Robinie und im Sommer dann Obstbaumholz wie Kirsche.« Tatsächlich sind die Holzarten fürs Grillen, was die einzelnen Gewürze für eine Würzmischung bedeuten: Sie geben ein ausgeprägtes Aroma ans Grillgut ab.

AHORN: Lieblich, mild und süß. Paßt zu Geflügel, Meeresfrüchten, Schweinefleisch.

APFELBAUM: Herbes, reines Aroma. Gut zu Huhn, Schweinefleisch und Wild.

BUCHE: Buchenscheite und -späne verzaubern das Grillgut mit ihrem feinen Aroma.

EICHE: Liegt in Europa an der Spitze und wird von Profiköchen bevorzugt. Der reine, runde Geschmack paßt gleich gut zu Geflügel, Meeresfrüchten und Fleisch.

ERLE: Ein gutes, sauberes Holz zum Grillen. Paßt zu Lachs, Puter und Huhn.

HICKORYWALNUSS: Vollmundig und rauchig. Das traditionelle Holz für amerikanisches Barbecue. Gut zu Schweinefleisch.

KIRSCHE: Süß-fruchtig, mit einem deutlichen Beigeschmack von Kirsche. Für Ente oder anderes Geflügel.

MESQUITBAUM: Kräftig und rauchig im Aroma. Das beste Holz für Rindfleisch nach texanischer und nordmexikanischer Art.

PECANOBAUM: Besonders beliebt in den Südstaaten. Ähnlich wie Hickory, nur milder.

REBHOLZ: Bevorzugtes Brennmaterial in Frankreich. Erzeugt starke Hitze und verleiht ein reines, weinartiges Aroma. Rebholz paßt gut zu Steaks und sonstigem Fleisch, Meeresfrüchten und Schnecken.

WACHOLDER: Ähnlich wie Hickoryholz bei Grillgourmets heiß begehrt.

liebtheit in Nord- und Südamerika sowie in Europa ablesen. Ob vom Lagerfeuer oder vom holzbeheizten Grill eines Restaurants – immer übt über Holzfeuer zubereitetes Essen einen unwiderstehlichen Reiz aus. Das wissen italienische Köche und argentinische Asadores ebenso gut wie die neue Generation amerikanischer Köche, die mit Holz befeuerte Grills zum Zentrum ihrer Restaurants machen.

Holz hat aber auch Nachteile. Allem voran: Es ist sperrig. Außerdem sind Holzscheite schwerer anzuzünden als Holzkohle und brauchen länger, um die ideale Gartemperatur zu erreichen. Die Wärmeregulation ist heikel, und für ein Zwei-Personen-Essen ist ein Holzfeuer die reinste Verschwendung.

Doch wenn's um den Rauchgeschmack geht, gibt es nichts Besseres. Im Kasten links finden Sie eine Anleitung für Holzfeuer. Falls dies für Sie nicht praktikabel ist, streuen Sie Holzspäne oder -würfel auf ihren Grill.

Fast jedes Hartholz eignet sich zum Grillen (Hartholz stammt von Laubbäumen). Eiche ist wohl das beliebteste Feuerholz der Welt; es brennt heiß und rein und ergibt eine ausgeprägte, aber nicht penetrante Rauchnote. Hickoryholz ist im Süden und Mittleren Westen der USA beliebt; es brennt etwas langsamer als Eiche und produziert einen gehaltvollen, süßlichen Geschmack nach Rauch.

Man sollte niemals Weichholz wie Kiefer oder Fichte zum Grillen nehmen. Immergrüne Bäume enthalten Unmengen Harz, das gefährliche Funken verursacht und den damit gegarten Speisen einen Geschmack nach Ruß und Teer verleiht. Eines Herbsttages geriet ich bei einem bayerischen Dorffest an einen Stand, wo Bratwürste über Kiefernzapfen gegrillt wurden – was köstlich schmeckte, aber aus gesundheitlichen Gründen nicht zur Nachahmung empfohlen wird.

Als letztes eine Warnung für Heimwerker: Nehmen Sie keine Holzabfälle zum Grillen! Sperrholz und druckimprägniertes Bauholz enthalten giftige Chemikalien.

Sauber und bequem: Gas

Gasgrills werden mit flüssigem Propangas geheizt, das es bei Gashändlern und im Campingbedarf gibt. Eine Elf-Kilo-Standardflasche hat je nach Gebrauch und Grilltemperatur eine Brenndauer von zwölf bis 18 Stunden.

Neuere Gasgrills besitzen meistens ein Manometer. Bei meinem stellt man dieses ein, wenn die Flasche leer ist, dann wird nachgefüllt. Im »Cook's Magazine« fand ich folgenden Tip, wie man die Menge in einer Gasflasche ohne Anzeige schätzt: Flasche etwas schräg halten und eine Tasse kochendes Wasser über die Außenseite gießen. Dann mit der Hand darüberstreichen. Wo sich das Metall warm anfühlt, ist der Tank leer. Wo es kalt bleibt, befindet sich Propan.

Um eine neue Gasflasche zu füllen, muß zuerst die Luft entfernt werden. Weisen Sie den Verkäufer darauf hin, falls Sie eine neue Flasche haben, damit er sie richtig entlüftet. Volle Flasche immer stehend transportieren. Ich führe dazu im Kofferraum meines Wagens eine Plastikbox mit. Möglicherweise können Sie leere Flaschen auch beim Händler gegen neue eintauschen.

Die neuen, fest eingebauten Hightech-Grills werden z. T. mit Erdgas betrieben. Informieren Sie sich wegen eines Anschlusses bei Ihrem Gaswerk.

RICHTIG ANHEIZEN UND GRILLEN MIT DEM HOLZKOHLEGRILL

Nachdem Sie nun verschiedene Typen von Grillgeräten und Brennmaterialien kennen, kommen wir zum Grillen selbst und beginnen mit dem Holzkohlegrill.

Anzündhilfen

Als ich acht war, demonstrierte mir meine Mutter – auf höchst gefährliche Weise –, wie man es nicht machen darf. Sie warf ein Streichholz auf die Holzkohlebriketts und goß Benzin darüber. Nur die schnelle Reaktion eines Nachbarn verhinderte Schlimmeres. Er schlug ihr den explodierenden Benzinbehälter aus der Hand und stieß sie vom Feuer weg. Nehmen Sie also zum Anzünden niemals Benzin! Flüssige Grillanzünder gießt man nach Anleitung auf die Kohle, dann wird die verschlossene Flasche in einiger Entfernung abgestellt, und erst dann zündet man ein Streichholz an.

Angeblich hinterlassen Flüssiganzünder ölige Rückstände. Außerdem sind sie mancherorts verboten. Ich selbst bin mir nicht sicher, ob noch viele Rückstände übrig sind, wenn die Kohle auf die richtige Weise angeheizt wurde, doch viele Leute stört der Gedanke, daß unter ihrem Kotelett ein Mineralölerzeugnis brennt.

Die moderne Alternative sind mit Paraffin behandelte Anzünder, die wie weiße Eiswürfel aussehen. Man legt zwei oder drei davon in die Mitte des Grills, häuft die Grillkohle darauf und zündet sie mit einem Streichholz an. Oder man gibt sie in das Unterteil eines Anzündkamins, der bei Grillkünstlern gefragtesten Anzündhilfe.

Es handelt sich dabei um ein Gerät von schlichter Eleganz, das aus einem Stahlzylinder (Durchmesser 15–20 cm) besteht, der mit Lüftungsschlitzen am Boden, einem Rost in der Mitte und einem hitzefesten Griff versehen ist. Man füllt Holzkohle oder -würfel in das Oberteil und legt zerknülltes Zeitungspapier oder zwei Paraffinanzünder ins Unterteil. Dann stellt

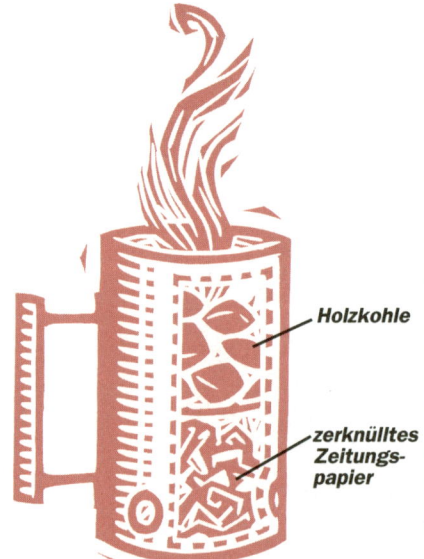

Holzkohle

zerknülltes Zeitungspapier

man den Anzündkamin auf den Rost für die Holzkohle, zündet das Papier oder die Anzünder mit einem Streichholz an, und schon bald schlagen Flammen aus den Kohlen. (Verwenden Sie einen Anzündkamin niemals auf einer Oberfläche aus Holz oder anderen leicht brennbaren Materialien!)

Wenn die Kohle glüht, nehmen Sie das Gerät und schütten es auf dem Grill aus.

Alternativ zum Anzündkamin können Sie auch einen Elektroanzünder verwenden, ein ringförmiges Heizelement, das zuunterst auf den Rost gelegt wird. Darauf häufen Sie eine Holzkohlepyramide und schalten das Gerät ein. Es dauert nur wenige Minuten, bis die Kohlen brennen. Diese Art Anzünder funktioniert auch mit Holzwürfeln. Einziger Nachteil: Es muß ein elektrischer Anschluß in der Nähe des Grills vorhanden sein.

So machen Sie ein Holzkohlefeuer

Das Grillen mit Holzkohle war schon immer ebenso sehr eine Kunst wie eine Wissenschaft, weil sich die Hitze nicht exakt regulieren läßt. Als erstes braucht man genügend Kohle, um eine Fläche zu bedecken, die auf allen Seiten ca. 8 cm größer ist als das Grillgut. Für eine komplett auf dem Kugelgrill (ca. 56 cm Ø) zubereitete Mahlzeit benötigt man ca. 50 Briketts.

Die Kohlen nach einer der beschriebenen Methoden anzünden und etwa 20 Minuten im Anzündkamin (oder pyramidenförmig aufgehäuft) lassen, bis sie rot glühen. Dann mit Schürhaken oder Grillschaufel zu einer einlagigen Schicht auf dem Rost auseinanderziehen. 5–10 Minuten weiter brennen lassen, bis sie mit einer dünnen grauen Ascheschicht überzogen sind. Das Anzünden und Vorheizen eines Holzkohlegrills dauert 25–30 Minuten.

So machen Sie ein Holzfeuer

Ausgezeichnetes Brennmaterial für Holzkohlegrills sind kleine Holzwürfel (s. Anleitung im Kasten auf Seite 10).

Direktes Grillen auf dem Holzkohlegrill

Für das direkte Grillen bei hohen Temperaturen eignen sich relativ dünne Fleischstücke wie Steaks, Koteletts und Kebabs sowie Gemüse wie Paprikaschoten und gefüllte Champignons. Durch die starke

Reinigen und Fetten des Rosts

Reinlichkeit ist eine Zier, doch beim Grillgerät kann man es auch übertreiben. Über einer gut »eingefahrenen« Glutwanne mit Rauchspuren und Fettspritzern (natürlich ohne dicke Schmutzkruste!) gegrillt, schmeckt das Fleisch einfach besser als von einem blitzblanken, neuen Grill. Nur beim Rost sollten Sie pingelig sein; er muß vor und nach dem Gebrauch gründlich gereinigt werden. Auf einem sauberen Rost kann das Fleisch nicht so leicht ankleben, und das Endprodukt schmeckt besser. Bei mir zu Hause gilt die folgende Regel:

Vor dem Grillen, wenn das Gerät bereits gut angeheizt und der Rost heiß ist, letzteren kräftig mit einer Drahtbürste mit langem Stiel abbürsten, um etwaige angebrannte Reste zu entfernen. Nach Beendigung des Mahls den Grillrost wieder abbürsten. (Ein Pfannenmesser aus Metall ist prima, um größere Stücke abzulösen.)

Soll der Rost eingefettet werden, warten Sie, bis er heiß ist; fetten Sie ihn erst kurz bevor Sie das Grillgut auflegen ein. Dazu den Rost vom Feuer nehmen und mit Öl einsprühen. (Zum Anheben des Rosts eine kräftige Zange und Grillhandschuh oder Topflappen benutzen.) Den Rost nie direkt über dem Feuer einsprühen – es gäbe eine Stichflamme!

Bei der zweiten Methode verbleibt der Rost auf dem Grill. ¼ oder ½ Tasse Pflanzenöl in eine Schale gießen. Küchenpapier zu einem etwa 1 cm dicken, ca. 3 x 8 cm großen Rechteck falten. Dieses »Kissen« mit einer Grillzange kurz ins Öl tauchen und die warmen Stäbe des Rosts damit einreiben.

Auch bei der dritten – meiner Lieblingsmethode – bleibt der Rost am Ort. Reiben Sie die heißen Stäbe mit einem überschüssigen Stück Rindfleisch, Speck oder Hühnerfett ein (mit Hilfe von Zange oder Fleischgabel).

Hitze schließen sich die Poren, der Saft kann nicht mehr austreten. Die Garzeit beträgt je nach Größe des Grillguts 4–20 Minuten (4 Minuten für kleine Satés, 20 Minuten für ein T-Bone-Steak). Vielerorts erhöhen die Köche die Temperatur der Glut noch durch Sauerstoffzufuhr mittels Fächer oder Fön.

Grillrost

Kohlenrost

Holzkohleglut

Eine zu hohe oder zu niedrige Temperatur ist der häufigste Fehler beim Grillen. Machen Sie den Sekundentest: die Hand in etwa 15 cm Entfernung über die Glut halten. Wenn Sie langsam bis drei zählen können, bevor Sie sie wegziehen müssen, hat die Glut die richtige Temperatur für direktes Grillen (etwa 260 °C).

Beim direkten Grillen bleibt der Deckel normalerweise offen, vor allem bei kleinen Fleischstücken wie Spießen und Satés oder bei Zutaten, die leicht anbrennen, wie Brot. Größere Fleischstücke werden nach der indirekten Methode gegart.

Zwei-Lagen-Grillen: Beim Direktgrillen über Holzkohle wende ich gern die Zwei-Lagen-Methode an: ein Drittel der Kohle einlagig auf einer Seite (bzw. Hälfte) des Grills verteilen, die restlichen zwei Drittel

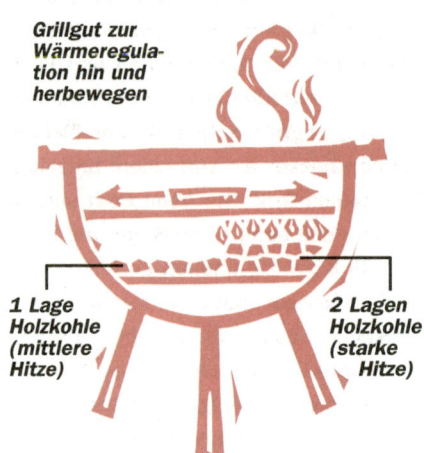

Grillgut zur Wärmeregulation hin und herbewegen

1 Lage Holzkohle (mittlere Hitze)

2 Lagen Holzkohle (starke Hitze)

doppellagig auf der anderen. Eine kleine Randzone des Grills frei lassen. Bei dieser Aufteilung haben Sie eine extrastarke Wärmequelle zum Anbraten, eine gemäßigte fürs Garen und eine Stelle zum Warmhalten der fertigen Speisen. Sie regeln die Temperatur, indem Sie das Grillgut von einer zur anderen Stelle schieben.

Indirektes Grillen auf dem Holzkohlegrill

Versuchen Sie mal, eine Poularde oder einen Zwei-Kilo-Fisch über heißer Glut zu garen – am Ende ist das gute Stück außen schwarz und innen noch nicht gar. Größere Teile sollten längere Zeit (30 Min. bis 2 Std.) bei niedrigerer Temperatur garen. Wie kann man das auf dem Holzkohlegrill erreichen?

Die Lösung ist die indirekte Methode. Dabei wird die Kohle links und rechts zur Seite geschoben, dazwischen kommt eine Tropfschale und darüber, in die Mitte, das Grillgut. Der Grill bleibt stets geschlossen, und die Hitze wird mit den Lüftungsreglern im Deckel und unten am Grill reguliert (öffnen heißt mehr Wärme, schließen bedeutet weniger Wärme). Beim indirekten Grillen liegt die Temperatur meist niedriger als beim direkten, nämlich bei ca. 175 °C.

So grillen Sie indirekt: Zünden Sie die Kohle wie oben beschrieben an. Dann Glut in zwei gegenüberliegenden Haufen anordnen.

Wann kommt der Grill unter die Haube?

Über das Für und Wider des Abdeckens ist schon hitzig debattiert worden. Von Singapur bis São Paulo grillt die Mehrheit der Grillfans direkt über der Glut, ohne den Grill mit einer Haube zu schließen. Aber für original amerikanisches Barbecue ist das Abdecken unverzichtbar und macht den Grill erst zu einem Backofen oder »Barbecue pit«.

Nach meiner Regel bleibt der Deckel offen, wenn nach der direkten Methode gegrillt wird – z.B. Kebabs, Satés, Brot, Gemüsestücke, dünne Steaks, Hähnchenbrustfilets und anderes dünn geschnittenes Fleisch, das starke oder mittelstarke

Hitze und eine kurze Garzeit benötigt (2–4 Min. pro Seite oder weniger).

Beim direkten Grillen von dickeren Fleischstücken (Rinder- und Fischsteaks, Schweinekoteletts, Hähnchen) den Grill nach dem Anbraten zudecken.

Wenn ich die indirekte Grillmethode anwende – bei ganzen Poularden und sonstigem Geflügel, Braten, Lammkeule, Schalentieren mit Schale und anderen großen Stücken –, wird der Grill geschlossen.

Bei am Spieß gebratenem Geflügel oder Braten den Grill abdecken, sofern möglich.

Tropfschalen

Wenn Sie nach der indirekten oder der Barbecuemethode grillen, empfiehlt sich der Gebrauch einer Tropfschale.

Tropfschalen erfüllen einen doppelten Zweck: Erstens fangen sie das Fett auf, das aus Rippchen, Ente oder anderen fetten Zutaten tropft. Zweitens benutzen manche Grillköche sie bei längeren Garprozessen zum Verdampfen von Wasser, Bier, Wein, Marinaden und anderen Essenzen, um so das Grillgut vorm Austrocknen zu schützen.

Einweg-Alupfannen eignen sich ausgezeichnet als Tropfschalen beim indirekten Grillen. Stellen Sie die Schale unter den Rost, in die Mitte zwischen die beiden Gluthaufen.

Bei vielen Gasgrills ist eine Tropfschale eingebaut. In diesem Fall brauchen Sie keine weitere aufzustellen.

Manche Grills sind dafür mit zwei halbkreisförmigen Drahtkörben ausgestattet; bei anderen ergeben zwei in den unteren Rost eingehakte Drahtgitter denselben Effekt. Sind die Briketts von einer dünnen Ascheschicht bedeckt, Tropfschale in die Mitte des Grills setzen, zwischen die beiden Kohlehaufen. Nun das Grillgut auf den Rost (direkt über der Tropfschale) legen und Deckel schließen. Nach einer Stunde etwa 10–12 frische Briketts auf beiden Seiten hinzufügen (s. ganz rechts, Nachlegen beim Holzkohlegrill).

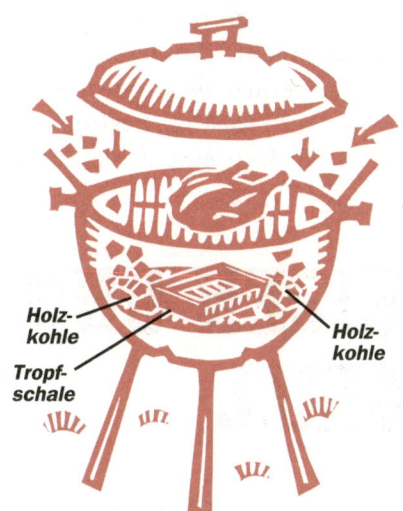

Holz-kohle

Tropf-schale

Holz-kohle

Ist Raucharoma erwünscht, direkt vor Beginn der Garzeit 1–2 Tassen in Wasser eingeweichte Holzspäne oder 2–4 Holzwürfel zur Holzkohle geben. Dies jedesmal wiederholen, wenn Sie Kohlen nachlegen (etwa stündlich).

Barbecue auf dem Holzkohlegrill

Wenn Sie nach der Barbecuemethode auf Holzkohle garen wollen, gehen Sie genauso vor – nur sollte die Temperatur noch niedriger sein (135–150 °C). Stets Holzspäne zufügen, damit das Barbecue durch den Rauch sein charakteristisches Aroma erhält.

SO VERWENDEN SIE HOLZSPÄNE: Holzwürfel und -späne sind in Camping- und Gourmet-Shops erhältlich. Fragen Sie nach Hartholz (Hickory, Eiche, Kirsche, Erle oder Mesquitbaum, s. Kasten Seite 10). Kein Sägemehl verwenden, es ist für Räucheröfen und nicht zum Grillen gedacht. Holzklötzchen oder -späne etwa eine Stunde mit kaltem Wasser bedeckt stehen lassen, damit sie später schwelen und nicht verbrennen.

Zu Beginn des Barbecuegrillens 1–2 Tassen abgetropfte Holzspäne oder 2–4 Holzwürfel zur Glut geben. Dies jedesmal wiederholen, wenn Sie Kohle nachlegen (etwa stündlich, s. unten).

Nachlegen beim Holzkohlegrill

Holzkohleglut verliert nach und nach an Wärme. In einer Stunde sinkt die Temperatur von 260 °C um 60 bis 100 Grad. Bei langsamen Garmethoden wie indirektem oder Barbecuegrillen muß etwa stündlich – oder sobald die Temperatur im Grill um mehr als 30 Grad absinkt – Holzkohle nachgelegt werden. Neuere Geräte haben oft ein eingebautes Thermometer in der Haube. Sonst kontrollieren Sie die Temperatur, indem Sie ein Grillthermometer in einen der oberen Lüftungsschlitze einführen. Bei einem 56-cm-Kugelgrill müssen Sie jedesmal 20–24 Briketts (10–12 pro Seite) zufügen.

Sie können bereits vorgeglühte, aber ebensogut unangezündete Kohle nehmen. Bei letzterer lassen Sie die Haube 5 Min. offen, damit die Luft die Verbrennung beschleunigt.

Diese einfache Methode besitzt einen potentiellen Nachteil: Frische Briketts geben beim Anbrennen manchmal einen Rauch ab, der das Grillgut nach Asche schmecken läßt (Holzkohle brennt sofort, so daß dies nicht vorkommt).

Um derartiges zu vermeiden, die Kohle 15–20 Min., bevor sie benötigt wird, in einem Anzündka-min auf einem anderen Grill oder einer Betonplatte (nie auf Holz!) vorheizen. Zum Nachlegen die glühenden Kohlen mit der Zange in die seitlichen Glutkörbe legen.

RICHTIG ANHEIZEN UND GRILLEN MIT DEM GASGRILL

Sie brauchen kein Ingenieur zu sein, um einen Gasgrill anzuzünden, doch auch hier gibt es ein paar Punkte zu beachten.

So zünden Sie den Grill an

Sehen Sie als erstes nach, ob Sie genug Gas haben (dazu dient das Manometer!). Es gibt nichts Schlimmeres, als mitten beim Grillen einer ganzen Rinderbrust oder eines Schinkens festzustellen, daß kein Gas mehr da ist.

So wird's gemacht: Haube öffnen, Startbrenner auf höchste Stufe stellen und mittels Zündknopf anzünden (bei älteren Modellen mit einem Streichholz). Ist der Brenner wirklich an? Die meisten Grills haben ein Sichtfenster unter dem Brenner-Kontrollknopf, durch das man die Flamme sehen kann.

Falls der Brenner nicht zündet, nachdem Sie den Zündknopf einige Sekunden lang gedrückt haben, schalten Sie den Grill aus, warten 3–4 Min., damit er auslüftet, und versuchen es erneut. Man sollte das Gas keineswegs anstellen, während man einen störrischen Zündknopf betätigt. Der Glutkasten füllt sich sonst mit Gas, und wenn der Funke überspringt, entzündet sich dieses explosionsartig.

Sobald der Hauptbrenner gezündet ist, zünden Sie auch die übrigen und stellen alle auf höchste Stufe. Den Grill bis zur erwünschten Temperatur anheizen (dauert 10–15 Min.). Versuchen Sie hier nicht Zeit einzusparen, denn das ist einer der häufigsten Fehler beim Gasgrill (am besten Grill erst auf höchster Stufe anheizen und dann auf die gewünschte Temperatur herunterschalten).

Direktes Grillen auf dem Gasgrill

Schalten Sie die Brenner auf höchste Stufe und heizen Sie vor, bis der Innenraum mindestens 260 °C heiß ist. (Die Temperatur wird meist auf Höhe der Haube gemessen, deshalb kann die Anzeige etwas höher sein als die Temperatur auf dem Rost.) Sie müssen wahrscheinlich alle Brenner anzünden, um so hohe Temperaturen zu erreichen. Wenn Sie nicht den gesamten Rost benötigen, können Sie einen oder mehrere Brenner ausschalten, sobald die gewünschte Temperatur erreicht ist.

Zum Direktgrillen bei mittlerer bis starker Hitze stellen Sie die Brenneranzeige mittelhoch ein, so daß die Innentemperatur mindestens 200 °C erreicht.

Indirektes Grillen auf dem Gasgrill

Nichts leichter, als einen Gasgrill zum indirekten Grillen vorzubereiten. Sie brauchen dafür einen Grill mit mindestens zwei Heizzonen (rechte plus linke Seite), besser noch drei (vorn, Mitte, hinten bzw. links, rechts, Mitte). Heizen

Fisch und Koteletts musterhaft grillen

Sieht es nicht appetitlich aus, wenn Fischfilets oder Kalbskoteletts gekreuzte Grillspuren aufweisen? Der Profilook läßt sich verblüffend einfach herstellen.

Grill auf höchster Stufe vorheizen, Rost gründlich säubern, vorheizen und einfetten. Filets oder Koteletts auflegen, und zwar alle gleich ausgerichtet. Nach zwei Minuten jedes einzelne Stück mit Grillwender oder Zange um 45 °C (für ein Rautenmuster) oder um 90 °C (für ein viereckiges Muster) drehen. Bis zur gewünschten Bräunung etwa 2 Min. weiter garen.

Steaks wenden und die Prozedur mit der anderen Seite wiederholen. Die genaue Garzeit ist abhängig vom Grillgut, dessen Dicke – und natürlich von Ihrem persönlichen Geschmack.

Sie den Grill, wie oben beschrieben, auf höchster Stufe vor.

Zum indirekten Grillen auf dem Zwei-Zonen-Grill die Hitze auf einer Seite auf mittelhohe oder mittlere Stufe reduzieren, andere Seite ausschalten. Dann Grillgut und Tropfschale (bei vielen Gasgrills eingebaut) auf die ausgeschaltete Seite setzen. Temperatur in der Glutwanne auf etwa 175 °C regeln.

Beim Drei-Zonen-Grill die vorderen und hinteren (bzw. linken und rechten) Brenner auf mittlere Stufe stellen, den mittleren ausschalten. Dann Grillgut und Tropfschale in der Mitte plazieren. Auch hier regulieren Sie die Gaszufuhr so, daß die Temperatur in der Glutwanne etwa 175 °C beträgt.

Barbecue auf dem Gasgrill

Wenn Sie Barbecue auf einem Zwei-Zonen-Grill zubereiten wollen, reduzieren Sie die Hitze auf einer Seite auf schwache bis mittlere Hitze und schalten die andere Seite ab. Legen Sie das Grillgut auf die abgeschaltete Seite! Die Temperatur in der Glutwanne soll etwa 135–150 °C betragen.

Bei einem Drei-Zonen-Grill stellen Sie den vorderen und hinteren (bzw. linken und rechten) Brenner auf niedrige bis mittlere Hitze und schalten den mittleren Brenner aus. Grillgut und Tropfschale kommen in die Mitte. Die Temperatur in der Glutwanne soll ca. 135–150 °C betragen.

Holzspäne im Gasgrill

Es ist eine Herausforderung für den Koch, das Räucheraroma von Holz bei einem Gasgrill herzustellen. Viele Gasgrills besitzen einen Räucherkasten (Metallkasten mit Löchern), doch nur wenn der Grill mit voller Kraft läuft, wird dieser so heiß, daß das Holz schwelt. (Beim Holzkohlegrill ist dies kein Problem, weil das aromatisierende Holz dort direkten Kontakt zur Glut hat.) Läuft jedoch ein Gasgrill auf höchster Stufe, wird er zu heiß für indirektes oder Barbecuegrillen.

Das Problem läßt sich dadurch vermeiden, daß man eingeweichte Späne in den Räucherkasten legt und diesen direkt über einen Brenner stellt. Heizen Sie den Grill auf höchster Stufe an, bis Rauchschwaden austreten, dann senken Sie die Temperatur auf die gewünschte Stufe für indirektes bzw. Barbecuegrillen ab (oder Sie richten sich nach den Anweisungen des Herstellers).

Sie können einen Räucherkasten auch separat kaufen oder aus einer Metallbackform herstellen.

Zehn Gebote für perfektes Grillen

1. PLANUNG IST ALLES. Bevor Sie anfangen, sollte sich alles, was Sie benötigen – Grillgut, Marinade, Sauce zum Bestreichen, Gewürze sowie Grillzubehör – in Reichweite des Grills befinden.

2. HEIZMATERIAL ÜBERPRÜFEN. Es gibt nichts Schlimmeres, als wenn mitten beim Grillen die Kohle oder das Gas verbraucht ist. Wenn Sie mit Holzkohle heizen, zünden Sie so viel an, daß die Glutfläche auf allen Seiten 7 cm größer ist als die Fläche, die das Grillgut einnehmen wird. (Für einen Kugelgrill von 56 cm Ø brauchen Sie einen gefüllten Anzündkamin.) Beim Gasgrill sorgen Sie dafür, daß der Tank mindestens zu einem Drittel voll ist.

3. RICHTIG ANHEIZEN. Nicht vergessen, Grillen verlangt starke Hitze. Um knusprige Kruste, Holzkohlearoma und dekorative Muster zu erzeugen, wie es von einem Grillmeister erwartet wird, müssen Sie starke Hitze erzeugen, mindestens 260 °C. Und obwohl ich es bereits an anderer Stelle erklärt habe, wiederhole ich es noch einmal: bei Holzkohle immer abwarten, bis sie mit einer feinen, grauen Ascheschicht überzogen ist. Sie sollten Ihre Hand nur drei Sekunden in ca. 15 cm Höhe über dem Rost halten können, bevor Sie sie wegziehen müssen. Wenn Sie einen Gasgrill benutzen, etwa 10–15 Min. auf höchster Stufe anheizen (mindestens auf 260 °C). Beim indirekten Grillen auf 175 °C anheizen.

4. SAUBERHALTEN. Nichts kann einem den Appetit so verderben wie Spuren von Angebranntem am Rost. Außerdem bleiben die Zutaten auf schmutzigen Stäben leicht kleben. Reinigen Sie den Rost zweimal! Einmal nach dem Vorheizen des Grills und nochmals, wenn alles vorbei ist. Beim ersten Mal werden alle Reste von der letzten Grillparty entfernt. Nehmen Sie einen Metallspachtel für grobe Speisereste und eine harte Drahtbürste für den Rest.

5. GUT SCHMIEREN. Kurz bevor Sie das Grillgut auflegen, den Rost einfetten. (Es gibt auch Zutaten, bei denen dies nicht notwendig ist.) Sie können ihn mit Öl einsprühen (immer weg vom Feuer, s. Seite 13), ölgetränktes, zusammengefaltetes Küchenpapier benutzen oder die Stäbe mit einem Stück Speck, Rinderfett oder Hühnerhaut abreiben.

6. WENDEN, NICHT EINSTECHEN. Beim Grillen das Fleisch stets mit Zange oder Grillwender wenden. Nie mit der Fleischgabel ins Grillgut pieken, sonst tropft der aromatische Fleischsaft in die Glut.

7. RECHTZEITIG BESTREICHEN. Saucen und Marinaden auf Basis von Essig-Öl, Zitrone und Joghurt können Sie während der ganzen Garzeit aufs Fleisch streichen (jedoch nicht in den letzten drei Minuten, sofern in der Marinade rohes Fleisch oder frischer Fisch eingelegt wurde!). Barbecuesaucen auf Zuckerbasis erst gegen Ende der Garzeit auftragen. Zucker verbrennt leicht und sollte deshalb der Hitze nicht allzu lange ausgesetzt sein.

8. ZUGEDECKT LASSEN. Grillen Sie größere Teile wie Hähnchen, Lammkeule oder Hochrippe nach der indirekten Grilloder der Barbecuemethode (s. Seiten 14, 16). Der Grill bleibt fest geschlossen. Widerstehen Sie der Versuchung, einen Blick zu riskieren. Mit jedem Öffnen der Haube verlängert sich die Garzeit um 5–10 Min.

9. RUHEN LASSEN. Ob Rinderbraten, Steak oder Hähnchen – fast alles, was Sie grillen, schmeckt besser, wenn Sie es vor dem Servieren kurze Zeit auf dem Tranchierbrett stehen lassen. So kann sich der Fleischsaft, der durch die Hitze in die Mitte des Bratens oder Steaks getrieben wurde, wieder bis zur Oberfläche verteilen, das ganze Stück bleibt saftiger und schmeckt besser.

10. AUF DEM POSTEN BLEIBEN. Grillen erfordert Konzentration. Sobald etwas auf dem Grill liegt, bleiben Sie dabei, bis es fertig ist – vor allem bei der direkten Methode. Dies ist nicht der Moment, um ans Telefon zu gehen, die Salatsauce anzurühren oder Cocktails zu mixen.

Das Allerwichtigste ist jedoch, daß es Ihnen Spaß macht. Denken Sie daran: Grillen ist kein Hexenwerk.

ALLES KLAR?

Wenn Sie Rezepte in diesem Buch nachkochen, finden Sie unter dem jeweiligen Abschnitt verschiedene Arbeitsanweisungen. Hier wird kurz erklärt, was gemeint ist.

Den Grill auf höchster Stufe anheizen

Falls Sie einen Holzkohlegrill benutzen, zünden Sie die Kohlen mit einer der unter »Richtig Anheizen und Grillen mit dem Holzkohlegrill« beschriebenen Methoden an. Dann verteilen Sie die Glut auf dem Boden des Grills. (Sie können auch die Zwei-Lagen-Methode anwenden, s. Seite 14.) Die Lüftungsschlitze oben und unten ganz öffnen. Machen Sie den Drei-Sekunden-Test, um zu prüfen, ob die Temperatur richtig ist: die Hand in ca. 15 cm Höhe über die Kohlen halten und dabei langsam zählen. Wenn Sie es drei Sekunden, aber keine Sekunde länger aushalten, hat die Glut die richtige Temperatur. Falls Sie ein Thermometer besitzen: die Oberflächentemperatur des Grillbereichs sollte etwa 260°C betragen. Rechnen Sie mit 30 Minuten Anheizzeit.

Beim Gasgrill stellen Sie alle Brenner auf höchste Stufe. Heizen Sie den Grill so lange vor, bis die Innentemperatur mindestens bei 260°C liegt, was etwa 10–15 Minuten dauert.

Den Grill auf starke bis mittlere Hitze anheizen

Beim Holzkohlegrill zünden Sie die Kohle wie oben beschrieben an, ziehen sie aber weiter auseinander oder lassen sie 5–10 Minuten länger glühen. Sie sollten die Hand fünf Sekunden darüber halten können.

Den Gasgrill auf höchste Stufe vorheizen, dann Brenner herunterschalten. Die Temperatur sollte etwa 200°C betragen.

Den Grill auf mittlere Hitze anheizen

Beim Holzkohlegrill zünden Sie die Kohle wie oben beschrieben an, machen die Lage noch dünner oder lassen sie 5–10 Minuten länger glühen. Sie sollten die Hand sieben Sekunden darüber halten können.

Den Gasgrill auf höchste Stufe vorheizen, dann auf mittlere Hitze herunterschalten. Die Temperatur sollte etwa 175°C betragen.

Den Grill auf schwache bis mittlere Hitze anheizen

Den Holzkohlegrill wie oben beschrieben anheizen, die Lage aber noch dünner machen oder 5–10 Minuten länger brennen lassen als für mittlere Hitze. Sie sollten die Hand zehn Sekunden über die Glut halten können.

Den Gasgrill auf höchste Stufe vorheizen, dann auf schwache bis mittlere Hitze herunterschalten. Die Temperatur sollte etwa 160°C betragen.

Den Grill auf schwache Hitze anheizen

Den Holzkohlegrill wie oben beschrieben anheizen. Die Kohlen in einer sehr dünnen Schicht verteilen oder 15–20 Minuten länger brennen lassen. Sie sollten die Hand zwölf Sekunden lang über die Glut halten können.

Den Gasgrill auf höchste Stufe vorheizen, dann auf schwache Hitze herunterschalten. Die Temperatur in der Glutwanne sollte etwa 150 °C betragen.

Zum direkten Grillen vorbereiten

Den Holzkohlegrill anheizen, wie auf Seite 12 beschrieben, dann die Kohle direkt unter der Stelle, wo das Grillgut liegen soll, verteilen. Eventuell die Zwei-Lagen-Methode (s. Seite 14) anwenden.

Beim Gasgrill ist es am besten, den ganzen Grill vorzuheizen und dann die nicht benötigten Brenner abzuschalten. Gasgrills reagieren fast sofort, deshalb können Sie die Temperatur durch Einstellung der Gaszufuhr regeln.

Den Grill zum indirekten Grillen vorbereiten: Holzkohle

s. Anleitung auf Seite 14

Den Grill zum indirekten Grillen vorbereiten: Gas

s. Anleitung auf Seite 16

SPEZIELLE TECHNIKEN

Grillen ist so abwechslungsreich, daß sich Bände darüber schreiben ließen. Hier ein paar spezielle internationale Grilltechniken, die Sie auch bei sich zu Hause anwenden können.

Grillen am Drehspieß

Am Spieß zu grillen ist etwas aus der Mode gekommen. Als ich klein war, hatten sämtliche Nachbarn eine Vorrichtung dafür. Diese Zusatzteile werden noch immer hergestellt, und es ist mir schleierhaft, warum sie nicht häufiger benutzt werden. Heute glaubt man wohl, man habe nicht genug Zeit, um ein ganzes Huhn oder eine Lammkeule am Spieß zu braten.

Leider, muß man sagen, denn hierbei verbindet sich das für das Direktgrillen typische knusprige Äußere mit der sanften Hitzeeinwirkung der indirekten Methode. Durch die Drehbewegung wird das Fleisch ständig mit dem eigenen schmelzenden Fett befeuchtet. Diese Vorzüge schätzen insbesondere Franzosen und Brasilianer, bei deren Grillküche das Grillen am Spieß im Mittelpunkt steht.

Für den Spieß eignen sich hervorragend Hähnchen, Rebhuhn und Enten, erst recht natürlich Schweinerollbraten oder Schulterbraten vom Rind. In Uruguay lernte ich einen Grillkoch kennen, der Knoblauchbrötchen am Spieß zubereitete. In Paris erlebte ich, wie Rippchen, Lammschulter und sogar ganze Hammel und Spanferkel am Drehspieß gegrillt wurden.

Spieße lassen sich an Holzkohle- wie Gasgrills anbringen. Beim Kauf eines Elektrospießes achten Sie auf einen Abstellknopf für den Motor (verschiedene Drehgeschwindigkeiten sind ebenfalls nett) sowie ein ausreichend langes Kabel (bis zum nächsten Stromanschluß). Und darauf, daß er in die Einhängevorrichtung Ihres Grills paßt! Der Spieß selbst sollte verstellbare Halteklammern fürs Fleisch haben. Praktisch ist auch ein Gegengewicht, das den Motor entlastet.

Den Holzkohlegrill anheizen, wie auf Seite 12 beschrieben. Glut zu zwei parallelen Reihen harken, jeweils etwa 10 cm vor bzw. hinter der Stelle, wo sich der Spieß drehen soll. Tropfschale in die Mitte zwischen die Kohlereihen stellen. Nun Grillgut auf den Spieß stecken und Motor anstellen. Stündlich 10–12 Briketts je Seite nachlegen.

Grillen Sie mit Gas, brauchen Sie ein Gerät mit mehreren Brennern, die von vorn nach hinten angeordnet sind. Vorderen und hinteren Brenner auf höchste Stufe stellen, den mittleren nicht einschalten. Tropfschale in die Mitte des Grillrosts stellen. Grillgut auf den Spieß stecken, Motor anstellen. Achtung: Beim Gasgrill müssen Sie die Tropfschale eventuell unter den Rost setzen, weil die Spießvorrichtung so niedrig angebracht ist. Luxuriösere Grills verfügen meist über eingebaute Tropfschalen.

Ungefähre Garzeiten für das Grillen am Drehspieß *

Fasan (900 g)	25–30 Min.
Poularde (1500 g)	40–60 Min.
Ente (1800–2300 g)	1¼–1½ Std.
Lammkeule, entbeint (900–1350 g)	1–1½ Std.
Schweinerollbraten (900–1350 g)	1–1½ Std.
Schulterbraten, ohne Knochen (ca. 1300 g)	1–1½ Std.

*Beim Grillen mit geschlossener Haube. Bei offenen Grills verlängert sich die Garzeit um 15–20 Min.

Grillen ohne Rost

Für die meisten ist der Rost (das Metallgitter) das Wichtigste oder zumindest Charakteristische eines Grillgeräts. Es mag Sie deshalb verwundern, daß in vielen Ländern – Türkei, Japan, Indien – ohne Rost gegrillt wird, und das Grillgut sozusagen in der Luft, direkt über dem Feuer schwebt.

Hackfleischspieße, wie indonesische Satés und persische Lula, geraten besonders gut ohne Grillrost, weil das Hackfleisch leicht an den Metallstäben hängen bleibt. Viele indische Tandoori-Gerichte sind in Kichererbsenteig eingehüllt und bleiben ebenfalls leicht am Rost kleben, genau wie die in Japan so beliebte Miso-Glasur (Überzug aus Sojapaste).

Auf den bei uns üblichen Grills läßt sich das am einfachsten nachahmen, indem Sie zwei flache, etwa 2½ cm hohe Mauer- oder Pflastersteine oder kurze Metallrohre auf den Rost legen. Lassen Sie dazwischen so viel Abstand, daß Sie die Fleischspieße mit beiden Enden auf die Steine legen können. Die Zutaten sind dann oberhalb des Rosts der vollen Strahlungshitze ausgesetzt.

Für alle, die sich jemals mit angesetzten Hackspießen abgequält haben, stellt dieser einfache Trick eine Offenbarung dar.

Saté-Spieße

Satés gehören sicherlich zum Leckersten, was je von und für Grillfans erfunden wurde. Die Bambusspieße mit den kleinen Häppchen erfreuen sich in ganz Südostasien großer Beliebtheit. Japanisches Yakitori ebenso wie Teriyaki sind eng verwandt mit Saté.

Das einzige, worauf man beim Grillen von Satés ein bißchen aufpassen muß, sind die Spieße selbst. Da Bambus leicht brennt, muß man etwas unternehmen, damit diese Spieße nicht verbrennen. Es gibt zwei Möglichkeiten: Entweder Sie legen sie eine Stunde vor dem Gebrauch in eine Schale mit kaltem Wasser. Oder Sie verwenden einen Grill, der gerade so lang ist, daß nur das Fleisch und nicht der Spieß der Glut ausgesetzt ist. Spezielle Saté-Grills sind lange schmale Metallkästchen, die leicht transportabel sind. Es gibt sie in vielen Varianten zwischen Djakarta, Kyoto und Kuala Lumpur. (Ich habe mir in Djakarta einen 30 x 8 cm großen Grill gekauft, der aus einer Blechdose gemacht war.)

Da es bei uns keine Saté-Grills zu kaufen gibt, kommt ein japanischer Hibachi der Sache am nächsten. Sie schieben die Glut ganz auf die eine Seite und legen die Saté-Spieße so auf den Grill, daß die Enden an den Rändern überstehen.

Wenn Sie Satés auf einem größeren Holzkohlegrill zubereiten wollen, breiten Sie die Kohle nur auf einer Seite aus. Dann legen Sie die Satés so auf den Rost, daß die Stiele von der Glut weg zeigen. Sie können sie auch ganz an den Rand legen, so daß die Enden der Spieße außen überstehen.

Wenn Sie Satés auf einem Gasgrill zubereiten wollen, zünden Sie nur die Hälfte der Brenner an. Legen Sie die Satés dann so auf die beheizte Seite, daß sich die Enden der Bambusspieße über den nicht angezündeten Brennern befinden. Oder lassen Sie sie am Rand wieder ein wenig überstehen.

Falls die Bambusspieße trotz aller Vorkehrungen anbrennen sollten, wickeln Sie einfach etwas starke Alufolie um die Enden.

Glutseite   *kühle Seite*

Countdown zum Grillen

Beim Grillen muß das Timing stimmen. Der folgende Zeitplan soll Ihnen dabei helfen, daß Sie den Grill in Gang setzen, das Essen marinieren und zubereiten und Ihre Gäste satt bekommen, ohne sich total zu verausgaben.

VORBEREITUNGEN

1. Zwölf bis eine Stunde vorher Grillgut in Marinade einlegen oder mit Würzmischung einreiben.

2. Den Tisch decken.

3. Getränke mixen und Beilagen zubereiten.

HOLZKOHLEGRILL

1. Holzspäne oder -stücke (sofern gewünscht) eine Stunde vor Grillbeginn wässern.

2. Holzkohle 30–40 Minuten vor Grillbeginn anzünden.

3. Wenn die Kohle glüht (nach 15–20 Minuten), den Anzündkamin in der Glutwanne ausschütten und die Kohle auf dem Boden des Grills verteilen. Eventuell auf einer Seite höher aufschichten, um zwei unterschiedlich hohe Temperaturen zu erzeugen (zur Zwei-Lagen-Technik s. Seite 14). Abwarten, bis sich eine feine, weiße Ascheschicht auf der Kohle bildet; soll die Hitze besonders stark sein, weitere 5–10 Minuten warten. Dann kann das Grillen beginnen. Schreibt das Rezept geringere Temperaturen vor, Anleitung auf Seite 19 befolgen.

4. Den Rost mit der Drahtbürste reinigen und dann einfetten (s. Seite 13).

5. Gewässerte, abgetropfte Holzspäne auf die Glut werfen. Grillgut auf den Rost legen. Bei längerem indirekten Grillen nach 45 Minuten eine zweite Partie Kohle im Anzündkamin anheizen (ca. 15 Minuten, bevor sie benötigt werden).

6. Nach dem Grillen den Rost wieder gründlich mit der Drahtbürste reinigen.

GASGRILL

Im Prinzip der gleiche Ablauf wie beim Holzkohlegrill. Der Gasgrill wird ca. 15 Minuten vorgeheizt. Eventuell kommen Holzspäne in den Räucherkasten. Bis sie zu schwelen beginnen, den Grill auf höchster Stufe lassen und erst dann auf die gewünschte Temperatur herunterschalten.

IST DAS ESSEN FERTIG?

Heikel ist beim Grillen und beim Barbecue höchstens die Frage, wann das Grillgut gar ist. Manche Leute halten es mit der Daumenprobe, die erstaunlich zuverlässig ist, wenn es sich um erfahrene Grillköche handelt. Doch bei großen Fleischstücken geht man am besten »wissenschaftlich« vor.

Kreative Methode

Die Daumenprobe eignet sich ohne weiteres für Steaks, Koteletts, Hähnchenbrust- sowie Fischfilets.

Drücken Sie auf die dickste Stelle des Steaks oder Koteletts. Ist es noch »rare« (blutig), fühlt es sich weich und nachgiebig an – etwa so wie das Fleisch zwischen Daumen und Zeigefinger, wenn sich die Fingerspitzen locker berühren.

Ist es »medium« (rosa), spüren Sie einen kleinen Widerstand, wie beim Fleisch zwischen Daumen und Zeigefinger, wenn Sie eine lockere Faust machen.

Ist es »well-done« (durchgebraten), fühlt es sich elastisch-fest an, so wie das Fleisch zwischen Daumen und Zeigefinger, wenn Sie eine feste Faust machen.

Für Hähnchen gibt's folgende Garproben: Wenn Sie mit Nadel oder Spieß in die dickste Stelle einer Keule stechen, soll klarer Fleischsaft austreten. Wenn Sie einen Schlegel hin und her bewegen, sollte er sich sehr lose anfühlen. Machen Sie einen Schnitt zwischen Bein und Körper, so darf es am Gelenk nicht mehr rot aussehen (außer das Huhn wird geräuchert – Rauch rötet das Fleisch).

Garprobe für Fisch: Mit der Gabel leicht auf die dickste Stelle drücken. Das Fleisch sollte in große, feste Stücke zerfallen und sich gut von den Gräten lösen lassen.

Wissenschaft-liche Methode

Aber was ist mit noch größeren Fleischstücken? Einzig unfehlbar ist das Messen der Innentemperatur mit einem Fleischthermometer mit Digitalanzeige, das in Haushaltsgeschäften erhältlich ist.

Stechen Sie es an der dicksten Stelle ins Fleisch, ohne jedoch einen Knochen zu berühren. (Knochen sind Wärmeleiter.) In den Kapiteln über Fleisch, Geflügel und Meeresfrüchte finden Sie Tabellen für unterschiedliche Garstufen und die entsprechenden Temperaturen. Innentemperaturen werden bei Bedarf auch in den Rezepten angegeben. Hier eine grobe Übersicht:

RIND UND LAMM	
rare (blutig)	60 °C
medium-rare (rosa)	65 °C
medium (halbrosa)	71 °C
well-done (durchgebraten)	77 °C

SCHWEIN	
medium (halbrosa)	71 °C
well-done (durchgebraten)	77–88 °C

HUHN, PUTER UND WACHTEL	
medium (halbrosa)	71 °C
well-done (durchgebraten)	77–82 °C

ENTE UND TÄUBCHEN	
rare (blutig)	60 °C
medium (halbrosa)	71 °C
well-done (durchgebraten)	77 °C

Durstlöscher

Verbleit oder bleifrei?« fragte mich der Barmann in einer Grillhütte in Nassau auf den Bahamas. »Verbleit« heißt im dortigen Jargon, daß der Kokusnußpunsch oder Sky juice mit Gin serviert wird, während bleifrei ohne Gin bedeutet. Gibt es einen besseren Start für eine Grillparty?

Keine Frage, beim Grillen kann man enormen Durst bekommen. Weil man sich im Freien befindet, direkt neben einer starken Wärmequelle. Und weil Grilladen nach einer Erfrischung verlangen, die so aromatisch ist, daß sie sich gegen den Rauchgeschmack behauptet.

Ist ein brasilianisches Grillfest überhaupt vorstellbar ohne einen Krug mit eiskalter Caipirinha aus Zuckerrohrbrand und Limetten? Oder türkische Kebabs ohne ein Glas Raki? Ein karibisches Cookout ohne Planter's punch?

Hier finden Sie einige der bewährtesten Durstlöscher der Welt, darunter natürlich auch alkoholfreie Drinks wie den afghanischen Joghurtdrink Doh (aus Joghurt, Minze und Sodawasser), den man in verschiedenen Abwandlungen zwischen Bagdad und Kabul genießt.

Von Gingere ananas (Ingwer-Ananas-Punsch) aus Senegal bis zu Bandung (mit Rosenwasser) aus Singapur und Malaysia können Sie viele alkoholfreie Schätze heben, die noch den hartnäckigsten Durst löschen.

Mit Alkohol

ORIGINAL PINA COLADA

PUERTO RICO

Ramon »Monchito« Marrero Perez versteht etwas von Piña coladas. In der Bar in San Juan, wo er arbeitet, gehen täglich über dreihundert Gläser mit der tropischen Erfrischung über den Tresen. Perez nimmt für sich in Anspruch, Piña colada an einem schwülen Sommertag des Jahres 1954 erfunden zu haben. Laut Webster's Dictionary tauchte der Begriff allerdings schon 1923 gedruckt auf. Rum mit Ananassaft war da bereits seit Jahrzehnten (wenn nicht Jahrhunderten) ein beliebter puertoricanischer Cocktail. Neu bei Perez war die Coconut cream (aus dem Fruchtfleisch der Kokusnuß), die den Drink noch sämiger macht. Hier finden Sie Perez' Originalrezept. Soll's noch üppiger sein, statt

Ananassaft 1 Tasse frische Ananaswürfel nehmen.

6 cl weißer Rum (Perez nimmt Bacardi.)
20 cl ungesüßter Ananassaft
3 EL Coconut cream (z. B. Coco Lopez)
2 EL Sahne
1 Tasse zerstoßenes Eis
1 schmales Stück frische Ananas
1 Maraschinokirsche mit Stiel

Rum, Ananassaft, Coconut cream und Sahne mit dem Eis im Mixer mischen. In ein großes Glas gießen. Mit Ananas und Kirsche garnieren und sofort servieren.
Für 2 Gläser

BRASILIANISCHER DAIQUIRI
Caipirinha

BRASILIEN

Alle Länder, in denen man gern Rum trinkt, haben ihre eigene Version des Daiquiri. In Brasilien ist es Caipirinha. Da der Drink aus nur drei Zutaten besteht – frischen Limetten, Zucker, Zuckerrohrschnaps –, wirkt er recht harmlos, zumal er erstaunlich leicht die Kehle hinuntergleitet. Doch wehe dem, der mehrere Caipirinhas schnell hintereinander weg

trinkt, denn er wird mit einem der stärksten Schnäpse gebraut, die es in der westlichen Hemisphäre gibt, Cachaça.
Cachaça (sprich: Kaschása) ist ein Zuckerrohrbrand und erheblich stärker als Rum. Sie bekommen Cachaça in gut sortierten Spirituosenabteilungen. Notfalls können Sie statt dessen 151 Rum oder einfach weißen Rum nehmen. Ein ähnlicher

Drink namens Caipiroska wird mit Wodka zubereitet.

Caipirinha unterscheidet sich von normalem Daiquiri dadurch, daß man die Limetten gut im Krug zerdrückt, damit die aromatischen Öle aus der Rinde treten. Eine brasilianische Grillparty ohne einen Krug Caipirinha zum Start ist kaum vorstellbar.

8 große, saftige Limetten
1 Tasse Turbinado-Zucker (Rohzucker, s. Seite 29), ersatzweise Kristallzucker, nach Geschmack auch mehr
50 cl Cachaça, 151 Rum oder weißer Rum
4 Tassen Eiswürfel

1. Limetten unter Druck mit den Händen auf einem Holzbrett hin und her rollen, um den Saft aus dem Fruchtfleisch zu lösen. Limetten achteln und in einen robusten Krug geben. Zucker zufügen und Limettenachtel mit einem Stößel, Kartoffelstampfer oder Holzlöffel zerstampfen, um möglichst viel Saft zu gewinnen.

2. Cachaça und Eis unter Rühren zugeben. Abschmecken, evtl. mehr Zucker zufügen, um süß und sauer ins rechte Verhältnis zu bringen. Nach Wunsch in Daiquirigläsern servieren, normale Cocktailgläser tun's aber auch.

Für 8 Gläser

SKY JUICE

BAHAMAS

Kein Bahamas-Barbecue ohne Sky Juice, ein starkes Gebräu aus Kokosmilch (der klaren Flüssigkeit in der Kokosnuß), Kondensmilch und Gin. Stark ist wörtlich gemeint – der Drink geht runter wie Butter, aber man bekommt auch schnell butterweiche Knie.

Sky juice wird auf den Bahamas meist mit Gin zubereitet – trotz der karibischen Vorliebe für Rum, aber logisch angesichts des britischen Kolonialerbes. Mit Rum ist er jedoch genauso köstlich. Ich serviere Sky juice gern in der Kokosnuß (macht sich immer gut bei Grillpartys) und mag ihn etwas süßer. Da vielen Leuten das nicht so zusagt, kann man auch wenig oder gar keinen Zucker nehmen.

4 reife Kokosnüsse (s. Hinweis)
250 ml Kondensmilch
250 ml Gin oder Rum
3 EL Zucker, oder nach Geschmack
1 TL Zimt
½ TL frisch geriebene Muskatnuß

1. Mit Schraubendreher und Hammer die »Augen« der Kokosnüsse durchstoßen und die Kokosmilch in eine Schüssel abseihen (ergibt etwa 500 ml). Kokosnüsse beiseite stellen. Kondensmilch, Gin, Zucker (nach Geschmack), Zimt und Muskat zur Kokosmilch geben und rühren, bis sich der Zucker aufgelöst hat. Mischung mindestens 2 Std. in den Kühlschrank stellen oder einige Eiswürfel einrühren.

2. Mittels Trichter oder Spritzflasche Sky juice in die bereitgestellten Kokosnüsse füllen. Strohhalme durch die »Augen« stecken und servieren.

Für 4 Gläser

Hinweis: Kokosnüsse beim Kauf schütteln und horchen, ob innen Flüssigkeit schwappt. Trockene Kokosnüsse können ranzig sein, jedenfalls haben sie ihren Höhepunkt bereits überschritten.

PLANTER'S PUNCH

KARIBIK

VORBEREI-TUNGSZEIT:
2 Std. bis zu
2 Tagen zum
Durchziehen

Planter's punch gibt es in der gesamten Karibik. Zur Zeit der alten Plantagen war er der traditionelle Willkommensdrink. Das Grundrezept besteht aus Orangensaft, Ananassaft, Guavennektar und Rum, aber es gibt ebenso viele Variationen wie Barkeeper. Servieren Sie den Drink zu allen karibischen Grillgerichten in diesem Buch.

250 ml brauner Rum
250 ml frisch gepreßter Orangensaft
250 ml ungesüßter Ananassaft
250 ml Guavennektar
2 EL frisch gepreßter Limettensaft
2 EL Zucker, oder nach Geschmack
½ TL Angostura Bitter (Bitterlikör)
½ Vanilleschote, aufgeschnitten
2 Zimtstangen (je 8 cm lang)
2 Nelken
Eiswürfel zum Servieren

ZUM GARNIEREN:
4 Orangenscheiben
4 Maraschinokirschen mit Stiel
frisch geriebene Muskatnuß

1. Rum, Orangensaft, Ananassaft, Guavennektar, Limettensaft, Zucker und Angostura in einen Krug füllen und gründlich verrühren. Vanilleschote, Zimtstangen und Nelken zufügen. Punsch zugedeckt mindestens 2 Std. und längstens 2 Tage im Kühlschrank durchziehen lassen.

2. Punsch durch ein Sieb in Gläser mit Eiswürfeln gießen. Gläser jeweils mit Orangenscheibe und Maraschinokirsche garnieren. Etwas Muskat darüber reiben und sofort servieren.

Für 4 Gläser

BRASILIANISCHER KOKOSNUSS-SHAKE
Batido

BRASILIEN

Mit Batido bezeichnen die Brasilianer eine Reihe von Milchshakes mit Alkohol. Für dieses Rezept paßt Cachaça am besten, ein starker brasilianischer Zuckerrohrbrand. Wenn Sie ihn nicht bekommen, nehmen Sie weißen Rum. Ich serviere dieses exotische, sahnige Milchmixgetränk bei allen Grillpartys, wo es brasilianische Gerichte gibt, wie zum Beispiel gefüllte Rippe und Rollatini vom Schwein.

8 cl Coconut cream (z. B. Coco Lopez)
8 cl Cachaça oder normaler weißer Rum
6 cl gesüßte Kondensmilch
4 Tassen zerstoßenes Eis

Coconut cream, Cachaça und Kondensmilch mit dem zerstoßenen Eis im Mixer mischen, bis der Drink cremig ist. In hohe Gläser gießen und sofort servieren.

Für 4 Gläser

DAIQUIRI MIT PASSIONSFRUCHT

KARIBIK

Daiquiri wurde um die Jahrhundertwende in der gleichnamigen kubanischen Stadt mit den Nickelminen, erfunden. Sie brauchen kein Examen in Mixologie, um zu wissen, daß die Hauptzutaten, damals wie heute, Limettensaft, Zucker und Rum sind. Heute trinkt man Daiquiri in Nord- und Südamerika mit den unterschiedlichsten Früchten. Als Daiquiri mit Passionsfrucht präsentiert sich der karibische Klassiker im aufregenden neuen Gewand.

20 cl Passionsfruchtsaft oder
15 Passionsfrüchte
16 cl heller Rum
6 EL brauner Zucker
3 Tassen zerstoßenes Eis

1. Wenn Sie Saft aus der Flasche nehmen, weiter bei Schritt 2. Wenn Sie frische Passionsfrüchte verwenden, Früchte halbieren und Fruchtfleisch auskratzen. Fruchtfleisch durch ein Sieb streichen (ergibt ca. 20 cl).

2. Fruchtfleisch, Rum und Zucker mit dem Eis im Mixer pürieren. In Martinigläser gießen und sofort servieren.

Für 4 Gläser

RUMPUNSCH AUS GUADELOUPE

'Ti punch

GUADELOUPE

TURBINADO-ZUCKER

Grober, hellbrauner und siruphaltiger Rohzucker; evtl. in Reformhäusern erhältlich

'Ti punch – kurz für frz. »petit punch« – ist der ursprünglichste unter den Rumdrinks auf den französischen Inseln der Karibik und wird mit derselben Begeisterung in Imbißbuden und gehobenen Restaurants getrunken. Zum richtigen Genuß des 'Ti punch gehört es, die Limette mit der Hand über dem Drink auszudrükken. Dann so lange umrühren, bis sich der Zucker aufgelöst hat. Manche geben noch ein oder zwei Eiswürfel dazu, was die Einwohner von Guadeloupe aber nicht tun.

Man kann auch Rohrzuckersirup verwenden, der lieblicher ist, aber der 'Ti punch, den ich in Guadeloupe trank, bestand aus Rum, Limetten und Zucker.

3 EL weißer oder brauner Rum
2 TL Turbinado-Zucker oder Kristallzucker
2 Limettenspalten zum Garnieren

Rum und Zucker in einem kleinen Glas leicht mit dem Löffel verrühren. Die Limettenspalte über den Rand des Glases reiben und auf den Rand setzen. Mit einem kleinen Löffel oder Rührstab und einer Limettenspalte, die man über dem Drink auspreßt, servieren.

Für 1 Glas

SMOKY MARTINI

USA

Steak ist wieder in. So wie Zigarren und Martinis. Nach dem Gesundheitseifer der letzten zehn Jahre geht man das Thema Ernährung jetzt entspannter an und ißt vernünftig, ohne jedoch darüber den Genuß zu vernachlässigen. Dieser mit einem Tropfen Flüssigrauch angereicherte Martini paßt perfekt zum Barbecue.

3 EL Gin
½ TL trockener Vermouth
1 Tropfen Flüssigrauch
1 Tasse Eiswürfel
1 Spirale von Zitronenschale

Gin, Vermouth und Flüssigrauch mit dem Eis in einen Shaker geben und die Mischung rühren (nicht schütteln!). Durchs Sieb in ein Martiniglas gießen. Zitronenschale über dem Martini drehen und in den Drink geben. Sofort servieren.

Für 1 Glas

SINGAPORE SLING

SINGAPUR

Ein typischer Tag auf meiner Barbecuereise – wir waren stundenlang unter der sengenden Sonne von einem Imbißstand zum anderen gegangen, um Satés zu verkosten. Das ist härter, als es sich anhört! Deshalb gönnten wir uns am Ende des Tages etwas Besonderes: Cocktails im luxuriösen »Raffles Hotel«, wo angeblich 1915 der Singapore sling von einem Barkeeper aus Hainan namens Ngiam Tong Boon erfunden wurde. Heute wird dieser Drink in speziellen monogrammgeschmückten Gläsern im »Bar & Billard Room« des Hotels mit seiner schwindelnd hohen Decke serviert. Er paßt zu allen Saté-Rezepten nach Singapur- oder Malaysia-Art in diesem Buch.

12 cl Gin
6 cl Cherry Brandy
2 EL frisch gepreßter Limettensaft

2 EL ungesüßter Ananassaft
2 EL frisch gepreßter Orangensaft
1 EL Cointreau
1 EL Bénédictine
4 Spritzer Angostura Bitter
Eiswürfel zum Servieren
750 ml Eiswasser, bei Bedarf auch mehr
Zum Garnieren:
4 Maraschinokirschen
4 frische Ananasscheiben

1. Gin, Brandy, Obstsäfte, Cointreau, Bénédictine und Angostura in einen Krug geben und verrühren.

2. Eiswürfel in 4 hohe Gläser geben, dann die Ginmischung gleichmäßig auf die Gläser verteilen. Gläser mit Eiswasser auffüllen und mit je einer Kirsche und einer Ananasscheibe garnieren. Mit einem Barlöffel umrühren und sofort servieren.

Für 4 Gläser

PISCO SOUR

PERU

Pisco sour ist heute nicht mehr so gefragt wie zur Zeit des kalifornischen Goldrauschs, als dieser kräftige Cocktail einer der beliebtesten amerikanischen Drinks war. Pisco ist ein sehr aromatischer Weinbrand aus Muskatellertrauben, der in Peru und Chile hergestellt wird. Pisco sours passen zu peruanischen Fleischspießen (Anticuchos) und allen anderen südamerikanischen Grillgerichten.

½ Tasse Zucker
1 Zitronenspalte
60 ml frisch gepreßter Zitronensaft
20 cl Pisco
½ TL Angostura Bitter
1 Eiweiß (s. Hinweis)
3 Tassen zerstoßenes Eis

1. Die Hälfte des Zuckers auf einen flachen Teller geben. Den Rand von 4 Martini- oder Whisky-sour-Gläsern mit der Zitronenspalte befeuchten und einzeln in dem Zucker drehen; was zuviel ist, abklopfen.

2. Restlichen Zucker, Zitronensaft, Pisco, Angostura und Eiweiß zusammen mit dem Eis in einen Mixer geben und schaumig rühren.

3. Mischung in die vorbereiteten Gläser gießen und sofort servieren.

Für 4 Gläser

Hinweis: Falls Sie Bedenken gegen rohes Eiweiß haben, nehmen Sie 1 EL Eiaustauschstoff.

FRONTERA MARGARITA

MEXIKO

VORBEREITUNGSZEIT:
6–8 Std. zum Durchziehen

Diese Tequila-Limetten-Mischung ist ein Durstlöscher, der es in sich hat. Bei Margaritas denkt man an Lebensfreude und mexikanische Grillgerichte. Doch die beste Margarita, die ich je getrunken habe, stammte nicht von einem Mexikaner, sondern von einem Gringo, Rick Bayless, Besitzer zweier beliebter Restaurants in Chicago namens »Frontera Grill« und »Topolobampo«. Rick läßt den Tequila mit Limettensaft und -schale vor dem Mixen längere Zeit durchziehen. So wird das Aroma besonders ausdrucksvoll.

45 cl Tequila (z. B. Cuervo Especial Gold)
6 cl Orangenlikör (Rick nimmt Gran Torres aus Spanien.)

250 ml Wasser
125 ml frisch gepreßter Limettensaft
1 geriebene Limettenschale
⅓ Tasse Zucker
¼ Tasse grobes Meersalz
8 Limettenspalten zum Garnieren
3–4 Tassen Eiswürfel zum Servieren

1. Tequila, Orangenlikör, Wasser, Limettensaft und -schale sowie Zucker in einen Krug geben. Durchrühren, um den Zucker aufzulösen. Dann im Kühlschrank 6–8 Std. abgedeckt durchziehen lassen.

2. Salz auf einen Teller geben. Den Rand von 8 Martinigläsern mit je einer Limettenspalte anfeuchten, im Salz drehen und den Überschuß abklopfen. Das Eis zur Margarita-

Mischung geben und rühren (oder alles im Cocktail-Shaker schütteln). Die Mischung in die vorbereiteten Gläser abseihen. In jedes Glas eine Limettenspalte geben und sofort servieren.

Für 8 Gläser

SANGRIA MADRIDER ART

SPANIEN

Sangria ist eines der beliebtesten Getränke bei einer Grillparty, doch seit geraumer Zeit geht die Tendenz dahin, eine Art beschwipsten Obstsalat daraus zu machen. Hier finden Sie eine Sangria, wie sie in den Tapasbars von Madrid zubereitet wird – sehr wenig Früchte, nicht zu süß und sehr stark. Meine Frau liebt Sangria mit ganz vielen Früchten und bringt es fertig, hinter meinem Rücken Weintrauben und Bananenscheiben zuzufügen. Falls Sie den gleichen Geschmack haben – bitte, machen Sie's ebenso.

1 Flasche (750 ml) trockener spanischer Rotwein
250 ml Gin
250 ml Cognac
1 Tasse Zucker, nach Geschmack auch mehr
1 Zitrone
1 Orange
125 ml frisch gepreßter Zitronensaft
125 ml frisch gepreßter Orangensaft
3 Zimtstangen, je 8 cm lang
Eiswürfel zum Servieren

1. Wein, Gin, Cognac und Zucker in einen Krug geben und gründlich verrühren. Zitrone und Orange schälen (weiße Haut mit entfernen) und die Früchte in kleine Würfel schneiden. Kerne entfernen.

2. Fruchtwürfel, -säfte und Zimtstangen zur Weinmischung geben und umrühren. Mit Zucker abschmecken. Die Sangria kann sofort serviert werden, doch schmeckt sie noch besser, wenn man sie etwa 1 Std. kühl stellt und durchziehen läßt.

3. Sangria in Weingläsern mit Eiswürfeln servieren.

Für 6 Gläser

RAKI

TÜRKEI

Es mag übertrieben wirken, dieses Getränk extra aufzuführen, aber Raki ist – wie der griechische Ouzo – ein so wichtiger Bestandteil des Grillvergnügens im östlichen Mittelmeerraum, daß es unverzeihlich wäre, ihn nicht zu erwähnen. Der starke, klare, nach Anis schmeckende Branntwein aus Rosinen wird milchig, sobald man ihn mit Wasser mischt.

250 ml Raki oder Ouzo
250–500 ml Wasser
Eiswürfel zum Servieren

Raki zwei oder drei Finger breit in 4 hohe Gläser gießen. Wasser und Eis nach Geschmack zugeben, umrühren und servieren.

Für 4 Gläser

Alkoholfrei

INGWER-ANANAS-PUNSCH
Gingere ananas

SENEGAL

Scharf, süß und erfrischend schmeckt Gingere ananas, ein populäres Getränk aus dem Senegal, das die fruchtige Süße von frischer Ananas mit der Schärfe von Ingwer kombiniert. Servieren Sie diesen Drink zu gegrilltem Lamm mit Zwiebel-Senf-Sauce.

1 Stück Ingwerwurzel, 10 cm lang
3 Tassen Ananas, gewürfelt
3 EL Zucker, nach Geschmack auch mehr
3 EL frisch gepreßter Limettensaft
1 l kaltes Wasser
Eiswürfel zum Servieren

1. Ingwer in ½ cm dicke Scheiben schneiden, dann mit Ananas, 3 EL Zucker, Limettensaft und Wasser im Mixer pürieren.

2. In einen Krug abseihen, dabei das Fruchtfleisch mit einem Löffel im Sieb ausdrücken, um möglichst viel Saft zu erhalten. Mit Zucker abschmecken. In hohe Gläser mit Eiswürfeln gießen und sofort servieren.

Für 4 Gläser

MANGONEKTAR

KARIBIK

Punsch mit Mango oder anderen tropischen Früchten bekommt man überall in der Karibik – eine erfrischende, alkoholfreie Alternative zu den »umwerfenden« Rum-Drinks, die in dieser Region üblich sind.

2 Tassen reife Mango, gewürfelt (aus
**   1 großen Frucht oder 2 mittelgroßen**
**   Mangos)**
500 ml Wasser, oder auch mehr
2 EL Zucker, nach Geschmack auch mehr

2 EL frisch gepreßter Limettensaft, nach
**   Geschmack auch mehr**
Eiswürfel zum Servieren

Mango, Wasser, Zucker und Limettensaft im Mixer pürieren. Evtl. noch Wasser zufügen, damit der Punsch sich besser gießen läßt. Mit Zucker und Limettensaft abschmekken. In hohe Gläser mit Eiswürfeln gießen und sofort servieren.

Für 4 Gläser

ERDNUSSPUNSCH

Erdnüsse begegneten mir überall auf der Barbecuereise – in Westafrika zum Beispiel als Überzug für Fleischspieße, in Südostasien als Sauce zu Satés. Diesen ungewöhnlichen Punsch entdeckte ich in einem recht rustikalen Imbiß namens »The Breakfast Shed« in Trinidads Hauptstadt Port of Spain. Wetten, daß er Ihre Einstellung zu Erdnüssen total umkrempelt?

120 g cremige Erdnußbutter
125 ml gesüßte Kondensmilch
1 TL Vanilleextrakt
1 TL Angostura Bitter
1 l Wasser
Eiswürfel zum Servieren

Erdnußbutter, Kondensmilch, Vanille, Angostura und Wasser in einen Krug geben und mit dem Schneebesen schaumig schlagen, bis sich die Erdnußbutter aufgelöst hat. In hohen Gläsern mit Eiswürfeln sofort servieren.
Für 4 Gläser

ROSENWASSERTRANK
Bandung

In einem der Straßenhändlerviertel von Singapur stößt man garantiert auf Inder, die exotische Drinks in allen Regenbogenfarben anbieten. Bandung erinnert optisch an gewisse Magenmittel, doch sein duftiges Rosenwasseraroma ist ebenso erfrischend wie einzigartig. Paßt zu Satés nach Singapur- oder Malaysia-Art.

750 ml Wasser
80 ml gesüßte Kondensmilch
2 EL Rosenwasser (s. Hinweis)
2 EL Bananenlikör
2 EL Grenadine (Granatapfelsirup)
Eiswürfel zum Servieren

Wasser, Kondensmilch, Rosenwasser, Likör und Grenadine in einen Krug geben und verrühren. In hohe Gläser mit Eiswürfeln gießen und sofort servieren.
Für 4 Gläser
Hinweis: Rosenwasser gibt es in Asienläden und vielen Feinkostabteilungen.

LIMETTENSAFT MIT MINZE

USA

Der Reiz dieses Erfrischungsgetränks beruht auf der Kombination der aromatischen Öle der Limettenschale mit dem sauren Saft des Fruchtfleischs. Dazu kommt noch der kühle Hauch der Minze, der hochwillkommen ist, wenn man am heißen Grill steht.

8 Limetten (ergeben ca. 250 ml Saft)
1 Tasse Zucker, nach Geschmack auch mehr
1 Bund Minze, gewaschen und in der Salat-
   schleuder getrocknet
1250 ml Wasser
Eiswürfel zum Servieren

1. Mit einem Gemüseschäler die grüne Schale von vier Limetten abschälen. Schale mit dem Zucker, der Minze (6–8 Zweige zum Garnieren beiseite legen) und 250 ml Wasser in einem kleinen Topf bei mittlerer Hitze unter Rühren zum Kochen bringen. Auf niedrigster Stufe 5 Min. leise köcheln lassen. Vom Herd nehmen und bei Zimmertemperatur abkühlen lassen. Dann die Mischung durch ein Sieb in einen Krug gießen.

2. Alle Limetten auspressen (sie sollten ca. 250 ml Saft ergeben). Saft und restliches Wasser zur Zuckermischung geben. Mit Zucker abschmecken. In hohe Gläser mit Eiswürfeln gießen. Gläser jeweils mit einem Minzezweig garnieren.

Für 6–8 Gläser

PFEFFERMINZTEE

MAROKKO

Pfefferminztee ist mehr als das Nationalgetränk Marokkos. Er ist sein Lebenselixir und wird stets und ständig angeboten: Gästen und Verwandten, im Restaurant und zu Hause, bei geschäftlichen Verhandlungen und am Ende einer Mahlzeit. Auch wenn er nur aus drei Zutaten besteht, gemahnt seine Zubereitung an ein religiöses Ritual. Am besten verwenden Sie eine schwere Teekanne aus Metall.

Pfefferminztee wird traditionell aus kleinen, handbemalten Gläsern mit Goldrand getrunken. Servieren Sie ihn als Aperitif oder zum Abschluß eines marokkanischen Grillgerichts.

1 Bund Minze, gewaschen und in der Salat-
   schleuder getrocknet
1 EL Schwarzer Tee, z. B. Ceylon
3 EL Zucker, oder nach Geschmack
1 l kochendes Wasser

1. Teekanne mit kochendem Wasser ausspülen. Minze mehrmals mit den Händen wringen, um die Blätter zu zerdrücken. Dann mit Tee und Zucker in die Kanne geben. Mit kochendem Wasser übergießen und 5 Min. ziehen lassen.

2. Tee durch ein Sieb in kleine, hitzebeständige Gläser oder Täßchen gießen.

Für 6–8 Gläser

AFGHANISCHES JOGHURTGETRÄNK
Doh

AFGHANISTAN

Doh, das Nationalgetränk der Afghanen, gehört zu den unzähligen, in ganz Zentralasien beliebten salzig-sauren Getränken. Die Kombination der Zutaten (Joghurtmolke, Zitronensaft, Eiswasser, Minze und Salz) mag befremdlich klingen, aber ich verspreche Ihnen, Sie werden den Drink schon bald schätzen. Salz ist übrigens ein wertvolles Mittel gegen die Austrocknung in heißen Zonen.

Wenn Ihr Doh möglichst authentisch sein soll, brauchen Sie Joghurtmolke, die klare, säuerliche Flüssigkeit, die man erhält, wenn man Joghurt abtropfen läßt. Diese Prozedur ist Grundlage vieler afghanischer, iranischer und indischer Marinaden in diesem Buch, und zum Glück bleibt dabei immer noch reichlich Joghurtmolke übrig. Damit Sie Ihren Doh aber auch ohne Molke zubereiten können, gebe ich im folgenden Rezept als Ersatz die gleiche Menge unabgetropften Joghurt an.

125 ml Joghurtmolke oder Naturjoghurt
125 ml Eiswasser
1 EL frisch gepreßter Zitronensaft, nach
    Geschmack auch mehr
1 TL getrocknete Minze
½ TL Salz, nach Geschmack auch mehr
Eiswürfel zum Servieren

Joghurtmolke, Eiswasser, Zitronensaft, Minze und Salz in einen kleinen Krug oder ein Glas geben und verrühren. Mit Salz und Zitronensaft abschmecken. In ein hohes Glas mit Eiswürfeln gießen und servieren.
Für 1 Glas

Hier gibt es afghanische Grillgerichte:

ARIANA
Drosselstraße 11
22305 Hamburg
Tel. 040/61 39 27

AFGHANISCHES
SPEZIALITÄTENRESTAURANT SAIDAL
Mittelweg 26
20148 Hamburg
Tel. 040/45 44 44

RESTAURANT PAMIR
Afghanische Küche
Dachauer Straße 78
80335 München
Tel. 089/52 79 10

Grillen in Afghanistan

Einige Länder konnte ich wegen der dort herrschenden politischen Verhältnisse nicht besuchen. Daß es mit Afghanistan nicht klappte, war meine größte Enttäuschung. Dieser Binnenstaat mit 15 Millionen Einwohnern bildet einen Knotenpunkt, an dem vier große Kulturregionen aufeinandertreffen: der Mittlere Osten, Zentralasien, Ostasien und der indische Subkontinent. In der afghanischen Grilltradition sind kulina-rische Einflüsse aller vier Regionen zu einer einzigartigen Landesküche verschmolzen.

Diese Erkenntnis brachte mir mein erster Besuch in einem afghanischen Restaurant, dem »Khyber Pass« im East Village von New York. Von dem Moment an, als ich das Restaurant mit seinem gedämpften Licht, den Kelimteppichen, afghanischen Wandbehängen und Gegenständen aus gehämmertem Kupfer betrat, hatte ich das Gefühl, Tausende von Meilen von Manhattan entfernt zu sein. Die exotischen Spezialitäten des Hauses – mit Zwiebelwasser aromatisierte, gegrillte Lammkotelets, über dem offenen Feuer gebratenes Rebhuhn oder eine mit Joghurt und Gewürzen marinierte Poularde von äußerster Zartheit – schmeckten ungewohnt, aber auf Anhieb angenehm. Ich war sofort eingenommen von dem interessanten Gegensatz zwischen den Beilagen – pikante Chatni (Chutneys; Würzsaucen, die in Afghani-

stan aus Essig, Kräutern, vor allem Koriandergrün, und Erdbirnen hergestellt werden) sowie atemberaubend saure Torshi (eingelegtes Gemüse) – und dem gegrillten Fleisch.

»Afghanistan liegt am Scheideweg Asiens«, erklärte mir Mohammed Noor, der Geschäftsführer des Restaurants. Er erinnerte mich daran, daß Alexander der Große im 4. Jh. vor Chr. die Region auf seinem Weg von Griechenland nach Indien eroberte. Im 13. Jh. unterwarf Dschingis Khan das Gebiet auf seinem Zug in die Türkei und nach Osteuropa. Ihm folgte im 16. Jh. Babur, Begründer der indischen Dynastie der Großmoguln. (Sein Grab befindet sich übrigens in der Nähe der Hauptstadt Kabul.) Alle diese Eroberer mitsamt ihren Soldaten drückten der Küche Afghanistans ihren Stempel auf.

Daher sind dort Olivenöl, Zimt, Dill, Bockshornklee und Kalonji (Schwarzkümmel) ebenso beliebt wie in der Küche des Nahen und Mittleren Ostens. Von den Indern übernahmen die Afghanen ihre Vorliebe für Garam masala (eine Gewürzmischung mit Kreuzkümmel, Zimt, Nelken, schwarzer Kardamome u. a.) und Chatnis. Wie in Nordindien und Zentralasien wird das Fleisch vor dem Grillen in Pasten aus Joghurt und Gewürzen mariniert. Der Beitrag des Perserreichs sind die unverzichtbaren Begleiter des afghanischen Barbecues, Torshis und Lavash (Fladenbrot).

Im Mittelpunkt der afghanischen Küche steht das Grillen. Die Afghanen verwenden einfache Gewürze zum Bereiten ihrer Grillgerichte, die zu den besten der Welt zählen. Die Marinaden bestehen meist aus Joghurt (oder Joghurtkäse) mit Zwiebeln, Knoblauch, Chillies, scharfen getrockneten Chiliflocken, Kreuzkümmel und manchmal Olivenöl. Nicht selten wird das Fleisch 48 Stunden lang mariniert, was es so außerordentlich saftig und zart macht.

Die Beilagen sind schlicht: dünnes, zähes Fladenbrot, nussiger Reispilaw, saure Pickles und Koriandersauce.

Dieses Buch enthält Rezepte für afghanische Wachtel-, Huhn- und Lammgerichte und alles, was traditionell dazugehört wie das Joghurtgetränk Doh und Chatni. Auf der linken Seite finden Sie einige afghanische Restaurants, wo Sie Beispiele dieser Grillkunst in exotischer Umgebung probieren können, ohne eine allzu weite Reise zu machen.

PERSISCHES JOGHURTGETRÄNK
Dugh

IRAN

Dugh wird traditionell zu persischen Kebabs serviert. Eng verwandt mit dem afghanischen Doh (Seite 36), wird es mit Naturjoghurt statt Molke hergestellt und mit getrockneten Rosenblättern aromatisiert, die es in Asienläden gibt. Salzige Getränke (ganz zu schweigen vom Pfeffer) mögen den meisten von uns fremd sein, doch sind sie ungeheuer erfrischend.

500 ml Naturjoghurt
1 EL getrocknete Minze plus 1 oder 2
    Messerspitzen zum Garnieren
1 EL getrocknete Rosenblätter, plus 1 oder 2

Prisen zum Garnieren
1 TL Salz, nach Geschmack auch mehr
1 TL schwarzer Pfeffer, frisch gemahlen, nach
    Geschmack auch mehr
1 l Eiswasser
Eiswürfel zum Servieren

Joghurt, Minze, Rosenblätter, Salz und Pfeffer in einen Krug geben und verrühren, dabei nach und nach Eiswasser zugießen. Mit Salz und Pfeffer abschmecken. In hohe Gläser mit Eiswürfeln gießen. Jedes Glas mit einer Prise Minze und Rosenblättern garnieren.
Für 4–6 Gläser

VIETNAMESISCHER EISKAFFEE

VIETNAM

Dieser Eiskaffee dürfte völlig anders sein als der, den Sie kennen – er besteht aus starkem Espresso und gesüßter Kondensmilch. Die thailändische Version müssen Sie sich so vorstellen: Sie trinken den Kaffee mit einem Strohhalm aus einem mit Eis gefüllten Plastikbeutel. So bieten ihn Bangkoks Straßenhändler an.

3 EL gesüßte Kondensmilch
180 ml Espresso, frisch gebrüht
Eiswürfel zum Servieren

Kondensmilch in ein hohes, hitzebeständiges Glas gießen. Den Espresso zugießen (in Vietnam wird er direkt ins Glas gefiltert) und umrühren. Eiswürfel zufügen und sofort servieren.
Für 1 Glas

INDISCHES JOGHURTGETRÄNK

Lassi

INDIEN

Was für uns der Milkshake, ist für die Inder der Lassi. Er ist sehr erfrischend und die perfekte Ergänzung zu scharf gewürzten Speisen. (Anders als man denkt, sind Milchprodukte sehr viel effektiver als Bier, um das höllische Feuer von Chillies zu löschen.) Rosenwasser und Kardamom verleihen dem Ganzen eine zarte Note, die Sie köstlich exotisch finden werden.

250 ml Naturjoghurt
1 ½ EL Zucker, nach Geschmack auch mehr
1 TL Rosenwasser
¼ TL Kardamom, gemahlen
5 Eiswürfel, zerstoßen
1 TL ungesalzene Pistazien, gehackt, zum Garnieren

Joghurt, Zucker, Rosenwasser, Kardamom und Eis im Mixer glattrühren. Mit Zucker abschmecken. In ein hohes Glas gießen, mit den gehackten Pistazien bestreuen und sofort servieren.

Für 1 Glas

Auftakt

»Selbst ein alter Stiefel schmeckt, wenn er über Holzkohle gegrillt wurde«

ITALIENISCHES
SPRICHWORT

An einem Saté-Stand in Bali bringt der Verkäufer durch Fächeln die Kohle zum Glühen.

Am Grillen gefällt mir unter anderem, daß viel Zeit zum Nichtstun bleibt. Es gibt zwar beim Brutzeln am offenem Feuer Momente, wo man flink und konzentriert sein muß, doch ansonsten kann man viel müßig herumstehen und sich mit seinen Gästen unterhalten.

Herumstehen heißt aber nicht, daß die Teller leer bleiben. In diesem Kapitel finden Sie ein Reihe von Dips, Vorspeisen, sogar Suppen, die einen tollen Start Ihrer Party garantieren. Darunter sind bekanntere Gerichte wie Baba ganooj (auf die echte Art zubereitet, bei der die Auberginen auf den Grill kommen), aber auch exotischere wie Boka dushi (»Süßmaul«, Hähnchen-Kebabs aus Curaçao), vietnamesische Garnelen-Mousse, auf süßem knackigem Zuckerrohr gegrillt, und sogar gegrillter Ziegenkäse in Weinblättern, auf den selbst die Franzosen stolz wären.

Von manchen Gerichten hätten Sie sicher nie gedacht, daß man sie grillen kann, z.B. indonesische Wachteleier-Kebabs oder Schnekken. Sie können auch einige der schönsten Grillgerichte mit Käse probieren, von mexikanischen Quesadillas bis zu argentinischem gegrilltem Provolone. Und schließlich die bereits erwähnten gegrillten Suppen (in Wirklichkeit ist das Gemüse gegrillt, mit dem sie zubereitet werden). Davon werden Ihre Gäste noch schwärmen, wenn die Party längst vorbei ist.

GEGRILLTE RINDFLEISCH-BASILIKUM-RÖLLCHEN

VIETNAM

METHODE:
Direktes Grillen

SPEZIAL-ZUBEHÖR:
10–12 kurze Bambusspieße; vorher 1 Std. in kaltes Wasser legen und abtropfen lassen

Dieses Rezept entstand in Anlehnung an eine klassische vietnamesische Vorspeise: Bo goi la-lot, gegrilltes Rindfleisch in La-lot-Blättern, den krausen, aromatischen Blättern einer südostasiatischen Rebe. Frische La-lot-Blätter gibt's sicher nicht überall – vielleicht in speziellen Asienläden –, aber das ist kein Problem: Die Röllchen schmecken ebenso delikat, wenn sie wie hier mit frischem, großblättrigem Basilikum zubereitet werden. (Eine japanische Note würden Shiso-Blätter bringen, geschmacklich ein Mittelding zwischen Minze und Basilikum.) Manchmal stecken in den Röllchen dünne Rindfleisch-Scheiben, aber ich halte es mit dem »Vietnam House«, einem Restaurant in Saigon, und nehme Rinderhack. Erdnüsse, gehackt und zum Schluß darüber gestreut, runden das Ganze knackig ab.

250 g Tatar (mageres Rinderhack)
2 Knoblauchzehen, durchgepreßt
5 TL asiatische Fischsauce, nach Geschmack auch mehr
1 EL Zucker, nach Geschmack auch mehr
1 TL frisch gemahlener schwarzer Pfeffer
1 oder 2 große Bunde Basilikum (für ca. 60 große Blätter)
3 EL geröstete Erdnüsse, grobgehackt (nach Wunsch)

1. Tatar, Knoblauch, Fischsauce, Zucker und Pfeffer in eine kleine Schüssel geben, mit den Händen zu einer geschmeidigen Masse verarbeiten. Einen kleinen Teil davon in einer beschichteten Pfanne kurz anbraten und probieren. Die übrige Masse mit Fischsauce oder Zucker abschmecken; sie sollte sowohl salzig als auch süß schmecken.

2. 50–60 der größten Basilikumblätter abzupfen. Unter fließendem kaltem Wasser abspülen, abtropfen lassen und vorsichtig mit Küchenpapier trockentupfen. Jeweils ein Blatt mit der Unterseite nach oben auf die Arbeitsfläche legen. Je nach Größe jeweils bis zu 2 TL der Fleischmasse in die Blattmitte geben, das Blatt vom Stielende her zu einem Zylinder zusammenrollen und mit der Blattspitze nach unten auf Backpapier legen. Mit den übrigen Röllchen ebenso verfahren. Jeweils 5 Röllchen quer auf die Bambusspieße stecken. Dabei darauf achten, daß die Blattspitzen zuerst durchbohrt werden (s. Hinweis).

3. Den Grill auf höchster Stufe anheizen.

4. Grillrost einölen. Spieße auf den heißen Rost legen und 2–4 Min. grillen. Dabei mit der Grillzange mehrmals wenden, bis die Röllchen durchgegart sind (das Basilikum ist dann leicht gebräunt, und die Röllchen fühlen sich sehr heiß an). Auf den Spießen servieren, vorher mit den gehackten Erdnüssen bestreuen.

Ergibt 50–60 Röllchen; für 4 Personen als Vorspeise

Hinweis: Bis zu Schritt 2 können die Röllchen sehr gut für einige Stunden im voraus zubereitet werden. Werden sie anschließend nicht sofort gegrillt, mit Klarsichtfolie abdecken und im Kühlschrank aufbewahren.

Grillen in Vietnam

In Ländern, in denen das ganze Jahr über tropische Hitze herrscht, ist die Kochkunst meist optimal auf hohe Temperaturen eingestellt. Und das trifft ganz besonders auf Vietnam zu.

Als ich auf meiner Barbecuereise Saigon erreichte, brauchte ich nicht weit zu gehen, um fündig zu werden. Mein Hotel, das »New World«, befand sich schräg gegenüber dem größten Markt im Ben-Thanh-Viertel. Und wie auf allen Märkten Südostasiens wimmelte es hier von Grillkünstlern.

Besonders gern machte ich an einem Stand halt, an dem eine Frau Hähnchenflügel grillte, die mit einer duftenden Paste aus Zitronengras, Knoblauch und Fischsauce mariniert waren. Ein anderer Händler bot über Kokosschalenfeuer »hartgekochte« Eier an. Ich wickelte eines mit einem Zweig Minze in ein Salatblatt und tunkte es in Nuoc cham, eine köstlich pikante vietnamesische Sauce (aus Fischsauce, Limettensaft und Zukker). Alles zusammen schmeckte einfach himmlisch.

In Vietnam wird an jeder Ecke gegrillt, erstens wegen des pikanten Geschmacks und zweitens, weil es billig ist. Ähnlich wie in Thailand und Indonesien spielt der Kokosnußanbau eine wichtige Rolle, und als Nebenprodukt ergeben die Schalen eine ausgezeichnete Holzkohle.

Grillen beschränkt sich aber nicht auf den armen Teil der Bevölkerung. Das wurde mir bei meinem nächsten Halt in dem winzigen Restaurant »Vietnam House« klar. Im zweiten Stock eines eleganten Stadthauses an der Dong Khoi-Straße gelegen, scheint das »Vietnam House« hauptsächlich gutsituierte Ausländer anzuziehen. Das hat Vor- und Nachteile. Man diniert stilvoll inmitten von Lack-Wandschirmen und vergoldeten Holzschnitzereien, Musiker spielen klassische näselnde vietnamesische Melodien, und die Kellnerinnen tragen den geschlitzten Ao dai. Aber man fühlt sich auch ein bißchen wie in Disneyland.

»Vietnam House« ist nicht auf Gegrilltes spezialisiert, doch es bietet zwei Grillgerichte, die zur Weltklasse zählen. Erstens eine geniale Kombination namens Chao tom: Garnelen-Mousse auf Zuckerrohr gegrillt. Letzteres wird weniger gegessen als gekaut, damit es seine süßen Säfte freigibt. Das zweite heißt Bo goi la-lot, in La-lot-Blättern gegrilltes Rindfleisch, das auf winzigen Spießchen serviert wird. La-lot ist das pikante Blatt einer Kletterpflanze und erinnert etwas an Basilikum. Das knusprig-heiße Fleisch wird durch den herben Blättergeschmack kontrapunktiert.

Der Kontrast von gegrilltem Fleisch und Gemüse (vor allem Salat und würzige Kräuter) sowie Nudeln ist ein typisches Merkmal der vietnamesischen Küche.

EIN MAHL IM FREIEN

Die vietnamesische Vorliebe für kleine Portionen Fleisch zu großen Portionen Nudeln und Gemüse repräsentiert kein Gericht besser als Banh hoi thit (gegrilltes Schweinefleisch mit Reisnudeln) und dessen Verwandter Bo bun (gegrilltes Rindfleisch mit Reispapier). Und nirgends schmecken diese besser als im »Thanh Nien«.

Ich aß das gegrillte Schweinefleisch im luftigen Innenhof des Restaurants. Zu meiner Linken ein Bambushain, zu meiner Rechten ein strohgedeckter Säulengang. Ventilatoren bewegen die glühend heiße Luft. Die Tische um mich herum sind besetzt mit Jungkapitalisten samt Handys.

Während ich ein eiskaltes »33« Exportbier trinke, stellt die Kellnerin drei Teller vor mich hin. Der erste enthält säuberlich aufgewickelte, schneeweiße Reisnudeln. Der zweite das Schweinefleisch, dünn geschnitten, in einer duftenden Mischung aus Zitronengras, Schalotten und Wodka mariniert und auf dem rauchenden Grill gegrillt, zum Schluß mit Lauchzwiebelringen und gerösteten Erdnüssen bestreut, erstere wegen der Schärfe, letztere wegen ihrer Süße und Kroßheit.

Als drittes gibt es, wie zu jedem vietnamesischen Mahl, eine Platte mit frischen Salatblättern, Basilikum, Gurken, Mungobohnensprossen und Sternfrüchten. Man ißt das Ganze, indem man ein Nudelnest und eine Scheibe Fleisch in ein Salatblatt wickelt und Basilikum wegen des Aromas, Gurken und Sternfrucht wegen ihrer knackigen Frische zufügt.

Das Resultat ist ein idealer Sommer-Happen: zugleich heiß und kalt; knackig, weich und bißfest; süß, salzig, säuerlich und aromatisch. Ich kenne kein westliches Gericht, das diesem komplexen Zusammenspiel von Temperaturen, Texturen und Geschmacksnoten auch nur annähernd gleichkommt. Und es zu essen macht außerdem noch Spaß.

FEURIGES BEEF JERKY
Thit bo kho

VIETNAM

METHODE:
Direktes Grillen

**VORBEREI-
TUNGSZEIT:**
*1–2 Tage zum
Marinieren und
Trocknen*

Unter Zusatz von Zucker gepökeltes, getrocknetes Rindfleisch vom Grill wird in ganz Südostasien als beliebter Snack oft auf der Straße verkauft. Für die feurige vietnamesische Version enthält die Marinade noch Zitronengras, Chillies und Fischsauce. Nach altem Brauch wird das Fleisch draußen in der Sonne getrocknet – in Vietnam häufig zu sehen, bei uns wohl schwieriger durchzuführen. Man kann es aber ebensogut im Kühlschrank trocknen.

500 g mageres Rinderfilet oder Rinderkeule
　　im Ganzen
2 Zitronengrasstiele, geputzt, oder 2 Streifen
　　Zitronenschale (à 2,5 x 1,5 cm, mit
　　einem Gemüseschäler abgezogen)
1 Knoblauchzehe, gehackt
1–2 kleine, rote Chilischoten, entstielt und
　　entkernt (Wer's gern scharf mag, läßt die
　　Kerne drin.)
5 EL Zucker
½ TL Salz
½ TL frisch gemahlener schwarzer Pfeffer
2 EL asiatische Fischsauce
2 EL Sojasauce
2 EL Pflanzenöl, zum Bestreichen

1. Das Fleisch in hauchdünne Scheiben schneiden und in eine Auflaufform geben.

2. Für die Marinade Zitronengras, Knoblauch, Chillies, Zucker, Salz und Pfeffer in einem großen Mörser zu einer geschmeidigen Masse verarbeiten. Fischsauce und Sojasauce unterrühren. Wenn kein Mörser zur Hand ist, alle Zutaten im Mixer pürieren. Das Fleisch mit der Marinade übergießen und dabei mehrfach wenden. Abgedeckt im Kühlschrank 2 Std. marinieren.

3. Die Fleischscheiben nebeneinander auf einen Metallrost legen. Rost in eine flache Pfanne geben und mit Klarsichtfolie abdecken. Fleisch 1–2 Tage im Kühlschrank ruhen lassen, bis es vollständig trocken ist.

4. Den Grill auf höchster Stufe anheizen.

5. Den Grillrost einölen. Die Fleischscheiben auf den heißen Rost legen und von jeder Seite 2–3 Min. grillen, bis sie schön braun und knusprig sind. Dabei mehrfach wenden und ein- oder zweimal mit Öl bestreichen. Sofort servieren.

*Für 4 Personen als Vorspeise,
für 2–3 Personen als Hauptgericht*

RINDFLEISCH-KOKOSNUSS-SATES
Saté lalat

INDONESIEN

METHODE:
Direktes Grillen

Saté lalat ist der allerkleinste Fleischspieß in Indonesien – »lalat« heißt wörtlich übersetzt Fliege. Kein Wunder, daß solche Spieße dünn wie Reisig sind – mit entsprechend wenig Fleisch darum! Pro Person bräuchte man gut und

SPEZIAL
ZUBEHÖR:
30 kurze
Bambusspieße;
vorher 1 Std. in
kaltes Wasser
legen und ab-
tropfen lassen

gerne drei bis vier Dutzend davon. Unsere Spießgrößen und unseren Appetit vor Augen, bereite ich meine Satés vorsichtshalber in etwas größeren Dimensionen und Mengen zu.

Als Spezialität von Madura, einer Insel bei Java, verdanken Satés lalat ihre einzigartige Leichtigkeit und ihren Geschmack dem Zusatz von – dort natürlich frisch – geraspelter Kokosnuß. Aber ich mag nun mal die Süße (und die Konsistenz) von Kokosnußraspeln aus dem Supermarkt. Auch würde eine indonesische Hausfrau frische Kurkuma verwenden; ich nähere mich deren Geschmack an, indem ich die eher erhältliche gemahlene Kurkuma mit frischem Ingwer mische.

Diese Satés sind so aromatisch, daß sie ohne zusätzliche Sauce auskommen.

300 g Tatar (mageres Rinderhack) oder Rinderlende, durch den Fleischwolf gedreht
½ TL Kurkuma, gemahlen
2 TL Ingwerwurzel, gehackt oder gerieben
½ Tasse Kokosnußraspel (getrocknet oder frisch, gesüßt oder ungesüßt)
1 EL süße Sojasauce (Ketjap manis) oder je 1½ TL gewöhnliche Sojasauce und Sirup
1 TL frisch gepreßter Limettensaft
2 EL Erdnuß- oder Maiskeimöl
¼ TL Salz, nach Geschmack auch mehr

½ TL frisch gemahlener schwarzer Pfeffer, nach Geschmack auch mehr

1. Tatar, Kurkuma, Ingwer, Kokosnußraspel, Sojasauce, Limettensaft, Öl, Salz und Pfeffer in eine mittelgroße Schüssel geben. Mit den Händen zu einer geschmeidigen Masse verarbeiten. Einen kleinen Teil davon in einer beschichteten Pfanne anbraten und probieren. Die übrige Masse mit Salz und Pfeffer abschmecken.

2. Mit nassen Händen jeweils ca. 1 EL der Fleischmasse dünn (ca. 12 cm lang) um einen Spieß formen. So fortfahren, bis die Fleischmasse aufgebraucht ist. Die Spieße auf einen großen Teller oder ein Backblech legen. Mit Klarsichtfolie bis zum Grillen abdecken.

3. Den Grill auf höchster Stufe anheizen.

4. Grillrost einölen. Satés auf dem heißen Rost verteilen und 2–4 Min. grillen. Dabei mit der Zange mehrmals wenden, bis die Fleischspieße außen schön braun und durchgegart sind. Sofort servieren.

Für 4–6 Personen als Vorspeise, für 2 Personen als Hauptgericht

PASTRAMI IN WEINBLÄTTERN

TÜRKEI

METHODE:
Direktes Grillen

VORBEREI-
TUNGSZEIT:
15 Min. zum
Wässern der
Weinblätter

Wer jemals auf dem Gewürzmarkt in Istanbul war (auch als Ägyptischer Markt bekannt), kennt sicher die langen, zungenförmigen, orangebraunen Fleischstreifen, die überall von den Dachsparren der Stände herunterhängen. Das ist Basturma, das geräucherte, pikant gewürzte Rindfleisch des Nahen Ostens: geschichtlich, geschmacklich und als Namensgeber Vorläufer des nordamerikanischen Pastrami (beliebter Bestandteil von Sandwiches). Gewöhnlich besteht Basturma aus Rindfleisch, manchmal auch aus Kamelfleisch, und die Gewürze – Salz, Pfeffer, Koriander und Paprika – sind allen vertraut, die gerne Pastrami essen.

Basturma hat jedoch einen exotischeren Geschmack.

Außerdem inspirierte mich eine Vorspeise, die ich einmal mit großem Vergnügen im »Tugra Restaurant« in Istanbuls imposantem »Ciragan Palace Hotel« gegessen habe: Basturma in Weinblättern gegrillt. In größeren Städten bekommt man vielleicht echtes Basturma. Eine feine Variante läßt sich aber auch mit Pastrami zubereiten.

Strenggenommen gehört Käse nicht zum Originalrezept, aber ich mag, wie er das Ganze geschmacklich abrundet.

16 Weinblätter in Salzlake, abgetropft

175 g Pastrami oder Basturma, in dünne Scheiben geschnitten

8 Scheiben junger Gouda (je ½ cm dick) oder 8 Käse-Scheibletten (bzw. 8 Scheiben Mozzarella, insgesamt 180 g)

1 mittelgroße Tomate, in 8 dünne Scheiben geschnitten

1 kleine Zwiebel, in 8 dünne Scheiben geschnitten

8 hauchdünne Zitronenscheiben, geschält und entkernt

1. Weinblätter in einer mittelgroßen Schüssel 15 Min. wässern, dabei das kalte Wasser zwei- bis dreimal wechseln.

2. Weinblätter abtropfen lassen und mit Küchenpapier trockentupfen. 8 Blätter auf der Arbeitsfläche ausbreiten. Jeweils einige Scheibchen Pastrami in die Mitte geben. Darauf je eine Scheibe Käse, Tomate, Zwiebel und Zitrone legen. Die Ränder jedes Weinblatts über der Füllung zusammenlegen. Darüber je ein zweites Blatt legen und die Ränder unter das erste Blatt schieben, so daß die Füllung vollständig umschlossen ist.

3. Päckchen auf einem Backblech oder einer Platte mit Klarsichtfolie abdecken und kühl stellen. Währenddessen den Grill auf höchster Stufe anheizen.

4. Den heißen Grillrost einölen. Die Päckchen darauf verteilen und 4–8 Min. grillen, bis die Weinblätter und die Füllung durch und durch heiß sind. Dabei öfter mit einem Grillwender wenden.

5. Sofort servieren. Weinblätter auffalten (sie werden nicht mitverzehrt) und die Füllung mit einer Gabel essen.

Ergibt 8 Stück; für 4 Personen als Vorspeise

GEFLÜGEL-KEBABS
Boka dushi

CURAÇAO

METHODE:
Direktes Grillen

VORBEREITUNGSZEIT:
30 Min. zum Marinieren

Dies ist ein Gericht dreier Kontinente. Ich probierte es in einem Restaurant in Curaçao, der Hauptinsel der Niederländischen Antillen, aber seine Wurzeln reichen zurück bis nach Ostindien, genauer nach Java (Indonesien). Und sein Name widerlegt den angeblich starken spanischen Einfluß auf die Kultur Curaçaos: Auf Papiamento – dem einheimischen Dialekt, einer melodischen Mischung aus Spanisch, Portugiesisch, Holländisch und westafrikanischen Sprachen – heißt »boka« Mund und »dushi« süß. Alle Zutaten dafür gibt's auf dem Schwimmenden Markt in Willemstad, einer bunten Flottille venezolanischer Boote, die die 35-Meilen-Fahrt hierher machen, um Nahrungsmittel aus Südamerika feilzubieten. Die Hauptaromen Ingwer und

Sambal oelek (eine Chili-Paste) entfachen im Mund ein wahres Feuerwerk, vergleichbar dem Nachthimmel am Nationalfeiertag.

Das Rezept verdanke ich einem der besten Restaurants von Curaçao, dem »Indonesia Rijstafel« in Willemstad. Wie in Asien wird hier dunkles Fleisch hellem vorgezogen, da es kräftiger im Geschmack sein soll. Man kann ebensogut Hähnchenbrust, ohne Haut und Knochen, verwenden (davon dann 700 g nehmen).

8 Hähnchenkeulen (insgesamt 1,2–1,4 kg)
3 EL süße Sojasauce (Ketjap manis) oder je
  2 EL gewöhnliche Sojasauce und Sirup
1 EL frisch gepreßter Limettensaft
2 TL Ingwerwurzel, gerieben
1–2 TL Sambal oelek
1 TL Kreuzkümmel, gemahlen
½ TL Kurkuma, gemahlen

1 Tasse Erdnußsauce nach Curaçao-Art
  (s. Seite 473)

1. Hähnchenkeulen enthäuten und entbeinen, unter fließendem kaltem Wasser abspülen und mit Küchenpapier trockentupfen. Das Fleisch in Streifen schneiden, etwa so lang und dick wie ein kleiner Finger.

2. In einer großen Schüssel alle Zutaten bis auf die Erdnußsauce verrühren. Hähnchenstreifen hineingeben, wälzen und abgedeckt im Kühlschrank 30 Min. marinieren.

3. Den Grill auf höchster Stufe anheizen.

4. Hähnchenfleisch erst abtropfen lassen, dann längs auf die Spieße stecken. Den Grillrost einölen und die Spieße darauf verteilen. 2–4 Min. grillen, bis das Fleisch durchgegart ist. Die Boka dushis sofort servieren, in kleinen Förmchen die Erdnußsauce dazu reichen.

Für 4 Personen als Vorspeise

HÄHNCHEN IM SILBERMANTEL

Zu diesem Rezept regte mich San Franciscos berühmtes Dim-sum-Restaurant »Yank Sing« an. Das Originalgericht wurde dort fritiert, aber gegrillt ist das Hähnchen ebenso schmackhaft, und das mit einem Bruchteil des Fettes. Die Alufolie bewahrt das Aroma, das Fleisch bleibt saftig – und wird mal ganz unkonventionell serviert. Fünf-Gewürze-Pulver ist eine chinesische Gewürzkombination aus Zimt, Fenchel, Nelken, Szechuanpfeffer und Sternanis. Es verleiht dem Hähnchen einen exotisch süßlichen, würzig-scharfen Geschmack. Erhältlich ist es in Asienläden, Feinkostgeschäften oder größeren Supermärkten.

8 Hähnchenkeulen (insgesamt 1,2–1,4 kg)
  oder 4 Hähnchenbrust-Hälften ohne Haut
  und Knochen (insgesamt ca. 700 g)
4 große Lauchzwiebeln
125 ml Tasse Sojasauce
¼ Tasse Zucker
2 EL chinesischer Reiswein oder trockener
  Sherry
1 Knoblauchzehe, durchgepreßt
½ TL Fünf-Gewürze-Pulver

1. Hähnchenkeulen enthäuten und mit einem Hackmesser quer durch den Knochen jeweils in zwei Hälften teilen. Oder jede Hähnchenbrust-Hälfte in 4 große Stücke à 5 cm schneiden. Fleisch unter fließendem kaltem Wasser abspülen und mit Küchenpapier trockentupfen. Lauchzwiebeln putzen und in jeweils 4 Stücke à 5 cm schneiden.

2. Restliche Zutaten in einem Topf mischen und bei mittlerer Hitze zum Kochen bringen. Unter Rühren ca. 5 Min. sirupartig einkochen lassen. In einer Schüssel auf Zimmertemperatur abkühlen lassen. Fleisch hineingeben und von allen Seiten in der Marinade wälzen. Abgedeckt im Kühlschrank 2–4 Std. durchziehen lassen.

3. Den Grill auf höchster Stufe anheizen.

4. Fleisch abtropfen lassen, Marinade dabei auffangen. Alufolie in 16 Quadrate, Kantenlänge 15 cm, schneiden. Je ein Quadrat mit der glänzenden Seite nach unten auf die Arbeitsfläche legen. Ein Stück Hähnchenfleisch sowie einen Zwiebelring in die Mitte legen und obenauf etwas Marinade geben. Alles in Folie einschlagen, Folie dabei weniger falten als vielmehr zusammenknittern (s. Hinweis).

5. Die Päckchen auf dem heißen Grillrost verteilen und 4–8 Min. grillen, bis das Fleisch durchgegart ist. Dabei mehrmals wenden. Für die Garprobe ein Päckchen öffnen: Das Fleisch sollte sich fest und heiß anfühlen. Der Spaß am Essen besteht sicherlich zu einem großen Teil in der Vorfreude auf den Inhalt der silbernen Folie – aber Vorsicht: die Päckchen mit Bedacht öffnen, denn das Hähnchenfleisch ist kochend heiß!

Ergibt 16 Stück;
für 8 Personen als Vorspeise
Hinweis: Bis zu Schritt 4 kann das Rezept bis zu 6 Std. im voraus zubereitet werden. Bis zum Grillen kühl stellen.

HÄHNCHENFLÜGEL SAIGON-ART

VIETNAM

METHODE:
Direktes Grillen

VORBEREI-TUNGSZEIT:
4–24 Std. zum Marinieren

SPEZIAL-ZUBEHÖR:
12 lange Bambusspieße; vorher 1 Std. in kaltes Wasser legen und abtropfen lassen

Den besten Einblick in die Küche eines Landes gewinnt man auf seinen Gemüse- und Fleischmärkten. In Saigon machte ich mich deshalb als erstes auf zum riesigen Ben-Thanh-Markt, der sich auf der Straßenseite gleich gegenüber meinem Hotel erstreckte. Hier kann man so gut wie alles kaufen: Aale, Schlangen, alle Arten von Innereien, sogar Heuschrecken. Und auf den am Ende ermatteten Marktbummler wartet jedesmal schon ein Heer von Imbißverkäufern, um ihn zum Genuß von vietnamesischen Suppen, Eintöpfen und auf Holzkohle Gebrutzeltem aufzufordern.

Das folgende Hähnchenflügel-Rezept – so einfach wie schmackhaft – verdanke ich einer dieser Kochfrauen. Um soviel wie möglich von der Fleischoberfläche dem Holzfeuer auszusetzen, werden dabei die Flügel wie zum Fliegen weit auseinandergezogen und auf Grillspieße gesteckt. Obwohl ich kein Vietnamesisch und sie kein Englisch konnte, war doch mein Entzücken über diese köstlichen Hähnchenflügel offensichtlich.

Das Originalrezept sieht für die Marinade Zitronengras und Fischsauce vor. Zur Not tun es aber auch abgezogene Zitronenschale und Sojasauce.

12 Hähnchenflügel (insgesamt 1,2–1,4 kg)
4 Knoblauchzehen, geschält
¼ Tasse Schalotten, kleingeschnitten
1 Stück Ingwerwurzel (ca. 2,5 cm dick), in dünne Scheiben geschnitten
2 Zitronengrasstiele, geputzt, in Streifen geschnitten, oder 2 Streifen Zitronenschale (à 2 x 1,3 cm)
2 EL Zucker
80 ml asiatische Fischsauce
3 EL frisch gepreßter Zitronensaft
3 EL Pflanzenöl
¼ gehackte Erdnüsse, ohne Fett geröstet
¼ Tasse Koriandergrün, feingehackt

1. Hähnchenflügel unter fließendem kaltem Wasser abspülen und mit Küchenpapier trockentupfen. Je zwei- oder dreimal im fleischigen Teil bis zum Knochen einschneiden.

2. Für die Marinade Knoblauch, Schalotten, Ingwer, Zitronengras und Zucker im Mörser zu einer Paste zerreiben. Fischsauce, Zitronensaft und 1 EL Öl unterrühren. Oder alle Zutaten in einem Mixer zu einem geschmeidigen Püree verarbeiten. Masse in eine große Schüssel geben. Hähnchenflügel hineingeben, von allen Seiten in der Marinade wenden. Abgedeckt im Kühlschrank mindestens 4 Std., besser über Nacht, marinieren, ab und zu wenden. Hähnchenflügel abtropfen lassen und Marinade dabei auffangen.

3. Den Grill auf starke bis mittlere Hitze anheizen.

4. Hähnchenflügel auf je einen Spieß stecken, Flügel dabei so weit wie möglich auseinanderziehen. Von beiden Seiten mit dem restlichen Öl bestreichen. Grillrost einölen, Hähnchenspieße auf dem heißen Rost verteilen. 12–16 Min. grillen, bis der knochennahe, dickere Teil der Flügel nicht mehr rosa ist. Dabei mehrmals mit der Grillzange wenden und zwei- oder dreimal mit der restlichen Marinade bestreichen, aber nicht mehr in den letzten 3 Min. der Garzeit.

5. Hähnchenflügel auf eine Platte geben, mit gehackten Erdnüssen und eventuell mit Koriandergrün bestreuen. Sofort servieren.

Ergibt 12 Flügel;
für 4–6 Personen als Vorspeise

HÄHNCHENFLÜGEL MIT STERNANIS

MALAYSIA

METHODE:
Direktes Grillen

VORBEREITUNGSZEIT:
8–24 Std. zum Marinieren

SPEZIALZUBEHÖR:
Drehspieß (falls vorhanden)

Lee Chun Hock ist ein spaßiger Grillkünstler auf der Insel Penang. Ich lernte ihn dort auf der Gurney Road kennen, wo er einen Barbecuestand namens »Ipohs einmalige Brathähnchen-Flügel« führt (Ipoh ist der Name seines Chefs). Hocks »Bühne« ist ein glänzender, rostfreier Drehspieß, auf dem er Stubenküken über einem Holzkohlefeuer ganz kroß röstet. Er wollte mir das folgende Rezept nur im Austausch gegen eine Losnummer mit Gewinngarantie überlassen. Ich verriet ihm mein Alter, mein Geburtsdatum und meine Hausnummer. Ich hoffe, er hat mit diesen Zahlen gewonnen!

Die überaus aromatische Marinade enthält alles, was man sich nur wünschen kann: Sojasauce macht sie salzig, Zucker und Ketjap manis sorgen für Süße, Sternanis und Zimtstangen für Würze. Das Be-

träufeln mit Sesamöl macht die Hähnchenflügel nussig-knusprig.

12 Hähnchenflügel (insgesamt 1,2–1,4 kg)
80 ml Sojasauce
80 ml süße Sojasauce (Ketjap manis) oder je
**   2½ EL gewöhnliche Sojasauce und Sirup**
80 ml chinesischer Reiswein oder trockener
**   Sherry**
⅓ Tasse Zucker
2 TL frisch gemahlener schwarzer Pfeffer
1 TL Glutamat (nach Wunsch)
5 ganze Sternanis
2 Zimtstangen (à 7,5 cm lang)
2 EL dunkles Sesamöl, zum Beträufeln

1. Hähnchenflügel unter fließendem kaltem Wasser abspülen und mit Küchenpapier trockentupfen. Je zwei- oder dreimal im fleischigen Teil bis zum Knochen einschneiden.

2. Für die Marinade Sojasauce, Reiswein, Zucker, Pfeffer und Glutamat in einer Schüssel so lange schlagen, bis sich der Zucker gelöst hat. Sternanis und Zimt unterrühren. Flügel hineingeben und von allen Seiten darin wenden. Abgedeckt mindestens 8, am besten 24 Std. im Kühlschrank durchziehen lassen.

3. Grill auf höchster Stufe (Drehspieß) oder auf mittlere bis starke Hitze (Grillen auf dem Rost) anheizen. Hähnchenflügel abtropfen lassen.

4. *Drehspieß-Methode*: Alle Flügel jeweils durch die Haut am Gelenk auf den Spieß stecken. 20–30 Min. grillen, bis die Flügel an ihrem dickeren knochennahen Teil nicht mehr rosa sind.

Direkte Grill-Methode: Grillrost einölen. Flügel auf den heißen Rost legen und 12–16 Min. grillen wie bei der Drehspieß-Methode. Dabei ab und zu mit der Grillzange wenden.

Beide Methoden: Flügel während des Grillens ein- oder zweimal mit Öl beträufeln.

5. Hähnchenflügel auf einer Platte anrichten und sofort servieren.

Ergibt 12 Stück;
für 4–6 Personen als Vorspeise

HÄHNCHENFLÜGEL IN BIERMARINADE

AUSTRALIEN

METHODE:
Direktes Grillen

VORBEREI-TUNGSZEIT:
4 Std. zum Marinieren

Die Flügel sind das Feinste bei einem Grillhähnchen – überwiegend Haut (vom Feuer knackig-knusprig geröstet) und Knochen (die man wegen des köstlichen Geschmacks mit Vergnügen abnagt). Ihr bißchen Fleisch ist schön marmoriert und bleibt während des Grillens saftig. Das wissen auch die Australier zu schätzen, für die die Kunst des Hähnchenflügel-Grillens beinahe schon Züge eines Nationalsports trägt. Man muß den scharf süß-sauren Geschmack dieser Flügel einfach mögen, die ihre Einzigartigkeit einer Marinade verdanken, der australisches Bier noch die richtige Würze verleiht.

HÄHNCHEN UND MARINADE:
12 Hähnchenflügel (insgesamt 1,2–1,4 kg)
60 ml Erdnußöl
60 ml frisch gepreßter Zitronensaft
60 ml Worcestersauce
60 ml australisches Bier, z. B. Foster's
1 TL Salz
1 TL frisch gemahlener schwarzer Pfeffer

BARBECUESAUCE:
2 EL Erdnußöl
1 kleine Zwiebel, feingehackt
1 Knoblauchzehe, durchgepreßt
2 TL Ingwerwurzel, kleingehackt
½ TL Chiliflocken
1 Tasse Ketchup
80 ml australisches Bier, z. B. Foster's
2 EL frisch gepreßter Zitronensaft
2 EL Worcestersauce
2 EL Rotweinessig
1 EL brauner Zucker
1 EL Honig
2 TL Sojasauce
1 TL Senfpulver
½ TL frisch gemahlener schwarzer Pfeffer

1. Hähnchenflügel unter fließendem kaltem Wasser abspülen und mit Küchenpapier trockentupfen. Flügel jeweils im fleischigen Teil zwei- oder dreimal bis auf den Knochen einschneiden. In einer großen Schüssel alle Marinadezutaten miteinander verrühren. Flügel hineingeben und von allen Seiten darin wenden. Abgedeckt im Kühlschrank

4 Std. durchziehen lassen, dabei ab und zu wenden.

2. Inzwischen für die Barbecuesauce das Öl in einem mittelgroßen Schmortopf auf mittlerer Hitze heiß werden lassen. Zwiebeln, Knoblauch, Ingwer und Chiliflocken zufügen und unter Rühren mit einem Holzlöffel ca. 5 Min. andünsten, bis die Zwiebeln und der Knoblauch bräunlich werden. Restliche Saucenzutaten unterrühren und alles zum Kochen bringen. Hitze auf kleinste Stufe reduzieren, die Sauce 10–15 Min. köcheln lassen, bis sie dicklich ist, dabei ab und zu umrühren. Vom Herd nehmen und ca. 250 ml davon abmessen. Zum Servieren beiseite stellen.

3. Den Grill auf mittlere bis starke Hitze anheizen.

4. Hähnchenflügel abtropfen lassen. Den Grillrost einölen, Flügel darauf verteilen, sie dabei so weit wie möglich auseinanderziehen. 12–16 Min. grillen, bis die knochennahen dickeren Flügelteile nicht mehr rosa sind. Dabei mehrmals mit der Grillzange wenden. In den letzten 5 Min. Flügel mit der Barbecuesauce bestreichen. Auf einer Servierplatte anrichten und erneut mit der Sauce bestreichen.

5. Mit der restlichen Sauce servieren.

Ergibt 12 Hähnchenflügel; für 4–6 Personen als Vorspeise

WÜRZIG-SCHARFE HÄHNCHENFLÜGEL

SINGAPUR

METHODE:
Direktes Grillen

VORBEREITUNGSZEIT:
6–24 Std. zum Marinieren

Diese würzigen Hähnchenflügel spiegeln Singapurs unglaubliche ethnische Vielfalt. Fünf-Gewürze-Pulver ist ein chinesisches Würzmittel, und Ketjap manis (süße Sojasauce) stammt aus Indonesien. Das Fritieren der Würzpaste ist typisch malaiisch – wie die Nonya (Großmutter) noch kochte –, und es war schließlich der arabische Markt, auf dem ich die Flügel kostete. Das Fritieren der Würzpaste ergibt einen so vielschichtigen Geschmack, daß Sie diese zu den besten Hähnchenflügeln zählen werden, die Sie je gegessen haben.

Der Imbißverkäufer, der mir sein Rezept verriet, verwendete vorgekochte Flügel, die er dick mit der Paste einstrich und dann fertig grillte. Wenn man die Hunderte von Hähnchenflügeln bedenkt, die jeden Morgen verkauft werden, war dies seine Methode, die Garzeit zu verkürzen. Aber wer nicht so in Zeitnot ist wie ein Koch auf dem Markt, kann gut und gerne die frischen Hähnchenflügel in der Gewürzpaste marinieren und sie von Anfang bis Ende auf dem Grill garen.

Auch wenn das Rezept auf den ersten Blick etwas kompliziert erscheint, dauert die Zubereitung nicht länger als 20 Min.

16 Hähnchenflügel (insgesamt ca. 1,4 kg)
3 große Schalotten, geputzt
6 Knoblauchzehen, geschält
1 Stück Ingwerwurzel (ca. 2,5 cm)
**2–10 Thai-, Serrano- oder kleine Jalapeño-
    Chillies, entkernt (Wer's schärfer mag,
    läßt die Kerne drin; s. Hinweis.)**
125 ml Pflanzenöl
2 EL Sojasauce
**2 EL süße Sojasauce (Ketjap manis) oder je
    1 EL gewöhnliche Sojasauce und Sirup**
1 TL Fünf-Gewürze-Pulver

1. Die Hähnchenflügel unter fließendem kaltem Wasser abspülen und mit Küchenpapier trockentupfen. Je zwei- oder dreimal im fleischigen Teil schräg bis auf den Knochen einschneiden. In einer großen Schüssel kühl stellen.

2. Für die Würzpaste Schalotten, Knoblauch, Ingwer und Chillies in der Küchenmaschine zu einer geschmeidigen Paste verarbeiten. Hälfte des Öls, Sojasaucen und Fünf-Gewürze-Pulver unterrühren (s. Hinweis).

3. Das restliche Öl in einem Wok oder einer kleinen schweren Pfanne bei mittlerer Hitze heiß werden lassen. Die Würzpaste zufügen und unter ständigem Rühren 8–12 Min. erhitzen, bis sie dick, braun und sehr aromatisch ist. Vom Herd nehmen und vollständig abkühlen lassen.

4. Paste über die Hähnchenflügel geben. Flügel in der Marinade wenden und abgedeckt mindestens 6, am besten 24 Std., im Kühlschrank durchziehen lassen (je länger, desto besser).

5. Den Grill auf mittlere bis starke Hitze anheizen.

6. Grillrost einölen. Flügel auf den heißen Rost legen und 12–16 Min. grillen, bis das dickere, knochennahe Fleisch nicht mehr rosa ist. Dabei ab und zu wenden.

7. Hähnchenflügel auf einer Platte anrichten und servieren.

Ergibt 16 Stück;

für 4–8 Personen als Vorspeise

Hinweise: Auch hier bleibt die Menge der Chillies Ihnen überlassen. 2 entkernte Schoten machen die Flügel schön pikant; 10 Chillies mit Kernen gäben selbst einem malaiischen Feuerschlucker ein vertrautes Gefühl.
■ Die Würzpaste kann auch im Mixer hergestellt werden. Dann alle Zutaten pürieren.

HÄHNCHENFLÜGEL MIT HONIGGLASUR

CHINA

METHODE:
Direktes Grillen

VORBEREI-TUNGSZEIT:
2–4 Std. zum Marinieren

SPEZIAL-ZUBEHÖR:
12 lange Bambusspieße; vorher 1 Std. in kaltes Wasser legen und abtropfen lassen

Bei diesem schlichten Hähnchenflügel-Rezept nach Hongkong-Art wird die Haut durch das Bestreichen mit Honig während des Grillens unübertrefflich kroß und süß.

12 Hähnchenflügel (insgesamt 1,2–1,4 kg)
4 Knoblauchzehen, durchgepreßt
1 ½ TL Salz
1 ½ TL frisch gemahlener schwarzer Pfeffer
1 TL Glutamat (nach Wunsch)
½ Tasse Honig, zum Bestreichen

1. Hähnchenflügel unter fließendem kaltem Wasser abspülen und mit Küchenpapier trockentupfen. Jeweils zwei- oder dreimal im fleischigen Teil schräg bis auf den Knochen einschneiden. Flügel in eine große Schüssel geben, Knoblauch, Salz, Pfeffer und Glutamat darüber streuen. Flügel von allen Seiten in der Gewürzmischung wenden und abgedeckt 2–4 Std. im Kühlschrank durchziehen lassen.

2. Den Grill auf mittlere bis starke Hitze anheizen.

3. Den Grillrost einölen. Den Honig in einem Töpfchen über dem Extra-Brenner des Grills (falls vorhanden) erwärmen, sonst bei geringer Hitze auf der Herdplatte. Flügel jeweils auf einen Spieß stecken, sie dabei so weit wie möglich auseinanderziehen und auf dem heißen Rost verteilen. 12–16 Min. grillen, bis der dickere, knochennahe Teil nicht mehr rosa ist. Dabei mehrmals mit der Grillzange wenden. Während der letzten 4 Min. ab und zu mit dem warmen Honig bestreichen.

4. Hähnchenflügel auf einer Platte anrichten und sofort servieren.

Ergibt 12 Stück;
für 4–6 Personen als Vorspeise

WÜRZIGE HÄHNCHENFLÜGEL HONGKONG-ART
Shek-O-Flügel

CHINA

METHODE:
Direktes Grillen

VORBEREI-TUNGSZEIT:
6–24 Std. marinieren

SPEZIAL-ZUBEHÖR:
12 lange Bambusspieße; vorher 1 Std. in kaltes Wasser legen und ab-tropfen lassen

Der Ort Shek O liegt im Osten der Insel Hongkong direkt am Meer. Man braucht vielleicht eine halbe Stunde mit dem Auto aus dem Gewirr der Hochhäuser bis hierher, doch dabei legt man eher Jahrhunderte als Kilometer zurück. Denn Shek O ist – auf einer Insel, auf der sich die Stadt immer weiter ausdehnt und die Wirtschaft sich rasant entwickelt – eine Oase mit engen Straßen, lässigen Bars und Restaurants, wo man draußen essen kann. Und am Sonntag ziehen die Familien zum Picknick an den Strand.

Das Grillen spielt eine eher untergeordnete Rolle in der chinesischen Küche, aber sonntags ist der Strand von Shek O eine Barbecue-Metropole. Da gibt es einen schwunghaften Handel mit Holzkohle und anderen Grillutensilien. Und jeder Grill ist ein Meisterwerk an Improvisation, gefertigt aus Hühnerdraht und Moniereisen (Gittermatten für Stahlbeton). Am liebsten grillt man in Sojasauce und Honig marinierte Hähnchenflügel. Wie überall in Asien, werden die Flügel auf dem Spieß zickzackförmig auseinandergezogen, um soviel wie möglich davon dem Grillfeuer auszusetzen.

12 Hähnchenflügel (insgesamt 1,2–1,4 kg)
125 ml Sojasauce
⅓ Tasse Honig
1 EL Ingwerwurzel, gehackt
3 Knoblauchzehen, durchgepreßt
3 Lauchzwiebeln, feingehackt
2 TL Fünf-Gewürze-Pulver

1. Hähnchenflügel unter fließendem kaltem Wasser abspülen und mit Küchenpapier trockentupfen. Jeweils zwei- oder dreimal im fleischigen Teil schräg bis auf den Knochen einschneiden. Flügel beiseite stellen.

2. Übrige Zutaten in einer großen Schüssel so lange schlagen, bis sich der Honig aufgelöst hat. Die Hälfte der Marinade in einer kleinen abgedeckten Schüssel kühl stellen. Hähnchenflügel in die restliche Marinade geben und von allen Seiten wenden. Abgedeckt im Kühlschrank mindestens 6, besser 24 Std., durchziehen lassen, dabei ab und zu wenden.

3. Den Grill auf mittlere bis starke Hitze anheizen.

4. Hähnchenflügel abtropfen lassen und jeweils auf einen Spieß stecken. Dabei so weit wie möglich auseinanderziehen. Grillrost einölen und die Flügel auf dem heißen Rost verteilen. 12–16 Min. grillen, bis das dickere, knochennahe Fleisch nicht mehr rosa ist. Dabei ab und zu mit der Grillzange wenden und mit der übriggelassenen Marinade bestreichen, aber nicht mehr in den letzten 3 Min. des Grillens.

5. Hähnchenflügel auf einer Platte anrichten und sofort servieren.

Ergibt 12 Stück;
für 4–6 Personen als Vorspeise

RAUCHZARTE HÄHNCHENFLÜGEL

USA

METHODE:
Indirektes Grillen

**VORBEREI-
TUNGSZEIT:**
*24 Std. zum
Marinieren*

**SPEZIAL-
ZUBEHÖR:**
*250 g Holzspäne;
vorher 1 Std. in
kaltes Wasser
legen und ab-
tropfen lassen*

Der Name »Kansas City's Little Jake's Eat It and Beat It«, also »Hau rein und hau ab«, deutet für ein Restaurant auf einen schnellen Kundendurchlauf hin. Aber beim Barbecue nimmt sich Inhaber Danny Edwards alle Zeit der Welt. Seine Hähnchenflügel ziehen über Nacht in einer Gewürzmischung durch, und er grillt sie dann über Rauch so zart, daß sie vom Knochen fallen. Die Mengenangaben bei den Gewürzen können je nach Geschmack variieren.

12 Hähnchenflügel (insgesamt 1,2–1,4 kg)
2 TL Knoblauchsalz
2 TL frisch gemahlener schwarzer Pfeffer
2 TL Cayennepfeffer
2 TL getrockneter Oregano, zerrieben

1. Hähnchenflügel unter fließendem kaltem Wasser abspülen und mit Küchenpapier trockentupfen. Flügel in eine große Schüssel geben. Gewürze darüber streuen, Flügel von allen Seiten darin wenden. Abgedeckt im Kühlschrank ca. 24 Std. durchziehen lassen.

2. Den Grill für indirektes Garen vorbereiten (s. Seite 14–17); eine Tropfschale in die Mitte setzen.

Gasgrill: Holzspäne in den Räucherkasten geben, den Grill auf höchster Stufe anheizen. Wenn Rauch erscheint, auf mittlere Hitze zurückschalten.

Holzkohlegrill: Auf schwache bis mittlere Hitze anheizen. Beginnen die Kohlen zu glühen, die Hälfte der Späne darauf streuen.

3. *Beide Methoden:* Grillrost einölen. Flügel auf dem heißen Rost über der Tropfschale verteilen. Grill abdecken und die Flügel 1 ½ bis 2 Std. grillen, bis sie zart sind. Beim Grillen mit Holzkohle nach 1 Std. 10–12 Kohlen nachlegen und eine Handvoll Späne auf jede Seite streuen.

4. Hähnchenflügel sofort servieren.
Ergibt 12 Stück;
für 4–6 Personen als Vorspeise

GARNELEN-DIM-SUM VOM GRILL

CHINA

METHODE:
Direktes Grillen

**SPEZIAL-
ZUBEHÖR:**
*12 kurze
Bambusspieße
oder Zahnstocher
aus Holz; vorher
1 Std. in kaltes
Wasser legen
und abtropfen
lassen*

Grillen ist eine eher seltene Zubereitungsart in der chinesischen Küche. Aber viele Chinagerichte eignen sich zum Brutzeln über offenem Feuer – wie diese Garnelen, die üblicherweise als Dim sum gereicht werden. Wenn man sie aber mal nicht fritiert, hat man zweifache Freude: raffinierteren Geschmack und geringeren Fettgehalt.

12 Riesengarnelen, ungekocht und ohne Kopf
12 Lauchzwiebeln
6 Streifen Schinkenspeck

1. Den Grill auf mittlere bis starke Hitze anheizen.

2. Garnelen schälen und den schwarzen Darm entfernen (s. Seite 349). Lauchzwiebeln putzen, das Grün abschneiden und für ein anderes Gericht aufbewahren, Wurzelende entfernen. Die verbleibenden Stücke sollten jeweils 5 cm lang sein. Speckstreifen quer halbieren.

3. Jeweils 1 Stück Lauchzwiebel in die Rundung einer Garnele drücken und beides mit einem Speckstreifen umwickeln. Auf einen Spieß oder Zahnstocher stecken.

4. Grillrost einölen. Dim Sums auf dem heißen Rost verteilen und von jeder Seite 2–4 Min. grillen, bis die Garnelen rosa aussehen und der Schinken knusprig ist. Einmal wenden. Sofort servieren.

Für 4 Personen als Vorspeise

GARNELEN-MOUSSE AUF ZUCKERROHR
Chao tom

VIETNAM

METHODE:
Direktes Grillen

**VORBEREI-
TUNGSZEIT:**
*2 Std. zum
Abkühlen*

Chao tom, auf Zuckerrohr gegrillte Garnelen-Mousse, ist unverwechselbar vietnamesisch. Ein einmaliger Kontrast, was den Geschmack wie auch die Konsistenz betrifft – Chao tom hat's: zarte Garnelen-Creme und knuspriges, süßes Zuckerrohr. Man kaut eher darauf herum, als daß man es ißt, und der süße Saft ergänzt sich dabei wunderbar mit den salzigen Garnelen. Frisches Zuckerrohr gibt es in manchen großen Asia-Supermärkten.

450 g küchenfertige Riesengarnelen
  (s. Seite 349)
60 g Schweinefett oder gesalzenes
  Schweinefleisch, gewürfelt
1 Knoblauchzehe, durchgepreßt
1 Lauchzwiebel, geputzt und gehackt, grüne
  und weiße Teile getrennt
1 EL Zucker, nach Geschmack auch mehr
1 EL asiatische Fischsauce
2 EL Erdnußöl
1 TL vietnamesische oder thailändische
  Chilisauce
½ TL Salz, nach Geschmack auch mehr
½ TL frisch gemahlener schwarzer Pfeffer,
  nach Geschmack auch mehr
3 Zuckerrohrstangen (à 15–20 cm lang)

1. Garnelen, Schweinefett, Knoblauch, Lauchzwiebeln und Zucker in der Küchenmaschine grob pürieren. Fischsauce, 1 EL Öl, Chilisauce, Salz (bei gesalzenem Schweinefleisch nur ¼ TL nehmen) und Pfeffer zugeben und auf höchster Stufe weiterpürieren. Einen kleinen Teil der Mischung in einer beschichteten Pfanne kurz anbraten und probieren. Die übrige Mischung bei Bedarf mit Zucker, Salz und Pfeffer scharf-pikant abschmecken und in eine Schüssel geben. Abgedeckt im Kühlschrank ca. 2 Std. gut durchziehen lassen.

2. Zuckerrohrstangen mit einem scharfen, schweren Messer schälen und jeweils in Längsrichtung in 4 Stücke schneiden. Die Finger einer Hand leicht einölen. Jeweils ca. 3 EL der Garnelen-Mischung um die obere Hälfte eines Zuckerrohrstücks formen. Das mag anfangs etwas schwierig sein, geht aber bald schnell von der Hand. Die Kebabs dann auf einer leicht gefetteten Platte abgedeckt kühl stellen.

3. Den Grill auf höchster Stufe anheizen.

4. Grillrost einölen. Die Kebabs auf den heißen Rost legen und von beiden Seiten 2–3 Min. grillen, bis die Garnelen-Mischung leicht gebräunt, fest und durchgegart ist. Sofort servieren. Die Garnelen-Mischung von den Zuckerrohrstücken abnagen und auf dem Zuckerrohr herumkauen, um in den Genuß des süßen Saftes zu kommen.

Für 12 Personen als Vorspeise

GEGRILLTE SCHNECKEN
Escargots grillés

METHODE:
Direktes Grillen

**SPEZIAL-
ZUBEHÖR:**
*1 Gemüsekorb
oder
1 Kuchengitter*

Keiner kann von mir sagen, ich ginge nicht meilenweit für ein Rezept. Der Beweis ist das folgende aus dem Restaurant »L'Hostal« in Castellnou in Südfrankreich (s. rechte Seite).

Der dortige Chefkoch nimmt Schweineschmalz zum Bestreichen der Schnecken. Jawohl, richtig gelesen. Mir ist klar, daß das nicht unbedingt jedermanns Sache ist, aber erstens hat es ein einmaliges Fleischaroma, das Butter nicht ersetzen kann. Und dann ist es auch gesünder als Butter, ob man es glaubt oder nicht, es enthält nämlich im Vergleich nur die Hälfte Cholesterin und ein Drittel an gesättigten Fettsäuren. Aber wer auf Schweineschmalz verzichten möchte, kann natürlich auch Butter verwenden. Und noch eins: Schalotten, Knoblauch und Sellerie sollten wirklich hauchdünn geschnitten sein.

Das Beste fürs Grillfeuer sind Rebholzabfälle. Die zweitbeste Alternative ist Holzkohle, auf die man einige eingeweichte Rebholzschnipsel oder Späne von Weinfässern streut. Aber auch die auf einem Gasgrill zubereiteten Schnecken sind sehr anständig.

**24 Schnecken aus der Dose, mit Häusern
(wenn möglich »petits gris«)**
**12 EL Schweineschmalz oder Butter oder ein
Mix aus beiden, zimmerwarm**
2 große Schalotten, sehr fein gehackt
3 Knoblauchzehen, sehr fein gehackt
1 Selleriestange, sehr fein gehackt
3 EL glatte Petersilie, gehackt
**1 TL Thymianblättchen oder ½ TL
getrockneter Thymian**
½ TL Currypulver
**Salz und frisch gemahlener schwarzer Pfeffer
nach Geschmack**

1. Schnecken auf einem Sieb abtropfen lassen und gründlich unter fließendem kaltem Wasser abspülen. Erneut abtropfen lassen und mit Küchenpapier abtupfen. 3 EL Schweineschmalz in einem mittelgroßen Topf bei mittlerer Hitze auslassen. Gemüse und Würzzutaten zufügen und ca. 3 Min. dünsten, bis das Gemüse weich und glasig, aber nicht braun ist. Den Topf vom Herd nehmen und die Mischung auf Zimmertemperatur abkühlen lassen.

2. Den Grill auf höchster Stufe anheizen.

3. Das restliche Schmalz unter die Gemüsemischung rühren. Eine haselnußgroße Portion mit der Spitze eines Buttermessers in jedes Schneckenhaus geben. Schnecken jeweils hineingeben und die Öffnung mit der restlichen Mischung verschließen. Häuser auf ein Backblech oder einen Teller geben (s. Hinweis).

4. Gemüsekorb oder Kuchengitter oben auf den Grillrost stellen. Schneckenhäuser darauf geben, Eingang nach oben. 3–5 Min. grillen, bis die Mischung brodelt und duftet. Häuser mit der Grillzange auf eine Platte geben und sofort servieren.

***Ergibt 24 Stück;
für 4 Personen als Vorspeise***

Hinweis: Bis zu Schritt 3 kann das Rezept längstens mehrere Stunden im voraus zubereitet werden. Bis zum Grillen locker mit Klarsichtfolie abdecken und kühl stellen.

Schnecken vom Grill – eine Reise wert

Grillen kann zur fixen Idee werden. Falls Sie, so wie ich, zu einer gewissen Verbohrtheit neigen, sobald Sie etwas interessiert, dann kann das Interesse am Grillen schnell dazu führen, daß sich Ihre Freizeit buchstäblich in Rauch auflöst. Bei einer zehntägigen Südfrankreichtour, auf der wir die französische Grillkunst studierten, mußte auch meine Frau das erfahren.

Barbara und ich waren schon eine Woche unterwegs, und da es Sonntag war, sollte dies unser erster freier Abend werden (also ohne bestimmten Essensplan). Dann machte ich den Fehler, die Spezialistin für französische Küche, Patricia Wells, anzurufen, die mir von den gegrillten Schnecken erzählte, einer Spezialität des Restaurants »L'Hostal« in dem Weiler Castellnou bei Perpignan im Südwesten Frankreichs. Das Problem war nur, daß wir uns in Arles befanden – ca. 640 Kilometer entfernt.

Ein Anruf bei dem Restaurant brachte Gewißheit: Ja, sie hatten gegrillte Schnecken. Nein, Montag und Dienstag sei nicht geöffnet. Ja, wirklich schade, daß wir Frankreich am Mittwoch verlassen würden. Ja, wenn wir gegrillte Schnecken wünschten, dann müßte es noch heute abend sein.

In meinem Kopf fing es an zu rattern. Wenn wir in zehn Minuten das Hotel verlassen und 160 Stundenkilometer fahren würden, könnten wir bei Sonnenuntergang in Castellnou sein. Ich sah Barbara an und sagte: »Ich habe gerade gehört, wo es gegrillte Schnecken gibt.«

»Fein«, sagte sie. »Laß uns fahren.«

»Es gibt da ein kleines Problem«, antwortete ich. »Das Restaurant liegt an der spanischen Grenze.«

Zum Glück ist meine Frau, was das Thema Barbecue angeht, fast so fanatisch wie ich.

Vier Stunden später erreichen wir Castellnou über die Autobahn. Die letzten zehn Kilometer ging es eine steile, kurvenreiche Straße hinauf zu einer liebevoll restaurierten mittelalterlichen Zitadelle. Als einziges Restaurant im Ort war »L'Hostal« schnell gefunden. Noch zitternd von der Fahrt, nahmen wir auf einer Terrasse Platz, von der man einen schwindelerregenden Blick über das Roussillon-Tal hat. Im Sommer wird im »L'Hostal« in einem riesigen offenen Außenkamin gegrillt, im Winter über der feudalen Feuerstelle im Eßsaal mit der niedrigen Balkendecke. Bevorzugtes Brennmaterial sind Rebholzabfälle: die Äste für delikate Speisen wie Schnecken, Stamm und Wurzeln für große Fleischstücke. Als wir eintrafen, brutzelten wie versprochen bereits vier Dutzend winzige Schnecken auf einem runden Drahtgrill über glühenden Rebholzstücken.

Autobahngebühren, Benzin und Übernachtung eingerechnet, war der Ausflug nach Castellnou eines der teuersten Schneckenessen meines Lebens. Aber das Essen war die Anfahrt und das Geld wert, denn ich habe nirgendwo sonst gegrillte Schnecken gesehen.

Weder Sie noch ich werden dieses Rezept zu Hause so originalgetreu nachkochen können. Es wird wohl kaum die winzigen, saftigen Schnecken (örtlich als »petits gris«, kleine Graue, bekannt) geben. Und schon gar keine mit frischem Thymian in speziellen Käfigen im Keller gefütterten. Es gibt bei uns auch keine Schneckengrills zu kaufen – wobei auch ein Gemüserost, auf ein paar Ziegelsteine gesetzt, notfalls genügen würde.

Und schließlich wird es uns nie gelingen, die Konsistenz und das Aroma der im »L'Hostal« gegrillten Schnecken zu wiederholen, wobei erstere weich, feucht, sogar ein bißchen »sapschig« (frz. baveuse) war, letzeres scharf, salzig, aromatisch, mit einem Hauch von Thymian und sogar von Curry.

Aber ich liebe Herausforderungen. Es mag unmöglich sein, das Gericht ganz genauso zuzubereiten, doch ich habe ein ausgesprochen köstliches Rezept für gegrillte Schnecken entwickelt, das von der Zubereitung im »L'Hostal« inspiriert ist (s. linke Seite). Und was den Grill angeht – Barbara fragt sich noch immer, was aus unserem Kuchengitter geworden ist.

AUBERGINENDIP VOM GRILL
Choka-Dip

METHODE:
Direktes Grillen

Es herrscht gewiß kein Mangel an Rezepten für gegrillte Auberginen, aber dieses – eine Dip-Spezialität der auf Trinidad lebenden Inder – ist das einzige mir bekannte, bei dem sie vor dem Grillen mit Knoblauch gespickt werden. Das Resultat ist ein einzigartiges Aroma. Nach diesem Rezept grille ich deshalb selbst oft Auberginen bei mir zu Hause.

Als Dip zu gegrillten Pita-Ecken reichen.

2 lange, schlanke Auberginen (insgesamt ca. 950 g)
8 Knoblauchzehen, längs halbiert
½ Tasse Naturjoghurt
¼ Tasse Koriandergrün, gehackt
3 Lauchzwiebeln, grüne und weiße Teile, geputzt und feingehackt
2 TL gemahlener Koriander
2 TL Ingwerwurzel, gerieben
2 EL frisch gepreßter Zitronensaft
2 EL Pflanzenöl
Salz und frisch gemahlener schwarzer Pfeffer
gegrillte Pita-Ecken (s. Seite 104)

1. Den Grill auf höchster Stufe anheizen.

2. Mit einem Küchenmesser die Auberginen jeweils 8mal leicht einschneiden. In jede Kerbe 1 Knoblauchhälfte stecken.

3. Auberginen auf dem heißen Grillrost verteilen und 20–30 Min. grillen, bis die Haut schwarz und das Fleisch sehr weich ist und die Auberginen ihre feste Form verloren haben. Dabei immer wieder mit der Grillzange wenden. Auberginen auf einer Platte abkühlen lassen.

4. Mit einem Küchenmesser verbrannte Haut abkratzen. Das Auberginenfleisch mit den Knoblauchhälften in eine mittelgroße Schüssel geben und mit einer Gabel zu einem groben Püree zerdrücken. Die übrigen Zutaten bis auf die Pita-Ecken unterrühren. Sofort zu den Ecken reichen.

Ergibt ca. 2 ½ Tassen;
für 8 Personen als Vorspeise oder Dip

AUBERGINENDIP MIT WALNÜSSEN

METHODE:
Direktes Grillen

Diesen scharfen Dip probierte ich erstmals im »Persepolis«, einem persischen Restaurant in New York. Wem bisher schon Baba ganooj (s. nächstes Rezept) gut gefiel, der sollte mal diesen Dip kosten! Was ihn so einzigartig macht, sind seine Zutaten – Walnüsse und ein pikanter Bauernkäse, Kashk-bibi. Bevor man alle Hoffnung aufgibt, diesen Käse ausfindig zu machen (er ist auf speziellen Märkten erhältlich), sollte man wissen, daß Feta-Käse mit einem Löffel Lake (worin Feta meist eingelegt ist) annähernd den gleichen scharfen Geschmack hat.

Als Dip zu den gegrillten Pita-Ecken reichen.

1 große oder 2 kleine Auberginen (insgesamt ca. 500 g)

60 g Walnüsse, leicht geröstet (s. Seite 93)

30 g eingelegter Feta-Käse, abgetropft, 1 EL Lake dabei auffangen

1 Knoblauchzehe, durchgepreßt

3 EL Naturjoghurt

3 EL Olivenöl extra vergine

1 TL frisch gepreßter Zitronensaft, nach Geschmack auch mehr

Salz und frisch gemahlener schwarzer Pfeffer

1 EL getrocknete Minze

gegrillte Pita-Ecken (s. Seite 104)

1. Den Grill auf höchster Stufe anheizen.

2. Auberginen auf den heißen Rost legen und unter Wenden 20–30 Min. grillen, bis die Haut schwarz ist und die Auberginen ihre feste Form verloren haben. Auberginen auf einer Platte abkühlen lassen.

3. Nüsse in der Küchenmaschine in Intervallen zu einem groben Pulver zerkleinern.

Mit einem Küchenmesser verbrannte Auberginenhaut abkratzen und das Fleisch zu den Nüssen in der Küchenmaschine geben. Den Feta zerkrümeln und mit dem Knoblauch ebenfalls zugeben. Alles zu einem geschmeidigen Püree verarbeiten. Feta-Lake, Joghurt, 2 EL Öl, Zitronensaft, Salz und Pfeffer zugeben und weiterrühren, bis die Mischung geschmeidig ist. Mit Salz und Zitronensaft pikant abschmecken. Den Dip in eine Servierschüssel geben und mit dem Rücken eines Löffels eine kleine Mulde in die Mitte drücken.

4. Restliches Öl in einer kleinen Pfanne bei mittlerer Hitze heiß werden lassen. Minze hineingeben und unter Rühren ca. 1 Min. dünsten, bis sie zu duften beginnt. Das Minzöl in die Mulde des Dips gießen. Sofort mit den Pita-Chips servieren.

Ergibt ca. 1 ½ Tassen;
für 6–8 Personen als Vorspeise oder Dip

AUBERGINENPÜREE MIT TAHINI

Baba ganooj

NAHER OSTEN

METHODE:
Direktes Grillen

Baba ganooj gehört zu jenen exotischen Gerichten, die den Sprung auf den Speisezettel der Nordamerikaner geschafft haben. Richtig zubereitet, müssen die Auberginen so lange gegrillt werden, bis ihre Haut schwarz ist. Dadurch erhalten sie ihren charakteristischen, intensiven Rauchgeschmack, der ihnen einen Stammplatz auf der Vorspeisenplatte im Nahen Osten sichert. Abweichend vom Originalrezept, spicke ich die Auberginen vor dem Grillen noch mit Knoblauch – das habe ich aus Trinidad mitgebracht.

Als Dip zu den gegrillten Pita-Ecken reichen.

2 lange, schlanke Auberginen (insgesamt ca. 900 g)
9 Knoblauchzehen, 8 längs halbiert, 1 durchgepreßt
2 Lauchzwiebeln, grüne und weiße Teile, geputzt und feingehackt
3 EL Tahini (Sesampaste)
4 EL Olivenöl extra vergine, nach Geschmack auch mehr
3 EL frisch gepreßter Zitronensaft, nach Geschmack auch mehr
Salz und frisch gemahlener schwarzer Pfeffer
gegrillte Pita-Ecken (s. Seite 104)

1. Den Grill auf höchster Stufe anheizen.

2. Mit der Spitze eines Küchenmessers jede Aubergine 8mal leicht einschneiden. In jede Kerbe 1 Knoblauchhälfte stecken.

3. Auberginen auf dem heißen Grillrost verteilen und 20–30 Min. grillen, bis die Haut schwarz ist und die Auberginen ihre feste Form verloren haben. Dabei immer wieder mit der Grillzange wenden. Auberginen auf einer Platte abkühlen lassen.

4. Mit einem Küchenmesser verbrannte Auberginenhaut abkratzen. Das Fleisch mit dem durchgepreßten Knoblauch, den Lauchzwiebeln, mit Tahini, 3 EL Öl, Zitronensaft, Salz und Pfeffer in der Küchenmaschine zu einem geschmeidigen Püree verarbeiten. Mit Salz oder Zitronensaft sehr pikant abschmekken.

5. Baba ganooj in eine Servierschüssel geben. Mit dem restlichen Öl beträufeln. Den Dip mit den Pita-Ecken aufnehmen.

Ergibt ca. 2 ¼ Tassen;
für 8 Personen als Vorspeise oder Dip

JOGHURT-GURKEN-DIP MIT MINZE
Cacik

T Ü R K E I

VORBEREI-TUNGSZEIT:
Evtl. 4 Std. zum Abtropfen des Joghurts

Teils Dip, teils Salat, taucht Cacik auf jeder Vorspeisenplatte in der Türkei auf, wie auch überall in Griechenland, wo es Tsatsiki heißt – für mich sozusagen die Guacamole (Avocadocreme) des östlichen Mittelmeerraums. Für meinen Geschmack gibt es kein erfrischenderes Hors d'œuvre an warmen Tagen als diese kühlende Kombination aus Joghurt, Minze und Gurke – ein perfekter Dip für eine sommerliche Grillparty. Für ein wirklich reichhaltiges Cacik sollte der Joghurt 4 Std. abtropfen (s. unter 1.). Aber selbst wenn dafür keine Zeit mehr ist, schmeckt Cacik immer noch ausgesprochen köstlich.

Als Dip zu frischem Pita-Brot reichen.

2 Tassen türkischer oder griechischer Joghurt (s. Hinweis)
1 große Salatgurke
1 TL Salz, nach Geschmack auch mehr
1–2 Knoblauchzehen, durchgepreßt
3 EL frische Minze oder Dill, gehackt, oder je 1 EL getrocknete Kräuter
2 EL Olivenöl extra vergine
frisch gemahlener schwarzer Pfeffer

1. Zum Abtropfen den Joghurt in ein Passiersieb (oder in ein normales Sieb, ausgelegt mit einem doppelt gefalteten, feuchten Mulltuch) über einer mittelgroßen Schüssel geben und 4 Std. in den Kühlschrank stellen. Am Ende sollten es ca. 1 ¼ Tassen Joghurt sein.

2. Gurke schälen, eventuell entkernen (s. Kasten Seite 90) und grob raspeln oder fein hacken. Gurkenstifte in ein Sieb geben und mit ½ TL Salz bestreuen. Über einer Schüssel oder im Spülbecken 20 Min. abtropfen lassen. Überschüssiges Wasser weggießen und die Gurkenstifte mit Küchenpapier trockentupfen.

3. Abgetropften Joghurt in eine Schüssel geben. Gurkenstifte, Knoblauch, restliches Salz, 2 EL Minze, 1 EL Öl und Pfeffer unterrühren. Mit Salz und Pfeffer abschmecken.

4. Mit dem Rücken eines Löffels eine kleine Mulde in die Mitte des Cacik drücken und das restliche Öl hineingießen (wer's nicht so abgezirkelt mag, träufelt das Öl einfach darüber). Den Dip mit der übrigen Minze garnieren. (Eine der traditionellen Servierarten besteht darin, die Minze in Form eines Kreuzes über das Cacik zu streuen. Dafür dann die Mulde weglassen und das Öl einfach über den Dip träufeln.) Sofort servieren.

Ergibt ca. 2 Tassen;
für 4–6 Personen als Vorspeise
Hinweis: Wenn man den Joghurt nicht abtropfen läßt, benötigt man nur 1 ¼ Tassen davon.

GEGRILLTER PROVOLONE
Provolone asado

ARGENTINIEN

METHODE:
Direktes Grillen

SPEZIAL-
ZUBEHÖR:
Barbecue-Gabel
mit zwei Zinken

Diese beliebte argentinische Vorspeise stellt scheinbar die Gesetze der kulinarischen Physik auf den Kopf: Schmilzt Käse denn nicht, wenn er heiß ist? Und klebt er nicht auf dem Grill fest, so daß man ihn nicht mehr essen kann? Tatsache ist, daß Provolone während des Grillens seine Form aufs schönste behält, dabei seidig glänzend wird und sein rauchiges Aroma den pfeffrig-durchdringenden Käsegeschmack abrundet. Gegrillter Provolone ist sehr beliebt. In jedem Steakhaus in Buenos Aires stehen, fertig zum Grillen, die riesigen Platten mit Käsescheiben, aufeinandergeschichtet wie Chips im Kasino.

2 Scheiben (à ca. 240 g, je ca. 13 mm dick)
Provolone (je älter und fester, desto
besser)
1–2 EL Olivenöl
2 TL getrockneter Oregano

frisch gemahlener schwarzer Pfeffer
knuspriges Ciabatta (s. Hinweis)

1. Den Grill auf höchster Stufe anheizen.

2. Grillrost einölen. Käsescheiben beidseitig mit Öl bestreichen. Auf den heißen Grillrost legen und mit der Hälfte des Oregano und etwas Pfeffer bestreuen. Scheiben jeweils 2–4 Min. grillen, bis sie unten schön gebräunt sind und der Käse Blasen wirft, aber noch nicht zerlaufen ist.

3. Käsescheiben mit Hilfe der Barbecue-Gabel vom Grill lösen. Umdrehen, mit dem restlichen Oregano und etwas Pfeffer bestreuen und weitere 2–4 Min. grillen. Käsescheiben auf eine Platte geben.

4. Geschmolzenen Käse auf abgebrochene Stücke oder Scheiben Brot geben.

Für 6–8 Personen als Vorspeise
Hinweis: Nicht traditionell, verstärkt aber das Holzkohlearoma: Brotscheiben grillen.

QUESADILLAS VOM GRILL

MEXIKO

METHODE:
Direktes Grillen

Innerhalb von zehn Jahren haben sich die Quesadillas in den USA einen festen Platz auf der Speisekarte erobert. Die mexikanischen »Käsesandwiches« vom Grill bestehen aus Chillies und Käse zwischen zwei Tortillas. Das Besondere an diesen Quesadillas ist, daß sie auf dem Grill gegart werden. Bei den Zutaten für die Füllung hat man freie Hand, aber beim Grillen sollte man immer zugegen sein: Tortillas brennen wie Zunder.

1¼ Tassen Monterey-Käse, grobgerieben, oder scharfer, weißer Cheddar
½ Tasse Sauerrahm
2 Lauchzwiebeln, weiße und grüne Teile, geputzt und in dünne Ringe geschnitten
1 auf dem Grill geröstete Tomate (s. nächstes Rezept), entkernt und feingewürfelt
2 EL Koriandergrün
2–3 eingelegte Jalapeño-Chillies, in dünne Scheibchen geschnitten (s. Hinweis)
½ TL gemahlener Kreuzkümmel
Salz und frisch gemahlener schwarzer Pfeffer
8 Weizen-Tortillas (je 20 cm groß)

1. Den Grill auf mittlere bis starke Hitze anheizen.

2. Käse, Sauerrahm, Lauchzwiebeln, Tomaten, Koriander, Chillies und Kreuzkümmel in einer kleinen Schüssel verrühren. Mit Salz und Pfeffer abschmecken.

3. 4 Tortillas nebeneinanderlegen und mit der Käsemischung bestreichen. Je eine weitere Tortilla fest darauf drücken. Sandwiches auf dem heißen Grillrost von beiden Seiten 2–4 Min. grillen, bis sie leicht gebräunt sind. Vorsichtig mit einem Pfannenmesser wenden. Jede Quesadilla in 8 Stücke schneiden.

Ergibt 32 Stücke; für 8–12 Personen als Vorspeise, für 4 als leichtes Hauptgericht
Hinweis: Frische Jalapeños, mit oder ohne Kerne, sorgen für mehr Schärfe.

Tomaten entkernen

Tomaten (frisch oder vom Grill) quer halbieren. Jede Hälfte, Schnittseite nach unten, mit einer Hand leicht zusammendrükken, um Kerne und Flüssigkeit herauszuquetschen. Eventuell mit den Fingern nachhelfen.

Sparsame Köche tun das über einer Schüssel mit einem Sieb und drücken dann die ausgelösten Kerne samt anhängendem Fruchtfleisch mit dem Rücken eines Löffels aus. Der gesammelte Tomatensaft kann, abgedeckt im Kühlschrank aufbewahrt, für Saucen, Suppen oder zum Trinken dienen.

Tomaten vom Grill

In einigen Rezepten dieses Buches heißt es: Tomaten häuten und entkernen. Warum? Der Grund: Beim Garen von ganzen Tomaten bleibt Haut übrig, die sich zwischen die Zähne setzen kann. Und das wäßrige Fleisch um die Kerne beeinträchtigt unter Umständen den Geschmack.

Mexikaner haben zum Häuten der Tomaten eine geniale Methode: Sie erhitzen sie auf dem Grill (oder in einem Comal, einer flachen Pfanne). Die Haut wird dabei schwarz, was den Tomaten ein tolles, rauchiges Aroma verleiht, und sie läßt sich leicht abziehen.

Aromatische, vollreife Tomaten

1. Den Grill auf höchster Stufe anheizen.
2. Tomaten auf dem heißen Grillrost verteilen und, je nach Größe, 8–12 Min. grillen, bis die Haut schwarz wird und Blasen wirft.

Tomaten auf einer Platte abkühlen lassen.

3. Mit einem Küchenmesser verbrannte Haut abkratzen. Läßt sie sich nicht vollständig ablösen, ist das nicht schlimm: Etwas verbrannte Haut gibt einen schönen, rauchigen Geschmack.

ZIEGENKÄSE IN WEINBLÄTTERN

USA

METHODE:
Direktes Grillen

**VORBEREI-
TUNGSZEIT:**
*15 Min. bis
8 Std. zum
Kühlen*

Zu diesem Rezept ließ ich mich durch einen Bauernkäse namens Banon inspirieren, einer Spezialität aus den französischen Seealpen. Der Käse aus Kuh- oder Ziegenmilch wird in Walnußblätter eingewickelt und dann in Marc mariniert, einem Tresterschnaps (Trester sind die Rückstände der ausgepreßten Weintrauben), was dem Käse einen nussigen, leichten Weingeschmack gibt. Ich gehe für mein Rezept noch einen Schritt weiter und grille den Käse in Weinblättern. Die gegrillten Weinblätter geben an den Käse ein pikantes, an Wald erinnerndes Aroma ab und halten ihn absolut feucht und cremig. Der Ziegenkäse sollte weich sein; eine gute Wahl sind Montrachet, Bûcheron oder ein junger Crottin de Chavignol.

16 eingelegte Weinblätter aus dem Glas
**8 getrocknete Tomatenscheiben, einfach oder
    in Öl eingelegt**
230 g Ziegenkäse, in 8 Scheiben geschnitten
**3 EL geröstete Pinienkerne (nach Wunsch,
    s. Seite 93)**
**1 TL Thymianblättchen oder ½ TL
    getrockneter Thymian**
frisch gemahlener schwarzer Pfeffer
1 EL Olivenöl extra vergine
16 dünne Scheiben Baguette oder Roggenbrot

1. Weinblätter in kaltem Wasser in einer großen Schüssel 15 Min. wässern, das Wasser dabei zwei- oder dreimal wechseln. Getrocknete Tomaten 15 Min. in heißem Wasser einweichen. In Öl eingelegte getrocknete Tomaten müssen nicht eingeweicht werden.

2. Weinblätter abtropfen lassen und mit Küchenpapier trockentupfen. 8 Blätter nebeneinanderlegen. Tomaten abtropfen lassen, trockentupfen und in dünne Streifen schneiden. Je 1 Scheibe Käse in die Mitte der Weinblätter geben. Mit Tomatenstreifen, Pinienkernen, Thymian und Pfeffer bestreuen und mit Öl beträufeln. Die Enden der Weinblätter um den Käse legen. Jeweils die Enden eines weiteren Blatts von oben unter das erste schieben, der Käse sollte vollständig eingewickelt sein. Die Päckchen mindestens 15 Min. oder bis zu 8 Std. im Kühlschrank ruhen lassen (bei längerer Kühlung mit Klarsichtfolie abdecken).

3. Den Grill auf höchster Stufe anheizen.

4. Käsepäckchen auf den heißen Grillrost legen und von beiden Seiten je 2 Min. grillen, bis die Blätter braun sind und der Käse zu schmelzen beginnt. Dabei mit einem Pfannenwender wenden.

5. Die Brotscheiben auf dem Rost von beiden Seiten je 1–2 Min. goldbraun toasten. Sofort servieren, die Weinblätter auseinanderfalten (sie werden nicht mitgegessen). Den geschmolzenen Käse mit einer Gabel oder auf dem getoasteten Brot essen.

Ergibt 8 Päckchen; für 4 Personen als Vorspeise

GEGRILLTE SPECKPFLAUMEN

USA

METHODE:
Direktes Grillen

**SPEZIAL-
ZUBEHÖR:**
*16 kurze dünne
Bambusspieße
oder hölzerne
Zahnstocher;
vorher 1 Std. in
kaltes Wasser
legen und ab-
tropfen lassen*

Dieses Rezept beweist, daß die lecker-sten Gerichte oft auch die einfachsten sind. Nur zwei Zutaten – Speck und Pflaumen –, aber welch ein Geschmack: süß und salzig, nach Fleisch und Frucht, knusprig und weich, kurz ein unwidersteh-licher Appetithappen. Ich nehme dafür gern über Maiskolben geräucherten Land-schinken, aber eine magere Sorte aus dem Supermarkt eignet sich ebensogut.

4 Streifen Schinkenspeck, oder nach Bedarf
16 entkernte Backpflaumen

1. Den Grill auf höchster Stufe anheizen.
2. Schinkenspeckstreifen jeweils quer in 4 Stücke schneiden; jedes sollte gerade so lang sein, daß eine Pflaume darin eingewik-kelt werden kann. Pflaumen umhüllen und Speck jeweils mit einem durch die Mitte bis zur anderen Seite hindurchgesteckten Bam-busspieß oder Zahnstocher festhalten.
3. Pflaumen auf dem heißen Grillrost ver-teilen und von jeder Seite 1–3 Min. grillen, bis alles durch und durch heiß und der Schin-kenspeck knusprig ist. Dabei nur einmal wen-den. Auf einer Platte anrichten und sofort servieren. Eventuell vorher Spieße oder Zahnstocher entfernen.
Ergibt 16 Stück

PANCETTA-FEIGEN VOM GRILL

ITALIEN

METHODE:
Direktes Grillen

**SPEZIAL-
ZUBEHÖR:**
*12 kurze Bam-
busspieße oder
hölzerne Zahn-
stocher; vorher
1 Std. in kaltes
Wasser legen
und abtropfen
lassen*

Hier eine italienische Variante des Re-zeptes oben, Zutaten: frische Feigen und Pancetta. Feigen galten lange als ziemlich exotisch, aber man findet sie heute in fast allen Supermärkten (und natürlich beim Gemüsemann), besonders im Spätfrühling und Sommer. Bei Pancetta denkt man vielleicht an geräucherten ita-lienischen Schinken, doch dieser Bauch-speck wird luftgetrocknet. Es gibt ihn in Feinkostgeschäften und immer öfter auch im Supermarkt.

6 Scheiben Pancetta, dünn geschnitten
12 reife Feigen, ohne Stiele (s. Hinweis)
12 Salbeiblätter

1. Den Grill auf höchster Stufe anheizen.
2. Pancetta-Scheiben jeweils in 2 Stücke schneiden, jedes so lang, daß man eine Feige darin einwickeln kann. Feigen mit einem Sal-beiblatt obenauf einwickeln und jeweils längs so auf Bambusspieße oder Zahnstocher stek-ken, daß der Speck mit erfaßt wird.
3. Die Feigen auf den heißen Grillrost le-gen und von beiden Seiten 2–4 Min. grillen, bis alles durch und durch heiß und der Speck knusprig ist. Auf einer Platte anrichten und sofort servieren, vorher eventuell die Spieße entfernen.
Ergibt 12 Stück;
für 4–6 Personen als Vorspeise
Hinweis: Man kann auch Trockenfeigen nehmen. Diese in einer Schüssel mit heißem Wasser (oder, noch besser, mit heißem Mar-sala oder Portwein) übergießen. 30 Min. ein-weichen (oder bis sie weich sind), abtropfen lassen und nach Rezept fortfahren.

PIKANT GEWÜRZTE EIER VOM GRILL

VIETNAM

METHODE:
Direktes Grillen

**VORBEREI-
TUNGSZEIT:**
*30 Min. zum
Marinieren*

Hier bekommen hartgekochte Eier einen südostasiatischen Pfiff. Wer nur die bei uns übliche Zubereitung mit Mayonnaise und Senf kennt, dem wird der pikante Dip aus Fischsauce, Limettensaft und Chili wie eine Offenbarung vorkommen! Die Eier werden anstatt gekocht bei mittlerer Hitze auf dem Grill gegart. Zum folgenden Rezept inspirierte mich ein Straßenverkäufer in Saigon, aber ich habe ähnliche Zubereitungen auch in Thailand und Singapur kennengelernt.

4 Eier, zimmerwarm
3 EL asiatische Fischsauce
2 EL frisch gepreßter Limettensaft
1 EL Zucker
1 Knoblauchzehe, gehackt
1 Thai-, Bird- oder Serrano-Chilischote, fein-
    geschnitten (für eine mildere Sauce die
    Kerne entfernen)
1 Kopfsalat, in Blätter zerpflückt, gewaschen
    und geschleudert
1 kleines Bund Minze, ohne Stiele

1. Den Grill auf mittlere Hitze anheizen.

2. In das runde Ende der Eier mit einer Nadel ein kleines Loch stechen. Eier auf den heißen Grillrost legen und 10–12 Min. grillen, bis sie vollständig gar sind und die Schale gebräunt ist. Dabei häufig mit der Grillzange wenden, um ein gleichmäßiges Garen zu gewährleisten.

3. In einer kleinen Schüssel die übrigen Zutaten bis auf den Salat und die Minze verrühren, bis sich der Zucker aufgelöst hat. Sauce auf 4 kleine Schüsseln verteilen. Salatblätter und Minze auf einer Platte anrichten.

4. Eier in der Schale servieren. Zum Essen die Eier pellen und längs vierteln. Jedes Viertel dann in einem Salatblatt mit einem Zweig Minze umwickeln und in die Sauce dippen.

Für 4 Personen als Vorspeise

WACHTELEIER-SATES
Saté telor

INDONESIEN

METHODE:
Direktes Grillen

Satés telor gehören zu den ungewöhnlichsten Grillspießen in Indonesien. Es sind winzige Kebabs aus Kükeneiern – eine Spezialität aus Kudus, einer Stadt auf Java. Diese Satés sind die tradi-

tionelle Beilage zu Ayam soto, der javanesischen Hühnersuppe. Ich nehme dafür Wachteleier, aber hartgekochte Hühnereierviertel sind ein akzeptabler Ersatz. Die süß-pfeffrige Glasur und kroß fritierte

**VORBEREI-
TUNGSZEIT:**
*1 Std. zum
Kühlen und
Marinieren*

**SPEZIAL-
ZUBEHÖR:**
*8 kurze Bam-
busspieße;
vorher 1 Std. in
kaltes Wasser
legen und ab-*

Schalotten machen die Spieße zu einem Muß für wagemutige Grillfans.

Die Satés zwanglos auf einer Grillparty oder als Horsd'œuvre am Tisch servieren.

24 Wachtel- oder 6 Hühnereier
1 Tasse süße Sojasauce (Ketjap manis) oder je ½ Tasse normale Sojasauce und Sirup
2 Knoblauchzehen, kleingehackt
2 EL brauner Zucker
1 TL frisch gemahlener schwarzer Pfeffer
½ TL Glutamat (nach Wunsch)
1 Tasse Pflanzenöl (zum Fritieren)
4 Schalotten, in dünne Spalten geschnitten

1. Wachtel- oder Hühnereier in einem großen Topf mit kaltem Wasser bedecken und langsam bei mittlerer Hitze zum Kochen bringen. Wachteleier 5 Min., Hühnereier 11 Min. kochen lassen. Unter fließendem kaltem Wasser abschrecken, bis die Schalen abgekühlt sind. Eier unter fließendem kaltem Wasser pellen. Mit Küchenpapier trockentupfen. Hühnereier längs vierteln.

2. Für die Glasur Sojasauce, Knoblauch, Zucker, Pfeffer und eventuell Glutamat in einem tiefen Topf (s. Hinweis) verrühren und bei mittlerer Hitze zum Kochen bringen. Dabei so lange rühren, bis sich der Zucker aufgelöst hat. Glasur vom Herd nehmen

und ca. 30 Min. auf Zimmertemperatur abkühlen lassen.

3. Eier hineingeben und vorsichtig umrühren, bis sie mit der Glasur überzogen sind. Eier 30 Min. durchziehen lassen.

4. Den Grill auf höchster Stufe anheizen.

5. Öl in einer kleinen Pfanne auf 180 °C erhitzen (ein Stück Schalotte zum Testen hineingeben; bei Fritiertemperatur zischt das Öl und wirft Blasen). Die Schalotten hineingeben und ca. 2 Min. fritieren, bis sie goldbraun und kroß sind. Mit einem Schöpflöffel auf Küchenpapier geben und abtropfen lassen.

6. Die Eier aus der Marinade nehmen. Jeweils 3 Wachteleier längs auf einen Spieß stecken. Hühnereierviertel vorsichtig längs durch das Eiweiß und Eigelb aufspießen, ebenfalls 3 pro Spieß. Grillrost einölen, die Satés auf dem heißen Rost verteilen und von jeder Seite 2–4 Min. grillen, bis die Eier durch und durch heiß sind. Dabei mit der Glasur bestreichen und nur einmal wenden. Spieße mit den fritierten Schalotten bestreuen und sofort servieren.

Ergibt 24 Stück;
für 4–8 Personen als Vorspeise
Hinweis: Der Topf muß so groß sein, daß die Eier hineinpassen, aber gleichzeitig so eng, daß sie von der Glasur bedeckt werden.

TOMATENSUPPE BARBECUE-ART

USA

METHODE:
Direktes Grillen

Es ist ein langer Weg von unserer vertrauten Tomatensuppe aus der Dose bis zu dieser Version mit Holzkohlearoma. Der rauchige Geschmack des Gemüses wird noch verstärkt durch die über dem Feuer geröstete Ancho-Chili (die getrocknete Variante einer Poblano-Schote).

Heiß oder kalt – diese Suppe ist einfach delikat.

Nach Wunsch können zusätzlich Holzspäne verwendet werden, diesmal nicht eingeweicht. Sie bewirken ein noch stärkeres Raucharoma. Aber auch ohne sie schmeckt die Suppe absolut köstlich. Man

**SPEZIAL-
ZUBEHÖR:**
*1 langer
Metallspieß,
eventuell 1 Tasse
trockene (nicht
eingeweichte)
Holzspäne*

sollte wirklich nur besonders aromatische, vollreife Tomaten nehmen – das Ergebnis macht die Mühen der Suche allemal wett.

4 große, aromatische Fleischtomaten (ca. 1,4 kg)
2 mittelgroße Zwiebeln, geviertelt
2 mittelgroße rote Paprika
4 EL Olivenöl extra vergine
Salz und frisch gemahlener schwarzer Pfeffer
1 Ancho-Chilischote (oder 2, wenn man's schärfer mag) oder 1 andere getrocknete rote Schote
2 l selbstgemachte Gemüse- oder Hühnerbrühe oder salzarmer Fond aus dem Glas, nach Bedarf auch mehr
3 Knoblauchzehen, durchgepreßt
1 EL Balsamessig, nach Geschmack auch mehr
1 EL Honig, nach Geschmack auch mehr
3 EL gemischte gehackte Kräuter, z. B. Basilikum, Thymian, Schnittlauch und/oder glatte Petersilie
½ Tasse Naturjoghurt oder Sauerrahm

1. *Gasgrill:* Holzspäne (nach Wunsch) in den Räucherkasten geben. Den Grill, ob Gas oder Holzkohle, auf höchster Stufe anheizen.

2. Tomaten quer in 2 ½ cm dicke Scheiben schneiden, Stielansätze entfernen. Die Zwiebelviertel auf den langen Metallspieß stecken. Tomaten, Zwiebeln und Paprika mit der Hälfte des Öls bestreichen. Mit Salz und Pfeffer würzen.

3. *Holzkohlegrill:* Die Holzspäne (nach Wunsch) auf die Kohlen streuen. *Beide Methoden:* Grillrost einölen. Tomaten, Zwiebelspieß und Paprika auf den heißen Rost legen und zwischen 8 Min. (Tomaten) und 15–20 Min. (Paprika) grillen, bis die Haut überall schwarz ist. Den Zwiebelspieß und

die Paprika dabei häufig mit der Grillzange, die Tomatenscheiben mit einem Grillwender wenden. Alles Gemüse auf einer Platte abkühlen lassen.

4. Ancho-Chilischote auf dem Rost von jeder Seite ca. 20 Sek. grillen, bis sie raucht und mürbe wird. Sie darf sich nicht entzünden.

5. Mit einem Küchenmesser verbrannte Haut von den Zwiebeln und den Paprika abkratzen (kleine Reste dürfen dranbleiben). Zwiebeln quer in dünne Scheiben schneiden, von den Paprika Stielansätze und Kerne entfernen.

6. 250 ml Brühe in einen kleinen Topf geben, geröstete Chili hineinkrümeln und umrühren. Auf mittlerer Stufe erwärmen. Vom Herd nehmen und ca. 5 Min. ziehen lassen.

7. Die restlichen 2 EL Öl in einem großen Topf auf mittlerer Stufe erhitzen. Knoblauch und Zwiebeln zufügen und ca. 5 Min. goldbraun braten. Tomaten, Paprika, restliche Brühe, Essig, Honig, Chili-Brühe, Salz und Pfeffer hineingeben. Alles miteinander verrühren und die Suppe 5 Min. köcheln lassen. Wird sie zu dick, noch etwas Brühe unterrühren.

8. Die Suppe in einem Mixer zu Püree verarbeiten. Zurück in den Topf geben, eventuell dabei durch ein Sieb streichen, um die restlichen verbrannten Hautstückchen zu entfernen. 2 EL Kräuter unterrühren, mit Salz und Pfeffer abschmecken. Für eine schärfere Suppe noch etwas Essig, für süßeren Geschmack noch etwas Honig zufügen.

9. Die Suppe auf Suppenschüsseln verteilen. Obenauf jeweils einen Klecks Joghurt geben und die Suppe mit den restlichen Kräutern bestreuen.

Für 8 Personen als erster Gang

GEGRILLTER MAISEINTOPF

USA

METHODE:
Direktes Grillen

**SPEZIAL-
ZUBEHÖR:**
*1 Tasse Holz-
späne; vorher
1 Std. in kaltes
Wasser legen
und abtropfen
lassen*

Wer ein rauchiges Aroma und außer-
dem Eintöpfe mag, dürfte diesen
Maiseintopf (Corn chowder) vom
Grill lieben – besonders, wenn der Mais
über Holzspänen gegrillt wird. Offenes
Feuer scheint den Wohlgeschmack von
Gemüse noch zu steigern.

3 Zuckermaiskolben
1 mittelgroße Zwiebel, abgezogen und ge-
    viertelt (Wurzelende stehen lassen)
je 1 mittelgroßer grüner und roter Paprika
2 EL Olivenöl oder zerlassene Butter, nach
    Geschmack auch mehr
Salz und frisch gemahlener schwarzer Pfeffer
2 mittelgroße Kartoffeln, geschält und in
    kleine Würfel geschnitten
2 EL Mehl
½ TL Thymianblättchen oder getrockneten
    Thymian
1 l selbstgemachte Hühner- oder Gemüse-
    brühe oder salzarmer Fond aus dem Glas
1 Lorbeerblatt
170 g Crème double oder Kaffeesahne
2 EL glatte Petersilie, gehackt (nach Wunsch)

   1. *Gasgrill:* Späne in den Räucherkasten
geben. Den Grill, ob Gas oder Holzkohle, auf
höchster Stufe anheizen.
   2. *Holzkohlegrill:* Späne auf die Kohlen
streuen. *Beide Methoden:* Mais, Zwiebel und
Paprika mit etwas Öl bestreichen und mit
Salz und Pfeffer würzen. Das Gemüse auf

dem heißen Grillrost verteilen und zwischen
8–12 Min. (Mais), 10–12 Min. (Zwiebel) und
16–20 Min. (Paprika) grillen, bis die Haut
überall schwarz ist. Dabei häufig mit der
Grillzange wenden. Während des Garens Gemüse mit Öl beträufeln und mit Salz und
Pfeffer bestreuen. Gemüse auf einer Platte
abkühlen lassen.
   3. Maiskörner von den Kolben abstrei-
fen und in einen großen Topf geben. Mit
einem Küchenmesser die verbrannte Haut
von den Paprika und der Zwiebel abkratzen
(kleine Reste dürfen dranbleiben). Von den
Paprika Stielansätze und Kerne entfernen
und Paprika in kleine Würfel schneiden. Zwiebelviertel quer in dünne Scheiben schneiden,
Wurzelende entfernen. Paprika und Zwiebeln
zu dem Mais geben.
   4. Kartoffelwürfel, Mehl und Thymian
unter das Gemüse rühren und 2 Min. bei mittlerer Hitze unter ständigem Rühren kochen.
Brühe und Lorbeerblatt zufügen und alles
zum Kochen bringen. Hitze reduzieren und
Suppe auf kleinster Stufe 8–10 Min. bei offenem Topf köcheln lassen, bis die Kartoffeln
gar sind. Crème double einrühren und weitere 2 Min. kochen. Das Lorbeerblatt entfernen und die Suppe mit Salz und Pfeffer abschmecken.
   5. Die Suppe auf tiefe Teller verteilen,
mit Petersilie bestreuen und sofort servieren.
   Für 4–6 Personen als erster Gang

GAZPACHO VOM GRILL

SPANIEN

METHODE:
Direktes Grillen

Gazpacho ist das Herzstück der spanischen Küche, ein erfrischendes Püree
aus Gemüse, halb Suppe, halb Salat.

Die rauchige Note vom Grillen erhebt die
kalte Suppe aus dem Bereich Erfrischung
ins Unvergeßliche. Bei der Zubereitung in

der Küchenmaschine zuerst die Gemüse pürieren und dann die Flüssigkeiten zufügen.

4 Lauchzwiebeln, weiße und grüne Teile, geputzt

2 Knoblauchzehen, geschält

1 mittelgroße rote Zwiebel, geschält und geviertelt (Wurzelende stehen lassen)

80 ml Olivenöl extra vergine

2 Scheiben (ca. 2 cm dick) rustikales Weizenbrot oder Baguette

5 mittelgroße, aromatische Fleischtomaten (insgesamt ca. 1,2 kg)

je 1 mittelgroßer, roter und grüner Paprika

1 mittelgroße Salatgurke, geschält

¼ Tasse gehackte Kräuter, z. B. Basilikum, Oregano, Estragon und/oder glatte Petersilie

2 EL Rotweinessig, nach Geschmack auch mehr

125–250 ml kaltes Wasser, eventuell auch mehr

Salz und frisch gemahlener schwarzer Pfeffer

1. Den Grill auf höchster Stufe anheizen.

2. Grün der Lauchzwiebel fein hacken und beiseite stellen. Die weißen Teile und die Knoblauchzehen quer auf einen Spieß stecken. Zwiebelviertel auf den zweiten Spieß stecken. Alles dünn mit 1 EL Öl bestreichen.

3. Grillrost einölen. Spieße auf den heißen Rost legen und 4–8 Min. schön goldbraun grillen. Auf einer Platte abkühlen lassen. Brotscheiben auf dem Rost von beiden Seiten 1–2 Min. fast dunkelbraun rösten und beiseite legen. Tomaten und Paprika zwischen 8–12 Min. (Tomaten) und 16–20 Min. (Paprika) grillen, bis die Haut schwarz ist. Auf einer Platte abkühlen lassen. Mit einem Küchenmesser die verbrannte Haut von den Tomaten, den Zwiebeln und den Paprika abkratzen, kleine Reste können dranbleiben und verbessern das Aroma. Paprika entkernen.

4. Die weißen Teile der Lauchzwiebeln, den Knoblauch, die Zwiebeln, Toastscheiben, Paprika und Gurke in 2 ½ cm große Stücke schneiden. Alles im Mixer mit den Tomaten, den Kräutern, dem Essig und dem restlichen Öl zu einem geschmeidigen Püree verarbeiten. Den Gazpacho eventuell mit Wasser verdünnen – er soll eine dickflüssige Konsistenz haben – und mit Salz und Pfeffer abschmecken.

5. Der Gazpacho ist servierfähig, aber er schmeckt noch um ein Vielfaches besser, wenn er ca. 1 Std. zum Durchziehen kühl gestellt wird. Dann nochmals abschmecken und eventuell Salz und Essig zufügen. Den Gazpacho auf Suppenteller verteilen und mit Lauchzwiebel-Grün bestreuen.

Für 8 Personen als erster Gang

Salate

Auf Thailands schwimmenden Märkten kommt die frische Ware per Boot.

Wenn man auf den Spuren von Barbecue die Welt bereist, wächst die Erkenntnis, daß gewisse Dinge sich wiederholen. Zum Beispiel die Kombination von gegrilltem Fleisch mit Salat. In jedem Land werden bestimmte Salate traditionell zu Grillgerichten serviert, von den koreanischen Kimchis (sauer eingelegten Salaten) bis zu den üppigen Salatbars mit bis zu vier Dutzend Varianten in brasilianischen Churrascarias. Meist werden sie kalt gegessen (als knackigkühler Kontrast zu den heißen Grilladen), es gibt aber auch Salate, die man warm zubereitet und serviert.

Ein echter Grillfan grillt alles, was ihm in die Quere kommt. In diesem Kapitel finden Sie Rezepte für gegrillten Auberginen-Tomaten-Paprika-Salat, thailändischen Schweinefleisch-Salat mit geröstem Reis und Chillies sowie indische und persische Geflügelsalate. Und Sie lernen, Salade niçoise auf dem Grill zuzubereiten (zugegeben, nicht ganz klassisch, denn der Thunfisch ist nicht aus der Dose, sondern frisch).

Sie werden auch die Salatplatten kennenlernen, die in der Türkei, Mexiko, Indonesien und im Libanon zu Barbecue serviert werden. Falls Ihnen das allzu exotisch vorkommt – es ist auch Kartoffelsalat dabei, mit dem Sie bei einem herkömmlichen Grillabend alle Ehre einlegen.

Vom Grill

SALAT VON GEGRILLTEN AUBERGINEN, TOMATEN UND PAPRIKA
Fasouli

ARMENIEN

METHODE:
Direktes Grillen

Die Liebe zum Grillen geht quer durch alle Nationalitäten und Gesellschaftsschichten. Einige meiner besten Informanten waren Taxifahrer aus fernen Ländern. Zum folgenden Rezept inspirierte mich ein Gespräch mit einem armenischen Fahrer in Philadelphia. Er nannte es Fasouli, was »verrückt« oder »alles durcheinander« heißen soll. Da er anonym bleiben wollte, danke ich ihm hiermit für seinen Tip.

Der Salat kann bis zu einem Tag im voraus zubereitet werden, doch sollten Sie ihn vor dem Servieren noch einmal abschmecken.

1 mittelgroße Aubergine (ca. 500 g)
1 großer grüner Paprika
1 großer roter Paprika
500 g Flaschentomaten
½ Tasse Zwiebeln, feingehackt
2 Knoblauchzehen, durchgepreßt
3 EL Olivenöl extra vergine
2 EL Rotweinessig, nach Geschmack auch
    mehr
½ Tasse glatte Petersilie, grobgehackt
Salz und frisch gemahlener schwarzer Pfeffer
    nach Geschmack

1. Den Grill auf höchster Stufe anheizen.

2. Wenn alles bereit ist, die Aubergine auf dem heißen Rost grillen, dabei gelegentlich mit der Zange wenden, bis die Haut rundum angebrannt und das Fruchtfleisch sehr weich ist. Das dauert ca. 20–30 Min. Paprika und Tomaten auf die gleiche Weise rösten, Paprika 16–20 Min., Tomaten 8 Min. (s. Hinweis). Das gegrillte Gemüse auf ein Schneidbrett zum Abkühlen geben.

3. Stielansatz der Aubergine abschneiden, die angebrannte Haut von Aubergine, Paprika und Tomaten mit einem Küchenmesser abziehen. Paprika und Tomaten von Stielansatz und Kernen befreien. Gemüse in 2 ½ cm große Würfel schneiden und in eine Salatschüssel geben. Zwiebeln, Knoblauch, Öl, Essig, Petersilie, Salz und Pfeffer dazugeben und verrühren. Mit Salz und Essig abschmecken; der Salat soll sehr stark gewürzt sein. Sofort servieren oder abdecken und bis zu 24 Std. in den Kühlschrank stellen.

Für 4–6 Personen

Hinweis: Die Tomaten so lange garen, bis die Haut Blasen schlägt, doch nicht zu weich werden lassen. Das Innere sollte fest bleiben.

SPANISCHER GRILLGEMÜSE-SALAT
Escalivada

SPANIEN

METHODE:
Direktes Grillen

GEGRILLTES GEMÜSE:
Die schwarz gewordene Haut muß nicht restlos entfernt werden. Kleine Reste heben das Aroma.

Escalivada (auch Escalibada) ist ein katalanischer Salat mit gegrilltem Gemüse. (Escalivar bedeutet »in heißer Asche garen«.) Auf jeden Fall gehören Zwiebeln, rote Paprika und Auberginen dazu, reichlich mit fruchtigem spanischen Olivenöl beträufelt. Komplexere Versionen enthalten außerdem Lauch, Schalotten, Sellerie und Tomaten und werden mit einer Vinaigrette serviert. Traditionell wird das Gemüse im Ganzen gegrillt und dann in dünne Streifen geschnitten, doch das Raucharoma wird stärker, wenn man Zwiebeln und Auberginen erst in Scheiben schneidet. Es ist üblich, jedes Gemüse für sich auf der Platte anzurichten. Alles miteinander vermischt ergibt einen tollen Belag für gegrilltes Brot.

GEMÜSE:
1 große Zwiebel
1 große oder 2 kleine lange, schlanke Auberginen (ca. 500 g)
1 Bund Lauch (so dünn und zart wie möglich)
1 Bund Lauchzwiebeln
2 mittelgroße, rote Paprika
4 mittelgroße Selleriestangen
2 EL Olivenöl extra vergine, bevorzugt aus Spanien
Salz und frisch gemahlener schwarzer Pfeffer

VINAIGRETTE:
2 EL Sherry- oder Rotweinessig, nach Geschmack auch mehr
½ TL Salz, nach Geschmack auch mehr
80 ml Olivenöl extra vergine, bevorzugt aus Spanien
3 EL glatte Petersilie, feingehackt
frisch gemahlener schwarzer Pfeffer
Zitronenspalten zum Servieren

1. Den Grill auf höchster Stufe anheizen.
2. Zwiebel häuten, Wurzelende belassen, dann längs in Sechstel oder Achtel schneiden. Aubergine quer in ½ cm dicke Scheiben schneiden. Vom Lauch das Grüne und die Wurzel abschneiden und nur das Weiße längs halbieren. Gut waschen und mit Küchenpapier trockentupfen. Wurzeln der Lauchzwiebeln entfernen. Gemüse mit Olivenöl bepinseln und mit Salz und Pfeffer würzen.
3. Gemüse, inklusive Paprika und Sellerie, auf den heißen Rost legen und insgesamt ca. 12 Min. grillen, dabei mit der Zange wenden. Wenn alles goldbraun ist, zum Abkühlen auf ein Schneidbrett legen.
4. Sobald sich das Gemüse anfassen läßt, die Wurzel der Zwiebelstücke entfernen und die Stücke quer durchschneiden. Auberginenscheiben in ½ cm dicke Stücke schneiden. Paprika von schwarz gewordener Haut, Stiel und Kernen befreien und in dünne Streifen schneiden. Lauch, Schalotten und Sellerie quer in dünne Scheiben schneiden. Gemüsesorten separat auf Tellern oder einer Servierplatte anrichten.
5. Für die Vinaigrette Essig und Salz in einer kleinen Schüssel mit dem Schneebesen schlagen, bis sich das Salz aufgelöst hat. Olivenöl, Petersilie und Pfeffer unterrühren, abschmecken. Vinaigrette über das Gemüse geben und mit Zitronenspalten servieren.
Für 4–6 Personen

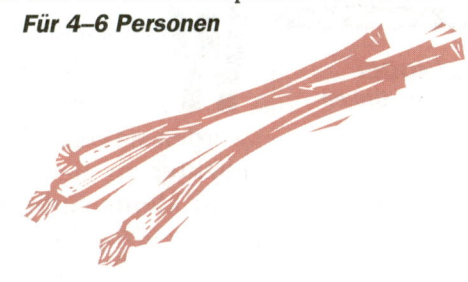

LIBANESISCHER AUBERGINENSALAT
Salafat el Rahab

LIBANON

METHODE:
Direktes Grillen

Auberginen haben die Eigenschaft, den rauchigen Grillgeschmack besonders gut zu absorbieren, was die Köche im Mittleren Osten zu schätzen wissen. Auf dem Gegensatz von gegrillter Aubergine und frischer Tomate aufbauend, kreierten sie einen unglaublich aromatischen Salat. Ich nehme dafür gern die ganz kleinen Auberginen, die schneller gar sind als die großen. Wenn Sie die nicht bekommen, wählen Sie eine lange, relativ dünne Aubergine.

3–4 kleine Auberginen oder 1 große Aubergine (ca. 500 g)
2 mittelgroße Tomaten, entkernt (s. Kasten Seite 62) und in kleine Würfel geschnitten
1 Bund glatte Petersilie, gehackt (ergibt eine ¾ Tasse)
2 Lauchzwiebeln (weiße und grüne Teile belassen), geputzt und feingehackt
1 Knoblauchzehe, durchgepreßt (nach Wunsch)
2 EL Olivenöl extra vergine, nach Geschmack auch mehr
2 EL frisch gepreßter Zitronensaft, nach Geschmack auch mehr
Salz und frisch gemahlener schwarzer Pfeffer nach Geschmack

1. Den Grill auf höchster Stufe anheizen.
2. Auberginen auf den heißen Rost legen und unter Wenden die Haut schwarz werden lassen. Das Fruchtfleisch soll sehr weich werden, was bei kleinen Auberginen 15–20 Min. dauert, bei großen bis zu 30 Min. Dann zum Abkühlen auf ein Schneidbrett legen.
3. Stielansatz der Auberginen abschneiden und die verbrannte Haut mit einem Küchenmesser abkratzen. Fruchtfleisch in Würfel schneiden und in eine Salatschüssel geben. Tomaten, Petersilie, Lauchzwiebeln, Knoblauch, Öl, Zitronensaft, Salz sowie Pfeffer zugeben und alles vermischen. Eventuell noch Olivenöl zugießen, falls der Salat zu trocken ist. Mit Zitronensaft und Salz kräftig abschmecken.
Für 4 Personen

MAROKKANISCHER AUBERGINENSALAT
Salade d'aubergines

MAROKKO

METHODE:
Direktes Grillen

Wie viele marokkanische Salate wird auch dieser mit in Öl gebratenen Auberginen zubereitet. Bei mir werden sie gegrillt, um das Gericht etwas leichter zu machen. In Marokko nimmt man kleine Auberginen, doch es geht auch mit größeren (dann verlängert sich die Garzeit entsprechend). Wenn Sie Auberginensalat auf mittelöstliche Art gewohnt sind, wird Ihnen die nordafrikanische Würzung mit Kreuzkümmel, Paprika und weißem Pfeffer sicher gefallen.

4–6 kleine Auberginen oder 2 normal große
  (ca. 700 g)
3 EL Olivenöl extra vergine
3 EL glatte Petersilie, gehackt
2 EL frisch gepreßter Zitronensaft, nach
  Geschmack auch mehr
1 Knoblauchzehe, durchgepreßt
½ TL Kreuzkümmel, gemahlen
½ TL Paprika
½ TL frisch gemahlener weißer Pfeffer
½ TL Salz, nach Geschmack auch mehr

1. Den Grill auf mittlere Hitze anheizen.

2. Auberginen mit ½ TL Öl bepinseln, dann auf den heißen Rost legen und unter gelegentlichem Wenden grillen, bis die Haut rundum schwarz und das Fleisch sehr weich ist. Das dauert bei kleinen Auberginen ca. 15–20 Min., bei großen bis zu 30 Min. Auberginen zum Abkühlen auf ein Schneidbrett legen.

3. Stielansatz der Auberginen abschneiden und die verbrannte Haut mit einem Küchenmesser abkratzen. Dann das Fruchtfleisch fein hacken und in eine Salatschüssel geben. Restliches Öl, Petersilie, 2 TL Zitronensaft, Knoblauch, Kreuzkümmel, Paprika, Pfeffer und Salz zugeben und alles vermischen. Mit Salz oder Zitronensaft kräftig abschmecken und bei Zimmertemperatur servieren.

Für 4 Personen

SALAT VON GEGRILLTEN ZUCCHINI

MAROKKO

METHODE:
Direktes Grillen

Ein traditioneller marokkanischer Salat mit amerikanischem Pfiff: Dort werden die Zucchini gebraten, doch ich bevorzuge die kräftige Note, die er durchs Grillen bekommt. In Marokko serviert man meist vier bis sechs Salate auf einmal. Sie könnten marokkanischen Auberginensalat und armenischen Auberginen-Tomaten-Paprika-Salat zusammen mit dieser Variante servieren (beide Rezepte finden Sie in diesem Kapitel).

4 kleine oder 3 mittelgroße Zucchini
  (ca. 500 g), gewaschen und geputzt
3 EL Olivenöl extra vergine
Salz und frisch gemahlener schwarzer Pfeffer
  nach Geschmack
12 große Minzeblätter, geschnitten, oder
  1 TL getrocknete Minze
2 EL glatte Petersilie, gehackt
1 EL frisch gepreßter Zitronensaft, nach
  Geschmack auch mehr
1 Knoblauchzehe, durchgepreßt
½ TL Paprika
¼ TL Kreuzkümmel, gemahlen
¼ TL frisch gemahlener weißer Pfeffer, nach
  Geschmack auch mehr

1. Den Grill auf höchster Stufe anheizen.

2. Zucchini längs in ½ cm dicke Streifen schneiden, diese mit Öl bepinseln (insgesamt 1 EL) und mit Salz und Pfeffer würzen.

3. Zucchinistreifen auf den heißen Rost legen und unter häufigem Wenden grillen. Nach etwa 10 Min. sind sie weich und goldbraun. Dann zum Abkühlen auf ein Schneidbrett legen.

4. Die Zucchinistreifen quer in ½ cm breite Stücke schneiden und in eine Salatschüssel geben. Restliches Öl, Minze, Petersilie, Zitronensaft, Knoblauch, Paprika, Kreuzkümmel und weißen Pfeffer zufügen. Mit Salz, weißem Pfeffer und Zitronensaft kräftig abschmecken. Bei Zimmertemperatur servieren.

Für 4 Personen

CAPONATA VON GEGRILLTEM GEMÜSE

ITALIEN

METHODE:
Direktes Grillen

Caponata ist für Sizilien, was für Ruß-land Auberginen-Kaviar ist – eine Kreuzung zwischen Dip und Salat, mit kurz angebratenen Auberginen, Paprika und anderem Gemüse zubereitet und mit Oliven, Kapern und Pinienkernen pikant angerichtet. Das ist genau die Art von Speisen, die durchs Grillen noch besser werden. Caponata kann als Antipasto, Salat oder Beilage gereicht werden und wäre auch ein köstlicher Aufstrich für Bruschetta. Die einzige überraschende Zutat, das Kakaopulver, setzt einen angenehm bittersüßen Akzent.

Caponata hält sich eine Woche lang und muß vor dem Servieren noch einmal abgeschmeckt werden.

2 lange, schlanke Auberginen (ca. 700 g)
8 Knoblauchzehen, abgezogen und längs
    halbiert
2 mittelgroße Tomaten
2 mittelgroße Zwiebeln, gehäutet und
    geviertelt (Wurzelende belassen)
2 mittelgroße Selleriestangen, geputzt
1 mittelgroßer, roter Paprika
1 mittelgroßer, grüner Paprika
5 EL Olivenöl extra vergine, evtl. mehr
Salz und frisch gemahlener schwarzer Pfeffer
    nach Geschmack
3 EL glatte Petersilie, gehackt
2 EL Pinienkerne, geröstet (s. Kasten, Seite
    93)
2 EL Kapern, abgetropft
2 EL Oliven (grün oder schwarz nach
    Geschmack), entsteint und gehackt
2 EL Balsamessig, nach Geschmack auch
    mehr
1½ TL Kakaopulver

1. Den Grill auf höchster Stufe anheizen.
2. Auberginen mit der Spitze eines Küchenmessers je 8mal einritzen und in jede Kerbe eine halbe Knoblauchzehe einklemmen. Auberginen, Tomaten, Zwiebeln, Selleriestangen und Paprika dünn mit 2 EL Öl bestreichen und mit Salz und Pfeffer würzen.

3. Gemüse auf den heißen Rost legen. Auberginen unter Wenden grillen, bis die Haut rundum schwarz und das Fleisch sehr weich ist (20–30 Min.). Tomaten unter Wenden grillen, bis die Haut schwarz ist und Blasen wirft (8–12 Min.). Zwiebeln, Sellerie und Paprika ebenso grillen (10–20 Min.). Gemüse zum Abkühlen auf ein Schneidbrett legen.

4. Mit dem Küchenmesser die verbrannte Haut abkratzen. Stielansatz der Aubergine abschneiden und das Fleisch grob hacken. Tomaten putzen, vierteln, das weiche Innere entfernen und Fruchtfleisch grob hacken. Zwiebeln und Sellerie in dünne Scheiben schneiden (Wurzelende der Zwiebeln dabei entfernen). Paprika putzen, entkernen und in dünne Scheiben schneiden. Gemüsestücke in eine Salatschüssel geben.

5. 3 EL Öl, Petersilie, Pinienkerne, Kapern, Oliven, Essig, Kakaopulver, Salz und Pfeffer zugeben und alles gründlich mischen. Mit Salz und Essig kräftig abschmecken. Bei Zimmertemperatur servieren.

*Für 6 Personen als Vorspeise,
für 4 Personen als Salat*

WÜRZIGER RINDFLEISCHSALAT
Yam nua yang

METHODE:
Direktes Grillen

**VORBEREI-
TUNG:**
*2–8 Std. zum
Marinieren*

Vorbild ist das berühmte thailändische Yam nua yang – an heißen Tagen ideal als Vorspeise oder leichtes Hauptgericht. Die Kombination der Aromen (feurige Chillies, duftende Minze, Ingwer und Knoblauch) hat es in sich und macht süchtig. Wie in anderen Rezepten auch biete ich verschiedene Chillies an: nur eine Sorte für empfindliche Zungen und sechs (oder mehr) für Pyromanen. Statt mit Erdnüssen kann man den Salat auch mit geröstetem Reispuder bestreuen (s. Kasten, Seite 80).

FLEISCH UND MARINADE:
1 Scheibe Rindfleisch, dünn geschnitten
   (Rouladenfleisch, 500–700 g)
3 EL Sojasauce
2 EL asiatische Fischsauce
2 EL Zucker
3 Knoblauchzehen, feingehackt
1 EL Ingwerwurzel, feingehackt

DRESSING:
3 Knoblauchzehen
1–6 Thai-, Bird-, Serrano- oder Jalapeño-
   Chillies, dünn geschnitten (Kerne entfernen, wenn's milder sein soll)
1½ EL Zucker
3 EL asiatische Fischsauce
3 EL frisch gepreßter Zitronensaft

SALAT:
1 Kopf Blattsalat, zerpflückt, gewaschen und
   trockengeschleudert
1 Gurke, geschält und dünn geschnitten
1 kleine, süße Zwiebel (Maui oder Vidalia),
   sehr dünn geschnitten
12 Kirschtomaten, halbiert
12 Minzeblätter (nach Wunsch)
¼ Tasse Koriandergrün

¼ Tasse fettfrei ge-
röstete Erdnüsse,
grobgehackt

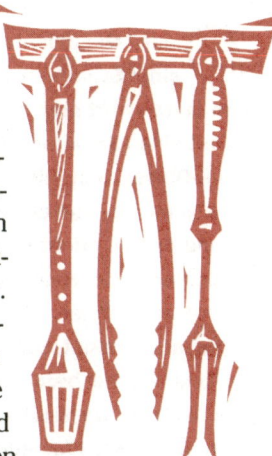

1. Das Fleisch rautenförmig leicht einschneiden (etwa ½ cm tief) und in eine feuerfeste Form geben. Sojasauce, Fischsauce, Zucker, Knoblauch und Ingwer in eine Schüssel geben und mit dem Schneebesen schlagen, bis sich der Zucker aufgelöst hat. Mischung über das Fleisch gießen und im Kühlschrank 2–8 Std. durchziehen lassen, dabei mehrmals wenden.

2. Den Grill auf höchster Stufe anheizen.

3. Für das Dressing Knoblauch, Chillies und Zucker im Mörser zerdrücken. Fischsauce und Zitronensaft unterrühren. Oder alle Zutaten im Mixer pürieren.

4. Für den Salat eine Servierplatte mit den Salatblättern auslegen, darauf Gurkenscheiben, Zwiebel, Kirschtomaten und darüber Minzeblätter verteilen.

5. Fleisch abtropfen lassen. Grillrost ölen, das Fleisch auf den heißen Rost legen und nach Geschmack grillen (4–6 Min. pro Seite für medium-rare), zum Wenden eine Zange benutzen. Fleisch auf ein Schneidbrett legen und etwas oder völlig abkühlen lassen. Der Salat kann warm oder bei Zimmertemperatur serviert werden. Fleisch dünn und quer zur Faser aufschneiden. Dressing über den Salat geben und die Fleischscheiben darauf legen. Mit Koriandergrün und gerösteten Erdnüssen bestreuen und servieren.

Für 4 Personen

Drei Barbecues – eine Stadt: Grillen in Thailand

Diese Geschichte handelt von einer Stadt und drei Barbecues. Beim ersten trifft man auf die privilegierte Welt eines Somerset Maugham, einer Jet-set-Oberschicht, die in den Grand Hotels Asiens aus- und eingeht. Beim zweiten und dritten erlebt man einen Eßstil, der dichter an der Realität der sogenannten Dritten Welt ist. Alle drei kann man in Thailands Hauptstadt Bangkok erleben. Und alle drei bezeugen die thailändische Vorliebe für feurige Gewürze und ihre respektvolle Einstellung zum Essen.

Komischerweise hatte ich Thailand nie zu den großen Barbecuezentren der Welt gezählt. Sein Pantheon kulinarischer Meisterwerke enthält kein einziges Grillgericht. Es gibt kein thailändisches Gegenstück zu italienischem Bistecca alla fiorentina, persischem Chelow kebab oder amerikanischen Rippchen.

Doch wo ich auch war, überall wurde gegrillt – am Strand der Insel Samui, im Hochland von Chaing Mai, in den Straßen und Gassen von Bangkok. Die Liebe der Thais zum Kochen über offenem Feuer (Yaang) ist so groß, daß sie es nicht auf besondere Anlässe beschränken.

Aber ist es deswegen alltäglich? Das wäre eine sehr nüchterne Beschreibung meiner ersten Erfahrung mit dem Grillen in Thailand, die beim Riverside Barbecue des Hotels »Oriental« stattfand. Das Hotel am Ufer des Chao Prya ist einer dieser palastartigen Vergnügungsstätten des 19. Jahrhunderts. Joseph Conrad wohnte hier, auch Herman Melville und Somerset Maugham. Mein Zimmer im Dichter-Flügel war ein veritables zweistöckiges Stadthaus, ausgestattet mit allen architektonischen und elektronischen Annehmlichkeiten der Moderne.

Doch als ich das von Fackeln erleuchtete Barbecue auf der Uferterrasse sah, blieb mir wirklich die Luft weg. Man saß auf Teakstühlen an Tischen aus rosa Granit, unter Kandelabern mit kugelförmigen Leuchten, umrankt von Bougainvillea. Es duftete nach Jasmin. Die Langboote, die über den Chao Prya glitten, schienen zum Greifen nah.

Im »Oriental« ist alles grandios, das Barbecue macht da natürlich keine Ausnahme – es gibt reihenweise Grills und ein Buffet von gut 15 Meter Länge. Der Abschnitt für Meerestiere funkelt geradezu von Langusten, Hummern, Süß- und Salzwassergarnelen, und die Auswahl an Fischen, adrett auf Eis gebettet, ist so groß wie beim Fischhändler. Es gibt Geflügel- und Fleischstationen, wo Poularde, Ente, Täubchen, Rind- und Schweinefleisch zischend heiß den Rost verlassen.

Doch trotz der eleganten Umgebung ist die Zubereitung im Grunde ganz simpel. Die Marinaden sind allesamt Varianten einer Mischung aus Fischsauce (Nam

pla), Limettensaft, Zucker und Knoblauch. Die Tafelsaucen reichen von einer mild-süßen Zitronen-Honig-Knoblauch-Sauce bis zu einer feurigen Tinktur aus Chillies, Schalotten und Fischsauce. Ich könnte spaltenweise die Beilagen beschreiben – die Salate, die fein geschnitzten Früchte, die Dessertabteilungen, wo junge Frauen in Sarongs Kokosnußkuchen (Kenoms) backen. Doch was mich wirklich beeindruckte, war die ungekünstelte Direktheit der Grillgerichte, die edle Einfachheit des Fischs.

AUF DEM MARKT

Ein paar Tage später erlebte ich ein ähnliches Barbecue in ganz anderer Umgebung, einer Ansammlung von Straßenhändlern in einer winzigen Seitenstraße der von Verkehr überquellenden Silom Road. Hier essen die normalen Thais, inmitten einer zusammengewürfelten Anhäufung von Imbißständen und Karren, an denen alle nur erdenklichen Speisen verkauft werden, von Pfannengerührtem und Suppen bis zu Nudelgerichten wie Pad thai. Von den Holzkohlegrills stiegen dicke Rauchschwaden auf.

Ich machte am Karren einer winzigen Frau halt und probierte einen beliebten Snack, Tintenfisch am Stiel. Sie fingerte das winzige Meerestier aus einem Glas, in dem es in einer aromatischen Mischung aus Fischsauce, Limettensaft, Palmzucker, Knoblauch, Chillies und Zitronengras mariniert wurde. Auf ein winziges Spießchen gesteckt, wurde es zwei Minuten über der Glut gegrillt. Es schmeckte süß, salzig, zart, rauchig und einfach köstlich. Es waren dieselben Aromen, die ich schon im »Oriental« erlebt hatte, doch hier kostete mich das Festmahl erheblich weniger.

Es ist kein Zufall, daß die Fischsauce ein ständig wiederkehrendes Thema beim thailändischen Barbecue ist. Diese übelriechende Würze, aus gesalzenen, fermentierten Anchovis hergestellt, ist für die Thai-Küche so wichtig wie Sojasauce für die japanische und chinesische. Fischsauce verstärkt auf wunderbare Weise das salzige Aroma von Meerestieren. Das ist wohl auch der Grund, weshalb sie als Marinade und Dip für gegrillten Fisch so beliebt ist.

ESARN-BARBECUE

Wenn man sich mit Thais über Barbecue unterhält, fällt irgendwann das Wort Esarn. Es bezeichnet sowohl eine Region als auch ein Volk, nämlich eine Provinz im Nordosten Thailands, die an Laos und Kambodscha grenzt und deren Bewohner aus Laos stammen.

Nach Aussage meines Fremdenführers Nilcharoen Prasertsak wurden die Esarn aus rein wirtschaftlichen Gründen zu Grillmeistern. Sie konnten das für das Pfannenrühren notwendige Öl nicht bezahlen. Deshalb garten sie ihr Essen mit dem einzigen Rohstoff, den selbst die Armen in Thailand im Überfluß haben – Kokosnußholzkohle. Straßenhändler aus Esarn sind in ganz Thailand berühmt für ihr gegrilltes Huhn (Gai yaang) und den gegrillten Fisch (Pla yaang).

Und daher war mein nächstes Ziel eine Gegend im Dusit-Distrikt, wo viele Esarn wohnen. Dort öffnen sich die Häuser direkt auf die Gehsteige, Frauen sitzen mit gekreuzten Beinen auf dem Boden und waschen Geschirr, Kleider und Kinder in Plastikschüsseln. Die Sonne blitzt durch die Blätter kümmerlicher Bäume, und räudige Hunde liegen mitten auf der Straße. Die Szene erinnert mehr an ein Dorf im Dschungel als an eine asiatische Metropole.

Den Rauchwolken nach zu schließen, mußte ich mich im Zentrum der Barbecuekultur befinden. Jeder Zentimeter des Gehsteigs schien irgendeiner kulinarischen Aktivität gewidmet zu sein. An einer Straßenecke fächelte ein Mann Holzkohle in einer Radkappe an. Etwas weiter zerstießen Frauen Knoblauch und Gewürze im Mörser und zerpflückten grüne Papayas, um einen knackigen, scharfen Esarn-Salat (Som tum) zuzubereiten.

Mein Ziel war »Raan Khun Noi« (Mr. Nois Restaurant) in der Sukhantharam Road 52. Es war offensichtlich ein erstklassiges Etablissement: mit blitzender Musikbox, einem gerahmten Bild des thailändischen Königs, Plastikstühlen und rosa eingedeckten Tischen; magere Kätzchen suchten den Boden nach Resten ab.

Mr. Noi ist auf das einfache, aber schmackhafte Essen spezialisiert, für das die Esarn berühmt sind: ein Som tum so voller Chillies, daß dir fast die Backenzähne schmelzen; eine Ochsenschwanzsuppe, die die Seele streichelt, während sie deine Gurgel verbrennt; ein frisch gegrilltes Hähnchen, knusprig, rauchig und nach Koriander und Knoblauch duftend, begleitet von einer Platte mit Kohl- und Sellerieblättern, Basilikum und grünen Bohnen. Der Klebreis wurde im Laos-Stil serviert – in einem hohlen Bambusstück gedämpft. Ich verschlang ihn im Esarn-Stil – mit den Fingern.

Trotz der fragwürdigen hygienischen Zustände spürte ich so viel guten Willen und warme Gastfreundschaft, daß ich beschloß, alles zu essen, was mir vorgesetzt wurde. Ich habe es unbeschadet überlebt, doch ich bin nicht sicher, ob ich das Risiko noch einmal eingehen würde.

THAI-SATES

Übrigens gibt es ein Grillgericht, bei dessen Genuß man nicht sein gastrointestinales System riskiert und das man überall in Thailand findet, ob Luxusrestaurant oder bescheidener Imbißstand – was um so kurioser ist, weil es im tausend Meilen entfernten Indonesien erfunden wurde. Ich spreche natürlich vom Saté.

Der Name leitet sich vom javanischen Wort für Stock oder Spieß ab. Saté besteht aus winzigen Stücken von Huhn, Schwein oder anderen Fleischsorten, die auf Bambusspießchen gegrillt werden. Die auch bei uns mittlerweile recht populären Satés können es mit der Winzigkeit und dem delikaten Geschmack thailändischer Satés nicht aufnehmen. Die süße javanische Sojasaucen-Marinade hat einer Mischung aus Fischsauce und Kokosmilch Platz gemacht. (Die fettreiche Kokosmilch verhindert das Austrocknen des Fleischs.) Thai-Saté wird traditionell von sahniger Erdnußsauce und scharfem Gurkensalat begleitet.

Thai-Barbecue ist die perfekte Alternative zu den Fleischbergen einer westlichen Grillparty. Meerestiere und Gemüse sind wichtiger als Fleisch. Doch von gesundheitlichen Aspekten einmal abgesehen – der Geschmack des Thai-Grills ist einfach unschlagbar!

GEGRILLTES SCHWEINEFLEISCH MIT SÜSS-SAUREM DRESSING

Pork laab

METHODE:
Direktes Grillen

VORBEREI-TUNG:
1–2 Std. zum Marinieren

Laab (auch Larb) heißen thailändische Salate, die mit gegrilltem Fleisch, knakkigem Gemüse und scharfen Gewürzen zubereitet werden. Hier wird Schweinefleisch in einer scharfen Mischung aus Fischsauce und Knoblauch mariniert und nach dem Grillen sofort serviert.

Gerösteter Reispuder verleiht dem Salat ein nussiges Aroma und die in Südostasien geschätzte knusprige Konsistenz. Falls Ihnen die Herstellung zu aufwendig erscheint – auch »ohne« schmeckt der Salat köstlich. (Oder nehmen Sie grobgehackte Erdnüsse.) Auch hier habe ich wieder verschiedene Sorten von Chillies angegeben. Thailänder würden alle sechs nehmen – oder noch mehr!

FLEISCH UND MARINADE/DRESSING:
1 Stück Schweinelende oder 2 Schweinekoteletts (à ca. 230 g)
60 ml asiatische Fischsauce
60 ml frisch gepreßter Limettensaft
2 EL brauner Zucker oder Honig
3 Knoblauchzehen, durchgepreßt
½ TL frisch gemahlener schwarzer Pfeffer

SALAT:
1 Gurke, geschält, entkernt (s. Kasten, Seite 90) und in dünne Scheiben geschnitten
2 Tassen Eisbergsalat, in dünne Streifen geschnitten
1 Tasse Mungobohnensprossen
2 Schalotten, hauchdünn geschnitten
1–6 Thai-, Jalapeño- oder Serrano-Chillies, dünn geschnitten (Chillies entkernen, wenn der Salat milder sein soll)

Reispuder selbstgemacht

Eine trockene Pfanne bei mittlerer Hitze erwärmen. ¼ Tasse Reis hineingeben und unter Schütteln ca. 2–3 Min. rundum rösten, bis die Körner leicht kroß sind und anfangen, goldbraun zu werden. (Achtung, der Reis knistert beim Rösten!) Reis zum Abkühlen in eine Schüssel geben. Dann in einer Gewürzmühle oder einem Mixer zu feinem Puder zermahlen.

2 Lauchzwiebeln (Grünes und Weißes verwenden), geputzt und in Ringe geschnitten
¼ Tasse Minzeblätter sowie einige Minzezweige zum Garnieren
¼ Tasse Basilikumblätter
¼ Tasse Koriandergrün (oder mehr Minze und Basilikum)
2 EL Reispuder zum Bestreuen (nach Wunsch; s. Kasten oben)

1. Fleisch von Sehnen und Fett befreien. Zutaten für Marinade/Dressing in einer mittelgroßen Schüssel verrühren, bis der Zucker gelöst ist. Die Hälfte der Mischung als Dressing in eine zweite Schüssel geben. Fleisch in die restliche Marinade legen und im Kühlschrank 1–2 Std. abgedeckt durchziehen lassen, dabei mehrmals wenden.

2. Etwa 45 Min. vor dem Essen den Grill auf starke bis mittlere Hitze anheizen.

3. Schweinefleisch abtropfen lassen und trockentupfen. Die Marinade beiseite stellen. Heißen Grillrost einfetten und Fleisch darauflegen. Schweinelende etwa 6–8 Min., Koteletts 3–6 Min. pro Seite grillen. Mit der Zange wenden und nur die erste Seite mit übriggebliebener Marinade bestreichen. Bei einer Innentemperatur von 70 °C (Fleischthermometer) ist das Fleisch gar. Fleisch auf ein Schneidbrett legen und 5 Min. ruhen lassen.

4. In der Zwischenzeit Gurken, Eisbergsalat, Sprossen, Schalotten, Chillies, Lauchzwiebeln, Minze, Basilikum und Koriandergrün zum Dressing in die Schüssel geben und alles vorsichtig durchmischen. Dann Salat auf Teller oder eine Platte verteilen. Fleisch quer in dünne Scheiben schneiden und diese auf dem Salat zum Fächer legen. Salate mit Reispuder bestreuen, mit Minzezweigen garnieren und sofort servieren.

Für 4–6 Personen

PERSISCHER GEFLÜGELSALAT MIT SAUREN GURKEN UND OLIVEN

IRAN

METHODE:
Direktes Grillen

VORBEREITUNG:
Das Hähnchenfleisch muß bereits gegrillt sein.

Hier kommt eine wunderbare Methode, um Reste von gegrilltem Hähnchen zu verwerten. Ich lernte den Salat in einem persischen Restaurant in New York kennen, dem »Persepolis«. Die Kombination von Geflügel und Kartoffeln in einem Salat ist so überraschend wie schmackhaft.

500 g große Kartoffeln, geschält und
    geviertelt
2 Eier
Salz
2 Tassen kaltes, gegrilltes Hähnchenfleisch,
    feingewürfelt
3 EL Cornichons oder Salzdillgurken,
    feingehackt
2 mittelgroße Selleriestangen, feingewürfelt
1 EL grüne Oliven ohne Kern, gehackt
6 EL Mayonnaise
2 EL Dill, gehackt, plus einige Dillfähnchen
    zum Garnieren
frisch gemahlener schwarzer Pfeffer
8 Salatblätter, gewaschen und abgetropft
2 mittelgroße Tomaten, in dünne Scheiben
    geschnitten

12 schwarze Oliven (möglichst in Öl
    eingelegt)

1. Kartoffeln und Eier in einen Topf mit kaltem Salzwasser legen und bei mittlerer Hitze zum Kochen bringen. Auf kleinster Stufe weiter kochen, bis die Kartoffeln gar und die Eier hartgekocht sind (s. Hinweis). Kartoffeln und Eier in einen Durchschlag geben und kaltes Wasser darüber laufen lassen, bis sie kalt sind. Gut abtropfen lassen.

2. Die Kartoffeln in kleine Würfel schneiden und in eine große Schüssel geben. Hähnchenfleisch, saure Gurken, Sellerie, Oliven, Mayonnaise und gehackten Dill zugeben und vorsichtig mischen. Mit Salz und Pfeffer abschmecken. Eier abpellen, fein würfeln und darüber streuen.

3. Zum Servieren Salatblätter auf Teller oder eine Platte verteilen. Tomatenscheiben dachziegelförmig im Kreis an den Rand legen. Geflügelsalat in die Mitte geben und mit Oliven und Dillfähnchen dekorieren.

Für 4 Personen

Hinweis: Die Eier sind nach 11 Min. hart, bei den Kartoffeln dauert es etwas länger.

Koriandergrün waschen und trocknen

Zum Würzen von Grillgerichten steht Koriander ganz oben auf der Hitliste. Die Blätter der Korianderpflanze haben ein markantes scharf-säuerliches Aroma, das sie bei Grillmeistern auf der ganzen Welt beliebt gemacht hat.

Koriandergrün bekommen Sie in Asienläden. Wenn Sie Glück haben, sogar mit den Wurzeln. (Korianderwurzeln werden in Südostasien zu Marinaden und Gewürzpasten verwendet.) Sie können Korianderpflanzen auch aus Samen im Blumentopf ziehen. Frischer Koriander ist oft sehr sandig, deshalb sollte man ihn vor dem Verwenden gründlich waschen.

Dazu das Bund an den Stielen halten und die Blätter in einer Schüssel mit kaltem Wasser hin und her schwenken. So lange frisches Wasser nehmen, bis es frei von Sand bleibt.

Zum Trocknen die Korianderblätter im weiten Bogen ausschütteln (tunlichst im Freien!). Sie können sie auch – nicht ganz so schwungvoll – über der Spüle ausschütteln oder mit Küchenpapier trockentupfen. Wenn Sie eine Salatschleuder nehmen wollen, müssen Sie zuerst die Wurzeln entfernen.

Geputzt wird Koriander, indem Sie die Blättchen von den Stielen abzupfen. (Zarte Stiele können Sie fein gehackt ebenfalls verwenden.)

Zum Aufbewahren wickeln Sie die gewaschenen Blätter locker in feuchtes Küchenpapier und legen dies in einer unverschlossenen Plastiktüte in den Kühlschrank. Die Tüte muß offen bleiben, damit das Koriandergrün »atmen« kann.

Gartenkoriander hat übrigens pfefferkornähnliche Früchte, die als Gewürz verwendet werden.

GEFLÜGELSALAT MIT INDISCHEN GEWÜRZEN
Murgh chaat

INDIEN

METHODE:
Direktes Grillen

VORBEREITUNG:
Das Hähnchenfleisch muß bereits gegrillt sein.

Dies ist eine weitere leckere Art, Reste von gegrilltem Geflügel zu verwerten. Mit Koriandergrün, Tomate und Zitronensaft wird ein erfrischender Sommersalat daraus.

Ganz echt gerät der Salat mit einer Gewürzmischung namens Chaat masala. Ihre Schärfe ist Amchur zu verdanken (gemahlene grüne Mango), ihr schwefliger Geschmack einem Mineral, das schwarzes Salz genannt wird. Chaat masala gibt es als Fertigprodukt in Asienläden. Oder Sie nehmen den schnellen Chaat-Mix auf der Nebenseite. Das Aroma ist zwar nicht ganz dasselbe, doch der Salat schmeckt!

1 mittelgroße Tomate

½ mittelgroßer, grüner Paprika, geputzt und entkernt

¼ mittelgroße, rote Zwiebel

3 Tassen kaltes, gegrilltes Hähnchenfleisch, feingewürfelt

¾ Tasse Koriandergrün, gehackt

3 EL Pflanzenöl

3 EL frisch gepreßter Zitronensaft, nach Geschmack auch mehr

½ TL Kreuzkümmel, gemahlen

½ TL Koriander, gemahlen

½ TL frisch gemahlener schwarzer Pfeffer

2 TL Chaat masala oder Chaat-Mix (Rezept rechts)

Salz nach Geschmack

krauser Endiviensalat, gewaschen und trockengeschleudert, zum Servieren

1. Tomate, Paprika und Zwiebel in kleine Würfel schneiden und mit dem Hähnchenfleisch in eine große Schüssel geben. In einer kleinen Schüssel Koriandergrün, Öl, 3 TL Zitronensaft, Kreuzkümmel, Koriander, Pfeffer und die Hälfte des Chaat masala mit dem Schneebesen schlagen, dann die Mischung über den Salat gießen. Vorsichtig, aber gründlich unterheben und mit Salz und Zitronensaft kräftig abschmecken.

2. Den Salat auf die mit Salatblättern ausgelegten Teller verteilen, das restliche Chaat masala darüber streuen und sofort servieren.

Für 4 Personen

Chaat-Mix

Zu verwenden als geröstete Würzmischung für gegrilltes Hähnchen oder zum Bestreuen der Joghurtsaucen (Raitas) in diesem Buch (s. Register).

¼ TL Kreuzkümmelsamen

¼ TL Koriandersamen

¼ TL schwarze Pfefferkörner

¼ TL Ingwer, gemahlen

1 TL Minzeblätter, getrocknet

1 TL Salz

1. Eine leere Bratpfanne bei mittlerer Hitze erwärmen. Kreuzkümmel-, Koriander- und Pfefferkörner darin ca. 2 Min. erhitzen, dabei die Pfanne gelegentlich schütteln, bis die Gewürze duften und leicht angeröstet sind.

2. Gewürze abkühlen lassen und in einer Gewürzmühle zu Pulver mahlen. Ingwer, Minze und Salz zufügen und weiter fein mahlen. Sofort aufbrauchen oder in ein kleines, gut schließendes Gefäß geben. Hält sich an einem kühlen, trockenen Ort bis zu 2 Monate lang.

Ergibt ca. 1 EL Gewürzmischung

SALADE NIÇOISE VOM GRILL

FRANKREICH

METHODE: *Direktes Grillen*

Dieser Klassiker aus Nizza ist der Inbegriff provenzalischer Küche – leuchtende Farben und kräftige Aromen vereint zu einem Salat, der erfrischend, nahrhaft und sättigend ist. Traditionell nimmt man gekochtes Gemüse und Thunfisch aus der Dose. Zur Abwechslung begann ich frischen Thunfisch zu grillen. Und schon bald legte ich die Kartoffeln, Zwiebeln und grünen Bohnen mit auf den Rost!

**VORBEREI-
TUNG:**
*30 Min. zum
Marinieren*

**SPEZIAL
ZUBEHÖR:**
*Gemüserost
und Grillkorb
für Fisch*

Grillen verwandelt den herkömmlichen Salade niçoise in ein unvergeßliches Hauptgericht. Es ist auch praktisch, denn Sie können alle Zutaten im voraus zubereiten. Haricots verts sind besonders dünne grüne Bohnen aus Frankreich. Man bekommt sie in Feinkosthäusern und bei guten Gemüsehändlern. Oder verlangen Sie Prinzeß- oder Keniabohnen. Sie können aber auch möglichst dünne, normale grüne Bohnen nehmen.

DRESSING:
1 EL frisch gepreßter Zitronensaft
2 TL Dijon-Senf
1 EL Rotweinessig, nach Geschmack auch
    mehr
Salz und frisch gemahlener schwarzer Pfeffer
    nach Geschmack
1 Knoblauchzehe, durchgepreßt
60 ml Olivenöl extra vergine
1–2 Anchovisfilets, gewässert, trocken-
    getupft und kleingehackt (nach Wunsch)
1 EL Kapern, abgetropft
12 Basilikumblätter, in schmale Streifen
    geschnitten, plus 4–6 Zweige zur
    Dekoration

SALAT:
4 EL Olivenöl extra vergine
2 EL frisch gepreßter Zitronensaft
grobes Meersalz und gestoßene schwarze
    Pfefferkörner, beides nach Geschmack
4 frische Thunfischsteaks (à 170 g,
    ca. 2,5 cm dick)
500 g kleine Kartoffeln, gewaschen und
    halbiert
340 g Haricots verts oder normale grüne
    Bohnen, geputzt
1 große, rote Zwiebel, geschält und in 12
    Stücke geschnitten (mit Wurzelansatz)
Salz und frisch gemahlener schwarzer Pfeffer
6 Tassen gemischter Salat, gewaschen und
    geputzt
2 große Tomaten, geachtelt
2 hartgekochte Eier, geachtelt
10 schwarze Oliven

Mesclun-Mix

Mesclun ist eine in Amerika erhältliche Mischung aus den jungen und zarten Blättern zum Beispiel der unten genannten Salatsorten. Auch bei uns gibt es in größeren Supermärkten ähnliche Salatmischungen fertig eingeschweißt zu kaufen. Wenn Sie selbst mischen, verwenden Sie ausschließlich die jungen, besonders zarten Blätter.

Rauke	Eichblattsalat
Chinakohl	Senfblätter
Chicorée	Spinat
Friséesalat	Kerbel

1. Für das Dressing Zitronensaft, Senf, Essig, Salz, Pfeffer und Knoblauch in eine Schüssel geben und rühren, bis sich das Salz aufgelöst hat. Öl in dünnem Strahl einrühren, dann Anchovis, Kapern und Basilikum zufügen. Mit Salz und Essig kräftig abschmecken. Beiseite stellen.

2. 2 EL Olivenöl, Zitronensaft, Salz und Pfefferkörner auf einen Teller geben, Thunfisch mehrmals darin wenden und 30 Min. in der Marinade im Kühlschrank durchziehen lassen.

3. Den Grill auf höchster Stufe anheizen.

4. Inzwischen die Kartoffeln in einem mittelgroßen Topf, mit leicht gesalzenem, kaltem Wasser bedeckt, zum Kochen bringen und auf kleiner Flamme garen. Kartoffeln mit einem Schaumlöffel aus dem Wasser nehmen, mit fließendem kaltem Wasser abschrecken und abtropfen lassen. Das Wasser im Topf wieder zum Kochen bringen. Bohnen zufügen und ca. 1 Min. sprudelnd kochen. Abgießen, unter fließendem kalten Wasser abschrecken und abtropfen lassen.

5. Wenn Sie einen Gemüserost benutzen, diesen 5 Min. vorheizen. Kartoffeln, grüne Bohnen und Zwiebelstücke in den restlichen 2 EL Öl schwenken und mit Salz und Pfeffer würzen. Dann auf den heißen Gemüserost oder direkt auf den Grillrost legen und 3–6 Min. pro Seite grillen. Mit der Zange wenden. Wenn das Gemüse goldbraun ist, auf eine Platte geben und abkühlen lassen.

6. Den Grillkorb für Fisch bzw. den Grillrost ölen. Thunfisch abtropfen lassen und in den Korb oder direkt auf den heißen Rost legen. 4–6 Min. pro Seite grillen (medium-rare). Dann auf ein Schneidbrett legen und quer in dünne Scheiben teilen (s. Hinweis).

7. Kurz vor dem Servieren den Salat in der Mitte einer großen Platte aufhäufen; Tomatenachtel, Bohnen, Kartoffeln, Zwiebeln (das Wurzelstückchen jetzt abschneiden), Eier und Oliven rundum anrichten. Thunfischscheiben fächerförmig auf den Salat legen, Dressing aufrühren und über den Salat gießen. Mit Basilikum garnieren und servieren.

Für 4 Personen als leichtes Hauptgericht
Hinweis: Das Gericht kann bis zu diesem Punkt im voraus zubereitet werden. Wenn Sie den Fisch heiß essen wollen, grillen Sie ihn als letztes.

Als Beilage

VIETNAMESISCHE SALATPLATTE

VIETNAM

Diese wohlriechende Zusammenstellung von Kräutern und Gemüsen wird zu vietnamesischen Grilladen und Nudeln serviert. Die Salatblätter benutzt man zum Einwickeln mundgerechter Fleischportionen und weiterer Zutaten. Die Vietnamesen sind Meister darin, die Blätter mit Hilfe von Eßstäbchen einzuwickeln – die Übung macht's. Das Basilikum sorgt für aromatische Schärfe (oft werden zugleich auch Minzeblätter und Koriandergrün serviert), während Sojasprossen und Gurke den Salat saftig und knackig machen. Vielleicht bekommen Sie im Asienladen thailändisches Basilikum oder Samen, um es selbst zu ziehen.

1 Kopf grüner Blattsalat
je 1 Bund Basilikum, Minze und/oder Koriandergrün
2 Tassen Sojasprossen
2–4 Serrano- oder Jalapeño-Chillies nach Geschmack, evtl. entkernt
1 Gurke, geschält (s. Kasten Seite 90)
1 Sternfrucht (nach Wunsch)

Salatkopf zerteilen, Blätter möglichst ganz lassen. Salat, Basilikum und Minze (nicht vom Stengel zupfen) separat waschen und trockenschleudern. Sojasprossen waschen und abtropfen lassen. Chillies, Gurke und Sternfrucht in dünne Scheiben schneiden. Die Salatzutaten auf einer Platte anrichten und servieren.

Für 4–6 Personen

TÜRKISCHER SALAT MIT RADIESCHEN

TÜRKEI

Hier kommt die türkische Version des Tellers mit frischem Grünzeug, der in unterschiedlicher Form wohl auf der ganzen Welt zu gegrilltem Fleisch gehört. Bei einer Reise in die Türkei fällt Ihnen vielleicht ein Gemüse auf, das wie ein knallroter Tennisball aussieht. Es handelt sich um ein Riesenradieschen. Die Petersilie ist hier übrigens keine Dekoration, sondern soll gegessen werden – achten Sie also auf die Frische!

Servieren Sie den Salat zu allen türkischen gegrillten Fleischgerichten. Und pressen Sie Zitronensaft über alles!

1 Bund glatte Petersilie
1 Bund Radieschen, geputzt und halbiert
2 Zitronen, geachtelt und entkernt

Petersilie mit den Stielen waschen und trockenschleudern. Mit den Radieschen und Zitronenspalten auf Tellern oder einer Platte anrichten und servieren.

Für 4–6 Personen

Salatplatten

Salat- und Gemüseteller gehören überall auf der Welt zu gegrilltem Fleisch – ob es sich um indonesische Saté-Spießchen, türkische Kebabs, mexikanisches Carne asado oder deren Varianten handelt.

Ich habe fünf traditionelle Salatteller aufgenommen, denen ich auf meiner Barbecuereise begegnete. Nehmen Sie sie als Ausgangspunkt und Anregungen für Ihre eigenen Kompositionen!

LIBANESISCHE CRUDITE

LIBANON

Diese Gemüseplatte (oder eine Variante davon) kommt im Libanon bei nahezu jeder Mahlzeit auf den Tisch. Man ißt das Gemüse entweder als Horsd'œuvre oder als Beilage zu gegrilltem Fleisch oder Meeresfrüchten (oft in ein Stück Pita-Brot gerollt). Reist man weiter in Richtung Osten, trifft man die gleiche Gemüseplatte an – im Iran, Irak, in Indien und sogar in Indonesien.

Servieren Sie diese zu gegrillten Garnelen mit Taratoor, zu Hackfleisch-Kebab oder zu armenischem Shish-Kebab.

1 Bund Lauchzwiebeln, geputzt (mit Grün)
1 Bund Radieschen, ohne Wurzeln und
Blätter
1 Salatgurke, längs halbiert und in Scheiben
geschnitten
2 Salzdillgurken, längs halbiert und in
Scheiben geschnitten
2 Herzen von Romanasalat, in Blätter geteilt,
gewaschen und trockengeschleudert

Das Gemüse dekorativ auf einer Platte anrichten und servieren.
Für 4–6 Personen

SALATPLATTE AUS JAVA MIT BOHNEN UND WEISSKOHL

Lalapan

INDONESIEN

Solche bunten Salatplatten mit Kräutern und Gemüsen passen zu gegrilltem Fisch. Sie werden sie kaum nachmachen können, da Kräuter wie Daun mangi und Daun rispong dazugehören, die es bei uns nicht gibt. (Epazote, ein mexikanisches Kraut mit einem holzigen, angenehm bitteren Geschmack kommt dem am nächsten.) Schlangenbohnen, auch Schnur- oder Thai-Bohnen genannt, sind grüne Bohnen, die bis zu 50 cm lang werden. Sie sind in Asienläden erhältlich; ansonsten nehmen Sie Keniabohnen. Servieren Sie Lalapan zu allen indonesischen Fischgerichten in diesem Buch. Traditionell gehört auch ein feuriges Chili-Schalotten-Relish dazu (Sambal chobek).

400 g Schlangenbohnen oder Keniabohnen,
geputzt
Salz nach Geschmack
½ Kopf Weißkohl, geputzt und in 1 cm dicke
Scheiben geschnitten
1 mittelgroße Gurke, geschält und in ½ cm
dicke Scheiben geschnitten
2 mittelgroße Tomaten, geachtelt
1 Bund Zitronenmelisse oder Basilikum,
gewaschen und trockengetupft
1 Bund Epazote oder glatte Petersilie,
gewaschen und trockengetupft

1. Schlangenbohnen in einem Topf mit sprudelndem Salzwasser etwa 8 Min. blanchieren. Abtropfen lassen, unter fließendem kalten Wasser abschrecken und noch einmal abtropfen lassen.

2. Gemüse und Kräuter dekorativ auf einer Platte anrichten und servieren.
Für 4–6 Personen

BOHNEN MIT FRISCHER KOKOSNUSS
Urap sayur

BALI

Dieser Salat ist so komplex und reizvoll wie die balinesische Musik, ein verwobenes Zusammenspiel von Aromen und Konsistenzen – die Bohnen sind knackig, die Kokosnuß fest, die Sprossen und Paprikas saftig und süß.

Wie bereits erwähnt, sind Schlangenbohnen grüne Bohnen, die 50 cm lang werden können. Erkundigen Sie sich in Asienläden nach dieser Sorte. Verwenden Sie alternativ Keniabohnen, Prinzeßbohnen oder Haricots verts. Erschrecken Sie nicht über die auf den ersten Blick große Menge an Öl. Das meiste davon landet nicht auf Ihrem Teller. Servieren Sie diesen Salat zu allen Satés oder sonstigen Grillgerichten aus Bali. Übrigens, verschiedene indonesische Zutaten finden Sie im Glossar beschrieben.

GARNIERUNG UND DRESSING:
100 ml Pflanzenöl (möglichst Rapsöl verwenden)
9 Knoblauchzehen, in dünne Scheiben geschnitten, plus 2 Zehen, feingehackt
4–5 Schalotten, in dünne Streifen geschnitten, plus 1 Schalotte, feingehackt
1 Zitronengrasstiele (nur das Helle), feingehackt, oder 1 Stück (5 x 1,5 cm) Zitronenschale
1 EL Galgant- oder Ingwerwurzel, feingehackt
60 ml Coconut milk aus der Dose (nicht mit Kokosmilch identisch)
60 ml frisch gepreßter Limettensaft
2 EL Palmzucker oder brauner Zucker
2 EL asiatische Fischsauce oder Sojasauce

FÜR DEN SALAT:
2 l Wasser
Salz nach Geschmack
250 g Schlangenbohnen oder dünne grüne Bohnen, geputzt
2 Tassen Mungobohnensprossen
¼–½ Tasse frische Kokosraspel (s. Kasten, rechte Seite) oder ungesüßte getrocknete Kokosnuß
1 mittelgroßer roter Paprika, geputzt und in ½ cm große Würfel geschnitten
1–4 Jalapeño- oder andere scharfe Chillies, geputzt und feingeschnitten
frisch gemahlener schwarzer Pfeffer nach Geschmack

1. Für die Garnierung das Öl in einer kleinen Pfanne auf mittlerer Stufe erhitzen. Knoblauchscheiben zugeben. Wenn sie kroß und goldbraun sind (nach ca. 1 Min.), mit einem Schaumlöffel oder Pfannenheber herausheben und auf Küchenpapier abtropfen lassen. Schalottenstreifen ebenso fritieren (eventuell portionsweise braten, wenn die Pfanne zu voll wird). Achtung, Knoblauch und Schalotten nicht dunkel werden lassen, sonst schmecken sie bitter! Letzte Ölreste mit Küchenpapier abtupfen und beiseite stellen. Öl bis auf 30 ml (3 EL) wegschütten.

2. Für das Dressing die aufbewahrten 3 EL Öl auf mittlerer Stufe in einer Pfanne erhitzen, feingehackten Knoblauch und Schalotten, Zitronengras sowie Galgant zufügen und hellbraun braten (ca. 1 Min.). Dann Coconut milk einrühren, aufkochen und auf die Hälfte reduzieren (ca. 3 Min.). Limettensaft, Palmzucker und Fischsauce einrühren, kurz aufkochen und zum Abkühlen beiseite stellen.

3. Für den Salat Salzwasser zum Kochen bringen.

4. Schlangenbohnen putzen und in 1 cm große Stücke schneiden. Mungobohnensprossen in einem Durchschlag in die Spüle stellen. Schlangenbohnen in kochendem Salzwasser etwa 8 Min. lang bißfest kochen, dann in den Durchschlag abgießen (durch das Kochwasser werden gleichzeitig die Sprossen blanchiert). Bohnen und Sprossen unter fließendem kaltem Wasser abkühlen, dann abtropfen lassen und mit Küchenpapier trockentupfen.

5. Bohnen und Sprossen in eine große Schüssel geben. Kokosraspel, Paprika, Chillies, fritierten Knoblauch und Schalotten sowie Dressing zugeben. Alles gut vermischen. Mit Salz und Pfeffer abschmecken. Salat auf einer dekorativen Platte anrichten und servieren.

Für 4–6 Personen

Hinweis: Die Salatzutaten können Sie im voraus zubereiten. Die fritierten Knoblauchscheiben und Schalottenstreifen sowie das Dressing aber erst direkt vor dem Servieren zufügen!

Kokosraspel selbstgemacht

Zum Öffnen die frische Kokosnuß auf einem Gitter oder in einer Schüssel in die Spüle legen. Mit dem Rücken eines Hackbeils mehrmals rund um den »Äquator« klopfen. Dabei die Kokosnuß drehen. Schon bald zeigt sich ein Riß, dann bricht sie entzwei. Die in die Schüssel laufende Kokosmilch aufbewahren; Sie können sie trinken oder Reis damit kochen. Die Kokoshälften in ein Küchentuch wickeln und mit einem Hammer in Stücke schlagen. Das Fruchtfleisch mit einem Küchenmesser von der Schale lösen (oder die Stücke 10 Min. bei 200 °C in den Backofen legen). Die braune Haut vom Fleisch abziehen und dieses mit einer Handreibe oder Küchenmaschine raspeln.

Nicht verbrauchte Stücke oder Raspel können Sie in einer Plastiktüte im Kühlschrank aufbewahren (bis zu 2 Tagen) oder in Gefrierbeuteln einfrieren (hält sich bis zu 2 Monate). Eine durchschnittliche Kokosnuß ergibt etwa 5 Tassen Kokosraspel.

JAPANISCHER SPROSSENSALAT

JAPAN

Zu einer Mahlzeit in einer Yakitori-Bar gehören außer den an Spießen gegrillten Bissen eine Reihe von kleinen Salaten. Dieser stammt von »Ton Ton«, einem rustikalen Yakitori-Laden unter der Hochbahn in der Nähe des Ginza-Stadtteils von Tokio. Das Dressing enthält nur sechs Zutaten, doch die Aromen – süß, salzig, sauer, nussig und scharf – werden mit Ihren Geschmacksknospen Flipper spielen.

1 Knoblauchzehe
¾ TL Salz, nach Geschmack auch mehr
1 EL Zucker, nach Geschmack auch mehr
3 EL Reisessig, nach Geschmack auch mehr
2 TL asiatisches (dunkles) Sesamöl
½–1 TL Chiliflocken nach Geschmack
4 Tassen Mungobohnensprossen (ca. 230 g)

1. Knoblauch mit Salz in einer Schale zerdrücken. Zucker, Essig, Sesamöl und Chili- flocken zufügen und mit dem Schneebesen rühren, bis sich Salz und Zucker aufgelöst haben. Sprossen dazugeben, mischen und alles 5 Min. ziehen lassen.

2. Kurz vor dem Servieren den Salat mit Salz, Zucker und Essig kräftig abschmecken und auf Tellern anrichten.

Für 4–6 Personen

SALAT MIT SHIRAZI-GURKEN, TOMATEN UND ZWIEBELN

IRAN

Anscheinend kreuzen Salate mit Toma- ten, Gurken und Zwiebeln prompt auf, sobald Fleisch auf Spieße gesteckt und über schwelender Glut gegrillt wird. Hier eine persische Version, benannt nach ihrem Ursprungsort, der Stadt Shiraz, und kräftig mit Limettensaft, Petersilie und frischer Minze gewürzt. Servieren Sie ihn zu allen persischen Kebabs in diesem Buch, dazu Lavash oder Pita-Brot zum Dip- pen.

2 mittelgroße Tomaten, geputzt und in 1 cm
    große Würfel geschnitten
1 große Gurke, geschält, entkernt (s. Kasten)
    und in 1 cm große Würfel geschnitten
1 kleine oder mittelgroße Zwiebel, in 1 cm
    große Würfel geschnitten
½ Tasse glatte Petersilie, kleingehackt
½ Tasse frische Minze, kleingehackt
3 Lauchzwiebeln, geputzt, Grünes wie Weißes
    in Ringe geschnitten
1–2 Knoblauchzehen, durchgepreßt
50 ml frisch gepreßter Limettensaft, nach
    Geschmack auch mehr
50 ml Olivenöl extra vergine
Salz und frisch gemahlener schwarzer Pfeffer

Tomaten, Gurken und Zwiebeln in einer Salatschüssel mit Petersilie, Minze, Lauch- zwiebeln, Knoblauch, Limettensaft und Öl vorsichtig gut mischen. Nach Geschmack salzen und pfeffern und, falls nötig, noch Li- mettensaft zufügen; der Salat soll sehr stark gewürzt sein. Sofort servieren.

Für 4–6 Personen

Gurken schälen und entkernen

Gurkenschale mit einem Sparschäler in Längsrichtung abhobeln, dabei die Schale 3 mm breit zwischen den abgeschäl- ten Streifen stehen lassen. Wenn Sie die Gurke danach in Scheiben schneiden, se- hen diese besonders dekorativ aus.

Zum Entkernen die Gurke längs hal- bieren und die Kerne mit einem Melonen- ausstecher oder Teelöffel auskratzen.

BALINESISCHER GURKENSALAT

Dieser eigenartige Salat sieht fast wie grüne Spaghetti aus. Aber er besteht aus langen, dünnen, nudelähnlichen Gurkenstreifen. (Zur Herstellung nehmen Sie am besten einen speziellen Gemüsehobel – die Mandoline – oder die Raspelscheibe der Küchenmaschine.) Wie gesagt, es besteht anscheinend weltweit eine Übereinkunft, zu Grillgerichten Gurkensalate zu servieren. Und was würde sich besser eignen, die Hitze des Grillfeuers und eines Sommertags zu lindern?

3 EL fettfrei geröstete Erdnüsse, grobgehackt
1 Salatgurke
¼ von 1 großen, süßen Zwiebel, z.B. Vidalia
3 EL Reisessig
1½ EL Zucker, nach Geschmack auch mehr
½ TL Salz, nach Geschmack auch mehr

1. Pfanne auf mittlerer Stufe erwärmen. Erdnüsse hineingeben und etwa 2 Min. leicht rösten, dabei die Pfanne mehrmals schütteln. Zum Abkühlen auf einen Teller geben.

2. Gurke schälen und, nur falls nötig, entkernen (s. Kasten, linke Seite). Quer in 8 cm breite Stücke schneiden, dann in Längsrichtung spaghettidünne Streifen abschneiden. Die Zwiebel quer in hauchdünne Scheiben schneiden.

3. Essig, Zucker und Salz in eine Salatschüssel geben und mit dem Schneebesen schlagen, bis Salz und Zucker aufgelöst sind. Mit Zucker und Salz kräftig abschmecken, das Dressing soll eine pikante, süßsaure Note haben. Gurken und Zwiebel zugeben und untermischen. Erdnüsse darüber streuen und servieren.

Für 4 Personen

KARTOFFELSALAT MIT KARAMELISIERTEN ZWIEBELN

Kartoffelsalat gehört zu den Grundpfeilern einer Grillparty. Bei der folgenden ceylonesischen Version setzen scharfe, gebratene Zwiebeln den Akzent – genau das Richtige zu Geflügelsatés aus Sri Lanka und Kebabs aus Indien, Pakistan oder Bangladesch. Ich habe mir einige Freiheiten bei diesem Rezept erlaubt, z.B. die Kartoffeln nicht zu schälen. Auch hier Vorsicht beim Würzen: Nehmen Sie 2 TL Rosenpaprika, wenn Sie's milder mögen, und 6 TL, wenn Sie ein Feuerschlucker sind.

700 g möglichst kleine Kartoffeln, sauber gebürstet
Salz nach Geschmack
50 ml Pflanzenöl, bei Bedarf auch mehr
2–6 TL Rosenpaprika (oder Edelsüßpaprika)
1½ TL Koriander
½ frisch gemahlener schwarzer Pfeffer
⅛ Kardamom, gemahlen
1 große Zwiebel, in sehr dünne Scheiben geschnitten
2 EL frisch gepreßter Zitronensaft
3 EL Koriandergrün, gehackt

1. Kleine, junge Kartoffeln halbieren; größere Kartoffeln in 1 cm dicke Stücke schneiden. Kartoffeln in einen mittelgroßen Topf geben und mit leicht gesalzenem Wasser bedeckt zum Kochen bringen. Auf mittlere Stufe zurückschalten und ca. 10 Min. köcheln lassen, bis die Kartoffeln eben gar sind.

2. Inzwischen für die Zwiebelmischung Öl in einer großen Pfanne auf höchster Stufe erwärmen. Paprikapulver (mit einer kleinen Menge beginnen), Koriander, Pfeffer und Kardamom zugeben und unter Rühren ca. 15 Sek. erhitzen. Zwiebeln zufügen und 1 Min. erhitzen. Auf niedrige Stufe schalten und die Zwiebeln so lange weiter braten, bis sie karamelisiert, d. h. sehr weich und goldbraun sind. Das dauert insgesamt ca. 20 Min.

3. Kartoffeln abgießen, unter fließendem kalten Wasser abbrausen und abtropfen lassen. Beiseite stellen und abkühlen lassen.

4. Kartoffeln und Zitronensaft unter die Zwiebelmischung rühren und auf mittlerer Stufe 1–2 Min. weiter erhitzen, bis die Kartoffeln gänzlich mit der Mischung überzogen sind. Mit Salz und Paprika pikant abschmecken, eventuell noch etwas Öl zufügen. Den Salat in eine Schüssel geben und abkühlen lassen. Vor dem Servieren mit Koriandergrün bestreuen.

Für 4 Personen

ZWEI-SORTEN-KARTOFFELSALAT

USA

Keine Grillparty ohne Kartoffelsalat. Als wir eines Tages nicht genug Kartoffeln im Haus hatten, erfand meine Frau Barbara diesen Salat, zu dem sie außerdem Süßkartoffeln verwendete. Das Resultat war so dekorativ und lecker, daß wir es in unser Familienrepertoire aufgenommen haben. Sie werden staunen, wieviel die Oliven und Kapern zum Aroma beitragen. Wenn Sie keine Süßkartoffeln bekommen, nehmen Sie nur normale.

KARTOFFELN UND DRESSING:
2 große Kartoffeln à 60 g
2 große Süßkartoffeln (Bataten) à 60 g
2 l Wasser
Salz nach Geschmack
4 EL Mayonnaise
2 EL Dijon-Senf
2 EL Olivenöl extra vergine
2 EL Rotweinessig, nach Geschmack auch mehr
2 EL abgetropfte Kapern
2 EL grüne Oliven ohne Stein, kleingehackt

frisch gemahlener schwarzer Pfeffer nach Geschmack

SALAT:
2 mittelgroße Selleriestangen (möglichst mit Blättern), in dünne Scheiben geschnitten
2 hartgekochte Eier (nach Wunsch), grobgehackt
3 Lauchzwiebeln, geputzt, Weißes und Grünes feingeschnitten
½ Tasse rote Zwiebeln, feingeschnitten
¼ Tasse glatte Petersilie, feingehackt, plus einige Zweige zum Garnieren
8 schwarze Oliven ohne Stein, zum Garnieren

1. Beide Kartoffelsorten schälen und in 2 cm große Würfel schneiden. Normale Kartoffeln in einen Topf mit leicht gesalzenem Wasser geben und zum Kochen bringen, 4 Min. kochen lassen. Dann die Süßkartoffeln zugeben und köcheln lassen, bis beide Sorten gar sind (nach 4–6 Min.).

2. Inzwischen für das Dressing Mayonnaise und Senf in einer großen Salatschüssel mit dem Schneebesen mischen. Öl, Essig, Kapern, Oliven und Pfeffer unterrühren.

3. Kartoffeln abgießen, noch warm zum Dressing geben und alles vermengen. Zum Abkühlen und Durchziehen beiseite stellen.

4. In die abgekühlte Kartoffelmischung

Sellerie, Eier, Lauchzwiebeln, Zwiebeln und Petersilie geben und vorsichtig unterheben. Mit Salz und Essig pikant abschmecken. Salat mit schwarzen Oliven und Petersilie garniert servieren.

Für 6 Personen

DAIKON PIKANT

KOREA

**VORBEREITUNG:
20 Min. bis
8 Std. zum
Marinieren**

Eine koreanische Mahlzeit ohne diesen erfrischenden Salat mit knackigen Daikonstücken, aufgeheizt mit Cayennepfeffer, Essig und Knoblauch, läßt sich kaum vorstellen. Daikon, auch Eiszapfenrettich genannt, ist ein fleischiger asiatischer Rettich, der wie unser weißer Rettich aussieht; er wird bis zu 30 cm lang, das Fleisch ist saftig und fest. Fragen Sie danach in Asien- und Naturkostläden.

1 Daikon (Rettich) à 340–400 g
3 Knoblauchzehen, durchgepreßt
1 EL Ingwerwurzel, gerieben
2 TL Zucker, nach Geschmack auch mehr
1 TL Salz, nach Geschmack auch mehr
1–3 TL Rosenpaprika oder ½ TL Cayennepfeffer
2 EL Reisessig, nach Geschmack auch mehr
2 TL Sojasauce
1 TL asiatisches (dunkles) Sesamöl
3 Lauchzwiebeln, geputzt, Weißes und Grünes in Ringe geschnitten
1½ TL Sesamkörner, geröstet (s. Kasten)

1. Rettich mit einem Gemüseschäler schälen, Enden abschneiden. Der Länge nach vierteln und dann quer in 1 cm dicke Scheiben schneiden.

2. Knoblauch, Ingwer, Zucker, Salz und Paprika bzw. Cayennepfeffer in eine Salatschüssel geben und mit dem Rücken eines Holzlöffels gründlich vermengen. Essig, Soja-

sauce, Sesamöl, Lauchzwiebeln, Sesamkörner und Rettichscheiben unterrühren. Gut durchziehen lassen (mindestens 30 Min., bis zu 8 Std., dann abdecken und in den Kühlschrank stellen).

3. Kurz vor dem Servieren mit Salz, Essig und Zucker pikant abschmecken.

Für 4–6 Personen

Körner, Nüsse und Semmelbrösel rösten

Leere Pfanne auf mittlerer Stufe erwärmen. Körner, Nüsse oder Brösel zufügen und erhitzen, bis sie leicht geröstet sind (3–5 Min.), dabei immer wieder mit der Pfanne rütteln. Zum Abkühlen auf einen Teller geben.

Es geht auch im vorgeheizten Backofen bei 175°C. Körner, Nüsse oder Brösel auf ein Backblech verteilen und 5–10 Min. in den Ofen schieben. Achtung, sie sollen nur hellbraun werden und nicht anbrennen!

FRÜCHTE IN TAMARINDEN-DRESSING

Rujak

INDONESIEN

Dieser ungewöhnliche Salat (Rujak, sprich: rudschak) ist ein indonesisches Nationalgericht. (Man findet ihn aber auch in anderen Teilen Südostasiens, wie in Singapur und Malaysia.) Die Zusammenstellung von knackigem Gemüse und säuerlichen Früchten macht ihn zu einem besonders erfrischenden Salat zum Barbecue. Was das Dressing angeht – eine süße, scharfe, pikante Mischung mit Chillies, Erdnüssen und Tamarinde –, so gibt es wenig, was aromatischer oder erfrischender wäre. Es ist schon ziemlich einzigartig. Falls Sie keine Tamarinde bekommen, nehmen Sie Balsamessig.

DRESSING:
3 EL fettfrei geröstete Erdnüsse
3 EL Tamarinden-Fruchtfleisch, ersatzweise
    Balsamessig
180 ml heißes Wasser
1 Stück reife Banane, 5 cm lang
2 Knoblauchzehen, durchgepreßt
1 Schalotte, feingewürfelt
1–3 Jalapeño- oder andere scharfe Chillies,
    kleingehackt (entkernt sind sie weniger
    scharf)
2 EL asiatische Fischsauce, süße Sojasauce
    (Ketjap manis) oder normale Sojasauce
2 EL Sirup
1 EL brauner Zucker
1 EL frisch gepreßter Limettensaft, nach
    Geschmack auch mehr
Salz nach Geschmack

SALAT:
1 Sternfrucht oder Nashi-Birne
1 Jamsbohne oder 1 großer Granny-Smith-
    Apfel (ca. 225 g)
½ frische Ananas

Gegrillter Rujak

Die malayischen Rujak-Verkäufer bieten diesen Salat auch ungegrillt auf Spießchen an. Ich serviere ihn ebenfalls gerne auf Spießen, aber gegrillt.

So wird's gemacht: Stecken Sie die Früchte dekorativ auf Bambusspießchen (Spieße vorher wässern und abtropfen lassen) und grillen Sie diese 2–4 Min. von jeder Seite (insgesamt 4–8 Min.) bei starker Hitze. Auf Tellern mit Tamarinden-Dressing servieren.

1 Salatgurke
1 Tasse Mungobohnensprossen, gewaschen
    und abgetropft
¼ Tasse Koriandergrün oder Grünes von der
    Lauchzwiebel zum Garnieren

1. Für das Dressing die Erdnüsse in der Küchenmaschine grob zermahlen (in kurzen Intervallen) und in eine kleine Schüssel geben.

2. Tamarinden-Fruchtfleisch mit heißem Wasser in die Küchenmaschine geben und 5 Min. stehen lassen, damit es weich wird. Etwa 1 Min. in kurzen Ansätzen mixen, bis sich das Fleisch von den Samen löst; die Samen sollen nicht entzweigehen. Die Mischung durch ein Sieb streichen und zu den Erdnüssen geben. Samen und restliches Fruchtfleisch wegwerfen. Falls Sie statt Tamarinden-Fruchtfleisch Balsamessig nehmen, diesen mit dem Wasser zu den Erdnüssen gießen.

3. Erdnußmischung wieder in die Küchenmaschine geben. Banane, Knoblauch, Schalotte, Chillies, Fischsauce, Sirup, Zucker, Limettensaft und Salz zufügen und zu einer Paste mixen. Mit Salz und Limettensaft pikant abschmecken. Beiseite stellen.

4. Sternfrucht bzw. Nashi-Birne in ½ cm dicke Scheiben schneiden und beiseite stellen. Jamsbohne schälen, längs halbieren und quer in ½ cm dicke Scheiben schneiden; wenn Sie statt dessen einen Apfel nehmen, diesen halbieren, entkernen und die Hälften quer in ½ cm dicke Scheiben schneiden. Ananas schälen, harte Mitte entfernen und in 2 ½ cm dicke Würfel schneiden. Schließlich die Gurke schälen und quer in ½ cm dicke Scheiben schneiden.

5. Das Dressing auf eine Platte oder 4 große Salatteller verteilen. Sprossen und Ananas in die Mitte geben, Gurken-, Jamsbohnen- und Sternfrucht- bzw. Nashi-Birnen-Scheiben ringsum anrichten. Mit Koriandergrün garniert servieren.

Für 4 Personen

SESAMSPINAT

JAPAN

Schlichtheit und Farbe sind Kennzeichen japanischer Salate: das leuchtende Grün von Blattspinat, die Orangetöne von Karotten, das Weiß von Rettich und Sprossen. Ein typisches Beispiel ist dieser Spinatsalat, der in den Yakitori-Bars angeboten wird und seinen wunderbar nussigen Geschmack Sesamöl sowie gerösteten Sesamkörnern verdankt. Am besten wird er, wenn Sie ihn mit jungem Blattspinat, frisch vom Markt, zubereiten. Servieren Sie ihn zu allen japanischen Grillgerichten in diesem Buch.

500 g frischer Spinat, von den Stielen gezupft und gründlich gewaschen (s. Kasten)
Salz nach Geschmack
2 EL Sesamkörner, geröstet (s. Kasten Seite 93)
1 Knoblauchzehe, durchgepreßt
2 EL Mirin (süßer Reiswein) oder Cream Sherry, nach Geschmack auch mehr
1 EL Sojasauce, nach Geschmack auch mehr
1 EL asiatisches (dunkles) Sesamöl

1. Spinat etwa 30 Sek. in kochendem Salzwasser blanchieren. In einem Durchschlag

Blattsalate waschen

Salat ist oft sandig, besonders wenn man ihn vom Erzeuger kauft. Um den Sand zu entfernen, Salatblätter in eine Schüssel mit kaltem Wasser geben und vorsichtig mit den Händen darin hin und her bewegen, so daß der Sand auf den Grund sinkt. Dann Blätter herausheben und auf einen Durchschlag geben. Wasser weggießen, Schüssel mit frischem Wasser füllen und die Blätter erneut spülen. Die Prozedur wiederholen, bis der Sand vollständig entfernt ist. (Das kann bis zu 6mal nötig sein!) Die Blätter immer erst in den Durchschlag heben, dann das Waschwasser wegschütten. Wenn die Blätter mitsamt Wasser in den Durchschlag kommen, bleibt der Sand wieder an ihnen hängen.

abtropfen lassen und mit Eiswasser nachspülen. Spinatblätter mit Küchenpapier trockentupfen.

2. Die Hälfte der Sesamkörner, Knoblauch, Mirin, Sojasauce und Sesamöl in eine Salatschüssel geben und mit dem Schneebesen verrühren. Spinat unterheben. Mit Soja-

sauce oder Mirin abschmecken; der Salat soll halb süß, halb salzig schmecken. Salat mit den restlichen Sesamkörnern bestreuen und bei Zimmertemperatur oder gekühlt servieren.

Für 4–6 Personen

TOMATENSALAT MIT FETA
Shopska salata

BULGARIEN

Eines späten Abends, als ich nach einem anstrengenden Tag auf einer Lesereise in meinem Zimmer im »Jefferson Hotel« in Washington D. C. saß, kam ich mit dem Zimmerkellner ins Gespräch. Es war ein junger Bulgare namens Kiril Mitov, der sein Studium auf diese Weise finanzierte. Wir sprachen über Bücher und Barbecue und was in Sofia gegrillt wird. Die Shopska salata (die ihren Namen von einer ländlichen Gegend bei Sofia habe) dürfe bei keinem bulgarischen Barbecue fehlen. Sie verdankt ihren herben Geschmack dem schneeweißen bulgarischen Schafskäse und begleitet traditionell bulgarische Frikadellen wie bosnische Buletten.

2 große Tomaten
1 mittelgroßer, grüner Paprika, ohne Stiel und Kerne
1–2 Lauchzwiebeln (s. Hinweis)
¼ Tasse glatte Petersilie, grobgehackt
5 EL Olivenöl extra vergine
1 EL Rotweinessig, nach Geschmack auch mehr
Salz und frisch gemahlener schwarzer Pfeffer, nach Geschmack
90 g Feta (Schafskäse), vorzugsweise bulgarischer, abgetropft

1. Tomaten entkernen und in 2½ cm große Würfel schneiden. Paprika und Lauchzwiebeln in ½ cm große Würfel bzw. Scheiben schneiden. Gemüse in eine Salatschüssel geben, Petersilie, Olivenöl, Essig, Salz und Pfeffer zufügen. Alles vorsichtig, doch gründlich mischen. Mit Salz, Pfeffer und Essig pikant abschmecken.

2. Den Käse grob zerkrümeln und über den Salat streuen. Sofort servieren.

Für 4 Personen

Hinweis: Wenn Sie keine Lauchzwiebeln oder Frühlingszwiebeln bekommen, nehmen Sie 4 Schalotten, jungen Lauch oder ½ kleine rote Zwiebel.

TOMATEN-SCHALOTTEN-SALAT

SRI LANKA

Dieses scharfe Gericht – halb Relish, halb Salat – gehört zu den unzähligen Varianten des Tomaten-Zwiebel-Salats, der stets zur Stelle ist, wo Fleisch oder Fisch gegrillt werden. Bei den Chillies überlasse ich Ihnen wieder die Wahl von Art und Menge.

Der Salat kann sofort serviert werden, schmeckt aber noch besser, wenn er 15–20 Min. durchzieht. Vergessen Sie nicht, ihn vor dem Servieren noch einmal abzuschmecken. Er paßt gut zu Satés aus Sri Lanka oder indischen Tandoori-Gerichten.

3 EL Weißweinessig, nach Geschmack auch mehr
1 TL Salz, oder nach Geschmack
½ TL frisch gemahlener schwarzer Pfeffer
3 EL Pflanzenöl
2 große Tomaten, in ½ cm große Würfel geschnitten
½ Tasse Schalotten, feingewürfelt
1–4 Serrano- oder Jalapeño-Chillis, in kleine Ringe geschnitten
¼ Tasse Koriandergrün oder Minze, feingehackt

Essig, Salz und Pfeffer in eine Salatschüssel geben und verrühren, bis sich das Salz aufgelöst hat. Öl einrühren. Tomaten, Schalotten, Chillies und Koriandergrün untermischen. Mit Salz und Essig pikant abschmecken und sofort servieren.
Für 4 Personen

HIRTENSALAT
Coran salatasi

TÜRKEI

Es gibt wohl ebenso viele Versionen dieses farbenfrohen Salats wie türkische Köchinnen und Köche. Die Grundzutaten sind Zwiebeln, Tomaten und Paprika. Die anatolische Variante ist etwas aufwendiger. Servieren Sie den Salat als Auftakt zu allen türkischen Kebabs in diesem Buch.

1 große oder 2 kleine Tomaten
1 mittelgroßer, grüner Paprika
1 mittelgroße Salatgurke
½ kleine, rote Zwiebel
3 EL glatte Petersilie, gehackt (nach Wunsch)
16–20 schwarze Oliven (in Salzlake)
3 EL Olivenöl extra vergine
1 EL Rotweinessig, nach Geschmack auch mehr
Salz und frisch gemahlener schwarzer Pfeffer nach Geschmack
100 g Feta (Schafskäse), abgetropft und zerkrümelt

1. Tomaten und Paprika von Stielansatz befreien und entkernen (s. Kasten Seite 62) und in ½ cm große Würfel schneiden. Gurke schälen, entkernen (s. Kasten Seite 90) und in ½ cm große Würfel schneiden. Zwiebel in ½ cm große Würfel schneiden.

2. Tomaten, Paprika, Gurke, Zwiebel, Petersilie und den größten Teil der Oliven in eine Salatschüssel geben (s. Hinweis). Öl, Essig, Salz und Pfeffer zufügen und vorsichtig, aber gründlich mischen. Mit Salz, Pfeffer und Essig pikant abschmecken.

3. Feta-Krümel über den Salat streuen, mit den restlichen Oliven dekorieren und sofort servieren.

Für 4 Personen

Hinweis: Die Zutaten für den Salat können schon im voraus geschnitten und vermischt werden, doch die Salatsauce sollte frühestens 20 Min. vor dem Servieren zugegeben werden.

DREIMAL-SCHARF-SALAT

KOREA

Dieser scharfe Salat gehört zu dem halben Dutzend würziger Beilagen, die in Korea traditionell zu gegrilltem Fleisch serviert werden. Ich lernte ihn im »Samwon Garden« kennen, einem riesigen Restaurant in Seoul, wo koreanisches Barbecue fast schon wie in Disneyland serviert wird. Die Schärfe des Salats machen drei Zutaten aus: Brunnenkresse, Senfblätter und Wasabi (japanischer Meerrettich). Letzteren gibt es in Asienläden (als Paste in Tuben). Falls nicht, nehmen Sie eine deutsche Meerrettichzubereitung. Reichen Sie den Salat zu koreanischen Gerichten wie Rindfleisch mit Sesamkruste oder gegrillter Flachrippe.

2 TL Wasabi, oder nach Geschmack
2 TL Wasser
3 EL Reisessig

1½ EL Zucker
2 TL Sojasauce
½ TL Salz
½ TL frisch gemahlener schwarzer Pfeffer
1 Bund Brunnenkresse, gewaschen, trockengeschleudert und zerpflückt
1 Bund Senfblätter, entstielt, gewaschen, trockengeschleudert und zerpflückt (ergibt 2–3 Tassen); ersatzweise gleiche Menge an Brunnenkresse zusätzlich

1. Wasabi und Wasser in einer Salatschüssel mit dem Schneebesen verrühren. 5 Min. ziehen lassen.

2. Essig, Zucker, Sojasauce, Salz und Pfeffer zur Wasabi-Mischung geben und gut verrühren.

3. Kurz vor dem Servieren Brunnenkresse und Senfblätter unterheben.

Für 4–6 Personen

KOREANISCHER ROMANA-ZWIEBEL-SALAT

KOREA

Die Ehe von Steak und Zwiebeln wurde im Steakhaus-Himmel geschlossen. Die Koreaner teilen unsere Begeisterung für diese glückliche Kombination, wie Sie an dem folgenden scharfen Salat sehen können, der auch im »Samwon Garden«-

Steakhaus in Seoul serviert wird. Ich entdeckte in Korea Salate mit Schalotten und Lauch- bzw. Frühlingszwiebeln, die auf genau die gleiche Weise zubereitet wurden. Die Sesamkörner und der Essig tendieren dazu, die Schärfe der Zwiebel zu neutralisieren, besonders wenn Sie süße Zwiebeln wie in diesem Rezept verwenden. Auch unsere großen, runden Gemüsezwiebeln eignen sich wegen ihres mild-aromatischen Geschmacks als Zutat für Salate.

Servieren Sie den Romana-Zwiebel-Salat zu koreanischen Gerichten wie Rindfleisch mit Sesamkruste oder gegrillter Flachrippe.

2 EL Sojasauce, nach Geschmack auch mehr
2 EL Reisessig, nach Geschmack auch mehr
½ TL Zucker, nach Geschmack auch mehr
½ TL Rosenpaprika oder Cayennepfeffer
2 TL asiatisches (dunkles) Sesamöl
**1 ½ EL Sesamkörner, geröstet (s. Kasten
    Seite 93)**
½ TL frisch gemahlener schwarzer Pfeffer
**6–8 Blätter vom Romanasalat, gewaschen,
    trockengeschleudert und quer in ½ cm
    breite Streifen geschnitten (ergibt 3 Tassen)**

**1 süße Zwiebel, z. B. Vidalia, Maui oder Walla
    Walla, in dünne Scheiben geschnitten
    (s. Hinweis)**

1. In eine Salatschüssel Sojasauce, Reisessig, Zucker und Paprika geben und verrühren, bis der Zucker sich aufgelöst hat. Sesamöl, Sesamkörner und Pfeffer unterrühren.

2. Salat und Zwiebeln zufügen und vorsichtig unterheben. Mit Sojasauce, Essig und Zucker pikant abschmecken. Sofort servieren.

Für 4 Personen

Hinweis: Wenn Sie nur die schärferen gelben Zwiebeln bekommen haben, können Sie die Scheiben evtl. 10 Sek. in kochendem Wasser blanchieren und unter fließendem kaltem Wasser abschrecken. Das mildert die Schärfe.

LA CABANAS HAUSSALAT

ARGENTINIEN

Buenos Aires zu besuchen, ohne im »La Cabaña« zu essen, wäre fast, als reisten Sie nach Agra und ließen den Taj Mahal aus. Vielleicht etwas übertrieben, doch will ich damit nur sagen, wie hervorragend das zweifellos bekannteste Steakhaus Argentiniens tatsächlich ist. Seit 1935 zieht »La Cabaña« zahlungskräftige Rindfleischfans magnetisch an; der großartige Speisesaal mit seiner hohen Decke, dunklen Täfelung, Schmiedeeisen und vergoldeten Tapeten war ein beliebter Treffpunkt für Präsidenten und Könige. (Kommt der König von Spanien nach Argentinien, hält er im hinteren Speisesaal hof.) »La Cabaña« ist zu Recht für sein Rindfleisch berühmt, doch es serviert auch einen wunderbaren Haussalat – eine willkommene Abwechslung unter all den fleischlichen Genüssen, die ein typisch argentinisches Essen auszeichnen.

SALAT:

1 kleiner oder ½ großer Eisbergsalat

1 Bund Rauke, gewaschen und getrocknet

2 mittelgroße Tomaten

2 hartgekochte Eier ohne Schale

1 mittelgroßer Paprika, ohne Stiel und Kerne

1 Tasse rote Bete, gekocht und gewürfelt

2 mittelgroße Selleriestangen, in dünne Scheiben geschnitten

1 Dose (400 g) Palmherzen, abgetropft, in dünne Ringe geschnitten

DRESSING:

2 TL Dijon-Senf

1 EL Rotweinessig, nach Geschmack auch mehr

1 EL frisch gepreßter Zitronensaft

½ TL Salz, nach Geschmack auch mehr

½ Tasse Olivenöl extra vergine

½ TL frisch gemahlener schwarzer Pfeffer, oder nach Geschmack

1. Eisbergsalat putzen und quer in ½ cm dicke Streifen schneiden. Mit der Rauke in einer Schüssel mischen und die Mischung auf 6 flache Salatschalen verteilen, dabei in der Mitte etwas höher anhäufen.

2. Tomaten in jeweils 12 Stücke, hartgekochte Eier in je 6 Stücke, Paprika in 18 schmale Streifen schneiden. Tomaten- und Eierstücke sowie Paprikastreifen auf dem Salat strahlenförmig (wie die Speichen eines Rades) anordnen.

3. Rote Bete abgießen und letzte Flüssigkeitsreste mit Küchenpapier abtupfen. Rote Bete, Selleriescheiben und Palmherzenringe jeweils in die Mitte des Salattellers setzen (s. Hinweis).

4. Für das Dressing Senf, Essig, Zitronensaft und Salz in eine Schüssel geben und verrühren, bis sich das Salz aufgelöst hat. Öl und Pfeffer einrühren. Mit Salz und Essig pikant abschmecken. Dressing über die Salatportionen gießen und sofort servieren.

Für 6 Personen

Hinweis: Bis Schritt 3 können die Salatteller ohne weiteres im voraus zubereitet werden. Mit Klarsichtfolie abdecken und bis zum Servieren in den Kühlschrank stellen.

GRIECHISCHER SALAT – MAL ANDERS
Marlo salata

GRIECHENLAND

Dieser Salat ist ein bißchen anders als die bekannten griechischen Salate, da er mit knackigem Romanasalat und duftendem Dill zubereitet wird. Die Zitronen werden direkt über dem Salat ausgepreßt; ich zerdrücke jeweils eine Hälfte so in der Hand, daß ich die Kerne auffangen kann, bevor sie in den Salat fallen.

Reichen Sie diesen Salat zu am Spieß gegrillter Lammkeule mit Zitrone und Butter, zu Schwertfisch-Souflaki oder sonstigen griechischen Gerichten.

1 Kopf Romanasalat, in Blätter zerteilt,
   gewaschen und trockengeschleudert
1 Knoblauchzehe, halbiert
1 Bund Dill, gehackt
1 Bund Lauchzwiebeln, geputzt und in feine
   Ringe geschnitten
1–2 Zitronen, halbiert
3–4 EL Olivenöl extra vergine
Salz und frisch gemahlener schwarzer Pfeffer
   nach Geschmack
½ Tasse griechische Oliven
120–180 g Feta (Schafskäse), abgetropft
   und in dünne Scheiben geschnitten

1. Romanablätter in ½ cm breite Streifen schneiden. Eine Salatschüssel mit der halbierten Knoblauchzehe ausreiben. Salat, Dill und Lauchzwiebeln zufügen (s. Hinweis).

2. Kurz vor dem Servieren Zitronen über dem Salat auspressen (Menge je nach Geschmack) und das Öl darüber träufeln. Den Salat großzügig mit Salz und Pfeffer würzen und gut durchmischen. Mit Oliven und Feta garniert servieren.

Für 4–6 Personen

Hinweis: Bis Schritt 1 kann der Salat im voraus zubereitet werden. Locker mit Klarsichtfolie abgedeckt, bis zum Servieren in den Kühlschrank stellen.

Gegrilltes Brot

Es konnte nicht ausbleiben: Nachdem Hobby-Grillköche immer nur so vorhersehbare Dinge wie Fleisch, Fisch und Gemüse gegrillt haben, entdecken sie nun das Brotbacken.

Vielleicht ist Grillen sogar die ursprüngliche Methode der Brotherstellung. In der Steinzeit haben unsere Ahnen wahrscheinlich Getreidebrei auf heißen Steinen am offenen Feuer gebacken. Dies tun die Dorfbewohner im Libanon heute noch mit ihrem Pita-Brot. In Indien werden Fladenbrote (Naan) an den Wänden der mit Holzkohle beheizten Lehmöfen (Tandoors) gebacken, und in Mexiko läßt man fabrikmäßig vorbereitete Tortillas zum Garen auf einer Metallschiene über ein Feuer laufen.

Am einfachsten geht das Grillen von Brot, wenn man die glühenden Kohlen als Toaster verwendet. Doch man kann auch Teig so garen. In diesem Kapitel finden Sie Rezepte für gegrilltes Fladenbrot und über offener Glut gebackene Focaccia sowie eine gegrillte Version des indischen Naan. Auf dem Grill kann man auch ganz ohne Öl wunderbar knusprige Papadoms (indische Linsenkräcker) herstellen.

Ob Sie es zuerst mit fertigem Brot oder selbstgerührtem Teig probieren: Gegrillt schmeckt alles noch mal so gut!

Über Holzfeuer gebackenes Brot, wie hier in Marokko, schmeckt besonders gut.

GEGRILLTE PITA-ECKEN

NAHER OSTEN

METHODE:
Direktes Grillen

Grillen ist eine wirklich tolle Methode, um Pita-Brot zu rösten oder um altbackenes Fladenbrot wieder aufzubacken. Damit das Ganze noch besser schmeckt und aussieht, können Sie die Pita-Ecken vor dem Grillen mit Sesamkörnern bestreuen.

3 große oder 4 kleine Pita-Brote
3 EL Olivenöl extra vergine
1 TL helle oder schwarze Sesamkörner
(nach Wunsch)

1. Den Grill auf höchster Stufe anheizen.

2. Große Pitas in 8 Kuchenecken, kleinere in 6 Ecken schneiden (s. Hinweis) und beidseitig mit Öl einpinseln. Eine Seite mit Sesamkörnern bestreuen.

3. Pita-Ecken auf den heißen Rost legen und 1–2 Min. von jeder Seite schön braun grillen. Dann zum Abkühlen nebeneinander auf ein Brett oder Kuchengitter legen. Beim Abkühlen werden sie kroß.

Ergibt 24 Stück

Hinweis: Für besonders knusprige Pita-Ecken die Fladen quer durchschneiden. Die entstandenen flachen Brothälften jeweils in Dreiecke schneiden, beidseitig mit Öl bestreichen (dafür benötigen Sie dann mehr Öl) und grillen.

GEGRILLTES BROT MIT KNOBLAUCH-KORIANDER-BUTTER

USA

METHODE:
Direktes Grillen

Gegrilltes Koblauchbrot hat eine krosse Kruste, eine weiche Krume und ein feines Holzkohlearoma. Das Koriandergrün gibt dem Ganzen einen südländischen Touch.

1 Baguette
125 g Butter, zimmerwarm
4 Knoblauchzehen, durchgepreßt
1 Bund frisches Koriandergrün, feingehackt
Salz und frisch gemahlener schwarzer Pfeffer nach Geschmack

1. Den Grill auf starke bis mittlere Hitze anheizen.

2. Baguette schräg in 2 cm dicke Scheiben schneiden.

3. Butter mit dem Schneebesen schaumig schlagen. Knoblauch und Koriandergrün zufügen und Salz und Pfeffer würzen.

4. Die Brotscheiben von beiden Seiten dick mit Korianderbutter bestreichen. Auf den heißen Rost legen und unter gelegentlichem Wenden 2–4 Min. von jeder Seite grillen, bis sie schön goldbraun sind. Lassen Sie den Grill keine Sekunde aus den Augen – gegrilltes Brot brennt leicht an! Fertig geröstete Scheiben in einen Brotkorb legen und sofort servieren.

Ergibt 20–24 Stück, für 4–6 Personen

GEGRILLTES KNOBLAUCHBAGUETTE

USA

METHODE:
Direktes Grillen

Zu einem Barbecue gehört, daß man herumsteht und auf das Essen wartet. Doch Nichtstun muß nicht gleich bedeuten, daß man hungert. Dieses Baguette – mit seinem herrlichen Knoblaucharoma – ist ideal zum Knabbern, bevor es dann »was Richtiges« gibt. Durch seine Form vergrößert sich die Oberfläche des Brotes, so daß es von allen Seiten braun und kroß wird. Die Zitronenschale verleiht dem Knoblauchbaguette eine ungewöhnliche Note. Dank der größeren Oberfläche können Sie ruhig Weißbrot aus dem Supermarkt nehmen. Aus gesundheitlichen Gründen bestreiche ich das Brot mit Olivenöl, aber Sie können auch zerlassene Butter dazu nehmen.

1 französisches Weißbrot (s. Hinweis)
90 ml Olivenöl extra vergine oder zerlassene Butter
4 Knoblauchzehen, durchgepreßt
1 TL abgeriebene Zitronenschale
1 Handvoll glatte Petersilie, feingehackt
Salz und frisch gemahlener schwarzer Pfeffer nach Geschmack

1. Den Grill auf starke bis mittlere Hitze anheizen.

2. Das Brot quer in 4 gleich große Stücke teilen und diese dann längs vierteln. Sie erhalten so 16 Stücke.

3. Das Öl in einem Topf bei mittlerer Temperatur erwärmen. Knoblauch, Zitronenschale und Petersilie zufügen und 3–5 Min. köcheln lassen, bis der Knoblauch anfängt, braun zu werden. Das Knoblauchöl vom Herd nehmen und mit Salz und Pfeffer würzen.

4. Das Baguette von allen Seiten dick mit Knoblauchöl bestreichen. Mit der Kruste nach unten auf den heißen Rost legen und unter Wenden schön braun grillen (ca. 2–4 Min. pro Seite). Lassen Sie den Grill keine Sekunde aus den Augen – gegrilltes Brot brennt leicht an! Die fertigen Baguettestücke in einen Brotkorb legen und sofort servieren.

Ergibt 16 Stück, für 6–8 Personen

Hinweis: Am liebsten verwende ich für dieses Rezept weiches Weißbrot aus dem Supermarkt. Sie können auch frisches Baguette nehmen, doch dann gerät das Resultat sehr kroß.

KATALANISCHES TOMATENBROT
Pa amb tomàquet

SPANIEN

METHODE:
Direktes Grillen

Bei meinem ersten Essen in Barcelona, im ehrwürdigen »Los Caracoles« in der Altstadt, wurde dieses schlichte Brot als Auftakt serviert, und danach verging kaum ein Tag, an dem mir nicht das Gleiche in irgendeiner Variante vorgesetzt wurde. Katalanisches Tomatenbrot gehört ebenso zur Familie von gegrillten Broten wie italienische Bruschetta und indisches Naan. Es ist der beste Beweis dafür, daß gerade die einfachsten Genüsse oft die schönsten sind.

Die Grundform von Pa amb tomàquet ist gegrilltes Brot mit darauf verriebener Tomate und darüber geträufeltem Olivenöl. Wie bei allen einfachen Gerichten müssen die Zutaten erstklassig sein: krustiges Landbrot, reife saftige Tomaten, duftendes, kaltgepreßtes Olivenöl. Richtig zubereitet, ist das Brot kroß vom Grillen, beginnt aber – wegen des Safts der Tomaten – an der Oberfläche aufzuweichen. Da Knoblauch in Katalonien nicht unbedingt dazugehört, überlasse ich es Ihnen, ob Sie welchen verwenden wollen.

Es gibt zwei Möglichkeiten, Tomatenbrot zu servieren. Entweder übernimmt der Koch die Zubereitung, oder jeder Gast bekommt eine Knoblauchzehe, eine halbe Tomate, etwas Öl und Salz und macht alles selbst. Was natürlich mehr Spaß macht.

4 vollreife Tomaten, halbiert
4 Knoblauchzehen, halbiert (nach Wunsch)
8 Scheiben Landbrot, je 1 cm dick
Karaffe mit Olivenöl extra vergine
Schale mit grobem Meersalz
frisch gemahlener schwarzer Pfeffer
**   (nach Wunsch)**

1. Den Grill auf starke bis mittlere Hitze anheizen.

2. Auf jeden Teller ½ Tomate und ½ Knoblauchzehe legen.

3. Die Brotscheiben auf dem heißen Rost goldbraun grillen (2–4 Min. pro Seite).

4. Brote auf die Teller legen. Zuerst mit Knoblauch, dann mit Tomate einreiben. Zuletzt mit Öl beträufeln, salzen und pfeffern. Sofort servieren.

Für 8 Personen

TOSKANISCHES KNOBLAUCHBROT
Bruschetta

ITALIEN

METHODE:
Direktes Grillen

**SPEZIAL-
ZUBEHÖR:**
*1 Tasse Holz-
späne, vorzugs-
weise Eichenholz
(nach Wunsch,
nur bei Holzkohle-
grill)*

Bruschetta (sprich: bruskétta) – eine gegrillte Brotscheibe, mit Knoblauch abgerieben und mit Olivenöl beträufelt – ist die Urform des Knoblauchbrotes. Letzteres bereiten wir meist im Backofen zu. Doch eine richtige Bruschetta – über Kohle gegrillt – ist eine wahre Offenbarung! Ganz echt wird es mit Brot aus der Toskana, das sich durch eine dichte, leicht krümelige Konsistenz und einen eigenartigen Mangel an Salz auszeichnet, weshalb es zunächst ziemlich fade schmeckt. Was sich natürlich sofort ändert, wenn man es mit fruchtigem toskanischen Olivenöl und Meersalz kombiniert!

Bruschetta bietet interessante Kontraste: das intensive, körnig-salzige Aroma des Aufstrichs, das Fruchtige des Olivenöls, die Schärfe des Knoblauchs (durchs Erwärmen abgemildert) und eine Rauchnote. Zugegeben, es gibt raffiniertere Versionen als diese, doch hat sie einen schier unvergleichlichen Geschmack. Denken Sie daran, die Holzspäne nicht zu wässern, damit die Bruschetta eher nach Holz als nach Rauch schmeckt. Späne nur auf dem Holzkohlegrill verwenden!

**8 Scheiben italienisches Brot (vorzugsweise
    ungesalzenes Brot aus der Toskana),
    ca. 1 cm dick**
1–2 Knoblauchzehen, halbiert
**2–3 EL Olivenöl extra vergine
    (vorzugsweise aus der Toskana)**
**grobes Meersalz und frisch gemahlener
    schwarzer Pfeffer**

1. Den Grill auf starke bis mittlere Hitze anheizen.

2. Die ungewässerten Holzspäne über die Glut streuen (nach Wunsch). Brotscheiben auf den heißen Rost legen und von beiden Seiten goldbraun grillen (ca. 2–4 Min.). Die Scheiben dabei nach etwa 30 Sek. um 60 Grad drehen, damit ein dekoratives Rautenmuster entsteht. Brotscheiben 1 Min. auf der kühlen Stelle des Grills oder einem Warmhalterost abkühlen lassen (damit sich darunter kein Dampf auf dem Teller niederschlägt, der die Scheiben weich machen würde).

3. Die Oberseite der Scheiben großzügig mit Knoblauch einreiben. Mit Öl beträufeln, kräftig salzen und pfeffern und dann sofort servieren.

Für 4–8 Personen

GEGRILLTE FOCACCIA

ITALIEN

METHODE:
Direktes Grillen

Man kann sich kaum noch vorstellen, daß es eine Zeit gab, als Focaccia bei uns noch unbekannt war. In den letzten zehn Jahren ist diesem italienischen Brot der Sprung aus der ethnischen Subkultur in den kulinarischen Mainstream gelungen. Focaccia ist ein uraltes Brot, der Name leitet sich von lat. »focus« (Herd) ab. Archäologische Funde belegen, daß Focaccia ursprünglich auf mit Kohle erhitzten Herdsteinen direkt in oder auf der Glut gebacken wurden. Das brachte mich darauf, den Teig direkt auf dem Grill zu garen. Das Resultat ist dünner als die Focacce, die Sie kennen, fast wie bei einem Kräcker.

TEIG:
1 Päckchen Trockenhefe
250 ml warmes Wasser
1 ½ TL Zucker
3 EL Olivenöl
1 ½ TL Salz
3 ¼ Tassen Mehl, plus weiteres zum Bestäuben
¼ Tasse feines Maismehl zum Bestäuben

AUSSERDEM:
3 EL Sesamkörner
1 EL grobes Meersalz
3–4 EL Olivenöl zum Bestreichen

1. Hefe, Wasser, Zucker, 2 EL Öl, Salz und 330 g Mehl in eine Schüssel geben und verrühren, bis sich der Teig vom Schüsselrand löst. Falls nötig, mehr Mehl zugeben.

2. Den Teig mit der Hand, in der Küchenmaschine oder mit dem Handrührgerät (Teighaken) ca. 6–8 Min. kneten. Falls nötig, noch Mehl zugeben. Der Teig sollte weich und geschmeidig sein, aber nicht mehr kleben.

3. Mit etwas von dem restlichen Öl eine große Schüssel ausstreichen. Den Teig hineingeben und die Oberfläche mit dem verbliebenen Öl bestreichen. Mit Klarsichtfolie abdecken und an einem warmen, geschützten Ort gehen lassen, bis sich sein Volumen in etwa verdoppelt hat (ca. 1–2 Std.).

4. Den Teig anschließend mehrmals kräftig auf die Arbeitsfläche schlagen und zu einer Rolle von etwa 5 cm Ø formen. Diese in 8 gleich große Stücke teilen, jeweils zu einer Kugel rollen und mit einem angefeuchteten Küchentuch abdecken.

5. Sobald der Teig zum Ausrollen vorbereitet ist, den Grill auf höchster Stufe anheizen.

6. Arbeitsfläche und Teigrolle dünn bemehlen. Die Teigkugeln nacheinander (die anderen bleiben abgedeckt) zu einem Kreis von 15 cm Ø ausrollen. Leicht mit Maismehl bestäuben und auf einem Teller, jeweils mit einer Lage Klarsichtfolie dazwischen, aufeinanderlegen. Sie sollten frühestens 15 Min. vor dem Backen mit dem Ausrollen fertig sein.

7. Sesamkörner und Salz in einer Schale mischen. Die Focacce dünn mit Öl bestreichen und mit der Sesammischung bestreuen. Wenn der Grill bereit ist, mehrere Focacce mit der geölten Seite nach unten auf den heißen Rost legen. Die Oberseite mit Öl bestreichen und mit der Sesammischung bestreuen. Nach 2–4 Min. sind die Focacce an der Unterseite schön braun und werfen Blasen. Mit einer Grillzange wenden und die zweite Seite ebenfalls 2–4 Min. garen. Die restlichen Focacce genauso zubereiten und dann servieren.

Ergibt 8 Focacce, für 4–8 Personen

BRUCE FRANKELS GEGRILLTES BROT

USA

METHODE:
Direktes Grillen

VORBEREITUNGSZEIT:
1½–2½ Std. zum Aufgehen des Teiges

Dieses Rezept führt direkt ins Paradies der Erinnerung, genau genommen ins Restaurant »Panache«, das zur Revolution der Eßgewohnheiten in Boston und Umgebung maßgeblich beigetragen hat – ein romantisches, innovatives Restaurant, das dem visionären Koch Bruce Frankel gehörte. Obwohl es schon seit über zehn Jahren geschlossen hat und sich Frankel neuerdings mehr dem Internet widmet, wird sich meine Generation von Bostoner Gourmets immer mit Begeisterung an das »Panache« erinnern. Bruce servierte dieses wunderbare gegrillte Brot mit Ziegenkäse als Vorspeise.

½ Päckchèn Trockenhefe (1¼ TL)
1 EL Sirup
160 ml warmes Wasser
1½ Tassen Mehl, plus weiteres zum Bestäuben
¾ Tasse Weizenvollkornmehl
3 EL grobes Maismehl, plus weiteres
       zum Bestäuben
½ TL grobes Meersalz, plus weiteres
       zum Bestreuen
3 EL Olivenöl
grob gemahlener schwarzer Pfeffer nach
       Geschmack
1 EL Thymianblätter

1. Hefe, Sirup, 2 EL Wasser, Mehl, Vollkornmehl, Maismehl und Salz in einer Schüssel zu einem weichen, geschmeidigen, aber nicht klebrigen Teig verrühren. Den Teig anschließend mit der Hand auf einer bemehlten Arbeitsfläche, in einer Küchenmaschine oder mit einem Handrührgerät (Knethaken) 6–8 Min. durchkneten. Falls nötig, noch mehr Mehl zufügen.

2. Mit der Hälfte des Olivenöls eine große Schüssel einfetten. Den Teig hineingeben, die Oberfläche mit ½ EL Öl bestreichen, mit einem angefeuchteten Küchenhandtuch abdecken und an einem warmen, geschützten Ort 1–2 Std. gehen lassen, bis der Teig sein Volumen etwa verdoppelt hat. Den Teig dann mehrmals kräftig auf die Arbeitsfläche schlagen, wieder abdecken und weitere 30 Min. gehen lassen, bis er sein Volumen erneut verdoppelt hat.

3. Den Teig wieder mehrmals auf die Arbeitsfläche fallen lassen und in 6 gleich große Stücke teilen. Die Teigstücke jeweils zu einer Kugel rollen und alle mit einem angefeuchteten Küchentuch abdecken.

4. Den Grill auf höchster Stufe anheizen.

5. Arbeitsfläche und Teigrolle bemehlen. Die Kugeln nacheinander zu einem Kreis von 12 cm Ø ausrollen (die übrigen bleiben abgedeckt). Die Brote mit Maismehl bestäuben und mit je einem Stück Klarsichtfolie dazwischen auf einen Teller legen.

6. Die Brote mit dem restlichen Öl bestreichen und jeweils in Portionen auf den heißen Rost legen. Von jeder Seite 2–4 Min.

goldbraun grillen. Die aufgegangenen Brote mit Pfeffer und Thymian bestreuen und sofort servieren.

**Ergibt 6 Brote,
für 6 Personen**

FLADENBROT AUS DEM TANDOOR

Naan

INDIEN

METHODE:
Direktes Grillen

VORBEREITUNGSZEIT:
1–2 Std. zum Aufgehen des Teiges

Fladenbrot war das erste, was in einem indischen Backofen (Tandoor) zubereitet wurde, und für mich bleibt es das Beste. Insbesondere Naan, ein leichtes, buttriges Hefebrot. Traditionell wird Naan an den Wänden des Tandoor gegart. In Nordindien besitzt buchstäblich jedes Dorf eine Bäckerei (die mehr einem Marktstand ähnelt), wo barfüßige Bäcker für die Kunden auf Bestellung Naan ausrollen und backen.

Die Herstellung ist nicht schwierig: Der Bäcker nimmt eine weiche, weiße Teigkugel, formt daraus einen Fladen und zieht ihn mit klatschenden Handbewegungen zu seiner traditionellen Tropfenform aus. Mit Hilfe eines kissenähnlichen Halters (»Gaddi«, wörtlich Thron) preßt der Bäcker das Brot an die Wände des heißen Tandoor. Der Gaddi wird zum Schutz der Hand benötigt, denn die Temperatur im Tandoor kann bis zu 370 °C betragen. Wenn das Brot wieder aus dem Ofen kommt, ist es aufgegangen und wirft an der Oberseite Blasen, während der Boden schön braun und knusprig ist. Es schmeckt süß und rauchig, nachgiebig und saftig – so gut, wie Brot nur schmecken kann.

Einen Tandoor besitzen die wenigsten, doch Sie können mit einem amerikani-

schen Barbecuegrill ein gutes Ergebnis erzielen. Ich habe jahrelang verschiedene Techniken ausprobiert, u. a. auch mit »Back-Steinen« im Grill. Doch am besten gelingt Naan direkt auf dem Rost, über der Glut zubereitet.

1 Päckchen Trockenhefe
5 EL Zucker
250 ml warmes Wasser
1 Ei, verquirlt
3 EL Milch
2 TL Salz
4 ½–5 Tassen Mehl, plus weiteres zum Bestäuben und Ausrollen
1 EL Pflanzenöl
60 g Butter, zerlassen

1. Hefe, Zucker, Wasser, Ei, Milch, Salz und 4 Tassen Mehl in einer Schüssel vermischen und zu einem weichen, geschmeidigen, aber nicht klebrigen Teig verarbeiten. Diesen mit der Hand auf einer bemehlten Arbeitsfläche, in einer Küchenmaschine oder mit dem Knethaken des Handrührgeräts 6–8 Min. durchkneten. Wenn nötig, noch Mehl zugeben.

2. Eine große Schüssel mit ½ EL Öl dünn ausstreichen. Den Teig hineinlegen, mit dem restlichen Öl auf der Oberseite bestreichen und mit einem sauberen Küchenhandtuch abdecken. An einem warmen, geschützten Ort 1–1 ½ Std. gehen lassen, bis sich sein Volumen in etwa verdoppelt hat. Anschließend den Teig mehrmals auf die Arbeitsfläche schlagen. 5 cm große Stücke abzupfen und in den Handflächen zu glatten Kugeln rollen. Es sollten 14–16 Portionen werden. Diese auf ein bemehltes Backblech legen und mit einem sauberen, angefeuchteten Küchenhandtuch abdecken. Wiederum 30 Min. gehen lassen.

3. Den Grill auf höchster Stufe anheizen.

4. Sobald der Grill bereit ist, Teigrolle, Schneidbrett, Teigschüssel und Butter in die Nähe des Grills holen. (Jetzt wird es unglaublich dramatisch – Ihre Gäste werden staunen!) Die erste Teigkugel auf dem dünn bemehlten Schneidbrett zu einem Kreis von etwa 12 cm Ø ausrollen. Den Teig dann behutsam von einer Hand zur anderen klatschen (so ähnlich wie beim In-die-Hände-Klatschen) und dabei zu einem länglichen Oval von 18–20 cm Ø ausziehen. Eine Tropfenform bilden und sofort auf den heißen Rost legen.

5. Den Fladen 2–4 Min. garen, bis er an der Unterseite knusprig braun ist und an der Oberseite aufgeht und Blasen wirft. Mit Butter bestreichen, wenden und die zweite Seite ebenfalls 2–4 Min. hellbraun grillen. Die restlichen Naan auf die gleiche Weise backen. Jeden fertigen Fladen nochmals mit flüssiger Butter bestreichen und sofort heiß servieren. Sie können die Naan ganz lassen oder auf traditionelle Weise in jeweils 3 Dreiecke schneiden.

Ergibt 14–16 Stück, für *7–8 Personen*

PAPADOMS VOM HOLZKOHLEGRILL

INDIEN

METHODE:
Direktes Grillen

Papadoms sind knusprige, scharf gewürzte, hauchdünne indische Fladenbrote aus Linsenmehl. Wenn sie schon in einem indischen Restaurant waren, kennen Sie sie wahrscheinlich, denn man serviert sie als Horsd'œuvre ebenso wie auch zum Hauptgang. Bei uns werden sie normalerweise fritiert, eine zugegeben schmackhafte, jedoch sehr fette Zubereitung. In Indien werden Papadoms oft auf dem Deckel eines Tandoors oder direkt über der Glut gebacken. So erhält man knackig-krosse Waffeln ohne Fett.

Papadoms werden in Indien in Schachteln, Dosen oder tiefgefroren auf Märkten und in Feinkostgeschäften angeboten. (Sie gehören zu den wenigen fabrikmäßig hergestellten Lebensmitteln Indiens.) Lesen Sie hier, wie die Papadoms in der Khau Galli in Bombay serviert werden, einer bunten Straße mit Imbißständen in der Nähe des Zaveri-Markts.

8 Papadoms

1. Den Grill auf höchster Stufe anheizen.

2. Einige Papadoms auf den heißen Rost legen. Kurz garen, bis die Unterseite braun wird und Blasen wirft. Wenden und die andere Seite ebenso grillen. Sofort servieren.

Für 8 Personen

FRITIERTES BROT AUS JAMAIKA
Festivals

JAMAIKA

Festivals – fritierte Brote – sind die traditionelle jamaikanische Beilage zu Jerk aus Hühner- oder auch Schweinefleisch. Das folgende Rezept wurde von einem Jerk-Lokal in Boston Beach inspiriert, das »Sufferer's« (wörtlich: Lokal des Leidenden) heißt. (Der Name paßt haargenau, wenn man bedenkt, wie viele scharfe Chilischoten in ein einziges Stück Jerk kommen!) Wenn ich es besonders dekorativ machen will, drehe ich den Teig zu Spiralen, aber Sie können ihn auch in der traditionellen Zigarrenform ausrollen.

2 Tassen Mehl
$\frac{1}{4}$ Tasse grobes Maismehl
3 EL Zucker
2 EL Backpulver
1 TL Salz
5 EL kalte Butter
180 ml Kondensmilch, nach Bedarf auch mehr
500 ml Erdnußöl zum Fritieren, nach Bedarf auch mehr

1. Mehl, Maismehl, Zucker, Backpulver und Salz in einer großen Schüssel mischen. Butter in Flöckchen teilen und zugeben. Sie können die Zutaten auch in einer Küchenmaschine mit Schnitzelwerk verrühren. Die Mischung sollte sich krümelig anfühlen, etwa wie Sand. So viel Kondensmilch zugießen, daß ein fester, aber geschmeidiger Teig entsteht. Nur so lange rühren, bis alles vermischt ist.

2. 24 walnußgroße Teigstücke abzupfen und in den Handflächen zu je 25 cm langen und $\frac{1}{2}$ cm dicken Schnüren rollen. Diese jeweils in der Mitte knicken und zu Spiralen verdrehen.

3. Das Öl in einer Friteuse oder einer großen, tiefen Pfanne auf 175 °C erhitzen.

4. Die Festivals behutsam in das Öl gleiten lassen und unter Wenden goldbraun fritieren, was insgesamt ca. 40 Min. dauert. Die Festivals auf Küchenpapier abtropfen lassen und noch heiß servieren.

Ergibt ca. 24 Festivals, für 4–6 Personen

Rind vom Grill

Nach den vielen Bisonknochen zu urteilen, die man rund um die Feuerstellen prähistorischer Höhlenmenschen fand, wurde als erstes Rindfleisch gegrillt. Seine Beliebtheit hält bis heute an, sie befindet sich sogar weltweit auf einem Höhepunkt. Denn nichts kann es mit dem urigen Geschmack von saftigem, knusprigem, rauchigem, perfekt gegartem Rindfleisch aufnehmen.

Rindfleisch gehört zum Besten, was die Grillwelt zu bieten hat, ob koreanisches Bool kogi (mit Sesamkruste), echt russische Schaschliki oder ein gigantisches Steak aus Texas. Rindfleischfans gibt es überall auf der Welt und damit eine erstaunliche Vielfalt an Zubereitungsarten.

In diesem Kapitel finden Sie Gerichte aller Größen und Grillmethoden. Winzige Satéspieße aus Indonesien, riesige Hochrippe aus Großbritannien, T-Bone-Steaks aus der Toskana, Teriyaki aus Tokio, Fehlrippe aus Seoul, blitzschnell gebräuntes Rindfleisch aus Vietnam und langsam im Rauch gegarte Rinderbrust aus Texas.

Außerdem erfahren Sie, wie man Steaks richtig grillt und Matambre (südamerikanisches Steak aus der Dünnung) füllt und aufrollt. Welches Lieblingsstück Sie auch haben, hier ist es dabei.

RINDERBRUST TEXAS-ART

USA

METHODE:
Indirektes Grillen

**VORBEREI-
TUNGSZEIT:**
*4–8 Std. zum
Marinieren (nach
Wunsch) sowie
5–8 Std. zum
Grillen*

**SPEZIAL-
ZUBEHÖR:**
*6–8 Tassen Holz-
späne, 1 Std. in
kaltes Wasser
einweichen und
abtropfen lassen*

Östlich des Mississippi mag Schwein das beliebteste Barbecuefleisch sein (man denke nur an Pulled pork aus North Carolina oder Rippchen Memphis-Art). In Texas hingegen ist das Rind der King, und besonders Rinderbrust, die saftig geräuchert und so zart ist, daß man sie mit einer Gabel zerteilen kann. (Nicht, daß ein echter texanischer Barbecuecrack Rinderbrust tatsächlich mit einer Gabel essen würde.) Gegrillte Rinderbrust ist eines der einfachsten Rezepte und zugleich eine Herausforderung, weil man dafür nur eine Zutat benötigt: die Rinderbrust (selbst die Würzmischung kann man weglassen). Eine Herausforderung, weil selbst Pit-Meister Jahre für die richtige Kombination von Rauch, Hitze und Zeit (man rechnet eher in halben Tagen als in Stunden) brauchen, um eines der ordinärsten Stücke des Ochsen in zartfleischige Perfektion zu verwandeln.

Über die Jahre habe ich zwei Hilfsmittel entdeckt: das richtige Stück Brustfleisch auszusuchen – nicht pariert, sondern mit einer dicken Fettschicht – und es in einer flachen Pfanne zu garen. Letztere verhindert, daß der Saft ins Feuer tropft und das Fleisch austrocknet, zugleich gelangt die größtmögliche Rauchmenge von oben ans Fleisch. Eine ganze Rinderbrust (wie in Restaurants zubereitet) wiegt 8–9 kg. Ich empfehle ein Stück Rinderbrust mit einem Gewicht zwischen 2 1/4 und 2 3/4 kg, teilweise von Fett befreit. Versuchen Sie dieses Rezept gar nicht erst mit einem fettfreien Kilostück – es wird viel zu trocken.

1 Rinderbrust (2 1/4–2 3/4 kg), mit einer
  mindestens 1/2 cm dicken Fettschicht
1 EL grobes Meersalz
1 EL Chili
2 TL Zucker

Barbecuesauce texanische Art

Die beste texanische Barbecuesauce verbindet die Süße von Tomatensauce nach Kansas-City-Art mit der Säure einer Essigsauce aus North Carolina. Meine Version: Herkömmliche Barbecuesauce zu gleichen Teilen mit North-Carolina-Essigsauce mischen (beide s. Kapitel Saucen). Zur gegrillten Rinderbrust servieren und – damit es perfekt wird – Bratensaft oder kleingeschnittene Rinderbrust zufügen.

1 TL frisch gemahlener schwarzer Pfeffer
1 TL Kreuzkümmel, gemahlen

1. Die Rinderbrust kalt abspülen und mit Küchenpapier trockentupfen.

2. Die übrigen Zutaten in einer Schüssel gut durchmischen und das Fleisch rundum damit einreiben. Wenn genügend Zeit ist, das Fleisch in Klarsichtfolie wickeln und im Kühlschrank 4–8 Std. (oder über Nacht) marinieren. Aber auch wenn dafür keine Zeit mehr bleibt, bekommt das Fleisch ein intensives Aroma.

3. Den Grill zum indirekten Grillen vorbereiten (s. Seite 14/16). Sie benötigen keine Tropfschale. Einen *Holzkohlegrill* auf schwache Hitze anheizen. Beim *Gasgrill* so viele Holzspäne wie möglich in den Räucherka-

sten legen und den Grill auf höchster Stufe anheizen. Sobald sich Rauch zeigt, auf schwache bis mittlere Stufe herunterschalten.

4. Ist der Grill bereit, beim Holzkohlegrill ein Viertel der Holzspäne auf die Kohlen streuen. Das Fleisch mit der Fettseite nach oben in eine Alupfanne ohne Löcher legen (ersatzweise aus zwei Lagen extra dicker Alufolie eine Pfanne formen). Diese in die Mitte des heißen Rostes stellen (nicht über die Glut); den Grill abdecken.

5. Die Rinderbrust nach der indirekten Methode 5–8 Std. im Rauch garen, bis sie so zart ist, daß sie sich mit den Fingern zerteilen läßt. (Die Garzeit hängt von der Fleischmenge und von der Grillhitze ab). Fleisch ab und zu mit Bratensatz bestreichen. Beim Holzkohlegrill stündlich 10–12 Briketts nachlegen und ebenfalls weitere Späne darüber streuen (jeweils ½ Tasse pro Seite).

6. Die Grillpfanne vom Grill nehmen und 15 Min. abkühlen lassen. Die Rinderbrust auf einem Schneidbrett mit einem Messer, Elektromesser oder einem Hackbeil quer zur Faser in dünne Scheiben schneiden. Auf einer Platte mit Bratfond begießen und sofort servieren.

Für 10–12 Personen

HOHE RIPPE VOM RIND MIT KNOBLAUCH UND ROSMARIN

USA

METHODE:
Indirektes Grillen

VORBEREI-TUNGSZEIT:
4 Std. Zeit zum Grillen

Wenn es Ihnen geht wie den meisten Menschen (mich eingeschlossen), schüchtert Sie die Vorstellung ein, einen auf den Rippen stehenden Schulterbraten zu grillen. Wen nicht? Eine Hohe Rippe (Prime rib) ist selbst für Profiköche ein beachtliches Stück: gut 8 kg Fleisch und Knochen, die man nur mit beiden Händen hochheben kann. Zudem ist es teuer. Trotzdem, seien Sie nicht ängstlich, denn es gibt eine einfache und sichere Methode für eine jederzeit perfekte, außen krosse, innen zart-schmelzende Hohe Rippe: Grillen Sie sie auf Ihrem Barbecuegrill nach der indirekten Methode.

Der einzige, möglicherweise heikle Aspekt beim Grillen einer Hohen Rippe ist das Timing. Wenn Sie 14–16 Min. pro Pfund (für einen Braten mit Knochen) einplanen, werden Sie immer ein perfektes Resultat erhalten. Sie können die gegrillte Hohe Rippe außerdem vor dem Schneiden bis zu 30 Min. ruhen lassen. Mindestens 10–15 Min. sind sowieso angeraten, damit sich der Saft aus dem Brateninneren besser verteilt.

Für das folgende Rezept benötigen Sie einen Braten mit 7 Rippen, der gut 7–8 kg wiegt und für 8 Vielfraße oder 12 normale Esser reicht. Ein Braten mit 2, 4 oder 6 Rippen kann genauso zubereitet werden. Dies gilt auch für eine Hohe Rippe ohne Knochen (dann verkürzt sich allerdings die Grillzeit). Wählen Sie beim Kauf ein Stück mit einer etwas dickeren Fettschicht. Das Fett zergeht während des Grillens, tränkt das Fleisch und macht es zart. Ärgern Sie sich nicht, wenn Sie keinen frischen Rosmarin bekommen. Auch getrockneter gibt dem Fleisch ausreichend Aroma.

Die perfekte Beilage ist ein Yorkshirepudding.

BRATEN:

**1 Hohe Rippe (mit 7 Rippen; 7–8 kg),
in 4-cm-Abständen geschnürt**

6 Knoblauchzehen, längs geviertelt

**4–6 Rosmarinzweige oder
1 EL Rosmarinnadeln, getrocknet**

WÜRZMISCHUNG:

2 EL schwarze Pfefferkörner

2 EL Rosmarinnadeln, getrocknet

2 EL grobes Meersalz

2 EL Paprika edelsüß

1. Den Grill zum indirekten Grillen vorbereiten (s. Seite 14/16) und eine große Tropfschale in die Mitte stellen. Auf mittlere Hitze anheizen.

2. Mit der Spitze eines scharfen, schmalen Messers rundum 1 cm tiefe Löcher in das Fleisch stechen, vor allem in die Fettschicht. Die Löcher sollten etwa 4 cm voneinander entfernt sein. In die Hälfte der Löcher Knoblauchscheibchen drücken. Die Nadeln von 1–2 Rosmarinzweigen (oder getrocknete Rosmarinnadeln) in die restlichen Löcher geben. Die übrigen Zweige unter das Garn schieben, mit dem der Braten geschnürt ist.

3. Für die Würzmischung Pfefferkörner und Rosmarinnadeln in einer Gewürzmühle oder mit dem Pürierstab zu feinem Pulver zerstoßen. Salz und Paprika zufügen, nochmals mischen. Fleisch damit rundum, vor allem die Fettschicht, einreiben.

4. Den Rost einfetten. Braten mit der Fettschicht nach oben über die Tropfschale legen und den Grill schließen.

5. Den Braten nach Geschmack grillen: Ein Braten dieser Größe ist nach 3 ½–4 Std. rosa (medium-rare), wenn man pro Pfund 12–14 Min. veranschlagt. (Beim Holzkohlegrill stündlich pro Seite je 10–12 frische Briketts nachlegen. Beim Gasgrill die Haube die gesamte Zeit geschlossen halten.) An einem Fleischthermometer können Sie ablesen, wann der Braten gar ist. Bei knapp 60 °C ist das Fleisch rosa, bei 70 °C medium/halbrosa. Den Braten auf eine Platte oder ein Schneidbrett legen und mit Alufolie abdecken. Vor dem Aufschneiden 10–15 Min. ruhen lassen. Am einfachsten läßt sich der Braten tranchieren, indem man mit einem langen, schmalen Messer in die Rippenzwischenräume fährt und dünne Scheiben schneidet.

Für 12–16 Personen

GEFÜLLTE RIPPE BRASILIANISCH

BRASILIEN

METHODE:
*Indirektes Grillen
oder Grillen am
Drehspieß*

**SPEZIAL-
ZUBEHÖR:**
*Drehspieß
(nach Wunsch)*

Dieser gefüllte und gegrillte Braten gehört zum Buntesten, mit dem man sich in einer Churrascaria in Rio den Teller beladen lassen kann. Stellen Sie sich einen entbeinten Rinder-Schulterbraten vor, der großzügig mit Schinken, Käse, Karotten, Paprika und anderen Gemüsen gespickt ist und dann auf einem Drehspieß (oder nach der indirekten Methode) zu zarter Perfektion gegrillt wird. Die Füllung hat zwei Aufgaben: Sie aromatisiert das Fleisch und ergibt beim Aufschneiden ein farbenfrohes Bild. Inspiriert wurde das Rezept vom Restaurant »Porcão« in Rio de Janeiros Stadtteil Ipanema.

Der Braten wird am einfachsten mit Hilfe einer Spicknadel gefüllt, einem scharfen Gerät mit V-förmiger Metallschneide, das Sie in Haushaltsgeschäften finden können. Im Kasten auf der nächsten Seite wird eine weitere Anleitung zum Spicken vorgestellt.

1 Schulterrollbraten, entbeint (1,5–1,8 kg)
2 lange, dünne Karotten, geschält und
    längs halbiert
je ½ grüner und roter Paprika, entkernt und
    längs in 1 cm breite Streifen geschnitten
1 mittelgroße Zwiebel, in 10 Spalten
    geschnitten
1 Scheibe geräucherter Schinken
    (½ cm dick, etwa 50 g), in ½ cm breite
    Streifen geschnitten und tiefgefroren
1 Scheibe alter Provolone oder sonstiger
    fester Käse (½ cm dick, etwa 50 g),
    in ½ cm breite Streifen geschnitten und
    tiefgefroren
2 Knoblauchzehen, geschält und in dünne
    Stifte geschnitten
Salz und frisch gemahlener schwarzer Pfeffer

1. Den Braten mit der Spicknadel oder einem spitzen Wetzstahl in Längsrichtung 16–20mal durchbohren. (Das Fleisch soll im Faserverlauf von engen Kanälen durchzogen sein.)

2. Die Kanäle mit Karottenhälften, Paprikastreifen, Zwiebelspalten, Schinken- und Käsestreifen vorsichtig spicken. Die Karotten reichen quer durch das Fleischstück, von den anderen Zutaten werden pro Loch mehrere gebraucht; diese sollten von beiden Enden eingefüllt werden.

3. Mit der Spitze eines Küchenmessers die Oberfläche des Bratens in Abständen von 2 cm einritzen und mit Knoblauchstiften füllen. Den Braten mit reichlich Salz und Pfeffer würzen (s. Hinweis).

4. *Indirekte Grillmethode*: Den Grill zum indirekten Grillen vorbereiten (s. Seite 14/16). Eine große Tropfschale in die Mitte stellen und den Grill auf mittlere Hitze anheizen. Den Grillrost einfetten. Den Braten auf den heißen Rost über die Tropfschale legen. Den Grill abdecken und den Braten nach Geschmack grillen: Nach 1–1 ½ Std. ist er rosa (63 °C auf dem Fleischthermometer), nach 1 ½–2 Std. medium (70 °C). Beim Holzkohlegrill stündlich pro Seite 10–12 Briketts nachlegen.

Drehspießmethode: Bereiten Sie den Drehspieß vor (s. Seite 20). Bei einem Gasgrill die vorderen und hinteren Brenner auf höchster Stufe anheizen. Bei einem Holzkohlegrill die Briketts anzünden und vorn und hinten so zusammenschieben, daß die Mitte frei bleibt. Den Braten auf den Spieß stecken. Grillen Sie ihn 1 ¼–1 ½ Std. zugedeckt am Spieß, bis er rosa ist (63 °C auf dem Fleischthermometer). Nach 1 ½–2 Std. ist der Braten medium (70 °C). Beim Holzkohlegrill nach Bedarf Briketts nachlegen.

5. Den Braten auf ein Schneidbrett legen und 10 Min. ruhen lassen. Mit einem elektrischen oder scharfen Tranchiermesser quer in dünne Scheiben schneiden und servieren.

Für 8 Personen

Hinweis: Bis Schritt 3 können Sie den Braten vorbereiten. Er läßt sich bis zu 8 Std. im Kühlschrank aufbewahren.

Spicken

Verzweifeln Sie nicht, wenn Sie keine Spicknadel zur Hand haben – mit einem spitzen Wetzstahl funktioniert es ebensogut. Diesen waschen und abtrocknen. Nun die Spitze an einem Ende in den Braten stechen und ganz hindurch schieben. Herausziehen, so daß ein Loch im Fleisch zurückbleibt. Gemüse-, Käse- und Schinkenstreifen vorsichtig hineinstecken. Kürzere Streifen wie Paprika müssen von beiden Enden her hineingeschoben werden. Käse und Schinken lassen sich tiefgefroren leichter verarbeiten.

STEAK IN ADOBO-MARINADE
Palomilla

METHODE:
Direktes Grillen

Sagen Sie »Palomilla« zu einem Kubaner und seine Augen werden vor Freude aufleuchten. Wie viele Grillgerichte ist Palomilla ein Arme-Leute-Essen, das in den gastronomischen Adelsstand erhoben wurde. Man bezeichnet damit ein dünnes, aromatisches Steak aus dem äußeren Teil der Rinderkeule (spanisch: »la bola«). Weil der Bauch recht zäh sein kann, wird das Steak ganz dünn geschnitten (etwa so dick wie Ihr kleiner Finger), damit es zarter wirkt.

In Miami, wo ich lebe, gibt es Palomilla in allen kubanischen Restaurants, doch nirgendwo schmeckt sie besser als in »Victor's Cafe«. Das liegt daran, daß Sonia Zaldivar, die Besitzerin, das dicke Ende der Oberschale aus der Keule verwendet und es über Eichenholz grillt, anstatt es in der Pfanne zu braten. Wie die meisten kubanischen Fleischgerichte wird Palomilla vor dem Kochen traditionell in Adobo mariniert. Doch Sonia verzichtet aufs Marinieren und bestreicht das Steak während des Grillens damit.

Wenn Sie keine Steaks aus der Oberschale bekommen, verwenden Sie Filet- oder Lendensteaks. Wichtig ist, das Fleisch nicht dicker als 1 cm zu schneiden. Reichen Sie dazu gegrillte Polenta oder Erbsen und Reis à la Bahamas.

ADOBO:
4 Knoblauchzehen
1 TL Salz, nach Geschmack auch mehr
½ TL Kreuzkümmel, gemahlen
½ TL frisch gemahlener schwarzer Pfeffer
125 ml Saft von bitteren Orangen oder frisch gepreßter Limettensaft
2 EL Olivenöl

STEAKS:
4 Beefsteaks (à 170–230 g), 1 cm dick geschnitten
2 große Zwiebeln, in 1 cm dicke Spalten geschnitten
2 EL Olivenöl

1. Für den Adobo Knoblauch, Salz, Kreuzkümmel und Pfeffer in einem Mörser zu einer Paste zerstoßen. Limettensaft und Öl zufügen und zu einer glatten Masse verrühren. Alternativ alle Zutaten pürieren. Mit Salz und Pfeffer abschmecken, die Mischung soll eine intensive Würze haben.

2. Den Grill auf höchster Stufe anheizen.

3. Den Grillrost einfetten. Die Zwiebelspalten mit Öl bestreichen und auf den heißen Rost legen. Die Steaks mit Adobo bestreichen (s. Hinweis) und zu den Zwiebeln auf den heißen Grill legen. Die Steaks nach Geschmack 2–3 Min. von jeder Seite rosa grillen, dabei mit Adobo bestreichen und nach 1 Min. um 90 Grad drehen, um ein attraktives Grillmuster herzustellen. Zum Drehen und Wenden stets eine Grillzange verwenden. Die Zwiebeln ca. 3–4 Min. von jeder Seite goldbraun grillen und mit Salz und Pfeffer würzen.

4. Die Steaks auf Tellern oder einer Platte anrichten und nochmals mit Adobo bestreichen. 3 Min. ruhen lassen, dann mit den gegrillten Zwiebeln servieren.

Für 4 Personen

Hinweis: Damit die Steaks ein intensiveres Knoblauch-Kreuzkümmel-Limettenaroma bekommen, können Sie sie vor dem Grillen 10 Min. in einer Auflaufform in Adobo marinieren.

Steaks perfekt grillen

Fragt man Amerikaner nach ihrem Lieblings-Grillgericht, so steht das Steak stets an erster Stelle. Eine dicke Scheibe Rindfleisch ist perfekt zum Grillen: Die große Oberfläche nimmt das Holzkohle- und Raucharoma auf, und die relativ geringe Dicke ermöglicht eine schnelle Zubereitung.

Der häufigste Fehler beim Grillen von Steaks ist eine zu lange, der zweithäufigste eine zu kurze Grillzeit. Und so geht's richtig:

1. Das geeignete Steak auswählen. Am besten sind zarte Stücke wie Filet-, Lenden-, Porterhouse-, New-York-Strip-Steak und Steaks aus der Oberschale. Auch faserreiche Steaks, z. B. aus Brust und Dünnung, schmecken gegrillt großartig – vor allem diagonal dünn geschnitten. Zähere Stücke aus dem Kamm (Nacken) oder Bug (Schulter) sollten langsamen, feuchten Garmethoden wie dem Schmoren vorbehalten bleiben.

2. Manche Leute bringen die Steaks vor dem Grillen erst auf Raumtemperatur. Die meisten Profis, mich eingeschlossen, machen sich diese Mühe nicht. Wenn Sie ein ungekühltes Steak grillen, reduzieren Sie die Grilldauer entsprechend.

3. Den Grill auf höchster Stufe anheizen. Für ein dickes Steak (z. B. ein 4 cm dickes Strip-Steak) ein doppellagiges Feuer aufschichten (s. Seite 14). Beim Gasgrill eine Seite auf höchste, die andere auf mittlere Hitze anheizen.

4. Die Steaks kräftig mit Salz und Pfeffer würzen. Grobes Salz, z. B. Meersalz, verwenden, da sich diese Kristalle langsamer auflösen als feines Tafelsalz. Sie halten während des Grillens besser, und dies nutzen Steakprofis auf der ganzen Welt aus. Ich nehme immer frisch gemahlenen oder zerstoßenen schwarzen Pfeffer und würze damit reichlich vor und nach dem Grillen.

Einige Leute salzen erst nach dem Grillen. Sie meinen, daß das Salz dem Fleisch Saft entzieht. Glauben Sie mir, in der kurzen Grillzeit für ein rosa Steak wird nicht viel Fleischsaft verlorengehen. Zudem ist die Kombination von Salz und karamelisiertem Fleischsaft kaum zu übertreffen.

5. Den Grillrost einfetten. Das geht am einfachsten, indem man ein Stück Steakfett mit der Grillzange oder einer Fleischgabel über den Rost reibt. Auch ein in Öl getauchtes Stück Stoff oder mehrfach gefaltetes Küchenpapier erfüllt hier seinen Zweck.

6. Die Steaks parallel auf den gefetteten Rost legen und nach 2 Min. drehen. Ich drehe sie normalerweise um 45 Grad. Dadurch entsteht ein rautenförmiges Muster auf dem Steak. Manchmal drehe ich um 90 Grad, das ergibt ein rechtwinkliges Karomuster. Grillen Sie ein 1 cm dickes Steak etwa 1–2 Min., 3–5 Min. bei 2 cm Dicke, 6–9 Min. bei 3–4 cm Dicke, bis Blutstropfen an der Oberfläche austreten. Das Steak mit einer Zange oder einem Grillwender (nie mit einer Gabel!) wenden. Durch die Einstiche würde Fleischsaft verlorengehen.

7. Die Steaks von der zweiten Seite grillen und nach 2 Min. drehen. Diese Seite braucht etwas weniger Zeit. Ob das Steak fertig ist, sagt Ihr Gefühl: Oberfläche mit der Gabel eindrücken. Ein blutiges Steak wird sanft, ein medium gebratenes fest nachgeben, ein durchgebratenes Steak ist fest (s. Seite 22, »Ist das Essen fertig?«). Das Steak niemals für eine Garprobe zerschneiden, sonst verliert es Fleischsaft.

8. Die Steaks auf Teller oder eine Platte geben, nochmals mit Salz und Pfeffer würzen. Ich bestreiche sie gern mit kaltgepreßtem Olivenöl oder zerlassener Butter (à la Peter Luger, »Steak House«, Brooklyn). Das ist zwar nicht notwendig, rundet aber das Aroma ab.

9. Obwohl höchst wichtig, wird dieser letzte Schritt oft übersehen: Lassen Sie die Steaks vor dem Servieren 2–3 Min. ruhen. So kann sich der Saft von der Mitte bis an die Oberfläche ausbreiten und das Steak ist saftiger.

Grilltabelle für Rind*

STÜCK	METHODE	HITZE	GARZUSTAND		
			BLUTIG (60 °C)	**MEDIUM** (70 °C)	**DURCH** (77 °C)
STEAKS					
CA. **1** CM DICK	DIREKT	STARK	1–2 MIN./SEITE	2–3 MIN./SEITE	3–4 MIN./SEITE
CA. **2** CM DICK	DIREKT	STARK	3–4 MIN./SEITE	4–6 MIN./SEITE	6–7 MIN./SEITE
CA. **3** CM DICK	DIREKT	STARK	4–6 MIN./SEITE	6–8 MIN./SEITE	8–9 MIN./SEITE
BAUCH	DIREKT	STARK	2–3 MIN./SEITE	4–5 MIN./SEITE	6–7 MIN./SEITE
BRATEN & RIPPEN					
LENDENBRATEN (0,9–1,4 KG)	INDIREKT	STARK	40–50 MIN.	1 STD.	TUN SIE'S NICHT
LENDENBRATEN (1,8–2,3 KG)	INDIREKT	STARK	1 STD.	1 ¼ STD.	TUN SIE'S NICHT
SCHULTERBRATEN O. KNOCHEN (1,8–2,7 KG)	INDIREKT	MITTEL	1–1 ½ STD.	1 ½–2 STD.	TUN SIE'S NICHT
SCHULTERBRATEN M. KNOCHEN (7,2–8,1 KG)	INDIREKT	MITTEL	3 STD.	4 STD.	TUN SIE'S NICHT
RINDERBRUST (2,3–2,7 KG)	INDIREKT	MITTEL,SCHW.			5–8 STD.
RIPPCHEN	INDIREKT	MITTEL		1 ½–2 STD.	1 ½–2 STD.

*Diese Tabelle gibt nur ungefähre Richtwerte. Grillen ist schließlich keine Wissenschaft, sondern eine Kunst! Halten Sie sich im Zweifelsfall an die Zeitangaben in den Rezepten.

STETSONS STEAK

USA

METHODE:
Direktes Grillen:

Mein Freund Stetson Glimes hat dieses Rezept bei einem Campingurlaub entwickelt. Es ist das beste Beispiel dafür, wie einige wenige Zutaten, richtig kombiniert, ein alltägliches Gericht völlig verändern können. Stet betont, man solle frisch gemahlenen weißen Pfeffer verwenden, keinen schwarzen.

4 Sirloin-Steaks (à 250–300 g), 2 cm dick geschnitten

25 g Senfpulver
60 ml Worcestersauce
Saft von 1 großen Limette
grobes Meersalz und frisch gemahlener weißer Pfeffer nach Geschmack

1. Die Steaks auf eine Platte geben und mit der Hälfte des Senfpulvers bestreuen. Mit dem Rücken einer Gabel flachdrücken, um das Senfpulver gleichmäßig auf sowie im Fleisch zu verteilen. Mit der Hälfte der Worcestersauce beträufeln und eine halbe Limette darüber auspressen. Mit der Gabel flachdrücken. Großzügig mit Salz und Pfeffer würzen. Die Steaks wenden, mit dem restlichen Senfpulver, der Worcestersauce und dem Limettensaft bestreichen, salzen und pfeffern, mit der Gabel flachdrücken. Die Steaks 15–20 Min. marinieren.

2. Den Grill auf höchster Stufe anheizen.

3. Den Rost einfetten. Die Steaks auf den heißen Grillrost legen und nach Geschmack 4–6 Min. von jeder Seite rosa braten, dabei mit einer Grillzange wenden. Die Steaks nicht drehen, sonst kann sich die Senfmischung ablösen. (Stet serviert sie nach Pittsburgh-Art – außen schwarz, innen blutig). Steaks auf eine Platte geben und 3 Min. ruhen lassen.

4. Die Steaks schräg in dünne Scheiben schneiden. Die Scheiben im Fleischsaft 1–2 Min. marinieren, dann sofort servieren.

Für 4 Personen

STEAK HÖLLENFEUER

MEXIKO

METHODE:
Direktes Grillen

SPEZIAL-ZUBEHÖR:
2 Tassen Holzspäne, 1 Std. in kaltes Wasser einweichen und abtropfen lassen (nach Wunsch)

Dieses Rezept kommt buchstäblich direkt aus dem Höllenfeuer. Es stammt aus dem bescheidenen Steakhouse »Mitla« in Juarez, Mexiko, und »mitla« bedeutet in der Sprache der Nahuatl-Indianer Hölle. Das außergewöhnliche Aroma der Steaks im »Mitla« kommt daher, daß sie über flammenden Mesquitholz-Scheiten gegart werden. Einen ähnlichen Geschmack erhalten Sie, wenn Sie Mesquitholz-Späne ins Feuer geben. Ich empfehle, die Tomaten für die Salsa im Backofen zu grillen. So können sie während des Anheizens gegrillt werden, und die Salsa läßt sich im voraus zubereiten.

2–4 Chili de arbol oder andere getrocknete scharfe rote Chilischoten (4 sorgen für eine nette Schärfe)
2 große Tomaten
1/3 mittelgroße Zwiebel, in Scheiben geschnitten
1 Knoblauchzehe, in Scheiben geschnitten
3 EL Koriandergrün, grobgehackt
1–2 EL Limettensaft
Salz und frisch gemahlener schwarzer Pfeffer nach Geschmack
4 Filet- oder T-Bone-Steaks (je ca. 1 cm dick geschnitten)
4 große oder 8 kleine Tortillas

SALSA-RESTE
Zum Steak Höllenfeuer gibt es Salsa. Reste im Kühlschrank aufbewahren – sie schmeckt großartig zu Kartoffelchips.

1. Den Grill auf höchster Stufe anheizen. Beim Gasgrill eventuell Holzspäne vor dem Anheizen in den Räucherkasten geben.

2. Die Chilischoten in warmem Wasser ca. 20 Min. einweichen, bis sie biegsam sind.

3. Inzwischen die Tomaten unter dem Backofengrill bei starker Hitze 6–8 Min. grillen, bis die Haut geschwärzt ist und Blasen wirft. Zum Abkühlen auf einen Teller legen. Die Chillies abtropfen lassen und (für eine mildere Salsa) entkernen. Chillies, Tomaten, Zwiebeln, Knoblauch und Koriandergrün mit Küchenmaschine oder Pürierstab zu einer groben Paste zerkleinern. Limettensaft, Salz und Pfeffer nach Geschmack zufügen und in eine Servierschüssel füllen. Die Salsa soll ein intensives Aroma haben.

4. Beim Holzkohlegrill die Holzspäne auf die Briketts geben. Den Rost einfetten. Die Steaks von einer Seite kräftig salzen. Mit der gesalzenen Seite auf den heißen Rost legen und unter Wenden nach Geschmack garen (2–3 Min. von jeder Seite für ein rosa Steak). Auf eine Platte legen und 3 Min. ruhen lassen.

5. Die Tortillas auf den Rost legen und von jeder Seite kurz grillen, bis sie weich und biegsam, jedoch nicht gebräunt sind. Die Steaks mit den Tortillas servieren, die Salsa getrennt dazu reichen.

Für 4 Personen, ergibt 1 1/2 Tassen Salsa

Auf der Suche nach echter Bistecca

Es war einer jener Tage, an denen mich unsere Barbecuereise nicht sehr begeisterte. Mit jedem Kilometer schien unser Fahrtziel weiter zu entschwinden, und aus »Nur noch zwanzig Minuten« wurden mehrere Stunden.

Meine Frau Barbara und ich waren in die Toskana gereist, um Bistecca alla fiorentina zu kosten. Doch nun entfernten wir uns immer weiter von Florenz und überquerten sogar die Grenze zu Umbrien. Statt auf Toskana-typischen gewundenen Straßen an malerisch gelegenen Städtchen vorbeizufahren, wurden wir auf einer Landstraße von qualmenden Lastwagen eingeklemmt, bis wir im Gewimmel einer Stadt landeten. Kein sehr verheißungsvoller Auftakt für die Suche nach einem aussterbenden Regionalgericht.

Doch das Ziel hatte uns ein zuverlässiger Informant genannt. Burton Anderson, Fachmann für italienische Küche, hatte von der »Villa Roncalli« in dem konspirativen Flüsterton gesprochen, den Food-Journalisten ihren persönlichen Favoriten vorbehalten. »Er ist einer der letzten in der Toskana, die noch echtes Chianina-Rindfleisch anbieten«, hatte Anderson geraunt. »Seine Grilltechnik könnte Sie interessieren.«

Schließlich bogen wir in eine lange, von Bäumen gesäumte Auffahrt ein. Am Ende erhob sich ein gelbes Gebäude mit grünen Fensterläden und ziegelroten Verzierungen – die »Villa Roncalli«, ein ehemaliges Jagdhaus aus dem 17. Jh. Wir verdrängten vorläufig unsere Skepsis und bezogen ein schlichtes Zimmer mit prachtvoller Bettwäsche und Badarmaturen, so wie es selbst noch die bescheidensten Unterkünfte in der Toskana zu bieten haben.

Als der Speisesaal um acht Uhr öffnete, standen wir bereits auf der Schwelle. Der Raum sah vielversprechend aus: groß, quadratisch, mit einem halben Dutzend elegant eingedeckter Tische. Von der hohen, gewölbten Decke hing ein riesiger Bronze-Kandelaber herab. Ein ebenso monumentaler Mahagonischrank mit Weinflaschen stand an der rückwärtigen Wand. In einer Ecke befand sich ein hüfthoher Kamin, doch zu meinem Verdruß war kein Feuer darin zu sehen.

Wegen der Maßnahmen gegen Luftverschmutzung wird in vielen Florentiner Restaurants nicht mehr das traditionelle Eichenholz verwendet. Doch hier, auf dem Lande? Anders konnte ich mir jedoch nicht erklären, warum der Kamin der »Villa Roncalli« kalt und leer war.

Eine schöne junge Frau in einer gestärkten, weißen, bodenlangen Schürze trat majestätisch ein: Maria Luisa Leo-

castre, die Tochter des Eigentümers und Küchenchefs. Wenn es uns recht sei, erklärte sie, würde die Küche gern eine Degustazione für uns zubereiten. (Es gibt zwar Speisekarten, doch man bestellt immer die Degustazione.) Selbstverständlich, entgegnete ich, doch ich wies darauf hin, daß ich gern eine Bistecca alla fiorentina probieren würde.

Nacheinander brachte man einen delikaten Salat mit Ortie (Wildgemüse) und geraspeltem Parmesan, eine Kürbisblüte, gefüllt mit Ricotta und Kräutern, sowie ein Stückchen Fisch in einer hauchdünnen Kartoffelkruste. Außerdem gab es eine exquisite Bohnensuppe mit winzigen Muscheln und ein cremiges Gersten-Risotto. Nichts fehlte, außer dem Rindfleisch.

Schließlich, es war schon halb elf, und ich hatte jede Hoffnung auf eine Bistecca verloren, hatte Marias Vater, Angelo Leocastre, seinen Auftritt. In einem frischgebügelten Hemd, Wollhosen mit Bügelfalten und Lederschuhen sah er weniger wie ein Grillmeister als vielmehr wie ein leitender Angestellter im Urlaub aus. Er ließ einige Scheite Eichenholz auf den Steinboden des Kamins fallen und entzündete sie mit einer Lötlampe. Dann knipste er ein Gerät an, das wie ein riesiger Fön aussah, und nach wenigen Minuten glühten die Kohlen.

Die echte Bistecca erwies sich als Mischung von T-Bone- und Porterhouse-Steak. (Sie wird näher an der Mitte geschnitten als ein nordamerikanisches T-Bone und enthält deshalb ein kreisförmiges Stück Filet.) Das Steak, das Angelo mir zeigte, war zwei Finger dick und so dunkelrot wie der Sagranito-Wein in meinem Glas. Er legte es auf einen viereckigen Grill mit Beinen und stellte ihn über das Feuer.

»Veloce, veloce« (schnell, schnell), sagte Angelo zur Erklärung des Geheimnisses einer gelungenen Bistecca alla fiorentina. Entscheidend sei die starke Hitze. Mit dem örtlichen Eichenholz und einem Fön zum Anheizen könne er eine Temperatur von 460 °C erreichen. Innerhalb von Minuten bildete sich auf dem Fleisch eine goldbraune Kruste, während das Innere saftig und rot blieb. Ich stellte mit Interesse fest, daß Angelo erst nach dem Wenden würzte, und zwar mit Unmengen von Salz und weißem Pfeffer.

Ich stoppte den Garprozeß mit der Uhr: exakt sechs Minuten pro Seite. Angelo gab das Steak auf eine Platte und bestrich es großzügig mit Olivenöl. Genaugenommen ergoß sich die Menge einer halben Tasse darüber. Sobald es auf das heiße Fleisch traf, verbreitete sich ein Duft, der mir das Wasser im Munde zusammenlaufen ließ.

Es gibt Leute, die meinen, ein Steak sei einfach ein Steak. Sie kennen Angelos Bistecca nicht. Zu sagen, daß dies Steak sich wie Butter schneidet, wird seiner außergewöhnlichen Zartheit noch nicht gerecht. Und was den Geschmack angeht, so hatte ich noch nie solches Rindfleisch gekostet. Irgendwie gelang es Angelo, die gleiche Komplexität und Tiefe des Geschmacks zu erreichen, die man erhält, wenn man Parmesan drei Jahre reifen läßt oder Rotwein zwanzig Jahre lagert. Es schmeckte vollmundig, nachhaltig, komplex und kräftig, ohne

Hier gibt es Bistecca alla fiorentina:

Viele Restaurants in der Toskana und in Umbrien (besonders auf dem Land) haben Kamine im Speiseraum oder in der Küche, die auch zum Grillen dienen. Hier drei meiner Lieblingsrestaurants:

Villa Roncalli
Via Roma 25
Foligno, Perugia
Tel. 07 42/39 10 91

Cibreo
Via dei Macci 118
Florenz
Tel. 055/234 11 00

Da Delfina
Artimino bei Carmignano
Tel. 055/871 80 74

schwer zu sein oder Hautgout zu haben. Es war so, wie nur Fleisch sein kann, das nicht aus Massentierhaltung stammt.

Mit einer Handbewegung schickte Angelo eine Gemüseplatte wieder weg, die eine Kellnerin herbeibrachte. »Wenn Sie eine Fiorentina essen, dann brauchen Sie sonst nichts. Das einzige passende Gemüse ist der Wein«, fügte er mit einem Augenzwinkern hinzu. Wir tranken einen dunkelroten, zedernartigen Santoroso aus Gläsern so groß wie Aquarien. Erstaunlicherweise (angesichts der bisherigen Speisenfolge) schafften wir es mit Angelos Hilfe, die Bistecca aufzuessen. Den T-förmigen Knochen bekam Tiny, Angelos riesige Bulldogge.

Mit leuchtenden Augen beschrieb uns Angelo das Chianina-Rind, dem er seine Bistecca verdankt: ein schneeweißer, 1 ½ Tonnen schwerer Ochse, der seinen unvergleichlichen Geschmack durch das Füttern mit Mais, Bohnen und Gerste erhält. Doch diese Rasse eigne sich nicht für die Massentierhaltung. Die Rinder brauchten zu lange, um auszuwachsen, und der Ertrag sei zu gering.

Angelo kennt etwa zehn Bauern, die sie noch züchten. »Reine Liebhaberei«. Die Zukunft des Chianina-Rindes sieht nicht sehr verheißungsvoll aus. »Eines Tages kommt unser Fleisch aus Argentinien oder Frankreich«, meinte er düster. »Dann ist Schluß mit der Fiorentina.«

Nach dem Essen folgten wir Angelo in sein Studio und erfuhren die restlichen Geheimnisse seiner hervorragenden Bistecca. Dort läßt er das Fleisch 30 Tage bei fast 0 °C abhängen. Dabei verliert es etwa 15 Prozent seines Gewichts. Wir bewunderten auch die Prosciutti und Würste an der Decke – allesamt selbstgemacht und drei Jahre abgehangen. »Wir machen hier keine Halbheiten«, sagte Angelo stolz.

Wenn die Nächte kühl werden und es früher dunkel wird, stellen viele von uns ihren Grill in den Keller. Aber genau bei solchem Wetter wird in der Toskana gerne gegrillt, meistens im Haus, im Kamin. Es gibt dafür sogar einen speziellen vierbeinigen Grillrost.

Auf Seite 125 finden Sie ein Rezept für Bistecca alla fiorentina, das dem italienischen Klassiker ziemlich nahe kommen dürfte. Ich kann mir keinen besseren Grund vorstellen, um auch im Herbst und Winter das Grillfeuer nicht ausgehen zu lassen.

ENTRECOTE IN ROTWEINSAUCE MIT RINDERMARK

Entrecôte à la bordelaise

FRANKREICH

METHODE:
Direktes Grillen

Dies ist ein Rezept aus Paris, wo ich eine Kochschule besuchte. Ein Entrecôte ist ein französisches Rippensteak, das oft in solchen Mengen gegart und mitsamt Knochen serviert wird, daß die Teller darunter verschwinden. Ich nehme dafür Steaks aus der Hochrippe (Ribeye-Steak), die ausreichend mit Fett durchwachsen sind und gegrillt köstlich schmecken. Der Zusatz »bordelaise« bezieht sich logischerweise auf die Sauce, die aus reduziertem Rotwein und Schalotten hergestellt wird, sowie auf die Beilage aus gedünstetem Mark. Ich reichere die Sauce gerne mit angebratenen Champignons an. Sie brauchen für dieses Gericht keinen Grand cru zu öffnen, aber verwenden Sie einen Wein, den Sie auch gern trinken würden. (Dies ist eine erstklassige Gelegenheit, um übriggebliebenen Bordeaux zu verbrauchen.) Markknochen gibt es im Fleischerfachgeschäft. Bitten Sie ihren Schlachter, die Knochen zu öffnen und das Mark herauszulösen.

STEAKS:
4 Rindersteaks aus der Hochrippe
   (Ribeye-Steaks) à 200–250 g
2 EL Olivenöl
   grobes Meersalz und zerstoßener
   schwarzer Pfeffer
   nach Geschmack

SAUCE BORDELAISE:
3 EL Butter
½ Schalotte, feingehackt
8 frische Champignons, abgerieben und
   blättrig geschnitten
500 ml trockener Rotwein
250 ml hausgemachte Rinderbrühe oder
   Rinderbrühe aus dem Glas
1 TL Speisestärke, in 1 EL Rotwein aufgelöst
   (nach Wunsch)
grobes Meersalz und frisch gemahlener
   schwarzer Pfeffer nach Geschmack

ZUM GARNIEREN:
Mark von 4 Markknochen
2 EL glatte Petersilie, gehackt

1. Die Steaks von beiden Seiten mit Öl bestreichen und mit Salz und Pfeffer würzen. Während der Zubereitung der Sauce auf Zimmertemperatur abkühlen lassen.

2. Die Butter in einem mittelgroßen Topf zerlassen. Schalotten zufügen und bei mittlerer Hitze unter Rühren ca. 3 Min. glasig dünsten. Champignons zugeben und 3–5 Min. leicht anbraten, bis die Flüssigkeit fast verdunstet ist. Rotwein angießen und bei mittlerer bis starker Hitze zum Kochen bringen. Die Temperatur etwas herunterschalten und die Sauce 5 Min. weiterköcheln lassen, bis der Wein auf die Hälfte reduziert ist. Brühe zufügen und nochmals 5 Min. köcheln lassen, um die Sauce wiederum auf die Hälfte zu reduzieren. Bei erstklassiger Rinderbrühe ist die Sauce bereits ohne Speisestärke dick genug. Wenn nicht, die in Rotwein aufgelöste Speisestärke einrühren und erhitzen, bis die

Sauce leicht eindickt. Mit Salz und Pfeffer nach Geschmack würzen, die Sauce soll ein intensives Aroma haben. Vom Herd nehmen und beiseite stellen, während das Mark gedünstet wird.

3. In eine flache Pfanne 2 cm hoch Wasser gießen. Zum Köcheln bringen, das Mark zufügen und kurz dünsten, bis es wachsig und weiß, nicht mehr rot ist. Dabei mit einem Schaumlöffel wenden. Nicht zu lange dünsten, sonst schmilzt das Mark. Auf Küchenpapier abtropfen lassen, dann quer in dünne Scheiben schneiden. (s. Hinweis).

4. Den Grill auf höchster Stufe anheizen.

5. Wenn der Grill bereit ist, den Grillrost einfetten. Die Steaks auf den heißen Rost legen und nach Geschmack 4–6 Min. von jeder Seite rosa braten, dabei die Steaks auf beiden Seiten nach 2 Min. um 45 Grad drehen (ergibt ein dekoratives Rautenmuster). Zum Drehen und Wenden stets eine Grillzange benutzen. Während die Steaks garen, die Sauce erwärmen und abschmecken. Die Steaks auf eine Platte geben und 2–3 Min. ruhen lassen. Die Sauce darüber verteilen, die Markscheiben darauf anrichten und alles mit Petersilie bestreuen. Sofort servieren.

Für 4 Personen

Hinweis: Sie können dieses Rezept bis Schritt 3 auch schon mehrere Stunden vor dem Grillen vorbereiten.

STEAK FLORENTINER ART
Bistecca alla fiorentina

ITALIEN

METHODE:
Direktes Grillen

SPEZIAL-ZUBEHÖR:
Fön für den Holzkohlegrill

Bistecca alla fiorentina ist eines der Heiligtümer der toskanischen Küche. Mir ist klar, daß es der Beschreibung nach nicht besonders großartig klingt: ein mit Olivenöl bestrichenes, gegrilltes T-Bone-Steak. Doch liegt hier, wie in vielen Künsten, die Perfektion in den Details. Diese umfassen in diesem Fall ein gut abgehangenes Steak einer seltenen Rinderrasse, das über ungewöhnlich starker Hitze gegart und mit bestem Olivenöl beträufelt wird. Bistecca wird gewöhnlich mit T-Bone-Steak gleichgesetzt, obwohl es eigentlich einem Porterhouse-Steak viel ähnlicher ist: Da es mehr aus dem Mittelstück des Ochsen geschnitten wird, gehört nämlich ein größeres Lendenstück dazu.

Auf Seite 122/123 erfahren Sie etwas über einen wahren Meister der Zubereitung von Bistecca alla fiorentina. Es ist unmöglich, sein Rezept außerhalb Italiens nachzumachen, aber seine Technik läßt sich nachahmen, um eine respektable Version herzustellen. Das größte Geheimnis liegt darin, einen Schlachter zu finden, der Ihnen abgehangenes T-Bone-Steak verkauft. Ach ja, Sie benötigen außerdem ein unerwartetes Hilfsmittel: einen Fön zum Anheizen der Briketts!

1 T-Bone- oder Porterhouse-Steak (ca. 900 g), mindestens 3 cm dick
grobes Meersalz und frisch gemahlener weißer Pfeffer
125 ml Olivenöl extra vergine (vorzugsweise aus der Toskana)

1. Den Grill auf höchster Stufe anheizen. (Ideal sind Holzwürfel oder Holzkohle; die Ascheschicht sollte sich gerade erst bilden.)

Asche bei Holz oder Holzkohle mit dem Fön entfernen.

2. Den Grillrost einfetten. Das Steak auf den heißen Rost legen und den Fön auf die Briketts richten, um sie zum Glühen zu bringen. Das Steak nach Geschmack grillen (ca. 6–8 Min. von jeder Seite für rosa gegart) und mit einer Grillzange wenden. Danach kräftig mit Salz und Pfeffer würzen. Das gegrillte Steak auf einen tiefen Teller legen und nochmals kräftig salzen und pfeffern.

3. Das heiße Steak mit Öl beträufeln und 3 Min. ruhen lassen. Die Einzelportionen direkt vom Knochen schneiden. Öl, das sich im Teller mit dem Fleischsaft mischt, als Sauce über das Fleisch gießen. Entkorken Sie eine Flasche alten Barolo und bereiten Sie sich darauf vor, das beste Steak der Welt zu genießen.

Für 2–3 Personen

STEAK NICARAGUA-ART
Churrasco

NICARAGUA

METHODE:
Direktes Grillen

**VORBEREI-
TUNGSZEIT:**
*30 Min. zum
Marinieren*

Das Wort »Churrasco« bezeichnet in ganz Lateinamerika gegrilltes Rindfleisch, auch wenn die genaue Bedeutung von Land zu Land variiert. So wird in Brasilien z. B. das Barbecue allgemein Churrasco genannt. In Nicaragua bezeichnet man damit ein großes, dünnes Steak aus der Rinderlende. Die meisten Steaks werden quer zur Faser geschnitten, Nicaraguas Churrasco hingegen in Faserrichtung. Diese Schnitt-Technik ergibt ein flaches, dünnes Fleischstück von außergewöhnlicher Beschaffenheit, so zart, daß man es mit der Gabel zerteilen kann. (Zudem nimmt die große Oberfläche das Raucharoma der Holzkohle gut auf.)

Churrasco aus Nicaragua wird immer mit einem Saucen-Trio serviert: Chimichurri (hier auch als Marinade verwendet), Salsa marinara (nicaraguanische Tomatensauce) und eine würzige Sauce aus eingelegten Zwiebeln namens Cebollita. Als weitere Beilagen eignen sich gebratene Kochbananen, Plantains (in diesem Buch finden Sie natürlich gegrillte Plantains) sowie Erbsen und Reis à la Bahamas.

**1 Stück Rinderlende (ca. 680 g), am besten
    aus der Mitte geschnitten**
**1 großes oder 2 mittlere Bunde glatte
    Petersilie, abgezupft**
4 Knoblauchzehen, abgezogen
250 ml Olivenöl
**4 EL Rotweinessig, nach Geschmack auch
    mehr**
3 EL Wasser
1 ½ TL Salz, nach Geschmack auch mehr
**1 TL frisch gemahlener schwarzer Pfeffer,
    nach Geschmack auch mehr**

1. Das Fleisch längs auf ein Schneidbrett legen und waagerecht in 4 flache, gleich große Streifen schneiden. Dabei das Messer pa-

rallel zum Brett halten. Die Streifen zwischen zwei Lagen Klarsichtfolie legen und mit einem Fleischklopfer oder Nudelholz ½ cm dünn klopfen. Die Steaks in eine Auflaufform legen.

2. Für die Chimichurri Petersilienblättchen und Knoblauch in der Küchenmaschine fein zerkleinern. Öl, Essig, Wasser, Salz und Pfeffer zufügen und zu einer dicken Sauce verrühren. Mit Salz, Pfeffer und Essig kräftig abschmecken. Die Hälfte der Chimichurri zum Servieren in eine Schüssel oder Sauciere füllen. Das Fleisch mit der restlichen Sauce übergießen und abgedeckt 30 Min. im Kühlschrank marinieren. Das Fleisch dabei mehrmals wenden.

3. Den Grill auf höchster Stufe anheizen.

4. Den Grillrost einfetten. Das Fleisch aus der Marinade nehmen, abtropfen lassen und auf den heißen Rost legen. Nach Geschmack 1–2 Min. von jeder Seite rosa grillen, die Steaks mit einer Grillzange wenden. Mit der restlichen Chimichurri servieren.

Für 4 Personen

Churrasco aus Filetspitzen
Puntas de churrasco

Fleischer bieten manchmal Filetspitzen an – die schmalen Endstücke, die zu dünn für Filetsteaks sind. Sie ergeben ein wunderbares Churrasco (da sie stärker mit Fett marmoriert sind als die mittleren Stücke) und sind obendrein günstiger. Sie müssen sie eventuell schmetterlingsförmig aufschneiden (s. Seite 163), um dünne, breite Streifen zu erhalten.

Nehmen Sie 780 g Filetspitzen statt des Lendenstücks in obigem Rezept (Sie benötigen etwas mehr, weil die Spitzen fetter sind). Überschüssiges Fett entfernen und nach Rezept vorgehen.

RINDFLEISCH MIT SESAMKRUSTE
Bool kogi

KOREA

VORBEREITUNGSZEIT: *1–2 Std. zum Marinieren*

Die koreanische Küche ist wohl eines der am besten gehüteten Geheimnisse Asiens. Von unserer Landung in Seoul an speisten meine Frau und ich außergewöhnlich gut. Und trotz Jahreszeit (Winter) und Wetter (Kälte) gab es überall Barbecue. Meistens wird auf Bestellung am Tisch gegrillt, was gleichzeitig auch die kalten Finger beim Essen erwärmt.

Koreanisches Barbecue gibt es in zwei Varianten: Kalbi kui (gegrillte Flache Rippe, s. Seite 146) und Bool kogi, sehr dünne, in süß-salziger Sesammarinade eingelegte Rindfleischstücke, die dann über Holzkohle knusprig gegrillt werden. Zucker und Sesamöl karamelisieren während des Garens und überziehen das Fleisch so mit einer süßen Glasur. Der Name des Gerichts setzt sich aus den koreanischen Bezeichnungen für Feuer und Fleisch zusammen. Das Fleisch brät auf einem Grill, der wie ein perforierter, umgedrehter Wok aussieht.

In Korea ißt man Bool kogi so wie wir Fajitas essen, jedoch mit einem Salatblatt statt Tortilla. Man rollt das Fleisch (oft mit einer gegrillten Knoblauchzehe) in ein Salatblatt, taucht es in Sauce – in diesem Rezept asiatische Birnensauce – und steckt es dann in den Mund. Der Kontrast von süß und salzig, scharf und fruchtig, knackigem Salat und kernigem und doch zartem Fleisch ist einmalig in der Barbecuewelt.

FLEISCH UND MARINADE:
900 g Filetspitzen oder Filetsteaks, entbeint
125 ml Sojasauce
70 g Zucker
3 EL Sake, Reiswein oder Sherry
2 EL asiatisches (dunkles) Sesamöl
8 Knoblauchzehen, in dünne Scheiben geschnitten
4 Lauchzwiebeln, feingehackt
2 EL geröstete Sesamkörner (s. Seite 93)
½ TL frisch gemahlener schwarzer Pfeffer

ZUM SERVIEREN:
Knoblauchspieße, bis Schritt 2 vorbereitet (nach Wunsch, s. Seite 385)
asiatische Birnensauce (s. Seite 486)
1 Römersalat, in Blätter geteilt, gewaschen und trockengeschleudert

1. Die Filetspitzen schmetterlingsförmig aufschneiden (s. Seite 163), um quadratische, dünne Fleischstücke zu erhalten. Sie sollten ca. 10 cm lang und ½ cm dick sein. Falls Sie Filetsteaks verwenden, diese quer zur Faser in ca. ½ cm dicke Scheiben schneiden. Die Fleischstücke oder -scheiben zwischen zwei Lagen Klarsichtfolie legen und mit einem Fleischklopfer oder Nudelholz sehr dünn klopfen. In eine große Auflaufform legen und beiseite stellen.

2. Die Zutaten für die Marinade in eine kleine Schüssel geben und so lange verrühren, bis sich der Zucker aufgelöst hat. Über das Fleisch gießen und gut durchmischen. Zugedeckt im Kühlschrank ca. 1–2 Std. marinieren.

3. Den Grill auf höchster Stufe anheizen.

4. Wenn der Grill bereit ist, den Grillrost einfetten. Die Knoblauchspieße auf den heißen Rost legen und 4–5 Min. grillen. Anschließend die Fleischstücke auf den Rost legen und von jeder Seite 1–2 Min. grillen, bis sie schön gebräunt sind, dabei das Fleisch mit einer Grillzange wenden. Die Knoblauchspieße wenden, während das Fleisch gart. Das Fleisch auf eine Platte geben und den Knoblauch auswickeln.

5. Die Sauce in 6 kleine Schälchen füllen. Jeweils ein Stück Fleisch und eine gegrillte Knoblauchzehe in ein Salatblatt wickeln, in die Sauce dippen und sofort essen.

Für 6 Personen

GEGRILLTES RINDFLEISCH OAXACA-ART

MEXIKO

METHODE:
Direktes Grillen:

Carne asado (gegrilltes Fleisch) und Carnitas (gegrillte Fleischstücke) sind in Mexiko so beliebt, daß sie als Nationalgericht durchgehen könnten. Die im Rauch gegrillten Rindfleischstücke bekommen Sie überall, wo sich Menschen versammeln und ein geschäftstüchtiger Koch genug Platz für einen Grill findet.

Das beste Carne asado, das ich je gegessen habe, gab es auf dem Mercado 20 de Noviembre (Markt des 20. November) in Oaxaca. Der Kontrast von kernigem Fleisch, knackigen Lauchzwiebeln, kühlender Guacamole und feurigen Chillies hat mich ebenso begeistert wie die Barockarchitektur der dortigen Kirchen.

Carne asado aus Oaxaca ist ein wunderbares Essen für Gäste und bietet ihnen ein unvergeßliches Geschmackserlebnis. Dieses Rezept mag kompliziert erscheinen, wird aber in einfache Schritte unterteilt. Garen Sie die Zutaten über Holz oder Holzkohle, wenn Sie es authentisch haben wollen. Doch auch mit Gas funktioniert es.

2 Bund Lauchzwiebeln, geputzt
8 Chillies de agua, Cubanelle-, Bull's horn-, Jalapeño- oder Poblano-Chillies
grobes Meersalz
900 g Filetsteak ohne Knochen, in große, ½ cm dicke Stücke geschnitten (s. Hinweis)
16 Tortillas, nach Bedarf auch mehr
4 Limetten, in Spalten geschnitten
Guacamole nach Oaxaca-Art (s. Seite 449)
Salsa mexicana (s. Seite 174)

1. Den Grill auf höchster Stufe anheizen.

2. Bei Verwendung von Holz oder Holzkohle die Lauchzwiebeln und Chillies direkt auf die Briketts geben und ca. 5 Min. von jeder Seite garen, bis sie goldbraun und weich sind, mit einer Grillzange wenden. Bei Gas (oder wenn Sie nicht direkt an die Grillbriketts herankommen) Lauchzwiebeln und Chillies auf dem Rost grillen. Lauchzwiebeln nach der Zubereitung in Alufolie wickeln und beiseite stellen, während die Chillies garen.

3. Mit einem Messer die verbrannte Haut der Chillies abkratzen (keine Sorge, wenn das nicht vollständig gelingt). Dann halbieren und die Kerne entfernen. Mit Folie abdecken und beiseite stellen.

4. Den Grillrost einfetten. Das Fleisch kräftig salzen und auf den heißen Rost legen. Etwa 3 Min. von jeder Seite durchbraten, dabei mit einer Grillzange wenden. Während des Grillens nach und nach die Tortillas für ein paar Sekunden auf dem Grill aufwärmen und in einem Korb unter einem Tuch warm halten. Das Fleisch in dünne Streifen oder 1 ½ cm große Würfel schneiden.

5. Zum Servieren Schüsseln mit Limettenspalten, Guacamole und Salsa anrichten. Jede Tortilla mit einigen Fleischstücken belegen. Je eine gegrillte Lauchzwiebel und Chilihälfte darauf legen. Einen Klecks Guacamole und Salsa darauf setzen und mit Limettensaft beträufeln. Das Ganze aufrollen und essen.

Für 8 Personen

Hinweis: Bitten Sie den Schlachter, das Fleisch mit der Maschine zu schneiden. So dünne Scheiben haben die größtmögliche Oberfläche zur Aufnahme von Hitze und Rauch.

MATAMBRE KLASSISCH

ARGENTINIEN

METHODE:
Direktes Grillen

VORBEREITUNGSZEIT:
4–8 Std. zum Marinieren

Mit »Matambre« (wörtlich: Hungerkiller) bezeichnet man ein bestimmtes Fleischstück wie auch eine Reihe von damit zubereiteten Gerichten. Dieser große Muskel aus der Rinderbrust ist 1 cm dick und rechteckig. Matambre ist zäh, aber geschmacksintensiv und wird immer gut durchgebraten serviert: Das lange Garen macht die zähen Fleischfasern mürbe.

Die einfachste Matambre-Version – die auf Estancias (Landgütern) und in Steakhäusern als Vorspeise gereicht wird – besteht aus einem flachen Fleischstück, das mit Gewürzen bestreut, gegrillt, in 2 cm große Quadrate geschnitten und auf Holzspießchen serviert wird. Um es nachzukochen, benutze ich gerne Steak aus der Knochendünnung (Skirt-Steak). Dies ist ein kleineres, aber ebenfalls flaches Fleisch-stück mit einer ähnlichen Muskelstruktur wie Matambre. Skirt-Steak ist jedoch zar-ter, und muß daher nicht so lange garen.

Für ein aufwendigeres Matambre wird das Fleisch gefüllt und aufgerollt und bei niedriger Hitze mehrere Stunden gegrillt. Die Anleitung für ein solches Gericht fin-den Sie unten.

STEAK UND MARINADE:
680 g Rindersteaks aus der Knochendünnung
1 mittelgroßer, grüner Paprika, entkernt und
**   feingewürfelt**
2 Knoblauchzehen, durchgepreßt
60 ml Olivenöl
2 EL Rotweinessig
1 TL Oregano, getrocknet
½ TL Chiliflocken
½ TL Salz
½ TL fein gemahlener schwarzer Pfeffer
2 Lorbeerblätter

WÜRZMISCHUNG:
1 TL Oregano, getrocknet
½ TL Chiliflocken
½ TL Salz
½ TL fein gemahlener schwarzer Pfeffer

1. Die Steaks in eine Auflaufform geben und beiseite stellen.

2. Für die Marinade Paprika, Knoblauch, Öl, Essig, Oregano, Chiliflocken, Salz und Pfeffer in einer kleinen Schüssel gut verrüh-ren. Über die Steaks gießen und diese so lange wenden, bis sie vollständig damit über-zogen sind. Lorbeerblätter zufügen und min-destens 4 Std., besser über Nacht, abgedeckt im Kühlschrank marinieren.

3. Den Grill auf höchster Stufe anheizen.

4. Die Zutaten für die Würzmischung in einer kleinen Schüssel mischen.

5. Den Grillrost einfetten. Die Steaks ab-tropfen lassen und auf den heißen Rost legen. Mit der Hälfte der Würzmischung bestreuen und etwa 4 Min. von jeder Seite medium bis durch garen. Nach dem Wenden (Grillzange!) mit der restlichen Würzmischung bestreuen.

6. Steaks auf einem Schneidbrett 3 Min. ruhen lassen. Dann in 2 cm große Würfel schneiden und auf Holzspießchen servieren.
Für 6 Personen als Vorspeise
oder für 4 Personen als Hauptgericht

RINDERROULADE AUS MONTEVIDEO
Matambre

URUGUAY

METHODE:
Indirektes Grillen

Dieses Rezept mag kompliziert klingen, es ist jedoch in 15 Min. vorbereitet. Beim Ergebnis werden Ihre Gäste den-ken, Sie hätten Stunden daran gearbeitet. Sie benötigen dafür eine Scheibe Roula-denfleisch aus der Dünnung, aber ich habe es auch schon mit Rinderbrust zubereitet. Wenn Sie sich das Aufschneiden nicht zu-trauen, bitten Sie den Schlachter darum. (Weiteres zu Matambre s. Seite 132.)

½ großer, roter Paprika, entkernt
½ großer, grüner Paprika, entkernt
150 g Hartkäse (z. B. Parmesan)
150 g geräucherte Knoblauchwurst
    (z. B. Cabanossi)
2 Eier, hartgekocht, gepellt und abgekühlt
    (nach Wunsch)
1 große Karotte, geschält
6 dünne Scheiben Frühstücksspeck
700–800 g Rouladenfleisch aus der Dünnung,
    schmetterlingsförmig aufgeschnitten
    (s. Kasten rechte Spalte)
Salz und frisch gemahlener schwarzer Pfeffer
    nach Geschmack
1 TL Oregano, getrocknet
½ TL Salbei, getrocknet

1. Den Grill zum indirekten Grillen vorbereiten (s. Seite 14/16). Eine Tropfschale in die Mitte stellen und auf schwache bis mittlere Hitze anheizen.

2. Paprika, Käse und Wurst längs in 1 cm breite Streifen schneiden. Eier und Karotte längs vierteln. Speck auf ein 60 x 60 cm großes Quadrat aus extra starker Alufolie legen, dabei 2 cm Platz zwischen den Scheiben lassen. Die Streifen sollten parallel zur vorderen Kante der Arbeitsfläche liegen. Das schmetterlingsförmig aufgeschnittene Fleisch so darauf anordnen, daß die Fasern (und die Naht zwischen den Fleischhälften) rechtwinklig zum Speck verlaufen.

3. Das Fleisch kräftig mit Salz und Pfeffer würzen und mit Oregano und Salbei bestreuen. Die Wurststreifen am vorderen Ende des Fleisches in eine Reihe legen und daneben eine Reihe rote Paprikastreifen legen, dann je eine Reihe Käse-, Karotten-, grüne Paprikastreifen und Eier. So fortfahren, bis alle Zutaten aufgebraucht sind, dabei die letzten 8 cm Fleisch frei lassen.

4. Das Fleisch mit Hilfe der Alufolie von der vorderen Seite her zu einer festen Roulade aufrollen (ähnlich dem Aufrollen einer Biskuitrolle). Das obere Ende des Matambre mit Metallspießchen zustecken oder mit Küchengarn verknoten. Die fertige Roulade

in Alufolie einwickeln und die Enden zusammendrehen, so daß eine große Wurst entsteht. Die Folie an beiden Enden mehrmals einstechen, damit Dampf entweichen kann.

5. Das Matambre in die Mitte des Grills legen, nicht direkt über das Feuer. Den Grill abdecken und die Roulade 1 ½–2 Std. grillen, bis sie sehr weich ist. (Bei Holzkohle nach 1 Std. 10–12 Briketts pro Seite nachlegen.) Als Garprobe einen Metallspieß durch die Folie ins Fleisch stechen. Er soll das Fleisch leicht durchdringen und beim Herausziehen kochendheiß sein. Das Matambre auf ein Schneidbrett legen und 15 Min. abkühlen lassen.

6. Folie und Spießchen oder Garn entfernen. Das Matambre zum Servieren quer in 2 cm dicke Scheiben schneiden.

*Für 8 Personen als Vorspeise
oder für 4 Personen als Hauptgericht*

Schmetterlings-steaks

Kaufen Sie eine 25–30 cm lange und ca. 15 cm breite Scheibe Rouladenfleisch. Diese ans Ende des Schneidbretts mit der kurzen Seite zu Ihnen und dem flachen Rand der langen Seite zu Ihrer Rechten legen, wenn Sie Rechtshänder, und zu Ihrer Linken, wenn Sie Linkshänder sind. Ein langes, schmales, scharfes Messer parallel zum Brett halten und das Fleisch waagerecht halbieren, dabei am flachen Rand der langen Seite beginnen und fast bis zum gegenüberliegenden Ende durchschneiden. Das Fleischstück wie ein Buch aufklappen und mit einem Fleischklopfer oder Nudelholz flach klopfen. Aus einem Fleischstück von 700–800 g soll ein Viereck von 30–40 cm entstehen.

Matambre: Der Hungerkiller aus Südamerika

Das schönste Restaurant von Montevideo in Uruguay mag »El Palenque« zwar nicht sein, aber wenn's um den Genuß von Rindfleisch geht, gibt es keinen Ort, wo ich lieber wäre. Das Restaurant am überdachten Mercado del Puerto (Hafenmarkt) aus dem 19. Jh. dient als Montevideos Barbecue-Hauptquartier und bietet eine fleischlastige Speisekarte, darunter Mollejas (grilltes Bries), Choto (knusprige gerollte Kutteln) und ein Asado de tira (ein langer, dünner quergeschnittener Streifen aus der Schulter), das buchstäblich den Teller unter sich begräbt.

Mein Lieblingsgericht hier trägt den merkwürdigen Namen Matambre. Tatsächlich sagt er alles: »Hambre« ist das spanische Wort für Hunger und «Matar» bedeutet töten. Zusammengesetzt ergeben sie eines der typischsten Gerichte Südamerikas.

Matambres werden normalerweise als aufgerollte, gefüllte und im Ofen gebratene oder gegrillte Rouladenstücke beschrieben. Aber wenn Sie durch Südamerika reisen, stellen Sie fest, daß es sie auch flach und ungefüllt aus einer Vielzahl von Fleischstücken geschnitten gibt. Traditionell werden sie als Vorspeise serviert, aber es gibt Matambres auch in so großen Portionen, daß amerikanische Hauptgerichte daneben eher lächerlich wirken.

Für mich ist das Matambre im »El Palenque« die Krönung. Die montevideoische Version enthält ein gürtelsprengendes Arrangement von Wurst, Karotten, Paprika und Käse, die in ein mit Oregano und Salbei gewürztes Fleischstück gerollt werden. Quer aufgeschnitten, ergibt dies eine Fleischspirale mit einem farbenfrohen Arrangement aus Gemüse, Käse und Wurst. Da ich die Riesenportionen dieses Restaurants kenne, habe ich nur eine halbe Portion von »Palenques« Hungerkiller bestellt. Die Scheibe war so dick wie ein Telefonbuch. Eine ganze Portion mag ich mir gar nicht vorstellen.

ARGENTINISCHER URSPRUNG

Die ersten Matambres gab es in Argentinien: mit Salz und Kräutern gewürzte Steaks, die flach über glühender Holzkohle gegart wurden. So wie das Matambre, das mich auf dem Landgut »Estancia La Cinacina« westlich von Buenos Aires empfing, das auf Barbecuepartys und Reitshows für Touristen spezialisiert ist. In 2 cm große Würfel geschnitten und auf Holzspießchen serviert, ist es ein leckeres Horsd'œuvre.

Die Matambre-Zubereitungen unterscheiden sich von Restaurant zu Restaurant und von Koch zu Koch. Im Restaurant »Estancia« in Buenos Aires (nicht mit dem oben erwähnten Landgut zu verwechseln) rollt man ein nur sparsam mit Olivenöl, Salz, Pfeffer, Knoblauch, Oregano und Lorbeerblättern gewürztes Matambre auf.

In Brasilien genoß ich ein hervorragendes Matambre im »Barra Grill« in Rio de Janeiro. Der brasilianischen Tradition entsprechend wurde das Fleisch in einer würzigen Knoblauch-Limetten-Sauce mariniert, bevor es mit Speck und Käse aufgerollt und am Spieß gebraten wurde.

Da die verwendeten Fleischstücke an sich recht zäh sind, muß man Matambre lange garen, damit es zart wird. Sie mögen vielleicht denken, daß längeres Garen über einem offenen Feuer schwierig, wenn nicht gar unmöglich sei. Südamerikanische Grillfans haben eine geniale Methode: Sie wickeln das Matambre in Alufolie und garen es mehrere Stunden über einem schwachen Feuer. Die Folie verhindert, daß die Außenseite verbrennt und hält die Fleischroulade in Form.

Auf den Seiten 129 bis 130 finden Sie zwei unterschiedliche Rezepte für Matambre, die Sie auf dem Grill zubereiten können. Ganz gleich, ob Sie sie als farbenprächtige Vorspeise oder aber als Hauptgericht servieren, eines ist sicher: Sie werden in jedem Fall Ihren Hunger stillen!

FLEISCHSPIESSE MIT ERDNUSSMEHL
Kyinkyinga

WESTAFRIKA

METHODE:
Direktes Grillen

VORBEREI-TUNGSZEIT:
2–3 Std. zum Marinieren

SPEZIAL-ZUBEHÖR:
4 lange Metall-oder 8 kurze Bambusspieße, 1 Std. in kaltes Wasser legen und abtropfen lassen

Das erste Mal hörte ich von Kyinkyinga durch einen Anthropologen, der mehrere Jahre die Stämme Westafrikas studiert hatte. Um Rindfleisch zu garen, hängt man dort lange Streifen Fleisch an Spieße und grillt sie senkrecht vor einem Lagerfeuer. Das Erdnußmehl, in dem das Fleisch gewendet wird, sorgt für unerwarteten Biß und süßlich-nussigen Geschmack als Gegensatz zur feurigen Chili-Marinade auf dem Fleisch.

Das einzig Schwierige an diesem Gericht dürfte es sein, Erdnußmehl zu finden. Wenn Sie in einer Stadt mit westafrikanischem Bevölkerungsanteil leben, können Sie es in einem westafrikanischen Supermarkt, vielleicht auch im Asienladen finden oder über einen Spezialversand bestellen. Zur Not können Sie auch einfach ohne Fett geröstete Erdnüsse mit etwas Mehl in der Küchenmaschine mahlen.

Der Bequemlichkeit halber gare ich das Fleisch wie Kebabs. Wie immer biete ich bei der Menge der Chillies eine Spanne an. Vier sorgen für feurige Schärfe.

FLEISCH UND MARINADE:
675–900 g Rinderfilet, in 2 cm große Würfel
   geschnitten
1 große Zwiebel, in Spalten geschnitten
1 grüner Paprika, entkernt und grob zerteilt
6 Knoblauchzehen, geschält
1–4 Scotch bonnet-Chillies oder
   4–8 Jalapeños, grobgehackt
   (für ein milderes Aroma entkernt)
2 EL Ingwer, gehackt
1½ TL Salz
1 TL frisch gemahlener schwarzer Pfeffer
60 ml Erdnußöl

KEBABS:
2 große, grüne Paprika, entkernt und in 2 cm
   große Stücke geschnitten
1 große Zwiebel, in 2 cm große
   Stücke geschnitten
300 g Erdnußmehl
   (s. Hinweis)

1. Das Fleisch in eine große Auflaufform legen und beiseite stellen.

2. Für die Marinade Zwiebeln, Paprika, Knoblauch, Ingwer, Salz und Pfeffer in der Küchenmaschine oder im Mixer fein zerkleinern. Das Öl zufügen und alles zu einer glatten Paste verrühren. Über das Fleisch gießen und gut verteilen. Abgedeckt 2–3 Std. im Kühlschrank marinieren.

3. Den Grill auf höchster Stufe anheizen.

4. Das Fleisch aus der Marinade nehmen und abwechselnd mit Paprika und Zwiebeln auf die Spieße stecken. Das Erdnußmehl auf einen großen Teller geben und die Spieße darin wenden, bis sie ringsum gleichmäßig bemehlt sind.

5. Den Grillrost einfetten. Die Spieße auf den heißen Rost legen. Nach Geschmack 2–3 Min. von jeder Seite (insgesamt 8–12 Min.) rosa grillen, dabei mit einer Grillzange wenden. Sofort servieren.

Für 4 Personen
Hinweis: Wenn Sie kein Erdnußmehl bekommen, mahlen Sie 175 g fettfrei geröstete Erdnüsse mit 50 g Mehl so fein wie möglich in kurzen Intervallen in der Küchenmaschine. Nicht zu lange mahlen: Erdnußmehl wird schnell zu Erdnußbutter.

PERUANISCHE RINDFLEISCH-KEBABS
Anticuchos

PERU

METHODE:
Direktes Grillen

**VORBEREI-
TUNGSZEIT:**
*2 Std. zum
Marinieren*

**SPEZIAL-
ZUBEHÖR:**
*4 lange
Metallspieße*

Anticuchos sind der Nationalsnack in Peru, würzige Spieße mit Rinderherz, die auf Bestellung von Straßenverkäufern gegrillt werden. Da in Nordamerika fast niemand Rinderherz ißt, habe ich das Gericht mit Filet abgewandelt. Zum traditionellen Rezept gehören zwei besondere Zutaten: Aji amarillo und Achiote. Ersteres ist ein scharfes, gelbes Chilipulver aus intensiv schmeckenden peruanischen Chillies, letzteres sind die orangefarbenen Samen des karibischen Annattostrauchs. (Annattosamen – erhältlich in lateinamerikanischen Märkten oder Asienläden – sind sehr hart. Mahlen Sie sie in einer Gewürzmühle.) Wenn Sie diese Zutaten nicht bekommen, kann ich Sie beruhigen: Auch mit den ersatzweise angegebenen Gewürzen werden die Anticuchos richtig lecker.

Peruanische Grillplatte mit verschiedenen Kartoffeln eignet sich gut als Beilage.

FLEISCH UND MARINADE:
**675 g Rinderfilet oder Lende, entbeint und in
   2 cm große Würfel geschnitten**
2 Knoblauchzehen, durchgepreßt
**2–4 TL Aji amarillo (Chilipulver oder -paste)
   oder Rosenpaprika**
**1 TL Annattosamen, gemahlen, oder
   ½ TL Kurkuma, gemahlen**
1 TL Kreuzkümmel, gemahlen
1 TL Salz
1 TL frisch gemahlener schwarzer Pfeffer
125 ml Olivenöl
65 ml Rotweinessig

GLASUR:
3 EL Pflanzenöl
**1–3 TL Aji amarillo (Chilipulver oder -paste)
   oder Rosenpaprika**

1 ½ TL Salz
½ TL frisch gemahlener schwarzer Pfeffer
3 EL glatte Petersilie, feingehackt

KEBABS:
**1 mittelgroßer, grüner Paprika, entkernt und
   in 2 cm große Stücke geschnitten**
**1 mittelgroßer, roter (oder gelber) Paprika,
   entkernt und in 2 cm große Stücke
   geschnitten**

   1. Das Fleisch mit Knoblauch, Chilipulver, Annatto, Kreuzkümmel, Salz und Pfeffer in eine große Auflaufform geben und gut durchmischen. Zugedeckt 30 Min. im Kühlschrank marinieren.

   2. Öl und Essig unterrühren und weitere 1 ½ Std. im Kühlschrank marinieren.

   3. Den Grill auf höchster Stufe anheizen.

   4. Für die Glasur das Öl in einem kleinen Topf erhitzen. Chilipulver, Salz und Pfeffer zufügen. 5 Min. unter Rühren bei schwacher Hitze anrösten, bis die Mischung eine orange Farbe annimmt und duftet. Petersilie zugeben und 1 Min. garen. Vom Herd nehmen und abkühlen lassen.

   5. Fleisch und Paprika abwechselnd auf die Spieße stecken. Die Anticuchos mit der Hälfte der Glasur bestreichen.

   6. Wenn der Grill bereit ist, den Grillrost einfetten. Die Spieße auf dem heißen Grill verteilen. Ganz nach Geschmack 2–3 Min. von jeder Seite (insgesamt 8–12 Min.) rosa grillen, dabei mit einer Grillzange wenden. Die Spieße während des Garens mit der restlichen Glasur bestreichen, jedoch nicht mehr während der letzten 3 Min. der Grillzeit. Sofort servieren.

   Für 4 Personen

Das Parieren von Fleisch

Ich empfehle immer wieder das Zurichten (Parieren) der in den Rezepten verwendeten Fleischstücke. Sie sollten Sehnen, Knorpel und Häutchen entfernen sowie überschüssiges Fett – aber nicht das gesamte.

Überschüssiges Fett sind für mich große Fettstücke (2 cm oder mehr) oder eine mehr als 1 cm dicke Fettschicht. Fett mag in gesundheitsbewußten Kreisen verpönt sein. Wenn es jedoch ums Grillen geht, ist Fett gut. Marmorierte Steaks oder Rinderbrust mit einer Fettschicht schmecken immer besser als magere Fleischstücke.

Aus einem einfachen Grund: Grillen ist eine trockene Garmethode. Bei trockener Hitze neigt das Fleisch zum Austrocknen. Wenn aber ein marmoriertes Fleischstück gart, zergeht das Fett und tränkt die Fleischfasern, so daß sie saftig bleiben.

Zudem gibt es nichts Leckereres als den krossen Fettrand an Steak oder Rippchen. Sie sollten sich nur nicht täglich so ernähren!

Wenn Sie also das nächste Mal Fleisch zurichten, widerstehen Sie der Versuchung, das gesamte Fett zu entfernen. Ihr Barbecue wird es Ihnen danken.

BENGALISCHE SCHISCH-KEBABS

BANGLADESH

METHODE:
Direktes Grillen

VORBEREI-TUNGSZEIT:
2 Std. zum Marinieren

SPEZIAL-ZUBEHÖR:
4 lange Metall-oder 8 kurze Bambusspieße, 1 Std. in kaltes Wasser legen und abtropfen lassen

Schisch-Kebab ist das beliebteste Barbecuegericht der Welt. Das Fleisch ist überall unterschiedlich (ebenso wie die Art der verwendeten Spieße), aber das Prinzip (Fleisch, am Spieß gegrillt) bleibt gleich. Dies ist die bengalische Version – ein beliebter Snack am Nachmittag. Gewürzt wird zurückhaltender als bei den indischen Tandoori-Spießen, und die Würzmischung wird auf dem Fleisch verteilt, bevor das Öl zum Marinieren zugegeben wird. So dringen die trockenen Gewürze besser ins Fleisch ein.

Ich empfehle dafür Rinderlende, Filetspitzen oder Filet.

FLEISCH UND MARINADE:
675 g Rinderlende, pariert und in 2 cm große Würfel geschnitten
3 Knoblauchzehen, feingehackt
1 EL Ingwer, gehackt
1 ½ TL Salz
1 EL Koriander, gemahlen (s. Hinweis)
1 TL Kreuzkümmel, gemahlen (s. Hinweis)
1 TL frisch gemahlener schwarzer Pfeffer
½–1 TL Cayennepfeffer
3 EL Pflanzenöl

KEBABS:
Fladenbrote nach Tandoori-Art (s. Seite 109) oder Pita-Brot
1 Gurke, entkernt und in 1 cm große Würfel geschnitten (s. Kasten Seite 90)
1 Tomate, entkernt und in 1 cm große Würfel geschnitten (s. Kasten Seite 62)
1 kleine Zwiebel, in 1 cm große Würfel geschnitten
1 Zitrone, in Spalten geschnitten
bengalische Mango-Tamarinden-Barbecue-sauce (nach Wunsch, s. Seite 464)

1. Fleisch, Knoblauch, Ingwer, Salz und Gewürze in eine Schüssel geben und gut durchmischen. Öl zufügen und nochmals mischen. Zugedeckt 2 Std. im Kühlschrank marinieren.

2. Den Grill auf höchster Stufe anheizen.

3. Die Fleischwürfel auf die Spieße stecken. Den Grillrost einfetten und die Kebabs auf dem heißen Rost verteilen. Nach Geschmack 2–3 Min. von jeder Seite (8–12 Min. insgesamt) rosa grillen, mit einer Grillzange wenden. Die Kebabs auf eine Platte geben.

4. Die Brote nebeneinander auf den Rost legen und ca. 20 Sek. von jeder Seite grillen, bis sie weich sind. Dann auf Tellern verteilen (Brote halbieren, wenn es als Vorspeise serviert wird) und das Fleisch von den Spießen auf die Brote schieben (oder jeweils ein Brot um einen Spieß wickeln und diesen herausziehen). Gurken-, Tomaten- und Zwiebelwürfel darüber verteilen und mit etwas Zitronensaft beträufeln. Eventuell Barbecuesauce darüber geben oder diese als Dip verwenden. Sofort servieren.

Für 8 Personen als Vorspeise oder für 4 Personen als Hauptgericht

Hinweis: Für ein intensiveres Aroma ganze Kreuzkümmel- und Korianderkerne verwenden. Diese in einer Pfanne ohne Fett bei mittlerer Hitze 3–5 Min. unter Wenden anrösten, bis sie leicht gebräunt sind und duften. Abgekühlt in der Küchenmaschine mahlen.

RUSSISCHE RINDFLEISCHSPIESSE
Schaschliki

RUSSLAND

METHODE:
Direktes Grillen

**VORBEREI-
TUNGSZEIT:**
4–8 Std. (über Nacht) zum Marinieren

**SPEZIAL-
ZUBEHÖR:**
4–6 lange Metallspieße

Am Wochenende fahren die Moskauer gerne aufs Land und bereiten dort häufig diese kräftigen Spieße zu. Die Verwendung von geriebener Zwiebel ist typisch für die slawische Küche; ihr Aroma ist intensiver als das von Zwiebelwürfeln.

FLEISCH UND MARINADE:
675–900 g Rinderlende oder
    Filetspitzen
1 große Zwiebel, grobgerieben
6 Knoblauchzehen, grobgerieben
120 ml trockener Rotwein
60 ml Rotweinessig
3 EL Olivenöl
2 Lorbeerblätter
1 ½ TL Salz
1 ½ TL frisch gemahlener schwarzer Pfeffer

SPIESSE:
1 große Zwiebel, in 2 cm große Stücke
    geschnitten
1 großer, grüner Paprika, entkernt und in
    2 cm große Stücke geschnitten

1. Das Fleisch von Sehnen und überschüssigem Fett befreien und in 4 cm große Würfel schneiden. Die Zutaten für die Marinade in einer großen Auflaufform verrühren und mit den Fleischwürfeln mischen. Zugedeckt mindestens 4, besser 8 Std. im Kühlschrank marinieren, ein- bis zweimal durchrühren.

2. Den Grill auf höchster Stufe anheizen.

3. Die Fleischwürfel aus der Marinade nehmen und abwechselnd mit Zwiebel- und Paprikastücken auf Spieße stecken. Den Grillrost einfetten und die Spieße auf dem heißen

Rost verteilen. Nach Geschmack 2–3 Min. von jeder Seite (8–12 Min. insgesamt) rosa grillen, dabei mit einer Grillzange wenden. Die Spieße während des Grillens mit der rest- lichen Marinade bestreichen, jedoch nicht mehr in den letzten 5 Min. der Grillzeit. Sofort servieren.

Für 4–6 Personen

FEURIGES FLEISCH AM STOCK

Suyas

NIGERIA

METHODE:
Direktes Grillen

VORBEREI- TUNGSZEIT:
1–2 Std. zum Marinieren

SPEZIAL- ZUBEHÖR:
20 kurze Bambusspieße, 1 Std. in kaltes Wasser legen und abtropfen lassen

Zum ersten Mal begegnete ich »Fleisch am Stock« (scharfe Rindfleischspie- ße) in einem nigerianischen Restau- rant in Washington D.C. Es war jedoch Do- zie Nnamah, ein Taxifahrer in Chicago, der diesem beliebten westafrikanischen Snack den richtigen Rahmen verlieh.

Stellen Sie sich vor, Sie sind zwanzig; und es ist Samstagnacht in Lagos. Sie quet- schen sich mit ein paar Freunden ins Auto und fahren durch die Stadt. Das Radio ist so laut, daß die Windschutz- scheibe wackelt, und Sie hören Ebenezer Obey oder King Sunny Ade.

Sie kaufen einige Sixpacks Gul- der- oder Premier-Bier. (Natürlich nicht für den Fahrer!) Und schließlich wird beim nächsten Suya-Verkäufer gehalten, wo Sie einige Dutzend Fleisch- spieße kaufen. Sie essen sie mit roher Zwiebel und soviel Cayenne- pfeffer wie möglich und genießen das Leben – an diesem Abend zumin- dest ist kaum vorstellbar, daß es noch bes- ser sein könnte.

Das Fleisch sollte nicht zu mager sein. Sie brauchen einige Fettstücke, um das Fleisch während des Garens zu tränken und zart zu machen. Wie üblich, biete ich beim Cayenne eine Wahlmöglichkeit an. Mir selbst würde ein Eßlöffel reichen.

Mit reichlich eiskaltem Bier servieren.

675 g Rinderfilet (versuchen Sie, ein Stück mit etwas Fett zu bekommen, oder fragen Sie den Schlachter nach einem Stück Rinderfett)
3 Würfel Instant-Rinderbrühe
1 EL Wasser
1–3 TL Cayennepfeffer sowie 1 EL zum Servieren
1 TL frisch gemahlener schwarzer Pfeffer
½ TL Salz
2 EL Pflanzenöl
1 mittelgroße Zwiebel, in 1 cm große Stücke geschnitten, zum Servieren

1. Das Fleisch in ca. 1 cm große Würfel schneiden. Die Brühwürfel in eine große Schüssel krümeln und mit Wasser zu einer dicken Paste verrühren. Cayennepfeffer, schwarzen Pfeffer und Salz unterrühren. Die Fleischwürfel zufügen und alles gut durch- mischen. Zugedeckt 1–2 Std. im Kühlschrank marinieren.

2. Den Grill auf höchster Stufe anheizen.

3. Das Fleisch aus der Marinade neh- men und jeweils 6–8 Würfel auf einen Spieß stecken, die Spitze dabei frei lassen. Das Öl auf einen Teller gießen und die Spieße darin wenden.

4. Die fertigen Spieße auf dem heißen Grillrost verteilen und nach Geschmack von jeder Seite 2–3 Min. (insgesamt 8–12 Min., s. Hinweis) grillen, dabei mit einer Grillzange wenden.

5. Zwiebelstücke und zusätzlichen Cayennepfeffer in zwei Schalen anrichten. Ein Zwiebelstück auf den Spieß stecken, Fleisch mit soviel Cayennepfeffer, wie Sie ertragen können, bestreuen und essen.

Für 8 Personen als Vorspeise, für 4 Personen als Hauptgericht

Hinweis: In der angegebenen Garzeit wird das Fleisch durchgebraten. Mir wurde bisher jedes »Fleisch am Stock« so serviert. (Es wird mit billigen Fleischstücken hergestellt, daher braucht es eine längere Garzeit.) Für rosa gegrillte Spieße verwenden Sie ein zarteres Fleischstück und grillen es 1–2 Min. pro Seite.

Imbiß-Center

Ich bin ein begeisterter Anhänger von Imbißbuden. Am »Straßen-Essen« gefällt mir einfach alles: das Unmittelbare, Direkte, Deftige, und daß man bei der Zubereitung zusehen und alles umgehend verspeisen kann. Ich mag es aus demselben Grund wie die gemütlichen ausländischen Restaurants: weil der Besitzer seine Zeit und Mühe nicht auf die Dekoration verwendet, sondern auf die Speisen.

Das trifft vor allem auf Satés, Kebabs, Anticuchos, Tacos al pastor und andere gegrillte Gerichte zu – sie gehören zum besten, was man auf der Straße essen kann. Zu den schönsten Erinnerungen an meine Barbecuereise gehören die auf Märkten und an Imbißständen verbrachten Momente, wo man so nah am Grill sitzt, als wär's im eigenen Garten.

Der einzige Nachteil ist die Hygiene (bzw. deren Mangel). Fließendes – ganz zu schweigen von heißem – Wasser ist in der sogenannten Dritten Welt nun mal ein Luxus, ebenso wie Kühlschränke. Normalerweise bereitet und serviert der Händler das Essen mit bloßen Händen. An der Straße zu essen, kann eine Art kulinarisches Roulette sein. Du weißt nie, bei welchem Bissen dein Verdauungsapparat nicht mehr mitspielt.

Vor einigen Jahren beschloß man in Singapur, Imbiß-Essen hygienischer zu machen, und wies den Straßenhändlern feste Center zu. Diese bieten Elektrizität, Kühltruhen, fließendes Wasser und ein Dach über dem Kopf. Die Vorschriften werden von der Regierung genauestens überwacht, so daß Singapur hinsichtlich seiner Imbißstände zu den ungefährlichsten Orten der Welt gehört. Es gibt Dutzende Markt-Center in Singapur; drei der besten befinden sich am Newton Circus, Bugis Square und am kürzlich renovierten Clarke Quay.

Markt-Center bedeuten Demokratie und kulturelle Vielfalt. In einem Imbiß-Center in Singapur finden sich indonesische Saté-Stände, muslimische Bäcker, chinesische Nudelköche und indische Getränkeanbieter. Chinesische Geschäftsleute mit Handy essen Schulter an Schulter mit turbantragenden Sikhs.

Dem Beispiel Singapurs folgend, organisieren jetzt auch andere Länder ihre Straßenhändler in vorschriftsmäßigen Centern. So versammelt das »Sarinah Food Court« im Untergeschoß des Sarinah Shopping-Centers in Jakarta Straßenhändler, die sich auf die unterschiedlichsten indonesischen Gerichte spezialisieren, in einer sauberen, westlich anmutenden Umgebung. Ähnliches gibt es in Korea, Japan und Malaysia in den Untergeschossen von Kaufhäusern. Eines der besten Markt-Center der Welt – »Gurney Drive« in Penang – liegt direkt am Meer. Wo sonst kann man sich an Satés und Rujak delektieren und dabei die Andamanensee betrachten?

SCHNELLE PERSISCHE FLEISCHSPIESSE

IRAN

METHODE:
Direktes Grillen

SPEZIAL-ZUBEHÖR:
4 lange Metallspieße

In der Regel sind iranische Fleischspieße leicht herzustellen, aber sie benötigen 1–2 Tage Zeit zum Marinieren. Hier kommen Rindfleischspieße aus dem Iran, die sie vor- und zubereiten können, während der Grill anheizt. Der Trick ist, dünn geschnittene Rinderlende zu verwenden, die so zart ist, daß sie keine Marinierzeit benötigt.

675 g Rinderlende, von Sehnen und dem gesamten Fett befreit
1 große Zwiebel, in 2 cm große Stücke geschnitten
3 EL Limettensaft
3 EL Olivenöl extra vergine
1 EL schwarze Pfefferkörner, zerstoßen
Salz nach Geschmack
30 g Butter zum Servieren
Lavash (Fladenbrot) zum Servieren

1. Das Fleisch quer in 2 cm dicke Scheiben schneiden. Diese flach auf das Schneidbrett legen und in 2 cm breite Streifen teilen. Jeden Streifen quer in 1 cm dicke Stücke schneiden. Das Fleisch auf Spieße stecken und auf eine große, säurefeste Platte legen.

2. Die Zwiebel in der Küchenmaschine pürieren. Das Püree durch ein Sieb über die Spieße streichen, diese dabei wenden. In einer kleinen Schüssel Limettensaft, Öl, Pfeffer und Salz mit einer Gabel verschlagen, über die Spieße gießen. Dabei wiederum wenden und 15 Min. marinieren.

3. In der Zwischenzeit den Grill auf höchster Stufe anheizen.

4. Den Grillrost einfetten. Die Spieße abtropfen lassen, auf dem heißen Rost verteilen und nach Geschmack 1–2 Min. von jeder Seite grillen (insgesamt 4–8 Min., die Iraner mögen das Fleisch lieber etwas mehr durch als noch rosa). Die fertigen Spieße auf eine Platte legen. Die Butter auf eine Gabel spießen und über die Spieße reiben. Sofort servieren, das Fladenbrot dient als Schutz für die Hand, wenn das Fleisch vom Spieß geschoben wird.

Für 4 Personen

KEBABS RUE BANI MARINE

MAROKKO

METHODE:
Direktes Grillen

VORBEREITUNGSZEIT:
2–8 Std. zum Marinieren

Die Rue Bani Marine ist eine der gut besuchten Barbecuestraßen in Marrakesch am Jema al-Fna-Markt, die von einfachen Grillrestaurants gesäumt ist. Als Speisekarte dient das Schaufenster mit Lammkoteletts, Leber, von Paprika und Cayennepfeffer rot gefärbten Merguez-Würsten und dekorativ verzierten Bergen von Köfte (gewürztes Lammhack). Dazu noch vieles, was wir normalerweise nicht essen, wie Lammhoden oder Milz – letztere mit Zwiebel- und Petersilienfüllung.

In diesen Restaurants zu essen, ist ein schlichter, aber rundum befriedigender Genuß: eine Schüssel Oliven und eine Platte mit Fleischspießen, dazu scharfe Harissa, gegrilltes Brot und Schalotten-Relish (eine ziemlich geniale Mischung, in der Petersilie die Schärfe der Schalotten neutralisiert). Sollten Sie in Eile sein, wird

**SPEZIAL-
ZUBEHÖR:**
*4 lange
Metallspieße*

der Koch Ihnen diese Zutaten gern in ein aufgeschnittenes Brot füllen und zum Mitnehmen in Papier wickeln.

Wie in Indonesien wird das Fleisch für die Spieße sehr klein gewürfelt, damit es zart bleibt. Es schadet nicht, etwas fettes Rindfleisch oder Rinderfett mit dem mageren Filet auf die Spieße zu stecken, um das Fleisch saftig zu halten.

675 g Rinderlendensteak, entbeint
1 Zwiebel, feingehackt oder gerieben
1 großes Bund glatte Petersilie, feingehackt
1 TL Paprikapulver
Salz
**½ TL Kreuzkümmel, gemahlen, sowie
    1 EL zum Servieren**
½ TL frisch gemahlener weißer Pfeffer
2 EL Pflanzenöl
**marokkanisches Schalotten-Relish
    (Seite 441)**
einfache Harissa (Seite 479)
**marokkanisches Brot, Baguette oder
    Pita-Brot**

1. Das Fleisch in ca. 1 cm große Würfel schneiden. Zwiebeln, Petersilie, Paprika, 1 TL Salz, Kreuzkümmel, Pfeffer und Öl in einer großen Auflaufform verrühren. Fleisch zufügen und gut mischen. Abgedeckt mindestens 2, besser 8 Std. im Kühlschrank marinieren.

2. Den Grill auf höchster Stufe anheizen.

3. Das Fleisch auf Spieße stecken. Den Grillrost einfetten. Die Spieße auf dem heißen Rost verteilen und nach Geschmack 3–4 Min. von jeder Seite medium grillen (insgesamt 6–8 Min., die Marokkaner bevorzugen durchgebratenes Rindfleisch). Dabei mit einer Grillzange wenden.

4. Zum Servieren je 1 EL Salz und Kreuzkümmel in kleine Schälchen füllen und diese neben Schüsseln mit Schalotten-Relish und Harissa auf den Tisch stellen. Das Fleisch von den Spießen auf Teller schieben. Jeder Gast würzt seine Portion nach Geschmack mit Salz und Kreuzkümmel und gibt dann Relish und Harissa darüber. Mit Brotstücken zum Aufnehmen des Bratensaftes servieren.

Für 4 Personen

FLEISCH-LORBEER-SPIESSE MADEIRA
Espetada

PORTUGAL

METHODE:
Direktes Grillen

**VORBEREI-
TUNGSZEIT:**
*Mindestens
4 Std. zum
Marinieren*

**SPEZIAL-
ZUBEHÖR:**
*4–6 lange
Metallspieße*

In ganz Portugal liebt man gegrilltes Rindfleisch, am meisten jedoch auf Madeira. Die Restaurants der Insel verfügen über eine einmalige Ausstattung: einen Metallstab in Form eines umgedrehten L, der am Tisch befestigt ist. Das Rindfleisch wird auf speziellen Spießen mit Löchern am Ende gegrillt, dann an den Tisch gebracht und feierlich an den L-förmigen Stab über eine Schüssel mit portugiesischem Brot gehängt. So tropft der Fleischsaft auf das Brot, das zu einer dem Fleisch vergleichbaren Delikatesse wird.

Sofern Sie kein Schweißer sind, werden Sie diese Ausstattung nur schwerlich nachbauen können, aber Sie erzielen einen ähnlichen Effekt, wenn Sie die Spieße auf einer Platte mit Scheiben von portugiesischem Brot servieren. Interessant ist, daß das Fleisch früher (so wie heute noch in manchen ländlichen Gegenden üblich) auf Lorbeerzweige gefädelt und gegrillt wurde.

680 g Rinderfilet oder Lendensteak, entbeint
60 ml Olivenöl extra vergine
60 ml Rotweinessig
1 Zwiebel, feingehackt
1–2 Bund glatte Petersilie, gehackt
4 Knoblauchzehen, feingehackt
1 TL Salz
1 TL frisch gemahlener schwarzer Pfeffer
12 Lorbeerblätter
portugiesisches oder anderes knuspriges
    Landbrot zum Servieren

1. Das Fleisch von Sehnen und überschüssigem Fett befreien und in 4 cm große Würfel schneiden. Öl, Essig, Zwiebeln, Petersilie, Knoblauch, Salz, Pfeffer und Lorbeer in einer großen Auflaufform verrühren. Das Fleisch zufügen und alles gut durchmischen. Abgedeckt 4–6 Std. im Kühlschrank marinieren.

2. Den Grill auf höchster Stufe anheizen.

3. Fleisch und Lorbeer aus der Marinade nehmen und auf Spieße stecken, den Lorbeer dabei gleichmäßig verteilen. Den heißen Grillrost einfetten, die Spieße darauf legen und nach Geschmack 2–3 Min. von jeder Seite (insgesamt 8–12 Min.) rosa grillen, mit einer Grillzange wenden. Die Espetadas mit der restlichen Marinade bestreichen, jedoch nicht mehr während der letzten 3 Min. der Grillzeit.

4. Die Espetadas mit oder ohne Spieße auf Brotscheiben oder -stücken servieren, um den Fleischsaft aufzufangen.

Für 4–6 Personen

ZITRONENGRAS-SPIESSE MIT ERDNÜSSEN

THAILAND

METHODE:
Direktes Grillen

SPEZIAL-ZUBEHÖR:
28–32 kurze Bambusspieße, 1 Std. in kaltes Wasser legen und abtropfen lassen

Abwandlungen dieser äußerst delikaten Spieße findet man überall in Südostasien. Koriander und Zucker mögen als Gewürze für Rindfleisch recht ungewöhnlich erscheinen, aber die Kombination schmeckt ausgezeichnet. (Immerhin kippen nordamerikanische und europäische Grillfans auch zuckerhaltige Barbecuesaucen auf Rinderbrust oder Rippchen!)

680 g Lendensteak ohne Knochen oder
    Rindfleisch aus der Oberschale/Blume
2 Knoblauchzehen, abgezogen
2 Stiele Zitronengras, geputzt und in ½ cm
    dicke Scheiben geschnitten oder
    2 Streifen Zitronenschale (à 5 x 1 cm,
    mit dem Gemüseschäler abgezogen)
1 EL Korianderkörner
2 EL brauner Zucker
60 ml asiatische Fischsauce
50–75 g fettfrei geröstete Erdnüsse,
    grobgehackt, zum Garnieren

1. Die Steaks flach auf ein Schneidbrett legen und quer in lange dünne Streifen schneiden, die jeweils ca. 3 mm dick, 2 cm breit und 8–10 cm lang sind. Die Fleischstreifen längs im Zickzack auf Spieße fädeln und in einer großen Auflaufform beiseite stellen.

2. Für die Marinade Knoblauch, Zitronengrasstiele, Korianderkörner und Zucker im Mörser zu einer groben Paste zerstoßen. Ersatzweise in der Küchenmaschine pürieren. Fischsauce unterrühren. Die Marinade über die Fleischspieße träufeln und gründlich in das Fleisch massieren. Abgedeckt im Kühlschrank 30 Min. marinieren.

3. Den Grill auf höchster Stufe anheizen.

4. Den heißen Grillrost einfetten, die Spieße darauf verteilen und ganz nach Geschmack 1–2 Min. von jeder Seite (2–4 Min. insgesamt) medium grillen, mit einer Grillzange wenden. Die Spieße mit gehackten Erdnüssen bestreuen und sofort servieren.

Für 4 Personen

GEGRILLTES RINDFLEISCH IM SALATPÄCKCHEN

METHODE:
Direktes Grillen

**VORBEREI-
TUNGSZEIT:**
*30 Min. zum
Marinieren und
Einweichen der
Nudeln*

**SPEZIAL-
ZUBEHÖR:**
*24 kurze
Bambusspieße,
1 Std. in kaltes
Wasser legen
und abtropfen
lassen*

Dieses Gericht könnte man als vietnamesisches Taco bezeichnen. Das klassische vietnamesische Gericht Bo bun (Rindfleisch mit Reispapier) hat mich dazu inspiriert. Es ist eine Kombination aus Salat-, Nudel- und Fleischgang, die zu einem einzigen, sättigenden Happen verbunden werden. Es läßt sich außerdem leicht abwandeln, so daß man es mit jeder Fleischsorte (oder mit Meeresfrüchten) sowie verschiedenen Nudelsorten zubereiten kann – ich habe bereits Thai-Fadennudeln, Soba (japanische dünne Buchweizennudeln) und Spaghetti verwendet. Laut Rezept sollte man Sirloin-Steak nehmen, es schmeckt aber auch mit Rippensteak oder New-York-Strip-Steak.

Reis-Fadennudeln sind haarfeine Nudeln, die man im Asien- oder Bioladen und immer öfter auch im Supermarkt findet.

1 Sirloin-Steak (ca. 450 g), entbeint und gut
    2 cm dick geschnitten
aromatische Zitronengras-Marinade
    (s. nächste Seite)
100 g Reis-Fadennudeln, Soba-Nudeln,
    Vermicelli oder Spaghetti
1 Bund Basilikum (vorzugsweise Thai-
    Basilikum), abgezupft
1 Bund Minze, abgezupft (nach Wunsch)
2 Jalapeño-Chillies, in dünne Scheiben
    geschnitten (nach Wunsch – für mildere
    Salatpäckchen entkernt)
1 Kopf Blattsalat, zerpflückt, gewaschen und
    trockengeschleudert
Thai-Erdnuß-Sauce (s. Seite 472)

1. Das Steak flach auf ein Schneidbrett legen. Mit einem scharfen Messer längs in ca. 3 mm breite Streifen teilen und in eine Auflaufform geben. Mit Zitronengras-Marinade übergießen und gut durchmischen. Abgedeckt 30 Min. im Kühlschrank marinieren.

2. Die Reis-Fadennudeln ca. 30 Min. in kaltes Wasser legen, bis sie weich und biegsam sind. (Soba, Vermicelli oder Spaghetti erfordern kein Einweichen.) Die Nudeln abtropfen lassen und 2–4 Min. in ca. 3 l sprudelnd kochendem Wasser weich garen (andere Nudelsorten ca. 8 Min.). Die Nudeln kalt abschrecken und auf einem Sieb abtropfen lassen. Kräuter, Chillies und Salatblätter getrennt auf Tellern oder in Schüsseln anrichten. Die Erdnußsauce auf vier Schüsselchen verteilen (s. Hinweis).

3. Den Grill auf höchster Stufe anheizen.

4. Die Rindfleischstreifen längs im Zickzack auf Spieße fädeln. Den heißen Grillrost einfetten und die Spieße darauf verteilen. Nach Geschmack 1–2 Min. von jeder Seite (insgesamt 2–4 Min.) durchbraten, mit einer Grillzange wenden. Die fertigen Spieße auf eine Platte geben.

5. Jeweils einen Fleischstreifen, eine Gabel voll Nudeln, einige Kräuter sowie ein paar Chilischeiben in ein Salatblatt wickeln. Den Spieß herausziehen (dabei ein Salatblatt als »Anfasser« verwenden). Die Päckchen in Sauce dippen und essen – die Kombination unterschiedlicher Konsistenzen, Temperaturen und Aromen wird Sie begeistern.

*Für 4 Personen als Vorspeise,
für 2–3 Personen als Hauptgericht*
Hinweis: Das Rezept kann bis Schritt 2 vorbereitet und längstens 3 Std. aufgehoben werden. In diesem Fall alles mit Klarsichtfolie abdecken und in den Kühlschrank stellen. Den Grill erst anheizen, wenn es losgehen soll.

RINDFLEISCHSPIESSE SAIGON-ART

VIETNAM

METHODE:
Direktes Grillen

VORBEREI-TUNGSZEIT:
*30–60 Min.
zum Marinieren*

SPEZIAL-ZUBEHÖR:
*24 kurze
Bambusspieße,
1 Std. in kaltes
Wasser legen
und abtropfen
lassen*

Diese kleinen Spieße sind die vietnamesische Saté-Version. Man bekommt sie bei Straßenhändlern auf Saigons Märkten und in deren Umgebung. Die Vietnamesen nehmen dafür ein einfaches Fleischstück, doch ich werte das Gericht gerne durch Filetspitzen auf (die deutlich weniger kosten als Filetsteaks). Man kann auch dünn geschnittenes Sirloin-Steak verwenden.

**450 g Filetspitzen vom Rind
aromatische Zitronengras-Marinade
    (s. rechte Spalte)
1–2 EL Pflanzenöl zum Bestreichen
50–75 g fettfrei geröstete Erdnüsse, fein-
        gehackt, zum Garnieren (nach Wunsch)**

1. Das Fleisch in 10 cm lange, 2 cm breite und 5 mm dicke Streifen schneiden und in eine Auflaufform geben. Die Marinade zufügen und gut durchmischen. Im Kühlschrank abgedeckt 30–60 Min. marinieren.
2. Den Grill auf höchster Stufe anheizen.
3. Die Fleischstreifen im Zickzack längs auf die Spieße fädeln. Den heißen Grillrost einfetten und die Spieße darauf verteilen. Das Fleisch mit Öl bestreichen und nach Geschmack 1–2 Min. von jeder Seite (insgesamt 2–4 Min.) medium grillen. Einmal mit einer Grillzange wenden und nochmals mit Öl bestreichen (Vietnamesen mögen es eher durchgebraten). Sofort servieren und nach Wunsch mit Erdnüssen bestreuen.
Für 4 Personen als Vorspeise oder Snack, für 2 Personen als Hauptgericht

Aromatische Zitronengras-Marinade

Diese Marinade zeigt die weltweite Beliebtheit einer der merkwürdigsten und ältesten Aromakombinationen: Anchovis und Rindfleisch. Schon die Römer würzten ihr Fleisch mit »Liquamen«, einer Sauce aus eingelegten Anchovis. Die Tradition setzt sich im italienischen Steak pizzaiola (mit Anchovis und Tomaten garniert) fort. Die vietnamesische Version besteht aus einer sehr aromatischen Marinade auf der Basis von Nuoc mam (Fischsauce), einer überriechenden, aber sehr lecker schmeckenden Würze aus eingelegten Anchovis.

**3 Zitronengrasstiele, geputzt und grob-
        gehackt, oder 3 Streifen Zitronenschale
        (à 5 x 1 cm, mit dem Gemüseschäler
        abgezogen)
2 große Schalotten, grobgehackt
5 Knoblauchzehen, grobgehackt
3 EL Zucker
5 EL asiatische Fischsauce
3 EL frisch gepreßter Limettensaft
1 TL frisch gemahlener schwarzer Pfeffer**

Zitronengras, Schalotten, Knoblauch und Zucker im Mörser zu einer groben Paste zerstoßen. Fischsauce, Limettensaft und Pfeffer unterrühren. Alternativ alle Zutaten in der Küchenmaschine pürieren.
*Ergibt ca. 250 ml
(1 Tasse), ausreichend für
675 g Rindfleisch, Geflügel
oder Fisch*

Grillen in Argentinien

Zu sagen, daß die Argentinier gern Fleisch essen, wäre pures Understatement. In diesem Land mit 31 Millionen Einwohnern ist der Rindfleischkonsum so hoch wie in den USA zuletzt in den 50er Jahren. Buenos Aires quillt über von Parrillas, Asado-Restaurants und Steakhäusern. Es ist schwer, an Statistiken heranzukommen (angeblich wurden sie beim letzten Regierungswechsel verlegt), doch eine informelle Umfrage meinerseits ergab, daß der Durchschnittsargentinier pro Woche zehn- bis zwölfmal Fleisch ißt.

Es gibt zwei sehr unterschiedliche Arten von gegrilltem Fleisch in Argentinien: Asado und Parrilla. Ersteres ist traditionelles Barbecue im Landhausstil: ganze Zicklein, Spanferkel, Rinderrippe und Rinderbrust, senkrecht auf Pfählen am Feuer geröstet.

Eine Parrilla dagegen entspricht unserem Steakhaus. Spezialitäten sind hier Würste, Innereien und überdimensionale Steaks, und anders als beim Asado bestimmt der Gast den Garzustand des Fleisches. Wenn Sie schmelzend zartes Fleisch von Zicklein oder Schwein oder Rippen vom Rind mögen, ist ein Asado das Richtige. Bevorzugen Sie knusprige, saftige, innen noch blutige Steaks, gehen Sie in eine Parrilla. Falls Sie sich nicht entscheiden können, macht es auch nichts, denn viele Restaurants bieten beides.

GAUCHOS UND GEGRILLTES FLEISCH

Argentiniens Liebe zu gegrilltem Fleisch begann mit den Gauchos, den berittenen Rinderhirten der Pampas. Als 1876 das erste Schiff mit Kühlraum in Buenos Aires eintraf, begann das goldene Zeitalter der Viehzüchter. Der Export von Rindfleisch nach Europa machte die Estancieros zu Millionären. 1910 war Buenos Aires die größte Stadt Südamerikas und kam in der westlichen Welt in bezug auf Größe und Reichtum gleich hinter New York. Die breiten Boulevards, anmutigen Plazas und extravaganten Gebäude, die Buenos Aires zum Paris Südamerikas machen, wurden alle mit »Rindfleisch-Geld« gebaut.

Die Gauchos werden gern romantisch verklärt, doch das Leben der echten Gauchos, meist Mestizen (Nachkommen von Spaniern und Indianern), war durchaus nicht glamourös. Sie trugen Boinas (Baskenmützen) und Rastras (mit Münzen besetzte Ledergürtel – um mit ihrem Lohn anzugeben), in denen Faccas (krumme Messer) steckten, und sie trafen sich in Pulperias, einer Kombination von Kramladen und Bar. Sie tanzten den Malambo, einen Männern vorbehaltenen Einzeltanz, bei dem die Bewegungen von Pferden nachgeahmt werden. Aber trotz allem führten sie ein einsames Leben am Rande der Gesellschaft mit wenig oder keinem Kontakt zu Frauen.

Es waren die Gauchos, die Asado erfanden. Um dies aus erster Hand zu erleben, schloß ich mich einer Bustour zur Farm »Estancia La Cinacina« an. Eine Stunde hinter Buenos Aires, in der weiten, nur von kleinen Baumgruppen unterbrochenen Grassteppe, bogen wir in der Nähe von San Antonio de Rico ab zu einer Reihe von weißgetünchten Gebäuden. »Cinacina« befindet sich im Besitz der Familie Ramirez. Drei Generationen von rauhen, gutaussehenden Gauchos, mit Baskenmütze, Halstuch und Reitstiefeln, unterhielten uns in den folgenden drei Stunden mit Kutschfahrten, Musik, Taschentuch-Tanz und Reitkunst-Demonstrationen. Schließlich drängte alles in einen Speisesaal.

Im angrenzenden Hof befand sich eine runde Feuerstelle. Einer der Ramirez betätigte sich als Asador (Grillmeister) und hütete ein loderndes Feuer, das seit dem frühen Morgen brannte. Bei unserer Ankunft hatte man bereits Rippenstücke und Vacios (ein Brust- und Bauchstück) vom Rind an kreuzähnliche Metallpfähle gebunden und ans Feuer gestellt. Die Pfähle neigten sich etwas nach außen, so daß der Fleischsaft nicht auf die Kohlen, sondern auf die Erde tropfte. Nach zwei bis drei Stunden Garzeit wurde das Fleisch abgenommen; es war so zart, daß man es mit dem Löffel hätte essen können. Gewürzt wurde nur mit Salz und frischer Luft. Das reichte vollkommen.

Zum Asado gab es die traditionellen Beilagen: Salat, Salsa criollo (Zwiebel-Tomaten-Relish) und Chimichurri, eine Vinaigrette-ähnliche Würzsauce. Letztere ist die nationale Steaksauce Argentiniens, und wahrscheinlich gibt es so viele Varianten wie Grillmeister. Die schlichteste Art besteht aus Olivenöl mit etwas getrocknetem Oregano, Chiliflocken, Salz und Pfeffer. So eine Chimichurri wurde im »Cinacina« serviert.

In der Stadt gibt es eine aufwendigere Version: Petersilie, Knoblauch, Olivenöl und Weinessig – gelegentlich auch Chillies – werden zu einer Art Pesto püriert. Es gibt sogar eine rote Chimichurri aus Tomaten und Paprikaschoten.

LA CABANA

Nach Buenos Aires zurückgekehrt, machte ich mich auf, die Parrilla, die andere Barbecue-Linie, zu erkunden. Mein Ziel war der Urahn aller argentinischen Steakhäuser, das ehrwürdige »La Cabaña«. 1935 eröffnet, ist »La Cabaña« das, was Windsor Castle für die englische Königsfamilie ist. Beim Eintreten kommt man zuerst an einem uralten, hölzernen Fleischschrank und einem mit Holz befeuerten Grill mit glänzender Kupferhaube vorbei. Der Speisesaal erinnert an ein Jagdschloß aus der Tudorzeit: Schmiedeeiserne Kandelaber von der Größe eines Kleinwagens hängen von der hohen Decke. Die würdevollen Ober mit ihren schwarzen Jacken und Schleifen sehen aus, als ob sie schon seit Ewigkeiten hier arbeiten.

Sie können mit krossen Mollejas (gegrilltem Bries) anfangen. Oder auf der Zunge zergehenden Rinones (Nieren), sahnigen Chinchulin (Därmen), Longaniza-Spiralen (scharfe Wurst nach kalabresischer Art) oder knusprigen Morcillas (Blutwurst mit Rosinen, was viel besser schmeckt, als es sich anhört). Und das sind nur die Vorspeisen. Diese und andere köstliche Gerichte werden meist zusammen als Parrillada (Mixed grill) auf einem Hibachi mit glühenden Kohlen (zum Warmhalten) am Tisch serviert. Doch die Spezialität des Hauses ist eindeutig Rindfleisch. Eine Ranch im Junin-Distrikt westlich von Buenos Aires beliefert »La Cabaña« mit speziell gezüchteten Ochsen, die eine Tonne wiegen. Ein Bife de lomo (Filet mignon) im »La Cabaña« ist wahrscheinlich größer als eine Grapefruit. Eine einzige Costilla (Rippensteak mit Knochen) wiegt über 1 ½ kg.

Als Beilage zum Rindfleisch gibt es eine der ungewöhnlichsten Chimichurris, die ich in Südamerika probiert habe, eine scharfe, rote Paste aus Knoblauch, Peperoni, Anchovis, Thunfisch und Tomatensauce.

Die Anchovis deuten auf eine Verwandtschaft mit zwei anderen ausgezeichneten Steaksaucen: A-1 und Worcestersauce. Der Thunfisch erinnert an das delikate italienische Tonnato, das zu kaltem Kalbfleisch serviert wird.

EIN BESUCH IN COSTANERA NORTE

Der Schwerpunkt dieser Art zu grillen befindet sich im Stadtteil Costanera Norte, etwa 15 Minuten von der Innenstadt entfernt. Früher gab es hier nichts außer einer Kaimauer am Río de la Plata. Costanera liegt an der Straße, auf der die Bewohner von Buenos Aires von Ausflügen aufs Land und ans Meer zurückkehren. Vor ungefähr dreißig Jahren begannen einige geschäftstüchtige Köche dort provisorische Grillgeräte aufzustellen und Steak-Dinner auf der Ladefläche ihrer Autos anzubieten.

Heute gibt es in Costanera Dutzende eleganter Restaurants, die »Happening« oder »Los Años Locos« heißen. Die Dekoration reicht von retro bis modern, doch das Angebot ist bei allen in etwa das gleiche – jede erdenkliche Art von Steak und Innereien, fachmännisch gegrillt und ohne viel Firlefanz serviert. Am Wochenende strömen Scharen von Gästen aus Buenos Aires zum Mittagessen herbei.

Es gelang mir, ein Lokal zu finden, das noch etwas vom Flair des ursprünglichen Costanera vermittelt. Im nahen Hafengebiet betreiben zwei junge Männer die Grillhütte »El Porto«. Im Schatten eines riesigen Krans grillen hier Männer in verschwitzten roten Jacketts, in dicke Rauchwolken eingehüllt, Fleischgerichte in einer erstaunlichen Variationsbreite.

Als Grill dient ein Metalltisch mit glühenden Kohlen, darüber ein Rost aus Metallspiralen. Das ist ein in ganz Südamerika beliebter Aufbau. Der Grillrost steigt nämlich nach hinten leicht an, wodurch er unterschiedliche Gartemperaturen bietet. Auf dem vorderen Bereich wird das Fleisch bei starker Hitze angebraten und dann nach hinten geschoben, um bei niedrigerer Temperatur zu Ende zu garen. Ich könnte allein schon vom Geruch satt werden! Die Salate kommen bei »El Porto« ohne jedes Zeremoniell direkt aus Plastikeimern auf die Teller. Gegessen wird an klapprigen Tischen mit Blick auf ein Kraftwerk. Unterhaltung gibt es in Form eines Fußballspiels im Fernsehen.

Wie Sie sich denken können, ist Argentinien ein Alptraum für Vegetarier. Immer mehr Menschen, die meinen, etwas von gesunder Ernährung zu verstehen, betrachten Fleisch mit Mißtrauen, wenn nicht sogar Verachtung. Ich halte mich zwar auch für gesundheitsbewußt, dennoch schwebte ich nach einer Degustations-Woche in Buenos Aires im siebten Himmel.

KOREANISCHE GEGRILLTE FLACHE RIPPE
Kalbi kui

METHODE:
Direktes Grillen

**VORBEREI-
TUNGSZEIT:**
*3 Std. zum
Marinieren*

Erwähnen Sie Kalbi einem Koreaner gegenüber, und ihm läuft das Wasser im Munde zusammen. Flache Rippe vom Rind ist eine Art nationales Heiligtum, so zart geschmort, daß sich das Fleisch allein vom Knochen löst, oder als Einlage in köstliche Suppen oder Eintöpfe, für die das »Land der Morgenstille« berühmt ist. Am liebsten ißt man Kalbi jedoch gegrillt (kui). Koreanische Köche bereiten dieses aromatische, doch schwer zu essende Fleischstück auf eine geniale Weise zu: Es wird schmetterlingsförmig zu papierdünnen, langen Streifen aufgeschnitten, die direkt auf dem Knochen gegrillt werden.

In den Restaurants in Korea stellt die Kellnerin einen mit Holzkohle gefüllten Grill auf den Tisch. Jeder grillt sein Kalbi nach Geschmack, dann wird das Fleisch in Salatblätter gewickelt (damit die Finger sauber bleiben) und in süß-salzige asiatische Birnensauce getaucht.

FLEISCH UND MARINADE:
**900 g Flache Rippe vom Rind, schmetter-
    lingsförmig in 4 cm breite Streifen
    geschnitten (s. Kasten nächste Seite)**
**½ Nashi- oder normale Birne,
    geschält und entkernt**
2 Knoblauchzehen, abgezogen
2 ganze Lauchzwiebeln, geputzt
60 ml Sojasauce
**2 EL asiatisches (dunkles)
    Sesamöl**
2 EL Honig
2 EL Sake oder Sherry
1 EL Zucker
**½ TL frisch gemahlener
    schwarzer Pfeffer**

ZUM SERVIEREN:
**1 Römersalat, in Blätter geteilt, gewaschen
    und trockengeschleudert
asiatische Birnensauce (s. Seite 486)**

1. Die schmetterlingsförmig aufgeschnittenen Rippen in eine große Auflaufform geben.

2. Nashibirne, Knoblauch und Lauchzwiebeln grob hacken und mit den restlichen Zutaten für die Marinade mit einem Pürierstab pürieren. Die Rippen mit der Mischung übergießen und abgedeckt 3 Std. im Kühlschrank marinieren.

3. Den Grill auf höchster Stufe anheizen.

4. Den heißen Grillrost einfetten. Die Rippen darauf verteilen und nach Geschmack 2–3 Min. von jeder Seite (insgesamt 4–6 Min.) durchbraten (wie die Koreaner es mögen). Mit einer Grillzange wenden.

5. Das Fleisch vom Knochen lösen und in ein Salatblatt wickeln. In die Sauce dippen und essen. Vergessen Sie nicht, die Knochen abzunagen – möglicherweise das Beste am Kalbi kui!

Für 4 Personen

Flache Rippe schmetterlingsförmig aufschneiden

Lassen Sie sich die Flache Rippe vom Schlachter in 5 cm lange Stücke schneiden. (Sie können auch längere Rippen schmetterlingsförmig aufschneiden, es ist jedoch schwieriger.)

1. Ein Rippenstück mit der Schnittfläche (Knochenende) nach vorne an die vordere rechte Ecke des Schneidbretts legen, dicke Seite (fleischiger Teil) nach oben. Linkshänder legen die Rippe vorne links aufs Brett und führen die Anweisungen seitenverkehrt aus.

Schnitt 1

Knochen

2. Ein schmales, scharfes Messer mit der Schneide parallel zum Brett halten und von rechts nach links das Fleisch oberhalb des Knochens fast ganz durchschneiden. Nicht ganz abtrennen, das Fleisch soll noch am Knochen hängen. Das Fleischstück nach links zu einem Rechteck aufklappen.

Schnitt 2

3. Einen weiteren Schnitt mit dem parallel zum Brett geführten Messer machen, dabei die oberen zwei Drittel vom Fleisch wieder fast bis ganz nach links abtrennen und aufklappen. Die linke Seite vom Fleischstreifen ist dann doppelt so dick wie die rechte.

Schnitt 3

4. Einen letzten Schnitt durch die Mitte des dickeren Stückes machen, jedoch nicht ganz bis nach links durchschneiden. Die Schneide wieder parallel zum Brett führen. Das letzte Stück aufklappen. Nun haben Sie einen sehr dünnen Fleischstreifen von etwa 10–12 cm Länge und 5 cm Breite mit dem Knochen auf der rechten Seite.

5. Als letztes wird das Fleisch zart geklopft. Die Streifen flach aufs Brett legen und mit dem Rücken eines schweren Messer rautenförmig diagonal leicht einkerben.

Das klingt viel komplizierter, als es ist. Das Aufschneiden und -klappen des Fleisches funktioniert so ähnlich wie das Abrollen einer flachgedrückten Rolle Küchenpapier.

DINOSAURIER-RIPPEN

USA

METHODE:
Indirektes Grillen

Rippen vom Rind spielen die zweite Geige nach Schweinerippchen – zumindest in der westlichen Welt. (Es ist sogar oft schwierig, sie zu bekommen.) In Asien ist das ganz anders: In Korea ist gegrillte Flache Rippe das Nationalgericht

VORBEREI-
TUNGSZEIT:
1–6 Std. zum
Marinieren

SPEZIAL-
ZUBEHÖR:
2 Tassen Holz-
späne, 1 Std.
in kaltes Wasser
einweichen und
abtropfen lassen

(Kalbi kui, s. Seite 146), und in China ist geschmorte Rinderrippe sehr beliebt. Das folgende Rezept verbindet Ost und West, denn es verwendet eine Würzmischung aus dem traditionellen chinesischen Fünf-Gewürze-Pulver und eine süße, klebrige Glasur aus Hoisin-Sauce. Die Grillmethode – lange und langsam, im Rauch – ist hundertprozentig amerikanisch. Die Riesengröße der Rippen brachte einen jungen Freund von mir auf den Namen »Dinosaurier-Rippen«. So heißen sie jetzt bei uns zu Hause.

FLEISCH:
2 Rippenstücke (Hohe Rippe) vom Rind
  (à 1,1–1,4 kg, s. Hinweis)
4 TL Fünf-Gewürze-Pulver
1 EL grobes Meersalz
1 EL frisch gemahlener schwarzer Pfeffer
2 TL Knoblauchpulver

GLASUR UND SAUCE:
170 ml Hoisin-Sauce
60 ml Reiswein, Sake oder Sherry dry, nach
  Geschmack auch mehr
2 EL Honig
2 Knoblauchzehen, gehackt
2 TL Ingwer, gerieben

1. Die Rippen unter fließendem kaltem Wasser abspülen und trockentupfen. Fünf-Gewürze-Pulver, Salz, Pfeffer und Knoblauchpulver in einer kleinen Schüssel mischen. Die Rippen in eine große Auflaufform geben und rundum mit der Würzmischung einreiben. Abgedeckt mindestens 1, besser 4–6 Std. im Kühlschrank marinieren.

2. Hoisin-Sauce, Reiswein, Honig, Knoblauch und Ingwer in einer Schüssel gut verrühren. Bei Bedarf noch Reiswein zufügen, damit die Sauce dünn genug zum Bestreichen ist. 125 ml zum Servieren beiseite stellen.

3. Den Grill zum indirekten Grillen vorbereiten (s. Seite 14/16), eine Tropfschale in die Mitte stellen. Wenn Sie *Holzkohle* verwenden, den Grill auf mittlere Hitze anheizen. Beim *Gasgrill* Holzspäne in den Räucherkasten legen und den Grill auf höchster Stufe anheizen. Sobald sich Rauch bildet, auf mittlere Hitze reduzieren.

4. Wenn der Grill bereit ist, bei Holzkohle die Hälfte der Holzspäne auf die Briketts geben. Bei Gas und Holzkohle den Grillrost einfetten. Die Rippen auf den heißen Rost über die Tropfschale legen, den Grill schließen und die Rippen 1 Std. garen. Bei Holzkohle 10–12 Briketts je Seite nachlegen und restliche Holzspäne aufs Feuer geben. Weitere 30–60 Min. garen. Die Rippen sind gar, wenn das Fleisch sehr zart ist und sich von den Knochenenden löst. Das Fleisch in den letzten 30 Min. mehrmals mit der Marinade bestreichen, abschließend nochmals direkt vor dem Servieren. Die Rippen mit der zurückbehaltenen Sauce servieren.

Für 4 Personen
Hinweis: Ich nehme die langen Rippen, die in 15–20 cm hohen, 25–30 cm breiten Stücken à 7 Rippen verkauft werden – die Überbleibsel nach dem Auslösen des Schulterbratens. Auf den ersten Blick mögen sie nicht sehr fleischig wirken, aber sie sind unglaublich saftig, und zwischen den Knochen steckt wirklich noch viel Fleisch.

BRIES MONTEVIDEO
Mollejas asadas

URUGUAY

METHODE:
Direktes Grillen

Dies ist die einfachste Zubereitungsart für Bries (Thymusdrüse vom Kalb), die ich kenne, und sicherlich eine der besten. Man braucht dafür nur zwei Zutaten: Bries und Salz (nach Belieben auch Pfeffer). Man bekommt es an den Grillständen auf dem Mercado del Puerto in Montevideo und in den Steakhäusern von Buenos Aires. Das Grillen macht die Außenseite knusprig, das Innere bleibt weich und saftig. Das Blanchieren, Pochieren und Auspressen, das von französischen Köchen empfohlen wird (und mehrere Stunden beansprucht), fällt ganz weg.

Mit einer argentinischen Chimichurri servieren.

680 g Kalbsbries
grobes Meersalz
grob gemahlener schwarzer Pfeffer
    (nach Wunsch)
Zitronenspalten zum Servieren

1. Den Grill auf höchster Stufe anheizen.

2. Die Bries unter fließendem kaltem Wasser abspülen, abtropfen lassen und trockentupfen. Sehnen und Adern entfernen, dann schmetterlingsförmig aufschneiden, d. h. horizontal zur dünnen Seite hin fast ganz halbieren und wie ein Buch aufklappen (s. Hinweis).

3. Wenn der Grill bereit ist, den Rost einfetten. Die Bries großzügig von beiden Seiten mit Salz und Pfeffer (nach Wunsch) bestreuen. Mit der Schnittfläche nach unten auf den heißen Grillrost legen und von jeder Seite 6–8 Min. (insgesamt 12–16 Min.) knusprig und braun grillen, mit einer Grillzange wenden. Abschmecken und bei Bedarf nachsalzen. Mit Zitronenspalten garnieren und sofort servieren.

*Für 6–8 Personen als Vorspeise,
für 4 Personen als Hauptgericht*
Hinweis: Lammbries wird auf die gleiche Weise zubereitet.

ARGENTINISCHE SPIESSE MIT KALB UND HÄHNCHEN

ARGENTINIEN

METHODE:
Direktes Grillen

Zum ersten Mal aß ich diese wahrhaft den Gürtel sprengenden Spieße im »La Estancia«(übersetzt: »das Landgut«), einem Steakhaus mit ausgelassener Atmosphäre in einer ebenso lebhaften Straße, der Lavalle-Fußgängerzone in der Mitte von Buenos Aires. Die Kombination von süß (Backpflaumen) und salzig (Fleisch und Speck) zieht sich als herzhafter roter Faden durch die Küche Lateinamerikas.

SPEZIAL-ZUBEHÖR:
4 lange Metallspieße

Servieren Sie als Beilage argentinisches Tomaten-Relish oder Chimichurri.

450 g Kalbslende, in 3 cm große Stücke geschnitten

450 g Hähnchenbrustfilet, gehäutet und entbeint, in 4 cm große Stücke geschnitten

150 g dicke Scheiben Pancetta oder Räucherspeck (ohne Schwarte), in 4 cm große Stücke geschnitten

1 mittelgroßer, roter Paprika, entkernt und in 2 cm große Stücke geschnitten

1 Zwiebel, in 2 cm große Stücke geschnitten

16 Backpflaumen, entsteint

2 Zitronenspalten

40 ml Olivenöl

grobes Meersalz und frisch gemahlener schwarzer Pfeffer nach Geschmack

1. Den Grill auf höchster Stufe anheizen.

2. Kalbfleisch, Hähnchen, Pancetta, Paprika, Zwiebel und Backpflaumen abwechselnd auf Spieße stecken (s. Hinweis).

3. Die Zitronen über einer kleinen Schüssel mit dem Öl auspressen. Die Schalen zufügen und beiseite stellen.

4. Wenn der Grill bereit ist, den Rost einfetten. Die Spieße auf dem heißen Grillrost verteilen und 3 Min. von jeder Seite (12 Min. insgesamt) grillen, bis Kalb- und Hähnchenfleisch durchgebraten sind. Mit einer Grillzange wenden. Die Spieße während des Garens mit Zitronenöl bestreichen. Mit Salz und Pfeffer würzen und sofort servieren.

Für 4 Personen

Hinweis: Stecken Sie die Pancetta direkt neben die Fleischstücke; das schmelzende Fett verhindert beim Garen das Austrocknen.

GEGRILLTE OCHSENSCHWÄNZE

Kare kare

PHILIPPINEN

METHODE:
Direktes Grillen

VORBEREITUNGSZEIT:
1 ½ Std. zum Garen

Jedes Land hat seine Standardgerichte – herzhafte, einfache Speisen, die man ohne große Umstände oder kulinarische Ansprüche genießt. Auf den Philippinen gehört dazu Kare kare. Traditionell werden Ochsenschwänze gekocht, doch Romy Dorotan, Besitzer des »Cendrillon« im New Yorker Stadtteil Soho, mag den rauchigen Geschmack, den das anschließende Grillen ergibt. Der aus Luton stammende Koch bietet einfallsreiche Variationen philippinischer Gerichte.

Bezüglich Ochsenschwanz scheint die Kochwelt in zwei Lager gespalten: in diejenigen, die (wie ich) den intensiven, fleischigen Geschmack lieben, und in diejenigen, die sich nicht trauen. Wenn Sie zu letzteren gehören, sollten Sie wissen, daß Ochsenschwänze sehr geschmacksintensiv, lächerlich günstig und wahrscheinlich in jedem Supermarkt erhältlich sind. Probieren Sie sie – ich wette, Sie mögen Kare kare.

Ganz authentisch sollten Sie den Ochsenschwanz mit Bagoong garnieren (fermentierte Garnelen). Fagen Sie nach dieser kräftig-salzigen Zutat in Asienläden. Aber ich warne Sie: Bagoong kann ganz schön streng schmecken. Ein Spritzer Fischsauce oder eine gewürfelte Anchovis tun es auch und machen weniger Umstände.

OCHSENSCHWÄNZE:

900 g Ochsenschwänze, in 3 cm dicke
 Scheiben geschnitten

1 mittelgroße Zwiebel, geviertelt

3 Knoblauchzehen, geschält

1 Lorbeerblatt

Salz und frisch gemahlener schwarzer Pfeffer
 nach Geschmack

TOMATEN-ERDNUSS-SAUCE:

1 EL Olivenöl

1 kleine Zwiebel, feingehackt

1 Knoblauchzehe, gehackt

190 ml passierte Tomaten

190 ml Kochflüssigkeit

3 EL stückige Erdnußbutter

3 EL glatte Petersilie, gehackt

Salz und frisch gemahlener schwarzer Pfeffer
 nach Geschmack

AUSSERDEM:

1 EL Olivenöl zum Bestreichen

Salz und frisch gemahlener schwarzer Pfeffer
 nach Geschmack

2–3 TL Bagoong, gehackte Anchovis oder
 asiatische Fischsauce zum Garnieren
 (nach Wunsch)

1. Die Ochsenschwänze in einen großen Topf geben und mit kaltem Wasser 8 cm hoch

bedecken. Zwiebeln, Knoblauch, Lorbeer, Salz und Pfeffer zufügen, bei mittlerer bis starker Hitze zum Kochen bringen und abschäumen. Temperatur reduzieren und ohne Deckel 1–1 $^1/_2$ Std. köcheln lassen, bis die Ochsenschwänze gar sind, dabei mehrfach Fett von der Brühe heben. Das Fleisch in der Brühe abkühlen lassen, dann auf einen Teller legen. 190 ml Brühe zurückbehalten, den Rest für eine Suppe oder einen Eintopf verwenden (s. Hinweis).

2. Den Grill auf höchster Stufe anheizen.

3. Für die Sauce Öl in einem beschichteten Topf erhitzen. Zwiebeln und Knoblauch zufügen und 3 Min. glasig dünsten. Die Tomaten zugeben und zum Kochen bringen. Kochflüssigkeit und Erdnußbutter zufügen und ca. 5 Min. köcheln lassen, bis die Sauce eindickt und intensiv schmeckt. Petersilie einstreuen und 1 Min. kochen. Vom Herd nehmen, mit Salz und Pfeffer würzen und warm halten.

4. Die Ochsenschwänze dünn mit Öl bestreichen und mit Salz und Pfeffer würzen. Den heißen Grillrost einfetten und die Ochsenschwänze darauf verteilen. 2–4 Min. von jeder Seite (insgesamt 4–8 Min.) grillen, dabei mit einer Grillzange wenden. Das Fleisch nach 1–2 Min. um 90 Grad für ein dekoratives Karomuster drehen. Die Sauce auf Teller oder eine Platte gießen und die Ochsenschwänze darauf setzen. Nach Wunsch Bagoong, Anchovis oder Fischsauce darüber geben und sofort servieren.

Für 4 Personen

Hinweis: Schritt 1 kann einen oder mehrere Tage im voraus erledigt werden.

Schwein gehabt

»Pit barbecue« à la Südamerika: Fleischspieße über einer Kochgrube voll mit glühender Kohle.

Jedes Jahr im Mai strömen Zehntausende von Barbecuefans aus aller Welt nach Memphis, Tennessee, um eine dreitägige Barbecue-Orgie zu feiern, die offiziell als Wettbewerb um die Weltmeisterschaft im Grillen gilt. Die Teilnehmer-Teams tragen Namen wie »Patio Porkers«, »Sultans of Swine« oder »Jurassic Pork«, die unzweideutig verkünden, daß Schweinefleisch ihre Nummer eins ist.

Schweinefleisch eignet sich bestens zum Direkt- und Barbecuegrillen. Dank der großzügigen Marmorierung mit Fett bleibt es auch bei längerem Garen saftig, und sein kräftiger Geschmack nimmt es mit feurigen Chillies, Chinagewürz und köstlicher Barbecuesauce auf.

Die Amerikaner sind nicht die einzigen, die solche »Schweinereien« lieben. Auf einer Rangliste der besten Barbecuegerichte der Welt würden sicher Schweinelende aus Jamaika (Jerk), balinesischer Schweinebraten (Babi guling) sowie mexikanisches, mit Chili mariniertes Schweinefleisch Oaxaca-Art (Cecina adobada) zu finden sein. Sogar in Indonesien, einem Land mit überwiegend muslimischer Bevölkerung, stieß ich auf Schweinefleisch-Satés – die Hinterlassenschaft chinesischer Kaufleute, die im alten Hafendistrikt von Jakarta lebten.

Also – rühren Sie die Barbecuesauce an und sehen Sie zu, daß Sie auch bald Schwein haben!

Grilltabelle für Schweinefleisch*

STÜCK	METHODE	HITZE	GARZUSTAND	
			MEDIUM (71°C)	DURCH (77°C)
KOTELETTS/STEAKS			4–6 MIN./SEITE	6–8 MIN./SEITE
BRATEN				
LENDE (1–1,5 KG)	INDIREKT	MITTEL	1–1½ STD.	1½–2 STD.
SCHULTER (2,5–2,7 KG)	INDIREKT	SCHWACH BIS MITTEL		4–6 STD.
SCHINKEN (8–9 KG)	INDIREKT	SCHWACH BIS MITTEL		6–10 STD.
RIPPCHEN	INDIREKT	SCHWACH BIS MITTEL		1½–2 STD.

*Diese Tabelle gibt nur ungefähre Richtwerte. Grillen ist schließlich keine Wissenschaft, sondern eine Kunst! Halten Sie sich im Zweifelsfall an die Zeitangaben in den Rezepten.

ELIZABETH KARMELS PULLED PORK NORTH-CAROLINA-ART

USA

METHODE:
Indirektes Grillen

VORBEREI-TUNGSZEIT:
*3–8 Std.
zum Marinieren
(nach Wunsch);
4–6 Std.
zum Garen*

SPEZIAL-ZUBEHÖR:
*6 Tassen Holz-späne, 1 Std.
in kaltes Wasser
einweichen und
abtropfen lassen*

Unter Barbecue versteht man überall etwas anderes. In North Carolina denkt man dabei an Schweinefleisch, genauer gesagt an geräucherte Schweineschulter, die nach der indirekten Methode gegrillt wird, bis sie so zart ist, daß das Fleisch fast vom Knochen fällt und man die faserigen Stückchen nur noch mit den Fingern oder einer Gabel abzuzupfen braucht (daher die Bezeichnung »gezupftes Schweinefleisch«). Mit Essigsauce und Krautsalat auf einem Hamburger-Brötchen gehört es zum Köstlichsten, was dieser Planet zu bieten hat, und erfordert nur eine Extra-Zutat: Geduld.

Die beste Schweineschulter, die ich kenne, macht meine gute Grillfreundin Elizabeth Karmel. Sie stammt aus Greensboro, North Carolina, und sie ist sozusagen mit

Pulled pork aufgewachsen. Ihr Geheimnis? Sie gart das Fleisch bei einer Innentemperatur von 90°C – also heißer als üblich. Nur so zerfällt das Fleisch ganz leicht in die feinen, saftigen, zarten Flöckchen, die für echtes Carolina-Barbecue typisch sind. Im Gegensatz zu vielen ihrer Landsleute benutzt Elizabeth keine Gewürzmischung. (Auch im Gegensatz zu mir, wie das Rezept zeigt.)

Zu einer richtigen Schweineschulter gehören sowohl der obere Teil mit dem Schulterblatt (Nackenstück) als auch der Vorderschinken; das Stück wiegt insgesamt 6–8 kg und wird hauptsächlich von Profis bei Wettbewerben zubereitet. Wir verwenden jedoch nur den oberen Teil (2,2–2,7 kg), der so gut durchwachsen ist, daß er erstklassiges Barbecue garantiert.

WÜRZMISCHUNG (nach Wunsch; s. Hinweis):
1 EL Edelsüßpaprika
2 TL brauner Zucker
1 ½ TL Rosenpaprika
½ TL Selleriesalz
½ TL Knoblauchsalz
½ TL Senfpulver
½ TL frisch gemahlener schwarzer Pfeffer
½ TL Zwiebelpulver
¼ TL Salz

BARBECUE:
1 Schweineschulter (oberer Teil mit Knochen;
    2,3–2,7 kg) mit einer ca. 2 cm dicken
    Speckschicht
Essigsauce (s. unten)
10–12 Hamburger-Brötchen
Krautsalat Carolina-Art (s. Seite 156)

1. Für die Würzmischung alle Zutaten in einer Schale mischen. Die Schweineschulter von allen Seiten damit einreiben (dabei eventuell Gummi- oder Plastikhandschuhe tragen) und in Klarsichtfolie wickeln, danach mindestens 3 Std. (besser noch 8 Std.) im Kühlschrank durchziehen lassen.

2. Den Grill zum indirekten Grillen vorbereiten (s. Seite 14/16) und in die Mitte eine Tropfschale setzen.

Beim *Gasgrill* die Holzspäne in den Räucherkasten legen und den Grill auf höchster Stufe anheizen; sobald sich Rauch zeigt, auf mittlere bis niedrige Stufe herunterschalten.

Beim *Holzkohlegrill* auf schwache bis mittlere Hitze anheizen und die Belüftungsschlitze so einstellen, daß die Temperatur ca. 160 °C beträgt.

3. Wenn der Grill bereit ist, beim Holzkohlegrill 1 Tasse Holzspäne auf die Kohlen streuen. Die Schweineschulter mit der Fettseite nach oben auf den heißen Rost über die Tropfschale legen. Den Grill abdecken und das Fleisch 4–6 Std. garen, bis es sehr zart ist und das Fleischthermometer eine Innentemperatur von 90 °C anzeigt. (Die Garzeit hängt von der Größe des Fleischstücks und der Temperatur im Grill ab.) Bei Holzkohle stündlich pro Seite 10–12 Briketts nachlegen und jedesmal weitere Späne darüber streuen (½ Tasse pro Seite, insgesamt 1 Tasse bei jedem Nachlegen). Beim Gasgrill müssen Sie nur nachsehen, ob die Gasflasche voll ist.

4. Den fertigen Braten auf ein Schneidbrett legen, mit Alufolie bedecken und 15 Min. ruhen lassen. Danach die Schwarte wegschneiden und wegwerfen (dabei eventuell dicke Gummihandschuhe anziehen). Dann das Fleisch in kleine Stücke zupfen, Knochen und Fettstücke wegwerfen. Mit den Fingern oder einer Gabel die Stücke in 2 ½–5 cm lange und 3–6 mm breite Fasern zupfen. Das erfordert Zeit und Geduld, doch nur mit »Handarbeit« wird es perfekt. Wenn Geduld nicht zu Ihren Tugenden zählt, können Sie das Fleisch auch mit einem Hackbeil feinhacken. (Viele renommierte Barbecuelokale in North Carolina servieren Barbecue gehackt.) Das abgezupfte Fleisch in eine Grillschale geben und mit 1–1 ½ Tassen Essigsauce übergießen, damit das Fleisch saftig bleibt, dann mit Alufolie abdecken und bis zu 30 Min. auf dem Grill warm halten.

5. Zum Servieren das gezupfte Schweinefleisch auf Hamburger-Brötchen verteilen und mit Krautsalat bedecken. Bei der Essigsauce bedient sich jeder selbst.

Für 10–12 Personen

Hinweis: Wenn Sie das Fleisch nicht mit der Würzmischung einreiben wollen, würzen Sie es von allen Seiten mit grobem Meersalz und frisch gemahlenem schwarzen Pfeffer; Sie können dann sofort zu grillen beginnen.

Essigsauce

Diese pfeffrig-pikante Essigsauce ist die bevorzugte Würze im Osten North Carolinas. Im Westen des Staats enthält die Sauce mehr Tomaten, während in den südlichen Teilen der beiden Carolinas eher Senfsauce bevorzugt wird.

500 ml Apfelessig
330 ml Wasser
½ Tasse Ketchup, plus 2 EL zusätzlich
¼ Tasse brauner Zucker, nach Geschmack
    auch mehr
5 TL Salz, nach Geschmack auch mehr
4 TL Chiliflocken
1 TL frisch gemahlener schwarzer Pfeffer
1 TL frisch gemahlener weißer Pfeffer

Essig, Wasser, Ketchup, Zucker, Salz, Chiliflocken und Pfeffer in einer säurefesten Schale mischen und so lange rühren, bis Zucker und Salz sich aufgelöst haben. Mit Zucker und Salz abschmecken; die Sauce soll pikant, aber nicht allzu sauer sein.

Ergibt ca. 4 Tassen

Krautsalat Carolina-Art

Dieser Krautsalat ist ebenso einfach wie hervorragend – ohne Zwiebeln und Karotten, Paprika und Mayonnaise. Nichts als Kohl und eine pfeffrige Barbecuesauce.

1 kleiner oder ½ großer Kopf Weißkohl
    (ca. 1 kg), ohne Strunk
ca. 1 Tasse Essigsauce (s. linke Spalte)
Salz nach Geschmack

1. Den Kohl mit der Hand, auf einer Reibe oder mit dem Schnitzelwerk der Küchenmaschine kleinschneiden.

2. Den Kohl in eine große Schüssel geben und die Essigsauce unterrühren. 10 Min. durchziehen lassen, dann noch einmal abschmecken.

Ergibt ca. 6 Tassen Salat

KUBANISCHER WEIHNACHTSBRATEN
Lechon asado

KUBA

METHODE:
Indirektes Grillen

**VORBEREI-
TUNGSZEIT:**
*8–48 Std.
zum Marinieren;
6–8 Std.
zum Garen*

Zur kubanischen Nochebuena, dem traditionellen Festessen an Heiligabend, gehört ein Spanferkel. Der bloße Gedanke daran weckt bei Kubanern ähnliche Gefühle wie etwa die Weihnachtsgans bei den Deutschen und macht den Mund genauso wäßrig. Heiligabend füllt sich der Himmel über Miami mit duftenden Rauchschwaden, denn Tausende von Barbecuefans – vom Bauarbeiter bis zum Banker – stehen im Garten und grillen Spanferkel, das über Nacht in scharfem Adobo (Knoblauch-Pomeranzen-Marinade mit Kreuzkümmel und Oregano) gebeizt wurde. Für dieses Rezept empfehle ich ein weniger großes Fleischstück, einen frischen Schinken, der den Vorteil bietet, daß er leichter erhältlich ist als ein ganzes Ferkel und außerdem in den Kühlschrank paßt.

Kubaner machen sich nichts aus Räucheraroma, doch Sie können gern einige Tassen eingeweichter Holzspäne auf die

Glut streuen, während das Fleisch gart. Beim Gasgrill kontrollieren Sie vorab, ob die Flasche ganz voll ist.

1 ganzer, frischer Schinken (8–9 kg; s. Hinweis)
2 Knoblauchknollen, in Zehen zerteilt und abgezogen
2 EL grobes Meersalz
1 EL Oregano, getrocknet
1 EL Kreuzkümmel, gemahlen
1 EL frisch gemahlener schwarzer Pfeffer
500 ml frisch gepreßter Saft von Pomeranzen (Bitterorangen) oder
375 ml frisch gepreßter Limettensaft plus
125 ml frisch gepreßter Orangensaft
60 ml Olivenöl
250 ml Sherry dry
2 große Zwiebeln, in dünne Scheiben geschnitten
4 Lorbeerblätter
2 Rezepte kubanischer Mojo (s. rechte Spalte)

1. Mit der Spitze eines scharfen Küchenmessers Schwarte und Fleisch des Schinkens in Abständen von ca. 4 cm einritzen. Beiseite stellen.

2. Für die Marinade Knoblauch, Salz, Oregano, Kreuzkümmel und Pfeffer in einem Mörser zerstoßen, 250 ml Saft und das Öl zugeben und mischen. Wenn Sie keinen Mörser haben, einen Mixer benutzen. Die Würzmischung in den Schinken einmassieren, insbesondere in die flachen Einschnitte. Schinken mit dem restlichen Saft, Sherry, Zwiebeln und Lorbeerblättern in eine große Plastiktüte geben. Über Nacht oder bis zu 48 Std. marinieren, dabei öfters wenden.

3. Den Grill zum indirekten Grillen vorbereiten (s. Seite 14/16), eine Tropfschale in die Mitte setzen und den Grill auf höchster Stufe anheizen. Wenn der Grill bereit ist, den Schinken mit der Fleischseite nach unten auf den heißen Rost über der Tropfschale legen und die Haube schließen.

4. Den Schinken so lange grillen, bis die Schwarte knusprig braun und das Fleisch gar ist. Die Innentemperatur, mit einem Fleischthermometer gemessen, sollte ca. 90 °C betragen. (Die Kubaner lieben Schweinefleisch stärker durchgegart als wir.) Wenn Sie Holzkohle benutzen, stündlich 10–12 Briketts pro Seite nachlegen. Insgesamt dauert die Garzeit 6–8 Std. Sollte die Schwarte zu braun werden, locker mit Alufolie abdecken.

5. Den Schinken auf ein Schneidbrett legen und 15 Min. ruhen lassen. Das Fleisch vom Knochen schneiden und mit einem Hackbeil kleinhacken oder in dünne Scheiben schneiden (immer ein bißchen Schwarte dranlassen). Kubanischen Mojo darüber gießen und sofort servieren.

Für 16–20 Personen
Hinweis: Sie können ein Kotelettstück (1–1 ½ kg) oder eine Schweineschulter (2–3 kg) auf die gleiche Weise zubereiten. Sie benötigen dann nur die Hälfte der Marinade; die Garzeit beträgt 4–6 Std. für die Schweineschulter und 1–2 Std. für den Kotelettbraten.

Mojo

Nein, man spricht es nicht »mojo« aus, sondern »mocho«. Es handelt sich um die Barbecuesauce in Kuba, eine Art Vinaigrette mit Kreuzkümmel und fritiertem Knoblauch; sie wird dort über alle erdenklichen Gerichte geträufelt, von Palomilla (kubanisches Steak) bis zum oben beschriebenen Schweinebraten. Die Kubaner bereiten Mojo mit dem Saft von Pomeranzen zu. Ein guter Ersatz ist frisch gepreßter Limettensaft mit etwas normalem Orangensaft gemischt. Mojo in ein Glas oder eine Flasche mit gut schließendem Deckel füllen, damit man es vor Gebrauch schütteln kann. Für Lechon asado – Spanferkel – das Rezept einfach verdoppeln. Denken Sie nur daran, daß der Topf groß genug für eine Tasse kochendes Öl sein muß.

125 ml Olivenöl

8 große Knoblauchzehen, in hauchdünne
Scheiben geschnitten oder feingehackt

160 ml frisch gepreßter Saft von
Pomeranzen (Bitterorangen) oder
125 ml frisch gepreßter Limettensaft plus
3 EL frisch gepreßter Orangensaft

125 ml Wasser

1 TL Kreuzkümmel, gemahlen

1 TL Oregano, getrocknet

1 TL Salz, nach Geschmack auch mehr

1 TL frisch gemahlener schwarzer Pfeffer,
nach Geschmack auch mehr

3 EL Koriandergrün oder glatte Petersilie,
gehackt

1. Das Öl in einem tiefen Topf auf mittlerer Stufe erwärmen. Knoblauch zufügen und 1–2 Min. garen, bis er duftend und eben goldbraun ist. Den Knoblauch nicht zu braun werden lassen, er schmeckt sonst bitter.

2. Pomeranzensaft, Wasser, Kreuzkümmel, Oregano, Salz und Pfeffer einrühren. Achtung – es kann spritzen! Die Sauce kurz aufkochen, mit Salz und Pfeffer abschmekken. Auf Zimmertemperatur abkühlen lassen, Koriandergrün einrühren. Den Mojo in eine Glas oder eine Flasche mit fest schließendem Deckel füllen. Darin servieren und kurz vorher aufschütteln.

Ergibt ca. 1 ½ Tassen

BALINESISCHER SCHWEINEBRATEN
Babi guling

INDONESIEN

METHODE:
*Drehspieß oder
indirektes Grillen*

**SPEZIAL-
ZUBEHÖR:**
*Drehspieß
(nach Wunsch)*

Babi guling (gewürztes Spanferkel) ist das berühmteste Gericht Balis. Traditionell nimmt man dafür ein ganzes Spanferkel, das mit einer wohlriechenden Gewürzpaste namens Bumbu gefüllt und am Spieß gebraten wird. Zitronengras, Kurkuma, Galgant und Koriander sorgen für ein exquisites Aroma.

Das folgende Rezept stammt von Lingah Kepidana, einem balinesischen Grillmeister, der mir zeigte, wie die Zutaten für die Gewürzpaste in einem tonnengroßen Mörser mit einem Stößel, so lang wie ein Baseballschläger, zerstampft werden. Kepidana gart sein Babi guling in einem 100-Liter-Faßgrill und dreht seinen windschiefen Spieß mit der Hand.

Ich habe das Rezept für eine Schweineschulter ohne Knochen abgewandelt. Dazu passen Schlangenbohnensalat mit frischer Kokosnuß und balinesischer gelber Reis.

1 Schweinebraten aus der Schulter
(zum Füllen), entbeint (ca. 1,3 kg)

4 große Schalotten, geputzt

4–8 Thai-Chillies oder 2–4 Jalapeños

4 Knoblauchzehen, abgezogen

2 EL Ingwer, gehackt

1 EL Kurkuma, gehackt, oder ½ TL Kurkuma,
gemahlen

1 EL Galgant, gehackt, oder zusätzlicher
Ingwer

3 Zitronengrasstiele, geputzt und feingehackt
(ca. ¼ Tasse), oder 3 Streifen
Zitronenschale (je 5 x 1 ½ cm; mit einem
Gemüseschäler abgezogen)

1 ½ TL Koriander, gemahlen

1 TL schwarzer Pfeffer, feingemahlen

2 EL frisch gepreßter Limettensaft

1 EL brauner Zucker

2 TL Salz

5 EL Pflanzenöl, nach Bedarf auch mehr

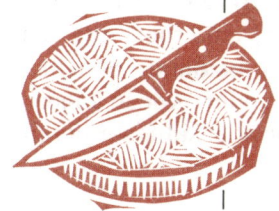

1. Mit einem schweren, scharfen Messer eine tiefe Tasche seitlich in den Braten schneiden; der Einschnitt sollte ca. 2 cm vom Rand entfernt beginnen bzw. enden und sich quer durch den ganzen Braten ziehen. Das Fleisch beiseite stellen.

2. Für die Gewürzpaste Schalotten, Chillies, Knoblauch, Ingwer, Kurkuma, Galgant, Zitronengras, Koriander, Pfeffer, Limettensaft, Zucker und Salz in einem Mörser zu einer glatten Paste zerstoßen. Wenn Sie keinen Mörser haben, zerkleinern Sie die Zutaten in einer Küchenmaschine.

3. 3 EL Öl in einem Wok oder einer kleinen, beschichteten Bratpfanne bei mittlerer Hitze erwärmen. Die Gewürzpaste zugeben und ca. 5 Min. anbraten, dabei gelegentlich umrühren (s. Anbraten von Chillies). Dann ca. 15 Min. auf Zimmertemperatur abkühlen lassen.

4. Die Tasche des Bratens mit der Hälfte der abgekühlten Gewürzpaste ausstreichen. Den Braten in 2-cm-Abständen mit Küchengarn verknoten oder die Öffnung mit Metallspießen zustecken. Mit einem Teigschaber die restliche Paste auf der gesamten Oberfläche des Bratens verteilen und das Fleisch beiseite stellen.

5. *Drehspieß:* Den Grill vorbereiten (s. Seite 20) und auf höchster Stufe anheizen. Wenn der Grill bereit ist, Braten in Längsrichtung auf den Spieß stecken und 1–1 ½ Std. drehen lassen, bei Bedarf mit dem restlichen Öl bestreichen. (Wenn Sie Holzkohle benutzen, stündlich je 10–12 Briketts pro Seite nachlegen.) Ist der Braten rundum schön braun, testen Sie, ob er gar ist: Die Innentemperatur sollte ca. 90 °C betragen. Das Fleisch ist dann gut durchgebraten, so wie die Indonesier es am liebsten mögen.

Indirektes Grillen: Den Grill zum indirekten Grillen vorbereiten (s. Seite 14/16), eine Tropfschale in die Mitte setzen und den Grill auf mittlere Hitze anheizen. Wenn der Grill bereit ist, den Grillrost einfetten. Den Braten auf den heißen Rost legen (über der Tropfschale), die Haube schließen und 1 ½–2 Std. garen, dabei gelegentlich mit dem restlichen Öl bestreichen. Wenn der Braten rundum schön braun ist und die Innentemperatur 90 °C beträgt, ist er gar. (Auch hier beim Holzkohlegrill frische Briketts nachlegen.)

6. Den Braten auf ein Schneidbrett legen und 10 Min. ruhen lassen (vorher vom Spieß abnehmen). Dann Küchengarn oder Metallspieße entfernen und den Braten zum Servieren quer in dünne Scheiben schneiden.

Für 6–8 Personen

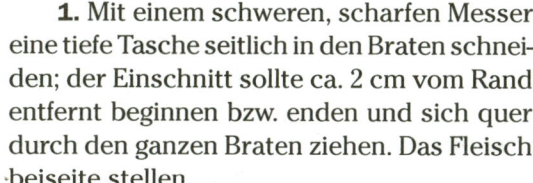

ROSMARIN-SCHWEINEBRATEN

*S*eit sechzehn Jahren ist der schneeweiße Lastwagen von Aiello Rosario und seiner Frau Luccia D'Ambrosio eine rollende Rotisserie. Ihre Spezialität ist kunstvoll entbeintes ganzes Schwein, das mit einer scharfen Knoblauch-Rosmarin-Paste gefüllt und über Eichenholz geräuchert wird. Ich lernte die beiden auf dem Wochenmarkt von San Gimignano bei Siena kennen. Dort stand man in langen Schlangen nach ihrem aromatischen, auf der Zunge zergehenden Schweinefleisch und ihren gegrillten Geflügel-Sandwiches an.

Ich habe das Rezept sowohl für das Grillen am Drehspieß als auch für indirektes Grillen abgefaßt. Es kommt auf meiner persönlichen Rangliste gleich nach einer Reise in die Toskana.

6 Knoblauchzehen, abgezogen
1 Bund Rosmarin, abgezupft
 (ergibt ca. ½ Tasse Nadeln)
1 EL grobes Meersalz
1 EL frisch gemahlener schwarzer Pfeffer
2 EL Olivenöl extra vergine
1 Schweinebraten aus dem Kotelettstrang,
 entbeint (ca. 900 g)

1. Knoblauch, Rosmarin, Salz und Pfeffer in einem Mörser zu einer glatten Paste zerstoßen, dann das Öl einarbeiten. Wenn Sie keinen Mörser haben, alle Zutaten in der Gewürzmühle oder im Mixer pürieren.

2. Mit einem langen, scharfen Messer den Schweinebraten in Längsrichtung fast ganz durchschneiden (s. Seite 163). Das Fleisch wie ein Buch aufklappen, dann von der Mitte her zu beiden Seiten je eine Tasche einschneiden, die etwa 1 cm vor der oberen Kante beginnend bis fast nach unten geht und sich quer durch das Fleisch zieht. Die Hälfte der Kräuterpaste auf die Oberfläche und in die Taschen des aufgeklappten Bratens streichen, dann wieder zur ursprünglichen Form zusammenklappen. In 2 ½-cm-Abständen mit Küchengarn verknoten, dann die restliche Kräuterpaste über die gesamte Fläche verstreichen. Nach Bedarf, locker mit Klarsichtfolie abgedeckt, 2–4 Std. im Kühlschrank durchziehen lassen. Dann den Braten herausnehmen und auf Zimmertemperatur abkühlen lassen, während der Grill vorheizt.

3. *Drehspieß:* Den Grill vorbereiten (s. Seite 20) und auf höchster Stufe anheizen. Dann den Braten in Längsrichtung auf den Spieß stecken und ca. 1 Std. über dem Grill drehen lassen. Wenn er auf allen Seiten schön braun ist, mit dem Fleischthermometer die Innentemperatur testen; sie soll 70 °C betragen.

Indirektes Grillen: Den Grill vorbereiten (s. Seite 14/16), eine Tropfschale in die Mitte setzen und den Grill auf mittlere Hitze anheizen. Wenn der Grill bereit ist, den Grillrost einfetten. Den Braten auf den heißen Rost über die Tropfschale legen, die Haube schließen und 1–1 ½ Std. garen, bis die Innentemperatur 70 °C beträgt (Fleischthermometer).

4. Den Braten auf ein Schneidbrett legen (Spieß vorher entfernen) und 5 Min. ruhen lassen. Dann das Garn entfernen und den Braten quer zur Faser in dünne Scheiben schneiden. Heiß, warm oder – wie in Italien – auf Zimmertemperatur abgekühlt servieren.

Für 4 Personen

Schweinebraten auf italienische Art

So erklärt Luccia D'Ambrosio die Zubereitung ihres gegrillten Rosmarin-Schweinebratens, der sich in der Toskana und in Umbrien größter Beliebtheit erfreut:

»Jeden Freitag kauft Aiello drei Jungschweine, um die 30 Kilo schwer. Mit einem superscharfen Messer löst er vom Bauch her die Knochen aus. Die Würzmischung ist meine Sache. Ich nehme Knoblauch, Salz, Pfeffer und frischen Rosmarin und zerstampfe sie im Mörser. Damit fülle ich die Bauchhöhle, bis in die letzten Winkel. Dann nähe ich das Schwein mit einer großen Nadel zu und lasse es über Nacht durchziehen, wobei das Salz es zugleich würzt und haltbar macht.

Am nächsten Tag schürt Aiello ein Feuer mit toskanischer Eiche. Die Ferkel braten drei bis vier Stunden über den glühenden Kloben, bis sie so zart sind, daß du sie mit der Gabel zerteilen kannst.«

SCHWEINEFLEISCH OAXACA-ART IN CHILI-MARINADE

Cecina adobada

MEXIKO

METHODE:
Direktes Grillen

**VORBEREI-
TUNGSZEIT:**
*4–6 Std. zum
Einlegen der
Chillies sowie
zum Marinieren
des Fleisches*

RAUCHAROMA
Für eine
rauchige Version
des Rezepts
brauchen Sie nur
die Guajillos
durch Chipotle-
Chilischoten
(geräucherte
Jalapeños) zu
ersetzen.

Variationen dieses Gerichts gibt es fast überall in Mexiko. Die Oaxaca-Version (Cecina adobada) besteht aus großen, dünnen Fleischscheiben, mariniert in einer aromatischen, jedoch nicht superscharfen Paste aus Chillies, Essig, Knoblauch und Gewürzen. Cecina adobada ist in den Restaurants von Oaxaca sehr beliebt, doch am besten schmeckt es an einem der Grillstände des Marktes. Genaugenommen hat mich das Essen an Stand Nr. 189 zu diesem Rezept inspiriert, zubereitet von einer schüchternen Frau, die seit 18 Jahren am Grill steht und mir nur ihren Vornamen verraten wollte – Laura.

Das einzige, was bei diesem Rezept etwas knifflig sein könnte, ist das »Aufklappen« des Schweinefleisches, um die dünnen Schnitzel herzustellen. Das Resultat sollte etwa so aussehen wie italienische Scallopine.

Cecina adobada wird traditionell mit Guacamole und einer würzigen Salsa serviert, dazu warme Mais-Tortillas zum Einwickeln.

FLEISCH UND ADOBO:
6 Guajillo-Chillies oder ¼ Tasse Chilipulver
125 ml destillierter Weißweinessig
4 Knoblauchzehen
1 TL Salz
1 TL frisch gemahlener schwarzer Pfeffer
1 TL Oregano, getrocknet
½ TL Zimt, gemahlen
¼ TL Nelken, gemahlen
1 Stück Kotelettbraten, entbeint (700 g),
    Schweinefilet oder -schnitzel

ZUM SERVIEREN:
8 Mais-Tortillas (15 cm)
Guacamole Oaxaca-Art (s. Seite 449)
Salsa mexicana (s. Seite 174)

1. Falls Sie Guajillo-Chillies bekommen, die Schoten aufschneiden, Kerne und Adern entfernen. Zum Weichwerden ca. 30 Min. in Essig einlegen.

2. Chillies (oder Chilipulver) mit Essig, Knoblauch, Salz, Pfeffer, Oregano, Zimt und Nelken in einen Mixer geben und pürieren.

3. Das Fleisch in 4 breite, dünne (½ cm) Schnitzel teilen, dabei die Technik von Seite 163 anwenden. Die Stücke mit der Adobo-Mischung bestreichen und übereinander auf einen Teller legen. Abgedeckt im Kühlschrank 4–6 Std. marinieren.

4. Den Grill auf höchster Stufe anheizen.

5. Wenn der Grill bereit ist, den Grillrost einfetten. Das Fleisch auf den heißen Rost legen und unter Wenden (mit einer Zange!) 2–3 Min. von jeder Seite goldbraun grillen.

6. Die Schnitzel mit Guacamole und Salsa in Tortillas wickeln und sofort servieren.

Für 4 Personen

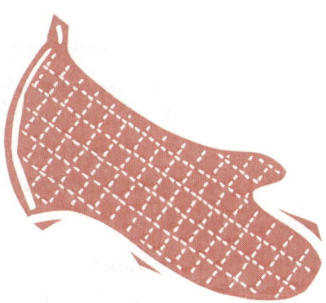

SCHWEINEFLEISCH MIT FEURIGER SALSA
Poc chuc

MEXIKO

METHODE:
Direktes Grillen

**VORBERE-
TUNGSZEIT:**
*15 Min.
zum Pökeln*

POMERANZE

*Das Aroma von
Pomeranzen
(Bitterorangen)
ist typisch für die
Küche Yucatáns
und der Karibik,
z. B. in Marina-
den und zum
Auspressen über
den Speisen.*

*Der Saft der
wulstigen, grün-
lich-orangefarbe-
nen Früchte ist
sehr sauer, etwa
wie Limettensaft,
und schmeckt
kaum nach Oran-
gen. Bestellen
Sie sie beim
Gemüsehändler.
Eine ähnliche
Wirkung erzielen
Sie, wenn Sie
3–4 Teile frisch
gepreßten
Limettensaft
mit 1 Teil frisch
gepreßtem
Orangensaft
kombinieren.*

Es gibt viele Gründe für eine Reise nach Yucatán: um die Ruinen der Maya in Uxmal und Chichén Itzá zu besichtigen oder um sich an den Stränden von Cozumel und Cancun zu sonnen. Ich fuhr auf diese Halbinsel an der südöstlichen Küste Mexikos, um Poc chuc zu essen.

Poc chuc gehört zu den weltbesten Gerichten mit Schweinefleisch – und den best-gehüteten Geheimnissen. Wenn Sie noch nicht in Yucatán waren, haben Sie wahrscheinlich nie davon gehört. Der Name läßt darauf schließen, daß es ein sehr altes Gericht ist: »poc« ist Maya für grillen, »chuc« ist die Glut. Das Rösten am offenen Feuer spielt nicht nur beim Fleisch, sondern auch bei der Salsa und den eingelegten Zwiebeln eine wichtige Rolle.

Poc chuc stammt aus Zentral-Yucatán, wo die Campesinos (Bauern) Schweinefleisch in Salzwasser pökeln, um es vor dem Verderb durch die Hitze zu schützen. Die Würzung war ebenfalls einfach und aromatisch: am Feuer gebräunte Zwiebeln, mariniert in Pomeranzen-Saft, sowie eine Salsa (Salsa chiltomate) aus besonders reifen, am Feuer gerösteten Tomaten und den örtlichen Habanero-Chillies.

Puc choc läßt sich einfach zubereiten, effektvoll servieren, und es schmeckt umwerfend gut. Aber drei Komponenten sind unbedingt vonnöten: gepökeltes Schweinefleisch, gegrillte, eingelegte Zwiebeln und Tomatensauce aus gegrillten Tomaten.

Reichen Sie warme Mais-Tortillas zum Einwickeln des Fleisches dazu.

PÖKELN:
**1 Stück Kotelettbraten, entbeint (700 g),
    Schweinefilet oder -schnitzel**
3 EL grobes Meersalz
250 ml Wasser

EINLEGEN DER ZWIEBELN:
**1 große, rote Zwiebel, abgezogen, aber mit
    intaktem Wurzelende**
**250 ml frisch gepreßter Pomeranzensaft oder
    190 ml frisch gepreßter Limettensaft plus
    60 ml frisch gepreßter Orangensaft**
2 TL Salz

SALSA CHILTOMATE:
2 mittelgroße Tomaten
1–3 Habanero- oder Scotch-bonnet-Chillies
1 Knoblauchzehe, durchgepreßt
¼ Tasse Koriandergrün, gehackt
**3 EL frisch gepreßter Pomeranzensaft oder
    2 ½ EL frisch gepreßter Limettensaft plus
    ½ TL frisch gepreßter Orangensaft**
½ TL Salz, oder nach Geschmack

8 Tortillas (15 cm oder größer) zum Servieren

   1. Um 4 breite Fleischscheiben (ca. ½ cm dick) zu erhalten, das Fleisch schmetterlingsförmig aufschneiden (s. rechte Seite).

   2. Wasser und Salz in einer flachen Schale verrühren, bis sich das Salz aufgelöst hat. Die Fleischscheiben ins Salzwasser legen, abdecken und 15 Min. marinieren, dabei ein- oder zweimal wenden, damit alle gleichmäßig gepökelt werden. Abtropfen lassen und vorläufig in den Kühlschrank stellen.

   3. Den Grill auf höchster Stufe anheizen.

   4. Die Zwiebel achteln (Wurzelende dranlassen, damit die Achtel beim Grillen nicht auseinanderfallen). Wenn der Grill bereit ist, den Rost einfetten. Die Achtel auf den heißen Grillrost legen und unter Wenden (mit einer Zange) ca. 4 Min. von jeder Seite grillen.

Schmetterlingssteaks schneiden

In verschiedenen Rezepten in diesem Buch soll Schweine- oder Rindfleisch schmetterlingsförmig aufgeschnitten werden. So wird's gemacht:

■ Um breite, 2½ cm dicke Scheiben aus dem Filet von Schwein oder Rind zu erhalten, Fleisch so auf ein Brett legen, daß ein Ende zu Ihnen zeigt. Die Klinge eines langen, schmalen, scharfen Messers parallel zum Brett halten und die Lende waagerecht fast ganz durchschneiden, wobei Sie auf einer der langen Seiten anfangen (Rechtshänder rechts, Linkshänder links) und ca. 2½ cm vor der Kante aufhören. Das Fleischstück wie ein Buch aufklappen. Zwischen zwei Lagen Klarsichtfolie leicht mit der Seite eines schweren Hackbeils oder einer Nudelrolle klopfen, so daß ein Rechteck mit einer gleichmäßigen Höhe von ca. 2½ cm entsteht.

■ Für breite, ½ cm dicke Scheiben vom Filet (für Gerichte wie Pamplona und Poc chuc) das Fleisch zuerst quer zur Faser durchschneiden, dann die Hälften jeweils so auf ein Brett legen, daß das eine Ende zu Ihnen zeigt. Halten Sie die Klinge eines langen, schmalen, scharfen Messers parallel zum Brett und schneiden Sie die Lendenhälfte waagerecht fast ganz durch, wobei Sie an der langen Seite anfangen (Rechtshänder rechts, Linkshänder links). Hören Sie ca. 1 cm vor der Kante zu schneiden auf. Das Fleischstück wie ein Buch aufklappen, dann zwischen 2 Lagen Klarsichtfolie leicht mit der Seite eines schweren Hackbeils oder mit einer Nudelrolle klopfen, so daß ein gleichmäßiges, ca. ½ cm dickes Rechteck entsteht.

■ Für ein Schmetterlingssteak aus ausgelöstem Kotelett oder 1 Scheibe Filetsteak schneiden Sie das Fleisch fast ganz durch (½ cm vor dem Rand aufhören). Dann wie ein Buch aufklappen und zwischen zwei Lagen Klarsichtfolie leicht mit der Seite eines schweren Hackbeils oder einer Nudelrolle klopfen, bis es überall ½ cm dick ist.

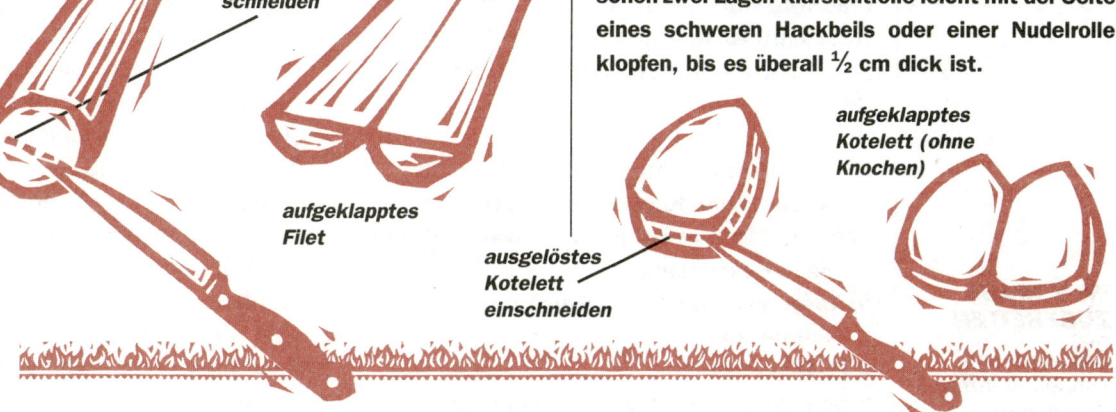

Filet waagerecht einschneiden

aufgeklapptes Filet

ausgelöstes Kotelett einschneiden

aufgeklapptes Kotelett (ohne Knochen)

5. Die Zwiebeln von den Wurzelenden befreien und in eine kleine Schale legen. Pomeranzensaft und Salz einrühren. Mindestens 10 Min. marinieren.

6. Inzwischen Tomaten und Chillies auf den Rost legen und unter Wenden von allen Seiten insgesamt 8–12 Min. grillen. Das Ziel ist, die äußere Haut schön zu bräunen, ohne daß das Innere völlig gar wird. Tomaten und Chillies 5 Min. auf einem Teller abkühlen lassen.

7. Die abgekühlten Tomaten und Chillies mit dem Knoblauch in einen Mixer oder eine Küchenmaschine geben und grob pürieren.

Koriandergrün, Pomeranzensaft und Salz zufügen und kurz mixen. Die Salsa in eine Schale füllen.

8. Erst kurz vor dem Servieren den Grillrost einfetten, wenn nötig 20 frische Briketts nachlegen, damit die Temperatur steigt. Das Fleisch auf den heißen Rost legen und 2–3 Min. von jeder Seite garen. Die Stücke mit der Rückseite eines Grillwenders aus Metall auf den Rost drücken, um gut sichtbare Grillspuren zu erzeugen. Das Fleisch auf eine Platte legen. Die Tortillas auf dem Rost 20 Sek. lang von jeder Seite erwärmen. Das Fleisch mit den Zwiebeln und der Salsa servieren, dazu einen Korb mit warmen Tortillas reichen.

Für 4 Personen

ROLLATINI VOM SCHWEIN

BRASILIEN

METHODE:
Direktes Grillen

IM VORAUS ZUBEREITEN

Die Rollatini können mehrere Stunden im voraus zubereitet werden. Bis zum Grillen mit Folie abgedeckt im Kühlschrank aufbewahren. Kurz vor dem Grillen mit Öl bestreichen und mit Käse bestreuen.

Diese scharfen kleinen Rouladen stammen aus der legendären »Porcão«-Restaurantkette in Rio, wo sie am Spieß gebraten werden. Ich bezeichne sie auch als brasilianische Rollatini. Um der Authentizität willen sollte ich erwähnen, daß der Senf und die Cornichons meine persönliche Note sind. Sie bilden den perfekten Kontrast zum Aroma des Gruyère. Das Fleisch sollte von allem sichtbaren Fett befreit werden.

570 g Schweinebraten aus dem Kotelettstrang, ohne Knochen und Fett
Salz und frisch gemahlener schwarzer Pfeffer nach Geschmack
½ Tasse fein geriebener Gruyère oder Parmesan
3 EL Dijon-Senf
1 Scheibe geräucherter oder gekochter Schinken (ca. 60 g, ½ cm dick), in schmale Streifen geschnitten
1 kleine Zwiebel, in zwölf Spalten geschnitten
12 Cornichons
2 EL Olivenöl zum Bestreichen

1. Das Fleisch quer in 12 kleine Scheiben schneiden (vorher leicht im Tiefkühlfach anfrieren) oder vom Schlachter aufschneiden lassen. Die Scheiben sollten ca. 10 cm lang, 7 cm breit und 5 mm dick sein; dickere Scheiben können Sie zwischen zwei Lagen Klarsichtfolie mit der Seite eines Hackbeils oder mit einem Nudelholz flachklopfen. Dann salzen und pfeffern.

2. Eine flache Schale mit geriebenem Käse gleichmäßig ausstreuen. Die Fleischscheiben nacheinander darin wenden und Überschuß abklopfen. Die Scheiben flach auf die Arbeitsfläche legen und dünn mit Senf bestreichen. Jeweils einen Schinkenstreifen, ein Zwiebelstück und ein Cornichon auf das schmale Ende der Scheibe legen und die Füllung fest einrollen. Die Rouladen in der Mitte mit Küchengarn oder Zahnstochern zusammenhalten. Röllchen mit Öl bestreichen, auf eine Platte legen und mit dem restlichen Käse bestreuen (s. Im voraus zubereiten).

3. Den Grill auf starke bis mittlere Hitze anheizen.

4. Wenn der Grill bereit ist, den Grillrost einfetten. Die Rouladen auf den heißen Rost legen und unter Wenden 8–12 Min. grillen. Sie sollen rundum schön braun und gar, aber noch fest sein. Vor dem Servieren Garn oder Zahnstocher entfernen!

Ergibt 12 Rollatini; für 6 Personen als Vorspeise, für 4 Personen als Hauptgericht

JERK-SCHWEINELENDE AUS JAMAIKA

JAMAIKA

METHODE:
Direktes Grillen

**VORBEREI-
TUNGSZEIT:**
*Mindestens
4 Std. zum
Marinieren*

**SPEZIAL-
ZUBEHÖR:**
*2 Tassen Walnuß-
oder Eichenholz-
späne, 1 Std.
in kaltes Wasser
einweichen und
abtropfen lassen*

Traditionell wird Jerk in Jamaika mit einem ganzen Schwein zubereitet, das man entbeint, mit feurigem »Jerk seasoning« mariniert und, wie ein Buch aufgeklappt, im Rauch glühender Pimentholzscheite grillt (s. nächste Seite). Hier meine Heimversion mit Schweinelende. Für das echte Aroma brauchen Sie Scotch-bonnet-Chillies oder Habaneros, ihre mexikanischen Verwandten. Alternativ können Sie frische Jalapeño-Chillies verwenden sowie ein paar Teelöffel einer Gewürzsauce mit Scotch bonnets, z.B. »Busha Browne's Pukka Sauce«, »Coyote Cocina Howlin' Hot Sauce« oder »Matouk's Hot Pepper Sauce«. Bei empfindlicher Haut Gummihandschuhe anziehen, bevor Sie die Scotch bonnets anfassen. Die Menge wählen Sie selbst: Zartere Naturen beginnen mit 2–4 Schoten, Feuerfans nehmen alle sechzehn.

Stilecht reicht man zu Jerk jamaikanisches Brat-Brot und geröstete Brotfrüchte.

900 g Schweinelende (3–4 Filets; s. Hinweise)
2–16 Scotch-bonnet-Chillies (evtl. entkernt)
**2 Bund Lauchzwiebeln, Weißes und Grünes,
  geputzt und in 2 ½ cm große Stücke
  geschnitten**
**½ mittelgroße Zwiebel, in 2 ½ cm große
  Stücke geschnitten**
**1 Stück (2 ½ cm) Ingwerwurzel, dünn
  geschnitten**
3 Knoblauchzehen, abgezogen
**1 EL Thymianblättchen oder 2 TL Thymian,
  getrocknet**
2 ½ TL Piment, gemahlen
½ TL frisch gemahlener schwarzer Pfeffer
½ TL frisch geriebene Muskatnuß
¼ TL Zimt, gemahlen
¼ Tasse destillierter Weißweinessig
3 EL Sojasauce
2 EL Pflanzenöl
3 EL grobes Meersalz

1 EL brauner Zucker
1 bis 2 EL Pflanzenöl zum Bestreichen

1. Die Schweinefilets schmetterlingsförmig in 2 ½ cm dicke Stücke schneiden (s. Seite 163). Dann mit der Spitze eines Küchenmessers ½ cm tiefe Löcher von allen Seiten in die Fleischscheiben stechen. Die Lenden in einer Auflaufform beiseite stellen.

2. Für die Würzmischung Chillies, Lauchzwiebeln, Zwiebeln, Ingwer und Knoblauch in der Küchenmaschine feinhacken. Dann Thymian, Piment, Pfeffer, Muskat, Zimt, Essig, Sojasauce, Öl, Salz und Zucker zufügen und pürieren (s. Hinweise).

3. Mit einem Teigschaber die Würzmischung auf die Fleischscheiben streichen, dabei in die Löcher drücken. Abdecken und mindestens 4 Std. im Kühlschrank marinieren, dabei mehrfach wenden.

4. Den *Holzkohlegrill* auf mittlere Hitze anheizen.

Beim *Gasgrill* Holzspäne in den Räucherkasten geben und den Grill auf höchster Stufe anheizen; sobald Rauch sichtbar wird, Temperatur auf mittlere Stufe senken.

5. Wenn der Holzkohlegrill bereit ist, Holzspäne auf die Kohle streuen. Den Grillrost einfetten. Die Fleischscheiben auf den heißen Rost legen und unter Wenden und mehrfachem Bestreichen mit Öl 16–20 Min. grillen. Die Haube nur zum Wenden öffnen, damit möglichst wenig Rauch entweicht.

6. Das Fleisch auf ein Schneidbrett legen und 5 Min. ruhen lassen. Dann quer zur Faser dünn aufschneiden und sofort servieren.

Für 4–6 Personen

Hinweise: Jerk wird meist mit der Speckschicht zubereitet, doch Sie können das Fett natürlich auch vorher abschneiden.

■ Sie können die Marinade auch im Mixer zubereiten; dann alle Zutaten auf einmal hineingeben.

Jerk – das Barbecue Jamaikas

Ich habe das Nationalgericht Jamaikas gegessen und kann nur eines sagen: Man leidet. Beißender Rauch reizt die Augen, und die scharfen Chillies verbrennen die Kehle. Mein erstes richtig feuriges Jerk aß ich in Boston Beach an Jamaikas Nordostküste. Hinterher wischte ich mir den Schweiß von der Stirn – und bestellte prompt einen Nachschlag!

Jerk ist jamaikanisches Barbecue. Genau wie sein nordamerikanisches Gegenstück bezeichnet das Wort zugleich ein Gericht, eine Garmethode und ein Stück Lebensart. Man bekommt es in rustikalen Lokalen an der Straße genauso wie in gehobenen Restaurants. Das Fleisch (meist vom Schwein oder Huhn) wird erst mit Limettensaft oder Essig abgewaschen, dann in einer feurigen Paste aus Scotch-bonnet-Chillies und anderen Gewürzen mariniert und danach über Hartholz im Rauch gegart.

Jerk wird sowohl auf dem Barbecuegrill als auch in einem Stahlfaß oder über einer Grube mit glühenden Kohlen zubereitet. Was die Jerk-Marinade betrifft (das »Seasoning«), so gibt es wahrscheinlich genausoviele verschiedene Rezepte wie Köche in Jamaika. In den letzten Jahren wurde das traditionelle Schweine- und Geflügel-Jerk immer mehr von neumodischen Kreationen wie Jerk-Rotbarsch, Jerk-Hummer, ja sogar Jerk-Pasta verdrängt.

Der Ursprung von Jerk liegt bei den Maroons, entlaufenen Sklaven, die sich im 17. Jh. im Hochland von St. Thomas in Ostjamaika niederließen. Auf ihrer Flucht vor den britischen Soldaten machten sie Wildschweinfleisch haltbar, indem sie es mit einer feurigen Paste aus Salz, Gewürzen und Scotch-bonnet-Chillies einrieben und über schwelendem Holz räucherten.

Höchstwahrscheinlich geht diese Art der Zubereitung aber auf die Ureinwohner der Region zurück, die Arawak-Indianer. Schließlich wachsen die Zutaten für Jerk – superscharfe Chillies, Pimentbäume mit ihren Früchten, Thymian, wilder Zimt und Lauchzwiebeln – schon seit Jahrhunderten auf der Insel. Selbst das Wort Barbecue stammt anscheinend von den Arawaks, die einen Grill aus grünen Zweigen Barbacoa nannten.

Laut Winston Stoner, dem charismatischen Direktor der Busha Browne Company, leitet sich das Wort Jerk von dem Patois-Wort »juk« ab, das »stechen« oder »mit einem scharfen Gegenstand durchbohren« bedeutet. »Ursprünglich waren es Wildschweine, die ›gejukt‹ wurden«, erklärte mir Stoner in seinem Büro in einem Lagerhaus in Kingston. »Heute sind es Hausschweine.« War das Fleisch zugerichtet, wurde es noch einmal angestochen, um die Aufnahme der Würzmischung zu beschleunigen. »Aber wer jamaikanisches Jerk richtig kennenlernen will, muß nach Boston Beach fahren.«

Dazu mußte man mich nicht drängen. Dieser winzige Ort am Meer, nur 20 Autominuten von Port Antonio in Nordostjamaika entfernt, liegt an einer anmutigen Bucht von der Art, die durch unsere Winterträume spukt. Ein goldener Sandstrand, gesäumt von den türkisfarbenen Wellen der Karibik, darauf Kanus als bunte Farbtupfer. Boston Beach wurde nach der Boston Fruit Company benannt, die eine Niederlassung in Jamaika hatte, und war einst das Zentrum des Bananenhandels. Heute ist es für Jerk berühmt, auch dies eine kulinarische Spezialität. Man bekommt es zwar in ganz Jamaika, doch in Boston Beach gibt es die meisten traditionellen Jerk-Kochgruben.

Genau wie Barbecue in den Südstaaten der USA wurde Jerk buchstäblich in einem Erdloch geboren. Noch heute kann selbst die tollste Anlage mit stählernen Faß-Grillgeräten es nicht mit dem urigen Geschmack von dem über offener Glut gegarten Fleisch aufnehmen.

Eine Jerk-Kochgrube besteht aus einer länglichen Mulde mit Holzkloben an beiden Seiten. Auf diesen Blöcken liegt eine Art Rost aus zwei bis drei Zentimeter dicken Stöcken aus grünem Pimentholz. Die Stöcke liegen dicht an dicht, im Abstand von je zwei Zentimetern, und verbrennen während des Garprozesses, so daß sie alle paar Stunden ersetzt werden müssen. Die brennenden Stöcke verleihen einen einzigartigen Rauchgeschmack, der nur bei Jamaika-Jerk zu finden ist.

NOMEN EST OMEN?

Wollte man »Sufferer's Jerk Pork Front Line No. 1« als Restaurant bezeichnen, wäre das ein bißchen übertrieben. Der Speisesaal ist ein wackliger Pavillon aus Bambusleisten mit vier nicht zueinander passenden Tischen. Der Anblick der Freiluftküche mit ihrem Sandboden, dem verrosteten Blechdach, der Arbeitsfläche aus Beton und einem alten Baumstamm als Schneidbrett würde manchem Krämpfe verursachen. Auf der Speisekarte stehen nur drei Gerichte: Jerk-Hähnchen, Jerk-Schweinefleisch und Jerk-Wurst. Aber nach Jamaika zu reisen, ohne bei »Sufferer's« (oder einem der anderen Jerk-Spezialisten von Boston Beach) zu essen, hieße, eines der intensivsten kulinarischen Erlebnisse der Welt zu verpassen.

Prince Duncan Sufferer kann über den Ursprung seines Restaurants wenig sagen. Der ernste Mann mit der sanften Stimme hat es 1975 von seinen Eltern übernommen. Heute assistieren ihm ein halbes Dutzend junge Männer, und von sechs Uhr morgens bis sieben oder acht Uhr abends herrscht Betrieb.

Als ich vormittags gegen elf ankam, war die Crew bereits seit Stunden bei der Arbeit. Ein drahtiger junger Mann namens Darrick Minot hatte die schmerzhafte Aufgabe, elf Kilo Scotch-bonnet-Chillies in einem handbetriebenen Fleischwolf zu pürieren. Wenn man bedenkt, daß Scotch bonnet die schärfste Chili der Welt ist – bis zu 50mal schärfer als eine Jalapeño – dann ist das Wort schmerzhaft schon angebracht. »Reib' dir nie die Augen dabei«, warnte Minot, während die stechenden Pfefferschwaden uns umwaberten. Sein Arbeitsplatz heißt wohl nicht umsonst »Sufferer's« (dt.: des Leidenden).

Die zungenzerfetzende Chilipaste, die aus dem Fleischwolf kommt, ist Hauptzutat des Seasoning. Aber es kommen noch 21 andere Gewürze dazu, bevor die Marinade fertig ist. Dazu gehören Stangen von wildem Zimt, ganze Muskatnüsse und Hände voll scharfer Pimentbeeren, deren bittersüßer Geschmack eines der dominierenden Aromen von Jerk ist.

Andere Würzzutaten sind dicke Thymianbüschel, die geweihförmigen Wurzelstöcke des Ingwer und karibischer Schnittlauch (schmeckt wie eine Kreuzung von Lauchzwiebel und Schalotte). Auch Knoblauchpulver, brauner Zucker, Essig und Meersalz gehören in die Marinade, die in einem Plastikeimer angerührt wird. Die fertige Mischung ist so scharf, daß man sich glatt daran schneiden könnte.

Herr der Kochgruben ist William Gallimore, ein hochgewachsener Schwarzer in einem kampferprobten blauen Hemd und Schuhen, die ihm buchstäblich von den Füßen fallen. Er überwacht die vier Gruben, über denen Jerk gegart wird. Die erste ist ein Barbecuegrill auf Bodenhöhe, wo Ketten von dicken, hausgemachten Würsten über der Glut brutzeln. Über der zweiten Kochgrube liegt ein Drahtgitter mit gespaltenen Hähnchen, darauf ein Blech, damit der duftende Rauch nicht entweicht. Die dritte Grube ist ein rundes Loch im Boden, wo ganze Brotfrüchte zwischen glühenden Pimentholzscheiten geröstet werden. Die vierte Grube ist der Mittelpunkt all dieser Aktivität, denn hier verwandelt sich ein ganzes Schwein in zartes, auf der Zunge zergehendes Jerk.

Laut Gallimore ist das Geheimnis von erstklassigem Jerk das langsame Garen bei niedriger Temperatur. Alle halbe Stunde legt er Kohle nach. Ein Huhn braucht etwa eine Stunde, bis es gar ist, ein Schwein sechs. Es wird alle 30 Minuten gedreht – eine Tätigkeit, die den Grubenmeister in dichte, stechende Rauchwolken hüllt. Bei dieser Garmethode wird das Schweinefleisch erstaunlich saftig; es ist ungeheuer zart, hocharomatisch, leicht rauchig und gar nicht unerträglich scharf. Das langsame Garen scheint den Biß der Chillies etwas abzuschwächen.

So komplex das Garverfahren ist, so schlicht wird Jerk serviert. Sie bestellen es nach Gewicht. Der »Pit master« hackt Stücke mit dem Hackmesser ab und serviert sie auf Wachspapier. Das war's.

Traditionelle Beilagen sind Festivals und Brotfrüchte. Ersteres ist Fettgebackenes in Zigarrenform aus Mehl, Maismehl und Zucker. Letzteres ist eine tropische Frucht, die der berühmte Captain Bligh persönlich auf die westindischen Inseln brachte und die ein bißchen wie gebackene Kartoffel schmeckt. Falls Sie mal Brotfrucht probiert haben und zu fad fanden, dann kennen Sie »Sufferer's« nicht. Um dieses fürstliche Mahl hinunterzuspülen gibt es eiskaltes Bier, Marke »Red Stripe«, dunkles, süßes Stout, Marke »Dragon«, oder für Abstinenzler Ting, ein erfrischendes Grapefruit-Eiswasser.

In den letzten Jahren hat sich Jerk weit über Jamaika hinaus verbreitet. Ich habe es in einer lauten Bar in Boston und einem Trend-Restaurant in Soho, New York, gegessen. In Miami serviert man Jerk-Rührerei zum Frühstück und Cäsarsalat mit Jerk-Huhn zum Mittagessen. Doch um den wahren Jakob zu probieren, müssen Sie eine Pilgerfahrt nach Boston Beach in Nordjamaika auf sich nehmen. Was nicht das Schlimmste ist – schon gar nicht, wenn der Winter naht!

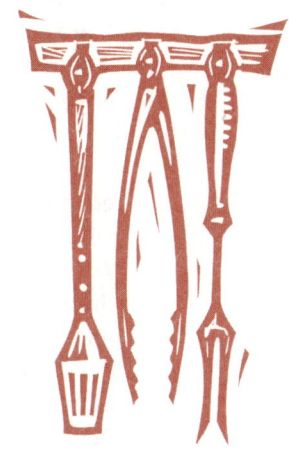

GEGRILLTE SCHWEINEROULADEN AUS URUGUAY

Pamplona de puerco

URUGUAY

METHODE:
Direktes Grillen

Eine Pamplona ist eine Roulade, die bei geringer Hitze gegrillt wird. Diese Spezialität, die an den Grillständen und in den Lokalen des Mercado del Puerto in Montevideo angeboten wird, besteht aus nur wenigen Zutaten, doch die Füllung mit Paprika und Provolone sorgt für viel Aroma und bietet zugleich einen schönen Anblick. In Uruguay rechnet man eine ganze Pamplona pro Person – als Vorspeise! (Dazu muß man wissen, daß die Südamerikaner viel mehr Fleisch essen als z.B. ihre Nachbarn in Nordamerika.) Übrigens, das Rezept ist wirklich einfach, selbst wenn Sie noch nie ein Stück Fleisch schmetterlingsförmig aufgeschnitten haben.

Wenn Sie möchten, können Sie eine der Chimichurris (s. Register) dazu reichen.

2 Schweinefilets (insgesamt ca. 700 g)
Salz und frisch gemahlener schwarzer Pfeffer nach Geschmack
1 großer, roter Paprika
2 Scheiben Provolone (à ca. 60 g, ½ cm dick)
1–2 EL Olivenöl zum Bestreichen

1. Die Filets von Fett und Sehnen befreien, dann quer halbieren. Die Stücke nach Anleitung in ½ cm dicke Scheiben (s. Kasten Seite 163) aufschneiden, so daß sich 4 Quadrate à 17 cm Kantenlänge ergeben. Mit Salz und Pfeffer würzen.

2. Den Paprika putzen, entkernen und in Längsrichtung in ½ cm breite Streifen schneiden. Die Käsescheiben in ½ cm breite Streifen schneiden. Jeweils 4–5 Paprika- und Käsestreifen abwechselnd in Längsrichtung auf die 4 Fleischscheiben legen und beiderseits einen 1 ½ cm breiten Rand frei lassen. Die Scheiben nacheinander aufrollen und die Rouladen an mehreren Stellen mit Küchengarn verknoten oder mit kleinen Metallspießen verschließen (s. Hinweis).

3. Den Grill auf starke bis mittlere Hitze anheizen.

4. Wenn der Grill bereit ist, die Pamplonas dünn mit Öl bestreichen und mit Salz und Pfeffer würzen. Dann auf den heißen Grillrost legen und unter Wenden (mit einer Zange) 16–20 Min. grillen. Die Rouladen sind fertig, wenn sie von außen schön braun sind und die Innentemperatur mindestens 70 °C beträgt (mit dem Fleischthermometer gemessen).

5. Die Pamplonas auf eine Platte legen und das Garn bzw. die Spießchen entfernen. Vor dem Aufschneiden 5 Min. ruhen lassen. Traditionell werden die Rouladen im Ganzen auf Tellern serviert, doch ich finde es sehr dekorativ, wenn man sie quer in 1 ½ cm dicke Scheiben schneidet und diese kreisförmig auf dem Teller anrichtet.

Für 6 Personen als Vorspeise,
für 4 Personen als Hauptgericht
Hinweis: Bis zu Schritt 2 können sie die Pamplonas bis zu 6 Std. im voraus zubereiten. Dann mit Klarsichtfolie abdecken und in den Kühlschrank stellen.

SUSUR LEES CHINESISCHES BARBECUE

CHINA

METHODE:
Direktes Grillen

**VORBEREI-
TUNGSZEIT:**
*24–48 Std.
zum Marinieren*

Susur Lee, in Hongkong geboren und Besitzer des »Lotus« in Toronto, dürfte mittlerweile zu den Stars der kanadischen Gastronomie gehören. Bei diesem Rezept begegnen sich Ost und West auf dem Gebiet des klassischen chinesischen Barbecue. Eigentlich ist das Wort Barbecue nicht ganz richtig, denn bei den Chinesen wird Schweinefleisch meist gebraten oder fritiert, aber fast nie gegrillt. Diese Ausnahme von der Regel macht sich die natürliche Affinität von Schweinefleisch und süßen Gewürzen zunutze.

700 g Schweinelende (2–3 Filets)
1 mittelgroßer Stangensellerie, feingehackt
1 mittelgroße Karotte, feingerieben
1 mittelgroße Zwiebel, feingehackt
1 EL Ingwer, feingehackt
5 Streifen Tangerinen- oder Orangenschale
   (à 5 x 1 ½ cm groß; mit einem
   Gemüseschäler abgezogen)
160 ml Reiswein oder Sherry dry
80 ml Sojasauce
80 ml Ahornsirup
2 EL asiatisches (dunkles) Sesamöl

1. Die Filets von Fett und Sehnen befreien. Sellerie, Karotten, Zwiebeln, Ingwer, Tangerinenschale, Reiswein, Sojasauce, Ahornsirup und 1 EL Sesamöl in einen Bräter geben und verrühren. Die Filets zugeben und mehrfach darin wenden. Abdecken und im Kühlschrank mindestens 24 und bis zu 48 Std. marinieren, währenddessen gelegentlich wenden.

2. Den Grill auf starke bis mittlere Hitze anheizen.

3. Die Filets aus der Marinade nehmen und mit Küchenpapier trockentupfen. Marinade durch ein Sieb in einen kleinen Topf streichen und zum Kochen bringen. 5–8 Min. kochen lassen, bis die Marinade sirupartig eindickt.

4. Wenn der Grill bereit ist, die Filets mit dem restlichen Sesamöl bestreichen. Dann auf den heißen Grillrost legen und unter Wenden (mit einer Zange) 16–20 Min. grillen. Nach 10 Min. damit beginnen, das Fleisch mit der Marinade zu bestreichen. Ist das Fleisch rundum braun, testen Sie mit einem Fleischthermometer die Innentemperatur. Wenn sie mindestens 70 °C beträgt, ist das Fleisch gar.

5. Die Filets auf ein Schneidbrett legen und 5 Min. ruhen lassen. Dann schräg in 1 cm dicke Scheiben schneiden. Die Scheiben fächerförmig auf Tellern oder einer Platte ausbreiten und zusammen mit der restlichen Marinade, sofern vorhanden, servieren.

Für 4–6 Personen

SCHWEINEFLEISCH MAURISCH GEWÜRZT

Pinchos morunos

SPANIEN

METHODE:
Direktes Grillen

Gerichte, die aus dem Zusammenstoß zweier Kulturen entstanden, haben mich von jeher fasziniert. So auch diese Fleischspieße, die in Spanien als Appetithappen (Tapas) beliebt sind. Auf Spanisch heißen sie maurische Spieße,

**VORBEREI-
TUNGSZEIT:**
*4–8 Std. zum
Marinieren*

**SPEZIAL-
ZUBEHÖR:**
*8 lange
Metallspieße*

wohl weil die Gewürze – Kreuzkümmel, Koriander und Chiliflocken – typisch für die nordafrikanische Küche sind. Aber kein anständiger Muslim würde dieses Gericht mit Schweinefleisch zubereiten, das in Spanien das beliebteste Fleisch sein dürfte. Dies ist also ein Gericht, das seine Entstehung zwei Kulturen und Kontinenten verdankt. Reichen Sie dazu spanischen Grillgemüsesalat und katalanisches Tomatenbrot.

900 g Schweinelende oder Kotelettstück,
 entbeint
1 mittelgroße Zwiebel, feingewürfelt
3 Knoblauchzehen, durchgepreßt
3 EL glatte Petersilie, feingehackt
1 EL Paprikapulver, vorzugsweise spanisches
½ TL Chiliflocken
½ TL Kreuzkümmel, gemahlen
½ TL Koriander, gemahlen
½ TL Oregano, getrocknet
¼ TL Safranfäden, zerkrümelt

4 EL Olivenöl extra vergine
2 EL Rotweinessig
2 EL Sherry dry oder Weißwein
1 TL Salz
½ TL frisch gemahlener schwarzer Pfeffer

1. Das Schweinefleisch in 2 cm große Würfel schneiden. Die restlichen Zutaten bis auf 2 EL Öl in einer großen Auflaufform mischen. Das Fleisch zufügen und mehrfach in der Marinade wenden. Abdecken und 4–8 Std. (oder über Nacht) im Kühlschrank marinieren.

2. Den Grill auf höchster Stufe anheizen.

3. Wenn der Grill bereit ist, die Fleischwürfel aufspießen. Den Grillrost einfetten, dann die Spieße auf den heißen Rost legen. Unter Wenden insgesamt 8–12 Min. grillen, dabei gelegentlich mit dem restlichen Öl bestreichen. Wenn das Fleisch rundum braun und durchgebraten ist, sofort servieren.

*Für 8 Personen als Vorspeise,
für 4 Personen als Hauptgericht*

SÜSSE SCHWEINEFLEISCH-SATES
Saté babi manis

INDONESIEN

METHODE:
Direktes Grillen

**VORBEREI-
TUNGSZEIT:**
*1 Std. zum
Marinieren*

Auf den ersten Blick ein ganz normales Saté-Rezept, doch zugleich beweist es die religiöse Toleranz des modernen Indonesien. Java ist, wie der größte Teil des indonesischen Archipels, eine vorwiegend von Muslimen bewohnte Insel, dennoch werden im betriebsamen Imbiß-Center im Herzen Batavias (dem Hafenviertel von Jakarta) Schweinefleischspieße angeboten. Dafür gibt es eine einfache Erklärung. Batavia war früher das Chinesenviertel Jakartas (heute leben nur noch relativ wenige Chinesen dort), und Chinesen essen sehr gern Schweinefleisch.

Das Rezept stammt aus dem »Saté babi sop bakut«-Shop im Pecenongan District, nahe dem »Radisson«-Hotel. Wenn Sie Zeit haben und Abenteuer lieben, essen Sie hier zu Abend (aber erst spät, um Jakartas höllischem Verkehr zu entgehen.) Sie werden bei Neonlicht unter einer Plane sitzen und an mit Wachstuch gedeckten Tischen Satés serviert bekommen – knallheiß direkt vom Grill, auf roten Plastiktellern.

SPEZIAL-ZUBEHÖR:
16 kurze Bambusspieße, 1 Std. in kaltes Wasser legen und abtropfen lassen

GALGANT

Galgant, ein Verwandter des Ingwer, hat einen markanten pfeffrigen Geschmack. Galgantwurzel (auch Laoswurzel genannt) gibt es in Asienläden, auch getrocknet und in pulverisierter Form.

500 g Schweinelende oder -schulter, mit etwas Fett, in 1 ½ cm große Würfel geschnitten

160 ml süße Sojasauce (Ketjap manis) oder je 80 ml normale Sojasauce und Sirup

2 Knoblauchzehen, feingehackt

2 Schalotten, feingeschnitten

1 Salatgurke, geschält und entkernt (s. Kasten Seite 90), in 1 ½ cm große Würfel geschnitten

1 EL getrockneter Galgant, gemahlen

4 Kaffirlimetten oder 2 persische Limetten, in Spalten geschnitten

Achar mit Mischgemüse (s. Seite 443; nach Wunsch)

1. Die Spieße mit je 5–6 Fleischwürfeln bestücken. Die Hälfte der Sojasauce, Knoblauch und Schalotten auf einem Teller mischen und die Satés in der Mischung wenden. Abdecken und im Kühlschrank 1 Std.

marinieren, dabei ab und zu wenden.

2. Den Grill auf höchster Stufe anheizen.

3. Inzwischen 4 große Teller bereitstellen. Jeweils auf eine Seite ein Häufchen Gurkenwürfel, etwas von der restlichen Sojasauce, ein kleines Häufchen Galgant und einige Zitronenspalten legen.

4. Wenn der Grill bereit ist, den Grillrost einfetten. Die Satés auf den heißen Rost legen und unter Wenden (mit einer Zange) ca. 8 Min. grillen, bis das Fleisch schön braun und durchgebraten ist.

5. Zum Essen stecken Sie ein Stück Gurke auf das Ende des Spießes. Saté zuerst in Sojasauce, dann in Galgant dippen. Etwas Zitronensaft darüberträufeln, dann Saté in den Mund stecken. Essen Sie Achar, um zwischen den Satés einen anderen Geschmack zu bekommen.

Für 4 Personen als Vorspeise, für 2–3 Personen als Hauptgericht

SÜSSE KNOBLAUCH-KOTELETTS

THAILAND

METHODE:
Direktes Grillen

VORBEREITUNGSZEIT:
1–2 Std. zum Marinieren

Gegrilltes Fleisch plus Knoblauch ist eine klassische Kombination. Ebenso die Zusammenstellung von Marinaden auf Zucker- oder Honigbasis und Schweinefleisch, um dessen Mächtigkeit entgegenzuwirken. Kombiniert man beides zugleich, erhält man dieses Barbecue nach thailändischer Art. Hier werden Koteletts verwendet, aber auch Schweinelende können Sie so zubereiten. Ich empfehle gern dicke Rippenkoteletts für dieses Rezept, aber Sie können ebensogut die doppelte Menge der leichter erhältlichen dünnen Koteletts nehmen. Dazu paßt ganz hervorragend Jasminreis.

4 dicke (2 ½ cm) oder 8 dünne (1 cm) Schweinekoteletts (insgesamt ca. 1 kg)

1 Knoblauchknolle, in Zehen zerteilt und abgezogen

3 EL Zucker

80 ml asiatische Fischsauce oder Sojasauce

3 EL Honig

3 EL Reiswein

2 EL asiatisches (dunkles) Sesamöl

1 EL Ingwer, gerieben

2 TL Salz

1 TL frisch gemahlener schwarzer Pfeffer

1. Die Koteletts am Fettrand ein- bis zweimal einschneiden, damit sie sich nicht beim Grillen aufwölben. Die Koteletts in eine Auflaufform geben und beiseite stellen.

2. Knoblauch und Zucker in einer Küchenmaschine oder in einem Mörser zu einer Paste verarbeiten. Fischsauce, Honig, Reiswein, Sesamöl, Ingwer, Salz und Pfeffer zufügen und alles mischen. Mit einem Teigschaber die Mischung auf beide Seiten der Koteletts streichen. Abdecken und 1–2 Std. im Kühlschrank marinieren.

3. Den Grill auf höchster Stufe anheizen

4. Wenn der Grill bereit ist, den Rost ein-

fetten. Die Koteletts auf den heißen Rost legen und 6–8 Min. pro Seite (bei dünnen Koteletts nur die halbe Zeit) grillen. Wenn beide Seiten schön braun sind, die Innentemperatur mit einem Fleischthermometer testen; wenn sie 70 °C beträgt, sind die Koteletts durchgebraten. Die Koteletts auf eine Platte legen und sofort servieren.

Für 4 Personen

ROMYS RIPPCHEN MIT PHILIPPINISCHEN GEWÜRZEN

PHILIPPINEN

METHODE:
Indirektes Grillen

VORBEREI-TUNGSZEIT:
8 Std. zum Marinieren

SPEZIAL-ZUBEHÖR:
2 Tassen Holzspäne, 1 Std. in kaltes Wasser legen und abtropfen lassen

Der Filipino Romy Dorotan hat eine Mission: Er will die New Yorker mit den sinnlichen Aromen seiner Heimat bekannt machen. Sein Restaurant in der Mercer Street, das »Cendrillon«, ist im Industrie-Look gehalten (nackte Steinmauern, sichtbare Heizungsrohre), aber seine Speisen sind raffiniert gewürzt, und die bezaubernden Arrangements auf den Tellern könnten einem Gemälde entsprungen sein. Romys Rippchen mit ihrem Zitrusduft und dem Szechuanpfeffer sind ein interkultureller Triumph. Er gart sie in etwas, was er als chinesischen Räuchertopf bezeichnet (wohl mehr ein Topf zum Dämpfen). Ich habe das Rezept fürs indirekte Grillen abgewandelt.

Die Rippchen können »ohne alles« serviert werden, aber wenn Sie etwas wirklich Eindrucksvolles erleben wollen, probieren Sie dazu Barbecuesauce mit Ingwerpflaumen.

FLEISCH UND MARINADE:
1,3–1,8 kg Rippchen mit guter Fleischauflage (4 Rippenstücke)
125 ml Sojasauce
Saft und abgeriebene Schale von 1 Orange
Saft und abgeriebene Schale von 1 Zitrone
Saft und abgeriebene Schale von 1 Limette
2 Zitronengrasstiele (nach Wunsch), geputzt und in dünne Ringe geschnitten
1 EL Ingwer, kleingehackt
2 Knoblauchzehen, durchgepreßt

WÜRZMISCHUNG:
1 EL Paprika
2 TL Szechuanpfefferkörner
2 TL Korianderkörner
2 TL Kreuzkümmelkörner
2 TL Senfkörner
1 TL Fenchelsamen
1 rote Chilischote, getrocknet, oder
   ½ TL Cayennepfeffer

2 TL brauner Zucker
2 TL Salz

1. Die dünne Haut von der Rückseite der Rippenstücke in einer Schicht abziehen, dabei zum Festhalten ein Küchenhandtuch oder eine Zange zu Hilfe nehmen. Die Rippchen in eine Auflaufform legen.

2. Für die Marinade alle Zutaten in einem Mixer pürieren. Die Rippchen mit der Marinade übergießen und darin wenden. Abdekken und 8 Std. im Kühlschrank durchziehen lassen, dabei ein- bis zweimal wenden.

3. Für die Würzmischung alle Zutaten in einer Gewürzmühle oder einem Mixer sehr fein mahlen (s. Hinweis).

4. Den Grill zum indirekten Grillen vorbereiten (s. Seite 14/16), eine große Tropfschale in die Mitte stellen. Den *Holzkohlegrill* auf mittlere Hitze anheizen. Beim *Gasgrill* die Holzspäne in den Räucherkasten legen und den Grill auf höchster Stufe anheizen; wenn Rauch austritt, auf mittlere Stufe herunterschalten.

5. Die Rippchen aus der Marinade nehmen und trockentupfen. Von beiden Seiten mit Würzmischung einreiben. Beim Holzkohlegrill die Hälfte der Holzspäne auf die Kohle streuen. Dann die Rippchen auf den heißen Rost über die Tropfschale legen. Die Haube schließen und die Rippchen 1 ½–2 Std. im Rauch garen, bis das Fleisch sehr zart ist und von den Knochenenden zurückweicht. Beim Holzkohlegrill nach 1 Std. 10–12 Briketts pro Seite nachlegen sowie die restlichen Holzspäne.

Für 4 Personen

Hinweis: Die Gewürze eventuell vor dem Mahlen in einer Pfanne auf mittlerer Stufe ca. 3 Min. rösten, bis sie zu duften beginnen.

RIPPCHEN OAXACA-ART

MEXIKO

METHODE:
Direktes Grillen

VORBEREITUNGSZEIT:
Bis zu 24 Std. zum Marinieren

Das Restaurant »La Capilla« spricht die nostalgischen Gefühle an, die Städter überall auf der Welt für das Landleben hegen. Es liegt eine halbe Stunde von Oaxaca entfernt und bietet Gelegenheit, einen ruhigen Nachmittag zu verbringen. Man sitzt unter Strohdächern an langen Tischen im Freien, eine Mariachi-Band spielt, und rundum stehen Ochsenkarren und Käfige mit Vieh. Man trinkt den am Ort gebrauten Mescal (Agavenbranntwein) und labt sich an schlichtem gegrilltem Fleisch, das wie vor Urzeiten in einer offenen Küche über glühenden Holzkohlen gegart wird. Nach dem Essen – scheinbar Stunden später – stehen den Gästen Hängematten für eine Siesta zur Verfügung.

Chefin des »La Capilla« ist eine kleine, ernste Frau namens Manuela Martinez Torres, und ihre Schweinerippchen würden auch in Kansas City Ehre einlegen. Als erstes fiel mir an ihnen auf, daß die Knochen alle sauber in der Mitte geknickt waren. So könne die Gewürzpaste (Adobo) überall ins Fleisch eindringen, erklärt Torres, und zugleich verstärkten Mark und Saft, die aus den Knochen austreten, das Aroma und machten das Fleisch noch saftiger. Fragen Sie Ihren Schlachter, ob er das Fleisch für Sie so vorbereiten kann.

Die zweite Besonderheit ihrer Rippchen ist der Adobo selbst, eine dunkelgrüne Paste aus getrockneten Kräutern und Essig – ohne Chillies, was für die Gegend sehr ungewöhnlich ist. Die Mischung hat den seltenen Vorzug, den Geschmack des Fleisches zu intensivieren, doch ohne ihn zu übertönen oder zu verändern.

Die dritte Überraschung ist die Garmethode: direktes Grillen auf Holzkohle statt der langsamen, rauchintensiven indirekten Methode, die in den meisten Barbecuelokalen der USA angewendet wird. Wenn Sie es mögen, daß die Rippchen noch Biß haben (nicht jeder mag es, wenn sie so zart sind, daß das Fleisch vom Knochen fällt), dann ist dies Ihr Rezept. Sie schmecken großartig mit Tortillas, Guacamole nach Oaxaca-Art und Salsa mexicana.

Achtung: Martina Torres verwendet Dicke Rippe (Spare ribs). Sie können aber ebensogut Schälrippchen nehmen.

2 Stücke Rippchen (insgesamt ca. 1,8 kg)

6 Knoblauchzehen, abgezogen

1 EL Thymian, getrocknet

1 EL Oregano, getrocknet

1 EL Majoran, getrocknet

2 TL Salz

1 Stück Zimtstange (1 ½ cm) oder ½ TL Zimt, gemahlen

2 Pimentbeeren oder 1 Msp. Piment, gemahlen

2 ganze Nelken oder 1 Msp. Nelken, gemahlen

60 ml destillierter Weißweinessig

3 EL Wasser, bei Bedarf auch mehr

Salsa mexicana (s. rechte Spalte)

1. Die dünne Haut von der Rückseite der Rippen abziehen, dabei zum Festhalten ein Küchenhandtuch oder eine Zange zu Hilfe nehmen. Die Rippchen in einen Bräter legen.

2. Für die Würzpaste Knoblauch, Thymian, Oregano, Majoran, Salz, Zimt, Piment, Nelken, Essig und Wasser in einem Mixer oder einer Gewürzmühle pürieren, falls nötig, noch Wasser zufügen. Die Rippchen von beiden Seiten mit der Paste einreiben, abdecken und im Kühlschrank bis zu 24 Std., zumindest über Nacht, marinieren.

3. Den Grill auf mittlere Hitze anheizen.

4. Wenn der Grill bereit ist, die Rippchen salzen. Den Grillrost einfetten und die Rippchen mit der

Fleischseite nach unten auf den heißen Rost legen und 30–40 Min. grillen, dabei ein- oder zweimal mit der Zange wenden. Sie sind fertig, wenn sie schön braun und durchgebraten sind.

5. Zum Servieren die Rippenstücke in kleinere Stücke von 2 oder 4 Rippen zerlegen und Salsa mexicana dazu reichen.

Für 4 Personen

Hinweis: Um Stichflammen, besonders anfangs, wenn das Fett schmilzt, zu vermeiden, die Rippchen auf eine andere Stelle des Rosts legen oder das Feuer ein paarmal mit der Wasserpistole besprühen.

Salsa mexicana

Diese simple Salsa ist aus der kulinarischen Landschaft Mexikos nicht wegzudenken. Ihr Name wechselt je nach Region (Pico de gallo im Norden; Salsa mexicana im Süden), aber die Grundzutaten bleiben gleich: knakkige weiße Zwiebeln, feurige grüne Chillies und Tomaten, die so saftig und rot sind, daß ihr Genuß schon etwas Sinnliches hat.

2 mittelgroße Tomaten

1 mittelgroße oder ½ große, weiße Zwiebel

2–8 Serrano- oder Jalapeño-Chillies

¼ Tasse Koriandergrün, gehackt

3 EL frisch gepreßter Limettensaft, bei Bedarf auch mehr

½ TL Salz, bei Bedarf auch mehr

1. Tomaten, Zwiebel und Chillies in ½ cm große Würfel schneiden. (Sie können die Schärfe der Chillies abmildern, indem Sie Adern und Kerne auskratzen.) Alles in eine Salatschüssel geben.

2. Koriandergrün, Limettensaft und Salz zufügen und gründlich mischen. Mit Limettensaft und Salz abschmecken.

Ergibt ca. 2 Tassen Salsa

RIPPCHEN MEMPHIS-ART

USA

METHODE:
Indirektes Grillen

**VORBEREI-
TUNGSZEIT:**
*4–8 Std. zum
Marinieren*

**SPEZIAL-
ZUBEHÖR:**
*2 Tassen Holz-
späne, 1 Std.
in kaltes Wasser
einweichen und
abtropfen lassen*

Ich wundere mich immer wieder, wie viele regionale Varianten eine einzige simple Idee haben kann. Zum Beispiel Rippen. Schweinerippchen gehören zum Köstlichsten, das einen Teller zieren kann. Ihr Fleisch ist gut mit Fett durchwachsen, so daß es auch bei längerem Garen saftig bleibt. Das zergehende Fett macht die Fleischfasern krosser und verhindert das Austrocknen. Die Knochen geben einen kräftigen Fleischgeschmack (das Fleisch direkt am Knochen schmeckt immer am besten!) und bilden zugleich sozusagen einen Griff zum Abnagen. Doch je nachdem, wo Sie Rippchen essen – in Birmingham oder Kansas City, ganz zu schweigen von Bangkok oder Paris –, haben Sie es mit sehr unterschiedlichen Zubereitungen zu tun.

Ich hatte immer eine Vorliebe für Rippchen Memphis-Art. In Memphis schmiert man nicht mit tausend süßlichen Saucen herum, sondern nimmt lieber eine trockene Würzmischung zum Einreiben, aus Paprika, schwarzem und Cayennepfeffer und nur mit einem Hauch Zucker. Die Gewürze werden am Vorabend ins Fleisch einmassiert und am Ende noch einmal über die fertigen Rippchen gestreut. Diese zweifache Anwendung der Gewürze gibt dem Fleisch unglaublich viel Charakter und Aroma und bewahrt doch seinen natürlichen Geschmack. Manchmal wird eine Sauce auf Essig-Senf-Basis – Mopsauce genannt – während des Garens auf das Rippenstück aufgetragen (mit Hilfe besagten Mops); deshalb gebe ich für alle, die das mögen, ein entsprechendes Rezept an.

Für dieses Rezept können Sie alle Arten von Rippenstücken verwenden, Baby back ribs, Long ends, Short ends, Rib tips ... was Sie wollen (mehr darüber in »Die vier Arten des amerikanischen Barbecue«, s. Seite 466/467). Die Zeitangaben bieten nur ungefähre Richtwerte – die Rippen sind fertig, wenn die Knochen herausstehen und das Fleisch sich mit einer Gabel ablösen läßt.

RIPPCHEN UND WÜRZMISCHUNG:
**1,8–2,7 kg Schweinerippchen mit guter
Fleischauflage (in 6 Stücke geteilt) oder
2,7–3,6 kg Dicke Rippe (Spare ribs)**
¼ Tasse Paprika
1 ½ EL frisch gemahlener schwarzer Pfeffer
1 ½ EL brauner Zucker
1 EL Salz
1 ½ TL Selleriesalz
1 ½ TL Cayennepfeffer
1 ½ TL Knoblauchpulver
1 ½ TL Senfpulver
1 ½ TL Kreuzkümmel, gemahlen

MOPSAUCE (NACH WUNSCH):
500 ml Apfelessig
½ Tasse Senf
2 TL Salz

1. Die dünne Haut von der Rückseite der Rippenstücke in einer Schicht abziehen, dabei zum Festhalten ein Küchenhandtuch oder eine Zange zu Hilfe nehmen. Die Zutaten für die Würzmischung in eine Schale geben und verrühren. Die Rippchen mit zwei Drittel der Mischung von beiden Seiten einreiben, dann in einen Bräter legen. Abdecken und 4–8 Std. im Kühlschrank marinieren.

2. Den Grill zum indirekten Grillen vorbereiten (s. Seite 14/16), eine große Tropfschale in die Mitte stellen. Den *Holzkohlegrill* auf mittlere Hitze anheizen.

Beim *Gasgrill* die Holzspäne in den Räucherkasten legen und den Grill auf höchster Stufe anheizen; sobald Rauch austritt, die Temperatur auf mittlere Stufe senken.

3. Wenn der Grill bereit ist, beim Holzkohlegrill die Hälfte der Holzspäne auf die Holzkohlen streuen. Den Grillrost einfetten.

Die Rippchen auf den heißen Rost über die Tropfschale legen. Den Grill abdecken und die Rippchen 1 Std. im Rauch garen.

4. Für die Mopsauce Senf, Essig und Salz in einer Schale verrühren und beiseite stellen.

5. Nach 1 Std. die Grillhaube abnehmen und das Fleisch mit der Mopsauce bestreichen. Beim Holzkohlegrill nun die restlichen Holzspäne auf die Kohlen streuen. Die Rippchen weiter garen (Schälrippchen ½–1 Std. länger, Spare ribs noch etwas länger), bis sie weich und fast durchgebraten sind. Beim Holz-

kohlegrill nach 1 Std. 10–12 Briketts pro Seite nachlegen. Das Fleisch ist gar, wenn es sehr weich ist und sich von den Knochen löst. Etwa 15 Min. vor Ende der Grillzeit die Rippchen mit restlicher Würzmischung bestreuen.

6. Zum Servieren die Rippenstücke eventuell halbieren.

Für 6 Personen

Hinweis: Bei mir werden die Rippchen, wie in Memphis' legendärem Barbecuelokal, dem »Rendezvous«, ohne zusätzliche Saucen serviert. Doch Sie finden Saucenrezepte ab S. 459.

RASTA-RIPPCHEN

JAMAIKA

METHODE:
Indirektes Grillen

VORBEREI-TUNGSZEIT:
5 Std. zum Marinieren

SPEZIAL-ZUBEHÖR:
2 Tassen Holzspäne (vorzugsweise Eiche oder Hickorywalnuß), 1 Std. in kaltes Wasser einweichen und abtropfen lassen

In diesem Rezept – einer Abwandlung von Jerk – kommen Memphis und Montego Bay zusammen. Ich ersetze das traditionelle pastenförmige »Jerk seasoning« durch eine trockene Würzmischung aus jamaikanischen Gewürzen, die nach Memphis-Art zweimal aufgetragen wird, einmal zu Anfang, das zweite Mal kurz vorm Servieren. Die Scotch-bonnet-Chili und ihr Verwandter, der Habanero, gehören zu den schärfsten Chillies der Welt, deshalb vorsichtig dosieren. Anfänger sollten für die Würzmischung nur 2 Teelöffel Chilipulver nehmen. Masochisten wagen sich an 2 gehäufte Eßlöffel. Als Beilagen passen Zwei-Sorten-Kartoffelsalat, fritiertes Brot aus Ja- maika und Krautsalat

aus Haiti.

RIPPCHEN:
1,4–1,8 kg Schweinerippchen mit guter Fleischauflage (4 Stücke)
500 ml brauner Rum

TROCKENES JERK SEASONING:
2 TL–2 EL Scotch-bonnet- oder Habanero-Chilipulver, nach Geschmack auch mehr
2 EL Schnittlauch, gefriergetrocknet
1 EL Zwiebelflocken
1 EL Knoblauchflocken
1 EL grobes Meersalz
2 TL Koriander, gemahlen
2 TL Ingwer, gemahlen
1 TL frisch gemahlener schwarzer Pfeffer
1 TL Piment, gemahlen
½ TL Zimt, gemahlen
¼ TL Nelken, gemahlen
¼ TL frisch geriebene Muskatnuß

1. Die dünne Haut von der Rückseite der Rippenstücke in einer Schicht abziehen, dabei zum Festhalten ein Küchenhandtuch

oder eine Zange zu Hilfe nehmen. Die Rippchen in eine Auflaufform legen und von allen Seiten mit Rum begießen. Abdecken und 4 Std. im Kühlschrank marinieren, dabei gelegentlich wenden.

2. Inzwischen alle Zutaten für das Jerk seasoning in einer Gewürzmühle oder einem Mixer fein vermahlen.

3. Die Rippchen abtropfen lassen und mit Küchenpapier trockentupfen. Mit der Hälfte des Jerk seasoning das Fleisch von beiden Seiten einreiben. Abdecken und 1 Std. im Kühlschrank durchziehen lassen.

4. Den Grill zum indirekten Grillen vorbereiten (s. Seite 14/16), eine große Tropfschale in die Mitte stellen. Den *Holzkohlegrill* auf mittlere Hitze anheizen. Beim *Gasgrill* die Holzspäne in den Räucherkasten legen und den Grill auf höchster Stufe anheizen; sobald Rauch austritt, die Temperatur auf mittlere Stufe senken.

5. Wenn der Grill bereit ist, beim Holzkohlegrill die Hälfte der Holzspäne auf die Holzkohlen streuen. Die Rippchen über der Tropfschale auf dem heißen Grillrost verteilen. Die Grillhaube wieder schließen und die Rippchen 1 1/2–2 Std. im Rauch garen, bis das Fleisch sehr weich ist und sich von den Enden der Knochen löst. Beim Holzkohlegrill nach 1 Std. 10–12 Briketts pro Seite nachlegen sowie die restlichen Holzspäne darüber streuen.

6. Die Rippchen auf eine Platte legen und mit der restlichen Würzmischung bestreuen.

Lieben Sie Lamm?

Am liebsten Lamm, meint der größte Teil der Grillfans auf dieser Welt. Das beginnt in Marokko und setzt sich in Nordafrika, dem Nahen Osten, der Türkei, Zentralasien und dem indischen Subkontinent fort bis nach Indonesien, Australien und Neuseeland.

In der arabischen Welt werden Geburtstage, Hochzeiten und andere Feste mit Mechouie, über der Kochgrube gegartem Lamm, gefeiert, und kein griechisches Fest wäre komplett ohne ein Lamm am Spieß. In Australien, wo auf jeden Menschen angeblich zwanzig Schafe kommen, gibt es natürlich auch großartige Lammgerichte.

In diesem Kapitel finden Sie sowohl Bekanntes und Beliebtes wie Schisch-Kebab und Lamm provenzalisch als auch viele unbekannte exotische Gerichte wie in Zwiebelwasser marinierte afghanische Lammkoteletts und mexikanisches Barbacoa (mit Chili marinierte Lammkeule in Avocadoblättern). Nicht zu vergessen senegalesisches Lamm mit Senfsauce, indisches Tandoori-Lamm mit Kichererbsenmehl sowie Lammkeule aus Kapstadt mit einer Kruste aus braunem Zucker und zwei Senfsorten.

Wer auf Barbecuereise geht, kann die Lämmlein bald nicht mehr zählen – sicher eine willkommene Nachricht für die zahlreichen Liebhaber dieses aromatischen Fleisches.

Ein türkischer Kebabi-Mann beim Abschneiden von Dönerkebab.

Grilltabelle für Lammfleisch*

STÜCK	METHODE	HITZE	GARZUSTAND		
			BLUTIG (60 °C)	MEDIUM (71 °C)	DURCH (77 °C)
KOTELETTS	DIREKT	STARK (230 °C)			
CA. 1 CM DICK			1–2 MIN./SEITE	2–3 MIN./SEITE	3–4 MIN./SEITE
CA. 2,5 CM DICK			2–4 MIN./SEITE	4–6 MIN./SEITE	6–8 MIN./SEITE
CA. 3,5 CM DICK			4–6 MIN./SEITE	6–8 MIN./SEITE	8–10 MIN./SEITE
KOTELETTSTÜCK	INDIREKT	MITTEL	30–40 MIN.	40–50 MIN.	50–60 MIN.
KEULE (1,8–2,7 KG, OHNE KNOCHEN)	INDIREKT	MITTEL	1 STD.	1–1½ STD.	1½–2 STD.
KEULE (2,7–3,6 KG, MIT KNOCHEN)	INDIREKT	MITTEL	1½–2 STD.	2–2½ STD.	2½–3 STD.

Diese Tabelle gibt nur ungefähre Richtwerte. Grillen ist schließlich keine Wissenschaft, sondern eine Kunst! Halten Sie sich im Zweifelsfall an die Zeitangaben in den Rezepten.

LAMM VOM BARBECUE
Mechouie

NORDAFRIKA

METHODE:
Direktes Grillen

Mechouie ist nordafrikanisches gegrilltes Lamm. Ein ganzes Lamm wird ausgenommen, auf den Spieß gesteckt, mit Butter und Gewürzen eingerieben und über einer offenen Feuerstelle gegart. Die Qualität des örtlichen Lammfleischs zusammen mit der Intensität der marokkanischen Gewürze und dem schweren Duft des Rauchs macht dies zu einem der unvergeßlichsten, aromatischsten Gerichte dieser Erde. Hier finden Sie eine leichte, sättigende Do-it-yourself-Version mit Lammkeule – die ist handlicher, läßt aber auch noch etwas Lager-

feuerromantik ahnen. Servieren Sie dazu einfache Harissa, Schalotten-Relish, marokkanischen Auberginensalat und Pita-Brot.

Es gibt drei Arten, die Keule zu grillen. Am originalgetreuesten wäre der Drehspieß. Sie könnten auch die indirekte Methode bei geschlossener Haube anwenden (s. Seite 14/16). Nach der dritten Variante (der am wenigsten traditionellen, aber köstlichsten – weshalb ich sie hier auch vorstelle) wird das Fleisch direkt über der Glut gegrillt. Bitten Sie Ihren Schlachter, die Keule für Sie auszulösen und schmetterlingsförmig aufzuschneiden.

LAMM UND WÜRZBUTTER:

1 Lammkeule (1,5–1,8 kg ohne Knochen), entbeint und schmetterlingsförmig aufgeschnitten, von Häuten befreit

Salz und frisch gemahlener schwarzer Pfeffer nach Geschmack

8 EL (125 g) gesalzene Butter, zimmerwarm

4 Knoblauchzehen, durchgepreßt

16 Minzeblätter, feingehackt, oder 1 EL getrocknete Minze

1 TL Koriander, gemahlen

1 TL Edelsüßpaprika

½ TL Kreuzkümmel, gemahlen

SAUCE:

3 EL gesalzene Butter

1 Zwiebel, feingehackt

2 Knoblauchzehen, durchgepreßt

3 EL destillierter Weißweinessig oder frisch gepreßter Zitronensaft, nach Geschmack auch mehr

16 Minzeblätter, in dünne Streifen geschnitten, oder 3 TL Pfefferminz-Zitronengelee

2 Tassen Hühnerbrühe, selbstgekocht oder aus der Dose, oder Wasser

Salz nach Geschmack

Kreuzkümmel, gemahlen, zum Servieren

1. Den Grill auf starke bis mittlere Hitze anheizen.

2. Die Lammkeule mit der aufgeklappten Innenseite nach oben auf die Arbeitsfläche legen und mit Salz und Pfeffer würzen. Beiseite stellen.

3. Für die Würzbutter Butter, Knoblauch, Minze, Koriander, Paprika und Kreuzkümmel in der Küchenmaschine zu einer weichen Paste pürieren.

4. Wenn der Grill bereit ist, ca. ein Drittel der Buttermischung auf die Innenseite der Keule und etwa 1 TL auf die Außenseite streichen. Das Fleisch mit der Außenseite nach unten auf den heißen Grillrost legen und 15–20 Min. von jeder Seite garen (mit einer Zange wenden). Falls es zu dunkel wird, auf mittlere Stufe schalten (Gas) oder das Fleisch an eine kühlere Stelle des Grills legen (Holzkohlegrill). Alle 5 Min. die Oberfläche mit der restlichen Würzbutter bestreichen.

5. Für die Sauce Butter bei mittlerer Hitze in einem Saucentopf zerlassen. Zwiebel und Knoblauch zugeben und 5 Min. anbraten. Essig und Minze zufügen und zum Kochen bringen, dann Hühnerbrühe einrühren. Wieder aufkochen, dann Hitze etwas reduzieren und ca. 5 Min. köcheln lassen. Beiseite stellen und mit Salz oder Essig abschmecken.

6. Fleisch auf ein Schneidbrett legen und vor dem Aufschneiden 10 Min. ruhen lassen. Mit der Sauce servieren und in kleinen Schälchen Salz und Kreuzkümmel dazu stellen.

Für 8 Personen

LAMMKEULE VOM SPIESS MIT ZITRONE UND BUTTER

GRIECHENLAND

METHODE:
Direktes Grillen

Lamm ist das beliebteste Fleisch in Griechenland – ganz besonders zu Ostern. Ein Osterfest in Athen (von griechisch-orthodoxen Gemeinden in Chicago, Boston oder Astoria, New York, ganz zu schweigen) ist undenkbar ohne ein

**VORBEREI-
TUNGSZEIT:**
*4–6 Std. zum
Marinieren*

**SPEZIAL-
ZUBEHÖR:**
Drehspieß

Feuer, über dem sich Lämmer am Spieß drehen, bis sie dunkelbraun wie Mahagoni und kroß wie Zellophan sind. Dieses Rezept ist für Lammkeule gedacht, denn die kann auch auf einem Gartengrill zubereitet werden. Mit einem batteriebetriebenen Drehspieß gelingt der Braten am besten, doch Sie können das Fleisch auch nach der indirekten Methode bei mittlerer Hitze garen (s. Seite 14/16), was ca. 1½–2 Std. dauert. Lassen Sie die Keule vom Schlachter entbeinen und aufschneiden.

LAMM UND MARINADE:

- 1 EL grobes Meersalz
- 1 EL frisch gemahlener weißer Pfeffer
- 1 EL Oregano, getrocknet, vorzugsweise aus Griechenland
- 1 Lammkeule, entbeint und schmetterlings-förmig aufgeschnitten (Gewicht ohne Knochen: 1,5–1,8 kg), ohne Häute
- 1 ungespritzte Zitrone, halbiert
- 6 EL (100 g) Butter, zimmerwarm

ZUM BESTREICHEN:

- 125 ml Olivenöl
- 60 ml frisch gepreßter Zitronensaft
- 60 ml trockener Weißwein
- 2 Knoblauchzehen, durchgepreßt
- 2 TL Oregano, getrocknet, vorzugsweise aus Griechenland
- 1 TL frisch gemahlener schwarzer Pfeffer

1. Salz, Pfeffer und Oregano in einer kleinen Schale mischen. Die Lammkeule auf der Arbeitsfläche mit der Innenseite nach oben aufklappen und mit einem Drittel der Würzmischung bestreuen. Dann ringsum mit dem Saft einer halben Zitrone beträufeln, die ausgedrückte Zitronenhälfte vierteln und beiseite stellen. Das Lamm mit der Hälfte der Butter bestreichen und die Zitronenstücke darüber streuen. Die Lammkeule in die ursprüngliche Form zurückklappen und im Abstand von 2½ cm mit Küchengarn verknoten. In eine Auflaufform legen, mit Klarsichtfolie abdecken und 4–6 Std. im Kühlschrank marinieren.

2. Den Drehspieß vorbereiten (s. Seite 20) und den Grill auf höchster Stufe anheizen.

3. Wenn der Grill bereit ist, den Lammbraten in Längsrichtung auf den Spieß stecken und mit der Schnittseite der unbenutzten Zitronenhälfte und der restlichen Butter von allen Seiten einreiben. Noch einmal großzügig mit der Würzmischung bestreuen und den Spieß am Grillgerät anbringen. Die Haube schließen und den Spieß anwerfen.

4. Inzwischen die Mischung zum Bestreichen zubereiten: Öl, Zitronensaft, Wein, Knoblauch, Oregano und Pfeffer in einer mittelgroßen Glasschüssel gründlich verrühren.

5. Nachdem sich das Fleisch 15 Min. gedreht hat, die Mischung noch einmal aufrühren und mit Hilfe eines Pinsels das Fleisch damit von allen Seiten bestreichen. Den Braten 1–1½ Std. garen, bis er außen kroß und braun ist und die Innentemperatur, mit einem Fleischthermometer an der dicksten Stelle gemessen, ca. 75 °C beträgt (medium). Alle 15 Min. die Haube öffnen und den Braten mit der Ölmischung bestreichen. Ab und zu auch mit der trockenen Würzmischung nachwürzen. Wenn Sie einen Holzkohlegrill benutzen, stündlich ca. 10–12 Briketts pro Seite nachlegen.

6. Den Braten mit dem Spieß auf ein Schneidbrett legen. Den Spieß entfernen und den Braten 10 Min. ruhen lassen. Vor dem Aufschneiden das Garn entfernen.

Für 8 Personen

Hinweis: Herabtropfendes Fett kann unter Umständen eine Stichflamme auslösen. Löschen Sie diese mit einem Pfannenmesser aus Metall oder einer Wasserpistole.

Eine traditionelle Barbacoa

Dank Barbacoa wurde aus einem gutbürgerlichen Speiselokal ein millionenschwerer Restaurantbetrieb, den bis zu 5000 Gäste täglich besuchen. Das »Arroyo« – gegründet 1940 in Coyoacán, einem Vorort von Mexico City, etwa 40 Minuten vom Zentrum entfernt – ist heute ein kulinarischer Freizeitpark mit herumziehenden Musikanten sowie einer privaten Stierkampfarena und erstreckt sich über einen ganzen Straßenblock.

Besitzer (in der dritten Generation) ist Jesus Arroyo Bergeyre, der sich mit Verve für die Bewahrung alter Traditionen einsetzt. Ich begann meinen Rundgang in einem Garten mit Faseragaven. Deren Blätter sind wesentlicher Bestandteil der Barbacoa; außerdem lebt darin ein Kaktuswurm (Gusano), eine heiß geliebte mexikanische Delikatesse (man ißt ihn kroß gebraten).

Danach führte Bergeyre mich zum ganzen Stolz des Betriebs, den Barbacoa-Gruben: sechs kesselförmige Löcher in einem gemauerten Podest, jedes so tief, daß ein darin stehender Mann kaum über den Rand blicken könnte. Sie waren am Vorabend mit Holz gefüllt und angezündet worden. Als das Feuer heruntergebrannt war, begann die Zubereitung der Barbacoa.

Ein Koch brachte einen riesigen Stahlkessel mit Wasser, Bohnen, Gemüse, Knoblauch und Bündeln von Koriandergrün und Epazote für die Consommé de cordeiro (Lammsuppe, gewürzt mit Bratfett), auch dies ein wesentlicher Bestandteil der Barbacoa. Der Kessel wurde in die Grube hinuntergelassen und auf die Glut gestellt. Lammkeulen und -schultern, fest in angesengte Faseragavenblätter gewickelt, wurden auf einen über den Kessel gelegten Rost gelegt. Dann wurde das Loch mit einem Deckel verschlossen und der Rand auf althergebrachte Weise mit Lehm versiegelt.

Die Barbacoa gart dann, sozusagen unterirdisch, acht bis zehn Stunden lang. Resultat: Das Lammfleisch ist schmelzend zart und hat das leichte Tequila-Aroma der Agavenblätter, den Kräuterdampf aus dem Suppenkessel und den Rauch des Holzfeuers aufgenommen – ein einmaliges Geschmackserlebnis im Reich des Barbecue.

MEXIKANISCHES KESSEL-LAMM

Barbacoa

MEXIKO

METHODE:
Indirektes Grillen

Mexikos Antwort auf unser Barbecue ist die Barbacoa (s. oben). Sie hat ein faszinierendes Aroma und läßt sich auch auf einem Gartengrill zubereiten. Ich habe ein Rezept für eine Barbacoa nach Oaxaca-Art ausgesucht, mit einer Guajillo-Chili-Marinade und einer Hülle aus Avocadoblättern. Letztere findet man getrocknet auf mexikanischen Märkten, aber auch in den Feinkostabteilungen großer Kaufhäuser sie haben ein angenehmes, anisartiges Aroma. Es macht aber nichts, wenn Sie keine Avocadoblätter bekommen. Auch ohne Umhüllung gegrillt, wird das Lamm sehr delikat.

Barbacoa serviert man in zwei Gängen: zuerst die Suppe (gewürzt mit Bratenfett), dann das Lamm, dazu Tortillas.

VORBEREI-TUNGSZEIT:
4–8 Std. zum Marinieren, 4 Std. zum Garen

SPEZIAL-ZUBEHÖR:
8–10 frische oder getrocknete Avocadoblätter (nach Wunsch); getrocknete 20 Min. in kaltem Wasser einweichen

TIPS FÜR CHILLIES
Guajillo-Chillies sind getrocknete milde, süßliche Chilischoten mit glatter Haut, die ähnlich wie Paprikaschoten schmecken. Man kann sie auch durch ¼ Tasse reines Chilipulver ersetzen.

Chipotles sind geräucherte Jalapeño-Chillies. Wenn Sie Dosenware verwenden, die Chipotles einfach nur kleinhacken. Getrocknete Chipotles 20 Min. in heißem Wasser einweichen, dann hacken.

ADOBO (GEWÜRZPASTE) UND FLEISCH:
6 Guajillo-Chillies (s. Tips für Chillies)
5 Knoblauchzehen, grobgehackt
¼ mittelgroße Zwiebel, grobgehackt
½ TL Oregano, getrocknet
2 ganze Nelken
2 ganze Pimentbeeren
1 kleines Stück (1 cm) Zimtstange oder
    ½ TL Zimt, gemahlen
1 TL Salz
60 ml destillierter Weißweinessig
60 ml Wasser
½ Lammkeule mit Knochen (1,8–2,2 kg),
    von sämtlichen Häuten befreit

SUPPE:
1 mittelgroße Zwiebel, in 1 cm große Würfel
    geschnitten
2 Karotten, geschält und in 1 cm große
    Würfel geschnitten
1 Zucchini, gebürstet und in 1 cm große
    Würfel geschnitten
1 Stück (340 g) Calabaza (karibischer
    Kürbis) oder Butternut squash (gelber,
    kleiner Kürbis), geschält und in 1 cm
    große Würfel geschnitten
½ kleiner Weißkohl, geputzt und in 1 cm
    große Würfel geschnitten
1 große Tomate, in 1 cm große Würfel
    geschnitten
1 mittelgroße Kartoffel, geschält und in 1 cm
    große Würfel geschnitten
1 Maiskolben, geputzt und in 1 cm dicke
    Scheiben geschnitten (nach Wunsch)
2 Lorbeerblätter, 2 Korianderzweige und
    2 Epazotezweige (nach Wunsch), in einen
    Mullbeutel eingebunden
2–2½ l Wasser
1 Handvoll Koriandergrün, feingehackt
1 Chipotle-Chili, feingehackt (s. Tips für
    Chillies)
Salz und frisch gemahlener schwarzer Pfeffer
    nach Geschmack

ZUM SERVIEREN:
warme Tortillas
Salsa mexicana (s. Seite 174)

1. Für den Adobo die Chillies putzen, von Rippen und Kernen befreien. Mit kaltem Wasser bedeckt ca. 20 Min. ziehen lassen, bis sie weich sind. Abtropfen lassen und mit Knoblauch, Zwiebel, Oregano, Nelken, Piment, Zimt, Salz, Essig und Wasser pürieren.

2. Mit der Spitze eines Küchenmessers das Lammfleisch in Abständen von 2½ cm je ½ cm tief einschneiden. Die Chilipaste auf dem Fleisch verstreichen, dabei in alle Kerben einmassieren, dann locker mit Klarsichtfolie abdecken und 4–8 Std. (je länger, desto besser) im Kühlschrank durchziehen lassen.

3. Den Grill zum indirekten Grillen vorbereiten (s. Seite 14/16) und auf schwache bis mittlere Hitze anheizen.

4. Für die Suppe Zwiebeln, Karotten, Zucchini, Kürbis, Kohl, Tomaten, Kartoffeln, evtl. Mais und Kräuterbündel sowie Wasser in einen großen, feuerfesten Kochtopf geben.

5. Zum Aufbau der Barbacoa Suppentopf in die Mitte des Rosts für die Holzkohlen stellen (beim Gasgrill auf den Grillrost, aber nicht bei der Wärmequelle). Dann einen Metallrost, z. B. ein Kuchengitter, obenauf legen und mit der Hälfte der Avocadoblätter bedecken (s. Spezialzubehör). Andernfalls den Rost einfetten. Fleisch mit der Fettseite nach oben auf die Blätter legen und mit restlichen Avocadoblättern bedecken. Grillhaube fest schließen.

6. Die Barbacoa 3–4 Std. garen, bis das Lammfleisch butterzart ist. Beim Holzkohlegrill stündlich 10–12 Briketts pro Seite nachlegen. Das Fleisch ist gar, wenn die Innentemperatur ca. 75 °C beträgt.

7. Die obere Blätterschicht wegwerfen und das Fleisch mit den unteren Avocadoblättern auf eine Platte geben. 5 Min. ruhen lassen, dann das Fleisch in dünne Scheiben oder Würfel schneiden. Kräuterbündel aus der Suppe nehmen, mit einer Kelle das Fett abschöpfen. Gehacktes Koriandergrün, Chipotle, Salz und Pfeffer unterrühren und pikant abschmecken. Zuerst die Suppe servieren, dann das Fleisch. Jeweils Tortillas und Salsa dazu reichen.

Für 8 Personen

LAMM KAPSTADT

METHODE:
Indirektes Grillen

**VORBEREI-
TUNGSZEIT:**
*3–8 Std. zum
Marinieren*

Ein ganz einfaches Gericht und dabei mal was anderes als die übliche Lammkeule mit Pfefferminzsauce. Es spiegelt die kulturelle Vielfalt der südafrikanischen Küche. Asien ist durch Ingwer, Sojasauce und chinesischen Senf vertreten. Der britische Einfluß läßt sich an der Worcestersauce und dem braunen Zucker ablesen. Beides zusammen ergibt eine hinreißende Würze – süß, sauer und scharf zugleich –, die das bekannte Lammfleisch von einer ganz neuen Seite zeigt. Ich reiche dazu ebenso internationale Beilagen: Naan (im Tandoor gebackene Fladenbrote), nach persischer Art gedämpften Reis sowie Ananas-Achar.

LAMM:
- **1 Lammkeule mit Knochen (2,7–3,6 kg), von allen Häuten befreit**
- **6 Knoblauchzehen, in schmale Stückchen geschnitten**
- **6 dünne Scheiben Ingwerwurzel, in Stückchen geschnitten**

GLASUR:
- **60 ml Worcestersauce**
- **60 ml Sojasauce**
- **4 EL brauner Zucker**
- **3 EL Dijon-Senf**
- **2 EL scharfer Senf nach chinesischer Art oder 1 EL Senfpulver**
- **3 EL frisch gepreßter Zitronensaft**
- **3 EL Pflanzenöl**
- **3 Knoblauchzehen, feingehackt**
- **1 EL Ingwer, gehackt**
- **Salz und frisch gemahlener schwarzer Pfeffer nach Geschmack**

1. Mit der Spitze eines scharfen Küchenmessers die Keule rundum in Abständen von 2 ½ cm jeweils 2 ½ cm tief einschneiden. In jeden Einschnitt je ein Stück Knoblauch und Ingwer stecken. Lamm in eine Auflaufform legen und beiseite stellen.

2. Für die Glasur die Worcestersauce, Sojasauce, Zucker, beide Senfsorten, Zitronensaft, Öl, Knoblauch und Ingwer in einen Topf geben und auf mittlerer Stufe unter Rühren zum Kochen bringen. 3 Min. einkochen lassen, dabei weiter rühren. Vom Herd nehmen und mit Salz und Pfeffer abschmecken. Auf Zimmertemperatur abkühlen lassen.

3. Die Hälfte der abgekühlten Glasur über das Lamm in der Form gießen und mit dem Pinsel rundum verstreichen. Abdecken und 3–8 Std. im Kühlschrank durchziehen lassen (je länger, desto besser).

4. Den Grill zum indirekten Grillen vorbereiten (s. Seite 14/16), eine große Tropfschale in die Mitte stellen und auf mittlere Hitze anheizen.

5. Wenn der Grill bereit ist, die Keule auf den heißen Rost über die Tropfschale legen und wieder mit Glasur bestreichen. Die Grillhaube schließen und 2–2 ½ Std. nach Geschmack garen; das Fleisch ist dann medium (halbrosa), wenn ein Fleischthermometer, an der dicksten Stelle der Keule (ohne den Knochen zu berühren), eine Innentemperatur von ca. 70 °C anzeigt. Während des Garens die Keule zwei- bis dreimal mit Glasur bestreichen. Beim Holzkohlegrill stündlich 10–12 Briketts pro Seite nachlegen.

6. Die Lammkeule auf ein Schneidbrett legen und ein letztes Mal mit Glasur bestreichen. Vor dem Anschneiden 10 Min. ruhen lassen. In der Zwischenzeit evtl. vorhandene restliche Glasur erwärmen und als Sauce zum Lamm servieren.

Für 12 Personen

LAMMKEULE MIT SAFRAN UND ROSENWASSER

INDIEN

METHODE:
Indirektes Grillen

VORBEREI-TUNGSZEIT:
4 Std. zum Abtropfen des Joghurts, 6 Std. zum Marinieren des Fleisches

Hammelkeule, »Leg of mutton«, gehört zu den eindrucksvollsten Tandoori-Gerichten, die ich in Indien aß. »Mutton« (dt. Hammel) bedeutet im indischen Englisch allerdings Zicklein. Es verdankt seinen unvergeßlichen Geschmack der Marinade, die mit Rosenwasser, Muskatblüte und Safran parfümiert ist – Gewürzen, die an einen persischen Ursprung des Gerichts erinnern. (Sie wissen ja, die Großmoguln stammten aus Persien.) Muhammad Farooq, Chefkoch des »Mughal Sheraton« in Agra, nimmt so kleine Zicklein, daß ein Bein etwa so groß wie ein Puterbein ist!

Zicklein schmecken wie eine Kreuzung von Lamm und Kalb. Vielleicht können Sie eines bei einem türkischen Schlachter bestellen, aber das Gericht schmeckt auch mit Lammkeule wunderbar.

Dieses Rezept mag etwas kompliziert erscheinen, doch in Wirklichkeit sind alle Schritte ganz einfach. Das einzige, was Sie wirklich beachten müssen, ist, den Joghurt rechtzeitig abtropfen zu lassen. Übrigens können Sie die abgetropfte Flüssigkeit für den erfrischenden afghanischen Joghurtdrink Doh verwenden. Kichererbsenmehl (Besan) mit seinem nussigen Geschmack gibt es in Asien- und Naturkostläden. Basmati-Reis nach indischer Art und Ananas-Chutney eignen sich gut als Beilagen.

1 ½ Tassen griechischer oder türkischer Joghurt
¼ TL Safranfäden
1 TL Rosenwasser
½ Tasse Kichererbsenmehl (nach Wunsch)
1 grüne Kardamomkapsel
1 schwarze Kardamomkapsel (nach Wunsch)
½ TL schwarze Pfefferkörner
2 Muskatblüten oder ½ TL frisch geriebene Muskatnuß
½ TL Salz
½ TL Cayennepfeffer
1 TL Ingwer, gemahlen
1 Knoblauchzehe, durchgepreßt
1 EL Butter, zimmerwarm
½ Lammkeule mit Knochen (ca. 1,8 kg), vorzugsweise Hinterhaxe (s. Hinweis), von sämtlichen Häuten befreit

1. Ein Sieb mit doppelt gelegtem feuchtem Mulltuch auskleiden und über eine kleine Schüssel hängen. Joghurt ins Sieb gießen und im Kühlschrank 4 Std. abtropfen lassen, bis sich ein fester »Käse« bildet (ca. 1 Tasse).

2. Soll das Lamm mariniert werden, Safran in eine kleine Schale geben und mit einem Stößel oder dem Ende eines Kochlöffels zu feinem Pulver zerstoßen. Rosenwasser unterrühren und 10 Min. stehen lassen.

3. Inzwischen das Kichererbsenmehl in einer Pfanne auf mittlerer Stufe ca. 3 Min. erwärmen, dabei gelegentlich rütteln. Vom Herd nehmen und das leicht angeröstete Mehl in eine mittelgroße Schüssel geben. Kardamom, Pfeffer und Muskat in der Pfanne ebenfalls ca. 2 Min. anrösten, dabei die Pfanne ein- bis zweimal rütteln. Vom Herd nehmen und abkühlen lassen, dann die Gewürze in einer Gewürzmühle oder in einer sauberen Kaffeemühle mahlen und zum Kichererbsenmehl geben.

4. Mit einem Holzlöffel den Joghurtkäse ins Kichererbsenmehl einrühren und gründlich mischen, dann den aufgelösten Safran, Salz, Cayennepfeffer, Ingwer, Knoblauch und zerlassene Butter zugeben. Die Mischung mit dem Löffel gründlich verrühren oder mit der Hand zu einer dicken Paste verkneten.

5. Mit einem scharfen Küchenmesser ins Lammfleisch rundum 2 cm tiefe Einschnitte setzen und die Paste einmassieren. Die Keule in eine tiefe Schüssel geben, abdecken und 6 Std. im Kühlschrank durchziehen lassen.

6. Den Grill zum indirekten Grillen vorbereiten (s. Seite 14/16), eine große Tropfschale in die Mitte stellen und den Grill auf mittlere Hitze anheizen.

7. Wenn der Grill bereit ist, die Lammkeule auf den heißen Rost legen, die Grillhaube schließen und 1¼–1¾ Std. garen (die Inder bevorzugen durchgebratenes Lamm-

bzw. Ziegenfleisch). Es ist durch, wenn ein Fleischthermometer an der dicksten Stelle der Keule (ohne den Knochen zu berühren) 75°C anzeigt. Beim Holzkohlegrill nach 1 Std. 10–12 Briketts pro Seite nachlegen.

8. Die Keule auf ein Schneidbrett legen und vor dem Anschneiden 10 Min. ruhen lassen.

Für 4 Personen

Hinweis: Falls Sie Zicklein bekommen, nehmen Sie zwei Keulen (je 700 g) ohne Fett und Sehnen. Zubereiten wie oben angegeben, nur die Garzeit um 1 Std. verkürzen.

AUSTRALISCHE LAMMSTEAKS MIT SZECHUANPFEFFER-WÜRZMISCHUNG

AUSTRALIEN

METHODE:
Direktes Grillen

Jahrhundertelang war Lamm das bevorzugte – in vielen Orten auch das einzige – Fleisch der Australier, natürlich auf Grund der großen Schaffarmen, der ersten Industrie auf diesem Erdteil. Auch heute noch ist Lamm ein Muß bei jeder australischen Grillparty.

Ich empfehle für dieses Gericht Steaks aus der Keule, weil sie besonders aromatisch schmecken. Fragen Sie Ihren Fleischer danach. Sie können auch Lamb chops (Lammkoteletts ohne Knochen) aus Rücken, Schulter oder Lende nehmen.

Koriander und Szechuanpfefferkörner sind hier nicht gerade selbstverständlich, doch dank der Nähe der ehemaligen britischen Kolonie zu Südostasien wurde Australien zu einem der Zentren der »Pacific Rim«-Küche. Die Szechuanpfefferkörner geben dem Lamm ein sauberes, holzartiges Aroma – unerwartet, aber goldrichtig.

1 EL Szechuanpfefferkörner
1 EL schwarze Pfefferkörner
1 EL Korianderkörner
1 EL grobes Meersalz
4 Lammsteaks aus der Keule oder Schulter
(à ca. 225 g, 2 cm dick; s. Hinweis)

1. Pfefferkörner, Korianderkörner und Salz in einer Pfanne ohne Fett auf mittlerer Stufe ca. 3 Min. unter gelegentlichem Rütteln erwärmen, bis die Pfefferkörner aromatisch duften. Die Mischung in eine Gewürzmühle geben und fein mahlen (oder in einem Mörser zerstoßen).

2. Die Mischung nach Geschmack von beiden Seiten in die Lammsteaks einreiben. Steaks auf eine Platte legen und bei Zimmertemperatur durchziehen lassen, während Sie den Grill anheizen.

3. Den Grill auf höchster Stufe anheizen.

4. Wenn der Grill bereit ist, den Rost einfetten. Lammsteaks auf den heißen Rost legen und unter einmaligem Wenden nach Geschmack grillen. Bei 3–4 Min. pro Seite ist das Fleisch medium-rare (rosa).

5. Die Steaks auf Teller oder eine Platte legen. Mit eventuell vorhandener restlicher Würzmischung nachwürzen und sofort servieren.

Für 4 Personen

Hinweis: Sie können die Steaks auch durch 8 Scheiben aus dem hinteren Teil des Rückens (Nierenstück) oder 12 aus dem vorderen Kotelettstück ersetzen. Erstere sollten ca. 115 g schwer und ca. 3 ½ cm dick sein (ca. 6 Min. von jeder Seite grillen für medium-rare), letztere 85 g und ca. 2 ½ cm (ca. 4 Min. von jeder Seite grillen).

LAMMRÜCKEN CIRAGAN PALACE

T Ü R K E I

METHODE:
Direktes Grillen

**VORBEREI-
TUNGSZEIT:**
*24 Std. zum
Marinieren*

Das »Ciragan Palace« (sprich: tschie-rahn) ist eines der berühmtesten Hotels der Welt, ein sich über zwei Hektar erstreckendes, am Ufer des Bosporus gelegenes Lustschloß (einst Sommerpalast des Sultans Abdül Aziz) am Stadtrand von Istanbul. Dort können Sie im türkischen Restaurant des Hotels, dem »Tugra«, ein exquisites osmanisches Mahl zu einem Preis einnehmen, den Sie in New York schon im Bistro zahlen müßten.

Ich hatte eine Woche lang in Kebab-Lokalen und an Imbißständen Lammgerichte vom Grill probiert. Da war es schön, sie zur Abwechslung auch einmal in einem feudalen Eßsaal mit Kronleuchtern und Panoramablick auf den Bosporus zu genießen. Der Küchenchef servierte zum Auftakt das teuerste Stück vom Lamm – Filet –, das über Nacht in einer Marinade aus Olivenöl, Milch und frischem Zwiebelsaft gezogen hatte. Das rauchige Aroma dieses Fleisches wurde durch eine Sauce aus gegrillten Auberginen und Joghurt noch hervorgehoben. Da sich bei uns nur ein Sultan Lammfilets leisten kann, habe ich das Rezept für den preiswerteren Lammrücken (5.–12. Rippe) umgeschrieben.

Meine Methode, das Fleisch in fest verschlossenen Plastikbeuteln zu marinieren,

ist vielleicht unüblich, aber zweckmäßig, denn sonst riecht der ganze Kühlschrank nach Zwiebeln.

FLEISCH UND MARINADE:
2 Lammrücken (Gesamtgewicht 1,3–1,8 kg)
**1 große, weiße Zwiebel, feingehackt
    (ergibt ca. 125 ml Saft)**
250 ml Vollmilch oder Kaffeesahne
250 ml Olivenöl extra vergine
1 TL frisch gemahlener schwarzer Pfeffer

AUBERGINENSAUCE:
1 Tasse Naturjoghurt
2 lange, dünne Auberginen (ca. 500 g)
1 kleiner, grüner Paprika
1 Knoblauchzehe, durchgepreßt
2 EL Butter (zimmerwarm)
**1 TL frisch gepreßter Zitronensaft, nach
    Geschmack auch mehr**
**Salz und frisch gemahlener schwarzer Pfeffer
    nach Geschmack**

1. Das Lammfleisch weitgehend vom Fett befreien, die vorstehenden Rippenknochen mit einem scharfen Küchenmesser abschaben (das kann auch Ihr Fleischer tun). Die Fleischstücke jeweils in einen stabilen Plastikbeutel legen, verschließen und beiseite stellen.

2. Für die Marinade die Zwiebel im Mixer pürieren, dann durch ein mit doppelt gelegtem, feuchtem Mulltuch ausgekleidetes Sieb in eine Schüssel abseihen (ergibt ca. 125 ml Zwiebelsaft). Milch, Öl und Pfeffer zugeben und verrühren. Die Fleischstücke jeweils mit der Hälfte der Mischung übergießen, dann den Beutel wieder fest verschließen und durch Wenden die Marinade gut verteilen. 24 Std. im Kühlschrank durchziehen lassen, dabei mehrmals wenden.

3. Etwa 4 Std. vor dem Grillen ein Sieb mit doppelt gelegtem, feuchtem Mulltuch über eine kleine Schüssel hängen. Den Joghurt hineingeben und im Kühlschrank abtropfen lassen, bis sich ein fester »Käse« abgesetzt hat.

4. Den Grill auf höchster Stufe anheizen.

5. Für die Sauce die Auberginen auf den heißen Grillrost legen und 20–30 Min. von allen Seiten grillen. Nach ca. 10 Min. die Paprika dazulegen. Beide Gemüse sind gar, sobald das Fleisch weich und die Haut schwarz geworden ist. Zum Abkühlen auf einen Teller legen.

6. Mit einem Küchenmesser die Haut vom abgekühlten Gemüse schaben, Stiel und Kerne der Paprika entfernen. Auberginen und Paprika mit Knoblauch, Joghurtkäse, Butter, Zitronensaft, Salz und Pfeffer in eine Küchenmaschine geben und pürieren. Das Püree in einen Saucentopf geben, auf niedriger Stufe aufkochen und ca. 2 Min. unter gelegentlichem Rühren köcheln lassen. Die eingedickte Mischung vom Herd nehmen und mit Salz und Zitronensaft pikant abschmecken. Die Sauce abgedeckt warm stellen (s. Hinweis).

7. Beim *Gasgrill* Hitze auf mittlere Stufe reduzieren; beim *Holzkohlegrill* sollte die Temperatur jetzt mittel bis hoch sein. Falls nicht, mit 20–24 Briketts nachheizen.

8. Wenn der Grill bereit ist, das Fleisch abtropfen lassen (Marinade auffangen), kräftig mit Salz würzen, dann den Grillrost einfetten. Die Fleischstücke mit den Knochenenden nach oben auf den heißen Rost legen und 10–15 Min. von jeder Seite grillen, dabei mit einer Zange wenden, damit sie nicht anbrennen; zum Schluß die Fleischstücke senkrecht auf die Knochen stellen, um diese zu grillen. Nur in den ersten 15 Min. mit der restlichen Marinade bestreichen.

9. Den Lammrücken auf einem Schneidbrett 5 Min. ruhen lassen. Die warme Sauce auf Teller oder eine Platte verteilen. Die Stücke portionsweise aufschneiden und mit der Sauce anrichten. Sofort servieren.

Für 4 Personen

Hinweis: Sie können die Auberginensauce bis zu 24 Std. im voraus zubereiten. Abgedeckt in den Kühlschrank stellen und vor dem Servieren auf dem Herd oder einer Ecke des Grillrosts erwärmen.

LAMMKOTELETTS MIT KRÄUTERN DER PROVENCE

FRANKREICH

METHODE:
Direktes Grillen

Aus meiner Sicht ist dies die einfachste sowie beste Art, Lammkoteletts zuzubereiten. Sie begegnen diesem Gericht in der gesamten Provence, ob bei privaten Grillpartys, in Landgasthöfen oder Restaurants. Das wichtigste sind die Kräuter der Provence, eine duftende Mischung von Rosmarin, Thymian, Majoran, Bohnenkraut, Basilikum, Lorbeer sowie – für einen Hauch Süße – Fenchel und Lavendel. In dieser oder ähnlicher Zusammenstellung sind sie überall im Handel zu haben, oft allerdings in Minidöschen zu überhöhten Preisen. Sie können sich die Mischung auch selbst zusammenstellen.

12 Lammkoteletts (à 90–120 g, 2 ½ cm dick)
2 Zitronen
60 ml Olivenöl extra vergine
Salz und frisch gemahlener schwarzer Pfeffer
nach Geschmack
3 EL Kräuter der Provence (s. Seite 492)

1. Den Grill auf höchster Stufe anheizen.
2. Die Koteletts nebeneinander auf ein Backblech legen. 1 Zitrone halbieren, den Saft über einer Schale mit dem Öl auspressen und beides gut verrühren. Die Koteletts von beiden Seiten mit etwa der Hälfte der Mischung bestreichen und mit Salz und Pfeffer würzen. 2 EL Kräuter der Provence darüber streuen und 10 Min. bei Zimmertemperatur durchziehen lassen.

3. Wenn der Grill bereit ist, den Rost einfetten. Die Koteletts auf den heißen Rost legen und von jeder Seite unter Wenden mit einer Zange in ca. 4 Min. rosa (medium-rare) grillen oder nach Geschmack. Jeweils nach 1 Min. die Koteletts um 60 Grad drehen, so daß ein dekoratives Rautenmuster entsteht. Ab und zu mit der restlichen Ölmischung bestreichen.

4. Die Lammkoteletts auf eine Platte legen und mit den restlichen Kräutern der Provence würzen. Die zweite Zitrone, in Achtel geschnitten, daneben anrichten und sofort servieren.

Für 4 Personen

LAMM MIT ZWIEBEL-SENF-SAUCE
Dibi

SENEGAL

METHODE:
Direktes Grillen

Grundsätzlich ißt man in Westafrika lieber geschmorte und gebratene als gegrillte Gerichte. Aber Dibi (gegrilltes Lammfleisch) ist im Senegal so beliebt, daß man es fast als Nationalgericht bezeichnen könnte. In Dakar bieten es Imbisse fast rund um die Uhr feil. An den Wänden der Buden hängen alle erdenklichen Stücke vom Lamm: Koteletts, Schultern, Keulen und Innereien. Man deutet mit dem Finger auf das Gewünschte, der Verkäufer grillt und übergießt es mit einer Zwiebel-Senf-Sauce. Dann wird das fürstliche Mahl in Plastikfolie oder Zeitungspapier serviert, und es schmeckt so gut, daß man sich hinterher alle zehn Finger ablecken möchte.

Die Beliebtheit von Lamm läßt sich auch mit der Religion erklären – die Bevölkerung ist zu 95 Prozent muslimisch. Arabische Händler führten hier die Kunst des Grillens ein und weckten die Liebe zu Lammfleisch.

8 Lammkoteletts (à 120 g, 3–4 cm dick)
oder 12 Lammkoteletts (à 90 g,
2 ½ cm dick)
5 EL Pflanzenöl
Salz und frisch gemahlener Pfeffer nach
Geschmack
1 mittelgroße Zwiebel, feingehackt
4 EL körniger, französischer Senf
3–4 EL Wasser
½ TL Zucker (nach Wunsch)

1. Den Grill auf höchster Stufe anheizen.

2. Die Lammkoteletts von beiden Seiten dünn mit 1 EL Öl bestreichen und mit Salz und Pfeffer würzen. Auf eine Platte legen und durchziehen lassen.

3. Inzwischen für die Sauce Zwiebelwürfel, 4 EL Öl und Senf in einem Saucentopf unter Rühren zum Kochen bringen. Bei geringer Hitze ca. 10 Min. köcheln lassen, bis die Zwiebeln weich und leicht gebräunt sind, währenddessen ab und zu umrühren. Die Mischung mit 3 EL Wasser, eventuell auch mehr, verdünnen. Den Topf vom Herd nehmen und die Sauce mit Salz und Pfeffer abschmecken; falls der Geschmack zu herb ist, noch etwas Zucker zufügen. Den Topf abdecken und warm stellen.

4. Wenn der Grill bereit ist, den Grillrost einfetten. Die Koteletts auf dem heißen Rost verteilen und unter Wenden mit einer Zange 6–8 Min. von jeder Seite medium (halbrosa) grillen.

5. Die Lammkoteletts auf Teller oder eine Platte legen und die Zwiebel-Senf-Sauce darübergeben. Sofort servieren.

Für 4 Personen

EXOTISCHE LAMMKOTELETTS MIT SAFRAN-JOGHURT-MARINADE
Shishlik

IRAN

METHODE:
Direktes Grillen

VORBEREITUNGSZEIT:
24–48 Std. zum Marinieren

Shishlik ist eines der üppigsten Gerichte der persischen Küche, nämlich doppelt dick geschnittene Lammkoteletts aus dem Rücken, mariniert in einer nach Safran duftenden Mischung aus Joghurt, Knoblauch und Zitronensaft. Schneiden Sie nicht zu viel Fett ab – es sorgt dafür, daß die Koteletts nicht austrocknen. Das Rezept stammt von dem bekannten persischen Koch Najmieh Barmanligj, der mit selbst kandierter Orangenschale noch einen süßen Akzent setzt. Ich habe sowohl mit gekaufter kandierter als auch mit frischer Orangenschale gute Ergebnisse erzielt.

Mein Tip: Verwenden Sie die Marinade auch für Geflügel. Köstlich! Die Sauce zum Bestreichen paßt ebenfalls sehr gut zu gegrilltem Huhn, Kalb und anderen Stücken vom Lamm.

Servieren Sie dazu gedämpften Reis nach persischer Art.

FLEISCH UND MARINADE:
- ½ TL Safranfäden
- 1 EL warmes Wasser
- 500 ml Naturjoghurt
- 125 ml frisch gepreßter Zitronensaft
- 1 mittelgroße Zwiebel, feingehackt
- 8 Knoblauchzehen, durchgepreßt
- 2 EL schwarze Pfefferkörner, zerstoßen
- 2 EL kandierte Orangenschale, gehackt, oder 4 Streifen Orangenschale (à 5 x 1 ½ cm)
- 8 doppelte Lammkoteletts (à 150–180 g, 5 cm dick)

SAFRANSAUCE ZUM BESTREICHEN:
- ¼ TL Safranfäden
- 1 EL warmes Wasser
- 3 EL gesalzene Butter

3 EL frisch gepreßter Zitronensaft
Salz und frisch gemahlener schwarzer Pfeffer
nach Geschmack

1. Für die Marinade den Safran in eine große Glasschüssel geben und mit einem Stößel oder dem Ende eines Holzlöffelstiels zu Pulver zerstoßen. Das warme Wasser zufügen, umrühren und 10 Min. stehen lassen.

2. Joghurt, Zitronensaft, Zwiebeln, Knoblauch, Pfeffer und Orangenschale zum aufgelösten Safran geben und verrühren. Die Lammkoteletts hineinlegen und mit der Marinade bedecken. Die Schüssel mit Klarsichtfolie abdecken und 24–48 Std. im Kühlschrank durchziehen lassen (je länger, desto besser).

3. Den Grill auf höchster Stufe anheizen.

4. Inzwischen für die Sauce den Safran in einem kleinen, emaillierten Topf mit einem Stößel oder dem Ende eines Holzlöffelstiels zu Pulver zerstoßen. Das warme Wasser zufügen, umrühren und 10 Min. stehen lassen. Dann Butter und Zitronensaft zum aufgelösten Safran geben und die Butter auf niedriger Stufe unter Rühren zerlassen. Vom Herd nehmen und beiseite stellen.

5. Wenn der Grill bereit ist, die Koteletts aus der Marinade nehmen, mit Salz und Pfeffer würzen. Den Rost einfetten, die Koteletts auf den heißen Grill legen. 8–10 Min. von jeder Seite grillen, währenddessen mehrmals mit der Safransauce bestreichen, mit einer Zange wenden. Die Perser bevorzugen fast durchgebratenes Lamm (laut Najmieh wird es dann zarter).

6. Die Koteletts auf Teller oder eine Platte legen und sofort servieren.

Für 4 Personen

LAMMKOTELETTS MIT ZWIEBELWASSER
O be peyaz

AFGHANISTAN

METHODE:
Direktes Grillen

**VORBEREI-
TUNGSZEIT:
2 Std. zum
Marinieren**

Die afghanische Bezeichnung für das folgende Gericht – O be peyaz – lautet wörtlich übersetzt Zwiebelwasser. Die Koteletts werden in eine sehr würzige Marinade aus Zwiebelsaft, Safran, Kurkuma und Chillies eingelegt. Meist wird Fleisch in Afghanistan mehrere Tage lang mariniert, doch die Lammkoteletts, die hier verwendet werden, können Sie schon nach ein paar Stunden grillen. Angeregt zu diesem Rezept wurde ich in dem New Yorker Restaurant »Khyber Pass«. Zwiebelsaft macht das Fleisch zart und aromatisch; er kommt überall in der islamischen Welt zum Einsatz. Servieren Sie dazu Pita-Brot, Basmati-Reis und das persische Joghurtgetränk Dugh.

8 Lammkoteletts (à 120–150 g, 3–4 cm dick)
¼ TL Safranfäden
1 TL warmes Wasser
700 g Zwiebeln, abgezogen und geviertelt
1–3 Serrano-Chillies oder andere scharfe
    Chilischoten, feingehackt
1 TL Kurkuma, gemahlen
2 TL Salz
1 TL frisch gemahlener schwarzer Pfeffer

1. Die Lammkoteletts von überschüssigem Fett befreien.

2. Den Safran*in einer kleinen Schale mit einem Stößel oder dem Ende eines Holzlöffelstiels zu Pulver zerstoßen. Das warme Wasser zufügen, umrühren und 5 Min. stehen lassen.

3. Die Zwiebelviertel in einer Küchenmaschine pürieren. Das wäßrige Püree durch ein feinmaschiges Sieb in eine große Glasschüssel gießen, dabei die Rückstände mit dem Holzlöffel ausdrücken. Sie sollten ca. 500 ml Zwiebelsaft erhalten. Die Rückstände wegwerfen.

4. Chilischoten, Kurkuma, Salz, Pfeffer und den aufgelösten Safran in den Zwiebelsaft geben und verrühren, bis sich das Salz ebenfalls aufgelöst hat. Lammkoteletts zugeben und mehrfach in der Marinade wenden. Abdecken und 2 Std. im Kühlschrank durchziehen lassen, dabei mehrmals wenden.

5. Den Grill auf höchster Stufe anheizen.

6. Wenn der Grill bereit ist, die Koteletts aus der Marinade nehmen, abtropfen lassen und mit Küchenpapier trockentupfen. Den Grillrost einfetten, die Koteletts auf den heißen Rost legen und ca. 6 Min. von jeder Seite medium (halbrosa) grillen; mit einer Zange wenden.

7. Die Koteletts auf Teller oder eine Platte legen und sofort servieren.

Für 4 Personen

LAMMKOTELETTS A LA STAND NR. 26

MAROKKO

METHODE:
Direktes Grillen

SPEZIAL-ZUBEHÖR:
4 lange Metallspieße

Die Lammkoteletts am Stand von Muhammad Moutawakel an der Jema al-Fna sind wahrscheinlich nicht besser als die in hundert anderen Eßlokalen in Marrakesch. Es kommt einem jedoch so vor – vielleicht weil man sie unter freiem Himmel im Gewimmel eines der belebtesten öffentlichen Plätze Nordafrikas ißt.

Die Zubereitung ist denkbar einfach, aber zum Gelingen braucht es drei Komponenten: gegrilltes Lammfleisch, Tomatensauce, Schalotten-Relish.

12 Lammkoteletts (à 90 g, 2 ½ cm dick)
1 EL grobes Meersalz
1 TL Kreuzkümmel, gemahlen
1 TL Knoblauchpulver
1 TL frisch gemahlener schwarzer Pfeffer
4 Pita-Brote
marokkanische Tomatensauce (s. Seite 194)
marokkanisches Schalotten-Relish
    (s. Seite 441)

1. Den Grill auf höchster Stufe anheizen.

2. Drei Lammkoteletts gleich ausgerichtet mit schräg zur Seite zeigenden Knochen nebeneinander auf ein Schneidbrett legen. Einen Metallspieß im Winkel von 60 Grad durch das Fleisch der Koteletts stecken. Die übrigen drei Spieße ebenso bestücken.

3. Salz, Kreuzkümmel, Knoblauchpulver und Pfeffer in einer Schüssel mischen. Koteletts von beiden Seiten mit einem Teil der Mischung würzen. Den Rest in Schälchen füllen und bis zum Servieren beiseite stellen.

4. Wenn der Grill bereit ist, den Rost einfetten. Die Spieße auf den heißen Grill legen und ca. 4–6 Min. medium (halbrosa) grillen, dabei mit einer Zange wenden.

5. Mit einem Pita-Brot das aufgespießte Fleisch festhalten und den Spieß herausziehen. Die Koteletts mit einem großen Klecks Tomatensauce, einem Löffel voll Relish und einer Prise Würzsalz servieren.

Für 4 Personen

Marokkanische Tomatensauce

Wahrscheinlich gibt es von dieser Sauce ebenso viele Versionen, wie es Grillmeister in Marokko gibt. Das Besondere an dieser ist der frische Pfefferminzgeschmack.

2 große Tomaten (ca. 450 g)
1 große Schalotte oder ½ kleine Zwiebel, abgezogen
3 EL Minze, gehackt, oder glatte Petersilie, ebenfalls gehackt
1 EL frisch gepreßter Zitronensaft
Salz und frisch gemahlener schwarzer Pfeffer nach Geschmack

Die Tomaten halbieren und auf einer Küchenreibe mit großen Löchern in eine flache Schüssel reiben. Die Schalotte oder Zwiebel in gleicher Weise reiben und zugeben. Minze, Zitronensaft, Salz und Pfeffer einrühren und sofort servieren.

Ergibt ca. 380 ml Sauce

ECHT TÜRKISCHER SCHISCH-KEBAB

TÜRKEI

METHODE:
Direktes Grillen

VORBEREI-TUNGSZEIT:
24 Std. zum Marinieren

SPEZIAL-ZUBEHÖR:
6 lange Metallspieße (darunter 2 breite Gemüsespieße)

Schisch-Kebab ist der berühmteste Fleischspieß der Türkei (der Durchschnittstürke ißt ihn allerdings sehr viel seltener als Spieße mit Lammhack). Sicher gibt es unzählige Varianten dieser Spezialität – die folgende stammt aus dem »Develi«, einem Restaurant in Istanbul, und verdankt ihr pikantes Aroma der Olivenöl-Joghurt-Marinade.

Im Gegensatz zu westlichen Pendants wird beim türkischen Schisch-Kebab nur selten Gemüse zwischen die Fleischstücke gesteckt. Das Gemüse wird statt dessen auf separaten Spießen gegrillt, so daß beides die jeweils angemessene Zeit garen kann.

Sollen die Spieße besonders zart sein, verwenden Sie Lammrücken oder -filets. Sie können aber auch das etwas festere Fleisch aus Keule oder Schulter nehmen. Es kann nicht schaden, zwischen die mageren Stücke ab und zu ein paar fettere Stücke zu stecken; dadurch wird das magere Fleisch zarter. Lesen Sie bitte die Hin-weise zu Sumach und Aleppo-Pfeffer auf den Seiten 230 und 232.

1 Tasse Naturjoghurt
60 ml Olivenöl extra vergine
2 Knoblauchzehen, durchgepreßt
2 TL Aleppo-Chiliflocken oder 1 TL rote Chiliflocken
1 TL Salz
1 TL frisch gemahlener schwarzer Pfeffer
700 g Lammrücken oder -schulter (Bug), entbeint und in 2 ½ cm große Würfel geschnitten (etwas Fett dranlassen)
8 Flaschen- oder Kirschtomaten
12 Bull's horn-Chillies (s. Kasten Seite 502), entstielt
2 EL Sumachbeeren, gemahlen (nach Wunsch)
4 Pita-Brote

1. Für die Marinade Joghurt, Öl, Knoblauch, Chiliflocken, Salz und Pfeffer in einer Schale mischen. Fleischwürfel zufügen, wenden. Abdecken und 24 Std. im Kühlschrank durchziehen lassen, dabei ein- oder zweimal umrühren.

2. Den Grill auf höchster Stufe anheizen.

3. Wenn der Grill bereit ist, Fleisch aus der Marinade nehmen und abwechselnd magere und fette Würfel auf die dünnen Spieße stecken. Die Tomaten auf den einen, die Paprika auf den anderen breiten Spieß stecken. Den Grillrost einfetten, die Spieße auf den hei-ßen Rost legen und von allen Seiten grillen, bis die Haut des Gemüses gebräunt ist, Blasen wirft und das Fleisch gar ist (nach 8–12 Min. ist es durchgebraten).

4. Mit einer Pita Fleisch und Gemüse festhalten und die Spieße herausziehen. Alles auf die Teller verteilen und sofort servieren. Dazu Sumach zum Bestreuen reichen.

Für 4 Personen

MAROKKANISCHE LAMM-KEBABS

MAROKKO

METHODE:
Direktes Grillen

**VORBEREI-
TUNGSZEIT:**
*30 Min.–8 Std.
zum Marinieren*

**SPEZIAL-
ZUBEHÖR:**
*4–6 lange
Metallspieße*

Die hier verwendeten Gewürze sind nicht weiter exotisch, sie sorgen aber für außerordentlich schmackhaftes Lammfleisch. Die Fleischspieße bilden in Marokko den gemeinsamen kulinarischen Nenner von palastartigen Restaurants, Imbißständen unter freiem Himmel und allem dazwischen. Das Geheimnis guter Kebabs ist, immer abwechselnd mageres und fettes Fleisch bzw. Speckstücke aus dem Lämmerschwanz zu nehmen. Bei der Marinierzeit gebe ich eine breite Spanne an: Nach 30 Min. hat man ein wohlschmek-kendes Lamm für ein normales Abendessen, nach 8 Std. ein unglaublich aromatisches Fleisch für besondere Anlässe. Dazu paßt Salat von gegrillten Zucchini.

1 mittelgroße Zwiebel, gerieben
3 EL glatte Petersilie, gehackt
3 EL Koriandergrün, gehackt
½ TL Kreuzkümmel, gemahlen
½ TL Paprikapulver
½ TL frisch gemahlener weißer oder
   schwarzer Pfeffer
½ TL Salz
1 EL Olivenöl
700–900 g Lammkeule oder -schulter, entbeint, in 2 ½ cm dicke Würfel geschnitten
4 Pita-Brote

1. Für die Marinade Zwiebeln, Petersilie, Koriandergrün, Kreuzkümmel, Paprika, Pfeffer, Salz und Öl in einer großen Schüssel verrühren. Die Fleischwürfel dazugeben und gut mischen, dann abdecken und von mindestens 30 Min. bis zu 8 Std. im Kühlschrank durchziehen lassen (je länger, desto besser).

2. Den Grill auf höchster Stufe anheizen.

3. Wenn der Grill bereit ist, den Rost einfetten. Das Lammfleisch aus der Marinade nehmen und auf die Spieße stecken, dabei abwechselnd mageres und fettes Fleisch nehmen. Die Spieße auf den heißen Rost legen und insgesamt 8–12 Min. (für gut durchgebratenes Fleisch, wie es die Marokkaner schätzen) unter Wenden grillen.

4. Mit einer Pita das Fleisch festhalten und den Spieß herausziehen. Sofort servieren.

Für 4 Personen

Grillen in Marokko

Marrakesch. Was immer Sie von dieser legendären roten Stadt am Fuß des Atlasgebirges gehört haben, ist da: Glanz und Elend, prächtige Moscheen und labyrinthartige Souks sowie die kunterbunten Märkte, auf denen alles vom Modellkleid bis zu Lumpen und Rosenwasser feilgeboten wird.

Schon bald versteht man, warum berühmte Köche aus aller Welt sich Anregungen aus Marokko holen: Die dortige Küche verbindet das Raffinement Frankreichs (unter dessen Kolonialherrschaft das arabische Königreich lange stand) mit der Exotik Afrikas und des Nahen Ostens. Sie ist fremd genug, um unseren Geschmackssinn herauszufordern, und zugleich vertraut genug, um unserer Zunge zu schmeicheln. Ihre Intensität beruht auf dem verschwenderischen Gebrauch von Gewürzen und dem komplizierten Zusammenspiel von Strukturen und Aromen.

Das trifft besonders auf die Grilladen zu: Spieße, Würste, Koteletts, Braten, Innereien und Meerestiere. Das Grillen behauptet eine wichtige Position im kulinarischen Leben Marokkos; es spielt sich auf großen Plätzen und belebten Marktflächen, in Cafés am Straßenrand und Restaurants am Meer ab. Fast überall riecht es nach über Holzkohle röstendem Lamm. Blickt man bei Sonnenuntergang nach oben, ist der Himmel voller Rauchwolken, die von tausend Imbißbuden und Grill-Karren aufsteigen.

Interessanterweise gehören zu der Haute cuisine Marokkos hauptsächlich Gerichte, die geschmort, gedämpft oder fritiert werden. Man denke nur an berühmte Gerichte wie Couscous, Tagine, Bisteeya. Keines davon wird auf dem Grill zubereitet. Gegrilltes ist sehr populär, doch man ißt es, wenn man es eilig hat, sparen muß oder zwanglos beisammen sitzt. Aber man ißt es mit Gusto.

JEMA AL-FNA

Dies wurde mir bereits an meinem ersten Tag in Marrakesch klar, als ich die Jema al-Fna betrat. Diese sagenumwobene Piazza, das Tor zur Altstadt, bietet einen überwältigenden Einstieg in alles, was an Marokko so wundersam ist: die schrillen Trompeten der Schlangenbändiger (auf den Decken ringeln sich echte Kobras), der durchdringende Singsang der Märchenerzähler, die Rufe und Schreie der Händler und Bettler. Der Lärm ist unbeschreiblich und hält vom Morgen bis Mitternacht an.

Wenn es Abend wird, füllt sich die Jema al-Fna mit offenen Kochständen wie dem blitzsauberen Stand Nr. 26, den Muhammad Moutawakel, ein gutaussehender, wettergegerbter Mann, mit frischem weißen Papier-Käppi, betreibt. Gegen fünf Uhr nachmittags stellt er Couscous, von Hand geschnittene Pommes frites und bunte Salate aus Paprika, Karotten und anderem Gemüse in weißen Emailleschalen nebeneinander auf. Doch die größte Attraktion sind die Lammkoteletts und Kebabs, die auf dem Grill vor sich hinschmurgeln.

Das Geheimnis guter Kebabs sei es, so Muhammad, abwechselnd mit den Fleischwürfeln Speckstücke vom Hammelschwanz aufzuspießen. Beim Grillen zergeht das Fett und verhindert das Austrocknen und Hartwerden des mageren Fleisches. Muhammad hat keine Angst vor den Stichflammen, die beim Herabtropfen des Fetts auf die Glut entstehen. »Gerade dadurch bekommt das Fleisch doch das schöne Holzkohlearoma«, sagt er.

Muhammad würzt sein Lammfleisch mit einer Mischung aus Kreuzkümmel, Salz und Knoblauchpulver. Zu den Beilagen gehören frische, pikante Tomatensauce, scharfes Schalotten-Petersilien-Relish und ein Stück Chobs, krustiges Fladenbrot. Das Ganze ißt man unter dem Sternenhimmel, mitten im zirkusartigen Getümmel der Jema al-Fna. Besser kann Barbecue nicht schmecken.

RUE BANI MARINE

Das heißt, auf der Rue Bani Marine, ein paar Straßenblöcke von der Jema entfernt, ißt man auch nicht schlecht.

Sie ist eine der vielen »Barbecuestraßen« in den neueren Vororten von Marrakesch. Die Menge wälzt sich an den Auslagen einfacher Grillokale vorbei. Man braucht keine Speisekarte, denn dort kann man betrachten, was es zu essen gibt: Berge von Lammkoteletts, tablettweise Leber, aufgerollte Merguez-Würste (rot gefärbt mit Paprika und Cayennepfeffer) und dekorativ geformte Kegel aus Köfte (gewürztes Lammhack).

Wegen seiner Zähigkeit schneiden die Köche das Rindfleisch für Fleischspieße in daumennagelgroße Würfel. Neben Lammsteaks, -koteletts und Schisch-

Kebabs gibt es einiges vom Lamm, was wir nicht essen würden, wie Hirn, Hoden und Milz. Letztere wird mit gehackten Zwiebeln und Petersilie gefüllt und schmeckt wie zähe, schwammige Leber. Im Interesse der Wissenschaft habe ich davon gekostet, doch sie gehört wohl zu den Speisen, die man von Kindesbeinen gewohnt sein muß, um sie zu mögen.

Eine Mahlzeit in einem der Lokale an der Rue Bani Marine ist schlicht, aber herzerwärmend: eine Schüssel Oliven, eine Platte mit Fleischspießen, dazu geröstetes Brot, Schalotten-Relish und feurige Harissa (nordafrikanische Würzsauce aus Tomatenpüree mit Cayennepfeffer). Die Petersilie im Schalotten-Relish wirkt übrigens wie ein natürliches Mundwasser, das die Schärfe der Schalotten neutralisiert. Außerdem bekommt man noch ein winziges Schälchen mit Salz und gemahlenem Kreuzkümmel hingestellt.

MYSTERIUM MECHOUIE

Mindestens ein marokkanisches Grillgericht hat den Sprung von der Volksnahrung in die Stratosphäre der Haute cuisine geschafft: Mechouie. Wie Barbecue in Amerika oder Churrasco in Brasilien bezeichnet das Wort ein Gericht, eine Kochtechnik und eine Mahlzeit. Ursprünglich war Mechouie ein mit Kräutern gefülltes, mit Butter und Gewürzen eingeriebenes Lamm, das auf einem Spieß über offenem Lagerfeuer gegrillt wurde. Diese Art Mechouie findet man noch heute auf dem Dorf.

In der Stadt trat an die Stelle des offenen Feuers ein mit Holz befeuerter unterirdischer Backofen, deshalb führte mich mein Weg zum Herzen des Souk, jenem Labyrinth aus Läden und Gäßchen wie aus 1001 Nacht, das das Hauptgeschäftsviertel von Marrakesch bildet. Mein Ziel war der Mechouie-Laden von Housseine Admov, einem drahtigen Mann mit grau gesprenkeltem Schnauzbart und schwarzer Djellaba. Seit vierzig Jahren gehört ihm der winzige Laden im Zentrum des Souk; er zeigte mir stolz seine Handelslizenz – Nr. E67830 –, die ihn als Rotisseur-Meister ausweist.

Als ich dort eintraf, gab es eigentlich nichts zu sehen. Vier weißgekachelte Wände, ein leerer Fußboden aus gebranntem Ton, aus dem ein rachitisches Ofenrohr aus Gußeisen ragte. Doch die Aktivitäten eines Mechouie-Ladens finden nicht über, sondern unter der Erde statt. Unter dem Fußboden befindet sich ein bauchiger Lehmofen, 2,70 m tief und 1,50 m im Durchmesser, der sich nach oben hin zu einer etwa 30 cm breiten Öffnung in der Mitte des Bodens verjüngt. Der Mechouie-Ofen ähnelt einem riesigen, unterirdischen Tandoor, dem indischen Barbecueofen.

Zweimal am Tag macht Housseine darin ein loderndes Feuer und läßt das Holz herunterbrennen, bis es nur noch glüht. Zweimal am Tag spießt er ganze, frisch geschlachtete Lämmer auf Holzpfähle und läßt sie in den Ofen hinab. Mit Salz, Pfeffer und Kreuzkümmel gewürzt, garen sie zwei bis drei Stunden im Rauch. Am Ende ist das Fleisch so zart, daß es vom Knochen fällt, die Haut

ist buttrig kroß, und das Ganze hat ein leichtes Raucharoma. Es schmeckt sublim, anders kann man es nicht nennen.

An den folgenden beiden Tagen verbrachte ich ziemlich viel Zeit in Housseines Laden. Ich sah, wie er Feuer machte – um 5 Uhr morgens (für die 12-Uhr-Lämmer) und um 14.30 Uhr (für die Abendlämmer) –, wobei er Pappe zum Anzünden nahm. Ich sah zu, wie er die Lämmer in den Ofen hinunterließ und sie wieder heraufholte und wie Soldaten an der weißgekachelten Wand aufreihte. Schließlich wurden sie, in große Plastikbeutel verpackt, ihren Besitzern mitgegeben.

In Housseines Ofen passen bis zu zehn Lämmer gleichzeitig; wenn dieser bei beiden Schichten voll ist, verdient Housseine gut. Natürlich muß der Ofen regelmäßig gewartet werden. Einmal im Monat bestellt Housseine einen Zwerg, der in den Ofen klettert und ihn reinigt. Und alle 20 Jahre gräbt er den Ofen aus, um einen neuen zu bauen.

Einen Mechouie-Ofen zu betreiben, ist etwas für Optimisten. Denn Mechouie ist eine Speise der Reichen bzw. ein Festtagsschmaus für Geburtstage und Hochzeiten. Wer bei Housseine Mechouie bestellt, hat meist etwas zu feiern. Davon profitiert noch der Laden nebenan, der auf geröstete Hammelköpfe spezialisiert ist – eine geschätzte Delikatesse in diesem Teil der Welt.

In den Restaurants von Marrakesch wird Mechouie am Drehspieß oder in Backöfen zubereitet. Auch mit einem Kugelgrill geht es prima. Und eine Lammkeule reicht aus, um den Geist dieses Gerichts zu vermitteln – Sie brauchen nicht gleich ganze Menschenmengen, um es zu verspeisen (s. Seite 180).

So ißt man Fleischspieße

Schisch-Kebab ist weltweit eine der beliebtesten Zubereitungen von Fleisch, insbesondere mit Lamm. Aber die Zutaten vom Spieß herunterzubringen, ist nicht so einfach (wie jeder weiß, dem dabei schon mal vor lauter Kraftanstrengung die Fleischwürfel quer durchs Restaurant geflogen sind).

Im Nahen Osten und in Zentralasien hat man eine geniale Methode entwickelt. Der Koch nimmt den Spieß in die eine Hand und hält mit der anderen das heiße Fleisch fest, wobei als »Topflappen« ein Stück Pita-Brot oder Lavash dient. Dann zieht er das Fleisch ein bißchen zu sich hin, um es zu lockern, und streift es nun vom Spieß auf den Teller.

SOUFLAKI MIT METAXA FLAMBIERT

GRIECHENLAND

METHODE:
Direktes Grillen

**VORBEREI-
TUNGSZEIT:**
6–24 Std. zum
Marinieren

**SPEZIAL-
ZUBEHÖR:**
4 lange
Metallspieße

Souflaki, die griechische Version des Schisch-Kebab, wird gerne auf der Straße gegessen. Es besteht aus in Olivenöl, Zitronensaft, Knoblauch und Lorbeerblättern mariniertem und über der Glut gegrilltem Lammfleisch. Nicht traditionsgemäß sind der nach Harz schmeckende Retsina und das Flambieren der Souflaki mit Metaxa. Aber beide Getränke wären mit Sicherheit bei einem griechischen Barbecue dabei, und sie machen das Fleisch aromatischer und interessanter. Puristen können sie ja weglassen. Reichen Sie dazu Pita-Brot, Joghurt-Gurken-Dip mit Minze und griechischen Salat – mal anders.

4 EL Olivenöl extra vergine, vorzugsweise aus
    Griechenland
4 EL Retsina oder trockenen Rotwein
4 EL frisch gepreßter Zitronensaft
4 Lorbeerblätter
3 Knoblauchzehen, durchgepreßt
1 TL Salz, nach Geschmack auch mehr
1 TL frisch gemahlener schwarzer Pfeffer,
    nach Geschmack auch mehr

700 g Lammkeule oder -schulter, entbeint,
    in 2 ½ cm große Würfel geschnitten
    (auch einige fettere Stücke)
1 mittelgroße Zwiebel, in 2 ½ cm große
    Würfel geschnitten
80 ml Metaxa oder anderer Weinbrand
Zitronenspalten zum Servieren
4 Pita-Brote zum Servieren

1. Für die Marinade Öl, Wein und Zitronensaft in einer großen Glasschüssel gut verrühren. Lorbeerblätter, Knoblauch, Oregano, Salz und Pfeffer einrühren. Die Fleischwürfel zugeben und in der Marinade wenden. Abdecken und mindestens 6 Std., maximal 24 Std. im Kühlschrank durchziehen lassen.

2. Den Grill auf höchster Stufe anheizen.

3. Wenn der Grill bereit ist, das Fleisch aus der Marinade nehmen (Marinade aufbewahren) und abwechselnd mit den Zwiebeln auf die Spieße stecken. Den Grillrost einfetten, die Spieße darauf legen und 8–12 Min. (dann ist das Fleisch durchgebraten, wie es die Griechen mögen) von allen Seiten grillen. Während des Garens die Spieße mit der restlichen Marinade bestreichen (nicht mehr in den letzten 3 Min.) und mit Salz und Pfeffer würzen.

4. Die Souflaki auf eine hitzebeständige Platte legen. Den Metaxa in einem Saucentopf auf niedriger Stufe etwas erwärmen (er darf nicht kochen, nicht einmal heiß werden). Vom Herd nehmen und, nachdem Sie die Ärmel auf-

gerollt und das Haar zurückgebunden haben, mit einem langen Streichholz den Weinbrand anzünden, dabei den Kopf zur Seite drehen. Den brennenden Metaxa vorsichtig über die Souflaki gießen und mit den Zitronenspalten und Pitas sofort servieren.

Für 4 Personen

GEORGISCHE LAMM-KEBABS A LA ALEXANDRE DUMAS

REPUBLIK GEORGIEN

METHODE:
Direktes Grillen

VORBEREI-TUNGSZEIT:
1–8 Std. zum Marinieren

SPEZIAL-ZUBEHÖR:
4 lange Metallspieße

Alexandre Dumas, dem wir unter anderem den »Graf von Monte Christo« und den »Mann mit der eisernen Maske« verdanken, war nicht nur einer der produktivsten und beliebtesten Romanciers des 19. Jahrhunderts, sondern auch ein leidenschaftlicher Feinschmecker. Er verfaßte einen Wälzer mit dem Titel »Grand dictionnaire de cuisine« und beschrieb ausführlich die Speisen, die er auf seinen Reisen kennenlernte.

Das folgende Rezept wurde durch Dumas' Kaukasus-Reise im Jahre 1859 inspiriert. Bezüglich der Koch-Ausrüstung gab er einen kuriosen Rat (zitiert nach Darra Goldsteins schönem Buch über die Landesküche Georgiens): »Auch wenn Sie keinen Spieß mit sich führen oder sich in einem Lande fortbewegen, in dem Spieße unbekannt sind, so läßt sich doch immer ein Ersatz dafür finden. Mir diente auf all meinen Reisen der Putzstock meiner Büchse als Spieß, und ich bemerkte nie eine Minderung des Wertes meiner Waffe durch deren profanen Gebrauch.«

Ich habe sein Originalrezept durch Hinzufügen der traditionellen georgischen Würzmischung Khmeli-suneli verfeinert. Ich glaube, daß Sie das Resultat unglaublich aromatisch finden werden. Gemahlene

Ringelblumensamen gibt es in Geschäften, die russische Produkte führen. Näheres zu Sumach auf Seite 230.

Servieren Sie die Kebabs mit gegrillten Tomaten, georgischer süß-saurer Pflaumensauce und georgischen Pickles.

½ TL Koriander, gemahlen
½ TL Dill, getrocknet
½ TL Basilikum, getrocknet
½ TL Minze, getrocknet
½ TL Ringelblumensamen, gemahlen (nach Wunsch)
Salz und frisch gemahlener schwarzer Pfeffer nach Geschmack
700 g Lammkeule, entbeint, in 2 ½ cm große Würfel geschnitten (»walnußgroß« laut Dumas)
1 mittelgroße Zwiebel, feingehackt
250 ml Rotweinessig
2 EL Olivenöl zum Bestreichen
2 EL Sumach, gemahlen (nach Wunsch)

1. Koriander, Dill, Basilikum, Minze, Ringelblumen, 1 TL Salz und ½ TL Pfeffer in einer großen Schüssel mischen. Die Lammwürfel zufügen und alles vermischen. Abdecken und 30 Min. im Kühlschrank durchziehen lassen.

2. Zwiebel und Essig zufügen und wieder gut durchmischen. Erneut abdecken und zwischen 30 Min. und 8 Std. wieder im Kühlschrank ziehen lassen (je länger das Fleisch mariniert wird, desto schärfer wird es).

3. Wenn der Grill bereit ist, die Fleischwürfel auf Spieße stecken. Den Grillrost einfetten, dann die Kebabs auf den heißen Rost legen und unter Wenden (mit einer Zange) insgesamt 8–12 Min. grillen, bis das Fleisch durchgebraten ist. Während des Garens mehrfach mit Öl bestreichen und mit Salz und Pfeffer würzen.

4. Das Fleisch vom Spieß streifen und sofort servieren. Ein Schälchen mit gemahlenem Sumach zum Bestreuen dazu reichen.

Für 4 Personen

LAMM-TOMATEN-SPIESSE

FRANKREICH

METHODE:
Direktes Grillen

**SPEZIAL-
ZUBEHÖR:**
*4 lange
Metallspieße*

Dank ihrer schlichten Schönheit zogen diese Spieße in einem Schaufenster in der Rue de la Huchette meine Blicke auf sich. In diesem Viertel auf dem linken Seineufer gibt es Dutzende von griechischen Restaurants und Grillokalen. Ich finde die Idee, ganze Lammkoteletts am Spieß zu grillen, einfach toll – so kann man noch die Knochen abknabbern, wenn man das Fleisch verputzt hat. Servieren Sie dazu gegrillte Polenta.

SPIESSE:
1 große Zwiebel, geschält
1 großer, grüner Paprika
**12 kleine Lammkoteletts (à ca. 90 g, 2 ½ cm
    dick)**
8 Flaschentomaten

WÜRZMISCHUNG:
1 EL grobes Meersalz
1 TL frisch gemahlener schwarzer Pfeffer
1 TL Minze, getrocknet
1 TL Oregano, getrocknet
1 TL Rosmarin, getrocknet

**ca. 3 EL Olivenöl extra vergine zum
    Bestreichen**
4 Pita-Brote

1. Die Zwiebel in 8 Spalten schneiden und diese in ihre Teile zerlegen. Die Paprika von Stielansatz und Samen befreien und in 4 ½ cm lange und 1 ½ cm breite Stücke schneiden.

2. Die Zutaten in dieser Reihenfolge auf die Spieße stecken: ein Lammkotelett, ein Stück Zwiebel, ein Stück Paprika, eine Tomate (quer durchbohren), wieder ein Lammkotelett, gefolgt von Zwiebel, Paprika, Tomate, Zwiebel, Paprika und noch ein Lammkotelett. Der Spieß wird in einem Winkel von 60 Grad zum Knochen durch das Fleisch gesteckt. Die fertig bestückten Spieße auf eine Platte oder ein Backblech legen, mit Klarsichtfolie abdecken und bis zum Verbrauch in den Kühlschrank stellen.

3. Den Grill auf höchster Stufe anheizen.

4. Wenn der Grill bereit ist, die Würzmischung zubereiten. Salz, Pfeffer, Minze, Oregano und Rosmarin in eine kleine Schale geben, Rosmarinnadeln dabei mit den Fingern zerkleinern.

5. Das aufgespießte Fleisch und Gemüse mit Öl bestreichen und dick mit der Würzmischung bestreuen. Den Grillrost einfetten, die Kebabs auf den heißen Rost legen und von allen Seiten ca. 12 Min. medium (halbrosa) grillen, dabei mehrmals mit einer Zange wenden. Während des Garens wieder mit Öl bestreichen und würzen.

6. Zum Servieren das Fleisch mit einer Pita festhalten und vom Spieß streifen.

Für 4 Personen

ARMENISCHES SCHISCH-KEBAB

REPUBLIK ARMENIEN

METHODE:
Direktes Grillen

VORBEREI-TUNGSZEIT:
8–24 Std. zum Marinieren

SPEZIAL-ZUBEHÖR:
4 lange Metallspieße

Schisch-Kebab gibt es in allen Ländern des Mittleren und Nahen Ostens und Zentralasiens. Die armenische Version ist sehr gehaltvoll, was sie der Tomatenpaste in der Marinade verdankt, die ansonsten aus Rotwein, Weinessig und Olivenöl besteht. Man kann auch Rindfleisch darin marinieren. Zu beiden passen Fladenbrot und Bulgur sowie Auberginen-Tomaten-Paprika-Salat und Zwiebel-Relish mit Granatapfelsirup.

125 ml Rotwein
4 EL Tomatenpaste
60 ml Olivenöl extra vergine
2 EL Rotweinessig
1 mittelgroße Zwiebel, feingehackt
1 Knoblauchzehe, durchgepreßt
1 TL Majoran oder Bohnenkraut, getrocknet
1 TL Salz
½ TL frisch gemahlener schwarzer Pfeffer
½ TL Chiliflocken
¼ TL Piment, gemahlen
700 g Lammschulter, entbeint, in 2 ½ cm große Würfel geschnitten (auch einige fette Stücke)
24 Perlzwiebeln, abgezogen und halbiert, oder 2 mittelgroße Zwiebeln, in 2 ½ cm große Stücke geschnitten
2 grüne Paprika, entstielt und entkernt, in 2 ½ cm große Stücke geschnitten
Fladenbrot zum Servieren

1. Für die Marinade Wein, Tomatenpaste, Öl und Essig in einer großen Glasschüssel verrühren. Zwiebeln, Knoblauch, Majoran, Salz, Pfeffer, Chiliflocken und Piment einrühren. Die Fleischwürfel zufügen und alles gut vermischen, dann abdecken und zwischen 8 und 24 Std. im Kühlschrank durchziehen lassen.

2. Den Grill auf höchster Stufe anheizen.

3. Wenn der Grill bereit ist, das Lammfleisch aus der Marinade nehmen und abwechselnd mit halbierten Perlzwiebeln und Paprikastücken auf die Spieße stecken. Den Grillrost einfetten, die Kebabs auf den heißen Rost legen und 8–12 Min. unter Wenden grillen, bis das Fleisch durchgebraten ist.

4. Mit Hilfe eines Stücks Fladenbrot das Lammfleisch und das Gemüse von den Spießen auf Teller streifen und sofort servieren.

Für 4 Personen

Hackfleisch,
FRIKADELLEN UND WURST

»Hamburger haben eine größere Zukunft als Baseball.«

RAY KROC

In diesem griechischen Fleischerladen erwartet die Kunden eine riesige Auswahl an Grillwürsten.

Der berühmteste Beitrag Amerikas zum Thema Grillen ist der Hamburger. Doch wer meint, die saftigen, handgeformten, fachmännisch über offenem Feuer gegarten Burger seien einmalig, der läßt die anderen Grillkünstler dieser Erde außer acht, die aus ganz gewöhnlichem Hackfleisch wahre Kunstwerke erschaffen.

Die Bulgaren dürfen auf ihre Kufteh (Frikadellen aus Kalb- und Schweinefleisch mit Kreuzkümmel), die Rumänen auf Mititei (würzige Würstchen aus Schweine- und Lammhack) und die Bosnier auf Cevapcici (aus drei Sorten Fleisch mit Koriander) zu Recht stolz sein. Je weiter man nach Osten kommt, desto mehr werden Frikadellen von einer Art Würstchen ohne Haut an einem abgeflachten Metallspieß verdrängt. Man nennt sie im Nahen Osten Kofta-, in Aserbaidschan Lula- und in Indien Seekh-Kebab.

Apropos Wurst: auch daran mangelte es auf meinen Barbecuereisen nicht, von Chorizo in Spanien und Lateinamerika bis zu Kupati (Rindfleischwurst mit Granatapfelkernen) in Georgien.

So stark sich die Rezepte auch von Hamburgern und Hot dogs unterscheiden, der Appetit auf Hackfleisch war überall der gleiche.

Einige Anmerkungen zu den Rezepten in diesem Kapitel

Die Rezepte in diesem Kapitel sind unkompliziert, trotzdem gibt es ein paar Punkte zu beachten.

■ Zuerst eine Bemerkung zur Herstellung von Hackfleisch. Alle Kebabi- und Saté-Männer, die ich kennenlernte, bereiten es von Grund auf selber zu, und wenn ich Zeit habe, tue ich das auch. Doch unbestritten lassen sich – mit viel weniger Aufwand – auch mit fertig gekauftem Hackfleisch ausgesprochen leckere Resultate erzielen. Und deshalb gehe ich in meinen Rezepten von dieser Voraussetzung aus.

■ Falls Sie Fleisch selbst zu Hackfleisch verarbeiten wollen (s. Seite 211), achten Sie auf einen nicht zu geringen Fettanteil (wo nicht anders angegeben). Nehmen Sie z. B. Schulter (Lamm- und Schweinefleisch) oder Kamm (Rind) und drehen Sie es durch die feine Scheibe (mit den 3 mm großen Löchern) des Fleischwolfs.

■ Einige Male werden Sie angewiesen, die Fleischmischung mit der Hand durchzukneten, entweder über niedriger Hitze oder bei Raumtemperatur. Das Kneten, besonders unter Wärmeeinwirkung, sorgt für eine glatte, feste, fast schwammartige Konsistenz, die in Zentralasien sehr geschätzt wird. Wird Kneten nicht im Rezept erwähnt, ist es auch nicht nötig.

■ In manchen Rezepten soll das Hackfleisch aufgespießt bzw. um Spieße herumgeformt werden. Im allgemeinen geht das leichter, wenn das Fleisch vorher angefroren wird. Falls dies nötig ist, weise ich im Rezept darauf hin. Ich pflege die fertigen Kebabs auch vor dem Grillen noch 1–2 Std. ins Kühlfach zu legen, weil das Hackfleisch dann nicht so leicht vom Spieß fällt. Allerdings kommen viele Kebab- und Satéköche in der sogenannten Dritten Welt auch ohne diesen Luxus aus. Bei Zeitmangel können Sie also die meisten Köfte, Kebabs und Satés in diesem Kapitel auch so zubereiten. Im voraus zubereitetes Hackfleisch bis zum Grillen jedoch stets im Kühlschrank aufbewahren!

■ Das Hackfleisch sollte um abgeflachte, breite Spieße geformt werden (erhältlich in Geschäften mit türkischen und iranischen Lebensmitteln). Die idealen Spieße sind ca. 1 ¼ bis mindestens ½ cm breit. Noch dünnere Metall- oder Bambusspieße nur im Notfall nehmen, denn das Fleisch hält wirklich nicht gut daran fest.

■ Da Hackspieße ziemlich empfindlich sind, schlage ich vor, frisch zubereitete Spieße auf ein mit Klarsichtfolie ausgelegtes Backblech zu legen. Längere Spieße lege ich quer über einen Bräter, so daß das Fleisch in der Mitte »schwebt«. Auf diese Weise liegt es sich nicht platt.

■ Ich schlage auch vor, die Hackspieße »Rost-frei« zu grillen, also nicht direkt auf dem Grillrost, sondern so, daß sie mit den Enden auf Mauersteinen oder Metallrohr liegen bzw. über dem Grill. Dabei können die Kebabs nicht festkleben und beim Abnehmen auseinanderfallen, was passieren kann, wenn sie direkt auf dem Rost liegen (Grillen ohne Rost, s. Seite 21).
    Wenn Sie's eilig haben oder weder Steine noch Rohrstücke finden, können Sie Kebabs auch direkt auf dem Rost grillen. Sie müssen ihn nur vorher gut ölen.

■ Zum Wenden der Kebabs bitte eine Zange benutzen (am besten greifen Sie damit das Spießende und nicht das Fleisch).

■ Wenn Sie den Spieß herausnehmen wollen, machen Sie's wie ein persischer Kebabi-Mann: Gebrauchen Sie ein Stück Pita-Brot oder Lavash-Fladen als Topflappen. Ziehen Sie die Fleischportion vorsichtig zu sich hin, um sie zu lockern, und schieben Sie sie dann von sich weg am Spieß nach unten.

DER AMERIKANISCHE HAMBURGER

METHODE:
Direktes Grillen

Was zeichnet einen echten Hamburger aus? In erster Linie das Fleisch. Sie brauchen ein Stück mit viel Eigengeschmack, also Lende (für Edel-Hacksteaks), Kamm oder Keule (für den Alltagsgebrauch). Drehen sie es zweimal durch, zuerst durch die grobe, dann durch die feine Scheibe des Fleischwolfs. Und es darf nicht zu mager sein. 15–20 % Fettgehalt ist ideal.

Ich gehöre zur »Weniger ist mehr«-Schule in bezug auf Hamburger. Das heißt, je weniger zum Fleisch hinzukommt, desto besser. Oh, ich kenne die Versuchung, Zwiebeln, Knoblauch, Gewürze und scharfe Saucen beizumischen. Aber lassen Sie das Hack so pur wie möglich, es schmeckt wirklich am besten. Die Garnierung bietet genügend Abwechslung.

Noch ein letzter Rat: Bearbeiten Sie das Fleisch nicht zu lange – ein paar Klapse genügen, fertig ist die Frikadelle. Alles weitere raubt ihr nur Saft und Kraft.

BURGER:
1 kg Rinderhack (Keule, Kamm oder Lende)
6 Scheiben (1 cm dick) Vidalia oder andere milde Gemüsezwiebel (nach Wunsch)
2 EL Butter, zerlassen, oder Olivenöl
Salz und frisch gemahlener schwarzer Pfeffer nach Geschmack
6 Hamburger-Brötchen

BELAG (NACH WUNSCH):
Blätter vom Eisbergsalat
Tomatenscheiben
eingelegte Gewürzgurken in Scheiben
gebratener Speck (2 Streifen pro Hamburger)
Ketchup
Senf
Mayonnaise

1. Den Grill auf höchster Stufe anheizen.

2. Das Fleisch in 6 gleich große Portionen teilen. Mit leicht angefeuchteten Händen aus jeder Portion ein rundes (10 cm Ø), gleichmäßig dickes Hacksteak formen (s. Hinweis).

3. Den heißen Grillrost ölen.

4. Die Hacksteaks und die Zwiebelscheiben auf einer Seite dünn mit zerlassener Butter bestreichen und mit Salz und Pfeffer würzen. Hacksteaks und Zwiebelscheiben mit der gebutterten Seite nach unten auf den heißen Grillrost legen und ca. 4 Min. grillen. Nun die andere (Ober-)Seite dünn mit zerlassener Butter bestreichen, mit Salz und Pfeffer würzen und die Hacksteaks mit einem Grillwender wenden. Nach ca. 4 Min. sind sie medium (halbrosa) gebraten. Die restliche Butter auf die Schnittflächen der Hamburger-Brötchen streichen und diese mit der gebutterten Seite nach unten in den letzten 2 Min. mit grillen.

5. Die Brötchen nach Geschmack belegen, die Hacksteaks und Zwiebelscheiben darauf legen und servieren.

Für 6 Personen

Hinweis: Vorbereitete Hacksteaks, die Sie nicht sofort garen wollen, auf eine Platte legen, mit Klarsichtfolie abdecken und in den Kühlschrank stellen.

Cheeseburger

Zusätzlich zu den oben genannten Zutaten brauchen Sie:

6 Scheiben (½ cm dick) würzigen Cheddar oder Schweizer Käse oder 6 Stücke Roquefort, alternativ alter Gouda oder Scheiblettenkäse

Die Anleitung bis zu Schritt 4 befolgen. Nach dem Wenden eine Käsescheibe auf das Fleisch legen. Den Grill abdecken und weiter grillen. Nach 3 Min. nachsehen, ob die Hacksteaks gar sind und der Käse geschmolzen ist.

Für 6 Personen

Speck-und-Räucherkäse-Burger

Zusätzlich zu den Zutaten des ersten Hamburger-Rezepts brauchen Sie:

12 dünne Scheiben Schinkenspeck
6 Scheiben (½ cm dick) geräucherten
    Mozzarella oder sonstigen Räucherkäse

Bei Schritt 2 der Anleitung umwickeln Sie die Hacksteaks mit je 2 Streifen Speck, die sich in der Mitte überkreuzen. Grillen, wie im Rezept beschrieben. Auf Brötchen legen und mit dem Käse bedecken. Die Wärme der Hacksteaks bringt den Käse zum Schmelzen.

Für 6 Personen

Avocado-Sprossen-und-Salsa-Burger

Statt der Belegzutaten im ersten Hamburger-Rezept brauchen Sie:

1 große Avocado, geschält, entkernt und in
    ½ cm dicke Scheiben geschnitten
1 ½ Tassen Alfalfa-Sprossen (Luzerne)
1 ½ Salsa mexicana (s. Seite 174)

Die Hacksteaks nach Anleitung im ersten Rezept garen. Auf Brötchen legen, Avocadoscheiben, Sprossen und Salsa darüber geben.

Für 6 Personen

Was Sie bei Hack beachten müssen

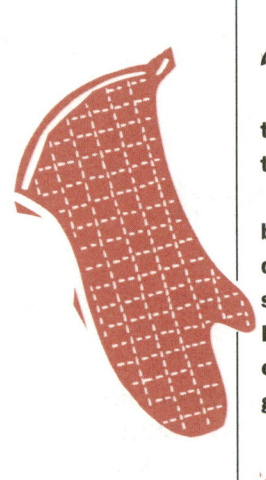

Früher waren Salmonellenerkrankungen sehr ungewöhnlich. Heute kann man kaum die Zeitung aufschlagen, ohne etwas über Fleischvergiftungen zu lesen.

In Hackfleisch breiten sich Keime anscheinend besonders schnell aus. Damit Salmonellen oder andere Bakterien abgetötet werden, müssen Hacksteaks und andere Fleischsorten beim Garen eine Innentemperatur von ca. 70–75 °C erreichen. Das entspricht der Temperatur von medium/halbrosa gegartem Fleisch.

Hier einige Sicherheitshinweise:

■ Ihr Fleischer ist gesetzlich verpflichtet, Hackfleisch täglich frisch zuzubereiten. Sie können sich auch ein Stück Fleisch aussuchen und vor Ihren Augen zu Hack verarbeiten lassen. Verbrauchen Sie es stets am Tag des Einkaufs.

■ Hackfleisch bis zum Verbrauch im Kühlschrank aufbewahren.

■ Schneidbretter, auf denen Sie Fleisch geschnitten haben, sofort nach Gebrauch mit sehr heißem Wasser und Spülmittel abwaschen.

BULGARISCHE FRIKADELLEN
Kufteh

BULGARIEN

METHODE:
Direktes Grillen

Als Kufteh (auch Kafta, Kofta, Köfte) bezeichnet man ganz allgemein gegrillte Kebabs, Frikadellen oder Fleischbällchen aus Lammhack. Aber in Bulgarien meint man damit ein Hacksteak, das wie eine runde Hamburger-Scheibe aussieht. Wo in islamischen Staaten Lamm genommen wird, verwendet man in Bulgarien Gehacktes von Schwein und Kalb, eine außerordentlich aromatische Fleischkombination. Kufteh und Kebabche (die gleiche Mischung in wurstartiger Form) sind so beliebt, daß man sie als bulgarischen National-Snack bezeichnen könnte. Man ißt dazu knusprige Brötchen oder Landbrot und Tomatensalat mit Feta (s. Shopska salata, Seite 96).

250 g Kalbfleisch, gehackt
250 g Schweinefleisch, gehackt
1 kleine Zwiebel, feingehackt
3 EL Petersilie, feingehackt
1 TL Salz, nach Geschmack auch mehr
½ TL Kreuzkümmel, gemahlen, nach Geschmack auch mehr

½ TL frisch gemahlener schwarzer Pfeffer, nach Geschmack auch mehr

1. Den Grill auf höchster Stufe anheizen.
2. Sämtliche Zutaten in eine Schüssel geben und mit einem Holzlöffel gut verrühren. Etwa einen Teelöffel der Mischung in einer beschichteten Pfanne garen und probieren, danach den Fleischteig mit Salz, Pfeffer und Kreuzkümmel pikant abschmecken.
3. Das Fleisch in 4 gleich große Portionen teilen. Mit angefeuchteten Händen daraus jeweils eine ca. 2 cm dicke Frikadelle mit 8 cm Durchmesser formen (s. Hinweis).
4. Wenn der Grill bereit ist, den Grillrost ölen. Die Frikadellen auf den heißen Rost legen und ca. 4 Min. von jeder Seite grillen (mit einem Grillwender wenden). Sie sollen schön braun und durchgebraten sein. Sofort servieren.
Für 4 Personen
Hinweis: Vorbereitete Frikadellen, die Sie nicht gleich garen wollen, auf einen großen Teller legen, mit Klarsichtfolie abdecken und in den Kühlschrank stellen.

SANDALEN-BURGER
Chapli kebab

PAKISTAN

METHODE:
Direktes Grillen

Er hieß Mohammed Bashir, trug einen taubenblauen Shilwar (enge indische Hosen) und einen Kamiz (eine Art »Nehrujacke«). Ich lernte ihn aber nicht in seiner Heimatstadt Faisalabad in Pakistan kennen, sondern in einem Taxi in Philadelphia. Wie es meine Gewohnheit ist, erkundigte ich mich nach den Barbecuegerichten seiner Heimat. Er erzählte mir von einem Gericht mit dem merkwürdigen

Von Hamburg nach Hoboken: Eine kurze Geschichte des Hamburgers

Hamburger gehören zu den beliebtesten Speisen der Welt. Jedenfalls mengenmäßig. Laut Jeffrey Tennyson, dem Verfasser einer Geschichte des Hamburgers (dt.: Hamburger heaven: Burger-Kult total, 1995), verzehren die Amerikaner über 38 Milliarden Hamburger jährlich – wöchentlich drei pro Mann, Frau und Kind. Rechnet man den Verzehr außerhalb der USA hinzu, steht man vor einem einmaligen kulinarischen Phänomen in der Geschichte der Menschheit.

Die Geschichte des Hamburgers beginnt logischerweise in Hamburg, im 18. Jh. die größte Hafenstadt Europas. Laut Tennyson lernten die deutschen Seeleute das Hackfleisch in Rußland kennen und lieben, wo Tatar schon jahrhundertelang gegessen wurde. Das Wort leitet sich von den Tataren ab, einem Mongolenstamm, der ursprünglich in Zentralasien beheimatet war. Angeblich ritten die Tataren auf ihren Kriegszügen das Fleisch unter dem Sattel weich und aßen es roh.

Es ist nicht überliefert, ob ein Mongole, Russe oder Deutscher als erster auf die Idee kam, Hackfleisch zu braten. Wir wissen aber, daß der Hamburger zu der Zeit, als er mit deutschen Einwanderern nach Nordamerika gelangte, bereits gebraten sowie heiß geliebt und hoch geehrt wurde. Das legendäre »Delmonico's« in New York war das erste amerikanische Restaurant, das den Hamburger auf der Speisekarte führte: 1834 bot es »Hamburger steaks« zum fürstlichen Preis von 10 Cents an – doppelt soviel wie damals Roastbeef oder Kalbskotelett kosteten.

Mit zunehmender Verbreitung sank der Preis. Um die Jahrhundertwende waren Hamburger bereits das Nahrungsmittel der breiten Masse; man kaufte sie an Pferdekarren, in Erfrischungshallen und den soeben erfundenen Imbißstuben (Luncheonettes). Irgendwann gesellten sich Tomaten und eingelegte Gurken dazu, und schließlich wurde die Frikadelle zwischen zwei Brötchenhälften gepackt. Damit war das Fertiggericht für unterwegs perfekt.

VORBEREI-TUNGSZEIT:
1 Std.
zum Kühlen

Namen Chapli kebab – »Sandalen-Frikadellen«. (Das Wort Kebab wird hier in seinem ursprünglichen Sinn für »Fleisch« und nicht für »Essen am Spieß« gebraucht.)

Für Chapli kebab wird aus dem Hackfleisch ein großes flaches Gebilde geformt, ähnlich der Sohle einer Sandale oder eines Pantoffels. Es ist die Spezialität der Stadt Peshawar an der indisch-pakistanischen Grenze – hier leben Muslime, Sie können also Rind- oder Lammfleisch nehmen. In pakistanischen Restaurants in den USA wird Chapli kebab oft in der Pfanne gebraten. Mir schmecken sie gegrillt am besten, und ich nehme an, daß man sie in Pesha-

war so macht. Dazu reichen Sie Naan (Fladenbrot, s. Seite 109).

500 g Lamm- (s. Seite 221) oder Rinderhack
½ mittelgroße Zwiebel, feingehackt
2 Knoblauchzehen, durchgepreßt
1–2 Serrano- oder andere scharfe Chillies, kleingehackt (Milder wird's, wenn Sie die Kerne entfernen.)
¼ Tasse Koriandergrün, feingehackt
1 EL Ingwer, gemahlen
2 TL Koriander, gemahlen oder zerdrückt
1 TL Salz, nach Geschmack auch mehr
½ TL frisch gemahlener schwarzer Pfeffer, nach Geschmack auch mehr

½ TL Cayennepfeffer
½ TL Kreuzkümmel, gemahlen

1. Den Grill auf höchster Stufe anheizen.

2. Lamm- oder Rinderhack, Zwiebeln, Knoblauch, Chillies, Koriandergrün, Ingwer, Koriander, Salz, Pfeffer, Cayennepfeffer sowie Kreuzkümmel in eine große Schüssel geben. Die Mischung 3–4 Min. mit den Händen gut durchkneten. Zum Abschmecken eine kleine Menge in einer beschichteten Pfanne braten und probieren. Der Fleischmischung nach Bedarf mehr Salz oder Pfeffer zugeben. Sie sollte sehr kräftig gewürzt sein.

3. Einen großen Teller mit Klarsichtfolie auslegen. Die Fleischmischung in 4 gleich große Portionen teilen. Mit nassen Händen 4 ovale Frikadellen (ca. 12 cm lang und 2 cm dick) formen. Die fertigen Stücke auf den Teller legen. Locker mit Klarsichtfolie abdecken und 1 Std. in den Kühlschrank stellen.

4. Wenn der Grill bereit ist, den Grillrost ölen. Die Frikadellen auf den heißen Rost legen und 4–5 Min. von jeder Seite (medium) grillen, mit einem Grillwender wenden. Sofort servieren.

Für 4 Personen

BOSNISCHE CEVAPCICI AUS DREI SORTEN FLEISCH

BOSNIEN

METHODE:
Direktes Grillen

**VORBEREI-
TUNGSZEIT:**
*1 Std. zum
Kühlen*

Cevapcici (sprich: Tschewáptschitschi) gehören zu den vielen Hackfleischzubereitungen, die man auf dem Balkan liebt, wie auch Mititei (rumänische Würstchen aus Schweine- und Lammfleisch) und Kufteh (bulgarische Frikadellen). Bei diesem Rezept werden Rind-, Kalb- und Schweinefleisch zu gleichen Teilen gemischt, aber es gibt auch reine Lamm-Cevapcici oder sonstige Fleischkombinationen. Das Resultat ist eine sehr vielschichtige Geschmackskomposition – sozusagen ein Hamburger, der feine Lebensart ausstrahlt. Das zugesetzte Backpulver macht die Mischung besonders leicht.

Nicht vergessen: Das Fleisch soll nicht zu mager sein, 15 % Fettgehalt ist ideal.

FLEISCHRÖLLCHEN:
250 g Rinderhack (Kamm)
250 g Schweinehack (Keule)
250 g Kalb- oder Lammhackfleisch
½ mittelgroße Zwiebel, gerieben
3 EL glatte Petersilie, gehackt
1 ½ TL Salz, nach Geschmack auch mehr
½ TL Koriander, gemahlen
**½ TL frisch gemahlener schwarzer Pfeffer,
nach Geschmack auch mehr**
½ TL Backpulver
80 ml Rindfleischbrühe oder Wasser

ZUM SERVIEREN:
1 mittelgroße Zwiebel, feingehackt
1 Tomate, feingehackt
**1 roter Paprika, entstielt, entkernt und
feingehackt, oder 3 EL in Essig eingelegte
Paprika, gehackte**
4 knusprige Brötchen

1. Rind-, Schweine- und Kalbfleisch mit Zwiebelmasse, Petersilie, Salz, Koriander, Pfeffer und Backpulver in eine große Schüssel geben und mischen. Dann 3–4 Min. gut mit den Händen durchkneten. Die Brühe zufügen und sorgfältig untermischen. Zum Abschmecken eine kleine Menge der Fleischmischung in einer beschichteten Pfanne braten und probieren. Der Fleischmischung nach Bedarf mehr Salz oder Pfeffer zugeben. Sie sollte sehr kräftig gewürzt sein.

2. Einen großen Teller dünn mit Öl ausstreichen. Die Fleischmischung in 8 gleich große Portionen teilen. Mit angefeuchteten Händen 8 Röllchen (ca. 5 cm lang und 2 ½ cm im Durchmesser) formen. Die fertigen Cevapcici auf den vorbereiteten Teller legen. Mit Klarsichtfolie locker abdecken und 1 Std. in den Kühlschrank stellen. Zwiebeln, Tomaten und Paprika getrennt in 3 Schalen füllen.

Abdecken und bis zum Servieren beiseite stellen.

3. Den Grill auf höchster Stufe anheizen.

4. Wenn der Grill bereit ist, den Grillrost ölen. Die Cevapcici auf den heißen Rost legen und insgesamt 6–8 Min. von allen Seiten grillen.

5. Zum Servieren je 2 Cevapcici auf ein Brötchen legen und löffelweise Zwiebel-, Tomaten- und Paprikastückchen darüber verteilen.

Ergibt 8 Fleischröllchen; für 4 Personen

RUMÄNISCHE WÜRSTCHEN
Mititei

R U M Ä N I E N

METHODE:
Direktes Grillen

**VORBEREI-
TUNGSZEIT:**
*2–4 Std.
zum Kühlen*

Mititei sind in Rumänien sehr beliebte Würstchen ohne Pelle. Angeblich wurden sie im Bukarester Restaurant »La Iordachi« erfunden. Als dort eines Abends die normalen Würstchen ausgegangen waren, habe man Schweine- und Lammhack gemischt und zu kleinen, dicken Würstchen geformt (»mititei« heißt auf rumänisch klein) und diese ohne Häute gegrillt. Die Zusammensetzung der Gewürze (Kümmel, Piment, Nelken u. a.) macht dies zu einem der interessantesten Hackfleischgerichte.

Manche Leute nehmen lieber Rind- statt Schweinefleisch, in jedem Fall sollte das Fleisch nicht zu mager sein.

350 g Schweine- oder Rinderhack
350 g Lammhack (aus der Schulter)
1 kleine Zwiebel, sehr fein gehackt
2 Knoblauchzehen, sehr fein gehackt
1 EL Olivenöl
1 ½ TL Salz, nach Geschmack auch mehr

1 TL Backpulver
1 TL Rosen- oder Edelsüßpaprika
½ TL Majoran, getrocknet
½ TL Kümmel
**½ TL frisch gemahlener schwarzer Pfeffer,
  nach Geschmack auch mehr**
¼ TL Piment, gemahlen
1 kleine Prise Nelken, gemahlen

1. Schweine- und Lammhack mit Zwiebeln, Knoblauch, Öl, Salz, Backpulver, Paprika, Majoran, Kümmel, Pfeffer, Piment und Nelken in eine große Schüssel geben und mischen. Die Mischung 3–4 Min. mit den Händen gut durchkneten. Zum Abschmecken eine kleine Menge in einer beschichteten Pfanne braten und probieren. Der Fleischmischung ganz nach Bedarf mehr Salz oder Pfeffer zugeben. Sie sollte sehr kräftig gewürzt sein.

2. Einen großen Teller dünn mit Öl ausstreichen. Die Fleischmischung in 8 gleich große Portionen teilen und diese nachein-

Durch den Wolf gedreht

Im Keller meiner Großmutter befindet sich ein alter Fleischwolf, den man mit der Hand drehen muß. Auf meiner Barbecuereise mußte ich oft daran denken, weil mir dieses Gerät sehr häufig begegnete. Es gibt nämlich nichts Besseres, um Fleisch für Frikadellen und Koftas zu Hack zu verarbeiten (es sei denn, seine motorisierten Verwandten). Und zwar aus einem einfachen Grund: Im Fleischwolf sitzt eine kreuzförmige Klinge, die vor einer perforierten Metallscheibe rotiert. Zusammen funktionieren die beiden Teile wie Messer und Schneidbrett. Ein Fleischwolf hackt also das Fleisch säuberlich in winzige Stücke, genau wie ein gut geführtes Messer oder Hackbeil.

Für engagierte Hobbygriller könnte sich die Investition in einen elektrischen oder handbetriebenen Fleischwolf lohnen oder auch in einen Aufsatz zur Herstellung von Hackfleisch für den Mixer.

Ganz anders dagegen die Küchenmaschine, die High-tech-Antwort auf Omas Fleischwolf. Sie zerreißt und zermanscht das Fleisch, statt es kleinzuhacken. Das Resultat ist oft breiig und faserig und hat eine schwammartige, ungleichmäßige Konsistenz.

MIT DER KÜCHENMASCHINE

Wenn Sie Fleisch mit der Küchenmaschine zu Hack verarbeiten wollen, dann achten Sie darauf, daß diese ein Hackmesser hat. Schneiden Sie das Fleisch in 1 cm große Würfel. Füllen Sie die Schale höchstens zu einem Viertel. Und lassen Sie die Maschine in Intervallen (stoßweise) laufen.

DER FETT-FAKTOR

Zwei weitere Punkte sind für Geschmack und Saftigkeit von gegrillten Hackfleisch von entscheidender Bedeutung – das gewählte Stück und dessen Fettgehalt. Wählen Sie aromatische Stücke: Fleisch aus der Schulter bei Schwein und Lamm; Kamm, Keule oder Lende bei Rindfleisch.

Damit Hackfleisch saftig bleibt, ist ein gewisser Fettanteil nötig. Türkische Lamm-Hacksteaks enthalten bis zu 30 % Fett. Das mag Ihnen allzu viel erscheinen; doch bedenken Sie, daß Fett ein wichtiger Geschmacksträger ist und das Fleisch während des Garens befeuchtet (zudem tropft ein Teil des Fetts während des Garens heraus). Für die Hackfleisch-Rezepte dieses Kapitels empfehle ich einen Fettgehalt von 15–20 %, damit die Gerichte saftig und zart bleiben. Fragen Sie Ihren Fleischer nach dem Fettgehalt des jeweiligen Stücks (Gehacktes aus der Lende ist magerer als Gehacktes aus Keule oder Kamm).

Übrigens, in der Türkei, in Aserbaidschan und in anderen Ländern des Nahen Ostens stammt das bevorzugte Fett zum Zubereiten von Kebabs aus dem Schwanz des Lamms. Wenn Sie einen muslimischen Fleischer in der Nähe haben, können Sie dieses wohlschmeckende Fett vielleicht dort kaufen.

ander mit nassen Händen zwischen den Handflächen zu 8 Würstchen (9 cm lang und 2 ½ cm im Durchmesser) rollen. Die fertigen Mititei auf den vorbereiteten Teller legen. Mit Klarsichtfolie locker abdecken und 2–4 Std. in den Kühlschrank stellen.

3. Den Grill auf höchster Stufe anheizen.

4. Wenn der Grill bereit ist, den Grillrost ölen. Die Mititei auf den heißen Rost legen und insgesamt 6–8 Min. von allen Seiten grillen. Mit einem Grillwender wenden. Sofort servieren.

Ergibt 8 Würstchen, für 4 Personen

Grilltabelle für Hackfleisch*

STÜCK	METHODE	HITZE	GARZUSTAND	
			MEDIUM* (71 °C)	DURCH (77 °C)
FRIKADELLEN	DIREKT	STARK	4–5 MIN./SEITE	6–7 MIN./SEITE
WÜRSTCHEN	DIREKT	MITTEL BIS MITTEL-STARK		16–20 MIN. INSGES.
KOFTAS & LULAS	DIREKT	STARK		6–8 MIN. INSGES.
SATES	DIREKT	STARK	2–4 MIN./SEITE	4–6 MIN./SEITE

Zur Vermeidung gesundheitlicher Risiken Hackfleisch beim Garen mindestens auf 60 °C erhitzen.

SAMBA-HOT-DOGS

BRASILIEN

METHODE:
Direktes Grillen

Ich kostete diese ungewöhnlichen Hot dogs in einer Sambaschule in Rio. Von Mitternacht bis 4 Uhr früh dröhnten Sambarhythmen durch die höhlenartige Betonhalle. Ein Geschwader von Straßenhändlern wartete darauf, den Hunger der Tänzer zu stillen. Ich war fasziniert vom Würstchenstand: Die Verkäuferin krönte die Hot dogs mit einem köstlichen Relish aus Mais, Tomaten, Erbsen, schwarzen und grünen Oliven sowie hartgekochtem Ei.

1 Ei, hartgekocht, geschält und in ½ cm
    große Würfel geschnitten
1 mittelgroße Tomate, entkernt (s. Kasten
    Seite 62) und feingehackt
¼ Tasse Maiskörner, frisch gekocht oder
    abgetropft aus der Dose
¼ Tasse Erbsen, frisch oder tiefgefroren,
    gekocht, oder aus der Dose, abgetropft
¼ Tasse grüne Oliven, mit Paprika gefüllt, in
    ½ cm große Würfel geschnitten
¼ Tasse schwarze Oliven, ohne Kern, in ½ cm
    große Würfel geschnitten

¼ Tasse rote Zwiebel, gewürfelt
3 EL Olivenöl extra vergine
1 ½ EL Rotweinessig, nach Geschmack auch
    mehr
Salz und frisch gemahlener schwarzer Pfeffer,
    nach Geschmack
8 Frankfurter Würstchen bester Qualität
8 Hot-dog-Brötchen, aufgeschnitten

1. Den Grill auf höchster Stufe anheizen.
2. Eier in einer Schüssel mit Tomaten, Mais, Erbsen, Oliven, Zwiebeln, Öl, Essig, Salz und Pfeffer vorsichtig, aber gut mischen. Mit Essig, Salz und Pfeffer pikant abschmecken.
3. Wenn der Grill bereit ist, den Grillrost ölen. Die Frankfurter auf den heißen Rost legen und insgesamt 6–8 Min. grillen, dabei mit einer Zange wenden. Nach der Hälfte der Zeit die Brötchen mit der Schnittfläche nach unten auf den Rost legen und leicht grillen.
4. Zum Servieren die Frankfurter auf die unteren Brötchenhälften legen, mit Relish und den oberen Brötchenhälften bedecken.
Für 8 Personen

WÜRZIG-SCHARFE CHORIZOS

SPANIEN

METHODE:
Direktes Grillen

**VORBEREI-
TUNGSZEIT:**
*1 Std. zum
Einweichen*

**SPEZIAL-
ZUBEHÖR:**
*Wurstmaschine
(falls vorhanden)*

Wenn es nach der geographischen Verbreitung geht, ist Chorizo die beliebteste Wurst der Welt. Die orangerote, würzige Paprikawurst, die aus Spanien stammt, gibt es in allen ehemaligen spanischen Kolonien, von der Karibik über Südamerika bis zu den Philippinen und darüber hinaus. Paprika, Knoblauch und Essig geben ihr ein kräftiges Aroma, während Pfeffer und Chili für eine köstlich feurige Schärfe sorgen. Wie immer mache ich bei den Chillies eine Von-bis-Angabe.

2,15 m Wursthaut (s. Hinweise)
1125 g Schweinehack
   (ca. 20 % Fettgehalt)
80 ml Rotweinessig
60 ml Eiswasser
3 EL Edelsüßpaprika
1 EL Rosenpaprika oder Cayennepfeffer
1–2 EL Chiliflocken
1 EL grobes Meersalz, nach Geschmack auch
   mehr
2 TL Oregano, getrocknet
2 TL Kreuzkümmel, gemahlen
2 TL Koriander, gemahlen
5 Knoblauchzehen, durchgepreßt
1 EL Zucker
1 TL frisch gemahlener schwarzer Pfeffer,
   nach Geschmack auch mehr
1–2 EL Pflanzenöl zum Bestreichen der
   Würste
knusprige Brötchen zum Servieren (nach
   Wunsch)

1. Die Wursthaut in einer großen Schüssel mit kaltem Wasser 1 Std. einweichen, dabei das Wasser mehrmals erneuern.

2. Für die Wurstmasse Hackfleisch, Essig, Wasser, Paprikasorten, Chiliflocken, Salz, Oregano, Kreuzkümmel, Koriander, Knoblauch, Zucker und schwarzen Pfeffer in eine große Schüssel geben. Mit dem Knethaken des Handrührgeräts verrühren; es geht auch mit einem Holzlöffel. Zum Abschmecken eine kleine Menge in einer beschichteten Pfanne kurz anbraten und probieren; evtl. mehr Chiliflocken, Salz oder schwarzen Pfeffer zufügen. Die Masse soll sehr stark gewürzt sein.

3. Nach Anweisung im Kasten auf Seite 214 zuerst die Wursthaut aus dem Einweichwasser nehmen und von innen ausspülen, dann die Würste stopfen und zubinden (s. Hinweise).

4. Den Grill auf höchster Stufe anheizen.

5. Wenn der Grill bereit ist, die Würste mit einer Nadel oder einem Zahnstocher mehrmals einstechen und dünn mit Öl bestreichen. (Vorsicht, daß die Nadel nicht in einer Wurst verschwindet!) Die Würste auf den heißen Grill legen und insgesamt 16 Min. von allen Seiten grillen. (Sie sind durchgebraten, wenn ein in eine Wurst gestochener Metallspieß sich beim Herausziehen sehr heiß anfühlt.)

6. Servieren Sie die Chorizos wie Hot dogs – in knusprige Brötchen eingelegt. Oder in Stücke schneiden und mit kleinen Spießen oder Zahnstochern servieren.

*Ergibt 12 Würste (je 13 cm lang),
für 6 Personen*

Hinweise: Wenn Sie die Wurst nicht in Därme füllen wollen, können Sie die Wurstmasse um flache Spieße herumformen (s. Schritt 2 des Rezepts für Oasen-Spieße, Seite 220) und dann wie dort beschrieben garen.

■ Fertige Würste, die Sie nicht sofort grillen wol-wollen, mit Klarsichtfolie abdecken und in den Kühlschrank stellen.

Würste stopfen wie ein Profi

Es ist nicht schwer, selbst Wurst herzustellen, aber Sie benötigen dazu Spezialgeräte. Traditionell braucht man einen Wursttrichter, eine dünne, spitz zulaufende Röhre, die auf das Ende des Fleischwolfs paßt. Der Wurstdarm wird über den Trichter gezogen, aus dem die Wurstmasse austritt.

Manche moderne Küchenmaschinen haben Zubehör für die Hackfleischherstellung und das Stopfen von Wurst. Es gibt auch eine kleine Haushaltswurstmaschine, die aus einem Stahlzylinder mit einer trichterförmigen Tülle am einen und einer Kurbel am anderen Ende besteht. Wenn man die Kurbel betätigt, drückt ein Kolben die in den Trichter gefüllte Wurstmasse durch die Tülle in die Wursthaut. (Sie können damit auch Cevapcici u. ä. herstellen.) So eine Maschine gibt es z. B. bei Fa. Friedrich Jürges, Fleischmaschinen und Geräte, Schanzenstr. 32, 20357 Hamburg, Tel. 040/430 08 39. Notfalls eignet sich zum Stopfen auch eine Kuchenspritze mit einer großen runden Tülle.

WURSTHAUT: Naturdärme kaufen Sie am besten im Fleischerfachgeschäft. Die Därme müssen vor der Verwendung eine Stunde in kaltem Wasser eingeweicht werden, dabei das Wasser mehrmals erneuern. Abtropfen lassen, dann ein Ende über den Wasserhahn über dem Spülbecken ziehen. Kaltwasserhahn vorsichtig aufdrehen und die Därme von innen 5 Min. mit fließendem Wasser ausspülen.

WURST STOPFEN: Den Stopfaufsatz am Fleischwolf anbringen und mit der Wurstmasse füllen (bzw. eine Haushaltswurstmaschine füllen). Darm vom Wasserhahn abnehmen und über dem Trichter des Wurstfüllers zusammenraffen (so, als wollten Sie einen Perlonstrumpf anziehen), wobei Sie darauf achten müssen, daß die Därme nicht verdreht sind. Wenn nur noch ein Rest von ca. 5 cm des Darms herunterhängt, das Ende fest verknoten. Den Darm festhalten, so daß der Zufluß der Wurstmasse in den Darm unter Kontrolle ist, und dann den Griff des Fleischwolfs bzw. die Kurbel der Wurstmaschine drehen, um die Fülle in den Darm zu pressen. Der Darm soll fest gestopft sein, ohne zu platzen;

alle 10–15 cm durch einige Drehungen einzelne Würstchen abtrennen. Luftblasen, die sich evtl. bilden, mit einer Nadel aufstechen. (Vorsicht, daß diese nicht in einer Wurst landet!) Ist die Wurstmasse aufgebraucht bzw. der Darm gefüllt, das Ende der Wursthaut vom Aufsatz abnehmen und verknoten oder mit Küchengarn abbinden.

MIT DER KUCHENSPRITZE: Diese Methode erfordert mehr Zeit und mag Ihnen zunächst etwas unbequem vorkommen, doch sie funktioniert ebenfalls. Dazu nehmen Sie den Darm vom Wasserhahn ab und schneiden ihn in 50 cm lange Stücke. Jeweils das eine Ende verknoten. Eine große Kuchenspritze mit einer 1 ½ cm großen runden Tülle versehen. Einen Teil der Wurstmasse in die Tüte geben (nicht zu viel!) und das offene Ende des Darms über die Tülle ziehen, dabei möglichst eng zusammenraffen. Die Tüte mit der einen Hand zusammendrücken, mit der anderen das obere Wurstende festhalten, die Wurstmasse fließt sauber in den Darm. Tüte nach Bedarf nachfüllen. 3–4 einzelne Würste durch Drehen herstellen und das Ende wie oben beschrieben verknoten bzw. abbinden. Restliche Wursthaut auf die gleiche Weise füllen.

GRANATAPFEL-SCHWEINSWÜRSTCHEN
Kupati

REPUBLIK
GEORGIEN

METHODE:
Direktes Grillen

**VORBEREI-
TUNGSZEIT:**
*1 Std. zum
Einweichen
(nach Wunsch)*

**SPEZIAL-
ZUBEHÖR:**
*Wurstmaschine
(falls vorhanden)*

Die Kombination von Fleisch mit Früchten ist typisch für Speisen aus dem Kaukasus. So auch für diese Wurst, die man in Georgien gern zum Frühstück ißt, vor allem im Herbst, wenn es frische Granatäpfel zu kaufen gibt. Traditionell stopft man die Fleischmischung in Wursthäute, doch lassen sich Kupati auch ganz ausgezeichnet in Form von Frikadellen oder an flachen Spießen herstellen (s. Seite 220).

Sie können diese Würste als Horsd'œuvres – in 3 cm lange Stücke geschnitten und mit Zahnstochern serviert – oder auf Brötchen oder georgischem Brot als eine Art Sandwich essen. Hoffentlich finden Sie auch, daß die Kombination von Granatapfel, Dill, Koriandergrün und Zimt zu Schweinefleisch wirklich köstlich schmeckt!

**2,15 m Wursthaut (nach Wunsch; s. Kasten
    linke Seite)**
1 großer Granatapfel
700 g Schweinehack (nicht zu mager)
2 Knoblauchzehen, gehackt
2 EL Dill, gehackt, oder 1 EL Dill, getrocknet
2 EL Koriandergrün, gehackt
1 ½ TL Salz, nach Geschmack auch mehr
1 TL frisch gemahlener Pfeffer
**¼ TL Zimt, gemahlen, nach Geschmack auch
    mehr**
**1–2 EL Pflanzenöl zum Bestreichen der
    Würste**

1. Falls Sie Wursthaut verwenden, diese in einer großen Schüssel mit kaltem Wasser 1 Std. einweichen, dabei das Wasser mehrmals erneuern.

2. Inzwischen den Granatapfel in Viertel brechen, das Innere herauskratzen und beiseite stellen.

3. Das Hackfleisch in eine große Schüssel geben und Granatapfelkerne, Knoblauch, Dill, Koriandergrün, Salz, Pfeffer und Zimt zufügen. Die Mischung mit den Händen 3–4 Min. gründlich durchkneten. Zum Abschmecken eine kleine Menge in einer beschichteten Pfanne braten und probieren, nach Bedarf der übrigen Masse Salz oder Zimt zufügen; sie sollte sehr würzig schmecken.

4. Ein Backblech mit Klarsichtfolie auslegen. Wenn Sie *Würstchen* mit Wursthaut herstellen wollen, befolgen Sie die Anweisungen zum Stopfen und Zubinden im Kasten auf der linken Seite; zunächst die Wursthaut aus dem Einweichwasser nehmen und von innen ausspülen. Wenn Sie *Frikadellen* formen wollen, die Masse in 8 gleich große Portionen teilen und daraus mit nassen Händen ca. 1–2 cm dicke Fleischbällchen mit einem Durchmesser von 8 cm formen.

Die fertigen Würste bzw. Frikadellen auf das Backblech geben (s. Hinweis).

5. Den Grill auf höchster Stufe anheizen.

6. Wenn der Grill bereit ist, den Rost ölen. Die gestopften Würste mehrfach mit Nadel oder Zahnstocher einstechen und dünn mit Öl bestreichen. (Vorsicht, daß die Nadel nicht in einer Wurst verschwindet!) Die Würste, in welcher Form auch immer, auf den heißen Grillrost legen. Gestopfte Würste unter Wenden (mit einer Grillzange) 16–20 Min. schön braun grillen. Frikadellen brauchen 4 Min. pro Seite. Sie sind gar, wenn ein eingestochener Metallspieß sich sehr heiß anfühlt. Sofort servieren.

**Ergibt 12 Würstchen (je 10 cm lang) oder
Frikadellen (je 8 cm Ø); für 4 Personen
Hinweis:** Falls Sie die Würste nicht gleich grillen, stellen Sie sie mit Klarsichtfolie abgedeckt in den Kühlschrank.

SAMBA-WÜRSTCHEN
Choriçou

BRASILIEN

METHODE:
Direktes Grillen

**SPEZIAL-
ZUBEHÖR:**
*4 lange Bambus-
spieße, 1 Std.
in kaltes Wasser
legen und ab-
tropfen lassen*

Dieses einfache Rezept ist das perfekte Symbol für Brasiliens Sinnlichkeit und sprühenden Geist. Natürlich sind gegrillte Würstchen ein Klassiker unter den Gerichten, die man auf der Straße ißt, aber nur in Brasilien nehmen sich die Verkäufer die Zeit, die Würstchen einzuritzen, mit winzigen Zwiebel- und Paprikawürfeln zu füllen und während des Bratens liebevoll mit Olivenöl zu bestreichen. Der »Grill« des Verkäufers, der mir seine Version verriet, war eine mit Holzkohle gefüllte Radkappe von einem alten Auto.

Man kann fast jede Wurstsorte so zubereiten. Ich empfehle Chorizo, aber es geht auch mit Kabanossi oder Brühwürstchen.

4 Chorizos (hausgemacht, s. Seite 213, oder
    fertig gekauft) oder andere gekochte
    Wurst (je 2 ½ cm dick und 10–12 ½ cm
    lang)
½ kleine Zwiebel, feingehackt
½ mittelgroßer, roter oder grüner Paprika,
    entstielt, entkernt und sehr fein gewürfelt
2 Knoblauchzehen, gehackt
2 EL Olivenöl

1. Den Grill auf starke bis mittlere Hitze anheizen.

2. Einen Spieß längs durch jedes Würstchen stecken. Jeweils im Abstand von ½ cm auf einer Seite der Würstchen mehrere ½ cm tiefe, diagonale Kerben machen. Die Würstchen umdrehen und in entgegengesetzter Richtung genauso einschneiden.

3. Zwiebeln, Paprika und Knoblauch mischen und die Kerben in den Würstchen damit füllen.

4. Wenn der Grill bereit ist, den Grillrost ölen. Die Würstchen auf dem heißen Rost verteilen und unter Wenden mit einer Grillzange insgesamt 5–8 Min. grillen, bis sie von allen Seiten leicht gebräunt und durcherhitzt sind. Währenddessen die Kerben mit Olivenöl beträufeln.

5. Die Würstchen auf den Spießen servieren und wie Eis am Stiel essen. Übriggebliebene Zwiebelmischung dazu reichen.

Für 4 Personen

RINDFLEISCH-SATES MIT KORIANDER
Saté age

INDONESIEN

METHODE:
Direktes Grillen

Dieses leckere Rindfleisch-Saté mit Korianderaroma, das aus Solo in Zentral-Java stammt, wird ganz traditionell auf flachen Bambusspießen serviert. So einem Saté-age-Spieß am nächsten kommen gewöhnliche Eisstiele – und die bekommt man relativ leicht im Supermarkt. Ansonsten versuchen Sie es mit medizinischen

**SPEZIAL-
ZUBEHÖR:**
*16 breite, kurze
Bambusspieße
oder Eisstiele,
1 Std. in kaltes
Wasser legen
und abtropfen
lassen*

Holzspateln (zum In-den-Rachen-gucken)
oder 2 Bambusspießen pro Saté.

Die aromatischen Satés schmecken
auch mit Lamm- oder einer Mischung aus
Rind- und Lammfleisch.

**500 g mageres Rinderhack (Kamm oder
Filet)**

3 EL Koriandergrün, gehackt

2 Schalotten, gehackt

1 Knoblauchzehe, gehackt

4 TL Koriander, gemahlen

1 TL Salz, nach Geschmack auch mehr

**1 TL frisch gemahlener schwarzer Pfeffer,
nach Geschmack auch mehr**

**170 ml süße Sojasauce (Ketjap manis) oder
je 80 ml normale Sojasauce und Sirup**

1. Das Hackfleisch mit Koriandergrün,
Schalotten, Knoblauch, 2 TL Koriander, Salz
und Pfeffer in eine Schüssel geben und mit
dem Pürierstab zu einer glatten Masse verarbeiten. Zum Abschmecken eine kleine
Menge in einer beschichteten Pfanne braten
und probieren, nach Bedarf der übrigen Masse Salz und Pfeffer zufügen; sie sollte sehr
würzig schmecken.

2. Ein Backblech mit Klarsichtfolie auslegen. Die Hände mit kaltem Wasser anfeuchten. Eine Handvoll (3–4 EL) der Hackfleischmasse um einen Spieß oder Eisstiel zu einer
flachen Wurst von ca. 7 ½ cm Länge, 2 cm Breite und 1 cm Dicke formen. Auf diese Art das
gesamte Hackfleisch verarbeiten, die fertigen
Satés auf das Backblech legen (s. Hinweis).

3. Für die Glasur die süße Sojasauce mit
dem restlichen gemahlenen Koriander in einem flachen Teller verrühren und beiseite
stellen.

4. Den Grill auf höchster Stufe anheizen.

5. Wenn der Grill bereit ist, den Grillrost
ölen. Die Satés auf dem heißen Rost verteilen
und 2 Min. von jeder Seite (4 Min. insgesamt)
grillen, mit einer Grillzange wenden. Vom Grill
nehmen und leicht in der Glasur wenden,
dann wieder auf den Grill legen und weitere
1–2 Min. von jeder Seite garen, bis sie gut gebräunt und durchgebraten sind. Sofort servieren.

*Für 4–6 Personen als Vorspeise,
für 2 Personen als Hauptgericht*

Hinweis: Falls Sie die Satés nicht gleich
grillen, stellen Sie sie mit Folie abgedeckt in
den Kühlschrank.

FLUGFUCHS-SATÉS
Saté kalong

INDONESIEN

METHODE:
Direktes Grillen

**VORBEREI-
TUNGSZEIT:**
*1–2 Std.
zum Kühlen*

Die Rindfleisch-Knoblauch-Satés wurden nach dem Flugfuchs, einer Flug-
hundart benannt. Dieses nachtaktive,
eichhörnchenähnliche Tier segelt in der
Dämmerung von Baum zu Baum mit Hilfe
von Hautlappen, die sich wie Fallschirme
seitlich an seinem Körper spannen. Genau
zu der Zeit bauen die Satéverkäufer ihre
Stände in Cirebon im Nordwesten Javas auf.

Saté kalong ist einer der köstlichsten
indonesischen Fleischspieße, er ist traditionell etwa 7 ½ cm lang und nur ½ cm
breit. (Da mir die Geduld eines indonesischen Satékochs fehlt, mache ich die Satés
meist etwas größer.) Die Kombination von
Zucker und Knoblauch mit Rindfleisch
mag Ihnen merkwürdig vorkommen – aber
nur solange Sie nicht an die süßen Saucen

**SPEZIAL-
ZUBEHÖR:**
*16 lange
Bambusspieße,
1 Std. in kaltes
Wasser legen
und abtropfen
lassen*

denken, die zu einem amerikanischen Barbecue gehören.

300 g Rinderhack (Kamm oder Filet)
5 Knoblauchzehen, gehackt
3 EL Palmzucker oder brauner Rohrzucker,
      nach Geschmack auch mehr
½ TL Salz, nach Geschmack auch mehr
½ TL frisch gemahlener schwarzer Pfeffer

1. Das Hackfleisch mit Knoblauch, Zucker, Salz und Pfeffer in einer großen Schüssel mit den Händen 3–4 Min. gründlich durchkneten. Zum Abschmecken eine kleine Menge in einer beschichteten Pfanne braten und probieren, nach Bedarf der übrigen Masse Salz und Zucker zufügen; sie sollte sowohl herzhaft als auch süßlich sein.

2. Ein Backblech mit Klarsichtfolie auslegen. Die Hackfleischmasse in 16 Portionen teilen. Mit leicht angefeuchteten Händen jede Portion um einen Spieß herum formen: einen Streifen von etwa 12 ½ cm Länge, 1 cm Breite und 3 mm Dicke. Dazu das Hackfleisch zwischen Daumen und Zeigefinger flachdrücken. Die fertigen Satés auf das Backblech legen, dann locker mit Klarsichtfolie abdecken und 1–2 Std. kühl stellen.

3. Den Grill auf höchster Stufe anheizen.

4. Wenn der Grill bereit ist, den Grillrost ölen. Die Satés auf dem heißen Rost verteilen und unter Wenden mit einer Grillzange ca. 3–6 Min. grillen, bis sie von beiden Seiten leicht gebräunt sind. Sofort servieren.

Ergibt 16 Satés; für 4 Personen als Vorspeise, für 2 Personen als leichtes Hauptgericht

LAMM-SATE MIT TAMARINDENSAUCE
Saté buntel

METHODE:
Direktes Grillen

**VORBEREI-
TUNGSZEIT:**
*1 Std. zum
Kühlen*

**SPEZIAL-
ZUBEHÖR:**
*4 kurze
Bambusspieße
(bei Verwendung
eines Schweins-
netzes) oder
4 Eisstiele 1 Std.
in kaltes Wasser
legen und ab-
tropfen lassen*

Dieses größte aller indonesischen Satés (jedenfalls von denen, die ich gekostet habe) ist ein würstchengroßer Fleischspieß aus Lammhack, für den man 4 Spieße braucht. Zum ersten Mal habe ich es in einem schlichten, aber makellos sauberen Lokal namens »Asli« in Jakarta probiert. Das Saté stammt ursprünglich aus Solo auf Java, erklärte der Besitzer des »Asli«, Herr Budiyanto, dessen Großeltern von dort kamen und das Restaurant 1949 gründeten. Die Herkunft wird an der süß-sauren Tamarindensauce deutlich, die zum Bestreichen und als Beilage verwendet wird. Um ganz authentisch zu sein, brauchen Sie eine besondere Zutat: Schweinsnetz (eine netzähnliche Membran aus dem Schweinebauch, die in der Wurstherstellung verwendet wird). Fragen Sie bei einem Schlachter

danach. Keine Sorge, wenn Sie es nicht bekommen, denn handgeformtes Saté buntel geht ganz leicht und schmeckt ebensogut.

LAMM:
500 g Lammhack (s. S. 221 oben links)
1 TL Koriander, gemahlen
1 TL Salz
1 TL frisch gemahlener schwarzer Pfeffer
4 Quadrate (à 15 cm) Schweinsnetz (nach
      Wunsch)

MARINADE/SAUCE:
250 ml Tamarindenwasser (s. rechte Seite)
      oder tiefgekühltes Tamarindenmus,
      aufgetaut
⅓ Tasse brauner Zucker
1 EL süße Sojasauce (Ketjap manis) oder je
      1 ½ TL normale Sojasauce und Sirup

ZUM GARNIEREN:
1 Gurke, geschält und in dünne
Scheiben geschnitten
1 große oder
2 mittelgroße
Schalotten, in
dünne Schei-
ben geschnitten

1. Das Lammhack mit Koriander, Salz und Pfeffer in einer mittelgroßen Schüssel gut mischen. In 4 gleich große Portionen teilen.

2. Wenn Sie ein *Schweinsnetz* verwenden, die 4 Stücke auf die Arbeitsfläche legen. Je eine Portion Lammhack auf jedes Stück geben und das Netz so darum rollen, daß es eine etwa 10 cm lange und 2 ½ cm dicke Wurst ergibt. An einem Ende einen Spieß in jede Wurst stechen. Die Würste auf einen Teller legen, abdecken und 1 Std. kühl stellen.

Für *handgeformte Satés* einen Teller dünn mit Öl bestreichen. Mit leicht angefeuchteten Händen je eine Portion Lammhack um einen Eisstiel zu einer Wurst von 10 cm Länge und 2 ½ cm Dicke formen. Die Satés auf den vorbereiteten Teller legen und 1 Std. kühl stellen.

3. Den Grill auf starke bis mittlere Hitze anheizen.

4. Für die Marinade Tamarindenwasser, Zucker und süße Sojasauce in einem Topf ca. 3 Min. unter Rühren kochen, bis der Zucker sich auflöst und die Sauce sirupähnlich eindickt. Abkühlen lassen. Die Hälfte in eine oder mehrere kleine Schüsseln füllen und zum Servieren beiseite stellen.

5. Wenn der Grill bereit ist, den Grillrost ölen. Die Satés auf dem heißen Rost verteilen und 8–12 Min. grillen, bis das Hack gut gebräunt und gar ist, dabei mit einer Grillzange wenden. Nach der Hälfte der Grillzeit die Satés mit der restlichen Tamarindensauce bestreichen. Satés auf eine Platte geben und noch einmal bestreichen. Mit Gurken- und Schalottenscheiben garnieren. Die restliche Sauce zum Dippen dazu reichen.

**Für 4 Personen als Vorspeise,
für 2 Personen als Hauptgericht**

Tamarindenwasser

Die Tamarinde ist die Frucht eines großen, tropischen Baumes, eine bohnenähnliche Hülse, die mit einem fruchtigen, orangebraunen, süß-sauren Mark gefüllt ist. Der Name kommt vom arabischen »tamr hindi«, was wörtlich indische Dattel bedeutet. Tatsächlich schmecken Tamarinden eher nach Pflaumen als nach Datteln – nach Backpflaumen mit Limettensaft und einem Hauch Raucharoma.

Das spezielle süß-saure Aroma macht Tamarinde bei Köchen entlang dem Barbecuegürtel von Asien bis in die Karibik beliebt. Sie haben sie wahrscheinlich schon mal probiert, denn sie liefert das Hauptaroma in Worcestersauce und A-1-Steaksauce.

Frische Tamarinde gibt es in Läden mit karibischen und asiatischen Lebensmitteln. (Achten Sie auf fleischige und schwere Hülsen mit gebrochener Schale, durch die das klebrige braune Mark im Inneren zu sehen ist. Tamarinden mit ungebrochener Hülse sind unreif.) Das Schälen kostet viel Zeit, daher gibt es in den spezialisierten Geschäften geschältes Tamarindenmark, das schneller und einfacher zu verarbeiten ist. Da sie faserig und voller Kerne ist, wird Tamarinde selten im naturbelassenen Zustand verwendet. Erst macht man aus dem klebrigen Fleisch Tamarindenwasser, auch Tamarindenmus genannt. Dafür püriert man das ausgeschälte Mark mit kochendem Wasser. Wenn in Ihrer Gegend viele Südamerikaner leben, bekommen Sie vielleicht auch tiefgekühltes Tamarindenmus, das das folgende Rezept überflüssig macht.

**250 g Tamarindenfrüchte (8–10 Hülsen) oder
½ Tasse geschältes Tamarindenmark
430 ml heißes Wasser**

1. Die Schale der Tamarinden mit einem Schälmesser entfernen. Das Mark in 2 cm lange Stücke brechen und mit 250 ml heißem Wasser übergießen. Das Tamarindenmark ca. 5 Min. einweichen.

2. In kurzen Intervallen von 25–30 Sek. im Mixer bei niedriger Geschwindigkeit pürieren, bis eine dicke braune Flüssigkeit entsteht. Nicht zu lange pürieren, sonst brechen die Kerne auf. Die Mischung durch ein Sieb streichen, so daß die ganze Flüssigkeit herausgepreßt wird, und das Sieb von unten mit einem Teigschaber abstreichen.

3. Die Reste aus dem Sieb mit dem übrigen heißen Wasser nochmals pürieren und durch das Sieb streichen. Wiederum gut ausdrücken. Das Tamarindenwasser hält sich in einer Dose mit fest schließendem Deckel im Kühlschrank bis zu 5 Tagen oder eingefroren einige Monate (ich friere es gerne im Eiswürfelbereiter in kleinen Portionen ein).

Ergibt ca. 375 ml

Hinweis: Im Indienshop gibt es glatten, dunklen, sirupähnlichen Tamarindenextrakt im Plastikgefäß, der einen interessanten Geschmack hat, für die Herstellung von Tamarindenwasser jedoch ungeeignet ist!

OASEN-SPIESSE

METHODE:
Direktes Grillen

**VORBEREI-
TUNGSZEIT:**
*1 Std.
zum Kühlen*

**SPEZIAL-
ZUBEHÖR:**
*8 flache,
breite, lange
Metallspieße*

Mit Kofta (auch Köfte, Kafta und Kufte genannt) wird eine Art Wurst ohne Haut bezeichnet, die man in Nordafrika, auf dem Balkan und im Nahen Osten genießt. Je nachdem, wo man sie ißt, werden die Würstchen mit Lamm- oder Rind- (in Arabien), Schweine- oder Kalbfleisch (auf dem Balkan) oder einer Fleischmischung zubereitet. Auch in den Gewürzen spiegeln sich die regionalen Geschmacksvorlieben wider: Sie reichen vom Zwiebel-Knoblauch-Petersilien-Dreigestirn auf dem Balkan bis hin zu Zimt und Minze im Nahen Osten. Diese Spieße sind einfach zuzubereiten, aber es gibt einiges zu beachten. Weil sie keine Wursthaut haben, die den Fleischsaft festhält, sollte man relativ fettes Fleisch (15–20 %) wählen, damit sie saftig bleiben. Man braucht außerdem breite, flache Spieße, denn von schmalen Metallspießen wie für Schisch-Kebab würde das Fleisch herunterfallen.

Dieses Kofta entspricht der Zubereitung im Nahen Osten. Zimt und Minze geben dem Ganzen ein ungewohnt süßliches Aroma. Reichen Sie dazu marokkanischen Auberginensalat.

FLEISCH:
**700 g Rinder- oder Lammhack (s. rechte
     Seite oben) oder ein Gemisch aus beiden**
1 große Zwiebel, sehr fein gehackt
1 Tasse glatte Petersilie, gehackt
**½ Tasse Minze, gehackt, oder 1 EL Minze,
     getrocknet**
1 TL Zimt, gemahlen
1 ½ TL Salz, nach Geschmack auch mehr
**1 TL frisch gemahlener schwarzer Pfeffer,
     nach Geschmack auch mehr**

ZUM SERVIEREN:
Pita-Brot oder Lavash
Zwiebeln, feingehackt
**Sumach, gemahlen (nach Wunsch; s. Kasten
     Seite 230)**

1. Das Hackfleisch mit Zwiebeln, Petersilie, Minze, Zimt, Salz und Pfeffer in eine große Schüssel geben und die Mischung mit den Händen 3–4 Min. gründlich verkneten. Zum

Wenn Sie kein Lammhack bekommen, nehmen Sie Lammschulter ohne Knochen in der benötigten Menge und lassen sie vom Schlachter hacken, oder Sie drehen das Fleisch, in 2 cm große Würfel geschnitten, selbst durch die feine Scheibe (3 mm) des Fleischwolfs.

Abschmecken eine kleine Menge in einer beschichteten Pfanne braten und probieren, nach Bedarf der übrigen Masse Salz und Pfeffer zufügen.

2. Den Hackfleischteig in 8 gleich große Portionen teilen. Mit leicht angefeuchteten Händen jede Portion als flache Wurst (25 cm lang, 2 ½ cm breit) um einen Spieß formen, dabei an der Spitze des Spießes ca. 2 ½ cm frei lassen. Um das Fleisch nicht flachzudrükken, die fertigen Koftas so auf eine Backform legen, daß der Spieß mit den Enden auf dem Rand der Form ruht. Locker mit Klarsichtfolie abdecken und 1 Std. kühl stellen.

3. Nach Wunsch den Grill zum Grillen ohne Rost vorbereiten (s. Kasten S. 21). Den Grill auf höchster Stufe anheizen.

4. Wenn der Grill bereit ist und der Grillrost verwendet wird, diesen großzügig ölen. Die Koftas direkt auf den heißen Rost legen, andernfalls nach der Anleitung für die »Rostfreie« Methode auf dem Grill verteilen. Insgesamt 6–8 Min. grillen, bis die Koftas schön gebräunt und durch sind, dabei mit einer Grillzange wenden.

5. Mit einem Pita-Brot als Schutz für die Finger die Koftas vom Spieß auf einen Teller schieben. Mit gehackter Zwiebel und gemahlenem Sumach bestreut servieren, die Pita-Brote dazu reichen.

*Ergibt 8 Koftas,
für 4 Personen als Vorspeise*

Von Koftas, Lulas und Seekh-Kebabs

Die Araber sagen Koftas, die Perser Kubideh. Afghanen und Aserbaidschaner nennen sie Lula (oder Ljulja-Kebab), Inder und Pakistani sprechen von Seekh-Kebabs. In jedem Fall handelt es sich um gegrillte Hackfleischspieße, und die gehören zu den beliebtesten Snacks der Welt.

Das Koftas-Reich erstreckt sich von Marokko bis Bangladesh. Vielleicht sogar noch weiter, denn man könnte auch die indonesischen Satés mit Rinder- und Lammhack als eine Art Koftas betrachten. Trotz verschiedener Namen, Zutaten und Gewürze bleibt das Resultat immer dasselbe: eine Art Würstchen ohne Haut. Der Trick ist nur, wie man das Hack um einen breiten Metallspieß herumformt und frei schwebend über einem Grill gart.

In seiner schlichtesten Form besteht Köfte nur aus Lamm- oder Rinderhack, gewürzt mit Zwiebeln, Knoblauch und Petersilie. Gelegentlich kommt Ei oder Weizenmehl hinzu, damit die Masse fester wird. Manchmal wird das Fleisch mit der Hand in einer Pfanne über niedriger Hitze geknetet, bis es eine ganz glatte Konsistenz hat. Auf dem Balkan und im Iran fügt man Backpulver oder Mineralwasser hinzu, damit Mititeis und Cevapcici (die Koftas des Balkans) leichter werden.

Auch die Gewürze sind je nach Land verschieden. Sind in Marokko noch Kreuzkümmel und Paprika beliebt, so sind es im Vorderen Orient Zimt und Minze. In Zentralasien wird Lula mit Cayennepfeffer, Dill und Koriandergrün gewürzt. Inder bevorzugen Ingwer, Kreuzkümmel und Kurkuma für ihr Seekh-Kebab (Lammhack).

In diesem Kapitel finden Sie viele Variationen zum Thema Hackfleischspieße. Ganz authentisch wäre es, die Kebabs ohne Grillrost (s. Seite 21) zuzubereiten. Wenn Sie geschickt sind und den Rost gut einfetten, können Sie sie auch direkt auf dem Grillrost garen.

LAMM- UND RINDFLEISCH-SPIESSE
Lula kebab

AFGHANISTAN

METHODE:
Direktes Grillen

VORBEREITUNGSZEIT:
*1–8 Std.
zum Kühlen*

SPEZIALZUBEHÖR:
*8 flache,
breite, lange
Metallspieße*

Dies ist die afghanische Version des Hackfleischspießes, in der muslimischen Welt auch Kofta, Kubideh oder Lyulya genannt. Die Gewürze spiegeln die besondere Lage Afghanistans am Scheideweg Asiens wider: Koriander und Dill sind typisch für die Küche von Zentralasien, Chillies und Kurkuma für den indischen Subkontinent. Lulas aus einer Mischung von Lamm- und Rindfleisch sind die aromatischsten Hackfleischspieße, die es gibt. Reichen Sie dazu Pita-Brot, afghanische Koriandersauce und asiatische Pickles.

500 g mageres Lammhack (s. Seite 221)
500 g mageres Rinderhack, z. B. Keule oder
    Filet
1 kleine Zwiebel, gerieben
1–2 Bird- oder Serrano-Chillies, gehackt (für
    mildere Spieße die Kerne entfernen)
1 großes Ei
3 EL Dill, gehackter
3 EL Koriandergrün, gehackt
2 TL Salz, nach Geschmack auch mehr
1 TL frisch gemahlener schwarzer Pfeffer
1 TL Kreuzkümmel, nach Geschmack auch
    mehr
¼ TL Kurkuma, gemahlen

1. Lamm-, Rinderhack, Zwiebelmasse, Chillies, Ei, Dill, Koriander, Salz, Pfeffer, Kreuzkümmel und Kurkuma in eine große Schüssel geben. Die Mischung mit den Händen 3–4 Min. gründlich durchkneten. In eine große Pfanne mit schwerem Boden geben und bei geringer Hitze unter Rühren mit einem Holzkochlöffel leicht erwärmen. Die Hackfleischmischung vom Herd nehmen und abkühlen lassen.

2. Zum Abschmecken eine kleine Menge in einer beschichteten Pfanne braten und probieren, nach Bedarf der übrigen Masse Salz und Kreuzkümmel zufügen; sie sollte sehr würzig schmecken.

3. Ein Backblech mit Klarsichtfolie auslegen. Die Hackfleischmischung in 8 gleich große Portionen teilen. Mit leicht angefeuchteten Händen jede Portion als flache Wurst von 28–30 cm Länge und 2 ½ cm Breite um einen Spieß formen, dabei an der Spitze des Spießes etwa 2 ½ cm frei lassen. Mit Zeige- und Mittelfinger in Scherenbewegungen eine Reihe von flachen Rillen in die Wurst drücken. Die fertigen Spieße auf das Blech legen, locker mit Klarsichtfolie abdecken und mindestens 1 Std. oder über Nacht kühl stellen.

4. Nach Wunsch den Grill zum Grillen ohne Rost vorbereiten (s. Kasten Seite 21) und den Grill auf höchster Stufe anheizen.

5. Wenn der Grill bereit ist und der Grillrost verwendet wird, diesen großzügig ölen, sobald er heiß ist. Die Spieße direkt auf den Rost legen, andernfalls nach der Anleitung für die »Rost-freie« Methode auf dem Grill verteilen. Insgesamt 6–8 Min. grillen, bis die Spieße von beiden Seiten gut gebräunt und durchgebraten sind, und währenddessen mit einer Grillzange mehrmals wenden. Sofort servieren.

Ergibt 8 Spieße; für 8 Personen als Vorspeise, für 4 Personen als Hauptgericht

PERSISCHE HACKFLEISCH-SPIESSE
Kubideh

IRAN

METHODE:
Direktes Grillen

VORBEREI-TUNGSZEIT:
1–2 Std. zum Kühlen

SPEZIAL-ZUBEHÖR:
8 breite, flache, lange Metallspieße

Lamm- und Rinderhack-Spieße (Kubideh) sind der wahre Test für einen iranischen Kebab-Koch. Richtig zubereitet (das persische »kubideh« bedeutet gehackt oder zerstampft) sind diese Spieße saftig und federleicht – gar keine geringe Leistung, wenn man bedenkt, daß die Hauptzutaten relativ fettes Lamm- und Rinderhack (mit mindestens 25 % Fett) sind. Das folgende Rezept macht nicht viel Arbeit, aber das Ergebnis ist verblüffend. Servieren Sie die »Würstchen« ohne Spieß auf einem Berg von persischem Reis mit Goldkruste.

Achten Sie darauf, die Zwiebel direkt nach dem Reiben oder Pürieren mit dem Fleisch zu mischen, denn so wird sie nicht zu scharf (je länger sie offen steht, desto schärfer wird sie).

500 g Lammhack (s. Seite 221)
500 g Rinderhack aus Keule oder Filet
2 TL Salz, nach Geschmack auch mehr
1 TL frisch gemahlener schwarzer Pfeffer, nach Geschmack auch mehr
½ TL Backpulver
1 große Zwiebel, abgezogen
Lavash oder Pita-Brot

1. Lamm-, Rinderhack, Salz, Pfeffer und Backpulver in eine große Schüssel geben und gut verrühren. Die Hackfleischmischung in eine große Pfanne mit schwerem Boden geben und bei geringer Hitze mit den Händen ca. 5 Min. gut durchkneten, bis die Mischung erwärmt und von glatter Konsistenz ist. Vom Herd nehmen.

2. Die Zwiebel in ca. 2 cm große Spalten schneiden und auf der Reibe oder in der Küchenmaschine fein reiben, so daß es etwa

1 Tasse (250 ml) Zwiebelmasse ergibt. Die Zwiebelmasse zur Hackfleischmischung geben und alles nochmals 5 Min. (nicht auf dem Herd) sorgfältig durchkneten.

3. Zum Abschmecken eine kleine Menge in einer beschichteten Pfanne braten und probieren, nach Bedarf der übrigen Masse noch Salz und Pfeffer zufügen.

4. Ein Backblech mit Klarsichtfolie auslegen. Die Hackfleischmischung in 8 gleich große Portionen teilen. Mit leicht angefeuchteten Händen jede Portion als flache Wurst von 28–30 cm Länge und 2 ½ cm Breite um einen Spieß formen, dabei an der Spitze des Spießes etwa 2 ½ cm frei lassen. Mit Zeige- und Mittelfinger in Scherenbewegungen eine Reihe von flachen Rillen in die Wurst drücken. Die fertigen Spieße auf das Blech legen, locker mit Klarsichtfolie abdecken und 1–2 Std. kühl stellen.

5. Nach Wunsch den Grill zum Grillen ohne Rost vorbereiten (s. Kasten Seite 21) und den Grill auf höchster Stufe anheizen.

6. Wenn der Grill bereit ist und der Grillrost verwendet wird, diesen großzügig ölen, sobald er heiß ist. Die Hackfleisch-Spieße direkt auf den Grillrost legen oder andernfalls nach der Anleitung für die »Rost-freie« Methode auf dem Grill verteilen. Insgesamt 6–8 Min. grillen, bis die Spieße von beiden Seiten gut gebräunt und durchgebraten sind. Währenddessen mit einer Grillzange mehrmals wenden.

7. Mit einem Lavash-Fladen als Schutz für die Hand die Kubideh vom Spieß auf einen Teller schieben. Mit Lavash servieren.

Ergibt 8 Kubideh; für 8 Personen als Vorspeise, für 4 Personen als Hauptgericht

Grillen in der Türkei

Wahrscheinlich werden Sie in keinem der üblichen Türkeiführer einen Hinweis auf Imam Cagdas oder Gaziantep finden. Aber wenn Sie einen dieser Orte einem Türken gegenüber erwähnen, ernten Sie einen verschmitzten Blick von der Sorte, die man mit Insidern tauscht. »Imam Cagdas« (sprich: kadasch) – so heißt auch der Besitzer – ist vielleicht das berühmteste Kebab-Lokal der Türkei – ein zweistöckiges, von dröhnenden Stimmen widerhallendes Haus mit Ladenfront, das Imams Urgroßvater 1887 gegründet hat. Als ich es besuchte, waren gerade der Bürgermeister und der örtliche Militärbefehlshaber zu Gast, ganz zu schweigen von weiteren 700 Essern. Und das in der Nebensaison!

Bei türkischen Gastronomen genießt Gaziantep etwa dieselbe Verehrung wie New Orleans bei den Amerikanern. Gaziantep ist die sechstgrößte Stadt der Türkei, eine aufstrebende, staubige Metropole 50 Kilometer westlich des Euphrat, nahe der syrischen Grenze gelegen. Die wenigen amerikanischen Geschäftsleute, die ich dort traf, kennen es als Zentrum der Textil- und Teppichindustrie. Für Food-Journalisten ist es das Pistazienzentrum der Türkei und außerdem eine Stadt, deren kollektive Vorliebe für Chillies es mit Santa Fe aufnehmen könnte.

Doch die Stars sind die Kebabs, die sich auf Blechen in der offenen Küche des »Imam Cagdas« zu riesigen Bergen stapeln. Ihre Vielfalt zeugt von der kulinarischen Phantasie der Türken. Zum Beispiel Sogar-Kebabs – Spieße mit Lammhack und ganzen Schalotten, die vor dem Servieren mit einigen Tropfen Granatapfelsirup gewürzt werden; Semit-Kebabs, pralle Würstchen aus Lammhack und Bulgur mit frischer Minze und Piment; Sedzeli-Kebabs, glänzende violette Auberginenstücke, mit Lammhack am Spieß gegrillt – allein der Anblick ist eine Reise wert. Das halbe Dutzend Spieße, unter dem Sie an einem normalen Tag hier wählen können, variiert je nach Jahreszeit.

Vielleicht erstaunt es Sie, daß ein Bericht über das Grillen in der Türkei ausgerechnet mit Gaziantep beginnt. Es ist nicht so leicht zu erreichen und liegt an keiner Touristenroute, doch die dortige Vorliebe fürs Grillen wird bereits sichtbar, noch bevor das Flugzeug landet. Vor ein paar Jahren meldete ein Pilot, der Gaziantep überflog, der Feuerwehr einen Waldbrand. Bei näherer Betrachtung entpuppte sich die dicke Rauchwolke jedoch als Produkt von Tausenden tragbarer Kohlebecken, mit denen Familien zu ihrem Feiertagspicknick gezogen waren.

Jeder türkische Restaurantbesitzer, der auf sich hält, behauptet, sein Küchenchef stamme aus Gaziantep – diese Erfahrung machte ich bei meinem nächsten Halt, dem Restaurant »Develi« in Istanbul.

FÜR ISTANBUL-REISENDE

Das »Develi« gehört zu den Restaurants in der Türkei, die ich besonders schätzen lernte: fein genug, um Tischdecken zu haben, aber keineswegs steif – hierher kommen Männer nach der Arbeit, um den Abend mit Freunden bei Raki (Anisschnaps) und Mezze (Appetithäppchen) zu verbringen. Bei meinem Besuch waren weder Frauen noch Ausländer zu sehen. Ali Develier, Besitzer in der fünften Generation, erklärte mir, ein Kamelhändler aus Gaziantep habe das »Develi« 1912 eröffnet. Heute hat das vierstöckige Restaurant Platz für 450 Gäste.

Ich begann mit Pilaki, Dips und Salaten, angerichtet mit dem fruchtigen türkischen Olivenöl. Dann kam Lamejun, Pizza mit Lammhack, gefolgt von frisch gebackenem Pida-Brot, das wie eine Kreuzung von Focaccia und Pita schmeckt. Schnell hintereinander brachte man mir dann die Spezialität des Hauses (Kebab mit Lammhack und Pistazien), danach zitroniges Schisch-Kebab und Ali-Nasik-Kebab – Lammwurst auf gegrilltem Auberginenpüree und Joghurt. Als Dessert gab es exquisites Gebäck, mit flüssiger Butter, Sirup und Rosenwasser übergossen.

AM STRASSENSTAND

Ich möchte nicht den Eindruck erwecken, als würden gegrillte Speisen nur im Restaurant serviert. Im Gegenteil, das beliebteste Barbecue der Türkei ist Dönerkebab vom Straßenstand. Auf türkisch bedeutet »döner« zwirbeln oder drehen; der Kebab besteht aus dünnen, flachen Streifen von stark gewürztem Lammfleisch (manchmal auch Hähnchen), die sich, zu einem gigantischen Braten übereinandergeschichtet, auf einem senkrecht stehenden Grillspieß drehen.

Das Geniale an Dönerkebab ist, daß jede Portion knusprig direkt vom Spieß serviert wird. (Guter Dönerkebab ähnelt Hoher Rippe ohne Knochen.) Döner wird immer von unten her abgeschnitten, so daß das von oben herabtropfende Fett das Fleisch saftig hält. Genaugenommen gibt es zwei Arten von Döner: Yaprak

(»Blatt«-Döner), aus ganzen Lammfleischstücken, und Kyma, der mit Lammhack hergestellt wird. Ich bevorzuge ersteres.

Das kleingeschnittene Fleisch wird mit Salatstreifen, Tomaten und Joghurtsauce in ein Stück Pita-Brot oder Lavash (Fladenbrot) eingerollt. Es ist frisch, heiß und saftig.

SCHNELLE KEBABS

An meinem letzten Abend in der Türkei schlenderte ich durch die Straßen von Beyolu (ein Viertel von Istanbul, das mich an das Quartier Latin in Paris erinnert). Ich landete in einem Grillrestaurant mit rauchgeschwängerter Luft, eingezwängt zwischen den Tavernen und Cafés des Viertels. Niemand sprach Englisch, was aber nichts ausmachte, weil das Speisenangebot deutlich sichtbar ist: Inmitten des Lokals steht ein ca. 3,60 m langes und 60 cm breites Kohlebecken, gekrönt von einer Haube aus gehämmertem Kupfer, die mit ländlichen Szenen dekoriert ist. Rund um das Kohlebecken verläuft ein Marmortresen, an dem ein Dutzend Gäste sitzen können. Ich mußte an eine Sushi-Bar denken, nur daß es hier statt rohem Fisch gegrilltes Lammfleisch gibt.

Der Grillmeister im »Kiyi's« (so heißt das Lokal), Murat Dademir, ein großer freundlicher Mann in den Dreißigern aus Adana in der Südtürkei, hat eine nette Art, den Kopf zur Seite zu legen, wenn man ihn etwas fragt. Er war gerade dabei, Adana-Kebab zuzubereiten, für den er mit

feurigem Aleppopfeffer gewürztes Lammhack um flache Metallspieße modellierte. In schneller Folge stellte er noch zwei der beliebtesten türkischen Grillgerichte her: Iskander-Kebab, dünn geschnittenes Lammgehacktes mit Joghurt, scharfer Tomatensauce und zerlassener Butter auf gewürfelter Pida serviert; dann Durum – gegrilltes Lammfleisch, dünn geschnitten und mit Salat, Tomaten, Zwiebeln und Joghurt in ein Fladenbrot gewickelt.

Als Murat mein Interesse am Grillen bemerkte, erbot er sich, mir einen speziellen Salat, Ezmeli, zu machen. Er legte einen Spieß mit Bull's-horn-Chillies direkt auf die Glut, bis die Haut Blasen warf und schwarz wurde. Das gleiche geschah mit Tomaten und schlanken Auberginen. Er kratzte die verbrannte Haut ab (jedenfalls das meiste – ein bißchen ließ er aus Geschmacksgründen dran), dann schnitt er das Gemüse in mundgerechte Stücke und mischte es mit gehackter Petersilie, fruchtigem türkischem Olivenöl und frisch gepreßtem Zitronensaft. Das Ganze bewies aufs köstlichste, daß der türkische Grill auch für Vegetarier Großartiges zu bieten hat.

Am Ende meines Aufenthalts hatte ich diesmal kein Lieblings-Grillokal. Ich ließ mir Kebabs in den unterschiedlichsten Umgebungen schmecken, in Imbißbuden und Restaurants jeder Art auf der sozioökonomischen Skala. Will sagen, die Türkei war das reinste Schlemmerparadies!

SCHALOTTEN-SPIESSE MIT GRANATAPFELSIRUP

Sogar kebab

TÜRKEI

METHODE:
Direktes Grillen

**SPEZIAL-
ZUBEHÖR:**
*8 flache,
breite, lange
Metallspieße*

Dieser einfache Spieß, eine Spezialität des »Imam Cagdas«-Restaurants in Gaziantep in der Türkei, wird mit einer kleinen, roten, schalottenähnlichen Zwiebel zubereitet. Ich habe dafür Schalotten und Perlzwiebeln mit dem gleichen Erfolg verwendet. Ungewöhnlich: Nach dem Grillen gibt man Lamm, Zwiebeln und einige Tropfen Granatapfelsirup in eine Schüssel und läßt sie abgedeckt einige Minuten stehen. Durch den entstehenden Dampf der Zwiebeln erhält das Fleisch ein unglaubliches süß-saures Aroma.

500 g Lammhack (s. Seite 221)
1 Knoblauchzehe, gehackt
1 TL Salz, nach Geschmack auch mehr
**½ TL Kreuzkümmel, gemahlen, nach
    Geschmack auch mehr**
**½ TL frisch gemahlener schwarzer Pfeffer,
    nach Geschmack auch mehr**
20 große Schalotten oder Perlzwiebeln
Pita-Brot zum Servieren
2–3 TL Granatapfelsirup (s. rechte Seite)

1. Nach Wunsch den Grill zum Grillen ohne Rost vorbereiten (s. Kasten Seite 21) und den Grill auf höchster Stufe anheizen.

2. Das Lammhack mit Knoblauch, Salz, Kreuzkümmel und Pfeffer in eine große Schüssel geben. Die Mischung mit den Händen 3–4 Min. gründlich durchkneten. Zum Abschmecken eine kleine Menge in einer beschichteten Pfanne braten und probieren, nach Bedarf der übrigen Masse Salz, Kreuzkümmel und Pfeffer zufügen.

3. Die Schalotten schälen und der Länge nach halbieren. Mit der runden Seite zuerst jeweils 5 Schalottenhälften auf einen Spieß stecken, dabei je etwa 2 ½ cm Zwischenraum frei lassen.

4. Ein Backblech mit Klarsichtfolie auslegen. Die Hackfleischmischung in 32 gleich große Portionen teilen. Mit leicht angefeuchteten Händen jede Portion zwischen 2 Schalottenhälften in möglichst gleicher Größe um den Spieß formen. So fortfahren, bis auf jedem Spieß 4 Hackportionen und 5 Schalottenhälften sind. Die fertigen Spieße auf das Blech legen (s. Hinweis).

5. Wenn der Grill bereit ist und der Grillrost verwendet wird, diesen großzügig ölen, sobald er heiß ist. Die Schalotten-Spieße direkt auf den Grillrost legen oder andernfalls nach der Anleitung für die »Rost-freie« Methode auf dem Grill verteilen. Insgesamt ca. 12 Min. grillen, bis die Schalotten appetitlich gebräunt und weich sind und das Fleisch ebenfalls gebräunt und durchgegart ist, währenddessen mit einer Grillzange wenden.

6. Mit einem Pita-Brot als Schutz für die Finger das Fleisch und die Schalotten von den Spießen in eine Schüssel schieben. Mit dem Granatapfelsirup mischen und abgedeckt 3 Min. ziehen lassen. Das Fleisch und die Schalotten auf Teller verteilen und sofort mit dem Pita-Brot servieren.

Ergibt 8 Spieße, für 8 Personen als Vorspeise, für 4 Personen als Hauptgericht
Hinweis: Wenn die Spieße nicht gleich gegrillt werden sollen, locker mit Klarsichtfolie abgedeckt im Kühlschrank aufbewahren.

Granatapfel-sirup
Narshrab

Wenn Sie im Osten der Türkei, Georgiens oder Armeniens oder irgendwo anders in Zentralasien gegrilltes Fleisch oder Meeresfrüchte bestellen, bekommen Sie dazu ein geschmacksintensives, süß-saures Gewürz serviert, das wie flüssiger Teer aussieht. Oft wird das Fleisch vor dem Servieren zusätzlich damit beträufelt. Diese Narshrab oder im Westen Granatapfelsirup genannte Würze besteht aus frischem Granatapfelsaft, der zu einem dickflüssigen, duftenden Sirup eingekocht wird. Einige Tropfen davon, über Koteletts oder Fleischspieße geträufelt, intensivieren das Aroma von gegrilltem Fleisch unglaublich. Narshrab bekommt man eventuell in Flaschen abgefüllt in Läden mit armenischen oder asiatischen Produkten. Und so macht man es selbst:

8–10 Granatäpfel (für 1 l Saft)
¼ Tasse Zucker

1. Die Granatäpfel halbieren und auspressen. 1 l Saft abmessen. Den Saft durch ein Sieb in einen großen Topf mit schwerem Boden gießen und den Zucker zufügen.

2. Den Saft zum Kochen bringen, die Temperatur reduzieren und den Saft 15–20 Min. köcheln lassen und dabei auf ⅔ reduzieren, bis er dunkel und sirupähnlich eingedickt ist. Den Granatapfelsirup in eine sterilisierte Flasche oder ein Glas füllen. Er hält sich im Kühlschrank 2 Monate.
Ergibt etwa 1 ½ Tassen

LAMMSPIESSE MIT PISTAZIEN

TÜRKEI

METHODE:
Direktes Grillen

VORBEREITUNGSZEIT:
2 Std. zum Kühlen

SPEZIALZUBEHÖR:
4 flache, breite, lange Metallspieße

Diese köstlichen Lammhackspieße, mit knackigen grünen Pistazienstückchen durchsetzt, sind eine Spezialität des beliebten Restaurants »Develi« in Istanbul. Der Gründer stammt aus Gaziantep, der kulinarischen Hauptstadt der Türkei nahe der syrischen Grenze. Gaziantep ist außer für seine würzige Küche für seine Pistazien berühmt, die ein intensives Aroma und eine überirdisch grüne Färbung haben. Durch die Nüsse werden Konsistenz und Aroma des Fleisches einfach wunderbar. Am besten verwenden Sie Pistazien aus der Türkei. Türkischer Radieschensalat, Zwiebel-Relish mit Granatapfelsirup und Pita-Brot eignen sich besonders gut als Beilagen.

500 g Lammhack (s. Seite 221)
½ Tasse Pistazienkerne ohne Schale, vorzugsweise aus der Türkei, grob von Hand oder in der Küchenmaschine gehackt
1 kleine, rote Zwiebel, gehackt
1 Knoblauchzehe, gehackt
1 TL Salz, nach Geschmack auch mehr
1 TL Aleppopfeffer, gemahlen (oder Flocken; s. Kasten S. 232), oder reines Chilipulver
½ TL Kreuzkümmel, gemahlen
½ TL frisch gemahlener schwarzer Pfeffer, nach Geschmack auch mehr
Pita-Brot zum Servieren

1. Das Lammhack mit Pistazien, Zwiebeln, Knoblauch, Salz, Aleppopfeffer, Kreuzkümmel und Pfeffer in eine große Schüssel geben. Die Mischung mit den Händen 3–4 Min. gut durchkneten. Zum Abschmecken eine kleine Menge in einer beschichteten Pfanne braten und probieren, nach Bedarf der übrigen Masse Salz und Pfeffer zufügen. Abdecken und 2 Std. kühl stellen.

2. Nach Wunsch den Grill zum Grillen ohne Rost vorbereiten (s. Kasten Seite 21) und den Grill auf höchster Stufe anheizen.

3. Ein Backblech mit Klarsichtfolie auslegen. Die Hackfleischmischung in 4 gleich große Portionen teilen. Mit leicht angefeuchteten Händen jeweils eine Portion als flache Wurst von etwa 27 cm Länge und 1 cm Breite um einen Spieß formen, dabei an der Spitze

des Spießes etwa 2 ½ cm frei lassen. Die fertigen Spieße auf das Blech legen.

4. Wenn der Grill bereit ist und der Grillrost verwendet wird, diesen großzügig ölen, sobald er heiß ist. Die Spieße nach der Anleitung für die »Rost-freie« Methode auf dem Grill verteilen, andernfalls direkt auf den geölten heißen Rost legen. Insgesamt 6–8 Min. grillen, bis das Fleisch gebräunt und durchgegart ist, währenddessen mit einer Grillzange wenden.

5. Mit einem Pitabrot als Schutz für die Finger die Würste vom Spieß auf eine Servierplatte schieben. Sofort servieren.

Ergibt 4 Würste, für 4 Personen als Vorspeise

SEEKH-KEBABS A LA »KARIM«

INDIEN

METHODE:
Direktes Grillen

VORBEREITUNGSZEIT:
1 Std. zum Kühlen

SPEZIALZUBEHÖR:
4 flache, breite, lange Metallspieße

Seekh-Kebab ist die indische Version von Würstchen – gehacktes, gewürztes Fleisch (oder Gemüse), das um quadratische oder flache Spieße geformt und über Holzkohle gegrillt wird. Manchmal werden die Spieße in der starken Hitze des Tandoor-Ofens gegart (vor allem in eleganten Restaurants), doch traditionell werden sie über der Kohlenpfanne gegrillt. Flache Spieße (von mindestens 1 cm Breite) eignen sich gut, nehmen Sie aber keine dünnen Metallspieße – von denen fällt das Fleisch ab. Es gibt wahrscheinlich so viele verschiedene Seekh-Kebabs wie Grillköche in Indien. Dieses Rezept stammt aus dem ehrwürdigen »Karim«-Restaurant in Neu-Delhi. Achten Sie auf die Zugabe von Dal (gekochten halben Erbsen), die diesen Spießen ein einmaliges erdiges Aroma verleihen. Seien Sie mit dem Fett in diesem Rezept nicht zu sparsam, das Fleisch sollte mindestens 20 % Fett enthalten, damit die Spieße saftig bleiben. Außerdem brät ein

großer Teil davon aus. Reichen Sie zu den Spießen indisches Brot (mein Favorit ist Naan – flaches Brot aus dem Tandoor-Ofen) und afghanische Koriandersauce.

½ Tasse gelbe, halbe Erbsen, getrocknet
¼ TL Kurkuma, gemahlen
500 g Lammhack (s. Seite 221)
1 Knoblauchzehe, kleingehackt
2 Lauchzwiebeln, geputzt und gehackt
2 EL Koriandergrün, gehackt
2 TL Ingwer, gerieben
1 TL Salz, nach Geschmack auch mehr
½ TL Kreuzkümmel, geröstet (s. Kasten Seite 93)
½ TL frisch gemahlener schwarzer Pfeffer, nach Geschmack auch mehr
¼ TL Cayennepfeffer, nach Geschmack auch mehr
1 kleine, rote Zwiebel oder große Schalotte, in sehr dünne Scheiben geschnitten
Zitronenspalten zum Servieren

1. Erbsen und Kurkuma in einen mittelgroßen Topf geben und mit Wasser bedecken. Bei starker Hitze zum Kochen bringen, dann auf mittlere Temperatur reduzieren und ohne Deckel 12–15 Min. köcheln lassen, bis die Erbsen weich, aber nicht zerkocht sind. Eine richtig gegarte Erbse kann man zwischen Daumen und Zeigefinger zerdrücken. Die Erbsen auf einem Sieb abtropfen lassen.

2. Die abgekühlten Erbsen in der Küchenmaschine zu einem groben Mehl pürieren. Erbsen und Lammhack in einer großen Schüssel mit Knoblauch, Lauchzwiebeln, Koriander, Ingwer, Salz, Kreuzkümmel, Pfeffer und Cayenne mischen, dann mit den Händen 3–4 Min. gründlich durchkneten. Zum Abschmecken eine kleine Menge in einer beschichteten Pfanne braten und probieren, nach Bedarf der übrigen Masse Salz, Pfeffer und Cayenne zufügen, sie soll stark gewürzt sein. Abdecken und 1 Std. kühl stellen.

3. Nach Wunsch den Grill zum »Rostfreien« Grillen vorbereiten (siehe Kasten S. 21). Den Grill auf höchster Stufe vorheizen.

4. Ein Backblech mit Klarsichtfolie auslegen. Die Hackfleischmischung in 4 gleich große Portionen teilen. Mit leicht angefeuchteten Händen jede Portion als Wurst von ca. 25 cm Länge und 2 $\frac{1}{2}$ cm Durchmesser um einen Spieß formen, dabei an der Spitze des Spießes etwa 2 $\frac{1}{2}$ cm frei lassen. Die fertigen Spieße jeweils auf das Blech legen (s. Hinweis).

5. Wenn der Grill bereit ist und der Grillrost verwendet wird, diesen großzügig ölen, sobald er heiß ist. Die Spieße direkt auf den Grillrost legen oder andernfalls nach der Anleitung für die »Rost-freie« Methode auf dem Grill verteilen. Insgesamt 6–8 Min. grillen, bis das Fleisch gebräunt und durchgegart ist, dabei mit einer Grillzange wenden.

6. Die Würste vom Spieß auf eine Servierplatte schieben (reichen Sie am besten Naan dazu und verwenden Sie es als Schutz für die Finger). Mit Zwiebelscheiben und Zitronenspalten servieren.

Ergibt 4 Würstchen;
für 4 Personen als Vorspeise

Hinweis: Sollen die Spieße nicht gleich gegrillt werden, locker mit Klarsichtfolie abgedeckt im Kühlschrank aufbewahren.

LAMMFLEISCH IN LAVASH
Lyulya kebab

ASERBAIDSCHAN

METHODE:
Direktes Grillen

**SPEZIAL-
ZUBEHÖR:**
*8 flache,
breite, lange
Metallspieße*

Lammhack-Spieße ißt man in der gesamten muslimischen Welt von Sumatra bis Marrakesch, doch den Höhepunkt ihrer Beliebtheit erreichen sie in der Türkei, im Iran und in den früheren Sowjetrepubliken in Zentralasien. Lyulya ist die aserbaidschanische Version, die durch den Gebrauch von duftendem Basilikum und süß-sauren Granatapfelkernen einmalig unter den Hackspießen ist. Diese spezielle Variante aus dem »Hyatt Regency« in Baku wird mit frischen Kräutern in dünne Fladen des papierähnlichen Brots namens Lavash gerollt, das im Mittleren und Nahen Osten zu Hause ist. (Lavash gibt es in vielen Asienläden.) Durch den Gebrauch von Lavash als eine Art eßbare Serviette sind diese Spieße das perfekte Fingerfood.

SPIESSE:

700 g Lammhack (s. Seite 221)

1 kleine Zwiebel, feingehackt

2 EL Vollkornweizenmehl

¼ Tasse glatte Petersilie, gehackt

¼ Tasse Basilikumblätter, in feine Streifen geschnitten

1 ½ TL Salz, nach Geschmack auch mehr

½ TL frisch gemahlener schwarzer Pfeffer, nach Geschmack auch mehr

ZUM SERVIEREN:

2 große Lavash- oder 4 Pita-Brote

24 Basilikumblätter

24 Stiele glatte Petersilie

4 Lauchzwiebeln, geputzt und in dünne Scheiben geschnitten

Kerne von 1 großen Granatapfel

3 EL Sumach, gemahlen (nach Wunsch; s. Kasten rechts)

Sumach

Im Nahen Osten und Zentralasien wird zu Fleischspießen oder Kofta ein purpurfarbenes Pulver mit einem scharfen, zitronigen Aroma, fast wie saure Pflaumen, gereicht. Dies ist Sumach, das aus einer dortigen Beere hergestellt wird und in Läden mit Produkten aus Armenien oder dem Nahen Osten erhältlich ist. Sumach wird dort als Gewürz zu Grillfleisch und Meeresfrüchten verwendet. Wenn Sie es nicht bekommen, nehmen Sie statt dessen etwas Zitronensaft.

1. Lammhack und Zwiebeln in einer Küchenmaschine zerkleinern, bis die Zwiebel fein gemahlen ist. Mehl, gehackte Petersilie, Basilikumstreifen, Salz und Pfeffer zufügen und zum Vermischen kurz zerkleinern. Zum Abschmecken eine kleine Menge in einer beschichteten Pfanne braten und probieren, nach Bedarf der übrigen Masse Salz und Pfeffer zufügen, sie soll stark gewürzt sein. In eine Schüssel geben und abgedeckt 20 Min. kühl stellen.

2. Nach Wunsch den Grill zum Grillen ohne Rost vorbereiten (s. Kasten Seite 21) und den Grill auf höchster Stufe anheizen.

3. Ein Backblech mit Klarsichtfolie auslegen. Die Hackfleischmischung in 8 gleich große Portionen teilen. Mit leicht angefeuchteten Händen jeweils eine Portion als Wurst von etwa 30 cm Länge und 2 cm Breite um einen Spieß formen. Die fertigen Spieße auf das Blech legen (s. Hinweis).

4. Wenn der Grill bereit ist und der Grillrost verwendet wird, diesen großzügig ölen, sobald er heiß ist. Die Spieße direkt auf den Grillrost legen oder andernfalls nach der Anleitung für die »Rost-freie« Methode auf dem Grill verteilen. Insgesamt 6–8 Min. grillen, bis das Fleisch gebräunt und durchgegart ist, währenddessen mit einer Grillzange wenden.

5. Die Spieße auf eine Platte geben und das Lavash-Brot in einer Lage auf den Rost legen. Etwa 20 Sek. von jeder Seite grillen, bis das Brot warm und biegsam ist. Vom Grill nehmen und in ca. 12 x 10 cm lange Streifen schneiden.

6. Mit einem Streifen Brot als Schutz für die Finger die Würste vom Spieß auf eine Platte schieben. Jede Wurst in drei 12 cm lange Stücke schneiden. Jedes Stück mit einem Basilikumblatt und einem Stiel Petersilie in ein Brotstück wickeln. Auf eine Servierplatte legen und mit Lauchzwiebelscheiben und Granatapfelkernen bestreuen. Nach Belieben mit gemahlenem Sumach servieren.

Ergibt 24 Stück; für 8–12 Personen als Vorspeise, für 4–6 Personen als Hauptgericht

Hinweis: Sollen die Spieße nicht gleich gegrillt werden, locker mit Klarsichtfolie abgedeckt im Kühlschrank aufbewahren.

LAMMFLEISCH-AUBERGINEN-SPIESSE
Sedzeli kebab

TÜRKEI

METHODE:
Direktes Grillen

**SPEZIAL-
ZUBEHÖR:**
*8 flache,
breite, lange
Metallspieße*

Diese farbenfrohen Kebabs gehören zu den beliebtesten der Türkei, was jedem einleuchtet, der das milde, süße Aroma der türkischen Auberginen kennt. Beim Garen nehmen die Auberginen den Fleischsaft auf, und das ergibt eine köstliche Kombination. Ein Pluspunkt für gesundheitsbewußte Esser ist der hohe Anteil an Gemüse gegenüber dem Anteil an Fleisch. Kaufen Sie lange, schlanke Auberginen: türkische eignen sich besonders gut. Servieren Sie dazu Zwiebel-Relish mit Granatapfelsirup und türkischen Radieschensalat.

500 g Lammhack (s. Seite 221)
¼ Tasse rote Zwiebeln, gehackt
1 Knoblauchzehe, gehackt
3 EL glatte Petersilie, gehackt
1 TL Salz, nach Geschmack auch mehr
½ TL Kreuzkümmel, gemahlen
½ TL frisch gemahlener schwarzer Pfeffer,
      nach Geschmack auch mehr
8 asiatische oder andere lange, dünne Auberginen (je ca. 15–18 cm lang und knapp
      4 cm breit)
Lavash oder Pita-Brot zum Servieren

1. Nach Wunsch den Grill zum Grillen ohne Rost vorbereiten (s. Kasten Seite 21) und den Grill auf höchster Stufe anheizen.

2. Das Lammhack in einer großen Schüssel mit Zwiebeln, Knoblauch, Petersilie, Salz, Kreuzkümmel und Pfeffer mischen. Mit den Händen 3–4 Min. gründlich durchkneten. Zum Abschmecken eine kleine Menge in einer beschichteten Pfanne braten und probieren, nach Bedarf der übrigen Masse Salz und Pfeffer zufügen, sie soll kräftig gewürzt sein.

3. Die Enden der Auberginen abschneiden und wegwerfen. Jede Aubergine quer in 4 cm dicke Scheiben schneiden. Je 4 Scheiben durch die Schnittfläche auf die Spieße stecken, dabei je 4 cm Zwischenraum lassen.

4. Ein Backblech mit Klarsichtfolie auslegen. Die Hackfleischmischung in 24 gleich große Portionen teilen. Mit leicht angefeuchteten Händen jede Portion zwischen 2 Auberginenscheiben, möglichst in der gleichen Größe wie diese, um den Spieß formen. So fortfahren, bis sich auf jedem Spieß 4 Auberginenscheiben und 3 Portionen Hackfleisch befinden. Die fertigen Spieße auf das Blech legen (s. Hinweis).

5. Wenn der Grill bereit ist und der Grillrost verwendet wird, diesen großzügig ölen, sobald er heiß ist. Die Spieße direkt auf den Grillrost legen oder andernfalls nach der Anleitung für die »Rost-freie« Methode auf dem Grill verteilen. Insgesamt 12–16 Min. grillen, bis das Fleisch gebräunt und durchgegart ist, währenddessen die Spieße mit einer Grillzange wenden.

6. Mit einem Lavash-Fladen zum Schutz für die Finger das Fleisch und die Auberginen von den Spießen auf Teller schieben. Nach Belieben vor dem Essen die verbrannte Auberginenhaut entfernen. Mit Lavash servieren.

Für 4 Personen
Hinweis: Sollen die Spieße nicht gleich gegrillt werden, locker mit Klarsichtfolie abgedeckt im Kühlschrank aufbewahren.

BULGUR-LAMM-KEBABS
Semit kebab

METHODE:
Direktes Grillen

**VORBEREI-
TUNGSZEIT:**
*2 Std. zum
Einweichen*

**SPEZIAL-
ZUBEHÖR:**
*6 flache,
breite, lange
Metallspieße*

Die Kombination von Lammfleisch und Bulgur (Weizenschrot) ist im Orient sehr populär. Meine Lieblingsvariation des Themas »Getreide plus Fleisch« ist das türkische Gericht Cig kofte, eine feurige Pastete aus mit Chili gewürztem Bulgur und rohem mageren Lammhack. Von dort ist es nicht weit bis zu Semit-Kebab (Bulgur-Kebab), einem sehr aparten und dabei erstaunlich wohlschmeckenden Fleischspieß, den ich als Spezialität des Restaurants »Cagdas« im türkischen Gaziantep kennenlernte. Bulgur verleiht den Kebabs eine feste Konsistenz, Minze und Piment verstärken den süßlichen Geschmack des Weizens, während Aleppopfeffer und Rosenpaprika tüchtig einheizen.

½ **Tasse feiner Bulgur**
500 g Lammhack (s. Seite 221)
1 kleine Zwiebel, feingehackt
1 Knoblauchzehe, durchgepreßt
2 TL Minze, getrocknet
**1 TL Aleppopfeffer (s. Kasten rechts oben)
    oder Rosenpaprika, nach Geschmack
    auch mehr**
1 TL Salz, nach Geschmack auch mehr
½ **TL frisch gemahlener schwarzer Pfeffer,
    nach Geschmack auch mehr**
½ **TL Chiliflocken**
¼ **TL Piment, gemahlen**
Lavash oder Pita-Brot zum Servieren

1. Den Bulgur mit Wasser bedeckt in eine Schüssel geben und 2 Std. einweichen.

2. Nach Wunsch den Grill zum Grillen ohne Rost vorbereiten (s. Kasten Seite 21) und den Grill auf höchster Stufe anheizen.

3. Das Lammhack in eine große Schüssel geben. Den Bulgur in einem Sieb abtropfen

Aleppopfeffer

Die kleine, runde, rotbraune Chilischote stammt aus Syrien und der Osttürkei. Normalerweise wird Aleppopfeffer in Form von Pulver oder getrockneten Flocken verkauft. Er ist recht scharf und hat einen sauberen, herben, fast metallischen oder Anchovis-ähnlichen Geschmack.

lassen, dann mit den Händen das letzte Wasser herausdrücken. Den Bulgur mit Zwiebeln, Knoblauch, Minze, Aleppopfeffer, Salz, Pfeffer, Chiliflocken und Piment zum Hackfleisch geben. Alles mit den Händen 3–4 Min. gründlich durchkneten. Zum Abschmecken eine kleine Menge in einer beschichteten Pfanne braten und probieren, nach Bedarf der übrigen Masse Aleppopfeffer, Salz oder schwarzen Pfeffer zufügen, sie soll stark gewürzt sein.

4. Ein Backblech mit Klarsichtfolie auslegen. Die Hackfleischmischung in 6 gleich große Portionen teilen. Mit leicht angefeuchteten Händen jeweils eine Portion als ca. 2 ½ cm dicke und 27–30 cm lange Wurst um einen Spieß formen. Die fertigen Spieße auf das vorbereitete Blech legen (s. Hinweis).

5. Wenn der Grill bereit ist und der Grillrost verwendet wird, diesen großzügig ölen, sobald er heiß ist. Die Spieße direkt auf den Grillrost legen oder andernfalls nach der Anleitung für die »Rost-freie« Methode auf dem Grill verteilen. Insgesamt ca. 8 Min. grillen, bis das Fleisch gebräunt und durchgegart ist, währenddessen mit einer Grillzange wenden.

6. Mit einem Lavash-Fladen zum Schutz für die Finger die Würste von den Spießen auf Teller schieben. Lavash dazu reichen und sofort servieren.

Für 4–6 Personen

Hinweis: Wenn die Spieße nicht gleich gegrillt werden sollen, locker mit Klarsichtfolie abgedeckt im Kühlschrank aufbewahren.

KEBABS »SANFTER ALI« MIT GE-GRILLTEN AUBERGINEN UND JOGHURT

TÜRKEI

METHODE:
Direktes Grillen

**VORBEREI-
TUNGSZEIT:**
*1–2 Std.
zum Kühlen*

**SPEZIAL-
ZUBEHÖR:**
*4 flache,
breite, lange
Metallspieße*

Dies ist einer der beliebtesten türkischen Kebabs – ein wahres Gedicht aus Rauch und Feuer mit zwei der besten Zutaten, die je auf einem Grill landeten: Lammfleisch und Aubergine. Nach der Sage verdanken wir das Rezept einem Kebab-Koch aus der Stadt Bursa namens Ali Nasil (»sanfter Ali«). Er hatte den Geistesblitz, stark gewürzte Lammhack-Spieße auf einem scharfen Püree aus gegrillten Auberginen und Joghurt zu servieren. Heute bekommt man diese Kebabs im ganzen Land. Das Püree läßt sich gut im voraus zubereiten (ich mache es gern am Vortag). Besonders lecker schmeckt es mit original türkischem Joghurt. Übrigens, traditionell kommt kein Dill ans Lamm, aber ich finde, er rundet den Geschmack gut ab.

KEBABS:
500 g Lammhack (s. Seite 221)
3 EL Zwiebeln, feingehackt
1 Knoblauchzehe, durchgepreßt
1 EL Dill, gehackt, oder 1 ½ TL Dill, getrocknet (nach Wunsch)
1 TL Salz
½ Kreuzkümmel, gemahlen
½ TL frisch gemahlener schwarzer Pfeffer

AUBERGINENPÜREE:
2 lange, schlanke Auberginen (à ca. 280 g)
2 Knoblauchzehen, durchgepreßt
1–1 ¼ Tassen Naturjoghurt
1 EL frisch gepreßter Zitronensaft, nach Geschmack auch mehr
1 TL Salz, nach Geschmack auch mehr
½ TL frisch gemahlener schwarzer Pfeffer, nach Geschmack auch mehr

ZUM SERVIEREN:
Pita-Brot
1 Tasse Naturjoghurt
2 EL glatte Petersilie, gehackt

1. Das Hackfleisch mit Zwiebeln, Knoblauch, Dill, Salz, Kreuzkümmel und Pfeffer in eine große Schüssel geben und 3–4 Min. gründlich mit den Händen verkneten. Zum Abschmecken eine kleine Menge in einer beschichteten Pfanne braten und probieren, nach Bedarf der übrigen Masse noch Salz und Pfeffer zufügen, sie soll stark gewürzt sein.

2. Ein Backblech mit Klarsichtfolie auslegen. Die Hackfleischmischung in 4 gleich große Portionen teilen. Mit leicht angefeuchteten Händen jede Portion zu einer 2–3 cm dicken Wurst von ca. 28 cm Länge um einen

Spieß formen. Die fertigen Kebabs auf das vorbereitete Backblech legen. Die Kebabs abdecken und 1–2 Std. in den Kühlschrank stellen.

3. Den Grill auf höchster Stufe anheizen.

4. Wenn der Grill bereit ist, die Auberginen auf den heißen Grillrost legen und ca. 20–30 Min. grillen, währenddessen mit einer Grillzange wenden. Sobald die Haut rundum schwarz und das Fruchtfleisch weich ist, auf einen Teller geben und abkühlen lassen.

5. Die angebrannte Haut so gut wie möglich abkratzen (ein paar Reste können wegen des kräftigeren Geschmacks dranbleiben). Die Auberginen in grobe Stücke schneiden und in einer Küchenmaschine pürieren. In eine Schüssel füllen und Knoblauch, 1 Tasse Joghurt, Zitronensaft, Salz und Pfeffer einrühren. Das Püree sollte recht locker sein; falls erforderlich, bis zu ¼ Tasse Joghurt zugeben. Abschmecken, evtl. noch Zitronensaft, Salz und Pfeffer zufügen; die Mischung soll stark gewürzt sein. Abdecken und beiseite stellen.

6. Wenn nötig, 20–24 Briketts nachlegen, damit der Grill wieder sehr heiß wird. Nach Wunsch den Grill zum Grillen ohne Rost vorbereiten (s. Kasten Seite 21).

7. Wenn der Grill bereit ist und der Grillrost verwendet wird, diesen großzügig ölen, sobald er heiß ist. Die Kebabs direkt auf den Grillrost legen oder andernfalls nach der Anleitung für die »Rost-freie« Methode auf dem Grill verteilen. Insgesamt ca. 6–8 Min. grillen, bis das Fleisch gebräunt und durchgegart ist, mit einer Grillzange wenden.

8. Inzwischen das Auberginenpüree auf einer Seite des Grills in einem mittelgroßen Topf ohne Deckel erhitzen.

9. Mit einer Pita als Schutz für die Finger die Würste von den Spießen auf eine Platte schieben und in 5 cm lange Stücke schneiden. Zum Servieren das warme Auberginenpüree auf 4 Teller verteilen. Auf jede Portion ¼ Tasse Joghurt und die Scheiben von einer Wurst geben. Mit Petersilie bestreuen und sofort mit der Pita servieren.

Ergibt 4 Kebabs, für 4 Personen

IRAKISCHE GEFLÜGEL-KEBABS
Kafta

IRAK

METHODE:
Direktes Grillen

**SPEZIAL-
ZUBEHÖR:**
*4 breite,
flache, lange
Metallspieße*

Mit Kafta (in allen Schreibungen) bezeichnet man eine große Familie von Hackfleischspießen, die überall zwischen Marokko und Indien anzutreffen ist. Traditionell wird Kafta mit Lammfleisch zubereitet, recht fetthaltigem zumeist. Sie können sich deshalb meine Begeisterung vorstellen, als ich Kafta aus dem beliebten fettarmen Hähnchenbrustfilet fand. Inspiriert zu diesem Rezept hat mich ein Essen bei »Fendi's« in Detroit, einem Restaurant, das Chaldäern (irakischen Christen) gehört. Auch wenn diese Kebabs nur wenig Fett enthalten, haben sie doch – dank Paprikagewürz und Paprikaschoten – ein nachhaltiges Aroma. Nehmen Sie Edelsüßpaprika, wenn's mild schmecken soll, sonst Rosenpaprika. Als Beilagen passen zentralasiatische Pickles, gedünsteter Reis oder Reis mit Goldkruste nach persischer Art.

500 g Hähnchenbrustfilets (ohne Haut, Knochen, sichtbares Fett und Sehnen), in 2 ½ cm große Stücke geschnitten
1 Knoblauchzehe, durchgepreßt
1 TL Salz, nach Geschmack auch mehr
½ TL frisch gemahlener weißer Pfeffer, nach Geschmack auch mehr
½ TL Rosen- oder Edelsüßpaprika
½ TL Kreuzkümmel, gemahlen
3 EL glatte Petersilie, feingehackt
3 EL grüne Paprika, klein gewürfelt
3 EL rote Paprika, klein gewürfelt
1 EL Olivenöl zum Bestreichen

1. Den Grill auf höchster Stufe anheizen.
2. Die Hähnchenbrust mit Knoblauch, Salz, weißem Pfeffer, Paprikapulver und Kreuzkümmel in einer Küchenmaschine grob pürieren. Petersilie und Paprikawürfel zugeben und die Maschine in kurzen Intervallen laufen lassen. Nicht zu lange, sonst bekommt die Mischung durch Petersilie und Paprika eine häßliche graubraune Farbe. Zum Abschmecken eine kleine Menge in einer beschichteten Pfanne braten und probieren, nach Bedarf der übrigen Masse noch Salz, weißen Pfeffer, Paprika oder Kreuzkümmel zufügen, sie soll stark gewürzt sein.

3. Ein Backblech mit Klarsichtfolie auslegen. Die Hähnchenbrustmischung in 4 gleich große Portionen teilen. Mit leicht angefeuchteten Händen jede Portion um einen Spieß zu einer abgeflachten, 2 cm dicken Wurst von ca. 30 cm Länge formen. Die fertigen Kebabs auf das vorbereitete Blech legen (s. Hinweis).

4. Wenn der Grill bereit ist, die Kebabs dünn mit Öl bestreichen und mit der geölten Seite nach unten auf den heißen Grill legen. 2–4 Min. schön braun grillen, dann die Oberseite mit dem restlichen Öl bestreichen, die Kebabs mit einer Grillzange wenden und weitere 2–4 Min. grillen. Sofort servieren.

Ergibt 4 Kebabs; für 4 Personen

Hinweis: Sollen die Spieße nicht gleich gegrillt werden, locker mit Klarsichtfolie abgedeckt im Kühlschrank aufbewahren.

Geflügel

An einem Hähnchengrill auf einem Markt in der Provence drehen sich Dutzende von Hähnchen langsam an Spießen vor einer Feuerwand. Die Szene könnte genauso gut in der Türkei, der Karibik, der Toskana oder auf Bali spielen. Gegrillte Hähnchen zählen weltweit zu den beliebtesten Barbecues, und es gibt fast unendlich viele Varianten der Zubereitung.

In diesem Kapitel lernen Sie das Grillen von Hähnchen und anderem Geflügel in sämtlichen Spielarten kennen, von schnell gegarten Stücken wie Flügel und Brust bis zu ganzen Hähnchen, Enten und Putern, die ihre rauchige Zartheit der indirekten Grillmethode verdanken. Dabei erfahren Sie, wie Sie die zwei größten Risiken vermeiden, nämlich ein nicht durchgegartes oder ein Hähnchen mit verbrannter Haut zu servieren.

Die Vielfalt der Rezepte für gegrilltes Huhn ist überwältigend. Ich entdeckte zum Beispiel portugiesische Piri-piri-Hähnchen, duftende Rebhühner mit marokkanischen Gewürzen, pakistanische Hähnchen-Tikka Kapitänsart (mit Joghurt und Kardamom mariniert) und ein in den USA besonders beliebtes Gericht: im Rauch über einer offenen Bierdose gegrilltes Hähnchen.

Also ran an die »Gummiadler«: Ab jetzt werden sie perfekt gegrillt.

Hähnchengrillen im großen Stil hat eine lange Tradition im Süden der USA.

»GRÜBCHENS« GRILLHÄHNCHEN

JAMAICA

METHODE:
Indirektes Grillen

**VORBEREI-
TUNGSZEIT:**
*12–24 Std.
zum Marinieren*

**SPEZIAL-
ZUBEHÖR:**
*1 Tasse Holz-
späne (Eiche
oder Obstgehölz),
1 Std. in kaltes
Wasser ein-
weichen und
abtropfen lassen*

Jamaica ist so berühmt für Jerk, vor allem mit Schweinefleisch, daß man schnell die übrigen Grillgerichte der Insel vergißt. Darunter das unglaublich aromatische, zarte Hähnchen, das ich bei Fackellicht in einem Lokal namens »Boar Hill« am Fluß außerhalb von Kingston genossen habe. Die Köchin, die bei dieser Bezeichnung sicherlich rot werden würde, war eine hübsche, kleine, schüchterne Frau namens Fastina Sherman. Wenn man ihr Komplimente für das Essen macht oder sie etwas fragt, lächelt sie verlegen und zeigt tiefe Grübchen. Kein Wunder, daß sie von allen »Grübchen« genannt wird!

HÄHNCHEN:
1 ganzes Hähnchen (1,7–1,8 kg)
1 Bund Lauchzwiebeln, Weißes und Grünes,
    geputzt und feingehackt
2 Knoblauchzehen, durchgepreßt
½–1 Scotch-bonnet-Chili, entkernt und fein-
    gehackt, oder ½–1 TL scharfe Chilisauce
1 EL Edelsüßpaprika
1 TL Thymianblätter oder ½ TL Thymian,
    getrocknet
½ TL Salz
½ TL frisch gemahlener schwarzer Pfeffer
1 ½ EL Sojasauce
1 EL Pflanzenöl

BARBECUESAUCE:
1 Tasse Ketchup
80 ml Sojasauce
4 Lauchzwiebeln, Weißes und Grünes,
    geputzt und gehackt
2 Knoblauchzehen, durchgepreßt
2 EL Ingwer, gerieben
¼–⅓ Tasse brauner Zucker, nach Geschmack
    auch mehr
60 ml destillierter Weißweinessig, nach
    Geschmack auch mehr
2 EL brauner Rum

1. Das Fett aus dem Inneren des Hähnchens entfernen. Die Innereien herausnehmen und anderweitig verwenden. Das Hähnchen unter fließendem Wasser von innen und außen waschen und mit Küchenpapier trockentupfen. Beiseite stellen.

2. Für die Marinade Lauchzwiebeln, Knoblauch, Chili, Paprikapulver, Thymian, Salz, Pfeffer, Sojasauce und Öl in einer kleinen Schüssel verrühren oder für ein intensiveres Aroma im Mixer pürieren. Das Hähnchen mit der Hälfte der Masse füllen und mit dem Rest ringsum einreiben (oder die Paste unter die Haut schieben, s. Kasten Seite 243). Das Hähnchen in einen großen, festen Gefrierbeutel geben und gut verschließen. Im Kühlschrank 12–24 Std. marinieren, dabei den Beutel mehrmals wenden.

3. Für die Barbecuesauce Ketchup, Sojasauce, Lauchzwiebeln, Knoblauch, Ingwer, Zucker und Essig in einen mittelgroßen Topf geben und bei mittlerer Hitze unter Rühren zum Kochen bringen, bis sich der Zucker auflöst. Auf niedrige Hitze reduzieren und ohne Deckel 10–12 Min. köcheln lassen, bis die Sauce dickflüssig ist und intensiv schmeckt. Den Rum erst 2 Min. vor Ende der Kochzeit zufügen und verrühren, dann den Topf vom Herd nehmen. Ergibt ca. 2 Tassen Sauce.

4. Den Grill zum indirekten Grillen vorbereiten (s. Seite 14/16) und eine Tropfschale in die Mitte setzen. Wenn Sie einen *Holzkohlegrill* verwenden, auf mittlere Hitze anheizen.

Wenn Sie einen *Gasgrill* verwenden, die gesamten Holzspäne in den Räucherkasten geben und den Grill auf höchster Stufe anheizen. Sobald sich Rauch zeigt, auf mittlere Stufe herunterschalten.

5. Wenn der Grill bereit ist, bei Holzkohle die Hälfte der Holzspäne auf die Briketts geben und den Grillrost ölen. Das Hähnchen aus dem Gefrierbeutel nehmen und mit der Brust nach oben auf den heißen Rost über die Tropfschale legen. Den Grill abdecken und das Hähnchen 45 Min. garen.

6. Den Grill öffnen und das Hähnchen großzügig mit Barbecuesauce bestreichen. Abdecken und das Hähnchen weitere 30–45 Min. grillen, bis die Haut mahagonibraun ist und klarer Fleischsaft austritt, wenn man mit einem Spieß oder einem Messer in den dicksten Teil des Schenkels sticht (s. Hinweis). Bei Holzkohle nach 1 Std. 10–12 Briketts und die übrigen Holzspäne nachlegen. Das Hähnchen während des Grillens mehrfach mit Barbecuesauce bestreichen.

7. Das Hähnchen auf einem Schneidbrett vor dem Aufschneiden 5 Min. ruhen lassen. Mit der restlichen Barbecuesauce servieren. Übriggebliebene Sauce kann im Kühlschrank bis zu 2 Wochen aufbewahrt werden.

Für 2–4 Personen

Hinweis: Ein Fleischthermometer, in den inneren Schenkelmuskel gestochen (ohne den Knochen zu berühren), sollte 82 °C anzeigen.

*Grilltabelle für Geflügel**

STÜCK	METHODE	HITZE	GARZUSTAND
			(DURCH; 82 °C)
HÄHNCHEN			
GANZ	INDIREKT	MITTEL	1 ¼–1 ½ STD.
GANZ	DREHSPIESS	STARK	1–1 ¼ STD.
GANZ (FLACHGEDRÜCKT)	DIREKT	STARK BIS MITTEL	40–60 MIN.
BRUST OHNE KNOCHEN	DIREKT	STARK	4–6 MIN./SEITE
BRUST MIT KNOCHEN	DIREKT	STARK BIS MITTEL	8–10 MIN./SEITE
FLÜGEL	DIREKT	STARK BIS MITTEL	6–8 MIN./SEITE
KEULE	DIREKT	STARK BIS MITTEL	8–10 MIN./SEITE
REBHUHN			
GANZ (FLACHGEDRÜCKT)	DIREKT	MITTEL	8–10 MIN./SEITE
ENTE			
GANZ	DREHSPIESS	STARK BIS MITTEL	1 ½–2 STD.
GANZ	INDIREKT	MITTEL	2–2 ½ STD.
TRUTHAHN			
GANZ	INDIREKT	MITTEL	15–20 MIN./500 G

*Diese Tabelle gibt nur ungefähre Richtwerte. Grillen ist schließlich keine Wissenschaft, sondern eine Kunst! Halten Sie sich im Zweifelsfall an die Zeitangaben in den Rezepten.

Ganze Hähnchen perfekt grillen

Meiner Meinung nach gelingen ganze Grillhähnchen am besten am Drehspieß.

Warum eignet sich das Grillen am Spieß, über oder neben einem offenen Feuer, so perfekt zum Garen von Hähnchen? Ich habe dazu einige Theorien. Erstens sorgt das langsame Drehen vor einem Feuer für eine sanfte, gleichmäßige Hitze, die die Keulen durchgart, ohne die Brust auszutrocknen. Zweitens zerläuft beim Garen das Fett unter der Haut und tränkt das Fleisch. Drittens macht die gleichmäßige Hitze die Haut knusprig, ohne sie zu verbrennen.

GRILLEN AM DREHSPIESS

1. Verwenden Sie hochwertiges Geflügel, vorzugsweise mit Körnern gefüttert und aus artgerechter Haltung. Das Fett aus dem Inneren des Hähnchens entfernen. Die Innereien herausnehmen und anderweitig verwenden. Das Hähnchen innen und außen unter fließendem Wasser waschen und mit Küchenpapier trockentupfen.

2. Das Hähnchen von innen und außen großzügig salzen und pfeffern. Für zusätzliches Aroma eine geschälte Knoblauchzehe, 1 Lorbeerblatt, 1 Streifen Zitronenschale und/oder 1 Rosmarinzweig in das Hähnchen geben. (Meine Lektorin Suzanne schiebt Knoblauchscheibchen unter die Haut.)

3. Das Hähnchen mit Nadel und Küchengarn zunähen oder mit Spießen fest zustecken. Dadurch gart das Fleisch gleichmäßig, und das Hähnchen sieht besser aus.

4. Den Grill zum Grillen am Drehspieß vorbereiten (s. Seite 20). Wenn Sie Holzkohle verwenden, 50–60 Briketts anzünden und herunterbrennen lassen, bis sie rot glühen und mit einer feinen Ascheschicht bedeckt sind. Die Kohle in zwei Reihen vorne und hinten zusammenschieben. Eine Tropfschale in die Mitte setzen. Wenn Sie einen Gasgrill verwenden, die vordere und hintere Flamme auf höchste Stufe stellen und die mittlere Flamme abgestellt lassen. Eine Tropfschale in die Mitte setzen.

5. Das Hähnchen nach Anweisung des Herstellers auf den Spieß schieben, diesen über den Grill hängen und anstellen. Wenn möglich, abgedeckt 1–1 ¼ Std. garen, bis das Hähnchen gut gebräunt und das Fleisch gar ist. Etwa alle 15 Min. das rotierende Hähnchen mit dem Fleischsaft aus der Tropfschale bestreichen. Garprobe: Sticht man mit einem Spieß oder einem spitzen Messer in den dicksten Teil der Keule, tritt klarer Fleischsaft aus. Oder: Ein Fleischthermometer, das im Innenteil der Keule steckt, ohne den Knochen zu berühren, zeigt eine Temperatur von 82 °C an. Das Hähnchen vom Spieß lösen und auf ein Schneidbrett geben. Vor dem Aufschneiden 5 Min. ruhen lassen. Entfernen Sie das Küchengarn (oder die Spieße), und freuen Sie sich auf etwas besonders Köstliches!

GRILLEN OHNE DREHSPIESS

Sie können auch die indirekte Grillmethode anwenden. Voraussetzung ist wie oben ein Hähnchen bester Qualität, das Sie würzen und zunähen bzw. -stecken.

1. Den Grill zum indirekten Grillen vorbereiten (s. Seite 14/16), eine Tropfschale in die Mitte unter den Rost setzen und den Grill auf mittlerer Stufe anheizen. Das Hähnchen mit der Brust nach oben auf den heißen Rost über die Tropfschale legen.

2. Den Grill abdecken und das Hähnchen 1 ¼ – 1 ½ Std. grillen, bis die Haut gut gebräunt und das Fleisch durch ist (s. oben). Währenddessen das Hähnchen etwa alle 20 Min. mit dem Fleischsaft bestreichen, der sich in der Tropfschale sammelt. Wenn Sie Holzkohle verwenden, pro Std. 10–12 Briketts pro Seite nachlegen. Das Hähnchen vor dem Aufschneiden und Servieren 5 Min. ruhen lassen.

PIRI-PIRI-HÄHNCHEN

METHODE:
Indirektes Grillen

**VORBEREI-
TUNGSZEIT:**
4–12 Std.
zum Marinieren

Piri-piri ist das portugiesische Wort für eine scharfe Sauce aus kleinen feurigen Chillies und Essig. Natürlich kamen die Chillies aus der Neuen Welt, und die portugiesischen Seefahrer des 15. und 16. Jh. verdienen Dank dafür, daß sie den Rest der Welt damit vertraut machten. Man findet die Sauce noch heute in Portugal und den ehemaligen portugiesischen Kolonien Brasilien, Macao, Goa, Angola und Mozambique. Von den letzteren beiden rührt sicherlich auch die südafrikanische Begeisterung für Piri-piri her.

In Geschäften mit brasilianischen Spezialitäten wird Piri-piri unter dem Namen Molho malagueta (Malagueta-Pfeffersauce) verkauft. Zur Not können Sie auch Tabasco oder sogar eine karibische scharfe Sauce mit Scotch-bonnet-Chillies verwenden, dann fügen Sie 1–2 EL Essig zu.

2 ganze Hähnchen (à 1,7–2 kg)
125 ml Olivenöl extra vergine
8 EL gesalzene Butter, zerlassen
80 ml frisch gepreßter Zitronensaft
3–4 EL portugiesische scharfe Sauce
   (s. Seite 478), Malagueta-Pfeffersauce
   oder andere scharfe Sauce (so viel, wie
   Sie und Ihre Gäste vertragen)
1 EL Edelsüßpaprika
1 TL Koriander, gemahlen
3 Knoblauchzehen, abgezogen
3 Lauchzwiebeln, Weißes und Grünes,
   geputzt und in Scheiben geschnitten
3 EL glatte Petersilie, grobgehackt
1 Stück Ingwerwurzel (2 ½ cm), in dünne
   Scheiben geschnitten
2 Lorbeerblätter, zerkrümelt
½ TL Salz, nach Geschmack auch mehr
½ TL frisch gemahlener schwarzer Pfeffer,
   nach Geschmack auch mehr

1. Das Fett aus dem Inneren der Hähnchen entfernen. Die Innereien herausnehmen und anderweitig verwenden. Die Hähnchen unter fließendem Wasser von innen und außen waschen und mit Küchenpapier trockentupfen. Die Hähnchen spalten und flachdrücken (s. Seite 244), in eine große Auflaufform setzen und beiseite stellen.

2. Für die Marinade Öl, zerlassene Butter, Zitronensaft, portugiesische scharfe Sauce, Edelsüßpaprika, Koriander, Knoblauch, Lauchzwiebeln, Petersilie, Ingwer, Lorbeer, Salz und Pfeffer in der Küchenmaschine pürieren. Die Hälfte der Sauce über die Hähnchen gießen und mit den Händen verreiben. Die Hähnchen abgedeckt 4–12 Std. marinieren (je länger, desto besser). Die restliche Sauce in eine kleine Schüssel füllen und abgedeckt bis zum Servieren kühl stellen. Vor dem Servieren herausnehmen und auf Zimmertemperatur bringen.

3. Den Grill zum indirekten Grillen vorbereiten (s. Seite 14/16), eine große oder zwei kleine Tropfschalen in die Mitte setzen und auf mittlere Hitze anheizen (s. Hinweis).

4. Wenn der Grill bereit ist, den Grillrost ölen. Die Hähnchen mit der Haut nach oben auf den heißen Rost legen und mit der überschüssigen Marinade aus der Schüssel bestreichen. Den Grill abdecken und 30 Min. geschlossen halten, dann öffnen und die Hähnchen wieder mit der überschüssigen Marinade bestreichen. Den Grill erneut abdecken und weitere 30–45 Min. grillen. Die Hähnchen sind gar, wenn klarer Fleischsaft austritt, sobald man mit einem Spieß oder Messer in die dickste Stelle der Keule sticht, oder wenn ein Fleischthermometer im inneren Teil des Keulenmuskels 82 °C anzeigt. Falls Sie knusprige Haut mögen, die Hähnchen in den letzten 5–10 Min. mit der Haut nach unten auf den Grillrost direkt über das Feuer legen.

5. Zwei Grillwender mit langem Stiel benutzen, um die Hähnchen vorsichtig auf ein Schneidbrett oder eine Platte zu legen; vor dem Aufschneiden 5 Min. ruhen lassen. Mit der zurückbehaltenen Sauce servieren.

Für 4–8 Personen

Hinweis: Für ein stärkeres Raucharoma grillen Sie die Hähnchen nach der direkten Methode. Dazu den Grill auf mittlere Hitze anheizen, den Grillrost ölen und die Hähnchen mit der Haut nach unten auf den heißen Rost legen. Bei geöffneter Haube 15–20 Min. von jeder Seite grillen und vorsichtig mit zwei Grillwendern wenden, damit die Hähnchen ganz bleiben.

BIERDOSEN-HÄHNCHEN

USA

METHODE:
Indirektes Grillen

SPEZIAL-ZUBEHÖR:
1 ½ Tassen Holzspäne, 1 Std. in kaltes Wasser einweichen und abtropfen lassen

Dieses merkwürdige Rezept ergibt eines der saftigsten, aromatischsten gegrillten Hähnchen, die ich je gegessen habe. Das Geheimnis: Eine offene Bierdose wird ins Innere des Hähnchens gesteckt und dieses stehend gegrillt. Der Vogel ist nicht nur unglaublich zart, er sorgt auch für guten Gesprächsstoff. Inspiriert wurde ich dazu von den Bryce Boar Blazers, einem Grillteam aus Texas, das ich in Memphis beim »May World Championship Barbecue Cooking Contest« traf. Das passende Getränk? Bier natürlich.

1 großes ganzes Hähnchen (2–2 ½ kg)
3 EL Memphis-Gewürzmischung (s. Seite 490) oder Ihre Lieblingsgewürzmischung, zum Einreiben
1 Dose Bier (0,33 l)

1. Das Fett aus dem Inneren des Hähnchens entfernen. Die Innereien herausnehmen und anderweitig verwenden. Das Hähnchen innen und außen unter fließendem Wasser waschen sowie innen und außen mit Küchenpapier trockentupfen. Das Innere des Hähnchens mit 1 EL Gewürzmischung ausstreuen, das Äußere mit einem weiteren Eßlöffel Gewürzmischung einreiben. Nach Belieben ½ EL der Mischung zwischen Fleisch und Haut geben (s. Kasten nächste Seite). Abgedeckt kühl stellen, während der Grill vorbereitet wird.

2. Den Grill zum indirekten Grillen vorbereiten (s. Seite 14/16), eine Tropfschale in die Mitte setzen. Einen *Holzkohlegrill* auf mittlere Hitze anheizen. Beim *Gasgrill* alle Holzspäne in den Räucherkasten geben und den Grill auf höchster Stufe anheizen. Sobald sich Rauch zeigt, auf mittlere Stufe reduzieren.

3. Die Bierdose öffnen. 6–7 Löcher in den Dosendeckel machen. Etwa 2 cm Bier abgießen, die restliche Gewürzmischung durch die Löcher in die Dose streuen. Das Hähnchen mit der Körperöffnung nach unten aufrecht halten und die Bierdose hineinstecken.

4. Wenn der Grill bereit ist, bei Holzkohle die Hälfte der Holzspäne auf die Briketts geben und den Grillrost ölen. Die Hähnchen aufrecht in die Mitte des heißen Rostes über die Tropfschale stellen. Die Keulen etwas spreizen, damit der Vogel stehen bleibt.

5. Den Grill abdecken und das Hähnchen 2 Std. garen, bis das Fleisch sich von selbst vom Knochen löst. Bei Holzkohle nach 1 Std. 10–12 Briketts je Seite und die restlichen Holzspäne nachlegen.

6. Das Hähnchen mit einer Grillzange auf ein Schneidbrett heben, dabei als Stütze einen Grillwender unter die Bierdose halten. (Das Brett sollte ganz nah beim Rost stehen. Vorsicht, daß Sie kein heißes Bier abbekommen.) Das Fleisch 5 Min. ruhen lassen, bevor Sie es vom stehenden Vogel ablösen. (Werfen Sie die Bierdose samt Hähnchengerippe weg.)

Für 4–6 Personen

Ein Tip zum Marinieren

Manchmal müssen Grillprofis chirurgische Meisterleistungen vollbringen. Man denke nur an den merkwürdigen Vorgang, eine Gewürzmischung oder Marinade unter die Haut eines Hähnchens oder anderer Geflügelarten zu plazieren. Was das Würzen angeht, ist Hähnchenhaut nicht besonders durchlässig. Die Gewürze können einfach nicht durchdringen. Gibt man die Würzmischung oder Marinade hingegen unter die Haut, nimmt das Fleisch die Aromen wie ein Schwamm auf. Und so wird's gemacht:

1. Vorsichtig die Haut vom Körper abheben. Dafür am Hals beginnen und mit den Fingern, dann mit der ganzen Hand unter der Haut entlangfahren, um sie vom Brustfleisch zu lösen. Die Hand tiefer hineinschieben und die Haut an Keulen und Rückseite lösen. Vorsicht, damit die Haut nicht reißt. Anfangs fühlt sich das merkwürdig an, aber Übung macht den Meister!

2. Mit den Fingern oder einem Löffel die Gewürzmischung oder Marinade unter der Haut verteilen. Den Vogel auf eine Platte oder eine Fettpfanne geben und abgedeckt im Kühlschrank mehrere Stunden oder nach Rezept marinieren.

3. Auch Hähnchenhälften oder -viertel sowie Brustfleisch können so aromatisiert werden.

GEGRILLTES HÄHNCHEN A LA BAHAMAS

BAHAMAS

METHODE:
Direktes Grillen (Zwei-Lagen-Grillen)

VORBEREITUNGSZEIT:
30 Min. bis 2 Std. zum Marinieren

Auf den meisten karibischen Inseln werden Hähnchen und Fleisch in Limettensaft gewendet. Das mag noch aus den Zeiten ohne Kühlschrank stammen, als Zitrussaft sowohl als Aroma als auch zum Desinfizieren diente. Heute schätzt man Limettensaft für den sauren, intensiven Geschmack, den er dem Hähnchen verleiht.

Dazu passen hervorragend Erbsen und Reis à la Bahamas.

1 Hähnchen (1,7–2 kg), geviertelt, oder 4 Hähnchenbrüste mit Haut und Knochen
250 ml frisch gepreßter Limettensaft
1 kleine Zwiebel, in dünne Scheiben geschnitten
2 Knoblauchzehen, feingehackt
½–2 Scotch-bonnet- oder andere scharfe Chillies, in dünne Scheiben geschnitten
2 TL Thymian, gehackt, oder 1 TL Thymian, getrocknet
2 EL Pflanzenöl
1 EL Paprikapulver
1 TL Salz, nach Geschmack auch mehr
½ TL frisch gemahlener weißer Pfeffer, nach Geschmack auch mehr

1. Die Hähnchenteile kalt abspülen und mit Küchenpapier trockentupfen. In eine Schüssel oder Auflaufform geben und den

Limettensaft zugießen, die Teile darin wenden. Bei Zimmertemperatur 15 Min. marinieren, dabei mehrmals wenden.

2. Den Limettensaft weggießen. Zwiebeln, Knoblauch, Chillies, Thymian, Öl, Paprikapulver, Salz und Pfeffer über die Hähnchenteile geben und das Geflügel sorgfältig darin wenden. Mindestens 15 Min. oder, abgedeckt im Kühlschrank, 1–2 Std. marinieren (je länger, desto besser).

3. Den Grill nach der Zwei-Lagen-Methode anheizen (s. Seite 14).

4. Wenn der Grill bereit ist, den Grillrost ölen. Mit einem Teigschaber Zwiebel- und Knoblauchstückchen von den Hähnchenteilen entfernen. Die Teile mit der Hautseite nach unten auf den Rost über dem heißen Teil des Grills legen und 3–5 Min. garen, dann weiter grillen, wie in Schritt 3 und 4 im Kasten auf Seite 246 beschrieben.

5. Die Hähnchenteile auf Tellern oder einer Platte anrichten und servieren.

Für 4 Personen

Hähnchen oder Rebhühner spalten

Man kann Hähnchen oder Rebhühner teilweise entbeinen und schmetterlingsförmig aufklappen. Dadurch wird der Garprozeß beschleunigt. Außerdem kann man so ein ganzes Hähnchen nach der direkten Methode grillen, weil man eine größere Fleischoberfläche den Flammen aussetzt.

Das Aufspalten mag Ihnen anfangs schwierig erscheinen, aber Sie gewöhnen sich rasch daran.

1. Das Fett aus dem Inneren des Hähnchens oder Rebhuhns entfernen. Den Vogel innen und außen unter fließendem Wasser waschen, abtropfen lassen sowie innen und außen mit Küchenpapier trockentupfen. Mit der Brustseite nach unten auf ein Schneidbrett legen. Mit einer Geflügelschere an beiden Seiten am Rückgrat entlang durch Fleisch und Knochen schneiden, dabei  vom Sterz zum Kopf schneiden. Das Rückgrat auslösen.

2. Den Vogel aufklappen, indem man die Hälften vorsichtig auseinanderzieht. Mit einem scharfen Küchenmesser das Brustbein von oben leicht einschneiden. Mit den Daumen unter dem Brustbein samt Knorpel entlangfahren und beides nach oben herausdrücken. Nun kann man den Vogel behutsam flachdrücken.

3. Den Vogel umdrehen. Mit einem scharfen Messer die Haut zwischen dem unteren Ende des Brustbeins und den Keulen an beiden Seiten einritzen – 2 ½ cm lang beim Hähnchen, 1 cm lang beim Rebhuhn. Das Keulenende hindurchstecken. (Dieser Schritt ist nicht unbedingt notwendig, aber der Vogel sieht so dekorativer aus.)

HÄHNCHEN MIT ZITRONEN-SENF-SAUCE
Yassa

METHODE:
*Direktes Grillen
(Zwei-Lagen-
Grillen)*

**VORBEREI-
TUNGSZEIT:**
*2–12 Std.
zum Marinieren*

Zum ersten Mal probierte ich dieses Gericht in einem senegalesischen Restaurant in Washington, D. C. Für ein Gericht, das ziemlich feurig sein kann, weil es traditionell mit dem afrikanischen Gegenstück von Scotch-bonnet-Chillies gewürzt wird, war es dort recht mild. Nach westlichen Barbecue-Maßstäben ist das Rezept ungewöhnlich, typisch jedoch für Afrika, denn das Fleisch wird zuerst gegrillt, dann in der Sauce gegart.

HÄHNCHEN UND WÜRZPASTE:
1 Hähnchen (1,7–2 kg), geviertelt
8 Knoblauchzehen, abgezogen
1–2 Scotch-bonnet-Chillies (für eine mildere
    Marinade entkernen)
1 ½ TL Salz
1 TL frisch gemahlener schwarzer Pfeffer
3 EL Pflanzenöl

ZITRONEN-SENF-SAUCE:
1 große Zwiebel, feingehackt (ca. 2 Tassen)
1 Tasse körniger französischer Senf
125 ml Pflanzenöl
60 ml Zitronensaft
12 grüne Oliven, entsteint und in dünne
    Scheiben geschnitten
1 Lorbeerblatt
½ –1 Scotch-bonnet-Chili (für eine mildere
    Sauce entkernen)
Salz und frisch gemahlener schwarzer Pfeffer
    nach Geschmack

1. Die Hähnchenviertel kalt abspülen und mit Küchenpapier trockentupfen. Jedes Viertel 1–2mal tief bis zum Knochen einschneiden, dann die Viertel nebeneinander in eine große Auflaufform legen und beiseite stellen.

2. Für die Paste Knoblauch, Chillies, Salz und Pfeffer in einem Mörser zerstoßen, dann nach und nach das Öl unterrühren, oder das Öl und die übrigen Zutaten in der Küchenmaschine pürieren. Mit den Fingern die Hälfte der Würzpaste in die Einschnitte der Hähnchenviertel füllen und den Rest auf die Haut streichen. Abgedeckt im Kühlschrank 2–12 Std. marinieren (je länger, desto besser).

3. Den Grill nach der Zwei-Lagen-Methode anheizen (s. Seite 14).

4. Für die Sauce in einem großen, beschichteten Topf, in dem die Hähnchenviertel nebeneinander Platz haben, Zwiebeln, Senf, Öl, Zitronensaft, Oliven, Lorbeer, Chili, Salz und Pfeffer gründlich verrühren. Die Sauce bei mittlerer Hitze zum Kochen bringen, dann die Temperatur auf niedrige Stufe reduzieren. Bei geöffnetem Deckel unter Rühren 15 Min. köcheln lassen, bis die Zwiebeln weich sind, die Sauce dick und cremig ist und Öl austritt. Den Topf vom Herd nehmen und eventuell mit Salz und Pfeffer nachwürzen. Lorbeer und Chili entfernen und die Sauce abgedeckt beiseite stellen.

5. Wenn der Grill bereit ist, den Grillrost ölen. Die Hähnchenviertel mit der Haut nach unten auf den Rost über dem heißen Teil des Grills legen und grillen, wie in Schritt 3 und 4 auf Seite 246 beschrieben.

6. Die Hähnchenviertel zur Sauce geben und bei niedriger Hitze köcheln lassen, dabei die Sauce über dem Geflügel verteilen. Abgedeckt 4–5 Min. köcheln lassen, bis die Hähnchen das Aroma der Sauce gut angenommen haben.

7. Die Hähnchenviertel auf Tellern oder einer Platte anrichten, die Sauce darüber verteilen und servieren.
Für 4 Personen

Halbe Hähnchen und Hähnchenviertel perfekt grillen

Grillhähnchen sind zwar ungeheuer populär, doch sie machen mehr Mühe als alles andere, was man grillen kann. Nicht selten ist das Resultat ein Hähnchen, das außen verbrannt und innen noch roh ist. Kein Wunder, denn ein halbes oder viertel Hähnchen mit Haut bereitet in zweierlei Hinsicht Schwierigkeiten.

Das erste Problem besteht darin, daß das in der Haut enthaltene Fett beim Herabtropfen Stichflammen verursacht. Das zweite Problem ist die Garzeit: Weil ein Hähnchen Knochen enthält, braucht es länger als z. B. Steaks oder Frikadellen, um gar zu werden. Ein Hähnchen, das nicht völlig durch ist, kann ein gesundheitliches Risiko sein und sollte deshalb nicht verzehrt werden.

Um halbe oder viertel Hähnchen perfekt zu grillen, wenden Sie die Zwei-Lagen-Methode an. Dabei haben Sie nämlich die Wärmezufuhr unter Kontrolle, indem Sie die Hähnchen zwischen der heißeren und der weniger heißen Seite des Grills hin- und herschieben.

1. *Holzkohlegrill:* Beim Vorbereiten des Grills verteilen Sie die Kohlen auf der einen Seite des Grills in einer doppelten Lage, auf der anderen Seite nur einlagig.

Gasgrill: Heizen Sie die eine Seite auf höchster, die andere auf mittlerer Stufe vor. Lassen Sie in jedem Fall so viel Platz, daß Sie das Geflügel hin- und herschieben können, um Stichflammen zu vermeiden.

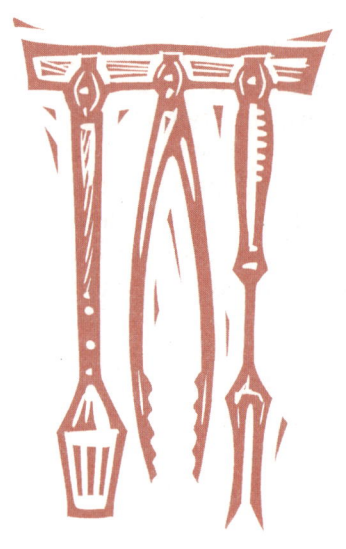

2. Die Hähnchenteile mit Salz, Pfeffer oder anderen Geschmackszutaten würzen.

3. Den Grillrost ölen und die Hähnchenteile mit der Hautseite nach unten auf die heißere Seite des Grills legen. 3–5 Min. garen, bis die Haut braun wird. Dann die Teile auf die kühlere Seite des Grills legen und 5–7 Min. weiter grillen, bis die Haut völlig gebräunt ist. Dabei immer gut aufpassen und bei eventuellen Stichflammen die Teile mit einer Grillzange aus deren Reichweite entfernen.

4. Die Teile wenden und wieder auf die heißere Seite legen. Die zweite Seite 3–5 Min. braun werden lassen, dann zurück auf die weniger heiße Seite geben und zu Ende garen. Insgesamt beträgt die Garzeit 16–24 Min. Sie können die Teile

servieren, wenn das Hähnchen außen goldbraun und knusprig ist und beim Einstechen klarer Fleischsaft austritt.

5. Soll das Huhn nach Rezept während des Grillens mit einer Marinade bestrichen werden und ist diese auf Öl- oder Weinbasis hergestellt, können Sie das Hähnchen fortlaufend bepinseln. Wenn Sie eine Marinade mit Zucker verwenden, beginnen Sie mit dem Bestreichen erst 5 Min. vor Ende der Grillzeit.

GEFLÜGEL GRILLEN OHNE STICHFLAMMEN

Wollen Sie das Risiko, daß gelegentlich Flammen hochschlagen, gänzlich vermeiden, dann grillen Sie Ihre Hähnchenteile nach der indirekten Methode (s. Seite 14/16). Dazu setzen Sie eine Tropfschale in die Mitte unter den Rost und heizen den Grill auf mittlere Hitze an. Wenn der Grill bereit ist, fetten Sie den Rost ein. Hähnchenteile mit der Hautseite nach unten auf dem heißen Rost über der Tropfschale verteilen. Grill abdecken und so lange garen, bis beim Anstechen klarer Saft austritt – ein halbes Hähnchen braucht ca. 40 Min., ein viertel 30–40 Min. (Im allgemeinen garen Bruststücke schneller als Schenkel.) Vorteil dieser Methode: Sie ist narrensicher. Nachteil: Es entwickeln sich keine Röststoffe wie beim Garen über offenem Feuer, und damit fehlt das charakteristische Aroma.

BRASILIANISCHES BIER-HÄHNCHEN

BRASILIEN

METHODE:
*Direktes Grillen
(Zwei-Lagen-
Grillen)*

**VORBEREI-
TUNGSZEIT:**
*6 Std. bis 2 Tage
zum Marinieren*

Nicht nur in den USA sind Bier und Barbecue unzertrennlich. In Rio de Janeiro habe ich dieses aromatische Hähnchen gegessen, das seine besondere Saftigkeit einem zwei Tage dauernden Bad in Bier verdankt. Wenn möglich, versuchen Sie ein brasilianisches Bier zu kaufen: Antarctica (ein Pils) ergibt ein milderes, Xingu Schwarzbier (ein dunkles, bitteres Stout) ein Hähnchen mit kräftigem Malzaroma. Mit verrücktem Reis oder brasilianischen schwarzen Bohnen und Speck servieren.

500 ml Bier
125 ml Pflanzenöl
½ Tasse Dijon-Senf
1 EL Edelsüßpaprika
1 TL frisch gemahlener schwarzer Pfeffer
1 mittelgroße Zwiebel, in dünne Scheiben
    geschnitten
12 Knoblauchzehen, in dünne Scheiben
    geschnitten
2 Lorbeerblätter
1 Hähnchen (1,7–2 kg), geviertelt
grobes Meersalz

1. Für die Marinade Bier, Öl, Senf, Edelsüßpaprika und Pfeffer in eine große Schüssel geben und gründlich verrühren. Die Zwiebel- und Knoblauchscheiben sowie die Lorbeerblätter zufügen.

2. Die Hähnchenviertel kalt abspülen und mit Küchenpapier trockentupfen. Zur Marinade geben und darin wenden. Abgedeckt 6 Std. bis 2 Tage im Kühlschrank marinieren (je länger, desto besser), dabei mehrfach wenden.

3. Den Grill nach der Zwei-Lagen-Methode anheizen (s. Seite 14).

4. Wenn der Grill bereit ist, die Hähnchenviertel aus der Marinade nehmen, diese dabei auffangen. Das Fleisch trockentupfen und mit Salz würzen. Den Grillrost ölen und die Viertel mit der Haut nach unten auf den Rost über dem heißen Teil des Grills legen und entsprechend Schritt 3 und 4 auf der gegenüberliegenden Seite garen. Nur in den ersten 10 Min. mehrmals mit der aufgefangenen Marinade bestreichen.

5. Die Hähnchenviertel auf Tellern anrichten und sofort servieren.
Für 4 Personen

BALINESISCHES GEGRILLTES HÄHNCHEN MIT APFEL-MACADAMIA-CHILI-SAUCE

INDONESIEN

METHODE:
*Direktes Grillen
(Zwei-Lagen-Grillen)*

Zum ersten Mal probierte ich dieses Hähnchen im Amandari Resort in Ubud auf Bali. Es war so lecker, daß ich es bis auf die Knochen abnagte. Amandari ist ein Luxushotel auf der obersten Terrasse eines Reisfeldes. Man tritt auf die Veranda und kann eine Anbauweise betrachten, die so zeitlos wie Bali selbst ist.

Für das Originalrezept benötigt man viele herrlich exotisch-klingende Zutaten, darunter Kemirinüsse und Zitwertwurzel (falsche Galgantwurzel). Für eine benutzerfreundlichere Variante habe ich sie durch Macadamianüsse und Ingwer ersetzt, aber wenn Sie die Zutaten bekommen, kochen Sie in jedem Fall die authentische Version. Damit das Gericht besser verträglich ist, habe ich Kokosnußöl durch Pflanzenöl ersetzt. Tamarindenwasser ist ebenfalls exotisch, aber leicht selbst zuzubereiten. (Sie finden ein Rezept auf Seite 219.) Balsamessig wäre ein leicht erhältlicher Ersatz. Servieren Sie dazu balinesischen gelben Reis.

HÄHNCHEN UND MARINADE:

**125 ml Tamarindenwasser (s. Seite 219)
    oder 60 ml Balsamessig**
2 EL Pflanzenöl
2 Knoblauchzehen, feingehackt
1 ½ TL Salz
½ TL frisch gemahlener schwarzer Pfeffer
**1 Hähnchen (1,7–2 kg), geviertelt, oder
    4 Hähnchenbrustfilets mit Haut und
    Knochen**

SAUCE:

2 EL Pflanzenöl
2 Schalotten, gehackt
2 Knoblauchzehen, gehackt
**1–2 frische, scharfe, rote Chillies, gehackt
    (für eine mildere Sauce entkernen)**
1 EL Ingwer, gehackt
½ TL Kurkuma, gemahlen
5 Macadamianüsse, grobgehackt
**1 großer Apfel (Granny Smith), geschält,
    entkernt und feingehackt**
**250 ml Hühnerbrühe, selbstgemacht oder als
    Fertigprodukt**
**2 TL asiatische Fischsauce oder Sojasauce,
    nach Geschmack auch mehr**
**1 TL frisch gepreßter Limettensaft, nach
    Geschmack auch mehr**
**Salz und frisch gemahlener schwarzer Pfeffer
    nach Geschmack**

1. Tamarindenwasser, Öl, Knoblauch, Salz und Pfeffer in einer großen Schüssel verrühren. Die Hähnchenteile kalt abspülen und mit Küchenpapier trockentupfen. In die Schüssel legen und sorgfältig in der Mischung wenden. Abgedeckt 4–12 Std. im Kühlschrank marinieren (je länger, desto besser).

2. Den Grill nach der Zwei-Lagen-Methode anheizen (s. Seite 14).

3. Inzwischen für die Sauce Öl in einem mittelgroßen, beschichteten Topf bei mittlerer Hitze erwärmen. Schalotten, Knoblauch, Chillies und Ingwer zufügen und etwa 4 Min. leicht anbräunen. Kurkuma, Macadamias und Apfel zufügen und 3–5 Min. garen, bis der Apfel weich ist. Brühe, Fischsauce und Limettensaft zufügen und zum Kochen bringen. Bei geöffnetem Deckel unter gelegentlichem Rühren 3 Min. kochen lassen. Den Topf vom Herd nehmen und die Sauce in der Küchenmaschine oder mit dem Pürierstab glattpürieren. Bei niedriger Hitze weitere 3–5 Min. köcheln lassen, bis die Sauce dick und aromatisch ist. Vom Herd nehmen und mit Fischsauce, Limettensaft, Salz und Pfeffer pikant abschmecken. Abgedeckt warm halten (s. Hinweis).

4. Wenn der Grill bereit ist, den Grillrost ölen. Die Hähnchenteile aus der Marinade nehmen und diese weggießen. Die Teile mit der Haut nach unten auf den Rost über der heißesten Stelle des Grills legen und 3–5 Min. garen, dann zu Ende grillen, wie in Schritt 3 und 4 auf Seite 246 beschrieben.

5. Die Hähnchenteile auf Tellern oder einer Platte anrichten, die Sauce darüber verteilen und servieren.

Für 4 Personen

Hinweis: Die Sauce kann bis zu 48 Std. im voraus zubereitet werden. Dann abgedeckt kühl stellen und vor dem Servieren wieder erhitzen.

TANDOORI-HÄHNCHEN
Tandoori murgh

INDIEN

METHODE:
Direktes Grillen

VORBEREI-TUNGSZEIT:
4 Std. zum Abtropfen des Joghurts (nach Wunsch) und 4 Std. zum Marinieren

SPEZIAL-ZUBEHÖR:
2 oder 3 lange Metallspieße

Tandoori-Hähnchen ist das beliebteste unter den indischen Grillgerichten – pur ausgezeichnet und der Ausgangspunkt für viele aufwendigere Gerichte wie Geflügelsalat mit indischen Gewürzen (s. Seite 82). Der Vogel ist dank doppeltem Marinieren besonders saftig, zart und aromatisch – zuerst kommt ein zartmachendes Bad aus Zitronensaft und Chilipulver, dann eine aromatische Paste aus Ingwer, Knoblauch, Safran und Joghurt. Wenn Sie Zeit haben, den Joghurt abtropfen zu lassen (s. Schritt 1), wird der Geschmack des Tandoori intensiver. Wenn Sie in Eile sind, verwenden Sie 250 ml normalen Joghurt. Beim Cayenne lasse ich Ihnen die Wahl: 1 TL macht das Tandoori leicht würzig, 3 TL ergeben einen scharfen Vogel, der zurückbeißt. Die orange Lebensmittelfarbe muß nicht sein, doch die meisten indischen Köche verwenden sie. Für das Rezept benötigen Sie ein zerteiltes ganzes Hähnchen, Sie können Tandoori-Huhn aber auch mit Hähnchenbrust zubereiten. Dafür die Marinierzeit halbieren und wie auf Seite 262 beschrieben grillen.

Mit Naan (Fladenbrot aus dem Tandoor-Ofen), schnellem Basmati-Reis und afghanischer Koriandersauce servieren.

JOGHURT-MARINADE:
1 ½ Tassen Naturjoghurt
¼ TL Safranfäden
3–4 EL warmes Wasser
5 Knoblauchzehen, in Scheiben geschnitten
1 Stück Ingwerwurzel (5 cm), in Scheiben geschnitten
1 TL Salz
½ TL frisch gemahlener schwarzer Pfeffer
½ Tasse Crème double oder Schmand

1 TL schnelles Garam masala (s. Seite 499)
1–2 Tropfen orange Lebensmittelfarbe (nach Wunsch)

HÄHNCHEN:
1 Hähnchen (1,7–2 kg), in 8 Stücke geteilt (s. Kasten Seite 255)
1–3 TL Cayennepfeffer
1 ½ TL Salz
½ TL frisch gemahlener schwarzer Pfeffer
125 ml Zitronensaft
3 EL Butter, zerlassen

1. Ein Joghurtsieb oder ein normales Sieb, ausgelegt mit einer doppelten Lage angefeuchtetem Mulltuch, über eine Schüssel hängen. Den Joghurt darin 4 Std. im Kühlschrank abtropfen lassen.

2. Für die Marinade den Safran in einer kleinen Schüssel mit einem Stößel oder Holzlöffelstiel zerstoßen. Mit 3 EL warmem Wasser verrühren und 2 Min. ziehen lassen. Dann mit Knoblauch und Ingwer in der Küchenmaschine oder einer Gewürzmühle zu einer glatten Paste pürieren, falls nötig, mehr Wasser zufügen.

3. Den Joghurt aus dem Kühlschrank nehmen und die abgetropfte Flüssigkeit entfernen. Den Joghurt in einer großen Schüssel mit der Safranmischung, Salz, Pfeffer, Crème double und Garam masala gründlich verrühren. Nach Belieben Lebensmittelfarbe für den gewünschten Farbton zufügen. Beiseite stellen.

4. Die Hähnchenteile kalt abspülen und die Haut entfernen. Das Fleisch mit Küchenpapier trockentupfen. Jedes Teil auf der fleischigen Seite zweimal tief bis zum Knochen einschneiden. Die Teile nebeneinander in eine Auflaufform legen. Cayenne, Salz und schwarzen Pfeffer mischen, das Fleisch damit bestreuen und die Mischung mit den Fingern gut bis in die Einschnitte verreiben. Den Zitronensaft zufügen und die Teile darin wenden. Bei Zimmertemperatur 15 Min. marinieren.

5. Das Hähnchen abtropfen lassen und in der Joghurtmarinade wenden, damit die Teile überzogen sind. Abgedeckt 4 Std. im Kühlschrank marinieren, dabei mehrmals wenden.

6. Den Grill auf höchster Stufe anheizen.

7. Wenn der Grill bereit ist, die Hähnchenteile aus der Marinade nehmen und auf Spieße stecken, zwischen den einzelnen Stücken je 5 cm frei lassen, damit die Hitze besser zirkulieren kann. Den heißen Grillrost ölen und die Spieße darauf verteilen. 4 Min. von jeder Seite (insgesamt 8 Min.) braun, aber nicht durch grillen, mit einer Grillzange wenden. Die Spieße auf eine Platte geben (s. Hinweis).

8. Die Hähnchenteile rundum gut mit zerlassener Butter bestreichen und die Spieße wieder auf den Rost legen. Weitere 2–4 Min. von jeder Seite (insgesamt 4–8 Min.) grillen, bis das Fleisch außen leicht geschwärzt ist und klarer Fleischsaft austritt, wenn man mit einem Spieß oder Messer in die dickste Stelle der Keule sticht. Das Brustfleisch am Knochen darf nicht mehr rosa sein.

9. Die Hähnchenteile von den Spießen auf Teller oder eine Platte schieben und servieren.

Für 4 Personen

Hinweis: Viele indische Köche garen das Hähnchen bis Schritt 7 vor und grillen es auf Bestellung zu Ende. Wollen Sie länger als 30 Min. mit der Zubereitung warten, die Hähnchen abgedeckt kühl stellen.

BUCCANEER-HÄHNCHEN
Poulet boucanée

GUADELOUPE

METHODE:
Indirektes Grillen

**VORBEREI-
TUNGSZEIT:**
*24 Std. zum
Marinieren*

Als die Europäer zum ersten Mal in die Wildnis Hispaniolas eindrangen, beobachteten sie eine einzigartige Art zu kochen. Die karibischen Eingeborenen machten Wildschwein und anderes Wild mit Salz und Gewürzen haltbar und trockneten es über dem Rauch eines Feuers. Der karibische Begriff für diese Technik klang für französische Ohren wie »boucan«. Die ersten, die diese Kochweise nachahmten, waren schiffbrüchige Seeleute und Piraten, die sich in der Wildnis im Nordwesten des heutigen Haiti versteckten. Diese wurden als »boucaniers« bekannt. Poulet boucanée ist bis heute in Guadeloupe und Martinique beliebt.

Dieses Rezept mag etwas kompliziert erscheinen, es handelt sich aber nur um eine Reihe einfacher Schritte. Das einzig Verzwickte daran ist es, Zuckerrohr aufzutreiben, aber einige Mail-order-Firmen für exotische Produkte liefern frisches Zuckerrohr auch auf Bestellung. Andere Quellen sind Läden mit südamerikanischen und asiatischen Lebensmitteln. Für das folgende Rezept benötigt man einen Holzkohle- oder Gasgrill. Wenn Sie einen Räucherofen haben, können Sie das Hähnchen darin räuchern und Zuckerrohr anstatt Holzspäne verwenden. Für alle Geräte gilt: Nehmen Sie Holzspäne, falls Sie kein Zuckerrohr bekommen.

**SPEZIAL-
ZUBEHÖR:**
*500 g frisches
Zuckerrohr, längs
in Streifen ge-
schnitten, oder
1 ½ Tassen Holz-
späne, 1 Std. in
kaltem Wasser
einweichen und
abtropfen lassen*

2 Hähnchen (à 1,7–2 kg), geviertelt
3 Limetten
8 Knoblauchzehen, durchgepreßt
1 Bund Lauchzwiebeln, Weißes und Grünes, geputzt und grobgehackt
1 kleine Zwiebel, feingehackt
½ Tasse glatte Petersilie, gehackt
1–3 Scotch-bonnet- oder andere scharfe Chillies, in dünne Scheiben geschnitten (für eine mildere Marinade entkernen)
1 EL Thymian, gehackt, oder 1 ½ TL Thymian, getrocknet
1 EL ganze Gewürznelken
2 TL schwarze Pfefferkörner
2 TL Pimentkörner
1 Zimtstange (7 ½ cm lang)
1 ganze Muskatnuß
1 ½ l Wasser
250 ml brauner Rum
1 EL Rotweinessig
3 EL Salz
2 gehäufte EL brauner Zucker

1. Die Hähnchenviertel kalt abspülen, mit Küchenpapier trockentupfen und beiseite stellen.

2. Die Limetten halbieren und den Saft in eine große Schüssel auspressen. Die Limettenhälften und die restlichen Zutaten zufügen und alles verrühren, bis Salz und Zucker gelöst sind. Die Hähnchenviertel zugeben und in der Mischung wenden, danach abgedeckt 24 Std. im Kühlschrank marinieren.

3. Den Grill zum indirekten Grillen vorbereiten (s. Seite 14/16) und eine Tropfschale in die Mitte setzen. Einen *Holzkohlegrill* auf mittlerer Stufe anheizen.

Beim *Gasgrill* das Zuckerrohr in den Räucherkasten geben und den Grill auf höchster Stufe anheizen. Sobald Rauch aufsteigt, auf mittlere Stufe herunterschalten.

4. Wenn der Grill bereit ist, bei Holzkohle das gesamte Zuckerrohr auf die Briketts geben. Die Hähnchenviertel aus der Marinade nehmen und trockentupfen, die Marinade weggießen. Den heißen Grillrost ölen, die Hähnchenviertel mit der Haut nach unten auf den Rost über die Tropfschale legen. Den Grill schließen und die Hähnchen 1–1 ½ Std. grillen, bis klarer Fleischsaft austritt, wenn man mit einem Spieß oder Messer in den dicksten Teil der Keule sticht. Das Brustfleisch am Knochen darf nicht mehr rosa sein (s. Hinweis). Bei Holzkohle nach 1 Std. 10–12 Briketts auf jeder Seite nachlegen.

5. Die Hähnchenviertel auf Tellern oder einer Platte anrichten und sofort servieren oder abgedeckt im Kühlschrank aufbewahren und kalt servieren.

Für 8 Personen

Hinweis: Da das Hähnchen eher geräuchert als gegrillt wird, kann das Fleisch an den Gelenken noch ein wenig rosa sein, auch wenn das Hähnchen schon gar ist.

BAXTER-ROAD-GRILLHÄHNCHEN

BARBADOS

METHODE:
*Direktes Grillen
(Zwei-Lagen-
Grillen)*

Baxter Road um Mitternacht ist einer der Höhepunkte einer Gourmetreise auf Barbados. Ich bezweifle, daß es viele Touristen zu dieser verwegenen Reihe von Grillständen zieht, die nachts an einer ebenso verwegenen Straße in den Außenbezirken von Bridgetown aufgebaut werden.

Das Hähnchen gerät ungewöhnlich saftig und aromatisch durch Barbados' National-Marinade, einfach nur »Gewürz« genannt. Diese kräftige Paste aus Knoblauch, Schnittlauch, Paprika und Thymian ist milder als jamaikanisches »Jerk« und daher ideal für Leute, die kein Chili-Höllenfeuer ertragen.

**VORBEREI-
TUNGSZEIT:**
*4–12 Std. zum
Marinieren*

1 Hähnchen (1,7–2 kg), geviertelt

4 Knoblauchzehen, abgezogen

3 Schalotten, abgezogen und grobgehackt

1 Bund Schnittlauch oder Lauchzwiebeln,
   geputzt

1 mittelgroßer, grüner Paprika, entstielt,
   entkernt und grobgehackt

1 mittelgroße Selleriestange, grobgehackt

1 Scotch-bonnet-Chili oder 2 Jalapeño-
   Chillies, entkernt und feingehackt
   (für eine schärfere Marinade die Kerne
   mitverarbeiten)

3 EL glatte Petersilie, gehackt

2 TL Thymian, gehackt, oder 1 TL Thymian,
   getrocknet

2 EL Limettensaft, nach Geschmack auch
   mehr

2 EL Sojasauce

2 EL Olivenöl

Salz und frisch gemahlener schwarzer Pfeffer
   nach Geschmack

1. Die Hähnchenviertel kalt abspülen und mit Küchenpapier trockentupfen. In eine große Schüssel oder Auflaufform geben und beiseite stellen. Inzwischen die Marinade zubereiten.

2. Knoblauch, Schalotten, Schnittlauch, Paprika, Sellerie, Chillies, Petersilie und Thymian in der Küchenmaschine pürieren. Limettensaft, Sojasauce und Öl zufügen und erneut pürieren. Mit Salz, Pfeffer und Limettensaft pikant abschmecken. Die Hähnchenviertel mit der Mischung übergießen und gut darin wenden. Abgedeckt im Kühlschrank 4–12 Std. marinieren (je länger, desto besser).

3. Den Grill nach der Zwei-Lagen-Methode anheizen (s. Seite 14).

4. Wenn der Grill bereit ist, den Grillrost ölen. Die Hähnchenviertel aus der Schüssel nehmen und die Marinade auffangen. Die Viertel mit der Haut nach unten auf den Rost über dem heißen Teil des Grills legen und grillen, wie in Schritt 3 und 4 auf Seite 246 beschrieben. Die Viertel 1–2mal mit der Marinade bestreichen, jedoch nicht während der letzten 5 Min. der Grillzeit.

5. Die Hähnchenviertel auf Tellern oder einer Platte anrichten und servieren.

Für 4 Personen

HÄHNCHEN-TIKKA KAPITÄNSART

PAKISTAN

METHODE:
Direktes Grillen

**VORBEREI-
TUNGSZEIT:**
*6–12 Std.
zum Marinieren*

Dieses Rezept verdeutlicht die verbindenden Kräfte des Barbecue. Ich erhielt es von einem pakistanischen Schiffskapitän namens Mushtaque Ahmad, den ich auf einem Flug der Singapore Airlines von Singapur nach Bangkok traf. (Der Kapitän war nach 7 Monaten auf See auf dem Heimweg nach Karachi.) Wir begannen unsere Unterhaltung über die Verhandlung von O.J. Simpson und kamen von dort zum Kochen. Folgendermaßen bereitet der Kapitän das würzige, in Joghurt marinierte pakistanische Lieblingsgericht Hähnchen-Tikka zu:

1 Hähnchen (1,7–2 kg), in 8 Stücke zerteilt
   (s. Kasten Seite 255)

Salz nach Geschmack

3 Kardamomkapseln

3 Knoblauchzehen, grobgehackt

3 EL Ingwer, feingehackt

1 Tasse Naturjoghurt

3 EL frisch gepreßter Zitronensaft

1 TL frisch gemahlener schwarzer Pfeffer

½–1 TL Cayennepfeffer nach Geschmack
1–2 Tropfen orange Lebensmittelfarbe (nach Wunsch)
1 Zwiebel, längs in dünne Streifen geschnitten

1. Die Hähnchenteile kalt abspülen und die Haut entfernen. Die Teile mit Küchenpapier trockentupfen, in eine große Schüssel geben, mit 1 EL Salz bestreuen und gut wenden. 5 Min. ziehen lassen.

2. Kardamom in einem Mörser zerstoßen, Knoblauch und Ingwer zufügen und zu einer groben Paste zerkleinern, oder alle Zutaten in der Küchenmaschine pürieren. In einer kleinen Schüssel mit Joghurt, Zitronensaft, schwarzem Pfeffer, Cayenne, Lebensmittelfarbe und Salz nach Geschmack verrühren. Die Hähnchenteile mit der Marinade übergießen und darin wenden. Abgedeckt im Kühlschrank 6–12 Std. marinieren (je länger, desto besser).

3. Den Grill auf höchster Stufe anheizen.

4. Wenn der Grill bereit ist, den Grillrost ölen. Die Hähnchenteile aus der Marinade nehmen und auf den heißen Rost legen. 6–8 Min. von jeder Seite grillen, bis das Fleisch gut gebräunt ist und klarer Fleischsaft austritt, wenn man mit einem Spieß oder Messer in den dicksten Teil der Keule sticht. Das Brustfleisch am Knochen darf nicht mehr rosa sein.

5. Auf Tellern oder einer Platte anrichten und mit Zwiebelstreifen bestreut servieren.

Für 4 Personen

GEBRATENES ANGUILLA-HÄHNCHEN

BRITISCH-WESTINDIEN

METHODE:
Direktes Grillen (Zwei-Lagen-Grillen)

VORBEREITUNGSZEIT:
12 Std. zum Marinieren

SPEZIALZUBEHÖR:
1–2 Tassen Holzspäne, 1 Std. in kaltem Wasser einweichen und abtropfen lassen

Anguilla ist eine winzige Insel der Kleinen Antillen, 5 Minuten Flugzeit von St. Martin entfernt. Ihre lange, flache Form inspirierte Kolumbus zu dem Namen Anguilla, dem spanischen Wort für Aal. Dem kleinen Maßstab der Insel entsprechend, werden Barbecuegrills hier nicht aus 190 Liter fassenden Tonnen, sondern aus Propangas-Tanks hergestellt, die halbiert und auf dünne Beine geschweißt werden. Zum folgenden Rezept hat mich die achtzigjährige Allyne Hazel Guichard, Mutter des Küchenchefs im faszinierenden Cap Juluca Resort, inspiriert.

Allyne bereitet ihr Anguilla-Hähnchen über dem schwelenden Holz eines heimischen Obstbaums zu. Für ein vergleichbares Raucharoma gebe ich eine Tasse eingeweichte und abgetropfte Holzspäne von Apfel-, Kirsch oder Ahornbaum auf die Briketts. Das Raucharoma zusammen mit einer Marinade und scharfen Sauce aus Rum und Scotch-bonnet-Chillies machen daraus eines der leckersten karibischen Hähnchengerichte. Servieren Sie dazu Erbsen und Reis à la Bahamas.

1 Hähnchen (1,7–2 kg), in 8 Stücke zerteilt (s. Kasten Seite 255)
1 Bund Lauchzwiebeln, Weißes und Grünes, geputzt und grobgehackt
1 Schalotte, grobgehackt
4 Knoblauchzehen, grobgehackt
1 kleine Zwiebel, grobgehackt
½–2 Scotch-bonnet-Chillies, gehackt (für ein milderes Aroma entkernen)
2 TL Salz, nach Geschmack auch mehr
2 TL Thymian, gehackt, oder 1 TL Thymian, getrocknet
½ TL frisch gemahlener schwarzer Pfeffer
2 Lorbeerblätter
125 ml Olivenöl
60 ml Rum, vorzugsweise 151 (75 % Alk.)
anguillanische Barbecuesauce (Rezept folgt)

1. Die Hähnchenteile kalt abspülen und mit Küchenpapier trockentupfen. In eine große Schüssel geben. Lauchzwiebeln, Schalotte, Knoblauch, Zwiebeln, Chillies, Salz, Thymian, Pfeffer und Lorbeer in einer Küchenmaschine pürieren. Öl und Rum zufügen und erneut pürieren. Eventuell mit mehr Salz abschmecken, die Mischung sollte pikant sein. Die Hähnchenteile mit der Mischung übergießen und gut darin wenden. Abgedeckt im Kühlschrank 12 Std. marinieren.

2. Den Grill nach der Zwei-Lagen-Methode anheizen (s. Seite 14). Wenn Sie einen *Holzkohlegrill* verwenden, diesen auf mittlere Hitze anheizen.

Beim *Gasgrill* die Holzspäne in den Räucherkasten legen und den Grill auf höchster Stufe anheizen. Sobald sich Rauch zeigt, auf mittlere Stufe herunterschalten.

3. Wenn der Grill bereit ist, bei Holzkohle die Holzspäne auf die Briketts geben. Den Grillrost ölen. Die Hähnchenteile aus der Marinade nehmen, abtropfen lassen und mit der Haut nach unten auf den Rost über den heißeren Teil des Grills legen. Garen, wie in Schritt 3 und 4 auf Seite 246 beschrieben. In den letzten 5 Min. die Hähnchenteile mit wenig Barbecuesauce bestreichen.

4. Die Hähnchenteile auf Tellern oder einer Platte anrichten und mit der Sauce servieren. Übriggebliebene Sauce aufbewahren.

Für 4 Personen

Anguillanische Barbecuesauce

Diese Barbecuesauce steckt voller Inselaromen. Eine halbe Scotch-bonnet-Chili sorgt für sanfte Schärfe, kulinarische Pyromanen werden sicherlich die Kerne mitverwenden oder mehr Chillies nehmen. Das Rezept ergibt mehr Sauce, als man für ein Hähnchen braucht, aber sie hält sich gut im Kühlschrank.

3 EL Olivenöl
1 mittelgroße Zwiebel, feingehackt
2 Knoblauchzehen, durchgepreßt
½–2 Scotch-bonnet-Chillies, entkernt und
    gehackt
1 ½ kg reife Tomaten, gehäutet, entkernt
    (s. Kasten Seite 62) und gehackt
¼ Tasse Tomatenmark
¼ Tasse Barbecuesauce (Fertigprodukt)
2 EL anguillanische oder andere karibische
    scharfe Sauce
60 ml Apfelessig, nach Geschmack auch
    mehr
¼ Tasse brauner Zucker, nach Geschmack
    auch mehr
60 ml brauner Rum
60 ml Wasser, oder nach Bedarf
1 TL Oregano, getrocknet
1 TL Thymianblätter, gehackt, oder ½ TL
    Thymian, getrocknet
Salz und frisch gemahlener schwarzer Pfeffer
    nach Geschmack

1. Das Öl in einem großen Topf bei mittlerer Hitze erwärmen. Zwiebeln, Knoblauch und Chillies zufügen und ca. 5 Min. leicht anbräunen. Die Tomaten unterrühren und 5–7 Min. kochen, bis die Flüssigkeit fast vollkommen verdampft ist.

2. Tomatenmark, Barbecue- und anguillanische Sauce, Essig, Zucker, Rum, Wasser, Oregano, Thymian, Salz und Pfeffer zufügen und zum Kochen bringen, dabei rühren, damit sich der Zucker löst. Auf niedrige Hitze herunterschalten und bei geöffnetem Deckel 20–30 Min. unter gelegentlichem Rühren köcheln lassen, bis die Sauce eindickt.

3. Den Topf vom Herd nehmen und mit Salz, Essig und Zucker pikant abschmecken. Falls die Sauce zu dick erscheint, noch etwas Wasser zufügen.

4. Übriggebliebene Sauce hält sich abgedeckt 2–3 Wochen im Kühlschrank.

Ergibt 3–4 Tassen

Hähnchen zerlegen

Für viele Rezepte in diesem Buch müssen Sie ein Hähnchen portionieren. Natürlich können Sie fertige Hähnchenteile kaufen, doch es ist praktisch zu wissen, wie man ein ganzes Hähnchen zerlegt. Erstens können Sie ein Stück zuschneiden, das »French cut« heißt und so nicht zu kaufen ist. Zweitens können Sie mit dem Rückgrat einen Geflügelfond zubereiten. Sorgen Sie für scharfe Messer.

AMERIKANISCH

Bei meiner Version des amerikanischen Schnitts verbleibt an den Flügeln ein Stück Brustfleisch. Die Portionen sind dann insgesamt ausgewogener.

1. Das Fett an den Körperöffnungen entfernen und wegwerfen. Die abgepackten Innereien herausnehmen und anderweitig verwenden. Das Hähnchen unter fließendem kaltem Wasser von innen und außen waschen, abtropfen lassen sowie innen und außen mit Küchenpapier trockentupfen. Das Hähnchen auf einem Schneidbrett auf die Seite legen. Das Messer zwischen Oberschenkel und Rumpf ansetzen und die Keule abtrennen. Wenn Sie an das Hüftgelenk gelangen, ziehen Sie es aus der Hüftpfanne und schneiden es

Das Hüftgelenk durchtrennen und die Keule abschneiden.

durch, damit Sie die ganze Keule abtrennen können. Diese in Höhe des Kniegelenks durchschneiden. Das gleiche mit der anderen Seite wiederholen.

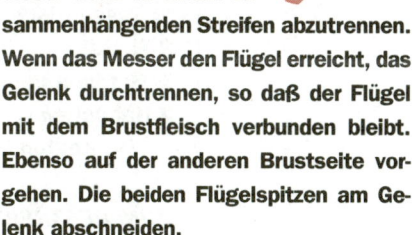

Die Keule in Ober- und Unterschenkel trennen.

2. Das Hähnchen mit dem Rücken auf ein Schneidbrett und mit der Halsöffnung zu Ihnen legen. Mit einem schrägen Schnitt nach unten die Flügel abtrennen, dabei jeweils ein 5 cm großes Stück der Brust mit ablösen. Wenn Sie mit dem Messer auf das Flügelgelenk stoßen, dieses einfach durchschneiden.

Den Flügel mit einem Stück Brustfleisch entfernen.

3. Das Brustfleisch vom Rückenknochen abtrennen, dabei der gelben Fettlinie folgen, die zwischen Flügelgelenk und unterem Ende des Brustkorbs verläuft. Das Bruststück quer durch das Brustbein halbieren. Sie haben nun 8 ungefähr gleich große Hähnchenteile, außerdem das Rückgrat.

Das Bruststück quer durch das Brustbein halbieren.

FRANZÖSISCH

Der »French cut« ergibt ein Hähnchenteil (Suprême), das aus einer ausgelösten Brusthälfte samt Schultergelenk besteht.

1. Das Fett an den Körperöffnungen entfernen und wegwerfen. Die abgepackten Innereien herausnehmen und aufbewahren. Das Hähnchen von innen und außen unter fließendem kaltem Wasser waschen, abtropfen lassen sowie innen und außen trockentupfen. Das Hähnchen mit dem Rücken so auf ein Schneidbrett legen, daß das hintere Ende der Brust Ihnen am nächsten ist. Vom Halsende aus einen tiefen Schnitt rechts seitlich am Brustbein entlang führen. Weiter schneiden, dabei das Messer gegen Brustbein und Rippenkorb drücken, um die Brust auf dieser Seite in einem zusammenhängenden Streifen abzutrennen. Wenn das Messer den Flügel erreicht, das Gelenk durchtrennen, so daß der Flügel mit dem Brustfleisch verbunden bleibt. Ebenso auf der anderen Brustseite vorgehen. Die beiden Flügelspitzen am Gelenk abschneiden.

2. Weiter wie unter Punkt 1 des amerikanischen Schnitts beschrieben, doch Ober- und Unterschenkel nicht auseinanderschneiden. Am Ende erhalten Sie 4 Portionen. Lassen Sie den Brustkorb am Rückgrat und heben Sie die Karkasse zusammen mit den Flügelspitzen zum Bereiten eines Fonds auf.

GRILLHÄHNCHEN MIT SAFRAN
Joojeh kebab

IRAN

METHODE:
Direktes Grillen (Zwei-Lagen-Grillen)

VORBEREITUNGSZEIT:
24 Std. zum Marinieren

Hier ist eines der leichtesten und köstlichsten Rezepte, die Sie vielleicht je zubereitet haben. Joghurt und Zitronensaft machen das Hähnchen zart, Safran verleiht ihm sein besonderes Aroma. In einem persischen Restaurant würde das Hähnchen im Kebab-Stil gegrillt werden – und zwar jede Fleischart für sich, also ein Spieß mit den Bruststücken, einer mit den Oberkeulen, einer mit den Unterschenkeln usw. Auf diese Weise läßt sich die jeweils optimale Garzeit der Teile einhalten. Was Sie natürlich auch machen können, wenn's Ihnen entgegenkommt. Reichen Sie Lavash und zentralasiatische Pickles dazu.

HÄHNCHEN UND MARINADE:
½ TL Safranfäden
1 EL warmes Wasser
1 ½ Tassen Naturjoghurt
1 große Zwiebel, feingehackt (ca. 2 Tassen Zwiebelwürfel)
½ Tasse frisch gepreßter Zitronensaft
2 TL Salz
1 TL frisch gemahlener schwarzer Pfeffer
2 Hähnchen (à 1,7–2 kg, in 8 Teile zerlegt) (s. Kasten Seite 255)

ZUM BESTREICHEN:
¼ TL Safranfäden
1 EL frisch gepreßter Zitronensaft
3 EL Butter

1. Für die Marinade den Safran in eine mittelgroße Schüssel geben und mit einem Stößel oder dem Stiel eines Holzlöffels zu Pulver zerstoßen. Das warme Wasser einrühren und 5 Min. stehenlassen, dann Joghurt, Zwiebeln, Zitronensaft, Salz und Pfeffer zufügen und verrühren.

2. Die Hähnchenteile kalt abspülen und mit Küchenpapier trockentupfen. Die Teile in eine große Auflaufform oder einen Bräter geben, mit der Marinade übergießen und gut darin wenden. Abdecken und 24 Std. im Kühlschrank durchziehen lassen, dabei die Hähnchenteile gelegentlich wenden.

3. Den Grill nach der Zwei-Lagen-Methode vorbereiten und anheizen (s. Seite 14).

4. Für die Mischung zum Bestreichen den Safran in eine kleine Schale geben und mit einem Stößel oder dem Stiel eines Holzlöffels zu Pulver zerstoßen. Den Zitronensaft einrühren und 5 Min. stehenlassen. Die Butter in einem kleinen Topf zerlassen, vom Herd nehmen, die Safranmischung zufügen und verrühren.

5. Wenn der Grill bereit ist, den Grillrost ölen. Die Hähnchenteile aus der Marinade nehmen und mit der Hautseite nach unten auf dem heißeren Abschnitt des Rosts verteilen. Garen, wie unter Punkt 3 und 4 der Anleitung auf Seite 246 beschrieben. Während des Grillens ein- oder zweimal mit der Safranmischung bestreichen. Vorsicht, daß kein Teil anbrennt. Mit Salz und Pfeffer würzen.

6. Die Hähnchenteile auf Tellern oder einer Platte anrichten und servieren.
Für 8 Personen

YAKITORI

METHODE:
Direktes Grillen

**SPEZIAL-
ZUBEHÖR:**
*16 kurze
Bambusspieße
(nach Bedarf
auch mehr),
1 Std. in kaltes
Wasser legen
und abtropfen
lassen*

Yakitori (wörtlich: gegrilltes Huhn) ist der beliebteste japanische Snack und wird täglich in unzähligen Yakitori-Lokalen genossen, wo sich die Büroangestellten nach der Arbeit zu Drinks, einem Imbiß und Geplauder einfinden. (Ein typisches Yakitori-Lokal wird auf Seite 388 beschrieben.) Traditionell wird Hähnchenfleisch mit Negi kombiniert, einem Mitglied der Lauchfamilie, das dicker als eine Lauchzwiebel (Frühlingszwiebel), aber dünner als Porree (Winterlauch) ist. Nehmen Sie vorzugsweise dünne Porreestangen, es geht aber auch mit Lauchzwiebeln. Noch etwas: Wenn es ganz echt sein soll, verwenden Sie Hähnchenkeulen, deren ausdrucksvolleren Geschmack die Japaner vorziehen. Schneller und bequemer geht es aber mit Hähnchenbrustfilets, die ich im Rezept an die erste Stelle gesetzt habe. Dazu passen gegrillte Reiskuchen, würziger japanischer Bohnensprossensalat oder Sesamspinat.

1 kg Hähnchenbrustfilets oder Hähnchenfleisch vom Schenkel (ohne Haut und Knochen)
1 kg dünne junge Porreestangen (insgesamt 8 oder 9 Stück, s. Hinweise)
125 ml Sojasauce
125 ml Sake
125 ml Mirin (süßer Reiswein) oder Cream Sherry
3 EL Zucker
3 Scheiben Ingwerwurzel (½ cm dick)
3 Knoblauchzehen, zerdrückt
3 Lauchzwiebeln, geputzt und grobgehackt

1. Die Hähnchenbrustfilets oder -keulen kalt abspülen, abtropfen lassen und mit Küchenpapier trockentupfen. Diagonal in Streifen von 5 cm Länge (jeweils 1 cm breit und dick) schneiden. Beiseite stellen.

2. Die grünen Teile der Porreestangen abschneiden und wegwerfen. Die verbleibenden weißen Teile in Längsrichtung bis zu den Wurzeln halbieren und sorgfältig unter fließendem kaltem Wasser säubern. Abtropfen lassen, die Wurzelenden abschneiden und die Stangen quer in 5 cm breite Stücke schneiden.

3. Die Hähnchenstreifen im Wechsel mit den Lauchstücken quer auf die Spieße stecken; auf einem Spieß sollten 4 Hähnchenstreifen Platz haben. Die Spieße auf eine Platte legen, locker mit Klarsichtfolie abdecken und bis zu 6 Std. in den Kühlschrank stellen.

4. Den Grill auf höchster Stufe anheizen.

5. Für die Yakitori-Sauce Sojasauce, Sake, Mirin, Zucker, Ingwer, Knoblauch und Lauchzwiebeln in einen Saucentopf geben. Bei mittlerer Hitze zum Kochen bringen und rühren, bis sich der Zucker gelöst hat. Auf niedriger Stufe bei geöffnetem Deckel etwa 5 Min. köcheln lassen und auf eine ¾ Tasse reduzieren. Wenn die Sauce glänzend und sirupartig aussieht, vom Herd nehmen und durch ein Sieb in eine Schüssel gießen (s. Hinweise).

6. Wenn der Grill bereit ist, den Grillrost ölen. Die Spieße auf dem heißen Rost verteilen und 3–5 Min. von jeder Seite grillen (insgesamt 6–10 Min.), bis sie schön braun und durch sind. Jede Seite mindestens einmal dick mit Sauce bestreichen, jedoch nicht mehr in den letzten 3 Min.

7. Die Spieße auf Tellern oder einer Platte anrichten und sofort servieren.

Für 4–6 Personen

Hinweise: Wenn es keinen jungen Porree gibt, 2 Bund dicke Lauchzwiebeln nehmen. Die weißen Teile in 5 cm große Stücke, die grünen Teile in 10 cm lange Stücke schneiden und einmal falten.

■ Die Sauce kann bis zu 6 Std. im voraus zubereitet werden. Abgedeckt kühl stellen.

PALÄSTINENSISCHES HÄHNCHEN

NAHER OSTEN

METHODE:
*Direktes Grillen
(Zwei-Lagen-
Grillen)*

**VORBEREI-
TUNGSZEIT:**
*4–12 Std.
zum Marinieren*

Die Rezepte in diesem Buch stammen nicht nur von Küchenchefs und Grill-meistern, sondern aus allen nur er-denklichen Quellen. Das folgende gab mir eine Anruferin bei einer Telefonaktion des »Miami Herald«, wo ich zur Beantwortung von Leserfragen engagiert war. Die Frau, die aus dem Westjordanland stammte, hatte ursprünglich einen Rat wegen ihres Karamelpuddings einholen wollen, doch irgendwie kamen wir aufs Grillen zu spre-chen. Sie gab mir dieses Rezept für ein bei Palästinensern sehr beliebtes Geflügel-gericht. Traditionell wird es mit Hähnchen-brustfilets auf Spießen zubereitet, doch ich finde, es schmeckt besonders gut mit ganzer Hähnchenbrust, weil die Knochen den Geschmack noch ausdrucksvoller machen. Zimt und Kardamom sorgen für einen überraschenden Hauch von Süße. Reichen Sie dazu gegrillte oder frische Pita, Reis und Sauce von gegrillten Toma-ten mit Granatapfelsirup (s. Seite 470).

2 ganze Hähnchenbrüste mit Haut und
   Knochen (à 350–500 g), gespalten
1 Tasse Naturjoghurt
3 EL frisch gepreßter Zitronensaft
6 Knoblauchzehen, durchgepreßt

1 TL Salz
½ TL Zimt, gemahlen
½ TL frisch gemahlener schwarzer Pfeffer
¼ TL Kardamom, gemahlen
⅛ TL Nelken, gemahlen

1. Die Hähnchenteile kalt abspülen und mit Küchenpapier trockentupfen. Nebenein-ander in eine große Auflaufform legen und beiseite stellen.

2. Joghurt, Zitronensaft, Knoblauch, Salz, Zimt, Pfeffer, Kardamom und Nelken in eine Glasschüssel geben und gründlich verrüh-ren. Die Mischung über die Hähnchenbrust gießen und mit den Fingern verteilen, so daß die Teile vollständig überzogen sind. Abdecken und 4–12 Std. im Kühlschrank durchziehen lassen (je länger, desto besser).

3. Den Grill nach der Zwei-Lagen-Metho-de vorbereiten und anheizen (s. Seite 14).

4. Wenn der Grill bereit ist, den Grillrost ölen. Die Hähnchenbrust aus der Form neh-men und mit der Hautseite nach unten auf der heißeren Seite des Grills verteilen. Wei-ter wie in Punkt 3 und 4 der Anleitung auf Seite 246 beschrieben.

5. Die Hähnchenbrust auf Tellern oder einer Platte anrichten und servieren.
Für 4 Personen

HÄHNCHENBRUST MONTEVIDEO
Pamplona de pollo

URUGUAY

METHODE:
Direktes Grillen

Die Bezeichnung Pamplona bezeichnet eine Art gegrillten, gefüllten Rollbra-ten oder Rouladen, die in Uruguays

Steakhäusern und Grill-Lokalen sehr gefragt sind. Man nimmt dazu fast jedes Fleisch, insbesondere Hähnchen-, Schweine- und

Kalbfleisch (nur Rindfleisch gilt als so edel, daß es meist solo zubereitet wird). Womit das Fleisch gefüllt wird, ist eine Frage der Phantasie. Zu dem folgenden Rezept inspirierte mich ein Restaurant im Mercado del Puerto, »El Talero« (der Name bezieht sich auf den Lederknüppel, der zur Ausrüstung der Viehhirten gehört). Die Füllung aus Dörrpflaumen, Schinken, Paprika und Ei ist eine besonders bunte Zusammenstellung, bei der die Klaviatur von süß (Pflaumen) bis salzig (Schinken) reicht.

In Montevideo würde man diese Rouladen in ein Schweinenetz (eine netzartige Fettmembran aus dem Schweinemagen) gewickelt zubereiten. Schweinenetz (auch Netzfett genannt) wird auch zum Umhüllen von Würsten und Pasteten verwendet. Wenn Sie es ausprobieren wollen, fragen Sie Ihren Fleischer danach. Schweinenetz hat keinen besonderen Eigengeschmack, doch wenn es beim Garen zergeht, bleibt das eingewickelte Fleisch saftig. Im Rezept unten erfüllt Olivenöl denselben Zweck.

Vor diesem Rezept brauchen Sie keine Angst zu haben; die Roulade ist wirklich eine Sache von 5 Min., auch wenn Sie noch nie eine Hähnchenbrust gefüllt haben. Das Rezept ist narrensicher, und das Resultat sieht eindeutig nach mehr aus!

Die hierfür benötigte Hähnchenbrust sollte übrigens unbedingt noch zusammenhängen, mit halben geht's nicht. Reichen Sie dazu eine der Chimichurris aus dem Kapitel über Saucen.

2 ganze Hähnchenbrüste ohne Haut und Knochen (à 350–500 g)
Salz und frisch gemahlener schwarzer Pfeffer
1 TL Oregano, getrocknet
½ mittelgroßer, roter Paprika, entstielt und entkernt
1 Scheibe Schinken, gekocht oder geräuchert (½ cm dick, ca. 50 g)
1 hartgekochtes Ei, geschält
12 Backpflaumen, entsteint
2–3 EL Olivenöl zum Bestreichen

1. Die Hähnchenbrust kalt abspülen und mit Küchenpapier trockentupfen. Legen Sie die Brüstchen aufgeklappt vor sich hin, mit der glatten Seite nach unten und der langen Seite parallel zur Tischkante. Die langen, dünnen Fleischstreifen auf jeder Brusthälfte auslösen und aufbewahren (s. Hinweis). Die Hähnchenbrust mit Salz, Pfeffer und ½ TL Oregano würzen.

2. Den Paprika und den Schinken längs in ½ cm breite Streifen schneiden; das hartgekochte Ei in Sechstel teilen. Paprika- und Schinkenstreifen flach auf den aufgeklappten Brüsten verteilen. Eier und Pflaumen in Längsrichtung darüber legen, dabei auf jeder Seite einen ca. 1 cm breiten Rand frei lassen.

3. Die Brust zu einer festen Roulade aufrollen, wobei Sie mit der vor ihnen liegenden Kante beginnen. Den Rand mit kleinen Metallspießen feststecken oder die Roulade mit Küchengarn verknoten: Das Garn um ein Ende legen, verknoten und immer weiter herumwickeln, bis Sie es am anderen Ende wieder verknoten. Die Rouladen mit Öl bestreichen und mit Salz, Pfeffer und dem restlichen Oregano würzen. Die Pamplonas auf eine Platte legen, locker mit Klarsichtfolie abdecken und bis zum Grillen bis zu 6 Std. kühl stellen.

4. Den Grill auf starke bis mittlere Hitze anheizen.

5. Wenn der Grill bereit ist, den Grillrost ölen. Die Pamplonas auf dem heißen Rost verteilen und insgesamt 20–30 Min. grillen, dabei mit einer Grillzange wenden und mit wenig Öl bestreichen. Sie sind fertig, wenn sie schön braun, aber noch fest sind und ein in die Mitte gestochener Spieß sich sehr heiß anfühlt.

6. Die Pamplonas auf ein Schneidbrett legen und 5 Min. ruhen lassen, bevor Sie Spieße oder Garn entfernen. Sie können die Pamplonas im Ganzen servieren oder quer in 1 cm dicke Scheiben schneiden und auf Tellern oder einer Servierplatte fächerförmig anrichten.

Ergibt 2 Pamplonas; für 6 Personen als Vorspeise, für 2–4 Personen als Hauptgericht
Hinweis: Die abgeschnittenen Filets für die Satérezepte in diesem Buch verwenden.

Der Mercado del Puerto in Uruguay

»Wo bleibt das Rindfleisch?« hieß es vor einigen Jahren in einem beliebten Fernsehspot in den USA. Der Spruch wurde zum geflügelten Wort – doch wie sieht es heute aus? Fast alle meine Bekannten in den USA haben ihren Fleischkonsum eingeschränkt oder sind sogar Vegetarier geworden.

Ganz anders südlich des Äquators. In der lateinamerikanischen Küche spielt Fleisch immer noch die Hauptrolle. Kaum in Montevideo, der Hauptstadt von Uruguay, gelandet, wurde mir dies klar.

»Rindfleisch ist hier billiger als Huhn«, erklärte mein Taxifahrer und zeigte mir die vielen Metzger (in jedem zweiten Block) auf dem Weg zu meinem Hotel. Bei etlichen Befragungen erfuhr ich, daß man hier zehn- bis zwölfmal pro Woche Fleisch ißt!

Falls Sie das an alte Zeiten erinnert, genügt ein kurzer Rundgang durch die Altstadt von Montevideo, um den Eindruck zu unterstreichen. Hier fahren noch Studebakers, alte Lieferwagen, sogar der Ford Modell T durch Alleen und über kopfsteingepflasterte Gassen. Auf schmiedeeisernen Balkons vor den abblätternden Fassaden von Stadthäusern aus dem 18. Jh. trocknet Wäsche. In diesem Teil der Hauptstadt des kleinsten südamerikanischen Landes scheint die Zeit stillzustehen.

Auf dem Mercado del Puerto ist jedenfalls alles noch wie früher. Die Leute strömen zu diesem einst stattlichen Gebäude, zu einer wahren Fleisch-Orgie mit gegrillten Steaks, Würstchen, Braten, Rouladen und Innereien.

Die 1868 erbaute Markthalle ist ein hochaufragender Tempel aus Pfeilern und Glas. Man betritt das sich über einen ganzen Straßenblock erstreckende Gebäude durch grandiose eiserne Pforten und erblickt einen drei Stockwerke hohen Lichthof mit von Rauch und Alter geschwärzten Scheiben, der sich über einen reich verzierten Uhrturm wölbt, die Zeiger sind auf halb vier stehengeblieben. Der abgetretene Steinfußboden trägt zu dem etwas mitgenommenen Eindruck bei – aber so muß eine richtige Markthalle wohl aussehen. Und eines ist sicher: Hier gibt es Rindfleisch.

IMMER DER NASE NACH

Wenn Sie durch die Altstadt gehen, können Sie den Markt schon riechen, bevor Sie ihn sehen. Es duftet, wie vielerorts in Südamerika, nach Holzfeuer und brutzelndem Fleisch. Der Mercado war einst der Fleischmarkt Montevideos und ist heute seine Barbecue-Hochburg. Er beherbergt über ein Dutzend einfacher Restaurants, deren Spezialität gegrilltes Fleisch ist. Nehmen Sie an einer Theke Platz und lassen Sie sich Grillgerichte schmecken, die zu den besten Südamerikas gehören – möglicherweise mit Bestandteilen hergestellt, von denen Sie vorher nicht ahnten, daß sie überhaupt eßbar sind.

Nehmen wir mal die »Estancia del Puerto«, ein lebhaftes Grillrestaurant, das vor über 25 Jahren von Antonio und Marono Fraga gegründet wurde. Letzterer ist ein kleiner, kahlköpfiger Man mit Brille, der sich noch gut an die Zeiten erinnern kann, als der Mercado noch eine richtige Markthalle war mit nur ein oder zwei Imbissen. Der Boom begann in den 80er Jahren, als die meisten Fleischstände zu Restaurants wurden. Allein die »Estancia« serviert täglich 500 Mahlzeiten und verbraucht in der Woche über eine Tonne Rindfleisch.

Die Gäste, darunter viele Stammgäste, setzen sich an die schwarzen Marmortheken, die um die Küche verlaufen. (Es gibt auch einen Abschnitt, wo man normal an Tischen sitzt.) Es sind Büroangestellte, städtische Beamte oder Hafenarbeiter, doch das Publikum ist insgesamt eleganter angezogen, als man es in Hafennähe vermuten würde. Den Mittelpunkt des Restaurants bildet zweifellos der massive Grill, auf dem Geflügel, Schweine-, Lamm- und vor allem Rindfleisch zu rauchiger Perfektion gegrillt werden.

Grills in Uruguay bestehen aus zwei Teilen. Da ist einmal ein u-förmiger Metallrost, in dem lodernde Hartholzkloben liegen. Wenn sie zerfallen, wird die Glut unter die Parilla, einen großen, rechteckigen Metallrost, geharkt, der dann als eigentlicher Grill dient. Dieser Rost ist auf der Rückseite leicht nach oben gebogen. Der vordere Teil, der der Glut am nächsten ist, wird zum scharfen Anbraten des Fleisches benutzt; der hintere Teil dient zum Garen und Warmhalten.

Der Asador (Griller) ist an seiner weißen Jacke und der Gorra (einer Kappe mit kleiner Krempe) zu erkennen. Er ist ständig in Bewegung, mal legt er ein Holzscheit nach, mal harkt er frische Kohlen unter den Rost oder rückt Fleischstücke von heiß nach kühl oder andersherum. Wenn er nicht gerade direkt mit dem Grillen zu tun hat, ist er vielleicht dabei, ein

Huhn zu entbeinen, um eine Pamplona (gefüllten Braten) zu machen, oder er rollt Karotten, Paprika und hartgekochte Eier mit einer großen Scheibe Fleisch zu einem gewaltigen Braten namens Matambre (wörtlich: Hungerkiller) zusammen.

Das erste, was beim Grillen nach Montevideo-Art auffällt, ist, daß unsere Vorstellungen darüber, welche Fleischstücke sich zum Barbecue eignen, sehr begrenzt sind. Die dortigen Grillmeister lassen nichts aus. Eine Mahlzeit beginnt zum Beispiel mit Mollejas (gegrilltem Bries), Choto (einem knusprigen Brötchen, das mit Dünndärmen umwickelte Schafsdickdärme enthält, was besser schmeckt, als es sich anhört), Chinchulin (buttrigen, sichelförmigen Spiralen aus Lammdünndarm) oder Riñones (Kalbsnieren).

Die Uruguayer sind auch große Wurst-Fans. Vielleicht haben sie diese Vorliebe von den deutschen Einwanderern übernommen, die sich zu Anfang des 20. Jh. hier ansiedelten. Chorizo ist die bekannteste lateinamerikanische Wurst. Nordamerikaner denken dabei an deren stark gewürzte mexikanische Abart. Die Chorizo in Uruguay schmeckt aber nach Salz und Knoblauch und ist überhaupt nicht würzig.

Eine andere wohlschmeckende Wurst ist die Salchicha, die eine schlanke, eng gedrehte Pelle hat. Morcilla ist eine Blutwurst mit einer glänzenden schwarzen, knackigen Haut. Auch diese schmeckt viel besser, als es der Name erwarten läßt. Genaugenommen gibt es in Uruguay zwei Sorten Morcilla, eine pikante und eine süße. Letztere enthält Zucker und Rosinen und schmeckt ganz einfach köstlich. Ich wünschte, es gäbe sie auch bei uns.

Die Art, wie Rindfleisch in Uruguay zerlegt wird, ist uns ebenfalls neu. Das beliebteste Stück ist Asado de tira – ein langes, dünnes, quer geschnittenes Stück Schulterbraten, das buchstäblich den Teller unter sich begräbt. Über den Marktgeräuschen ist ständig der schrille, hohe Ton der Fleischsägen zu vernehmen, mit denen Rinderseiten zu Asados aufgeschnitten werden. Das Fleisch ist gut mit Fett marmoriert, was es unglaublich saftig macht, und die Rippenknochen sorgen für zusätzliches Aroma. Ein weiteres beliebtes Stück ist die Pulpa, ähnlich unserer Rinderbrust, die außen sehr dunkel gegrillt ist und intensiv nach Rauch schmeckt.

ESSEN OHNE FIRLEFANZ

Was Sie auch bestellen, alles ist von äußerster Schlichtheit. Die Teller sind aus billigem Metall. Als Beilagen gibt es Chimichurri, eine Petersilien-Knoblauch-Sauce (man könnte sie auch als südamerikanischen Pesto bezeichnen), oder ein Tomaten-Zwiebel-Paprika-Relish (Salsa criolla). In manchen Restaurants serviert man, wie in Uruguays Nachbarland Brasilien, Farofa (geröstetes Maniokmehl); es wird über das Fleisch gestreut, um den Saft aufzunehmen. Zur Abrundung der Mahlzeit können Sie gebackene Kartoffeln oder grünen Salat mit Tomaten und Zwiebeln bestellen. Als Dessert gibt es meist Konfekt, das so zuckersüß ist wie der Espresso, der zum Abschluß serviert wird.

Ein weiteres populäres Mittagslokal ist das »Don Garcia«, das nach dem jovialen Besitzer heißt, der es gemeinsam mit seiner dunkeläugigen Frau Alicia leitet. In diesem kleinen Imbiß gibt es keine Tische, und Sie müssen wahrscheinlich eine Zeitlang warten, bis ein Platz an der Theke aus rotem Granit frei wird. Lassen Sie es sich trotzdem nicht entgehen, denn was Don Garcia serviert, gehört zum Besten und zugleich Preiswertesten, was Sie im Mercado essen können. Wenn Sie die Parillada (Mixed grill) bestellen, können Sie sich zu zweit für wenig Geld dick und rund essen. Sie erhalten eine glühend heiße Platte, auf der sich Chorizo, Morcilla, Salchicha, verschiedene Innereien und sogar ein Steak türmen. Eine andere Spezialität Don Garcias ist gegrilltes Brot mit reichlich Öl und Knoblauch. Um das herunterzuspülen, gibt es eine Art Sangria, die mit Ginger-ale und Rotwein zubereitet wird.

Der Mercado del Puerto wird hauptsächlich zur Mittagszeit besucht, die meisten Grills schließen um 6 Uhr abends. Aber mindestens ein Restaurant macht zum Abendessen wieder auf; das »El Palenque«, 1964 gegründet, liegt beiderseits der Ostwand der Markthalle. Mittags stehen die Gäste an der Theke auf der Hallenseite Schlange. Abends hat ein Eßsaal zur Straßenseite hin geöffnet, in dem Landschinken von den Deckenbalken hängen, außerdem gibt es eine Terrasse mit Kaffeehausstühlen aus Plastik.

Auf der Speisekarte findet sich wie überall im Mercado fleischbetonte Kost, doch es gibt zwei köstliche Spezialitäten für Leute, die kein Fleisch essen. Zum einen Provolone asado, gegrillte Käsescheiben mit Olivenöl, Oregano und Pfefferschoten. Zum anderen gegrillte Sardinen, die zu den wenigen Meerestieren gehören, die ich im Mercado gesehen habe.

Der Besitzer des »El Palenque«, Emilio Gonzales Portela, hat hier in den 60er Jahren angefangen. Heute gehört ihm das Restaurant, das täglich etwa 400 Gäste besuchen. Ein amerikanischer Traum, wahr geworden in Montevideo.

Hähnchenbrust perfekt grillen

Hähnchenbrustfilets lassen sich von allen Hähnchenteilen am leichtesten grillen. Da sie sehr mager sind, treten hier keine Stichflammen auf wie beim Grillen von ganzen Hähnchen oder Keulen. Daher können sie direkt über dem offenen Feuer gegrillt werden. Doch der geringe Fettgehalt kann auch ein Nachteil sein. Damit sie nicht austrocknen, muß man sie während des Grillens großzügig mit Öl oder zerlassener Butter bestreichen.

1. Den Grill auf höchster Stufe anheizen.

2. Die Brustfilets unter fließendem kaltem Wasser abspülen und mit Küchenpapier trockentupfen.

3. Wenn der Grill bereit ist, den Grillrost ölen. Für intensives Raucharoma einige in Wasser eingeweichte Holzspäne auf die Kohlen, Lavasteine oder den Gasgrill streuen. Die Hähnchenbrustfilets alle gleich ausgerichtet auf dem heißen Grill verteilen. Nach 2 Min. sämtliche Teile mit einer Grillzange seitwärts um 45 Grad drehen und weitere 2–4 Min. grillen. Dadurch erhalten sie ein dekoratives Rautenmuster. Die Hähnchenbrustfilets während des Garens großzügig mit Öl, zerlassener Butter oder Marinade bestreichen. (Zuckerhaltige Barbecuesaucen auf jeder Seite nur in den letzten 2 Min. des Grillens aufpinseln.)

4. Die Hähnchenbrustfilets mit einer Grillzange wenden und von der anderen Seite grillen, dabei wieder nach 2 Min. um 45 Grad drehen. Die Garzeit für ein Hähnchenbrustfilet beträgt pro Seite 4–6 Min.

BADEMIYAS (ZU RECHT) BERÜHMTES CHILI-KORIANDER-HÄHNCHEN

INDIEN

METHODE:
Direktes Grillen

Das »Taj Mahal«-Hotel ist das berühmteste Hotel Bombays. Doch die wahre Attraktion ist für mich ein Imbiß namens »Bademiya« in der winzigen Tulloch Road hinter dem ehrwürdigen Hotel. In den 40er Jahren von Muhammad Yaseen gegründet, führt ihn heute sein 30jähriger Sohn Jamal. Der Stand zieht Barbecuefans aller Kasten und Klassen an, was vor allem an seinen feurigen gegrillten Hähnchen, den saftigen Seekh-Kebabs aus Lammhack und dem gegrillten Schafseuter liegt. (Letzteres schmeckt wie hart gewordene Leber und empfiehlt sich nur für experimentierfreudige Esser.) Die Originalversion des hier beschriebenen Rezepts ist so scharf, daß einem die Luft wegbleibt. Wenn Sie das wollen, nehmen Sie 1 EL Cayennepfeffer. Eine mildere, aber immer noch sehr aromatische Version kommt mit 1–2 TL Cayenne aus; Sie können aber auch Rosenpaprika verwenden, der nicht ganz so feurig ist. Zur Abrundung der Mahlzeit sind zwei Bäcker nonstop damit beschäftigt, hauchdünne, runde Teigscheiben auf mit Holzkohle beheizte Metallkuppeln zu wer-

**VORBEREI-
TUNGSZEIT:**
*4–6 Std. zum
Marinieren*

fen, woraus frisches Ruoomali wird (»Taschentuch«-Brot). Da dessen Herstellung recht kompliziert ist, schlage ich zwei zwar keineswegs indische, aber sicher zufriedenstellende Alternativen vor: Tortillas und Lavash. Als Beilagen passen afghanische Koriandersauce und Tamarindendip.

**4 Hähnchenkeulen oder 1 ganzes Hähnchen
à 1,7–2 kg, in 8 Teile zerlegt (s. Kasten
Seite 255)**
1 ½ EL Koriandersamen
2 TL ganze schwarze Pfefferkörner
1 TL Kreuzkümmelsamen
6 Knoblauchzehen, abgezogen
**1 Stück Ingwerwurzel (5 cm), in dünne
Scheiben geschnitten**
3 EL Pflanzenöl
60 ml Wasser, nach Bedarf auch mehr
2 EL frisch gepreßter Zitronensaft
**1 EL Cayennepfeffer oder Rosenpaprika, nach
Geschmack auch weniger**
1 ½ TL Salz
½ Tasse Koriandergrün, gehackt
**½ rote Zwiebel, in dünne Scheiben
geschnitten, zum Garnieren**
Limetten- oder Zitronenspalten, zum Garnieren

1. Die Haut von den Hähnchenkeulen entfernen. Die Keulen kalt abspülen, mit Küchenpapier trockentupfen und nebeneinander in einen großen Bräter legen; beiseite stellen.

2. Für die Würzpaste in einer Pfanne ohne Fett Koriandersamen, Pfefferkörner und Kreuzkümmelsamen 2–3 Min. unter gelegentlichem Rütteln anrösten, bis sie zu duften beginnen. Abkühlen lassen, dann in einer Gewürzmühle fein mahlen. Das Pulver in einem Mixer mit Knoblauch, Ingwer, Öl, Wasser, Zitronensaft, Cayenne und Salz zu einer glatten Paste verarbeiten, evtl. mehr Wasser zufügen, damit die Masse zähflüssig wird. Koriandergrün zugeben und noch einmal kurz mixen.

3. Mit den Fingern die Würzpaste ringsum auf die Hähnchenkeulen auftragen, dann abdecken und 4–6 St. im Kühlschrank durchziehen lassen.

4. Den Grill auf höchster Stufe anheizen.

5. Wenn der Grill bereit ist, den Grillrost ölen. Die Hähnchenkeulen aus der Form nehmen und auf dem heißen Rost verteilen. 6–10 Min. von jeder Seite grillen (insgesamt 12–20 Min.), dabei mit einer Grillzange wenden. Garprobe: Beim Einstechen in den dicksten Teil einer Keule tritt klarer Fleischsaft aus.

6. Die Hähnchenkeulen auf Teller oder eine Platte legen, mit Zwiebelscheiben und Limettenspalten garnieren und sofort servieren.

Für 4 Personen

Tikka taco aus Bombay

Bademiya bietet auch eine Hähnchen-Tikka an, die mit der gleichen Würzpaste wie das Chili-Koriander-Hähnchen zubereitet wird. Dafür 750 g Hähnchenbrustfilets unter fließendem kaltem Wasser abspülen und mit Küchenpapier trockentupfen. Die Filets in 5 cm große Würfel schneiden. Die Würzpaste nach Anleitung im Rezept zubereiten, dann das Fleisch darin wenden und abgedeckt in einem Bräter 1–2 Std. im Kühlschrank marinieren. Den Grill auf höchster Stufe anheizen. Wenn der Grill bereit ist, den Grillrost ölen. Die Hähnchenwürfel auf 4 lange Spieße stecken und auf dem Rost verteilen. 3–5 Min. von jeder Seite grillen. Zum Servieren 4 Tortillas oder Fladenbrote auf dem Grill ca. 30 Sek. von jeder Seite erwärmen. Damit die Hähnchenwürfel vom Spieß auf die Tortillas schieben und mit Scheiben von roter Zwiebel garniert servieren. Mit afghanischer Koriandersauce und Tamarindendip beträufeln (s. Register). Zum Essen die Tortillas fest zusammendrehen.

Für 4 Personen

Das berühmte Restaurant »Karim«

Um im »Karim« in Delhi zu speisen, müssen Sie erst durch ein Gewirr von engen Gassen, wo es von verschleierten Frauen und weißgekleideten Männern, laut rufenden Straßenhändlern, Bettlern und streunenden Kühen wimmelt und allerlei fremdländische Gerüche Ihnen in die Nase steigen.

Die Straßen sind zu eng für Taxis, doch eine Schwadron turbantragender Sikhs in roter Livree, alle 30 Meter postiert, weist Ihnen den Weg. Nach kurzem Fußweg treffen Sie auf ein Gebäude, mit dem Sie in diesem bunten Viertel am wenigsten gerechnet hätten – ein richtiges Restaurant mit Klimaanlage, holzgetäfelten Wänden, Kassettendecken und piekfein eingedeckten Tischen.

Der Gründer des »Karim« war Hazi Amliudine Ahmed (Karim war sein Spitzname), Sproß einer langen Reihe von Köchen in königlichen Diensten und selbst Leibkoch von Bahadur Shah Zafar, einem der letzten Herrscher der Region. Es ging Karim wie den Küchenchefs des Ancien régime zur Zeit der französischen Revolution: Er mußte die Palastküche schließen und eröffnete 1913 ein Restaurant, im Schatten der Jamma-Masjid-Moschee außerhalb der Mauern der »roten Burg«.

Das ursprüngliche »Karim« steht immer noch im Hof eines kleinen Gebäudes. Im Laufe der Zeit sind ein halbes Dutzend Speisesäle hinzugekommen, darunter einer, in dem Männer mit ihrer Familie essen können (die meisten Gäste sind männlich). Wir befinden uns hier auf muslimischem Territorium, woran mich auch der Anblick von Karims 27jährigem Urenkel erinnerte, der ebenfalls Küchenchef ist und mit einem weißen Käppchen auf dem Kopf im Schneidersitz vor einer Reihe von Töpfen sitzt, die über Holzkohlefeuer köcheln, und dabei aussieht wie ein Potentat, der sein Reich mustert. Wie in den meisten islamischen Regionen füllt sich das Restaurant erst nach Sonnenuntergang.

Die Spezialität des ursprünglichen »Karim« sind die mit viel Butter und Sahne zubereiteten Schmorgerichte der Mogulherrscher. Auf der Karte findet sich nur ein einziges Grillgericht – Seekh-Kebab (mit Kalbshack). Sie können dabei zusehen, wie es auf einem rechteckigen Kohlebecken zubereitet wird. Ein Ventilator bringt die Holzkohle zum Glühen. Wenn die Spieße fertig sind, serviert man Ihnen eine Art röhrenförmige Wurst, die mit Gewürzen parfümiert und äußerst saftig ist und auf ihre Weise ebenso prächtig wie die berühmte Moschee.

Im Jahr 1970 eröffnete die Familie ein weiteres Restaurant in einem anderen bunten muslimischen Stadtteil. Das »Nizamuddin Karim« ist mit einer größeren Küche und einem eleganteren Eßsaal ausgestattet und bietet eine größere Auswahl von Grillgerichten an wie Tandoori bakra, eine ganze Ziege, gefüllt mit Trockenfrüchten, hartgekochten Eiern und Biryani, einer Basmati-Reis-Zubereitung. Ich ließ mich zu Tandoori barra (Lammrippen), Seekh-Kebab und gegrilltem Brot verführen. Doch das Gericht, von dem ich immer noch träume, ist Karims Afghani murgh (Hähnchen), und wegen des Rezepts bat ich, die Küche besichtigen zu dürfen.

Die gute Nachricht ist, daß der Ort, an dem das Essen zubereitet wird, ebenso makellos sauber war wie der Eßsaal. Die Köche trugen graue Overalls, was sie ein bißchen wie Gefängnisinsassen aussehen ließ. Zwei saßen barfüßig im Schneidersitz vor zwei gigantischen Tandoor-Öfen, in denen Fleisch und Brot garten. Die Marinaden wurden auf dem (blitzsauberen) Fußboden in flachen Metallschüsseln gemischt.

Die schlechte Nachricht ist die, daß die Familie ihre Rezepte mit Argusaugen hütet. Das geht so weit, daß die Würzmischungen für die Lammarinaden an einem anderen Ort zusammengestellt werden. So kennt nicht einmal der Küchenchef das gesamte Rezept. Bei dem Murgh konnte ich Joghurtkäse und Zitronensaft herausschmecken ebenso wie eine großzügige Dosis von püriertem Knoblauch und Ingwer. Eine Probe der reinen Marinade zeigte, daß auch Cayennepfeffer und Kreuzkümmel im Spiel waren. Seltsamerweise erinnerte mich der Gesamteffekt an Liptauerkäse aus Ungarn – das Resultat finden Sie auf der Seite rechts.

HÄHNCHENKEULEN AFGHANISCH

Murgh

INDIEN

METHODE:
Direktes Grillen

**VORBEREI-
TUNGSZEIT:**
*4–6 Std. zum
Marinieren plus
4–6 Std. zum
Bereiten des
Joghurtkäses*

**SPEZIAL-
ZUBEHÖR:**
*4 kurze
Metallspieße*

Trotz seines Namens stammt dieses Rezept nicht aus Afghanistan (obwohl es vielleicht ursprünglich dorther kam), sondern aus Indien. Es ist eine Spezialität des berühmten Restaurants »Karim« in Neu-Delhi. Im 18./19. Jh. verliefen die Grenzen in dem heute Afghanistan, Pakistan und Indien umfassenden Gebiet völlig anders. Kochrezepte und kulinarische Konzepte wanderten mit den Handelswaren und politischen Machenschaften auf der sogenannten Seidenstraße immer weiter. Deshalb ist es nicht verwunderlich, daß die Küchenchefs des »Karim« eine für Afghanistan typische Joghurt-Chili-Marinade servieren, es ist eine elektrisierende Zusammenstellung von Aromen. Hoffentlich erfahren Sie den Slogan des Restaurants dabei am eigenen Leibe:

*Karims Essen, unvergleichlich,
macht gute Laune, aber reichlich!*

HÄHNCHEN UND MARINADE:
3 Tassen Naturjoghurt
6 Knoblauchzehen, durchgepreßt
2 EL Ingwer, gerieben
1 kleine Zwiebel, kleingehackt
3 EL frisch gepreßter Zitronensaft
½–1 EL Cayennepfeffer
2 TL Salz
1 TL frisch gemahlener schwarzer Pfeffer
**1 TL Kreuzkümmelsamen, angeröstet
      (s. Kasten Seite 93)**
**6 Hähnchenkeulen (insgesamt 900–1360 g),
      in Ober- und Unterschenkel zerlegt**

ZUM GARNIEREN:
rote Zwiebel in Scheiben
Tomatenscheiben
Gurkenscheiben
Radieschenscheiben
Zitronenspalten

1. Ein Sieb mit einer doppelten Lage angefeuchtetem Mulltuch auskleiden und über eine Schüssel hängen. Den Joghurt einfüllen und im Kühlschrank 4–6 Std. abtropfen lassen.

2. Den Joghurt aus dem Kühlschrank nehmen (er ist dann ganz dick), die abgetropfte Flüssigkeit weggießen und den Joghurt in eine große Auflaufform geben. Knoblauch, Ingwer, Zwiebeln, Zitronensaft, Cayenne, Salz, schwarzen Pfeffer und Kreuzkümmel zufügen und alles verrühren. Beiseite stellen.

3. Die Haut von den Hähnchenteilen abziehen und wegwerfen, dann die Teile kalt abspülen und mit Küchenpapier trockentupfen. Die Teile je 2–3mal bis auf den Knochen einschneiden. Die Hähnchenteile zur Marinade geben und darin wenden. Abgedeckt 4–6 Std. im Kühlschrank marinieren.

4. Den Grill auf höchster Stufe anheizen (s. Hinweis).

5. Wenn der Grill bereit ist, den Grillrost ölen. Die Hähnchenteile aus der Marinade nehmen und auf dem heißen Rost verteilen. 8–10 Min. von jeder Seite grillen, bis sie außen schön braun sind (insgesamt 16–20 Min.). Sticht man mit einem Grillspieß oder einem Messer in die dickste Stelle der Keule, tritt klarer Fleischsaft aus.

6. Die Hähnchenteile auf Teller oder eine Platte legen, mit Zwiebeln, Tomaten, Gurken, Radieschen und Zitronenspalten garnieren und sofort servieren.

Für 6 Personen
Hinweis: Holzkohle ergibt das beste Resultat.

GEFLÜGEL-SATES IM SALATBLATT AUS THAILAND

THAILAND

METHODE:
Direktes Grillen

**VORBEREI-
TUNGSZEIT:**
*20 Min. bis
2 Std. zum
Marinieren*

**SPEZIAL-
ZUBEHÖR:**
*16 lange
Bambusspieße,
1 Std. in kaltes
Wasser legen
und abtropfen
lassen*

Satés kommen ursprünglich aus Indonesien, doch Thailänder und Malayen haben die winzigen Kebabs mit Begeisterung adoptiert. Dabei veränderte sich die Art des Würzens: Statt der indonesischen süßen Marinade auf Sojabasis nehmen die Thais ihre geliebte Fischsauce. Mir gefällt besonders, die Satés so zu essen, wie es in Südostasien üblich ist, nämlich in ein Salatblatt gewickelt.

HÄHNCHEN UND MARINADE:
500 g Hähnchenbrustfilets
**60 ml Kokosmilch, aus der Dose oder
     selbstgemacht (s. Seite 522)**
2 EL asiatische Fischsauce
2 EL frisch gepreßter Limettensaft
2 TL Honig oder Zucker
2 Knoblauchzehen, durchgepreßt
½ TL Kurkuma, gemahlen

ZUM SERVIEREN:
thailändische Erdnußsauce (s. Seite 472)
**1 Kopf grüner Blattsalat, in Blätter zerteilt,
     gewaschen und geputzt**

1. Die Hähnchenbrustfilets kalt abspülen und mit Küchenpapier trockentupfen. Die Filets längs (mit der Faser) in 16 Streifen schneiden, die jeweils 10 cm lang, 1 cm breit und ½ cm dick sind. Beiseite stellen.

2. Für die Marinade Kokosmilch, Fischsauce, Limettensaft, Honig, Knoblauch und Kurkuma in eine Auflaufform geben und gut verrühren. Die Hähnchenstreifen gründlich unterheben. Mit Klarsichtfolie abgedeckt ca. 20 Min. bis 2 Std. (je länger, desto besser) im Kühlschrank marinieren.

3. Den Grill auf höchster Stufe anheizen.

4. Die Hähnchenstreifen längs auf die Spieße fädeln (immer auf und ab stechen).

5. Wenn der Grill bereit ist, den Rost ölen. Die Satés auf dem heißen Grill verteilen und 1–3 Min. von jeder Seite hellbraun grillen, dabei mit einer Grillzange wenden (insgesamt 2–6 Min.).

6. Die Satés auf Teller geben und in Begleitung kleiner Schälchen mit Erdnußsauce servieren. Zum Essen legt man ein Saté auf ein Salatblatt und gibt einen Löffel von der Sauce auf das Fleisch. Das Salatblatt um das Saté wickeln und den Spieß herausziehen.

*Ergibt 16 Satés; für 4 Personen als
Vorspeise, für 2 Personen als Hauptgericht*

GEFLÜGEL-SATES AUS MALAYSIA

MALAYSIA

METHODE:
Direktes Grillen

Satés sind in ganz Südostasien beliebt, und in jedem Land wird behauptet, hier seien sie am besten. Die malayische Version ist besonders aromatisch, dank der duftenden Paste aus Schalotten, Zitronengras, Kurkuma, Koriander und Erdnüssen, in der das Fleisch mariniert wird. In Malaysia würde man frische Kurkuma nehmen. Da sie mancherorts schwer zu bekommen ist, habe ich sie durch fri-

**VORBEREI-
TUNGSZEIT:**
*1 Std. zum
Marinieren*

**SPEZIAL-
ZUBEHÖR:**
*Etwa 40 kurze
Bambusspieße,
1 Std. in kaltes
Wasser legen
und abtropfen
lassen;
1 frischer
Zitronengrasstiel,
nicht geputzt*

schen Ingwer und Kurkumapulver ersetzt. In Asien bevorzugt man dunkleres Hähnchenfleisch von Ober- und Unterschenkel wegen des kräftigeren Geschmacks. Ich verwende hier Hähnchenbrustfilets (sie sind einfacher zu verarbeiten), aber selbstverständlich können Sie auch dunkles Fleisch nehmen. Satés mit Rind, Lamm oder Garnelen kann man auf die gleiche Weise zubereiten.

HÄHNCHEN UND MARINADE:

750 g Hähnchenbrustfilets

4 große oder 6 mittelgroße Schalotten, geviertelt

2 Zitronengrasstiele, geputzt und in 1 cm große Stücke geschnitten, oder 2 Streifen Zitronenschale (à 5 x 1 cm)

1 EL Ingwer, gehackt

2 EL Erdnüsse, ohne Fett geröstet

6 EL Pflanzenöl

2 EL frisch gepreßter Zitronen- oder Limettensaft, nach Geschmack auch mehr

1 EL Sojasauce

1 TL Salz, nach Geschmack auch mehr

1 TL Kurkuma, gemahlen

1 TL Kreuzkümmel, gemahlen

1 TL Koriander, gemahlen

¼ TL Zimt, gemahlen

½ TL frisch gemahlener schwarzer Pfeffer

Erdnußsauce von den niederländischen Antillen (s. Seite 473)

1. Die Hähnchenbrustfilets kalt abspülen, mit Küchenpapier trockentupfen und längs (mit der Faser) in Streifen von der Größe Ihres kleinen Fingers schneiden. Die Streifen in eine große Schüssel geben, beiseite stellen.

2. Für die Marinade Schalotten, Zitronengras, Ingwer, Erdnüsse, 3 EL Öl, Zitronensaft, Sojasauce, Salz und die gemahlenen Gewürze in einem Mixer zu einer glatten Paste pürieren. Mit Salz und Zitronensaft pikant abschmecken. Die Mischung gut mit den Hähnchenstreifen vermengen. Mit Klarsichtfolie abgedeckt 1 Std. im Kühlschrank marinieren, dabei 1–2mal umrühren.

3. Den Grill auf höchster Stufe anheizen.

4. Die Hähnchenstreifen in Längsrichtung auf die Spieße fädeln.

5. Wenn der Grill bereit ist, den Grillrost ölen. Die Satés auf dem heißen Rost verteilen und 1–3 Min. von jeder Seite hellbraun garen (insgesamt 2–6 Min.). Mit dem Zitronengrasstiel die Satés währenddessen 1–2mal mit dem restlichen Öl bestreichen.

6. Die Satés auf Teller oder eine Platte geben und mit der Erdnußsauce servieren.

***Für 8 Personen als Vorspeise,
für 4 Personen als Hauptgericht***

GEFLÜGEL-SATÉS AUS SRI LANKA

SRI LANKA

METHODE:
Direktes Grillen

Die meisten Leute denken bei Satés (Aka satays) an Südostasien, insbesondere an Indonesien, Malaysia oder Singapur. Zu meiner großen Überraschung fand ich sie auch auf der Speisekarte des »Taprobane«, einem ceylonesischen Restaurant in Manhattan. (Taprobane ist ein alter Name von Sri Lanka.) Doch eigentlich ist das gar nicht so verwunderlich. Das Prinzip des Kebab scheint mit arabischen Händlern im 12. Jh. nach Indonesien gekommen zu sein. Und Sri Lanka liegt sozusagen am Wege.

Bei dieser Version von Satés spielt eine kräftige Marinade mit Koriander und Paprika eine Rolle. Sie werden außerdem mit einer ebenso kräftigen Sauce serviert, die

VORBEREI-TUNGSZEIT:
*30 Min. bis
6 Std. zum
Marinieren*

SPEZIAL-ZUBEHÖR:
*40–50 kurze
Bambusspieße,
1 Std. in kaltes
Wasser legen
und abtropfen
lassen*

mit Kurkuma vergoldet und mit Kokosmilch angereichert wird. Ich persönlich mag die Schärfe von Rosenpaprika, Edelsüßpaprika geht allerdings schonender mit den Geschmacksknospen um.

HÄHNCHEN:

750 g Hähnchenbrustfilets

1 EL Edelsüß- oder Rosenpaprikapulver

2 TL Koriander, gemahlen

1 TL Salz

1 TL frisch gemahlener schwarzer Pfeffer

2 Knoblauchzehen, durchgepreßt

3 EL Pflanzenöl

SAUCE:

3 EL Pflanzenöl

1 große Zwiebel, in dünne Scheiben
    geschnitten

1 EL Ingwer, kleingehackt

2 Knoblauchzehen, durchgepreßt

1 TL Kreuzkümmel, gemahlen

1 TL Koriander, gemahlen

½ TL Rosenpaprika oder Cayennepfeffer

½ TL Kurkuma, gemahlen

Salz und frisch gemahlener schwarzer Pfeffer,
    nach Geschmack

250 ml Kokosmilch, aus der Dose oder
    selbstgemacht (s. Seite 522)

2 TL destillierter Weißweinessig, nach
    Geschmack auch mehr

1. Die Hähnchenbrustfilets kalt abspülen, mit Küchenpapier trockentupfen, längs (mit der Faser) in 6 cm lange Streifen schneiden und in eine große Schüssel geben. Paprika, Koriander, Salz und Pfeffer zufügen und mit den Fingern ins Fleisch einmassieren. Das Öl zugeben und alles gut mischen. Abgedeckt 30 Min. bis 6 Std. im Kühlschrank marinieren (je länger, desto besser).

2. Für die Sauce das Öl in einem mittelgroßen Topf auf höchster Stufe erhitzen. Zwiebeln, Ingwer, Knoblauch, Kreuzkümmel, Koriander, Paprika, Kurkuma, Salz und Pfeffer zufügen. 1 Min. anbraten, dabei rühren, bis die Zwiebel mit Gewürzzutaten bedeckt ist. Die Hitze auf mittlere Stufe reduzieren und die Zwiebelringe unter gelegentlichem Rühren 15–20 Min. garen, bis sie weich und goldbraun sind. Kokosmilch und Essig einrühren, ca. 5 Min. köcheln lassen, bis die Sauce eindickt. Mit Salz oder Essig pikant abschmekken. Den Topf vom Herd nehmen und beiseite stellen.

3. Den Grill auf höchster Stufe anheizen.

4. Die Hähnchenstreifen der Länge nach auf die Spieße fädeln.

5. Wenn der Grill bereit ist, den Grillrost ölen. Die Satés auf dem heißen Rost verteilen und unter Wenden 1–3 Min. von jeder Seite grillen, bis sie hellbraun und innen gar sind (insgesamt 2–6 Min.).

6. Die Satés auf Teller oder eine Platte geben und mit etwas Sauce beträufeln. Sofort servieren.

Ergibt 40–50 Satés; für 6 Personen als Vorspeise, für 4 Personen als Hauptgericht

GEFLÜGEL-SATES VOM SCHULHOF

THAILAND

METHODE:
Direktes Grillen

So wie amerikanische Schulkinder beim Läuten der Mittagsglocke zum nächsten Fast-food-Restaurant stürzen, streben die kleinen Thais in ihren Schuluniformen von der Nat-Monekugrasae-High-School in Bangkok zum Satéstand von Suay und Pong Pochana. Die Pochana-Schwestern sind nur zwei von etwa zwanzig Imbißverkäufern, die in den Ständen auf dem Parkplatz gegenüber der Schule

**VORBEREI-
TUNGSZEIT:**
*1–2 Std. zum
Marinieren*

**SPEZIAL-
ZUBEHÖR:**
*Etwa 40 kurze
Bambusspieße,
1 Std. in kaltes
Wasser legen
und abtropfen
lassen*

auf Kundschaft warten, doch mir kam es so vor, als ob die Kinder am liebsten zu ihnen gingen. Pong sitzt im Schneidersitz auf einer erhöhten Fläche und fädelt Fleisch auf die Spieße, während Suay die Kokosnuß-Holzkohle in der schmalen Kohlenpfanne durch Fächeln zum Glühen bringt. Satés stammen zwar aus Indonesien (s. Seite 444), doch es ist typisch thailändisch, sie wie hier mit Kokosmilch zu marinieren und mit einem pikanten Tamarindendip zu servieren. Letzterer gehört dank der rauchigen Strenge der Tamarinde zu den wohlschmeckendsten süß-sauren Saucen, die ich kenne. Sie können auch Jasminreis dazu reichen.

**500 g Hähnchenbrustfilets oder
   Hähnchenfleisch von der Keule**
3 Knoblauchzehen, durchgepreßt
**1 Stück (2 ½ cm lang) Ingwerwurzel, in
   dünne Scheiben geschnitten**
1 EL Zucker
1 TL Salz
2 EL asiatische Fischsauce
**125 ml Kokosmilch aus der Dose oder
   selbstgemacht (s. Seite 522)**
Tamarindendip (s. Seite 484)

1. Das Hähnchenfleisch kalt abspülen, mit Küchenpapier trockentupfen und längs (mit der Faser) in 6 cm lange Streifen schneiden (so lang wie Ihr kleiner Finger). Die Streifen in eine große Schüssel geben, beiseite stellen.

2. Für die Marinade Knoblauch, Ingwer, Zucker und Salz in einem Mörser zu einer groben Paste zerstoßen, dann mit der Fischsauce und der Kokosmilch mischen. Oder alle Zutaten in einem Mixer pürieren. Die Marinade über die Hähnchenstreifen gießen und alles gut mischen. Abgedeckt 1–2 Std. (je länger, desto besser) im Kühlschrank durchziehen lassen, dabei gelegentlich umrühren.

3. Den Grill auf höchster Stufe anheizen.

4. Die Hähnchenstreifen aus der Marinade nehmen (Marinade aufbewahren) und der Länge nach auf Spieße fädeln.

5. Wenn der Grill bereit ist, den Grillrost ölen. Die Satés auf dem heißen Rost verteilen und 1–3 Min. von jeder Seite grillen, bis sie hellbraun und gar sind (insgesamt 2–6 Min.). Die Satés vor dem Wenden 1–2mal mit der restlichen Marinade bestreichen.

6. Auf Teller oder eine Platte geben und sofort servieren, kleine Schälchen mit Tamarindendip dazu stellen.

*Für 4 Personen als Vorspeise,
für 2 Personen als Hauptgericht*

GEFLÜGEL-SATÉS AUS JAKARTA

Saté ayam

INDONESIEN

METHODE:
Direktes Grillen

Dies ist wohl das beliebteste Saté in ganz Jakarta, vergleichbar dem Hot dog in New York. Das vorliegende Rezept stammt von Nurul Phamid, einem schlaksigen jungen Mann mit zartem Schnurrbart, der seine Satés aus einem Handkarren an der Jabong-Straße verkauft. Phamid steckt Hühnerleber, Haut und dunkles Hähnchenfleisch auf seine Spieße. Der Einfachheit halber können Sie Haut und Leber auch weglassen. Unvergleichlich saftig aber werden Phamids Satés durch das Bestreichen mit Hühnerfett!

**SPEZIAL-
ZUBEHÖR:**
*Etwa 28 kurze
Bambusspieße,
1 Std. in kaltes
Wasser legen
und abtropfen
lassen*

500 g Hähnchenbrust oder -keulen, entbeint
   (nach Wunsch mit Haut)
125 g Hühnerleber (nach Wunsch)
180 ml süße Sojasauce (Ketjap manis)
   oder je 90 ml normale Sojasauce und
   Sirup
180 ml Erdnußsauce (s. Seite 472)
3 EL Zwiebel, feingehackt
1 EL frisch gepreßter Limettensaft
2 EL Hühnerfett, ausgelassen (s. rechte
   Spalte), oder Butter, zerlassen
1 EL Chilipaste (Sambal oelek) oder andere
   scharfe Sauce zum Servieren

1. Den Grill auf höchster Stufe anheizen.

2. Die Haut vom Hähnchen abziehen und aufbewahren, falls sie verwendet werden soll. Hähnchen, Haut und Leber kalt abspülen, abtropfen lassen und mit Küchenpapier trockentupfen. Hähnchenfleisch und Leber in 1 cm große Würfel, die Haut in Quadrate schneiden. Fleisch, Haut und Leber abwechselnd auf Spieße ziehen. Jedes Saté sollte ca. 8 cm lang sein. Auf eine Platte legen und locker mit Klarsichtfolie abgedeckt kühl stellen.

3. Für die Marinade 60 ml süße Sojasauce, 60 ml Erdnußsauce, Zwiebeln und Limettensaft in einer flachen Schale verrühren. Die Satés sorgfältig in der Marinade wenden, so daß sie vollständig damit überzogen sind.

4. Den Grillrost ölen. Die Satés auf den heißen Rost legen und von jeder Seite 1–3 Min. (insgesamt 2–6 Min.) hellbraun garen.

Hühnerfett auslassen

Aus der Bauchhöhle des Tieres die großen Fettstücke entnehmen. In einer kleinen Pfanne bei mittlerer Hitze 5–10 Min. erwärmen, bis das Fett zerläuft. Durch ein Sieb in ein Gefäß streichen und dieses verschließen. Durchschnittlich enthält ein Hühnchen 30–60 g Fett, was 1–2 EL ausgelassenes Fett ergibt. Entweder von Mal zu Mal auslassen oder die Fettklumpen im Gefrierschrank aufbewahren und dann 250–500 ml auslassen. (Tiefgekühlt halten sich die Fettstücke bis zu 2 Monaten.) Ausgelassenes Hühnerfett bleibt im Kühlschrank mehrere Wochen frisch.

Dabei 1–2mal mit dem Hühnerfett bestreichen.

5. Vor dem Servieren die restliche Erdnußsauce in eine kleine Schale geben und die restliche süße Sojasauce sowie die Chilipaste in die Mitte geben (die Zutaten vermischen sich, wenn die Satés in die Sauce gedippt werden). Die Satés auf Teller oder eine Platte heben und mit der Sauce servieren.

*Für 4 Personen als Vorspeise,
für 2 Personen als Hauptgericht*

TRUTHAHN-PASTRAMI

USA

METHODE:
Indirektes Grillen

Bei Pastrami treffen drei Kontinente aufeinander. Dieses Pökelgericht stammt aus den allerersten Delikatessenläden, die jüdische Immigranten in Amerika eröffneten, damit ihre Landsleute die Speisen, die sie in ihren Heimatländern Deutschland, Rußland und Polen geliebt hatten, auch dort genießen konnten.

**VORBEREI-
TUNGSZEIT:**
*24 Std. zum
Marinieren*

**SPEZIAL-
ZUBEHÖR:**
*1 Tasse Holz-
späne, 1 Std. in
kaltem Waser
einweichen und
abtropfen lassen*

Ursprünglich kommt Pastrami aber wohl aus Zentralasien (insbesondere aus der Osttürkei und Armenien). Dort heißt es Basturma und kann mit verschiedenen Fleischsorten zubereitet werden, vorzugsweise mit Rind, Pferd und sogar Kamel. Das Fleisch wird in 60 cm lange Streifen geschnitten, und diese werden dann mit Salz, Knoblauch, Paprika und anderen Zutaten gewürzt.

Truthahn-Pastrami hingegen ist eine nordamerikanische Erfindung – sie sollte sehr aromatisch sowie fettarm sein und nur 1 Tag gepökelt werden statt 2 Wochen wie z. B. Rindfleisch-Pastrami.

1 kg Truthahnbrust ohne Haut und Knochen

1 EL Korianderkörner

2 TL schwarze Pfefferkörner

1 ½ EL grobes Salz

2 TL brauner Zucker

2 TL Edelsüßpaprika

1 ½ EL Senfkörner

1 TL Ingwer, gemahlen

3 Knoblauchzehen, feingehackt

1. Das Fleisch kalt abspülen und mit Küchenpapier trockentupfen. Beiseite stellen.

2. Für die Gewürzmischung die Koriander- und Pfefferkörner in einer Gewürzmühle oder einem Mörser grob zerkleinern. Die zerstoßenen Gewürze in einer Schüssel mit Salz, Zucker, Paprika, Senfkörnern, Ingwer und Knoblauch mischen. Mit den Fingern sorgfältig von allen Seiten in die Truthahnbrust einreiben. Das Fleisch in Klarsichtfolie wickeln oder in eine Gefriertüte geben und 24 Std. in den Kühlschrank stellen.

3. Den Grill zum indirekten Grillen vorbereiten (s. Seite 14/16) und eine Tropfschale in die Mitte setzen. Einen *Holzkohlegrill* auf mittlere Hitze anheizen.

Beim *Gasgrill* alle Holzspäne in den Räucherkasten geben und den Grill auf höchster Stufe anheizen. Sobald Rauch zu sehen ist, auf mittlere Stufe zurückschalten.

4. Beim Holzkohlegrill die Holzspäne auf die Kohlen streuen und den Grillrost ölen. Den Truthahn auf den heißen Rost über die Tropfschale legen. Den Grill schließen und das Brustfleisch 1–1 ½ Std. garen, bis ein Fleischthermometer, das in der dicksten Stelle der Brust steckt, 82 °C anzeigt. Beim Holzkohlegrill nach 1 Std. auf jeder Seite des Grills 10–12 Kohlen nachlegen.

5. Die Truthahn-Pastrami auf einem Gitter abkühlen lassen, dann abgedeckt kühl stellen. Zum Servieren quer zur Faser in dünne Scheiben schneiden.

Für 4–8 Personen

GEGRILLTER TRUTHAHN MIT ANNATTO

USA

METHODE:
Indirektes Grillen

**VORBEREI-
TUNGSZEIT:**
*4 Std. zum
Marinieren*

Mit dem althergebrachten Truthahn hat dieser hier nicht mehr viel zu tun. Das Rezept stammt aus Santa Fe. Küchenpapst Mark Miller mariniert seinen Truthahn in einer herben Mischung aus dem Saft verschiedener Zitrusfrüchte, Majoran und Annattosamen. Annatto (auch Achiote) ist ein orangefarbenes Gewürz aus Mittelamerika mit einem erdigen Jodgeschmack. Über die mexikanische Halbinsel Yucatán hielt es Einzug in die Küche des amerikanischen Südwestens. Man findet Annatto in Südamerikaläden und manchen Supermärkten. Cascabel-Chillies sind feurige runde getrocknete Chillies, die beim Schütteln rasseln. Verwenden Sie

**SPEZIAL-
ZUBEHÖR:**
*3 Tassen Holz-
späne, 1 Std. in
kaltem Wasser
einweichen und
abtropfen lassen*

ersatzweise 2 kleine scharfe getrocknete rote Chillies.

Noch aromatischer und saftiger wird der Truthahn, wenn man die Haut etwas löst und ein wenig Marinade darunter gibt. Erscheint das zu schwierig, Schritt 3 weglassen.

Wird die Marinade am Vortag zubereitet, ist der Geschmack intensiver.

1 Truthahn (5–6 kg)

Salz und frisch gemahlener schwarzer Pfeffer nach Geschmack

3 Cascabel-Chillies oder 2 kleine, scharfe, rote getrocknete Chillies

1 EL Annattosamen

250 ml Wasser

1 Bund frischer Majoran oder 1 EL getrockneter

500 ml frisch gepreßter Orangensaft

3 EL frisch gepreßter Limettensaft

4 Knoblauchzehen, feingehackt

½ TL Kreuzkümmel, gemahlen

1 EL Olivenöl zum Bestreichen

1. Das Fett aus Bauch- und Brusthöhle des Truthahns entfernen. Hals und Innereien herausnehmen und zur anderweitigen Verwendung aufbewahren. Den Truthahn von innen und außen kalt abspülen, abtropfen lassen und mit Küchenpapier trockentupfen. Dann von innen und außen mit Salz und Pfeffer würzen und abgedeckt kühl stellen.

2. Für die Marinade Cascabel-Chillies, Annattosamen und Wasser in einem kleinen Topf bei mittlerer Hitze zum Kochen bringen. Im offenen Topf 5–10 Min. kochen, bis die Chillies weich sind und das Wasser vollständig aufgesogen ist. Chillies und Annatto in einen Mixer geben. Majoran, Orangen- und

Limettensaft, Knoblauch, Kreuzkümmel, 1 TL Salz und ¼ TL Pfeffer zugeben und fein pürieren. Die Mischung durch ein feines Sieb streichen. Sehr pikant abschmecken und, falls erforderlich, noch etwas Salz oder Pfeffer zufügen.

3. Nach Wunsch die Haut anheben (s. Seite 243) und etwas Marinade darunter verstreichen.

4. Einige Eßlöffel Marinade in Bauch- und Brusthöhle und 1 EL in den Hals geben. Den Truthahn von außen großzügig mit Marinade (wenn sie nicht unter die Haut gegeben wurde) und etwas Öl bestreichen. Den Truthahn in eine Pfanne legen, locker mit Klarsichtfolie abdecken und 4 Std. im Kühlschrank marinieren.

5. Den Grill zum indirekten Grillen vorbereiten (s. Seite 14/16) und eine große Tropfschale in die Mitte setzen. Einen *Holzkohlegrill* auf mittlere Hitze anheizen.

Beim *Gasgrill* so viele Holzspäne wie möglich in den Kamin geben und den Grill auf höchster Stufe anheizen. Sobald Rauch aufsteigt, auf mittlere Hitze zurückschalten.

6. Beim Holzkohlegrill 1 Tasse Holzspäne auf die Kohlen streuen. Den Grillrost ölen. Den Truthahn aus der Pfanne heben und über der Tropfschale auf den heißen Rost legen. Den Grill schließen und den Truthahn etwa 3 Std. garen (15–20 Min. pro 500 g). Er ist gar, sobald klarer Fleischsaft austritt, wenn man mit einem Spieß in die dickste Stelle der Keule sticht und die Beine sich leicht in den Gelenken drehen lassen (s. Hinweis). Beim Holzkohlegrill pro Stunde auf jeder Seite 10–12 Kohlen und ½ Tasse Holzspäne nachlegen.

7. Den Truthahn auf eine Platte oder ein Schneidbrett heben und vor dem Anschneiden 15 Min. ruhen lassen.

Für 10–12 Personen

Hinweis: Ein Fleischthermometer sollte im Muskelfleisch der Keule (nicht am Knochen) 82 °C anzeigen.

GEGRILLTE REBHÜHNER MIT MAROKKANISCHEN GEWÜRZEN

MAROKKO

METHODE:
Direktes Grillen

**VORBEREI-
TUNGSZEIT:**
*1–8 Std. zum
Marinieren*

Gegrilltes Fleisch bedeutet in weiten Teilen Marokkos Lamm. Dieses Gericht jedoch verwöhnt Geflügelliebhaber mit intensiven marokkanischen Aromen. Kreuzkümmel, Ingwer, Paprika und Koriandergrün verwandeln gewöhnliches Geflügel in eine Glanzleistung der Grillkunst.

4 Rebhühner (à ca. 500 g)
1 mittelgroße Zwiebel, gerieben
2 EL glatte Petersilie, gehackt
2 EL Koriandergrün, gehackt
3 frisch gepreßter Zitronensaft
2 EL Olivenöl
1 TL Salz
½ TL Kreuzkümmel, gemahlen
½ TL Edelsüß- oder Rosenpaprika
½ TL Ingwer, gemahlen
½ TL frisch gemahlener weißer Pfeffer
Zitronenspalten zum Garnieren

1. Das Fett aus Bauch- und Brusthöhle der Rebhühner entfernen. Falls vorhanden, Hals und Innereien ebenfalls entfernen und zur anderweitigen Verwendung aufbewahren. Die Rebhühner von innen und außen kalt abspülen und mit Küchenpapier trockentupfen. Die Rebhühner entbeinen oder der Länge nach mit einer Geflügelschere halbieren. Das Geflügel in eine große, tiefe Auflaufform geben und beiseite stellen.

2. Für die Marinade Zwiebeln, Petersilie, Koriandergrün, Zitronensaft, Öl, Salz, Kreuzkümmel, Paprika, Ingwer und Pfeffer in einer kleinen Schüssel verquirlen. Die Mischung über die Rebhühner gießen und diese darin wenden, bis sie vollständig überzogen sind. Abgedeckt im Kühlschrank 1–8 Std. marinieren (je länger, desto besser). Dabei das Geflügel gelegentlich wenden.

3. Den Grill nach der Zwei-Lagen-Methode vorbereiten (s. Seite 14) und anheizen.

4. Wenn der Grill bereit ist, den Grillrost ölen. Die Rebhühner aus der Marinade heben und mit der Haut nach unten auf die heißere Seite des Grillrostes legen. Dann entsprechend Schritt 3 und 4 auf Seite 246 grillen. Die Gesamtgarzeit beträgt 25–35 Min.

5. Die Rebhühner auf Teller oder eine Platte heben, mit Zitronenspalten garnieren und sofort servieren.
Für 4 Personen

REBHÜHNER AFGHANISCH

AFGHANISTAN

METHODE:
Direktes Grillen

Afghanistan bietet einige der weltweit besten Grillgerichte – was dieses Rezept beweist. Für die Marinade benötigt man nur Zutaten, die man ohnehin im Haus hat, aber das Geflügel wird damit so exotisch, saftig und aromatisch, daß Gäste sich in ein hervorragendes afghanisches Restaurant versetzt glauben. Schon 8 Std. Marinierzeit zeigen Wirkung, am besten aber schmecken die Hühner nach 24 Std.

VORBEREI-TUNGSZEIT:
8–24 Std. zum Marinieren

SPEZIAL-ZUBEHÖR:
Drehspieß (nach Wunsch, s. Hinweis)

4 Rebhühner (à ca. 500 g)
180 ml Olivenöl extra vergine
¾ Tasse Naturjoghurt
80 ml frisch gepreßter Zitronensaft
1 EL Paprikapulver
1 TL Kreuzkümmel, gemahlen
2 TL Salz
1 TL frisch gemahlener schwarzer Pfeffer
3 mittelgroße Zwiebeln, in feine Ringe geschnitten
8 Knoblauchzehen, in dünne Scheiben geschnitten
1 Zitrone, in dünne Scheiben geschnitten
1–4 Bird- oder Jalapeño-Chillies, in feine Ringe geschnitten

1. Das Fett aus Bauch- und Brusthöhle entfernen. Falls vorhanden, Hals und Innereien ebenfalls entnehmen und zur anderweitigen Verwendung aufbewahren. Die Rebhühner von innen und außen kalt abspülen und mit Küchenpapier trockentupfen. Dann in eine große, tiefe Auflaufform geben und beiseite stellen.

2. Für die Marinade Öl, Joghurt, Zitronensaft, Paprika, Kreuzkümmel, Salz und Pfeffer verquirlen. Zwiebeln, Knoblauch, Zitronenscheiben und Chillies einrühren, dann die Mischung über die Rebhühner gießen. Diese darin wenden, bis sie vollständig überzogen sind. Abgedeckt im Kühlschrank 8–24 Std. marinieren (je länger, desto besser). Dabei das Geflügel gelegentlich wenden.

3. Den Grill zum Garen am Drehspieß vorbereiten (s. Seite 20).

4. Die Rebhühner auf den Spieß ziehen und diesen über dem Grill einsetzen. Den Drehspieß einschalten und das Geflügel bei geschlossenem Grill 20–35 Min. garen (bei offenem Grill etwas länger), bis es appetitlich gebräunt ist. Garprobe: Sticht man mit einem Spieß oder Messer in die dickste Stelle einer Keule, tritt klarer Fleischsaft aus.

5. Die Rebhühner vom Spieß streifen, auf ein Schneidbrett oder eine Platte legen und vor dem Servieren 5 Min. ruhen lassen.

Für 4 Personen

Hinweis: Die Hühner können auch direkt auf dem Grill gegart werden. Dafür entbeinen (s. Seite 244) oder mit einer Geflügelschere längs halbieren. Marinieren (Schritt 2) und wie im vorhergehenden Rezept grillen.

GEGRILLTE WACHTELN AFGHANISCH

AFGHANISTAN

METHODE:
Direktes Grillen

VORBEREI-TUNGSZEIT:
2–3 Std. zum Abtropfen des Joghurts, 12–24 Std. zum Marinieren

Falls Sie Wachteln bisher immer etwas trocken fanden, probieren Sie einmal dieses Rezept. Die würzige Joghurtmarinade macht sie außergewöhnlich saftig und frisch. Man darf nur nicht vergessen, den Joghurt rechtzeitig abtropfen zu lassen. Dieses Gericht kann übrigens auch genießen, wer keine Wachteln mag: Die Marinade ist zugleich ein wunderbarer Dip für Rohkost. Das Rezept stammt aus dem »Khyber Pass« in New York.

4 Tassen Naturjoghurt
2 TL Rosen- oder Edelsüßpaprika
1 TL Salz, nach Geschmack auch mehr
1 TL Koriander, gemahlen
½ TL Cayennepfeffer, nach Geschmack auch mehr
½ TL Curry
½ TL Kreuzkümmel, gemahlen
½ TL Kurkuma, gemahlen
½ TL frisch gemahlener schwarzer Pfeffer
8 Wachteln (insgesamt ca. 1 kg)

1. Ein Joghurtsieb oder ein normales Sieb, ausgekleidet mit zwei Lagen Mulltuch, über eine Schüssel hängen. Den Joghurt hineingießen und im Kühlschrank 2–3 Std. abtropfen lassen.

2. Den Joghurt aus dem Kühlschrank nehmen und die Molke abgießen. Den Joghurt (der jetzt halbfest, aber nicht trocken ist) in eine große Schüssel geben. Paprika, Salz, Koriander, Cayennepfeffer, Curry, Kreuzkümmel, Kurkuma und Pfeffer einrühren. Sehr pikant abschmecken und, falls erforderlich, noch etwas Salz und Cayennepfeffer zugeben. Beiseite stellen.

3. Bei den Wachteln das Fett in Bauch- und Brusthöhle entfernen. Die Wachteln innen und außen kalt abspülen und mit Küchenpapier trockentupfen. Dann entbeinen (s. Seite 244).

4. Die Wachteln in die Schüssel mit der Marinade legen. Wenden, bis sie ganz mit der Mischung überzogen sind. Abgedeckt im Kühlschrank 12–24 Std. marinieren, dabei gelegentlich wenden.

5. Den Grill auf höchster Stufe anheizen.

6. Wenn der Grill bereit ist, den Grillrost ölen. Die Wachteln aus der Marinade heben und mit der Haut nach unten auf den heißen Rost legen. Von jeder Seite 4–6 Min. (insgesamt 8–12 Min.) grillen, bis sie appetitlich gebräunt sind. Garprobe: Sticht man mit einem Spieß oder Messer in die dickste Stelle einer Keule, tritt klarer Fleischsaft aus.

7. Die Wachteln auf Tellern oder einer Platte anrichten und sofort servieren.

Für 4 Personen

GEGRILLTE WACHTELN SANTORIN

GRIECHENLAND

METHODE:
Direktes Grillen

VORBEREITUNGSZEIT:
1–2 Std. zum Marinieren

Santorin ist eine geradezu herzzerreißend schöne griechische Insel. An die steilen Hänge des eingestürzten Vulkans schmiegen sich weiß leuchtende Villen und Kirchen. Nach dieser Insel nennt sich ein ebenso romantisches griechisches Restaurant in Chicago. Im heimelig ausgeleuchteten Speisesaal dinieren die Gäste in Gruppen um einen lodernden Kamin, umgeben von Kupferkesseln, rustikalen Korbstühlen und Körben, die von den Deckenbalken hängen. Wachteln zählen zu den Spezialitäten des Hauses. Die Zubereitung ist äußerst schlicht und gehört doch zu den besten Methoden, dieses winzige Geflügel zuzubereiten.

8 Wachteln (insgesamt ca. 1 kg)
125 ml Rotweinessig, nach Geschmack auch mehr
125 ml frisch gepreßter Zitronensaft
1 ½ EL Oregano, getrocknet und zerkrümelt (s. Seite 276)
2 TL Salz, nach Geschmack auch mehr
2 TL frisch gemahlener schwarzer Pfeffer, nach Geschmack auch mehr
180 ml Olivenöl extra vergine, am besten aus Griechenland

1. Bei den Wachteln das Fett in Bauch- und Brusthöhle entfernen. Die Wachteln innen und außen kalt abspülen und mit Küchenpapier trockentupfen. Dann entbeinen (s. Anleitung Seite 244) und mit der Haut nach unten in eine Auflaufform legen. Beiseite stellen.

GRIECHISCHER OREGANO
*N*och schmackhafter werden die Wachteln mit griechischem Oregano. Dieser hat ein volleres, minzähnlicheres Aroma.

2. Für die Marinade Essig, Zitronensaft, Oregano und je 2 TL Salz und Pfeffer in einer großen Schüssel verquirlen, bis sich das Salz gelöst hat. Das Öl unterrühren, bis es sich mit Essig und Zitronensaft verbindet. Sehr würzig abschmecken und bei Bedarf nachwürzen. Die Hälfte der Mischung über die Wachteln gießen. Diese dabei wenden, so daß sie vollständig überzogen sind. Abgedeckt im Kühlschrank 1–2 Std. marinieren, dabei 1–2mal wenden. Die restliche Marinade bis zum Servieren aufbewahren.

3. Den Grill auf höchster Stufe anheizen.

4. Den Grillrost ölen. Die Wachteln aus der Marinade heben, mit der Haut nach unten auf den heißen Rost legen. Von jeder Seite 4–6 Min. (insgesamt 8–12 Min.) grillen, bis sie appetitlich gebräunt sind. Sticht man mit einem Spieß oder Messer in die dickste Stelle einer Keule, tritt klarer Fleischsaft aus.

5. Die Wachteln auf Tellern oder einer Platte anrichten und sofort servieren. Dazu die Marinade reichen.

Für 4 Personen

GEGRILLTE WACHTELN PIKANT

USBEKISTAN

METHODE:
Direktes Grillen

VORBEREITUNGSZEIT:
4 Std. zum Marinieren

Dieses Rezept stammt aus den Barbecueregionen der ehemaligen Sowjetunion, wie ich die Kaukasusrepubliken Georgien, Armenien, Aserbaidschan und Usbekistan gerne nenne, in deren Küche das Grillen eine zentrale Rolle spielt. So zubereitete Wachteln sind in Usbekistan sehr beliebt. Dort werden sie, sagt Darra Goldstein, Expertin für die Küche des Kaukasus, in Kürbisblätter gewickelt und in heißer Asche gegart. Da Kürbisblätter aber bei uns kaum erhältlich sind, schlage ich vor, Weinblätter zu verwenden. Doch auch ganz ohne Blätter gegrillt, entwickeln die Wachteln durch die Marinade mit Knoblauch, Kreuzkümmel und Koriander ein komplexes Zusammenspiel verschiedener Geschmacksebenen. Sie werden staunen, wie großartig ein so winziger Vogel schmecken kann.

Darra Goldstein hat die Zubereitung ihrer Wachteln etwas vereinfacht. Ich beschreibe hier beide Methoden.

8 Wachteln (insgesamt ca. 1 kg)
2 TL grobes Salz
2 TL Kreuzkümmel
2 TL Koriander
2 TL schwarze Pfefferkörner
2 Knoblauchzehen, gehackt
2 EL Olivenöl

1. Bei den Wachteln das Fett in Bauch- und Brusthöhle entfernen. Die Wachteln innen und außen kalt abspülen und mit Küchenpapier trockentupfen. Dann entbeinen (s. Anleitung Seite 244) und in eine Auflaufform legen. Beiseite stellen.

2. Für die Würzpaste Salz, Kreuzkümmel, Koriander und Pfeffer in einem Mörser fein zerstoßen, dann Knoblauch und Öl einrühren. Oder Salz und Gewürze zuerst in einer Gewürzmühle mahlen und anschließend in einer kleinen Schüssel mit Öl und Knoblauch verrühren. Die Wachteln mit den Fingern sorgfältig mit der Paste einreiben und abgedeckt 4 Std. im Kühlschrank marinieren.

3. Den Grill auf höchster Stufe anheizen.

4. Den Grillrost ölen. Die Wachteln mit der Haut nach unten auf den heißen Rost legen. Von jeder Seite 4–6 Min. (insgesamt 8–12 Min.) grillen, bis die Wachteln appetitlich gebräunt sind. Sticht man zur Garprobe mit einem Spieß oder Messer in die dickste Stelle einer Keule, so tritt klarer Fleischsaft aus.

5. Die Wachteln auf Teller oder eine Platte heben und sofort servieren.

Für 4 Personen als Hauptgericht

Wachteln in Weinblättern aus Usbekistan

Beeindruckt vom Originalrezept habe ich versucht, die Wachteln in Weinblätter zu hüllen (die natürlich ganz anders sind als Kürbisblätter, dafür aber leichter erhältlich) und in der Glut zu garen. Das Ergebnis war köstlich. Nach dieser Methode können die Wachteln nur auf einem Holzkohlegrill zubereitet werden.

40 eingelegte Weinblätter
8 Wachteln (insgesamt ca. 1 kg)
Würzpaste (s. Rezept für gegrillte Wachteln pikant, Seite 276, Schritt 2)

1. Die Weinblätter kalt abspülen, dann 1 Std. in kaltem Wasser einweichen. Dabei das Wasser mehrmals wechseln.

2. Einen Holzkohlegrill auf mittlere Hitze anheizen.

3. Bei den Wachteln das Fett in Bauch- und Brusthöhle entfernen. Die Wachteln innen und außen kalt abspülen und mit Küchenpapier trockentupfen. Etwas Würzpaste in Bauch- und Brusthöhle jeder Wachtel geben, die restliche Paste auf die Haut streichen.

4. Die Weinblätter abtropfen lassen und trockentupfen. Jede Wachtel in 5 Weinblätter hüllen und gut mit Küchengarn umwickeln.

5. Die so vorbereiteten Wachteln in die Asche legen und 15–20 Min. unter gelegentlichem Wenden mit einer Grillzange garen. Zur Garprobe einen Spieß in die dickste Stelle einer Keule stechen. Die Wachteln sind gar, wenn dieser beim Herausziehen sehr heiß ist.

6. Die Wachteln in den Weinblättern servieren. Diese jedoch unbedingt vor dem Verzehr entfernen.

Für 4 Personen

ENTE MIT KNOBLAUCH UND INGWER

USA

METHODE:
Indirektes Grillen

Ich wage zu behaupten, daß Grillen die beste Zubereitungsart für Ente ist. Als in Frankreich ausgebildeter Koch, wo man Ente fast immer im Ofen brät und rosa serviert wie Steak, mache ich mich damit nahezu zum Ikonoklasten.

Tatsache ist aber, daß vornehmlich nordamerikanische Enten am besten langsam und über einen langen Zeitraum gegart werden. So wird das Fleisch zart, und das Fett schmilzt. Indirektes Grillen ist dabei die geeignetste Methode, knusprige

Haut und durchgegartes, fast fettfreies Fleisch von geradezu unglaublicher Zartheit zu erzielen. Außerdem verlagert es Schmutz und Abfälle, die bei der Zubereitung eines fettreichen Vogels entstehen, aus der Küche nach draußen.

Im folgenden ein Grundrezept für gegrillte Ente, gespickt mit Knoblauch- und Ingwerstiften. Diese aromatisieren das Fleisch nicht nur, ähnlich dem Einstechen mit einer Gabel ermöglichen sie zugleich, daß das Fett austreten und die Haut knusprig werden kann. Wer Ente mit Rauchgeschmack mag, kann eine Handvoll eingeweichte Holzspäne über die Kohlen streuen (bzw. in den Räucherkasten des Gasgrills geben). Obstgehölze wie Apfel- und Kirschbaum passen besonders gut zu Ente. Diese Ente schmeckt wunderbar mit den angegebenen Saucen, ist aber auch ohne sie ein Genuß.

1 Ente (2–2 ½ kg)
2 Knoblauchzehen, längs geviertelt
2 Scheiben Ingwer (à ½ cm dick),
**   in ½ cm lange Stifte geschnitten**
Salz und frisch gemahlener schwarzer Pfeffer
**   nach Geschmack**
Zimt-Kirsch-Sauce oder Orangensauce
**   (Rezepte folgen)**

1. Den Grill zum indirekten Grillen vorbereiten (s. Seite 14/16), eine große Tropfschale in die Mitte setzen und auf mittlere Hitze anheizen.

2. Das Fett aus Bauch- und Brusthöhle der Ente entfernen. Das Beutelchen mit Hals und Innereien herausziehen und anderweitig verwenden. Die Ente innen und außen kalt abspülen und mit Küchenpapier trockentupfen.

3. Die Ente mit dem Rücken nach oben auf die Arbeitsfläche legen. Mit einem scharfen, spitzen Messer je einen kleinen Schnitt in das fettreiche Fleisch unter den Flügeln und an den Unterseiten der Keulen setzen. In jeden Einschnitt einen Ingwer- und einen Knoblauchstift stecken. Den restlichen Knoblauch und Ingwer in Bauch- und Brusthöhle geben. Die Haut der Ente, keinesfalls aber das darunterliegende Fleisch, mit einer Gabel mehrmals einstechen. Dann innen und außen sehr großzügig mit Salz und Pfeffer würzen.

4. Die Ente mit der Brust nach oben auf einen Rost über der Tropfschale legen. Den Grill schließen und die Ente 1 ½ Std. garen.

5. Danach die Ente anheben und den in der Bauchhöhle gesammelten Fleischsaft über einer Schüssel abtropfen lassen, weggießen. Die Ente weitere 30–60 Min. grillen, bis die Haut dunkelbraun und knusprig und das Fleisch ganz durchgegart und zart ist. Ein Fleischthermometer, das an der Innenseite der Keule eingestochen wird (aber nicht bis zum Knochen), sollte 75 °C anzeigen. Beim Holzkohlegrill stündlich pro Seite 10–12 glühende Kohlen nachlegen.

6. Die Ente auf eine Platte heben und 5 Min. ruhen lassen. Dann mit einer der nachfolgend beschriebenen Saucen reichen.
Für 2 Personen als Hauptgericht

Zimt-Kirsch-Sauce zu Ente

Ente à la Montmorency ist ein Klassiker der französischen Küche. Ich habe diese Sauce mit frischen oder auch eingelegten Süß- und Sauerkirschen zubereitet. Frische Kirschen sind eindeutig besser, aber entsteintes eingelegtes Obst ist bequemer zu verarbeiten und dennnoch sehr schmackhaft.

(keinesfalls Kirschkompott verwenden). Die Zuckermenge entsprechend anpassen. Intensiver wird das Zimtaroma, wenn man vor dem Grillen eine Zimtstange in die Ente gibt.

500 g frische Kirschen oder
   1 Glas Kirschen, abgetropft
¼ Tasse Zucker oder nach Bedarf
3 EL Wasser
60 ml Rotweinessig
125 ml Portwein
1 EL frisch gepreßter Zitronensaft
¼ TL abgeriebene Zitronenschale
250 ml Enten- oder Hühnerfond oder
   natriumarme Hühnerbrühe
1 Zimtstange (8 cm)
1 ½ TL Speisestärke oder Pfeilwurzmehl
1 EL Kirschwasser
Salz und frisch gemahlener schwarzer Pfeffer
   nach Geschmack
1 TL Honig oder Zucker (nach Wunsch)

1. Frische Kirschen entstielen, abspülen, abtropfen lassen und entsteinen. Es sollten ca. 375 g Kirschen übrigbleiben. Eingelegte Kirschen abspülen und nochmals abtropfen lassen. Die Kirschen beiseite stellen.

2. Zucker und Wasser in einem kleinen, tiefen Topf bei starker Hitze und geschlossenem Deckel 2 Min. erhitzen. Den Deckel abnehmen und bei mittlerer Hitze weiter erhitzen, bis der Zucker karamelisiert. Den Topf dabei leicht schwenken, damit sich die Hitze gleichmäßig verteilt. Das dauert 6–8 Min. (Vorsicht: Zucker verbrennt schnell). Den Topf vom Herd nehmen und den Essig angießen (Abstand wahren: Die Sauce zischt sehr, und die Essigdämpfe stechen in den Augen). Wieder auf den Herd stellen und bei niedriger Hitze 2–3 Min. köcheln lassen, bis der Karamel vollständig gelöst ist.

3. Portwein, Zitronensaft und -schale zur Karamelmischung geben und bei mittlerer Hitze aufkochen. Bei offenem Topf 2 Min. kochen. Fond und Zimt zufügen und die Sauce in ca. 5 Min. etwas reduzieren. Auf geringe Hitze zurückschalten und die Kirschen zugeben. Leicht köcheln lassen, bis sie weich, aber nicht zerkocht sind: frische Kirschen 5 Min., eingelegte 2 Min. Die Zimtstange entfernen.

4. Die Speisestärke im Kirschwasser auflösen und mit der Sauce verquirlen. Kurz kochen, bis sie andickt. Vom Herd nehmen und mit Salz und Pfeffer abschmecken. Soll die Sauce noch etwas süßer sein, Zucker oder Honig einrühren und servieren. Die Sauce hält sich abgedeckt im Kühlschrank bis zu 5 Tagen.

Ergibt ca. 500 ml, ausreichend für 2 Enten

Orangensauce zu Ente

Ente à l'orange war eines der ersten Gerichte, die ich in der Kochschule La Varenne in Paris zuzubereiten lernte: ebenfalls ein französischer Klassiker. Ihren einzigartigen süß-sauren Karamelgeschmack verdankt die Sauce der Bigarade, einer Mischung aus gebranntem Zucker und Essig. Das Originalrezept verwendet Orangen, aber ich mag das exotische Aroma der Tangerinen ebenso sehr. Intensiver wird das Orangenaroma, wenn man vor dem Grillen einige Orangenzesten in die Ente gibt.

2 große Orangen, am besten Navelorangen
¼ Tasse Zucker
3 EL Wasser
60 ml Rotweinessig
375 ml Enten- oder Hühnerfond oder
   natriumarme Hühnerbrühe
1 EL Orangenmarmelade
1 ½ TL Speisestärke
2 EL Grand Marnier oder anderen
   Orangenlikör
Salz und frisch gemahlener schwarzer Pfeffer
   nach Geschmack

1. Von einer Orange 1 TL Schale fein abreiben. Restliche Schale und weiße Haut vollständig entfernen. Über einer Schüssel (zum Auffangen des Saftes) mit einem scharfen Messer die einzelnen Filets herauslösen. Kerne mit einer Gabel entfernen, die Filets beiseite stellen. Die zweite Orange auspressen. Es werden ca. 180 ml Saft benötigt.

2. Zucker und Wasser in einem kleinen, tiefen Topf bei starker Hitze und geschlossenem Deckel 2 Min. erhitzen. Den Deckel abnehmen und bei mittlerer Hitze weiter erhitzen, bis der Zucker karamelisiert. Den Topf dabei leicht schwenken, damit sich die Hitze gleichmäßig verteilt. Das dauert 6–8 Min. (Vorsicht: Zucker verbrennt schnell). Den Topf vom Herd nehmen und den Essig angießen (Abstand wahren: Die Sauce zischt sehr, und die Essigdämpfe stechen in den Augen). Zurückstellen und bei geringer Hitze 2–3 Min. köcheln lassen, bis der Karamel vollständig gelöst ist.

3. Orangensaft und Fond zugießen und bei mittlerer Hitze zum Kochen bringen. Im offenen Topf in 10–15 Min. auf die Hälfte reduzieren. Auf geringe Hitze zurückschalten,

Zitrusschale reiben

Auf einer herkömmlichen Reibe kleben Schalen von Orangen oder anderen Zitrusfrüchten oft fest. Das kann man vermeiden, indem man ein Stück Pergament- oder Wachspapier auf die Reibe legt und die Zitrusfrucht darüber reibt. Die Schale bleibt dann am Papier haften.

die Marmelade einrühren und kurz zerlassen. Die Speisestärke in Grand Marnier auflösen und einrühren. Kurz kochen, bis die Sauce andickt. Orangenfilets zugeben, vom Herd nehmen, mit Salz und Pfeffer würzen und servieren. Die Sauce hält sich abgedeckt im Kühlschrank bis zu 5 Tagen.

Ergibt ca. 500 ml, ausreichend für 2 Enten

PEKINGENTE

MACAO

METHODE:
Indirektes Grillen

VORBEREITUNGSZEIT:
24 Std. zum Trocknen

Pekingente gehört zu den Glanzleistungen chinesischer Gastronomie. Sie aber als Barbecue zuzubereiten, daran hätte ich niemals gedacht – bis ich nach Macao kam. Diese portugiesische Enklave, nur eine Stunde vor der Küste Hongkongs gelegen, darf sich einer der besten Küchen ganz Asiens rühmen (Ergebnis der kulinarischen Vereinigung von Portugal und China).

Das »Lam Yam Wing« steht in keinem Reiseführer, wer aber nach Macao kommt und dieses Restaurant nicht besucht, ist um ein wichtiges gastronomisches Erlebnis ärmer. Stolz des Hauses ist Pekingente, mit Honig bepinselt und mahagonifarben gebraten. Der Ober schneidet die Haut in kusprige Stückchen und serviert sie mit zierlichen Lauchzwiebelpfannkuchen (keine papierenen Pekingpfannkuchen, sondern samtige, köstliche und hauchdünne Crêpes). Das Fleisch der Ente wird noch einmal in die Küche getragen und mit

Schalotten und Knoblauch angebraten. Das folgende Rezept geht auf das »Lam Yam Wing« zurück.

Im geschlossenen Grill zubereitet, wird die Ente ohne viel Aufwand und Schmutz saftig und knusprig. Läßt man die Ente über Nacht offen im Kühlschrank trocknen, wird die Haut noch knuspriger.

Hier also eine nicht ganz originalgetreue, aber eminent schmackhafte Pekingente vom Grill. Lassen Sie sich von der Länge des Rezepts nicht abschrecken. Die tatsächliche Zubereitungszeit ist kurz. Auf Seite 282 habe ich ein Rezept für Lauchzwiebelcrêpes angefügt, die man zubereiten kann, während die Ente gart. Soll es einmal schnell gehen, kann man auch Pekingpfannkuchen aus der Packung oder Tortillas verwenden, aber nichts schmeckt so köstlich wie diese selbstgemachten Crêpes.

ENTE:
1 Ente (ca. 2 ½ kg)
Salz und frisch gemahlener schwarzer Pfeffer nach Geschmack
1 TL chinesisches Fünf-Gewürze-Pulver
1 Knoblauchzehe, abgezogen
1 Lauchzwiebel, gehackt
3 dünne Scheiben Ingwer
1 EL asiatisches (dunkles) Sesamöl

SAUCE:
250 ml Hoisinsauce
¼ Tasse Honig
60 ml Sojasauce
60 ml Reiswein oder Sake
3 Knoblauchzehen, feingehackt
1 EL Ingwer, feingehackt

ZUM SERVIEREN:
16 Lauchzwiebelcrêpes (Rezept folgt) oder
   12 Pekingpfannkuchen oder Tortillas
16 Lauchzwiebelsträußchen (s. Seite 282)

1. Am Vortag das Fett aus Bauch- und Brusthöhle der Ente entfernen. Das Beutelchen mit Hals und Innereien entnehmen und anderweitig verwenden. Die Ente innen und außen kalt abspülen und mit Küchenpapier trockentupfen. Die Ente in einer Pfanne über Nacht im Kühlschrank trocknen lassen (nicht abdecken!).

2. Den Grill zum indirekten Grillen vorbereiten (s. Seite 14/16), eine großeTropfschale in die Mitte setzen und auf schwache bis mittlere Hitze anheizen.

3. Die Ente innen mit Salz, Pfeffer und der Hälfte des Fünf-Gewürze-Pulvers einreiben. Knoblauch, Lauchzwiebeln und Ingwerscheiben in die Bauchhöhle geben. Die Ente mit dem Rücken nach oben auf die Arbeitsfläche legen. Mit einem scharfen, spitzen Messer je einen kleinen Schnitt in das fettreiche Fleisch unter den Flügeln und an den Unterseiten der Keulen setzen. Die Haut der Ente, keinesfalls aber das darunterliegende Fleisch, mit einer Gabel mehrmals einstechen. Die Ente außen sorgfältig mit Sesamöl bestreichen und mit Salz, Pfeffer sowie dem restlichen Fünf-Gewürze-Pulver einreiben.

4. Die Ente mit der Brust nach oben auf einen Rost über der Tropfschale legen. Den Grill schließen und die Ente 1 ½ Std. garen.

5. In der Zwischenzeit Hoisinsauce, Sojasauce, Reiswein, Knoblauch und Ingwer in einem kleinen Topf bei niedriger Hitze zum Köcheln bringen. Im offenen Topf ca. 5 Min. köcheln lassen, bis die Sauce stark duftet und sirupartig eindickt.

6. Nach 1 ½ Std. die Ente anheben und den in der Bauchhöhle gesammelten Fleischsaft über einer Schüssel abtropfen lassen, weggießen. Die Haut nochmals mit einer Gabel einstechen und unter den Flügeln und Keulen neue Einschnitte ins Fleisch setzen. Die Ente weitere 30–60 Min. grillen, bis die Haut mahagonibraun und knusprig und das Fleisch ganz durchgegart und zart ist. Ein Fleischthermometer, das an der Innenseite der Keulen eingestochen wird (aber nicht bis zum Knochen), sollte 75 °C anzeigen. Beim Holzkohlegrill stündlich auf jeder Seite 10–12 glühende Kohlen nachlegen.

7. Die Ente auf eine Platte heben. Den Gästen präsentieren, dann mit einem scharfen Messer Haut und Fleisch vom Knochen lösen (am besten in der Küche). Die Sauce auf 4 Schälchen verteilen. Auf einer Platte Fleisch und Haut, auf einer zweiten Platte Crêpes und Lauchzwiebelsträußchen arrangieren. Jeder Gast streicht mit einem Sträußchen Sauce auf ein Crêpe, belegt es mit einem Stück Haut und Entenfleisch (nach Wunsch noch mit einem Lauchzwiebelsträußchen) und rollt es auf.

Für 4 Personen

Lauchzwiebel-crêpes

Diese Crêpes sind wesentlich schmackhafter als Pekingpfannkuchen oder Tortillas. Man kann sie bis zu 24 Std. im voraus zubereiten, dann in Klarsichtfolie hüllen und bis zum Verzehr im Kühlschrank aufbewahren.

2 Eier
½ TL Zucker
½ TL Salz
180 ml Milch
125 ml Wasser (oder nach Bedarf)
1 Tasse Mehl
3 EL Lauchzwiebelgrün, feingehackt
1 EL asiatisches (dunkles) Sesamöl
Ölspray, zerlassene Butter oder
Sesamöl, zusätzlich,
zum Fetten der Pfanne

Lauchzwiebel-sträußchen

Von 16 Lauchzwiebeln die Wurzelenden und grünen Stengel abschneiden. Das Grün für die Crêpes verwenden. An jeder Zwiebel sollte ca. 8 cm Weißes verbleiben. Für den Fächer des Sträußchens an einem Ende rund um die Lauchzwiebel mehrere 2 cm lange Einschnitte setzen. Die Lauchzwiebeln anschließend in eine Schüssel mit Eiswasser legen, damit die Einschnitte auffächern.

1. Eier, Zucker und Salz in einer Schüssel verquirlen, bis Zucker und Salz gelöst sind. Milch und Wasser zufügen und gut vermischen. Das Mehl zugeben und nur vorsichtig unterziehen. Enthält der Teig Klümpchen, durch ein Sieb in eine zweite Schüssel streichen. Lauchzwiebeln und Sesamöl unterheben. Der Teig sollte eine sahnige Konsistenz haben. Ist er zu fest, noch etwas Wasser zugeben.

2. Eine Crêpespfanne (15 cm Ø) mit etwas Öl besprühen und auf mittlerer Stufe erhitzen. Die Pfanne ist heiß genug, wenn ein Wassertropfen in 2–3 Sek. verdampft. Vom Herd nehmen und sofort 2 EL Teig hineingeben. Die Pfanne vorsichtig neigen und schwenken, so daß ein dünner Pfannkuchen von ca. 10 cm Durchmesser entsteht.

3. Die Pfanne auf den Herd zurückstellen und die Crêpe von jeder Seite ca. 1–2 Min. hellbraun backen. Mit einem Bratenwender wenden. Fertige Crêpes auf einer Platte aufeinanderlegen. Die Pfanne vor jedem Crêpe erneut leicht fetten.

Ergibt ca. 16 Crêpes

Grillen in Macao

Als begeisterten Globetrotter faszinziert mich besonders die Küche an kulturellen Schnittstellen. Die Begegnung – und zuweilen der Zusammenstoß – zweier Kulturen in einer geographisch begrenzten Region kann die interessantesten Speisen hervorbringen.

Sind Sie skeptisch, dann besuchen Sie einmal Macao. Diese winzige portugiesische Enklave an der Südostküste Chinas verkörpert das, was in der westlichen Küche neuerdings »fusion cuisine« heißt. Nur daß die Verschmelzung in diesem Fall vor 400 Jahren stattfand und zwei völlig konträre Kulturen beteiligt sind.

Macao ist ein winziges Stück Land im Mündungsdelta des Hsikiang. Winzig? 450 000 Einwohner leben auf zwei kleinen Inseln und einer Halbinsel von nur sechs Quadratkilometern. Macao ist seit 1557 portugiesische Kolonie. Damals errichteten Händler an dieser Stelle eine Niederlassung für den Handel mit China und Japan.

Portugal ist eines der kleinsten Länder Europas, aber im 17. Jh. reichte sein Einfluß um die ganze Welt. Macao war der östlichste Außenposten eines Imperiums, das sich von Brasilien über Angola und Mozambique bis nach Goa in Indien und nach Timor erstreckte.

Heute sprechen nur noch 5 % der zumeist chinesischen Bevölkerung Portugiesisch, aber man findet immer noch Barockkirchen und Märkte, auf denen gesalzener Kabeljau und Olivenöl verkauft werden, sowie Konditoreien mit portugiesischen Spezialitäten. Und es zählt zu den wenigen Orten in China, an denen viel gegrillt wird. Denn die Portugiesen brachten die Grillkunst nach China, in dessen anspruchsvoller Küche die Zubereitung über offenem Feuer vollständig zu fehlen schien. Mit anderen Worten, es fand eine Verschmelzung statt zwischen der portugiesischen und der chinesischen Eßkultur zur Küche von Macao.

Wie die Mehrzahl der über eine Million Touristen, die Macao jedes Jahr besuchen, kam auch ich auf einem Tragflügelboot aus Hongkong dort an. Die Fahrt dauert nicht einmal eine Stunde, doch sie versetzt einen um Jahrzehnte zurück. Auf den ersten Blick präsentiert sich Macao wie jede andere asiatische Stadt auch: die Bebauung wirkt planlos, der Verkehr tobt, Hochhäuser und Casinos stehen dichtgedrängt am Meer. Doch schon beim ersten Schritt in eine Seitengasse, z. B. der Rua de la Felicidade (zu Recht Straße des Glücks genannt, war sie doch einst das Rotlichtviertel der Kolonie), fühlt man sich wie in China vor dem Zweiten Weltkrieg.

Vor den Geschäften quellen die Waren auf wackeligen Tischen auf dem Gehweg. Über Grillwannen voll glühender Holzkohle braten Straßenhändler Au jok kohn, süßlich-salzige, fette, köstliche Schweinefleischstreifen, und Restaurants bieten Spezialitäten, die man bisher für ungenießbar hielt: durchs Schaufenster eines Lokals gleiten Schlangen, ein anderes präsentiert stolz tapirähnliche Tiere in Käfigen, die am Ende des Abends leer sind. Mit Einbruch der Dunkelheit durchziehen Kochdünste die Straßen, denn in Macao finden die Mahlzeiten auf der Türschwelle und das gesellschaftliche Leben im Freien statt.

Auch in den portugiesischen Restaurants findet man Gegrilltes. Zum Beispiel im »Fernando's« auf Macaos ruhigster Insel Coloane, dessen Besitzer von den Azoren stammt. Den Mittelpunkt der Open-air-Küche bildet ein großer Grill, auf dem Sardinen, gesalzener Kabeljau und sogar Tintenfisch zubereitet werden. Ganz portugiesisch werden gegrillter Fisch und Meeresfrüchte mit einer Salsa aus Tomaten, Paprika und Olivenöl sowie feurig-scharfer Piri-piri-Sauce serviert.

Viele Chinesen in Macao haben das Kochen über offenem Feuer übernommen. Mein nächster Besuch galt dem Barbecuelokal »Lam Yam Wing« auf der Insel Taipa. Es wird von vier Brüdern betrieben und ist alles andere als ein Anziehungspunkt für Touristen. Eher schon ist es das Stammlokal der Einheimischen, die hier Chinesisches vom Grill genießen.

Mittelpunkt des Restaurants ist der Grill, ein sechs Meter langer Metalltrog mit sechs Kochzonen. In einer Zone befindet sich eine Spießbraterei, an dem sich ganze Hähnchen auf Spießen drehen. Dann gibt es einen Bratrost, auf dem Hähnchenflügel, Krebse und fette, butterzarte Aale brutzeln. Mag die Kochtechnik auch portugiesisch sein, die Gewürze sind eindeutig chinesisch: Sojasauce, Sesamöl, Reiswein, Ingwer und Lauchzwiebeln. Das Grillgut wird in mundgerechte Stücke geschnitten, so daß man es mit Stäbchen essen kann. Viele Gäste aber essen es nach westlicher Sitte mit den Fingern.

GEGRILLTER FASAN AUS DER TOSKANA

ITALIEN

METHODE:
Direktes oder indirektes Grillen

SPEZIAL-ZUBEHÖR:
Drehspieß (nach Wunsch)

VORBEREITUNGSZEIT:
30 Min. zum Einweichen

Das »Da Delfina« in Artimonio bei Florenz ist genau das Restaurant, das man sich am Ende eines langen Tages auf Barbecuereisen wünscht. Auf zusehends schmaleren Sträßchen fährt man zu einem Dorf, das sich um den Gipfel eines steil ansteigenden Hügels schmiegt – und betritt dann ein Lokal, das eher wie ein Privathaus wirkt. Hier befindet man sich mitten im Anbaugebiet des Chianti, und von der Terrasse des »Da Delfina« genießt man bei schönem Wetter einen geradezu überirdisch prächtigen Blick über die gepflegten Weinhänge ringsum.

Beim Betreten des Restaurants fällt der Blick als erstes auf eine offene Küche mit einem gemauerten Herd, der über zahlreiche Drehspieße und einen Holzkohlegrill verfügt. Auf dem Boden und im Hof sind Scheite toskanischen Eichenholzes gestapelt. Die weißhaarige Frau, die an einem Tisch Cannelini füllt, ist Delfina Cioni selbst. Nach einem arbeitsreichen Leben als Köchin bei einer Gräfin in der Nähe eröffnete sie 1961 ihr eigenes Restaurant. Heute betreibt es ihr Sohn Carlo.

Carlo sagt, es mache durchaus Sinn, Wild auf dem Grill zuzubereiten. Schließlich ist es noch gar nicht so lange her, daß unsere Vorfahren als Jäger und Sammler sich ihre Nahrung fingen und dann über gemeinschaftlichen Lagerfeuern brieten. Dennoch ist stets zu beachten, daß Wild auf dem Grill schnell austrocknen kann, da es viel magerer ist als Fleisch von Haustieren. Am besten wickelt man Wild daher in Pancetta, Frühstücks- oder Bauchspeck.

Bei meinem Besuch im »Delfina« war ich der einzige an meinem Tisch, der Fasan aß, also servierte man mir eine entbeinte, gefüllte Keule. Für das folgende Rezept benötigt man einen ganzen Fasan, den entbeinen kann, wer den Ehrgeiz dazu hat (s. unten).

Aber der Fasan schmeckt auch mit Knochen köstlich.

Wenn Sie keinen Fasan bekommen, können Sie auf diese Weise auch Hähnchen oder Rebhuhn zubereiten.

1 Fasan (ca. 1 kg)
250 ml Milch
4 dicke Scheiben weißes Landbrot, entrindet
250 g Mangold, geputzt
Salz nach Geschmack
1 Knoblauchzehe, feingehackt
¼ Tasse frisch geriebener Parmesan
frisch gemahlener schwarzer Pfeffer nach
**   Geschmack**
8 dünne Scheiben Pancetta
4 Rosmarinzweige

1. Den Fasan innen und außen kalt abspülen und mit Küchenpapier trockentupfen. Nach Wunsch den Fasan teilweise entbeinen, dazu an der Halsöffnung beginnen: Mit der Spitze eines scharfen Schälmessers die Haut vom Brustkorb lösen. Dabei durch die Flügelgelenke schneiden. Beim Entbeinen das Fleisch nach hinten ziehen, wie man einen Handschuh auszieht. Bis zu den Gelenken der Keulen weiter entbeinen. Auch diese Gelenke durchschneiden. Keulenknochen und Brustkorb herauslösen, dann den Fasan wieder nach außen wenden (wie man einen Strumpf umstülpt). Das klingt wesentlich komplizierter und aufwendiger, als es ist. Aber natürlich kann man den Fasan auch füllen und garen, ohne ihn vorher entbeint zu haben. Das Geflügel abgedeckt in den Kühlschrank stellen.

2. Für die Farce das Brot in einer flachen Schale 30 Min. in der Milch einweichen.

3. In der Zwischenzeit den Mangold in einem großen Topf in sprudelnd kochendem Salzwasser ca. 5 Min. weich kochen. Kalt abspülen, gut abtropfen lassen und mit Küchenpapier trockentupfen. Den Mangold so fein wie möglich hacken und nochmals ausdrücken. In eine mittelgroße Schüssel geben.

4. Das Brot ausdrücken. Brot, Knoblauch und Käse zum Mangold geben und gut mischen. Salzen und pfeffern. Den Fasan mit dieser Mischung füllen und mit Spießen oder Küchengarn schließen.

5. Den Fasan außen salzen und pfeffern. Dann mit Pancettascheiben umwickeln, dabei die Rosmarinzweige unterlegen. Den Pancetta mit Küchengarn befestigen.

6. Den Fasan kann man auf einem Drehspieß über starker Hitze oder durch indirektes Grillen garen.

Drehspieß: Den Grill zum Grillen am Drehspieß vorbereiten (s. Seite 20). Den Fasan auf den Spieß ziehen und diesen über dem Grill einhängen. Den Drehmechanismus einschalten und den Fasan bei geschlossenem Grill 40–60 Min. garen, bis er appetitlich gebräunt ist. Zur Garprobe mit einem Spieß an der dicksten Stelle einer Keule einstechen. Beim Herausziehen muß der Spieß sehr heiß sein.

Indirektes Grillen: Den Grill zum indirekten Grillen vorbereiten (s. Seite 14/16), eine Tropfschale in die Mitte setzen und auf mittlere Hitze anheizen. Den Grillrost ölen. Den Fasan über der Tropfschale auf den heißen Rost legen. Bei geschlossenem Grill ca. 1 Std. garen. Garprobe wie oben.

7. Den Fasan 10 Min. ruhen lassen, das Küchengarn entfernen. Dann den Fasan halbieren und servieren.

Für 2 Personen

Gegrillte Fasanenkeulen

Nach dem Rezept für einen ganzen Fasan kann man auch sehr gut Fasanen- oder Hähnchenkeulen zubereiten.

4 Fasanenkeulen (insgesamt ca. 1 kg)
Farce aus dem Rezept für gegrillten Fasan
** aus der Toskana (s. Seite 284)**
8 dünne Scheiben Pancetta
4 Rosmarinzweige

1. Die Keulen teilweise entbeinen. Dazu vom oberen Ende her die Keulen auslösen. Die Farce nach Anleitung zubereiten und die Keulen damit füllen. Die Öffnungen zunähen, zubinden oder mit Zahnstochern verschließen. Jede Keule in zwei Scheiben Pancetta wickeln und einen Zweig Rosmarin darunter legen. Alles mit Küchengarn befestigen.

2. Den Grill auf starke bis mittlere Hitze anheizen.

3. Den heißen Grillrost ölen. Die Keulen auf den Rost legen und von jeder Seite 8–12 Min. grillen, bis die Haut schön gebräunt ist (Garprobe wie angegeben durchführen). Die Keulen, falls erforderlich, so verschieben, daß sie nicht den eventuell durch das Tropffett der Pancetta verursachten Stichflammen ausgesetzt sind. Vor dem Servieren das Küchengarn entfernen.

Für 2 Personen

Pescheria azzurra
PESCHERIA AZZURRA
VENDITA DI
SALMONE FRESCO
E AFFUMICATO
30000
30000
30000
30000
40000
24000
20.000
PESCHERIA AZZURRA
30000
PESCHERIA AZZURRA
20.000
PESCHERIA AZZURRA

Feuer und Wasser
DAS GRILLEN VON FISCH

Neapels Fischmarkt bietet eine reiche Auswahl an hervorragendem Grillgut.

Fische entfalten erst durch den Kontakt mit Feuer ihren vollen Geschmack. Das schätzen Grillenthusiasten auf der ganzen Welt, die alles grillen, was man sich nur vorstellen kann, von Sardinen bis zum spektakulär flambierten Loup de mer, von Schwertfisch-Kebabs aus der Türkei und Brasilien bis zum Chili-gespickten Rotbarsch von den Bahamas. Wie ich auf meinen Barbecuereisen feststellte, gibt es kaum eine bessere Zubereitungsart für Fisch.

Was sollte man beim Grillen von Fisch beachten – ob Steaks und Filets oder ganze Meerestiere? Zerfällt der Fisch oder bleibt er am Grill haften? Hier erkläre ich, wie Sie solche Klippen umschiffen können. Und ich erkunde die Techniken, die sich geniale Grillexperten haben einfallen lassen, damit der Fisch saftig und aromatisch bleibt, darunter das Einwickeln und Grillen in Weinblättern wie in Georgien oder das Aufziehen auf Zitronengras-Spieße wie auf Bali. Sie werden staunen, wie köstlich Fisch, auf diese Art zubereitet, schmecken kann.

Für viele beginnt und endet das Thema Fisch vom Grill mit schlichten Lachs- oder Thunfisch-Steaks. Folgen Sie mir auf den Spuren des Barbecue und entdecken Sie die neue, aufregende Welt der gegrillten Meeresfrüchte.

GANZER ROTBARSCH MIT SÜDAFRIKANISCHEN GEWÜRZEN

Fish brai

SÜDAFRIKA

METHODE:
Indirektes Grillen

VORBEREITUNGSZEIT:
3–8 Std. zum Marinieren

B rai« ist ein südafrikanisches Wort für Barbecue. Die überraschenden indischen und malayischen Anklänge (Curry, Ingwer, Kokosmilch) in diesem Rezept sind schnell erklärt, wenn man weiß, daß Südafrika große indische und malayische Bevölkerungsanteile hat. Ich finde, Curry und Kokosmilch bringen den Geschmack des Fisches hervorragend zur Geltung.

Die Zubereitung eines ganzen Fisches auf dem Grill ist immer eine Herausforderung. Brät man ihn direkt über dem offenen Feuer, läuft man Gefahr, die Haut zu verbrennen, bevor noch das innere Fleisch gar ist. Und es stellt sich die schwierige Aufgabe, den Fisch zu wenden, ohne daß er auseinanderfällt. In Südafrika löst man das Problem durch indirektes Grillen, weil der Fisch dabei nicht gewendet werden muß.

1 ganzer Rotbarsch, Blaubarsch, Loup de mer oder ein anderer großer Fisch (1½–2 kg), ausgenommen und gesäubert, ohne Finnen, aber mit Kopf und Schwanzflosse
Salz und frisch gemahlener schwarzer Pfeffer nach Geschmack
1½ TL Kümmel, gemahlen
1 EL Curry
1 EL scharfer Paprika oder 1–2 TL Cayennepfeffer
3 EL Pflanzenöl
3 EL Kokosmilch aus der Dose
2 EL frisch gepreßter Zitronensaft
1 Bund Lauchzwiebeln, weiße und grüne Teile, geputzt und feingehackt

5 Knoblauchzehen, durchgepreßt
1 Stück (ca. 2 cm) Ingwerwurzel, geschält und feingeschnitten
¾ Tasse Koriandergrün, grobgehackt

1. Den Fisch von innen und außen unter fließendem kaltem Wasser waschen und mit Küchenpapier trockentupfen. Auf jeder Seite 4mal quer bis zur Gräte einschneiden. Von innen und außen (samt Einschnitten) mit Salz und Pfeffer würzen. Den Fisch in eine flache Auflaufform legen und beiseite stellen.

2. Kümmel, Curry, Paprika, Öl, Kokosmilch, Zitronensaft, Lauchzwiebeln, Knoblauch, Ingwer und Koriandergrün mit 1 TL Salz und ½ TL Pfeffer im Mixer zu einer glatten Masse pürieren. Mit Salz und Pfeffer pikant abschmecken.

3. Die Hälfte der Mischung mit einem Löffel in der Bauchöffnung und unter den Kiemen verteilen, mit dem Rest den Fisch von außen einreiben, dabei auch etwas in die Einschnitte geben. Abdecken und im Kühlschrank mindestens 3 Std., für noch mehr Aroma über Nacht, marinieren.

4. Den Grill zum indirekten Grillen vorbereiten (s. Seite 14/16) und auf höchster Stufe anheizen.

5. Den Grillrost ölen. Den Fisch auf den heißen Rost legen und den Grill schließen. Den Fisch 45 Min. bis 1 Std. grillen, bis er sich mit der Gabel leicht zerteilen läßt.

6. Den Fisch mit zwei Grillwendern vorsichtig auf eine Platte heben, am Tisch filetieren, wie auf Seite 293 beschrieben, und sofort servieren.

Für 4 Personen

Ganze Fische perfekt grillen

Strand. Lagerfeuer. Schimmernder, frischer Fisch, zubereitet am Spieß, auf einem Rost oder über glühenden Kohlen. Ein Schauspiel, fast so alt wie die Menschheit selbst und so verlockend wie das schönste Badewetter. Und zugleich erinnert es uns daran, daß Fisch nie besser schmeckt als über dem offenen Feuer gegrillt.

So weit, so gut. Der Haken dabei ist, daß der Fisch oft knochentrocken oder halbroh serviert wird oder zur Hälfte am Rost kleben bleibt.

Zum Glück gibt es drei Methoden, mit denen ein ganzer Fisch vom Grill immer gelingt. Noch bevor Sie Feuer machen, achten Sie auf die richtige Wahl des Fisches, wenn er ganz gegrillt werden soll. Fette Fische wie Rotbarsch, Forellenbarsch, Makrele, Scholle, Forelle, Meerbrasse und Grunzer sind ideal. Mit der indirekten Methode können Sie auch große Fische wie Lachs grillen.

Der Fisch muß absolut frisch sein, die Augen klar und glänzend, die Kiemen rosa, und er darf keinesfalls nach Fisch riechen. Bitten Sie Ihren Fischhändler, den Fisch vor dem Kauf auszunehmen und zu schuppen.

Schneiden Sie den Fisch auf jeder Seite drei- oder viermal bis zu den Gräten quer ein. So können Marinade und Würzflüssigkeit besser einziehen, und die Garzeit verkürzt sich.

Sinnvoll ist die Anschaffung eines Fischrostes zum Einhängen. Der Fisch liegt damit nicht auf dem Grillrost auf, kann also auch nicht festkleben und beim Wenden nicht abrutschen. Eine absolute Notwendigkeit ist er natürlich nicht, wohl aber eine große Erleichterung.

MITTELHITZE-METHODE

1. Den Grill auf mittlere Hitze anheizen.

2. Den Grillrost oder eingehängten Fischrost gut ölen. Den Fisch von beiden Seiten mit Öl oder zerlassener Butter bestreichen. Den Fisch über der Hitzequelle auf den Rost legen und von beiden Seiten je nach Größe 6–15 Min. grillen, bis die Haut dunkel und knusprig und das Fleisch bis zu den Gräten gar ist. Dabei den Fisch mit einem Grillwender wenden oder den Korb drehen.

3. Prüfen Sie den Garzustand durch leichten Druck mit einer Gabel. Der Fisch ist gar, wenn er sich an der Druckstelle leicht zerteilen läßt. Er sollte sich leicht von den Gräten lösen.

4. Den Fisch mit einem Pfannenheber vom Rost auf eine Platte heben – oder den Korb entfernen.

INDIREKTE METHODE

Diese Methode eignet sich besonders für große Fische wie etwa Lachs.

1. Den Grill zum indirekten Grillen vorbereiten (s. Seite 14/16) und auf mittlere Hitze anheizen. Weil Fisch wenig Fett enthält, ist nicht unbedingt eine Tropfschale erforderlich, sie kann aber eingesetzt werden.

2. Den Grillrost oder eingehängten Fischrost gut ölen. Den Fisch von beiden Seiten mit Öl oder zerlassener Butter bestreichen. Den Fisch in die Mitte des Rostes außerhalb des Bereichs der größten Hitze legen, den Grill schließen und den Fisch je nach Größe 30–60 Min. (zuweilen länger) garen.

3. Den Garzustand prüfen und servieren, wie bei Schritt 3 und 4 der Mittelhitze-Methode erklärt.

BANANENBLATT-METHODE

Nach dieser Methode aus Südostasien grillt man am besten einen ganzen Fisch von etwa 500 g bis 1 kg Gewicht. Ein frisches oder tiefgefrorenes Bananenblatt schützt den Fisch vor dem Austrocknen (erhältlich in asiatischen oder spanischen Lebensmittelmärkten oder den entsprechenden Abteilungen größerer Supermärkte). Das Bananenblatt rechteckig etwas größer als der Fisch zuschneiden. Notfalls schneiden Sie 4–6 Lagen Alufolie etwas größer als der Fisch zu und machen daraus ein High-Tech-Bananenblatt.

1. Den Grill auf höchster Stufe anheizen.

2. Den Grillrost gut ölen. Den Fisch von beiden Seiten mit Öl oder zerlassener Butter bestreichen. Den Fisch über der Hitzequelle auf den Rost legen und je nach Größe 6–12 Min. grillen, bis die Haut dunkel und knusprig ist.

3. Das Bananenblatt neben dem Fisch auf den Rost legen und den Fisch darauf wenden. Den Fisch je nach Größe 6–12 Min. fertig garen.

4. Den Garzustand prüfen und servieren, wie bei Schritt 3 und 4 der Mittelhitze-Methode erklärt. Das Bananenblatt vor dem Servieren entfernen.

Grilltabelle für Fisch*

STÜCK	METHODE	HITZE	GARZUSTAND
GANZER FISCH			
500–750 G	DIREKT	MITTEL BIS STARK	6–10 MIN./500 G
1–2 ½ KG	INDIREKT	MITTEL	12–15 MIN./500 G
FILETS			
CA. 1 CM DICK	DIREKT	STARK	2–4 MIN./SEITE
CA. 2 ½ CM DICK	DIREKT	STARK	3–6 MIN./SEITE
STEAKS			
CA. 1 CM DICK	DIREKT	STARK	2–4 MIN./500 G
CA. 2 ½ CM DICK	DIREKT	STARK	4–6 MIN./500 G

*Diese Tabelle gibt ungefähre Richtwerte für verschiedene Fischstücke an. Aber Grillen ist eine Kunst und keine Wissenschaft. Halten Sie sich im Zweifelsfall an die Zeitangaben in den Rezepten.

GANZER ROTBARSCH A LA BAHAMAS

BAHAMAS

METHODE:
Indirektes Grillen

**VORBEREI-
TUNGSZEIT:**
*30 Min. zum
Marinieren*

Dieses Rezept stammt aus einer Gar-küche in Nassau auf den Bahamas, aber es ist für den ganzen karibischen Raum typisch. Voraussetzung ist dort ein ganzer Fisch, so frisch, daß er wenige Stun-den vorher noch im Wasser schwamm. Er wird mit Goat peppers eingerieben und in einer pikanten Mischung aus Limettensaft, Knoblauch, Ingwer und Pfeffer mariniert. Danach wird er entweder nach der indirek-ten Methode oder über geringer Hitze di-rekt gegrillt. Beim Genuß eines solchen Fisches kann man nur staunen, wie köstlich etwas so Einfaches schmecken kann.

Ein effektvolleres Renommierstück für ein sommerliches karibisches Grillfest ver-mag ich mir kaum vorzustellen. Die Vorbe-reitungen erfordern nur ein paar Minuten und können bereits Stunden vorher getrof-fen werden. Und auch die Zubereitung ist problemlos – nach der indirekten Methode gegrillt, kann Fisch einfach nicht anbren-nen. Am meisten Bewunderung ernten Sie mit einem einzelnen, großen Fisch – einem Rotbarsch oder einer Makrele von ca. 2 kg Gewicht – für 4 Personen. Sehr gut eignen sich für dieses Rezept auch Zackenbarsch, Loup de mer und Meerbrasse.

SPEZIAL-ZUBEHÖR:
*1 Bananenblatt,
(s. Seite 289),
nach Größe und
Form des Fisches
zugeschnitten,
oder 4–6 Lagen
Alufolie, entsprechend gefaltet*

Goat peppers sind eine karibische Variante der Scotch bonnet peppers. Empfindliche Naturen nehmen mildere Chillies, der Geschmack ist dann aber nicht mehr ganz authentisch. (Beide Sorten verlieren beim Garen viel an Schärfe.) Ich grille den Fisch gern auf einem Bananenblatt oder auf Alufolie. Das ist zwar auch nicht authentisch, aber der Fisch bleibt saftiger und klebt nicht am Rost. Servieren Sie ihn mit Erbsen und Reis à la Bahamas.

1 Rotbarsch, Makrele oder ein anderer großer Fisch (ca. 2 kg), gesäubert, ohne Finnen, aber mit Kopf und Schwanzflosse
3 Goat, Scotch bonnet oder Habanero peppers
4 große, saftige Limetten
Salz und frisch gemahlener schwarzer Pfeffer
1 Stück (5 cm) Ingwerwurzel, geschält und feingeschnitten
2 Knoblauchzehen, feingeschnitten
1–2 EL Olivenöl (nicht nach Originalrezept, aber genau nach meinem Geschmack)

1. Den Fisch von innen und außen unter fließend kaltem Wasser waschen und mit Küchenpapier trockentupfen. Auf beiden Seiten 4–5mal quer bis zu den Gräten einschneiden. Beiseite stellen.

2. 2 Chillies in dünne Scheiben schneiden; die dritte längs halbieren. Eine Limette längs halbieren, dann quer in dünne Scheiben schneiden. Die zweite Limette quer halbieren. Die übrigen Limetten auspressen.

3. Den Fisch von allen Seiten mit Chillies und Limetten abreiben. Salz und Pfeffer in die Bauchöffnung und die Kerben streuen. In jede Kerbe und unter jede Kieme ein Scheibchen Chili, Limette, Ingwer und Knoblauch, die restlichen Scheibchen in die Bauchhöhle legen. Den Fisch auf Bananenblatt oder Alufolie auf eine große Platte legen, mit Limettensaft begießen und nochmals mit Salz und Pfeffer würzen. Nach Geschmack Öl darüber träufeln. Abgedeckt im Kühlschrank mindestens 30 Min. ziehen lassen.

4. Den Grill zum indirekten Grillen vorbereiten (s. Seite 14/16) und auf höchster Stufe anheizen.

5. Den Fisch auf dem Bananenblatt in die Mitte des Rostes weg von der größten Hitze legen, den Grill schließen und den Fisch 1 bis 1½ Std. garen, bis er sich mit der Gabel leicht zerteilen läßt. Beim Holzkohlegrill nach ca. 1 Std. 10–12 Briketts nachlegen.

6. Den Fisch mit zwei Grillwendern vorsichtig auf eine Platte heben, am Tisch filetieren (s. Seite 293) und sofort servieren.

Für 4 Personen

LOUP DE MER AUF FENCHELSTANGEN GEGRILLT, MIT PERNOD FLAMBIERT
Loup de mer au fenouil flambé

FRANKREICH

METHODE:
Direktes Grillen

Dies ist ein Gericht für Köche mit Hang zum Theatralischen. Frisch gefangener Loup de mer (wörtlich: Seewolf), über brennenden Fenchelstangen gegrillt und effektvoll am Tisch flambiert, ist eines der spektakulärsten Renommierstücke der

**VORBEREI-
TUNGSZEIT:**
**24 Std. zum
Trocknen der
Fenchelstangen**

französischen Riviera. Die Zubereitung ist einfach, die Wirkung beim Servieren dagegen beeindruckend. Nur zwei Dinge könnten schwierig sein: ganze Fenchelstangen zu finden und sie rechtzeitig vor dem Grillen zu trocknen.

Fenchel, ein grün-weißes Knollengemüse, das im Geschmack an Lakritze und im Biß an Sellerie erinnert, wächst in der Provence wild. Oft entdeckten ihn meine Frau Barbara und ich beim Picknick am Straßenrand. Fenchel führen die meisten Supermärkte, als Knolle samt Stangen bekommt man ihn häufig jedoch nur auf dem Bauernmarkt, in italienischen Lebensmittelläden, in Gemüsegeschäften oder in den Delikatessenabteilungen der Kaufhäuser. Kaufen Sie ihn, wenn Sie die Gelegenheit dazu haben, schneiden Sie die Stangen ab und trocknen Sie sie wie im Kasten rechts oben beschrieben (die getrockneten Stangen halten sich monatelang).

Das folgende Originalrezept stammt aus der »Auberge des Glycines« auf der kleinen Insel Porquerolles. Grillen Sie die Knollen als Gemüsebeilage. Falls Sie keine Fenchelstangen bekommen können, finden Sie am Ende des Rezepts eine Alternative mit Fenchelknolle.

**2 ganze Loup de mer (oder Seebarsch), à ca.
1 kg, gesäubert, ohne Finnen, aber mit
Kopf und Schwanzflosse (s. Hinweis)
Salz und frisch gemahlener schwarzer Pfeffer
nach Geschmack
3 EL Olivenöl extra vergine
10–12 Fenchelstangen, getrocknet (s. Kasten)
60 ml Pernod oder anderer Anisschnaps
Zitronenspalten zum Servieren**

1. Den Grill auf starke bis mittlere Hitze anheizen.

2. Den Fisch von innen und außen unter fließendem kaltem Wasser waschen und mit Küchenpapier trockentupfen. Auf jeder Seite 3mal quer bis zu den Gräten einschneiden.

Fenchelstangen trocknen

Den Ofen auf 90 °C vorheizen. Die Stangen von 2–3 Fenchelknollen abschneiden; Knollen anderweitig verwenden. Die Blätter von den Stangen schneiden und die Stangen auf ein Backblech legen. Auf unterster Schiene 3 Std. backen. Den Backofen ausschalten und die Stangen über Nacht im Ofen weiter trocknen lassen. (Man kann die Fenchelstangen statt dessen auch zusammenbinden und 1–2 Wochen an einem kühlen, trockenen Ort aufhängen, bis sie trocken und spröde sind. In einem Plastikbeutel mit Reißverschluß halten sich die Stangen bis zu 3 Monate.)

Von innen und außen (auch die Kerben) mit Salz und Pfeffer würzen. In die Bauchhöhle jedes Fisches zwei getrocknete Fenchelstangen legen. Den Fisch auf beiden Seiten mit Öl bepinseln und nochmals mit Salz und Pfeffer würzen.

3. Kurz vor dem Grillen 6 Fenchelstangen auf eine Servierplatte legen und beiseite stellen. Die restlichen Fenchelstangen direkt auf die heißen Kohlen legen und den Rost ölen. Den Fisch in einen eingehängten Fischrost oder direkt auf den heißen Rost legen und von einer Seite 10–15 Min. grillen, bis die Haut dunkel und knusprig und das Fleisch bis zu den Gräten gar ist. Den Fisch dann mit einem Grillwender wenden und von der anderen Seite nochmals 10–15 Min. grillen, bis er sich mit der Gabel leicht zerteilen läßt. Während der letzten Minuten den Pernod in einem Saucentopf leicht erwärmen.

4. Den Fisch mit dem Grillwender vorsichtig auf den Teller mit den Fenchelstangen heben. Den erwärmten Pernod über den Fisch gießen und mit einem langen Streichholz entzünden (Achtung bei Haaren, Ärmeln und Gesicht). Den flambierten Fisch vorsichtig zu Tisch tragen. Sobald die Flammen niedriger werden, wie unten beschrieben filetieren und sofort mit den Zitronenspalten servieren.

Für 4 Personen

Hinweis: Loup de mer ist ein langer, schlanker, dunkelgrauer Fisch mit zartem weißem Fleisch und feinem Geschmack. Sie können ihn auch durch Seebarsch, Rotbarsch, Zackenbarsch, Meerforelle oder Lachsforelle ersetzen.

Flambierter Loup de mer auf Fenchel II

Nach Rezept vorbereiten, Fenchelstangen jedoch durch eine frische Fenchelknolle ersetzen. Diese längs in dünne Scheiben schneiden, einige in die Bauchhöhle der Fische legen und ein paar Fenchelstreifen vor dem Grillen der Fische auf die Kohlen streuen. Die restlichen Scheiben mit Öl bestreichen und mit Salz und Pfeffer würzen, dann zusammen mit dem Fisch. von jeder Seite ca. 4 Min. grillen, bis sie weich und leicht gebräunt sind. Mit der Zange wenden. Gegrillte Fenchelscheiben auf die Servierplatte legen und den gegrillten Fisch darauf anrichten. Flambieren und servieren wie beschrieben. (Hier ißt man den gegrillten Fenchel mit.)

Gegrillten Fisch filetieren

Wie die Ober in den schicken Restaurants an der Côte d'Azur können auch Sie einen ganzen gegrillten Fisch am Tisch filetieren, und mit ein bißchen Übung machen Sie das schon bald genauso routiniert. Zunächst brauchen Sie eine große Serviergabel, einen Löffel und einen Teller für die Gräten.

Mit Gabel und Löffel die Haut an der Oberseite vorsichtig abheben (falls gewünscht) und auf den Grätenteller legen. Mit der Löffelkante den Fisch unmittelbar oberhalb der Rückengräte längs einschneiden, den Löffel sachte in den Schnitt schieben und den Fisch über die gesamte Länge von den Gräten heben. Die obere Fischhälfte mit Gabel und Löffel an den Tellerrand legen.

Jetzt mit der Löffelkante unmittelbar unterhalb der Rückengräte entlang schneiden. Den Löffel unter die Rückengräte schieben. Mit Löffel und Gabel Gräte, Kopf und Schwanzflosse abheben und auf den Grätenteller legen.

Die untere Fischhälfte vorsichtig anheben und wenden. Nach Belieben die Haut abziehen. Der Fisch darf dabei ruhig in große Stücke zerfallen. Die Risse können mit günstig plazierten Zitronenspalten überdeckt werden. Die Filets in Portionen teilen und auf Teller heben.

Französische Eigenarten

Hier geht es um eine erstaunliche Eigenart der Franzosen. Nicht darum, daß sie offensichtlich unbegrenzte Mengen Butter und Foie gras verspeisen können, ohne unter Übergewicht oder an Herzkrankheiten zu leiden. (Die Lösung liegt offensichtlich in ihrem Rotweinkonsum.)

Nein, die Eigenart, die mich verblüfft, liegt darin, daß eine Nation, deren Küche die beste der Welt sein soll, ohne die ursprünglichste und universellste Zubereitungsart auskommt: das Grillen.

Jawohl, Grillen. Blättern Sie in einem beliebigen Nachschlagewerk der französischen Küche – von Escoffier bis Bocuse –, Sie werden darin, wenn überhaupt, nur wenige Rezepte zum Grillen finden. Essen Sie in einem reich mit Michelin-Sternen dekorierten Restaurant in Paris, und Sie werden schwerlich ein einziges gegrilltes Gericht entdecken. Sautiert? Ja. Geschmort? Ja. Gebacken. Gekocht. Gebraten. Sogar gedünstet. Aber das Grillen gehört einfach nicht zum klassischen französischen Repertoire.

Bedeutet das also, die Franzosen mögen kein Barbecue? Nie und nimmer. Sie grillen sogar leidenschaftlich gern. Nur nicht in ihren teuren Restaurants.

Wo also grillt man in Frankreich? Zuallererst: auf dem Land. Besonders in der Provence. Diese mediterranste aller französischen Provinzen ist die Hochburg des Grillens. Nirgends gibt es so viele Grill-Imbisse und Gasthöfe mit züngelnder Glut im offenen Kamin. Von alters her wurde drinnen, auf dem Ofen, über offenem Feuer gekocht, und so wird auch heute noch sommers wie winters gegrillt.

Ein solches Restaurant trägt den klangvollen Namen »La Grillade au Feu de Bois«. Das ländliche Restaurant, eingerichtet in einem provenzalischen Bauernhaus aus dem 18. Jh., liegt in dem Weiler Flassons-sur-Isole. Man serviert einfache Lammkoteletts oder riesige Rinderrippe, gegrillt über glühendem Rebholz in einem gemauerten Kamin. Wie bei den meisten französischen Grillgerichten sind die Gewürze einfach: Olivenöl, Salz, Pfeffer und ein Stäubchen Herbes de Provence.

Auch Fischrestaurants, besonders an der Küste, bieten über dem offenen Feuer zubereitete französische Speisen. Zu den berühmtesten Gerichten der Côte d'Azur zählt über Fenchel gegrillter Loup de mer. Der Fisch wird über getrockneten Fenchelstangen gegrillt und dann mit Anisschnaps (Pernod) flambiert.

Weniger bekannt, aber nicht weniger schmackhaft ist Raïto, ein Gericht mit gegrilltem Thunfisch an einer Sauce mit Rotwein, Oliven und Kapern, das ich zum ersten Mal in einem Gasthaus auf der entlegenen Mittelmeerinsel Porquerolles probierte.

Die Franzosen grillen auch zu Hause. Zu den beliebtesten Einladungen zählt Mechouie. Dieses Wort stammt aus Nordafrika und bezeichnet ein ganzes, am Spieß gegartes Lamm. Interessant, daß die Franzosen ein Wort aus einer anderen Sprache entlehnten, um einen Begriff für ein Barbecue im Garten zu haben.

Vor einigen Jahren war ich bei Freunden zu einem Mechouie auf einem Bauernhof in der Champagne. Mit Weinreben war ein riesiges Feuer entfacht worden. Die Speisen reichten von gegrilltem Lamm über saftige Lendensteaks bis zu Schweinekoteletts. Das einzige entfernt nordafrikanische Element bei dieser Mechouie waren würzige Merguez-Würstchen aus Algerien. Diese glänzend roten Würstchen sind zu einer festen Größe des kulinarischen Lebens in Frankreich geworden.

Mit etwas Hartnäckigkeit aber müssen Sie Paris nicht einmal verlassen, um großartige Gerichte vom Grill zu finden. Tatsächlich führt der Weg in den meisten Fällen nicht viel weiter als bis zur nächsten Metzgerei. Die Franzosen kochen hervorragend, bei Hähnchen am Spieß sind sie jedoch unschlagbar.

Ein französischer Grillspieß ist ein furchterregendes Gerät, ein riesiger senkrechter Ofen mit in Querreihen angebrachten Drehspießen vor einem Feuerwall (dieser entsteht durch horizontal eingesetzte Gasbrenner). Frische Hähnchen werden auf den obersten Spieß gesteckt, und beim Drehen tropft ihr Fett auf die bereits stärker gegarten darunter. Natürlich macht auch die Qualität des Geflügels etwas aus. Die Zubereitung ist aber genauso wichtig: die starke, gleichmäßige Hitze des Feuerwalls.

Also gibt es auch in Frankreich Hoffnung auf der Suche nach guten Grillgerichten, man muß nur wissen, wo man suchen muß. So sind selbst die Franzosen offen für neue – angenehme – Eigenarten.

GEGRILLTER LOUP DE MER MIT SALAT VON FRISCHEN ARTISCHOCKEN

Loup de mer grillé aux artichauts

FRANKREICH

METHODE:
Direktes Grillen

Meine Frau und ich kamen im Juni nach Nizza. Gerade rechtzeitig zur Ernte der ersten Artichauts violets. Diese lila angehauchten Baby-Artischokken sind so mild im Aroma und so zart, daß man sie nicht einmal kochen muß. Statt dessen entfernt man nur die harten äußeren Blätter, schneidet die Artischocken dann mit einem feinen Gemüsehobel papierdünn und ißt sie roh. Ihr weicher, doch knackiger Biß und ihrer delikates Lakritzaroma sind eine Offenbarung.

Üblicherweise verwendet man Baby-Artischocken zu Salaten, aber mindestens ein Restaurant in Nizza serviert sie auf gegrilltem Loup de mer – wie nicht anders zu erwarten: eine unvergeßliche Verbindung.

Der klassische Fisch für dieses Rezept ist Loup de mer, Sie können aber auch Rotbarsch, Meerbrasse, Zackenbarsch oder sogar 750 g bis 1 kg schwere Steaks von Schwert- oder Thunfisch verwenden.

FISCH UND MARINADE:

2 Loup de mer (à ca. 1 kg), gesäubert, ohne Finnen, aber mit Kopf und Schwanzflosse
grobkörniges Salz (Meersalz) und frisch gemahlener schwarzer Pfeffer nach Geschmack
2 EL Olivenöl extra vergine, zum Bestreichen etwas mehr

ARTISCHOCKENSALAT:

16 Baby-Artischocken (s. Hinweis)
2 EL frisch gepreßter Zitronensaft
1 große oder 2 kleine Tomaten, gehäutet und entkernt (s. Kasten Seite 62), in kleine Würfel geschnitten
8 Basilikumblätter, in dünne Streifen geschnitten
2 EL Schnittlauch oder Lauchzwiebelgrün, feingehackt
1 kleine Knoblauchzehe, durchgepreßt
1 Anchovisfilet aus der Dose, abgetropft und feingehackt, oder 1 TL Anchovispaste (nach Wunsch)
60 ml Olivenöl extra vergine
Salz und frisch gemahlener schwarzer Pfeffer

1. Den Grill auf starke bis mittlere Hitze anheizen.

2. Den Fisch von innen und außen unter fließendem kaltem Wasser waschen und mit Küchenpapier trockentupfen. Auf jeder Seite 3mal quer bis zu den Gräten einschneiden. Innen und außen (auch die Kerben) mit Salz und Pfeffer würzen und außen mit 2 EL Olivenöl bestreichen. Marinierzeit: 20 Min.

3. Für den Artischockensalat die grünen äußeren Blätter der Artischocken abbrechen, die Ansätze mit einem scharfen Messer abschneiden. Die Artischocken dann in sehr feine Scheiben schneiden, am besten mit einem Gemüsehobel, sonst mit dem Messer. In eine Schüssel mit Zitronensaft legen.

4. Tomaten, Basilikum, Schnittlauch, Knoblauch, Anchovis und Öl zugeben und vorsichtig unterheben. Mit Salz und Pfeffer pikant abschmecken. Beiseite stellen.

5. Jeden Fisch von beiden Seiten nochmals mit Olivenöl bestreichen und mit Salz und Pfeffer würzen. Damit der Fisch nicht am Rost kleben bleibt, einen eingehängten Fischrost verwenden (s. Seite 289), sonst den Grillrost ölen und beide Fische darauf legen. 8–10 Min. grillen, bis die Haut dunkel und knusprig und das Fleisch bis zu den Gräten gar ist. Die Fische mit einem Grillwender wenden und von der zweiten Seite weitere 8–10 Min. grillen, bis sich das Fleisch mit der Gabel leicht zerteilen läßt.

6. Den Fisch mit dem Grillwender vorsichtig auf einen Servierteller heben und filetieren (s. Seite 293), dann mit einem Löffel den Artischockensalat darüber geben und servieren.

Für 4 Personen

Hinweis: Baby-Artischocken gibt es im Mai und Juni in italienischen Lebensmittelläden, Gemüsegeschäften und vielen Supermärkten. Können Sie sie nicht bekommen, verwenden Sie 300 g gefrorene Artischockenherzen. Nach Packungsvorschrift zubereiten, dann fein schneiden und in Zitronensaft wenden. Im Notfall helfen auch Artischockenherzen aus dem Glas. Vor der Verwendung gründlich spülen und abtropfen lassen.

GEGRILLTE SARDINEN PORTUGIESISCH

PORTUGAL

METHODE:
Direktes Grillen

VORBEREITUNGSZEIT:
30–60 Min. zum Salzen der Sardinen

Gegrillte frische Sardinen sind in Portugal so populär wie andernorts Würstchen und Frikadellen. Sie werden zu Dutzenden verspeist, gleich wo: im Straßenverkauf, in improvisierten Lokalen wie in guten Restaurants direkt am Meer und bei Barbecues im Garten. Sardinen sind in Portugal so beliebt, daß sie sogar in den ehemaligen portugiesischen Kolonien und Einflußgebieten überall auf der Welt auftauchen. Ich habe dieses portugiesische Nationalgericht in Macao, in Brasilien und in Cambridge, Massachusetts, meiner früheren Heimat, genossen, wo viele Amerikaner portugiesischer Abstammung leben.

Wenn sich Ihre Erlebnisse mit Sardinen bisher auf die konservierte Variante beschränken, dann werden Sie überrascht sein. Es ist vielleicht nicht ganz einfach, frische Sardinen zu bekommen – versuchen Sie es in italienischen Geschäften, besonders in den warmen Monaten. (Am besten schmecken Sardinen von Mai bis Oktober, wenn sie zum Laichen Fett ansetzen.) Oder kaufen Sie gefrorene Sardinen.

Das Einsalzen wie in diesem Rezept intensiviert den Geschmack der Sardinen – fast wie beim Pökeln.

In Macao werden Sardinen mit argentinischer Tomatensalsa und knusprigem Brot serviert.

24 frische Sardinen, gesäubert, mit Kopf und Schwanzflosse
1 Tasse grobkörniges Salz
2 EL Olivenöl extra vergine
frisch gemahlener schwarzer Pfeffer nach Geschmack
Zitronenspalten zum Servieren

1. Die Sardinen von innen und außen unter fließendem kaltem Wasser waschen und mit Küchenpapier trockentupfen. Ein Drittel des Salzes auf den Boden einer Auflaufform streuen. Die Hälfte der Sardinen darauf legen und die Hälfte des restlichen Salzes darüber streuen. Die restlichen Sardinen darauf legen und mit dem verbliebenen Salz bestreuen. Abgedeckt im Kühlschrank 30–60 Min. ziehen lassen.

2. Den Grill auf höchster Stufe anheizen.

3. Die Sardinen unter fließendem kaltem Wasser waschen und mit Küchenpapier trockentupfen. Die Sardinen mit Öl bestreichen und eventuell mit Pfeffer würzen. Einen eingehängten Fischrost verwenden oder die Fische direkt auf den gut geölten, heißen Grillrost legen. Die Sardinen von jeder Seite 3–6 Min. grillen, bis die Haut etwas geröstet ist und sich das Fleisch mit der Gabel leicht zerteilen läßt. Mit einem Grillwender auf eine Platte heben und, ohne den Fisch vorher zu filetieren, sofort servieren. Mit Zitronenspalten anrichten, die über den Sardinen ausgepreßt werden.

Für 6 Personen als Vorspeise,
für 3–4 Personen als Hauptgericht

GEGRILLTER FISCH MIT SAUCE VIERGE

FRANKREICH

METHODE:
Direktes Grillen

Eines der besten Fischrestaurants an der Côte d'Azur trägt den auf den ersten Blick ungewöhnlichen Namen »Bacon«. Das hat weniger mit dem berühmten Frühstücksspeck zu tun, der zuweilen auch gegrillten Fisch verfeinert, als vielmehr mit der Lage des Lokals: Point Bacon am Cap d'Antibes mit Blick über die mittelalterliche Stadt. Schlichtheit wird im »Bacon« (wie in allen guten Fischrestaurants) groß geschrieben. Bis heute erinnere ich mich an den ausgezeichneten Geschmack des perfekt gegrillten Peterfisches, den ich dort mit einer einfachen aber ebenso perfekten Sauce vierge gegessen habe.

Die Sauce hat ihren Namen (wörtlich: Jungfrauensauce) daher, daß keine Zutat gekocht wird. Peterfisch (oder St. Pierre, wie er in Frankreich heißt) ist ein delikater Fisch mit weißem Fleisch, den man überall am Mittelmeer findet. Man kann aber fast jeden weißen Fisch (ganz, als Steak oder Filet) auf diese Art zubereiten, besonders eignen sich Zackenbarsch, Loup de mer, Heilbutt, Kabeljau, Rotbarsch oder Goldmakrele.

Für dieses Rezept braucht man kleine, ganze Fische. Die Zubereitung von Steaks und Filets finden Sie auf den Seiten 317 und 324 beschrieben.

FISCH:
4 kleine Fische (à etwa 500 g), gesäubert, ohne Finnen, aber mit Kopf und Schwanzflosse
2 EL Olivenöl extra vergine
Salz und frisch gemahlener schwarzer Pfeffer nach Geschmack

SAUCE VIERGE:
2 große Tomaten, geschält, entkernt (s. Kasten Seite 62) und in kleine Würfel geschnitten
2 Knoblauchzehen, durchgepreßt
20 Basilikumblätter, in feine Streifen geschnitten
125 ml Olivenöl extra vergine
2 EL frisch gepreßter Zitronensaft, nach Geschmack auch mehr
2 TL Rotweinessig
Salz und frisch gemahlener schwarzer Pfeffer nach Geschmack

1. Den Grill auf starke bis mittlere Hitze anheizen.

2. Den Fisch in eine Auflaufform legen, von allen Seiten mit Öl bestreichen, salzen und pfeffern. Beiseite stellen.

3. Für die Sauce Tomaten, Knoblauch, Basilikumstreifen, Öl, Zitronensaft, Essig, Salz und Pfeffer in einer Schüssel sorgfältig

mischen. Mit Salz, Pfeffer und Zitronensaft pikant abschmecken.

4. Erst unmittelbar vor dem Grillen den Fisch nochmals von beiden Seiten mit Öl bestreichen, salzen und pfeffern. Einen eingehängten Fischrost (s. Seite 289) verwenden oder die Fische direkt auf den gut geölten, heißen Grillrost legen. 6–10 Min. grillen, bis die Haut schön gebräunt und knusprig und das Fleisch bis zu den Gräten gar ist. Jeden Fisch mit einem Grillwender vorsichtig wenden und nochmals 6–10 Min. grillen, bis sich das Fleisch mit der Gabel leicht zerteilen läßt.

5. Die Fische mit dem Grillwender vorsichtig auf eine Servierplatte heben. Nach der Beschreibung auf Seite 293 filetieren (nach Wunsch) und sofort servieren. Jede Portion mit einem großzügig bemessenen Löffel Sauce anrichten.

Für 4 Personen

GEGRILLTER FISCH GURNEY DRIVE

MALAYSIA

METHODE:
Direktes Grillen

Charcoal Sea Food« ist unter den vielen Straßenrestaurants am malerischen Gurney Drive in Penang, Malaysia, eines der ungewöhnlichsten. Hier werden nur die frischesten Zutaten verarbeitet. In Aquarien schwimmen Aale und Garnelen, bis sie für die Küche benötigt werden. Andere Fische – noch wenige Stunden vorher in der Andamanensee – werden auf Bananenblättern in einem strohgedeckten Miniaturboot appetitlich präsentiert.

Ich bestellte ein Gericht namens Ikan tumone, das ist ein kleiner Fisch, der aussieht wie eine winzige Makrele. Meine Kellnerin säuberte ihn vor meinen Augen und übergab ihn dem Mann am Grill, der ihn mit einer aromatischen Paste aus Zitronengras, Schalotten und Chillies füllte. Er fächelte Luft ins Feuer aus Kokosnußschalen und Holzkohle, bis sie rot glühten, und bestrich den Fisch mit Kokosmilch. Was dann vom Grill kam, war einer der leckersten Fische, die ich je gegessen habe.

Was den Fisch betrifft, gibt es bei diesem Rezept viele Möglichkeiten. Die Würzpaste soll ein Gegengewicht zum Fett des Fisches (z.B. einer Makrele) bilden. Genausogut können Sie auch eine ganze Meerbrasse, Grunzer, Stachelmakrele oder Steakfisch wie Lachs und Schwertfisch oder sogar einen Filetfisch wie Säbelfisch verwenden. Und weil sie sich gut hält, bietet es sich an, die Würzpaste in doppelter Menge zuzubereiten, damit Sie sie im Hause haben, wenn Sie Lust auf Gegrilltes bekommen. Ich habe damit schon beinahe alles bestrichen: Hähnchen, Schweine- und Rindfleisch und sogar Tofu.

WÜRZPASTE:
2 große Schalotten, grobgehackt
6 Knoblauchzehen, grobgehackt
2 große oder 6 kleine Zitronengrasstiele, grobgehackt
1 ½ EL Ingwer, gehackt
2 Serrano-Chillies, grobgehackt (für empfindlichere Gaumen Kerne entfernen)
2 EL Erdnußöl
2 EL Sojasauce
2 EL frisch gepreßter Limettensaft
Salz nach Geschmack

FISCH; ZUM BESTREICHEN:
4 kleine Fische (Makrele, Meerbrasse oder Grunzer à ca. 500 g), gesäubert, ohne Finnen, aber mit Kopf und Schwanzflosse

2 EL Kokosmilch aus der Dose
30 g Butter, zerlassen

1. Für die Würzpaste Schalotten, Knoblauch, Zitronengras, Ingwer und Chillies im Mörser zu einer glatten Paste verarbeiten, dann Öl, Sojasauce, Limettensaft und Salz einrühren oder alle Zutaten im Mixer pürieren. Die Paste in einer kleinen Pfanne bei mittlerer Hitze und unter ständigem Rühren 5–10 Min. kochen, bis sie stark duftet und durch das Öl schön glänzt. Vom Herd nehmen und abkühlen lassen (s. Hinweis).

2. Den Grill auf starke bis mittlere Hitze anheizen.

3. Den Fisch von innen und außen unter fließendem kaltem Wasser waschen und mit Küchenpapier trockentupfen. Mit einem schmalen, scharfen Messer jeweils auf beiden Seiten über die gesamte Länge einen Schnitt setzen. Die Hälfte der Würzpaste gleichmäßig in die Bauchhöhle und die seitlichen Kerben verteilen.

4. Vor dem Grillen Kokosmilch und zerlassene Butter in einer kleinen Schüssel verquirlen und die Fische von beiden Seiten damit bestreichen. Einen eingehängten Fischrost (s. Seite 289) verwenden oder die Fische direkt auf den gut geölten, heißen Grillrost legen. 6–10 Min. grillen, bis die Haut gebräunt und knusprig und das Fleisch bis zu den Gräten gar ist. Die Fische mit einem Grillwender vorsichtig wenden und zunächst mit der übrigen Kokosmilchbutter bestreichen. Restliche Würzpaste mit dem Löffel auf dem Fisch verteilen. Von der zweiten Seite weitere 6–10 Min. grillen, bis sich der Fisch leicht mit der Gabel zerteilen läßt.

5. Die Fische mit dem Grillwender vorsichtig auf einen Teller heben. Nach Wunsch am Tisch, wie auf Seite 293 beschrieben, filetieren und sofort servieren.

Für 4 Personen

Hinweis: Die Würzpaste kann im voraus zubereitet werden. Sie bleibt im Kühlschrank, gut verschlossen, bis zu einer Woche frisch.

GEGRILLTER FISCH AN SÜSS-SAURER TAMARINDENSAUCE AUS THAILAND

Pla pow

THAILAND

METHODE:
Direktes Grillen

Diesen Fisch habe ich nicht in Thailand, sondern im beeindruckenden Amanusa Resort am Nusa Beach auf Bali kennengelernt. (Wie sich herausstellte, hat der Koch viele Jahre in Thailand gearbeitet.) Bei uns reicht man zu Fisch üblicherweise keine süßen Saucen, aber diese süß-saure Tamarindensauce ergänzt das rauchige Aroma des gegrillten Fisches hervorragend. Gut geeignet sind kleine Fische wie Meerbrasse oder Rotbarsch, man kann aber auch Steaks von Schwert- oder Thunfisch nehmen (s. Seite 317). Reichen Sie dazu balinesischen Gurkensalat und Jasminreis.

VORBEREI-TUNGSZEIT:
30 Min. zum Marinieren

FISCH:
4 kleine Fische, z. B. Meerbrassen oder kleine Rotbarsche (à ca. 500 g), gesäubert, ohne Finnen, aber mit Kopf und Schwanzflosse
5 EL asiatische Fischsauce
5 EL frisch gepreßter Zitronensaft
1 Zitrone, in dünne Scheiben geschnitten
1 TL frisch gemahlener schwarzer Pfeffer

SÜSS-SAURE TAMARINDENSAUCE:
¾ Tasse Palmzucker oder etwas mehr heller Rohrzucker
160 ml Tamarindenwasser (s. Seite 219)
80 ml asiatische Fischsauce

ABRUNDEN DER SAUCE:
250 ml Erdnußöl
3 Schalotten, hauchdünn geschnitten
6 Knoblauchzehen, hauchdünn geschnitten
4 Jalapeño- oder Serrano-Chillies, dünn geschnitten
2 EL frisch gepreßter Zitronensaft

1. Den Fisch von innen und außen unter fließendem kaltem Wasser waschen und mit Küchenpapier trockentupfen. Jeweils auf beiden Seiten 3–4mal quer bis zu den Gräten einschneiden. Fische nebeneinander in eine Auflaufform oder Pfanne legen. Fischsauce und Zitronensaft in einer kleinen Schüssel verquirlen und über den Fisch gießen. Die Fische ein- oder zweimal wenden, bis sie ganz überzogen sind, Zitronenscheiben darauf geben und pfeffern. Abgedeckt im Kühlschrank 30 Min. marinieren.

2. Den Grill auf starke bis mittlere Hitze anheizen.

3. Für die Sauce Zucker, Tamarindenwasser und Fischsauce in einen Saucentopf geben und bei mittlerer Hitze unter Rühren aufkochen. Bei schwacher Hitze 5–10 Min. unter gelegentlichem Rühren leise köcheln lassen, bis die Sauce eindickt.

4. In der Zwischenzeit das Öl in einer kleinen, schweren Pfanne auf mittlerer Stufe auf 180 °C erhitzen. Schalotten zugeben und 1–2 Min. knusprig braten. Mit einem Schaumlöffel herausnehmen und auf Küchenpapier abtropfen lassen. Die Knoblauchscheiben ins heiße Öl geben und 1–2 Min. knusprig braten. Mit dem Schaumlöffel herausnehmen und auf Küchenpapier abtropfen lassen. Die Chilischeiben ins heiße Öl geben und ebenfalls 1–2 Min. knusprig braten. Mit dem Schaumlöffel herausnehmen und auf Küchenpapier abtropfen lassen.

5. Den Topf mit der Zuckermischung vom Herd nehmen, Zitronensaft und die Hälfte der gebratenen Schalotten-, Knoblauch- und Chilischeiben einrühren. Den Rest zum Garnieren beiseite stellen. Die Sauce abgedeckt warm halten.

6. Unmittelbar vor dem Grillen den Fisch aus der Marinade heben und mit Küchenpapier trockentupfen. Von beiden Seiten mit dem aufbewahrten Bratöl bestreichen. Einen eingehängten Fischrost (s. Seite 289) verwenden oder die Fische direkt auf den gut geölten, heißen Rost legen. 6–10 Min. grillen, bis die Haut gebräunt und knusprig und das Fleisch bis zu den Gräten gar ist. Jeden Fisch mit einem Grillwender vorsichtig wenden und nochmals 6–10 Min. grillen, bis sich das Fleisch mit der Gabel leicht zerteilen läßt.

7. Die Fische mit dem Grillwender vorsichtig auf eine Platte heben und, falls gewünscht, wie auf Seite 293 beschrieben filetieren. Die Hälfte der Sauce über die Fische geben und die restlichen Schalotten, Knoblauchscheiben und Chillies darüber streuen. Sofort servieren und die restliche Sauce dazu reichen.

Für 4 Personen

Das berühmteste Fischrestaurant Indonesiens

Das »Sunda Kelapa« ist eines der besten Restaurants Indonesiens und liegt in einer Gegend, wo man es nie vermuten würde. Die Fahrt dorthin führte mich durch eine Hafenregion Batavias, vorbei an verfallenen Lagerhallen, entlang spelunkengesäumter Straßen voller Unrat.

Dann gelangte ich zu einem ummauerten Grundstück, das von Männern in paramilitärischer Uniform bewacht wurde, und allmählich verstand ich, warum dieses Restaurant in Publikationen auf der ganzen Welt beste Kritiken erntet: Schon die Vielfalt der angebotenen Fische und Meeresfrüchte ist erstaunlich.

Als Reisender in Sachen Barbecue war ich nach Indonesien gekommen. Und ich wurde nicht enttäuscht. Dieses Land mit seinen Tausenden weit verstreut liegender Inseln und der viertgrößten Bevölkerungszahl der Welt ist die Heimat der interessantesten Grillgerichte. Beim Gedanken an indonesisches Grillen fällt den meisten ein winziger Kebab namens Saté ein – der indonesische Imbiß schlechthin, von dem es Dutzende, wenn nicht gar Hunderte Varianten gibt. Aber im »Sunda Kelapa« habe ich schnell gelernt, daß Satés nur ein kleiner Teil des indonesischen Barbecueschatzes sind. Das »Sunda Kelapa« ist das geistige Kind von Sri Rosilowati, einer kleinen, elegant gekleideten Frau aus dem westlichen Java. 1972 eröffnete Frau Rosilowati am Hafen eine Fischbude, wo die Männer von den Holzfrachtern der Insel Sulawesi satt werden konnten.

Frau Rosilowatis Konzept war einfach: makellos frischer Fisch, schlicht über Holzkohle gegrillt, serviert in einer sauberen, ungekünstelten Umgebung. Das Konzept ging auf. Heute gebieten Mrs. Rosilowati und ihre Tochter Suripah über 120 Beschäftigte und zwei Speisesäle mit Platz für gut 500 Gäste.

In der Küche, groß wie eine Lagerhalle, steht eine beachtliche Sammlung glühender Grills, Arbeitstische aus Edelstahl sowie Plastikfässer voller indonesischer Fische und Meeresfrüchte mit exotischen Namen wie Baronang (Seeratte), Ikan Grapu (eine Art Zackenbarsch) und Gourame (ein großer, flacher Fisch, ähnlich einer Stachelmakrele). Die Grills werden mit Indonesiens beliebtestem Brennstoff befeuert: Kokosnußschalen. Kleine Jungen fächeln dem Feuer Luft zu, damit die Glut erhalten bleibt. Sonnenlicht fällt durch die aus Latten gezimmerten Wände und Decken und beleuchtet den von den Grills aufsteigenden Rauch. Man glaubt sich nicht in einer Restaurantküche, sondern an einem Lagerfeuer im Wald.

Am meisten aber fasziniert mich die Technik der Köche am Grill. Wenn Sie je versucht haben, einen ganzen Fisch zu grillen, wissen Sie, wie leicht er von außen verbrennt, während er innen noch roh ist, und ganz allgemein leicht austrocknet. Im »Sunda Kelapa« setzt man drei in Indonesien weit verbreitete Techniken ein, damit der Fisch stets perfekt gelingt: Marinieren in Salzlake, mehrfaches Bestreichen und Garen auf Bananenblättern.

Die Marinade – Bumboo genannt – ist eine scharf riechende Mischung aus Zitronensaft, Wasser und sehr viel Salz. Der Fisch wird bis zu den Gräten eingeschnitten, damit Lake (und Hitze) bis ins Innere vordringen können. Die Lake hält den Fisch feucht und pökelt ihn leicht. Die Marinierzeit ist kurz, der größte Teil der Bumboo tropft auf die Kohlen.

Feucht gehalten wird der Fisch während des Grillens durch Bestreichen mit Bumboo und zerlassener Butter mit Knoblauch, Schalotten und Kurkuma.

Gar wird der Fisch, ohne zu verbrennen, wenn der Koch ihn auf einer Seite direkt über dem Feuer grillt, ihn dann auf ein zurechtgeschnittenes Bananenblatt wendet und fertig gart. Das Blatt schützt den Fisch vor dem Austrocknen und Zerfallen.

Im »Sunda Kelapa« serviert man zum Fisch Lalapan, eine Platte von Kräutern und rohen Gemüsen, darunter Zitronenmelisse, Petersilie, Basilikum, Gurkenscheiben, Tomaten und Kohlspalten und gekochten langen Bohnen. Dazu reicht man Schalen mit Achar (eingelegte Mangos und Schalotten) und Chobal, ein feurig scharfes Relish aus Chillies, Schalotten und Krabbenpaste, die nach dem kleinen schwarzen Mörser benannt wird, in dem die Zutaten traditionell zerstoßen und serviert werden. In diesem Buch finden Sie alle Rezepte dafür, Sie brauchen nur noch das Feuer im Grill zu entfachen und zu genießen. Und wenn Sie es den Indonesiern gleich tun wollen, dann essen Sie den Fisch mit den Fingern!

GEGRILLTER FISCH SUNDA KELAPA

INDONESIEN

METHODE:
Direktes Grillen

**VORBEREI-
TUNGSZEIT:**
*30 Min. zum
Marinieren*

**SPEZIAL-
ZUBEHÖR:**
*2–4 Bananen-
blätter (s. Kasten
Seite 289) oder
4–6 Lagen Alu-
folie in der Größe
und Form der
Fische*

Am liebsten grille ich Fisch und Meeresfrüchte so, wie ich es im »Sunda Kelapa«, einem wirklich phantastischen Fischrestaurant in Jakarta, gelernt habe. Es mag zuweilen problematisch erscheinen, Zubereitungsarten vom anderen Ende der Welt auf die westliche Küche übertragen zu wollen, aber die Grilltechniken im »Sunda Kelapa« eignen sich hervorragend zum Grillen von Fisch auch auf unseren Grills und nach unseren Gewohnheiten (s. Seite 301).

Für dieses Rezept sind ganze Fische ideal. Gut geeignet sind – je nachdem, was Sie gerade bekommen – Meerbrassen, kleine Rotbarsche, Blaubarsche, Seebrassen, Makrelen oder Stachelmakrelen. Auch Steakfische können Sie so gut zubereiten (s. Seite 317). Frischer Thunfisch, auf diese Weise gegrillt, schmeckt außerordentlich delikat.

In Asien- oder Südamerikaläden bekommen Sie mit etwas Glück frische oder tiefgefrorene Bananenblätter. Falls nicht, verwenden Sie Alufolie.

FISCH UND BUMBOO (MARINADE):
4 kleine ganze Fische, z. B. Stachelmakrele
    oder kleine Rotbarsche (à ca. 500 g, s.
    oben), gesäubert, ohne Finnen, aber mit
    Kopf und Schwanzflosse
250 ml frisch gepreßter Limettensaft
250 ml Wasser
½ Tasse grobkörniges Salz

GEWÜRZTE BUTTER:
6 EL Butter
1 ½ EL frisch gepreßter Limettensaft
1 EL Sojasauce
3 Knoblauchzehen, durchgepreßt
1 große Schalotte, feingehackt
2 TL Ingwer, feingehackt
½ TL Kurkuma, gemahlen

1. Den Fisch von innen und außen unter fließendem kaltem Wasser waschen und mit Küchenpapier trockentupfen. Auf jeder Seite 3–4mal quer bis zu den Gräten einschneiden. Die Fische nebeneinander in eine Auflaufform oder Pfanne legen. Beiseite stellen.

2. Für das Bumboo Limettensaft, Wasser und Salz in einer Schüssel verquirlen, bis sich das Salz auflöst, dann über den Fisch gießen und diesen 1–2mal wenden, bis er ganz mit Marinade überzogen ist. Abgedeckt im Kühlschrank 30 Min. marinieren.

3. Den Grill auf starke bis mittlere Hitze anheizen.

4. Inzwischen die gewürzte Butter zubereiten. Die Butter in einem Saucentopf bei schwacher Hitze zerlassen, dann Limettensaft, Sojasauce, Knoblauch, Schalotten, Ingwer und Kurkuma einrühren. Etwa 5 Min. köcheln lassen, bis die Masse duftet, aber nicht braun wird, dann vom Herd nehmen.

5. Unmittelbar vor dem Grillen den Fisch abtropfen lassen, das Bumboo dabei auffangen. Die Fische von beiden Seiten mit der gewürzten Butter bestreichen. Den heißen Grillrost gut ölen, die Fische darauf legen, mit dem Bumboo bestreichen und 6–10 Min. grillen, bis die Unterseite schön braun ist. Dabei immer wieder mit Butter und Bumboo bestreichen.

6. Die Fische mit einem Grillwender vorsichtig auf ein Bananenblatt oder Alufolie wenden. Wieder mit der gewürzten Butter bestreichen und weitere 6–10 Min. grillen, bis die Haut auch auf der zweiten Seite schön braun ist und sich das Fleisch mit der Gabel leicht zerteilen läßt. Zum Ende der Garzeit nochmals mit der Butter bestreichen.

7. Die Fische mit dem Grillwender vorsichtig auf eine Platte heben. Am Tisch filetieren (s. Seite 293) oder im Ganzen servieren. Es darf mit den Fingern gegessen werden.
Für 4 Personen

GEGRILLTER ROTBARSCH MIT GURKENSAUCE

GUADELOUPE

METHODE:
Direktes Grillen

VORBEREI-TUNGSZEIT:
2–4 Std. zum Marinieren

An jenem Abend, als ich ins »Agoupa« kam, ein bekannter Imbiß in Gosier auf Guadeloupe, waren die Feiern anläßlich des einjährigen Bestehens gerade in vollem Gang. Souk-Klänge dröhnten aus den Lautsprechern, Körper wiegten sich in der Hitze, und der Rum floß in Strömen. Dieser Imbiß unter freiem Himmel (unmittelbar vor Pointe-à-Pitre) zieht mit seiner phantastischen Lage und den gemäßigten Preisen Touristen wie Einheimische gleichermaßen an. (»Agoupa« ist kreolisch und heißt Dreingabe.) In der Nacht glühen die »Steel drum«-Barbecuegrills aus der Ferne wie Hochöfen.

Die Sauce zu diesem Fisch ist eine Art Gazpacho mit Gurken und grünen Tomaten. Sehr originell und sehr lecker. Lassen Sie sich von der langen Zutatenliste nicht abschrecken. Die meisten werden Sie ohnehin zur Hand haben, und die Zubereitung braucht nur 15–20 Min. Servieren Sie als Beilage Erbsen und Reis à la Bahamas.

FISCH UND MARINADE:
4 ganze kleine Rotbarsche (à ca. 500 g), gesäubert, ohne Finnen, aber mit Kopf und Schwanzflosse
2 Bund Schnittlauch oder das Weiße und Grüne von Lauchzwiebeln, feingehackt
1 Knoblauchknolle, halbiert
1 mittelgroße Zwiebel, in dünne Ringe geschnitten
2 Lorbeerblätter
1 scharfe Chili, halbiert (z. B. Scotch bonnet, eventuell ohne Kerne)
1 l Wasser
160 ml frisch gepreßter Limettensaft
60 ml brauner Rum
3 EL Salz

GURKENSAUCE:
1 Gurke, geschält und entkernt (s. Kasten Seite 89)
1 grüne (unreife) Tomate, geschält und entkernt, oder 4 Tomatillos, geschält, enthülst und entkernt (s. Kasten Seite 62)
¼ Tasse Zwiebelwürfel
3 Lauchzwiebeln, Weißes und Grünes, feingehackt
¼ Tasse glatte Petersilie, feingehackt
3 EL Weißweinessig, nach Geschmack auch mehr
3 EL Olivenöl extra vergine, zusätzlich Öl zum Bestreichen
Salz und frisch gemahlener schwarzer Pfeffer nach Geschmack

1. Den Fisch von innen und außen unter fließendem kaltem Wasser waschen und mit Küchenpapier trockentupfen. Auf jeder Seite 3–4mal quer bis zu den Gräten einschneiden. Die Fische nebeneinander in eine Auflaufform oder Pfanne legen. Schnittlauch, Knoblauch, Zwiebelringe, Lorbeerblätter und Chiliehälften über den Fisch verteilen und alles beiseite stellen.

2. Für die Marinade Wasser, Limettensaft, Rum und Salz in einer mittelgroßen Schüssel verrühren, bis sich das Salz aufgelöst hat. Den Fisch mit der Mischung übergießen und abgedeckt im Kühlschrank mindestens 2, höchstens 4 Std. marinieren.

3. Den Grill auf starke bis mittlere Hitze anheizen.

4. Erst kurz vor dem Grillen die Gurkensauce zubereiten. Gurken, grüne Tomate, Zwiebeln, Lauchzwiebeln, Petersilie, Essig, Öl, Salz und Pfeffer im Mixer zu einer glatten Masse pürieren. Mit Essig und Salz pikant abschmecken.

5. Den Fisch aus der Marinade nehmen, abtropfen lassen und mit Küchenpapier trockentupfen. Die Marinade zurückbehalten. Die Fische von beiden Seiten dünn mit Öl bestreichen. Einen eingehängten Fischrost (s. Seite 289) verwenden oder die Fische direkt auf den heißen und gut geölten Grillrost legen. 6–10 Min. grillen, bis die Haut schön gebräunt und knusprig und das Fleisch bis zu den Gräten gar ist. Jeden Fisch mit einem Grillwender vorsichtig wenden und nochmals 6–10 Min. grillen, bis sich das Fleisch mit der Gabel leicht zerteilen läßt. Während des Grillens die Haut der Fische auf jeder Seite 1–2mal großzügig mit der Marinade bestreichen.

6. Die Fische mit dem Grillwender vorsichtig auf eine Platte heben. Am Tisch nach der Beschreibung auf Seite 293 filetieren und sofort servieren. Die kalte Gurkensauce dazu reichen.

Für 4 Personen

GEGRILLTER FISCH MIT ESARN-GEWÜRZ

THAILAND

METHODE:
Direktes Grillen

VORBEREITUNGSZEIT:
1–2 Std. zum Marinieren

Diese Art der Zubereitung ist einfach und doch erstaunlich aromatisch. Sie stammt aus der Region um Esarn im Nordosten von Thailand. Strenggenommen brauchen Sie Korianderwurzel dazu. Sie schmeckt wie eine Kreuzung zwischen Koriander und Knollensellerie. In Asien- und Südamerikaläden wird Koriander mitsamt Wurzel verkauft. Können Sie die ganze Pflanze jedoch nicht bekommen, erzielen Sie auch mit Koriandergrün ein intensives Aroma.

Ich verwende für dieses Rezept gerne kleine ganze Fische wie Loup de mer oder Rotbarsch. Reichen Sie als Beilage Jasminreis und Zitronen-Honig-Sauce mit Knoblauch.

FISCH UND WÜRZPASTE:
4 kleine, ganze Fische, z. B. Loup de mer oder kleine Rotbarsche (à ca. 500 g), gesäubert, ohne Finnen, aber mit Kopf und Schwanzflosse
12 Knoblauchzehen, durchgepreßt
½ Tasse Korianderwurzel, gehackt, oder Koriandergrün; die Wurzeln vor dem Hacken gut waschen und abtropfen lassen
1 EL Salz
2 TL Koriander, gemahlen
2 TL frisch gemahlener weißer Pfeffer

ZUM BESTREICHEN:
3 EL asiatische Fischsauce
3 EL Pflanzenöl
3 EL frisch gepreßter Limettensaft
1 ½ EL Zucker

1. Den Fisch von innen und außen unter fließendem kaltem Wasser waschen und mit Küchenpapier trockentupfen. Auf jeder Seite 3–4mal quer bis zu den Gräten einschneiden. Beiseite stellen.

2. Für die Würzpaste Knoblauch, Korianderwurzel, Salz, Koriander und Pfeffer im Mörser zu einer glatten Masse zerstoßen oder im Mixer pürieren. Die Paste zur Hälfte gleichmäßig in den seitlichen Einschnitten der Fische verteilen, den Rest in der Bauchhöhle und auf der Haut der Fische verstreichen. Den Fisch in eine Auflaufform geben und abgedeckt im Kühlschrank 1–2 Std. marinieren.

3. Den Grill auf starke bis mittlere Hitze anheizen.

4. Für die Sauce Fischsauce, Öl, Limettensaft und Zucker in einer kleinen Schüssel verrühren, bis sich der Zucker gelöst hat.

5. Einen Fischrost (s. Seite 289) verwenden oder die Fische direkt auf den gut geölten, heißen Rost legen. 6–10 Min. grillen, bis die Haut gebräunt und knusprig und das Fleisch bis zu den Gräten gar ist. Die Fische vorsichtig wenden und nochmals 6–10 Min. grillen, bis sich das Fleisch mit der Gabel leicht zerteilen läßt. Während des Grillens beide Seiten öfter mit Marinade bestreichen.

6. Die Fische vorsichtig auf eine Platte heben. Falls gewünscht, am Tisch filetieren (s. Seite 293) und sofort servieren.

Für 4 Personen

GEGRILLTER ROTBARSCH MIT KAPERNSAUCE

GUADELOUPE

METHODE:
Direktes Grillen

VORBEREITUNGSZEIT:
1 Std. zum Marineren

So wird Fisch in den Fischbuden unter freiem Himmel am Strand von Guadeloupe serviert. In der Marinade sind alle vier typischen Aromen dieser Inselgruppe vertreten: Limettensaft, Scotch-bonnet-Chillies, Knoblauch und frischer Thymian. Servieren Sie dazu eine Kapernsauce, scharf gewürzt mit noch mehr Chillies, und Sie können sicher sein, daß Ihre Geschmacksknospen dieses Gericht nicht so schnell wieder vergessen werden. Dieses Rezept verlangt Rotbarsch, läßt sich aber auch mit jedem anderen ganzen Fisch zubereiten. (Man kann sogar Fischsteaks verwenden, s. Seite 317.) Je größer der Fisch, desto geringer sollte die Hitze sein. So gart der Fisch, ohne zu verbrennen.

FISCH UND MARINADE:
4 ganze Rotbarsche (à ca. 500 g), gesäubert, ohne Finnen, aber mit Kopf und Schwanzflosse
3 Knoblauchzehen, geschält
1–2 Scotch-bonnet-Chillies, entkernt und gehackt (schärfer wird der Fisch, wenn die Kerne nicht entfernt werden)
2 TL Salz
1 TL frisch gemahlener schwarzer Pfeffer
1 TL Thymianblätter, gehackt, oder ½ TL Thymian, getrocknet
125 ml frisch gepreßter Limettensaft

KAPERNSAUCE:
1 Knoblauchzehe, feingehackt
1 Schalotte, feingehackt
2 EL glatte Petersilie, feingehackt
2 EL Kapern, abgetropft
½ Scotch-bonnet-Chili, entkernt und feingehackt
1–2 EL frisch gepreßter Limettensaft
1 EL Rotweinessig
125 ml Olivenöl extra vergine, 2 EL zusätzlich zum Bestreichen
Salz und frisch gemahlener schwarzer Pfeffer

1. Den Fisch von innen und außen unter fließendem kaltem Wasser waschen und mit Küchenpapier trockentupfen. Auf jeder Seite 3–4mal quer bis zu den Gräten einschneiden. Beiseite stellen.

2. Für die Marinade Knoblauch, Chillies, Salz, Pfeffer und Thymian im Mörser zu einer glatten Masse zerstoßen, dann den Limettensaft einrühren oder alle Zutaten im Mixer pürieren. Den Fisch mit der Mischung übergießen und dabei wenden, so daß er ganz überzogen ist. Die Marinade auch in die Einschnitte streichen. Den Fisch in eine Auflaufform oder Pfanne legen und abgedeckt im Kühlschrank 1 Std. marinieren, währenddessen 1–2mal wenden.

3. Den Grill auf starke bis mittlere Hitze anheizen.

4. Für die Kapernsauce Knoblauch, Schalotten, Petersilie, Kapern, Chili, Limettensaft und Essig in einer kleinen Schüssel mischen und mit 60 ml Öl, Salz und Pfeffer verquirlen. Die Sauce sollte sehr würzig sein. (s. Hinweis)

5. Unmittelbar vor dem Grillen den Fisch aus der Marinade heben, abtropfen lassen und mit Küchenpapier trockentupfen. Die Haut von beiden Seiten mit 2 EL Öl bestreichen. Einen eingehängten Fischrost (s. Seite 289) verwenden oder die Fische direkt auf den gut geölten, heißen Rost legen. 6–10 Min. grillen, bis die Haut schön gebräunt und knusprig und das Fleisch bis zu den Gräten gar ist. Jeden Fisch mit einem Grillwender vorsichtig wenden und nochmals 6–10 Min. grillen, bis sich das Fleisch mit der Gabel leicht zerteilen läßt.

6. Den Fisch mit dem Grillwender vorsichtig auf eine Platte heben. Falls gewünscht, am Tisch filetieren (s. Seite 293). Etwas Kapernsauce auf den Fisch geben und sofort servieren. Die restliche Sauce dazu reichen.

Für 4 Personen

Hinweis: Die Sauce wird glatter, wenn Sie alle Zutaten im Mixer pürieren.

GEMISCHTE MEERESFRÜCHTE VOM GRILL A LA ESSAOUIRA

MAROKKO

METHODE:
Direktes Grillen

Essaouira ist eine Hafenstadt an der Nordwestküste von Marokko. Hier, am Kai, wo die Fischerboote festmachen, finden Liebhaber von Meeresfrüchten höchst Bemerkenswertes vom Grill. Bis Sie dorthin kommen, müssen Sie vorbei an verschlungenen Fischernetzen und Scharen aufdringlicher Kundenwerber (von denen jeder versuchen wird, Sie zum Stand seines Arbeitgebers zu ziehen) sowie durch eine beunruhigend dichte Wolke von Fliegen. Fassen Sie sich ein Herz, denn haben Sie erst mal Platz genommen, kommen Sie in den Genuß makellos frischer Meeresfrüchte, serviert, wie es sein soll: mit Blick auf die schwankenden Fischerboote und das tiefblaue Meer, aus dem sie erst kurz vorher gefangen wurden. Apropos frisch – der Fisch wird bei Bestellung gesäubert. Von der Meeresbrise gewürzt und serviert unter dem endlos weiten blauen Himmel, an dem Möwen kreisen, ist er einfach unschlagbar.

Dieser Gaumenschmaus ist ein Muster an Schlichtheit: gegrillter Fisch, leckerer Tomatensalat und knuspriges Brot. Ich habe das Rezept für eine gemischte Grillplatte verfaßt, komponiert aus den in Essaouira am häufigsten servierten Meeresfrüchten. Sie können jede Komponente beliebig ersetzen, nur ganz frisch muß alles sein.

In Essaouira werden die Garnelen mit Kopf und Schale gegrillt serviert.

FISCH:

1 kg Garnelen, am besten in der Schale

16 frische Sardinen, gesäubert, ohne Finnen, aber mit Kopf und Schwanzflosse

8 ganze Wittlinge, gesäubert, ohne Finnen, aber mit Kopf und Schwanzflosse

1 kg Kalmare (s. Hinweis)

200 ml Olivenöl extra vergine, nach Bedarf auch mehr

grobkörniges Salz und frisch gemahlener schwarzer Pfeffer nach Geschmack

TOMATENSALAT:

8 Tomaten, entkernt (s. Kasten Seite 62) und gehackt

2 große, rote Zwiebeln, feingehackt

½ Bund glatte Petersilie, gehackt

125 ml Olivenöl extra vergine

60 ml frisch gepreßter Zitronensaft, nach Geschmack auch mehr

2 TL Rotweinessig

Salz und frisch gemahlener schwarzer Pfeffer

ZUM SERVIEREN:

marokkanisches Brot oder Pita-Brot

Zitronenspalten

1. Den Grill auf höchster Stufe anheizen.

2. Die Schale nach Belieben an den Garnelen lassen und die Garnelen entdarmen (s. Seite 349). Sämtliche Meeresfrüchte unter fließendem kaltem Wasser waschen und mit Küchenpapier trockentupfen. Garnelen, Fische und Kalmare von allen Seiten mit etwas Öl bestreichen und mit Salz und Pfeffer würzen. Beiseite stellen.

3. Für den Salat Tomaten, Zwiebeln, Petersilie, Öl, Zitronensaft und Essig in einer großen Schüssel vorsichtig mischen. Nach Bedarf mit Salz, Pfeffer und noch etwas Zitronensaft abschmecken. Beiseite stellen.

4. Den heißen Grillrost ölen. Fisch und Meeresfrüchte darauf legen. Fische 4–8 Min. (bis sie sich mit einer Gabel leicht zerteilen lassen), Garnelen und Kalmare 1–2 Min. pro Seite grillen, die Fische mit einem Grillwender, die Meeresfrüchte mit einer Zange wenden. Nach dem Wenden erneut mit Öl bestreichen und mit Salz und Pfeffer würzen.

5. Fisch und Meeresfrüchte auf 8 Teller verteilen. Sofort zusammen mit dem Salat, mit Brot und Zitronenspalten servieren.

Für 8 Personen

Hinweis: Für dieses Rezept sollten die Kalmare groß sein – ganze Körper, ganze Tentakel. Können Sie nur Ringe oder Stücke von Kalmaren bekommen, stecken Sie sie zum Grillen auf Spießchen.

GEGRILLTER FISCH MIT KNOBLAUCHMARINADE

BRASILIEN

METHODE:
Direktes Grillen

Marius Fontana ist ein gefeierter Koch und Restaurantbesitzer in Rio de Janeiro, ein charismatischer Mann mit schulterlangem Haar und einer un-glaublichen Energie. Marius kreierte diese Knoblauchmarinade für Fisch-Kebabs, aber ich habe entdeckt, daß sie sich auch wunderbar für Fischsteaks oder kleine,

**VORBEREI-
TUNGSZEIT:**
*1 Std. zum
Marinieren*

ganze Fische eignet: für Steaks von Schwertfisch, Thunfisch oder Lachs beispielsweise, aber auch für kleine, ganze Rot- und Forellenbarsche. Servieren Sie Ihren Gästen brasilianischen Daiquiri als Aperitif und verrückten Reis als Beilage.

**4 Steaks vom Schwert- oder Thunfisch oder
   vom Lachs (à 180–250 g, ca. 2 ½ cm dick;
   s. oben)**
6 Knoblauchzehen, geschält
½ mittelgroße Zwiebel, geviertelt
**½ mittelgroßer, roter Paprika, entstielt,
   entkernt und geviertelt**
60 ml Olivenöl
60 ml trockener Weißwein
2 EL Ketchup
2 EL Edelsüßpaprika
1 TL Salz
½ TL frisch gemahlener schwarzer Pfeffer
¼ Tasse Koriandergrün, feingehackt

1. Die Fischsteaks unter fließendem kaltem Wasser waschen und mit Küchenpapier trockentupfen. Nebeneinander in eine Auflaufform oder Pfanne legen. Beiseite stellen.

2. Für die Marinade Knoblauch, Zwiebel- und Paprikaviertel, Öl, Wein, Ketchup, Paprikapulver, Salz und schwarzen Pfeffer im Mixer zu einer glatten Masse pürieren. Das Koriandergrün kurz mit pürieren. Die Mischung über die Fischsteaks gießen, diese dabei einmal wenden. Abgedeckt im Kühlschrank ca. 1 Std. marinieren.

3. Den Grill auf höchster Stufe anheizen.

4. Den heißen Grillrost ölen. Die Steaks vorsichtig aus der Marinade heben und alle in der gleichen Richtung auf dem Rost verteilen. Den Thunfisch nach Geschmack 3–4 Min. von jeder Seite grillen (medium) und mit einem Grillwender wenden. Ein attraktives Rautenmuster entsteht, wenn der Fisch nach den ersten 2 Min. um 90 Grad gedreht wird.

5. Die Steaks auf Teller oder eine Platte heben und sofort servieren.

Für 4 Personen

Hinweis: Schwertfisch oder Lachs werden 4–6 Min. pro Seite gegrillt, bis sie innen nicht mehr glasig sind (zur Kontrolle mit einem Messer einschneiden).

HAI AUF DEM BROTKISSEN

**TRINIDAD
UND TOBAGO**

METHODE:
Direktes Grillen

**VORBEREI-
TUNGSZEIT:**
*2–4 Std. zum
Marinieren*

Hai auf dem Brotkissen gehört zu den beliebtesten Gerichten auf Trinidad und Tobago: Haisteak, in einer »Würzmischung« (einer leckeren Tinktur mit Chillies und westindischen Gewürzen) fritiert und auf einer üppigen Unterlage aus gebratenem Brot serviert. Dieses Gericht ist so schmackhaft, daß es auf Trinidad zu allen Mahlzeiten und sogar als Imbiß zwischendurch gegessen wird.

So sehr ich es in der traditionellen Zubereitungsart auch genossen habe, ich denke doch, daß es gegrillt noch leckerer – und gesünder – ist. Schließlich eignet sich Hai wegen seines festen Fleisches ausgezeichnet zum Grillen. Gegrilltes Brot stammt aus der indischen Küche, die viele Gerichte auf Trinidad beeinflußt hat.

FISCH UND MARINADE:

4 Haifischsteaks, z. B. vom Makrelenhai
  (à ca. 180–250 g, ca. 2 cm dick)
½ Bund Schnittlauch oder Lauchzwiebeln,
  geputzt und kleingeschnitten
2 Schalotten oder ½ kleine Zwiebel, geschält
  und grobgehackt
2 Knoblauchzehen, geschält und grobgehackt
1 mittelgroße Selleriestange, geputzt und
  grobgehackt
¼ Tasse Koriandergrün, grobgehackt
¼ Tasse glatte Petersilie, grobgehackt
2 EL Minzeblätter
2 TL Thymianblätter oder 1 TL Thymian,
  getrocknet
½ Scotch-bonnet-Chili, ohne Kerne und
  Rippen, oder ¼ Tasse grüne Paprika,
  entstielt, entkernt und in kleine Würfel
  geschnitten
200 ml Wasser
60 ml frisch gepreßter Limettensaft, nach
  Geschmack auch mehr
2 TL Salz, nach Geschmack auch mehr
½ TL frisch gemahlener schwarzer Pfeffer

BROTKISSEN:

1 TL Trockenhefe
1 TL Zucker
310 ml warmes Wasser
2½ Tassen Mehl, nach Bedarf auch mehr
2 TL Backpulver
1¼ TL Salz

2–3 EL Pflanzenöl zum Bestreichen
Salz und frisch gemahlener schwarzer Pfeffer
  nach Geschmack
Knoblauchsauce (s. Seite 482)
karibische scharfe Sauce (Fertigprodukt) zum
  Servieren

1. Die Haifischsteaks unter fließendem kaltem Wasser waschen und mit Küchenpapier trockentupfen. Nebeneinander in eine Auflaufform oder Pfanne legen und beiseite stellen.

2. Für die Marinade Schnittlauch, Schalotten, Knoblauch, Sellerie, Koriandergrün, Petersilie, Minze, Thymian, Chili, Wasser und Limettensaft, Salz und den Pfeffer in Mixer pürieren. Mit Salz und Limettensaft pikant abschmecken. Die Mischung über die Haifischsteaks gießen und diese darin wenden. Abgedeckt im Kühlschrank 2–4 Std. marinieren.

3. Mindestens 2 Std. vor dem Grillen den Teig für die Brotkissen vorbereiten. Trockenhefe und Zucker in einer Teigschüssel mit warmem Wasser auflösen, dann Mehl, Backpulver und Salz darüber sieben. Alles mit dem Kochlöffel zu einem festen, nicht zu trockenen Teig verkneten. Eventuell noch etwas Mehl zugeben. Der Teig sollte feuchter sein als ein normaler Brotteig, sich aber gut kneten lassen (s. Hinweis). Den Teig 5 Min. kneten, bis er sich glatt und geschmeidig anfühlt.

4. Den Teig abdecken und an einem warmen, geschützten Ort 1–2 Std. gehen lassen, bis er etwa die doppelte Größe erreicht hat.

5. Den Grill auf starke bis mittlere Hitze anheizen.

6. Den Teig in 4 gleiche Teile teilen und zu Kugeln formen. Die Kugeln mit Mehl bestäuben und auf einer bemehlten Unterlage mit bemehltem Wellholz zu Kreisen von jeweils ca. 15 cm Durchmesser und 1 cm Dicke ausrollen.

7. Den Grillrost ölen. Die Brotkissen ebenfalls leicht ölen und auf den heißen Rost legen. Von jeder Seite 2–4 Min. grillen, bis sie knusprig und leicht gebräunt sind. Mit einem Grillwender wenden. Einen Brotkorb mit einem Tuch ausschlagen und die Brote darin warm halten.

8. Die Steaks aus der Marinade nehmen, abtropfen lassen und mit Küchenpapier trockentupfen. Von beiden Seiten dünn mit Öl bestreichen, mit Salz und Pfeffer würzen und alle in der gleichen Richtung auf den heißen Rost legen. Von jeder Seite 3–5 Min. grillen, bis sie innen gar sind (zur Kontrolle mit einem Messer leicht einschneiden). Mit einem Grillwender vorsichtig wenden. Ein attraktives Rautenmuster entsteht, wenn der Fisch nach den ersten 2 Min. um 90 Grad gedreht wird.

9. Die Steaks mit dem Grillwender vorsichtig auf Teller oder eine Platte heben. Die Steaks portionsweise auf die Brotkissen verteilen und ganz nach Geschmack mit Knob-

lauchsauce und karibischer scharfer Sauce begießen.

Für 4 Personen

Hinweis: Sie können den Brotteig auch in einer Küchenmaschine mit Knethaken herstellen.

Einige Tips für Hai auf dem Brotkissen

Im Handel gibt es verschiedene Haiarten, darunter Makrelenhai, Großer Blauhai und Kleiner Schwarzspitzenhai. Alle drei haben festes, weißes, mild-aromatisches Fleisch, das seine Herkunft von einem kräftigen Raubfisch vollkommen leugnet. Makrelenhai ist dem Schwertfisch im Geschmack ähnlich, Blauhai ist weißer im Fleisch und zarter im Aroma, der Schwarzspitzenhai teilt diese Eigenschaften, ist aber oft etwas trocken.

Auch wenn Hai zunächst exotisch oder gar unheimlich klingen mag, ist er doch verbreiteter als man glaubt. Was als Schwertfisch verkauft wird, ist tatsächlich oft Hai. Viele Fischhändler wollen die unangenehmen Vorstellungen, die mit Haien verbunden sind, von vornherein vermeiden und vertreiben Hai unter der Bezeichnung Dornfisch.

Aber außer seinem fein-aromatischen Fleisch spricht noch etwas für Hai: Er ist nahezu grätenfrei. Dank seiner knorpeligen Rükkengräte fehlen ihm die kleinen Gräten vieler anderer Fische.

Frische Kräuter wie Schnittlauch, Petersilie, Thymian, Minze und mexikanischer Koriander sind zum Würzen unerläßlich. Der mexikanische Koriander ist ein Kraut mit gezackten Blättern und noch intensiverem Aroma als Koriandergrün. Er wächst in Massen in Paramin, einem Ort nördlich von Port of Spain. Sie erhalten ihn auch in gut sortierten Kräuterläden oder auf größeren Wochenmärkten.

Abgerundet wird die Würzmischung idealerweise mit einer Chilischote aus Trinidad, einer Art Scotch bonnet, jedoch ohne deren Schärfe. Sie läßt sich ersetzen durch grüne Paprika, Cachuca-Chillies oder durch Scotch bonnets ohne Kerne und Rippen.

Mein Rezept ist die nordamerikanische Variante eines Klassikers aus Trinidad – inspiriert durch eines der besten Restaurants für Hai auf dem Brotkissen: »Natalie's Shark and Bake Shop« in Maracas Bay an der Nordküste von Trinidad. Wenn es schnell gehen muß, können Sie die Brotkissen auch durch gegrillte Scheiben Ihres Lieblingsbrotes ersetzen. Schwertfisch eignet sich ebenfalls für dieses Rezept.

GEGRILLTER SCHWERTFISCH EN PIPIAN

METHODE:
Direktes Grillen

**VORBERE-
TUNGSZEIT:**
*1 Std. zum
Marinieren*

Pipián heißen eine ganze Reihe mexikanischer Saucen, für die Pepitas, geschälte, grüne Kürbiskerne, verwendet werden. Die gerösteten und dann gemahlenen Kerne dienen dem Aroma wie der Sämigkeit. Pipián findet man in ganz Mexiko, am häufigsten aber in der Provinz Guerrero im Südwesten, wo man sie als »mole verde« (grüne Sauce) bezeichnet. Sie ist relativ mild und damit ein Geschenk des Himmels für Fisch und Meeresfrüchte. In diesem Rezept wird die Sauce zu Schwertfisch gereicht, genausogut paßt sie aber zu Lachs, Rotbarsch, Garnelen oder einem meiner Lieblingsfische, der Stachelmakrele.

Dieses Rezept enthält zwei besondere Zutaten: Tomatillos und Epazote. Erstere sind kleine, grüne und tomatenähnliche Früchte aus der Familie der Stachelbeergewächse. Man erkennt sie an ihrer papierähnlichen Hülse. Anstatt frischer Tomatillos können Sie auch Dosenware verwenden. Epazote oder Jesuitentee ist ein Kraut mit gezackten Blättern sowie stechendem Geruch und Geschmack. Sie finden es in mexikanischen Geschäften und oft auch wildwachsend. Epazote ist nicht unbedingt erforderlich. Die Sauce ist ohne dieses Kraut zwar nicht mehr ganz authentisch, aber immer noch köstlich.

Wie viele Chillies Sie nehmen, überlasse ich ganz Ihnen. Für das Original wird immer die größere Menge verwendet. (Durch Blanchieren verlieren die Chillies etwas von ihrer Schärfe.) Lassen Sie sich von der langen Zutatenliste nicht einschüchtern – die Sauce ist schnell und einfach zuzubereiten. Wenn Sie sich's aber leichter machen möchten, lassen Sie die Marinade weg und bepinseln Sie die Steaks einfach mit Öl. Würzen Sie vor

dem Grillen mit etwas Salz und Pfeffer. Die Sauce läßt sich bis zu drei Tage im voraus zubereiten und sogar einfrieren.

FISCH UND MARINADE:
**6 Schwertfischsteaks (à 180–250 g,
     ca. 2 ½ cm dick)**
**2–6 Jalapeño- oder Serrano-Chillies, in dünne
     Ringe geschnitten (entkernt werden die
     Chillies milder)**
¼ Tasse Koriandergrün, grobgehackt
3 EL frisch gepreßter Limettensaft
3 EL Olivenöl extra vergine
**Salz und frisch gemahlener schwarzer Pfeffer
     nach Geschmack**

SAUCE:
1 Tasse geschälte Kürbiskerne
**625 ml Fischfond, Muschelbrühe,
     Hühnerbrühe oder Wasser**
8 frische Tomatillos (s. Hinweis)
**4–6 Jalapeño-, 6–10 Serrano-Chillies oder
     1 Poblano-Chili, längs halbiert und entkernt
     (mit Kernen wird die Sauce schärfer)**
½ kleine Zwiebel
4 Knoblauchzehen, geschält
**2 Lauchzwiebeln, Weißes und Grünes, geputzt
     und in 2–3 cm lange Stücke geschnitten**
**½ Tasse Koriandergrün, grobgehackt, plus
     einige EL zum Garnieren**
2 EL glatte Petersilie, grobgehackt
**2 Blatt Romanasalat, quer in 2–3 cm breite
     Streifen geschnitten**
**1 EL frisch gepreßter Limettensaft, nach
     Geschmack auch mehr**
¼ TL Kreuzkümmel, gemahlen
2 EL Schmalz oder Olivenöl
2 Epazotezweige, feingehackt (nach Wunsch)
Salz nach Geschmack

1. Die Schwertfischsteaks unter fließendem kaltem Wasser waschen und mit Küchenpapier trockentupfen. Nebeneinander in eine

Auflaufform oder Pfanne legen. Chillies, Koriandergrün, Limettensaft, Öl, Salz und Pfeffer in einer kleinen Schüssel kurz verquirlen, bis sich die Flüssigkeiten verbinden. Die Steaks mit der Mischung übergießen und abgedeckt im Kühlschrank 1 Std. marinieren, zwischendurch 1–2mal wenden.

2. Für die Sauce die Kürbiskerne in einer Pfanne ohne Fett bei mittlerer Hitze 3–5 Min. rösten, bis sie Farbe annehmen und aufzuplatzen beginnen. Die Pfanne dabei stets hin und her bewegen und darauf achten, daß die Kerne nicht schwarz werden. Die Kürbiskerne in einer flachen Schale abkühlen lassen. 3 EL zum Garnieren zurückbehalten, den Rest in der Küchenmaschine zu feinem Pulver mahlen. 250 ml Fond einrühren und beiseite stellen.

3. Die Tomatillos von den Hülsen befreien, in einen Saucentopf geben und mit Wasser bedecken. Die Chillies hinzufügen und bei mittlerer Hitze zum Kochen bringen. Bei geringer Hitze ca. 5 Min. köcheln lassen, bis die Tomatillos weich sind. Die Tomatillos abtropfen lassen (auch solche aus der Dose) und mit den Chillies, dem restlichen Fond, Zwiebeln, Knoblauch, Lauchzwiebeln, Koriandergrün, Petersilie, Salatstreifen, Limettensaft und dem Kreuzkümmel im Mixer zu einer glatten Paste pürieren.

4. Schmalz oder Öl in einem großen Saucentopf bei mittlerer Hitze erwärmen. Die Kürbiskern-Creme zugeben und ca. 5 Min. unter ständigem Rühren kochen, bis alles dunkel und sämig ist und intensiv duftet. Die Tomatillo-Paste zugeben und weitere 15–20 Min. unter häufigem Rühren kochen, bis die Sauce sämig ist und einen intensiven Geschmack entwickelt hat. Während der letzten 5 Min. Epazote einrühren. Vom Herd nehmen. Mit Salz und Limettensaft pikant abschmecken. Warm halten.

5. Den Grill auf höchster Stufe anheizen.

6. Den Grillrost ölen. Die Steaks aus der Marinade heben und alle in einer Richtung auf den Rost legen. Von jeder Seite ca. 4–6 Min. gar grillen (zur Kontrolle mit einem Messer einschneiden), vorsichtig mit einem Grillwender wenden. Ein attraktives Rautenmuster entsteht, wenn der Fisch nach 2 Min. um 90 Grad gedreht wird.

7. Die Steaks mit dem Grillwender vorsichtig auf einen Servierteller heben und die Sauce darüber geben. Mit den restlichen ganzen Kürbiskernen und zusätzlichem gehacktem Koriandergrün bestreuen.

Für 6 Personen

Hinweis: Sie können auch Tomatillos aus der Dose verwenden: zweimal gut abbrausen, abtropfen lassen und in den Mixer geben.

SCHASCHLIK VOM STÖR

ASERBAIDSCHAN

METHODE:
Direktes Grillen

VORBEREITUNGSZEIT:
*30 Min. bis
2 Std. zum
Marinieren*

Aserbaidschan, die für ihre Ölvorkommen bekannte ehemalige Sowjetrepublik, liegt östlich des störreichsten Gewässers der Welt, des Kaspischen Meeres. Schaschlik ist der russische Begriff für Schisch-Kebab oder Fleischspieß. Sicher könnte man den Fisch nach diesem Rezept auch auf Spießchen grillen, hier aber mariniere ich ihn und grille ihn als Steak.

Der Sauerrahm macht den Fisch zarter und zugleich aromatischer. Süß-saures Granatapfelsirup ist in arabischen Geschäften erhältlich. Sie können es nach dem Rezept in diesem Buch (s. Seite 227) aber auch selbst zubereiten. Sumach ist ein rotes Gewürz, das im gesamten Nahen Osten zu gegrilltem Fleisch gereicht wird. Man bekommt es in Gewürzläden.

FISCH UND MARINADE:

4 Steaks vom Stör, Seeteufel oder Schwertfisch (à 180–250 g, ca. 2–2 ½ cm dick)
2 EL Pflanzenöl
Salz und frisch gemahlener schwarzer Pfeffer
nach Geschmack
250 ml Sauerrahm
3 EL frisch gepreßter Zitronensaft
2 EL Dill, gehackt, oder 1 EL getrockneter Dill
1 Knoblauchzehe, durchgepreßt

ZUM SERVIEREN:

4 Lauchzwiebeln, Weißes und Grünes, in
dünne Ringe geschnitten
1 Tomate, geviertelt
Zitronenspalten
1 Gurke, in dünne Scheiben geschnitten
(ungeschält)
2–3 EL Granatapfelsirup (s. Seite 227)
3 EL Sumach, gemahlen

1. Die Steaks vom Stör unter fließendem kaltem Wasser waschen und mit Küchenpapier trockentupfen. Von beiden Seiten großzügig mit Öl bestreichen und mit Salz und Pfeffer würzen. Nebeneinander in eine Auflaufform oder Pfanne legen.

2. Für die Marinade Sauerrahm, Zitronensaft, Dill und Knoblauch in einer kleinen Schüssel gut verrühren. Die Steaks mit der Mischung übergießen und mehrmals darin wenden. Abgedeckt im Kühlschrank mindestens 30 Min. und bis zu 2 Std. unter gelegentlichem Wenden marinieren.

3. Den Grill auf höchster Stufe anheizen.

4. Den Grillrost ölen. Die Steaks aus der Marinade heben und nebeneinander, alle in einer Richtung, auf den Rost legen. Von jeder Seite 3–6 Min. gar grillen (zur Kontrolle mit einem Messer einschneiden), vorsichtig mit einem Grillwender wenden. Ein attraktives Rautenmuster entsteht, wenn der Fisch nach den ersten 2 Min. um ca. 90 Grad gedreht wird.

5. Die Steaks mit dem Grillwender vorsichtig auf eine Servierplatte heben. Mit Lauchzwiebelringen bestreuen und mit Tomatenvierteln, Zitronenspalten sowie Gurkenscheiben garnieren. Sofort servieren, Granatapfelsirup und gemahlenen Sumach dazu reichen.

Für 4 Personen

FISCH-YASSA

SENEGAL

METHODE:
Direktes Grillen

**VORBEREI-
TUNGSZEIT:**
*1–2 Std. zum
Marinieren*

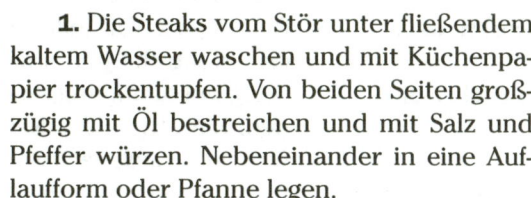

Yassa bezeichnet eine ganze Reihe von Gerichten, die in Westafrika, besonders im Senegal, sehr beliebt sind. Ausgangspunkt ist eine leckere Sauce aus Zwiebeln, Senf und Zitronensaft. Traditionell werden die Zwiebeln in Palmöl gebraten, einem aromatischen, rötlichen Öl, das Sie in Afrika- und Südamerikaläden bekommen können. Da es einen hohen Gehalt an gesättigten Fettsäuren hat, ersetze ich es hier durch Pflanzenöl, dem ich wegen der Farbe einen Löffel Paprika zugebe. Dieses Gericht können Sie mit vielen Fischarten zubereiten. Dem Original am nächsten käme ein aromatischer dunkler Fisch wie Königsmakrele oder Säbelfisch, aber auch Lachs paßt sehr gut. Servieren Sie die Yassa mit gedünstetem weißem

Reis und reichen Sie einen Krug Ingwer-Ananas-Punsch dazu.

FISCH:
4 Fisch-Steaks, z. B. vom Lachs
  (à 180–250 g, ca. 2 ½ cm dick)
Salz und frisch gemahlener schwarzer Pfeffer
60 ml frisch gepreßter Zitronensaft
2 EL Pflanzenöl

SAUCE:
60 ml Leinöl
1 TL Paprikapulver
4 mittelgroße Zwiebeln, in ½ cm breite
  Spalten geschnitten
1 mittelgroße Karotte, geschält und in dünne
  Scheiben geschnitten
½–2 Scotch-bonnet-Chillies, entkernt und in
  dünne Ringe geschnitten (für eine schär-
  fere Sauce die Kerne mit verwenden)
80 ml Wasser
60 ml frisch gepreßter Zitronensaft, nach
  Geschmack auch mehr
¼ Tasse körniger Senf, nach Geschmack
  auch mehr
2 EL Weißweinessig
Salz und frisch gemahlener schwarzer Pfeffer
  nach Geschmack

1. Die Steaks unter fließendem kaltem Wasser waschen und mit Küchenpapier trok-kentupfen. Mit Salz und Pfeffer würzen. Nebeneinander in eine Auflaufform legen. Zitronensaft und Öl in einer kleinen Schüssel verquirlen und über den Fisch gießen. Die Steaks 1–2mal darin wenden. Abgedeckt im Kühlschrank 1–2 Std. marinieren.

2. Den Grill auf höchster Stufe anheizen.

3. Für die Sauce das Öl in einer beschichteten Pfanne bei mittlerer Hitze erwärmen. Paprikapulver einrühren, dann Zwiebeln, Karotten und Chillies zugeben und 3–4 Min. sautieren, bis die Zwiebeln glasig sind. Wasser, Zitronensaft und Senf sowie den Essig zufügen und aufkochen. Die Sauce dann bei geringer Hitze 15 Min. unter häufigem Rühren reduzieren. Die Zwiebeln sollten noch leicht knusprig sein. Vom Herd ziehen und mit Salz, Pfeffer, Senf und Zitronensaft pikant abschmecken. Abgedeckt warm halten.

4. Den Rost ölen. Die Steaks aus der Marinade heben und alle in einer Richtung auf den Rost legen. Von jeder Seite 4–6 Min. grillen (zur Kontrolle mit einem Messer einschneiden), vorsichtig mit einem Grillwender wenden. Ein attraktives Rautenmuster entsteht, wenn der Fisch nach den ersten 2 Min. um ca. 90 Grad gedreht wird.

5. Die Steaks mit dem Grillwender vorsichtig auf Teller oder eine Platte heben. Die Sauce darauf geben und sofort servieren.

Für 4 Personen

THUNFISCH-STEAKS MADEIRA-ART

PORTUGAL

METHODE:
Direktes Grillen

VORBEREITUNGSZEIT:
3–4 Std. zum Marinieren

Wer meine Bücher kennt, weiß auch um meine Liebe zu Portugal und zur portugiesischen Küche. Ich würde sogar sagen, daß Portugal der bestgehütete kulinarische Geheimtip Europas ist – nicht zuletzt wegen seiner Grillspezialitäten. Das folgende Rezept stammt von der Vulkaninsel Madeira. Sie ist berühmt für den gleichnamigen Wein, die tropische Blütenpracht und die steil terrassierten Hügel. Vermutlich ist es kein Zufall, daß auf Madeira so gern gegrillt wird: Die Insel war einst dicht bewaldet, wurde aber für die Gewinnung von Holzkohle abgeholzt.

Reichen Sie portugiesisches Brot oder Maismehlbrot zu den Thunfisch-Steaks.

4 Knoblauchzehen, abgezogen
1 El grobkörniges Salz
1 EL Oregano, getrocknet
1 EL Basilikum, getrocknet
1 TL frisch gemahlener schwarzer Pfeffer,
　　nach Geschmack auch mehr
125 ml Olivenöl extra vergine, am besten aus
　　Portugal
4 Thunfisch-Steaks (à 180–250 g,
　　ca. 2 ½ cm dick)
8 Lorbeerblätter

1. Knoblauch, Salz, Oregano, Basilikum und Pfeffer im Mörser zerstoßen, dann so viel Öl einarbeiten, daß eine dickflüssige Paste entsteht, ca. 1–2 EL (s. Hinweis).

2. Die Thunfisch-Steaks unter fließendem kaltem Wasser waschen und mit Küchenpapier trockentupfen. Die Würzpaste mit einem Spatel von beiden Seiten auf die Steaks streichen. Die Steaks dann nebeneinander in eine flache Auflaufform legen und mit ca. 60 ml Olivenöl übergießen, dabei die Steaks 1–2mal wenden. Unter und auf die Steaks jeweils ein Lorbeerblatt legen. Dann abgedeckt 3–4 Std. im Kühlschrank marinieren und währenddessen immer wieder mit dem Öl begießen.

3. Den Grill auf höchste Stufe anheizen.

4. Den Grillrost ölen. Die Steaks aus der Marinade heben, abtropfen lassen und mit Küchenpapier trockentupfen, dann von beiden Seiten erneut mit 1–2 EL Öl bestreichen. Die Steaks alle in einer Richtung auf den Rost legen. Von jeder Seite 4–6 Min. medium grillen (die Portugiesen verstehen sich auf die Kunst, ihren Thunfisch exakt medium zu grillen), dabei vorsichtig mit einem Grillwender wenden. Ein attraktives Rautenmuster entsteht, wenn der Fisch nach 2 Min. um ca. 90 Grad gedreht wird.

5. Den Fisch auf Servierteller oder eine Platte heben und sofort servieren.

Für 4 Personen

Hinweis: Wenn Sie keinen Mörser haben, mischen Sie die Zutaten in einer Schüssel und zerstoßen sie mit einem Kochlöffelstiel. Am einfachsten geht es mit dem Mixer oder Pürierstab in kurzen Intervallen. Das Öl langsam zugießen.

GEGRILLTER THUNFISCH AN ROTWEIN-SAUCE MIT KAPERN UND OLIVEN

Thon grillé au jus de raïto

FRANKREICH

METHODE:
Direktes Grillen

Zum ersten Mal aß ich dieses Gericht (vielmehr eines, das ihm sehr nahe kommt) an der Spitze einer dünn besiedelten Insel vor der Côte d'Azur. Auf der Insel Porquerolle kann man den Touristenmassen an der Riviera noch entkommen. Unsterblich wurde diese Insel mit ihrer einzigen Stadt inmitten eines Nationalparks, die man in kaum zehn Minuten durchwandern kann, durch den Schriftsteller Georges Simenon.

Aber so abgelegen ist in Frankreich kein Ort, als daß man dort nicht gut essen könnte – in diesem Fall im anmutigen, mit einem Michelin-Stern ausgezeichneten Hotel »Mas de Langoustier«.

Küchenchef Joël Guillet interpretiert die provenzalische Küche modern, aber ein Gericht findet sich auf seiner Speisekarte, das sicher bis auf die Phönizier zurückgeht.

Nach der Überlieferung ist die Raïto genannte Rotweinsauce mit Kapern und Oliven ursprünglich griechisch und wurde von phönizischen Seefahrern nach Massilia (wie Marseille in der Antike hieß) gebracht. Diese Sauce findet man in Frankreich nur in der Provence. Dort ist sie aber so fest verwurzelt, daß sie gleich mehrere Namen hat, so auch »rayte« und »raïte«. Woher sie letztendlich auch kommen mag, dies ist eine im besten Sinne mediterrane Sauce mit einem reichen Aroma, das sehr gut zu Thunfisch paßt. Das Gericht im »Mas de Langoustier« inspirierte mich zu folgendem Rezept.

FISCH:
4 Thunfisch-Steaks (à 180–250 g, ca. 2 ½ cm dick)
2 EL Olivenöl extra vergine
Salz und frisch gemahlener schwarzer Pfeffer nach Geschmack

RAÏTO:
80 ml Olivenöl extra vergine
1 mittelgroße Zwiebel, feingehackt
3 Knoblauchzehen, durchgepreßt
1 kleine Tomate, geschält und entkernt (s. Kasten Seite 62), feingehackt
500 ml trockener Rotwein
1 El Tomatenpaste
1 Thymianzweig oder ¼ TL getrockneter Thymian
1 Lorbeerblatt
¼ Tasse schwarze Oliven, am besten die kleinen Niçoise, entsteint
2 EL Kapern, abgetropft
Salz und frisch gemahlener schwarzer Pfeffer nach Geschmack

1. Die Thunfisch-Steaks von beiden Seiten mit dem Öl bestreichen, salzen und pfeffern. In einer flachen Auflaufform abgedeckt im Kühlschrank 30 Min. marinieren.

2. Den Grill auf höchster Stufe anheizen.

3. Während die Thunfisch-Steaks marinieren, das Raïto zubereiten. 3 EL Öl bei mittlerer Hitze in einem großen Saucentopf erwärmen. Zwiebeln und Knoblauch zugeben und ca. 5 Min. goldbraun braten. Die Tomaten zugeben und weitere 2 Min. erhitzen. Wein, Tomatenpaste, Thymian, Lorbeerblatt, Oliven und Kapern einrühren und zum Kochen bringen. Danach bei mittlerer Hitze gut 10 Min. köcheln lassen, bis die Sauce auf die Hälfte reduziert ist

4. Die Sauce vom Herd nehmen, Lorbeerblatt und Thymianzweig entfernen. Das restliche Öl sowie Salz und Pfeffer unterrühren. Die Sauce sollte sehr würzig sein (s. Hinweis). Abgedeckt warm halten.

5. Den Grillost ölen. Die Steaks alle in einer Richtung auf den Rost legen. Von jeder Seite nach Geschmack ca. 3–4 Min. grillen. Dann sind sie gerade eben medium. Vorsichtig mit einem Grillwender wenden. Ein attraktives Rautenmuster entsteht, wenn der Fisch nach den ersten 2 Min. um ca. 90 Grad gedreht wird.

6. Den Fisch auf Servierteller oder eine Platte heben und sofort servieren. Die Sauce darauf geben.

Für 4 Personen

Hinweis: Küchenchef Guillet verfeinert die Sauce, indem er sie im Mixer püriert und Oliven sowie Kapern erst ganz zum Schluß zugibt, nachdem die Sauce reduziert ist. Er gießt die Sauce noch einmal in den Topf, bis Oliven und Kapern durcherhitzt sind. Ich persönlich liebe das Temperament einer unpassierten Sauce, aber natürlich können Sie sie auch pürieren.

Fisch-Steaks perfekt grillen

Steaks von einem festen, fleischigen Fisch wie Lachs, Schwert- oder Thunfisch schmecken gegrillt einfach köstlich. Sie werden im wesentlichen wie Beefsteaks zubereitet. Nun, vielleicht doch nicht ganz: Bei dicken Fisch-Steaks schließe ich den Grill. In Restaurantküchen werden sie mit einer Metallform abgedeckt. Beide Methoden verkürzen die Garzeit.

1. Immer nur ganz frischen Fisch verwenden. Thunfisch z.B. sollte Sushi-Qualität haben. Soll der Fisch nicht völlig durchgegart werden, schneiden Sie die Steaks 2 ½ bis 5 cm, sonst gut 1 cm dick. Schwertfisch wird 1 bis 2 ½ cm dick geschnitten. Lachssteaks nicht entgräten, sonst zerfallen sie.

2. Den Grill auf höchster Stufe anheizen.

3. Kurz vor dem Grillen die Steaks von beiden Seiten mit Öl oder zerlassener Butter bestreichen und mit Salz und Pfeffer würzen. Wurde der Fisch in Öl, Butter oder Kokosmilch mariniert, erübrigen sich Trockentupfen und erneutes Ölen oder Würzen. Den Grillrost jedoch ölen und den Fisch sofort darauf legen.

4. Die Fisch-Steaks alle in einer Richtung auf den heißen Grillrost legen. Bei geschlossenem Grill garen: Steaks von 1 cm Dicke ca. 2 Min., Steaks ab 2 ½ cm Dicke ca. 4–6 Min. von jeder Seite. Ein attraktives Rautenmuster entsteht, wenn der Fisch nach den ersten 2 Min. mit einem Grillwender um ca. 90 Grad gedreht wird.

5. Die Steaks mit dem Grillwender vorsichtig wenden und von der anderen Seite genauso grillen. Für das Rautenmuster den Fisch nach 2 Min. wieder um 90 Grad drehen und den Grill erneut abdecken. Thunfisch schmeckt am besten, wenn er in der Mitte nicht ganz durchgegart bis rosa ist, Schwertfisch und Lachs dagegen sollten durch sein.

6. Steaks, die ganz durchgegart sein sollen, zur Probe mit einem Messer in der Mitte einschneiden: Sie müssen gar aussehen. Oder mit dem Rücken einer Gabel leichten Druck auf den Fisch ausüben und prüfen, ob er sich gut zerteilen läßt. Gibt es eine Rückengräte, sollte sich das Fleisch leicht davon lösen.

GEGRILLTER FISCH MIT DREI SAUCEN AUS ÄQUATORIALGUINEA

ÄQUATORIAL-GUINEA

METHODE:
Direktes Grillen

Das »Claris« ist eines der gepflegtesten Hotels in Barcelona, ein ultramodernes Refugium, dessen ruhige, luxuriöse Räume sich hinter die reich ornamentierte Fassade eines Herrenhauses aus dem 19. Jahrhundert schmiegen. Seltsam, ausgerechnet hier von einem Fisch-Barbecue aus Äquatorialguinea zu berichten?

**VORBEREI-
TUNGSZEIT:**
*1 Std. zum
Marinieren*

Hier aber bin ich Arsenio Pancho Sobe begegnet, einem außergewöhnlichen Portier und leidenschaftlichen Barbecue-Enthusiasten. Er gehört zu den etwa 100 000 Einwanderern aus Äquatorialguinea, einer ehemaligen Kolonie Spaniens.

Sobe kommt aus Malabo, der Hauptstadt Äquatorialguineas, auf der winzigen Insel Bioko. Fisch und Meeresfrüchte werden dort über Kokospalmenholz gegrillt und mit einem Dreiklang würziger Saucen serviert. Die erste ist eine unwiderstehliche Erdnußsauce mit dem Aroma getrockneter Garnelen, die zweite eine leuchtend grüne Sauce aus spinatähnlichem Machea, die dritte eine scharfe Avocadosauce.

Alle drei Saucen verdanken ihr Feuer dem großen, hellroten Guineapfeffer, einem Vetter der Habanero-Chili. Sie finden ihn in Afrikaläden, können aber auch Habanero- oder Scotch-bonnet-Chillies verwenden. In Guinea bevorzugt man aromatische Fische mit dunklem Fleisch wie Königsmakrele oder Makrele. Ähnlich gut schmeckt dieses Gericht aber mit Säbelfisch, Thunfisch und ganzem Rotbarsch.

Das Rezept besteht aus einer Abfolge einfacher Schritte. Und Sie können es sich sogar noch einfacher machen. Erstens, indem Sie eine kleinere Menge Fisch und nur eine Sauce zubereiten. Ich würde in diesem Fall die Erdnußsauce als die Ungewöhnlichste wählen. Zweitens sind die Saucen haltbar, sie lassen sich also im voraus zubereiten. Die Saucen machen dieses Gericht afrikanisch.

**8 Fisch-Steaks, z. B. Thunfisch oder
   Königsmakrele (à 180–250 g,
   ca. 2 ½ cm dick)**
**Salz und frisch gemahlener schwarzer Pfeffer
   nach Geschmack**
3 Knoblauchzehen, durchgepreßt
**½–2 Schoten Guineapepper oder Scotch-
   bonnet-Chillies, entkernt und feingehackt
   (nach Wunsch)**
250 ml frisch gepreßter Limettensaft
**2–3 EL Kokosnußöl oder anderes Pflanzenöl
   zum Bestreichen**
Erdnußsauce (s. Seite 319)
Spinatsauce (s. Seite 319)
Avocadosauce (s. Seite 320)

1. Die Fisch-Steaks unter fließendem kaltem Wasser waschen und mit Küchenpapier trockentupfen. Von beiden Seiten gut mit Salz und Pfeffer würzen. Nebeneinander in eine Auflaufform legen. Knoblauch und Chillies zugeben. Die Steaks mit Limettensaft übergießen und mehrmals darin wenden, dann abgedeckt im Kühlschrank 1 Std. marinieren. In dieser Zeit ebenfalls öfters wenden.

2. Den Grill auf höchster Stufe anheizen.

3. Die Thunfisch-Steaks aus der Marinade heben. Trockentupfen und von beiden Seiten mit Öl bestreichen. Salzen und pfeffern. Den Grillrost ölen. Die Steaks alle in einer Richtung auf den Rost legen. Von jeder Seite 3–4 Min. grillen. Dann sind sie gerade eben medium. Vorsichtig mit einem Grillwender wenden. (Steaks von anderem Fisch pro Seite 4–6 Min. grillen.) Ein attraktives Rautenmuster entsteht, wenn der Fisch nach den ersten 2 Min. um ca. 90 Grad gedreht wird.

4. Die Steaks auf Teller oder eine Platte heben und sofort mit den Saucen servieren.

Für 8 Personen

Hinweis: Toll ist es, wenn Sie für Ihren Holzkohlegrill Grillkohle aus Kokosnußschalen bekommen oder Schalen von frischer Kokosnuß verwenden können. Die Schalen müssen vollkommen trocken sein, bevor sie verfeuert werden.

Erdnußsauce

Getrocknete Garnelen sind bei uns nicht sehr bekannt. Das ist schade, denn ihr süßlich-salziger Geschmack ist köstlich. In Afrika, Asien, der Karibik und Brasilien sind sie hingegen weit verbreitet. Die Brasilianer rühmen sich sogar eines Gerichts, das diesem hier sehr ähnlich ist: Vatapá, ein Eintopf mit getrockneten Garnelen und Erdnüssen aus dem Staat Bahia im Norden Brasiliens. Getrocknete Garnelen gibt es in Afrikaläden, man kann sie aber auch durch frische ersetzen.

375 ml Wasser
1 Zwiebel, feingehackt
2 Knoblauchzehen, durchgepreßt
1 große Tomate, feingehackt, Saft auffangen
½–2 Guineapfeffer oder Scotch-bonnet-Chillies (für eine schärfere Sauce mit Kernen verarbeiten)
2 TL Ingwer, feingehackt
1 Lorbeerblatt
30 g (3–4 EL) getrocknete Garnelen, grobgehackt, oder 120 g frische Garnelen, geschält und entdarmt (s. Seite 349), grobgehackt
½ Tasse Erdnußbutter, stückig
3–4 EL Koriandergrün, feingehackt (nach Wunsch)
Salz und frisch gemahlener schwarzer Pfeffer nach Geschmack

1. Das Wasser mit Zwiebeln, Knoblauch, Tomate mit Saft, Guineapepper, Ingwer, Lorbeerblatt und Shrimps in einem Saucentopf bei mittlerer Hitze zum Kochen bringen. Bei geringer Hitze etwa 5 Min. köcheln lassen, bis die Shrimps weich sind.

2. Vom Herd nehmen, Lorbeerblatt entfernen, Erdnußbutter, Koriandergrün, Salz und Pfeffer einrühren. Wieder auf den Herd stellen und bei geringer Hitze weitere 5 Min. köcheln und eindicken lassen. In eine kleine Schale gießen und abgedeckt kühl stellen.

Ergibt 2 Tassen

Spinatsauce

Im Original wird diese Sauce aus dem Blattgemüse Machea zubereitet. Hierzulande kommt ihm Spinat recht nahe. Palmöl ist von deutlich oranger Farbe und säuerlichem Geschmack. Man bekommt es in Afrika- oder Brasilienläden. Sollten Sie es nicht finden oder aus Gesundheitsgründen (Palmöl enthält viele gesättigte Fettsäuren) nicht verwenden wollen, ersetzen Sie es durch Olivenöl. Paprika gibt dem Öl eine leicht rötliche Farbe.

375 ml Wasser
½ mittelgroße Zwiebel, feingehackt
1 Knoblauchzehe, durchgepreßt
1 Lorbeerblatt
½–1 Guineapfeffer oder Scotch-bonnet-Chili, entkernt und feingehackt
½ TL Salz, nach Geschmack auch mehr
½ Päckchen Tiefkühl-Spinat (ca. 150 g), gehackt, aufgetaut; oder 1 kg frischer Spinat, ohne Rippen, gut gewaschen und abgetropft, gehackt
1 El Palmöl oder Olivenöl
frisch gemahlener schwarzer Pfeffer nach Geschmack
1–2 TL Limettensaft (nach Wunsch)

1. Das Wasser mit Zwiebeln, Knoblauch, Lorbeerblatt, Guineapepper und Salz in einem Saucentopf bei mittlerer Hitze zum Kochen bringen. Im offenen Topf ca. 5 Min. kochen, bis die Zwiebeln gar sind.

2. Lorbeerblatt entfernen und wegwerfen, dann Spinat zugeben und ca. 2 Min. kochen, bis er weich ist. Palmöl einrühren und vom Herd nehmen. Die Mischung in einen Mixer geben und zu einer körnigen Masse pürieren. Die Masse in eine Schale gießen und mit noch etwas Salz, Pfeffer und Limettensaft abschmecken. Bis zum Servieren abgedeckt kühl halten.

Ergibt 2 Tassen

Avocadosauce

Auch diese Sauce hat ihr Äquivalent auf der anderen Seite des Atlantiks: mexikanische Avocadosaucen, ebenfalls zu gegrilltem Fisch gereicht.

1 Avocado, geschält, entkernt und in kleine Würfel geschnitten
1 El frisch gepreßter Limettensaft, nach Geschmack auch mehr
1 Zwiebel, feingehackt
2 Knoblauchzehen, durchgepreßt
1 Lorbeerblatt
½–1 Guineapfeffer oder Scotch-bonnet-Chili, entkernt und feingehackt
¼ Bund glatte Petersilie, feingehackt
125 ml Wasser, nach Bedarf auch mehr
¼ Tasse Koriandergrün, feingehackt
1 große Tomate, entkernt (s. Kasten Seite 62) und feingewürfelt
Salz und frisch gemahlener schwarzer Pfeffer nach Geschmack

    1. Avocado in einen Saucentopf geben, Limettensaft zufügen und verrühren. Zwiebeln, Knoblauch, Lorbeerblatt, Guineapfeffer, Petersilie und Wasser zugeben. Bei geringer Hitze 5 Min. köcheln lassen, bis Avocado und Zwiebeln weich sind. Koriandergrün, Tomate, Salz und Pfeffer einrühren und 1 Min. weiterköcheln lassen.
    2. Vom Herd nehmen und mit Salz und Limettensaft abschmecken. Ist die Sauce zu dick, etwas Wasser zugießen. Lorbeerblatt vor dem Servieren entfernen. In eine Schale gießen und bis zum Servieren abgedeckt kühl halten.
Ergibt 2 Tassen

Fischfilets enthäuten und entgräten

Fischfilets kann man mit oder ohne Haut grillen. Zuweilen ist die Haut – mit Öl bepinselt, leicht gesalzen und bei mittlerer Hitze knusprig gegrillt – sogar ausgesprochen wohlschmeckend (bei Lachs etwa). Soll die Haut aber entfernt werden, gehen Sie folgendermaßen vor:
    Das Filet mit der Haut nach unten und der Schwanzseite nach links (bei Linkshändern gerade umgekehrt) auf ein Schneidbrett legen. Das Schwanzstück mit der linken (oder rechten) Hand festhalten und das Fleisch mit einem langen, schmalen Messer einschneiden, dabei aber die Haut nicht durchschneiden. Den Schnitt etwa 1 cm vom Rand entfernt ansetzen, damit man die Haut gut festhalten kann. Das Messer langsam, flach und mit Schneidebewegungen zwischen Filetfleisch und Haut entlang zum breiten Ende hin führen. Die Haut dabei auf dem Brett festhalten. Auf diese Weise löst sich das Filet sauber von der Haut.
    Das Filet immer gründlich auf Gräten kontrollieren. Dazu mit den Fingern darüber streichen und eventuell noch vorhandene Gräten mit einer Pinzette herausziehen.

GEGRILLTER FISCH AUS YUCATAN
Tikin xik

MEXIKO

METHODE:
Direktes Grillen

**VORBEREI-
TUNGSZEIT:**
*30 Min. zum
Marinieren*

**SPEZIAL-
ZUBEHÖR:**
*1 Bananenblatt
(s. Kasten Seite
289), in 4 Rechte-
ecke – etwas
größer als die
Fischfilets – ge-
schnitten, oder
pro Filet 4–6
Lagen Alufolie,
Fisch- oder
Gemüserost
(falls vorhanden)*

Das »Saint Bonnet« ist genau das Restaurant, das man sich wünscht, wenn man einen langen heißen Vormittag auf den eintönigen, geraden Straßen der Halbinsel Yucatán zugebracht hat. Im Schatten eines Strohdaches und erfrischt durch eine sanfte Brise, genießt man von der Freiterrasse einen herrlichen Blick über die blaugrüne See des Golfs von Mexiko. Auch wenn Sie nur ein Bier bestellen, wartet man Ihnen hier mit einem halben Dutzend Botanas (mexikanische Snacks zu Getränken) auf, und das Mittagessen kann leicht drei Stunden dauern.

Der Gründer des Restaurants war Franzose, daher der Name. Aber ungeachtet des französischen Erbes lernte ich hier die Zubereitung des berühmtesten Gerichtes auf Yucatán: Tikin xik. Wie der auf die Mayas zurückgehende Name bereits vermuten läßt, ist es eines der ältesten Gerichte auf Yucatán, bekannt schon vor der Ankunft der Spanier. »Xik« bezeichnete bei den Mayas marinierten Fisch, »tikin« heißt wenden oder drehen. Das Restaurant führt Tikin xik zwar nicht auf der Speisekarte, für Stammgäste aber bereitet es Chefkoch Miguel Angel Canto-Ruiz immer gerne zu.

Im Restaurant wird der Fisch ganz traditionell vom Rücken her ausgenommen und entgrätet (eine echte Kunst), dann wie ein Buch aufgeklappt und in einem besonderen Recado, einer leuchtend orangefarbenen Paste aus Annattosamen, Knoblauch und Pomeranzensaft, mariniert. Bei meinem ersten Versuch verwendete ich einen frisch gefangenen Wolfsbarsch. Originalgetreu läßt sich Tikin xik aber auch mit Rotbarsch und Stachelmakrele zubereiten. Da das Entgräten des ganzen Fisches

so kompliziert ist, schlage ich die Verwendung von Fischfilets vor. Möchten Sie sich aber an einem ganzen Fisch versuchen, finden Sie im Kasten auf Seite 322 nützliche Hinweise.

FISCH UND RECADO:
4 Goldmakrelenfilets (à 180–250 g)
1 TL Annattosamen
½ TL schwarze Pfefferkörner
2 Pimentkörner
2 Nelken, ganz
½ TL Zimt, gemahlen
2 EL frisch gepreßter Pomeranzensaft oder
    1 ½ EL frisch gepreßter Orangensaft und
    ½ EL Limettensaft
2 EL frisch gepreßter Orangensaft
2 EL Weißweinessig
2 Knoblauchzehen, durchgepreßt
1 Lorbeerblatt
Salz
60 ml Wasser, nach Bedarf etwas mehr
2–4 EL Pflanzenöl oder zerlassene Butter zum Bepinseln
frisch gemahlener schwarzer Pfeffer

ZUM GAREN (NACH WUNSCH):
1 kleine weiße Zwiebel, geachtelt
1 große Tomate, geachtelt
4 Epazotezweige

ZUM SERVIEREN:
Salatstreifen
Gurken- und Tomatenscheiben
Limettenscheiben
glatte Petersilie
Dog's-nose-Salsa (s. Seite 453)

1. Goldmakrelenfilets unter fließendem kaltem Wasser waschen und mit Küchenpapier trockentupfen. Nebeneinander in eine Auflaufform legen und beiseite stellen.

2. Für das Recado Annattosamen, Pfefferkörner, Pimentkörner, Nelken und Zimt in einer Gewürzmühle oder sauberen Kaffeemühle fein mahlen. Das Pulver in einer kleinen Schüssel mit Pomeranzensaft, Orangensaft, Essig, Knoblauch, Lorbeerblatt und 1 TL Salz verrühren, bis sich das Salz gelöst hat und alle Zutaten gut vermischt sind. Probieren und so viel Wasser zufügen, daß das Recado nicht mehr scharf ist. Das Recado über den Fisch gießen und die Filets darin wenden. Abgedeckt im Kühlschrank 30 Min. marinieren.

3. Den Grill auf höchster Stufe anheizen.

4. Vor dem Grillen Fisch- oder Gemüserost 5 Min. lang erwärmen. Filets abtropfen lassen und mit Küchenpapier trockentupfen. Von beiden Seiten mit Öl bepinseln, salzen und pfeffern. Fisch- oder Gemüserost bzw. Grillrost gut ölen, dann die Filets darauf legen und 3–4 Min. grillen. Mit einem Grillwender vorsichtig auf ein zurechtgeschnittenes Bananenblatt wenden (s. Hinweis). Zwiebel- und Tomatenachtel sowie Epazote auf die Filets legen und weitere 3–4 Min. grillen, bis sich die Filets mit einer Gabel leicht zerteilen lassen.

5. Filets mit dem Grillwender vorsichtig auf eine Platte heben, mit Salatstreifen, Gurken-, Tomaten- und Limettenscheiben anrichten und mit der Petersilie bestreuen. Sofort servieren und die Salsasauce dazu reichen.

Für 4 Personen

Hinweis: Statt auf Bananenblätter können die Filets auch direkt auf dem Rost gewendet werden, der Fisch ist dann allerdings nicht mehr ganz so saftig.

Tikin xik mit ganzen Fischen

1. Die Filets im Rezept durch einen großen ganzen Fisch ersetzen, z. B. Rotbarsch, Wolfsbarsch oder Stachelmakrele: gesäubert, ohne Finnen, aber mit Kopf und Schwanzflosse. Den Fisch von innen und außen unter fließendem kaltem Wasser waschen und mit Küchenpapier trockentupfen. Den Fisch auf jeder Seite 5–6mal quer bis zu den Gräten einschneiden. In eine flache Auflaufform legen und beiseite stellen. Die Marinade nach Rezept zubereiten, über den Fisch gießen und auf beiden Seiten sowie in die Einschnitte verstreichen. Abgedeckt im Kühlschrank 1–3 Std. marinieren.

2. Den Grill zum indirekten Grillen vorbereiten (s. Seite 14/16) und auf höchster Stufe anheizen. Eine Tropfschale ist nicht erforderlich.

3. Den Fisch auf einem Bananenblatt oder 4–6 Lagen Alufolie in die Mitte des Rostes legen, nicht über die Glut. Den Grill schließen und den Fisch 40–60 Min. garen, bis er sich mit einer Gabel leicht zerteilen läßt. 5 Min. vor Ende der Garzeit den Fisch nach Geschmack mit Zwiebel- und Tomatenviertel sowie Epazote belegen.

4. Den Fisch mit zwei Grillwendern mit langem Stiel vorsichtig auf eine Platte heben. Wie angegeben garnieren und mit Dog's-nose-Salsa (s. Seite 453) servieren. Filetieren wie auf Seite 293 erklärt.

Für 4 Personen

BARRAMUNDI MIT ASIATISCHEN GEWÜRZEN

AUSTRALIEN

METHODE:
Direktes Grillen

**VORBEREI-
TUNGSZEIT:**
2 Std. Marinieren

**SPEZIAL-
ZUBEHÖR:**
*Fisch- oder
Gemüserost
(falls vorhanden)*

Barramundi, einer der beliebtesten Fische Australiens, ist eine goldgesprenkelte Schönheit mit festem, schmackhaftem, weißem Fleisch, das in gegartem Zustand in große Stücke zerfällt. Hierzulande bekommen Sie Barramundi wahrscheinlich nicht (versuchen Sie ihn aber, wenn Sie einmal in Australien sind), doch Seebarsch, Wolfsbarsch und ganz besonders Tilapia sind ein guter Ersatz.

Dieses Rezept kann seine südostasiatischen Wurzeln nicht verleugnen. Den Geschmack von Zitronengras und Kaffirlimettenblättern werden Sie nie mehr vergessen, ganz zu schweigen von der Kokosmilch, die Frische und Aroma des Fisches wunderbar unterstreicht. Das Rezept geht auf das »Bathers Pavillion Restaurant« am Balmoral Beach in Sydney zurück.

4 Filets von Barramundi, Seebarsch,
    Wolfsbarsch oder Tilapia (à 180–250 g,
    etwa 2 cm dick), entgrätet
1 große Schalotte, feingehackt
3 Knoblauchzehen, durchgepreßt
2 Zitronengrasstiele, feingehackt
    (s. Hinweis)
1 Stück (2 cm) Ingwerwurzel, feingehackt
1 Stück (2 cm) Galgant, feingehackt
    (s. Hinweis)
2 Thai- oder Serrano-Chillies, feingehackt (für
    eine mildere Sauce entkernen)
2 EL Pflanzenöl, vorzugsweise Erdnußöl
½ TL Garnelenpaste (s. Hinweis)
500 ml Kokosmilch, aus der Dose oder
    selbstgemacht (s. Seite 522)
3 EL asiatische Fischsauce
1 EL frisch gepreßter Limettensaft
1 TL Palmzucker oder heller, brauner Zucker

2 Kaffirlimettenblätter, quer in hauchdünne
    Streifen geschnitten (s. Hinweis)

1. Die Filets unter fließendem kaltem Wasser waschen und mit Küchenpapier trockentupfen. Nebeneinander in eine Auflaufform legen und beiseite stellen.

2. Für die Marinade und die Sauce Schalotten, Knoblauch, Zitronengras, Ingwer, Galgant und Chillies in einem Mörser zu einer dicken Paste zerstoßen (oder im Mixer pürieren). Beiseite stellen.

3. Das Öl im Wok oder in einem großen Saucentopf bei mittlerer Hitze erwärmen. Die Garnelenpaste zugeben und ca. 1 Min. sautieren. Die Schalottenpaste zugeben und ca. 10 Min. unter ständigem Rühren sautieren, bis sie eine bräunliche Farbe annimmt und intensiv duftet. Kokosmilch, Fischsauce, Limettensaft, Zucker und die Hälfte der Kaffirlimettenblätter einrühren. Bei etwas größerer Hitze zum Kochen bringen, die Hitze wieder reduzieren und die Mischung ca. 5 Min. dicklich kochen. Vom Herd nehmen und auf Zimmertemperatur abkühlen lassen.

4. Die Hälfte der abgekühlten Sauce über den Fisch gießen, den Rest bis zum Servieren abgedeckt in den Kühlschrank stellen. Den Fisch ein- oder zweimal in der Marinade wenden, dann abgedeckt im Kühlschrank 2 Std. marinieren. Die Stücke dabei gelegentlich wenden.

5. Den Grill auf höchster Stufe anheizen

6. Einen Fisch- oder Gemüserost 5 Min. erhitzen und ölen oder den Grillrost ölen. Die Filets aus der Marinade heben und auf den Rost legen. 3–6 Min. grillen, dann mit einem Grillwender mit langem Stiel vorsichtig wenden. Weitere 3–6 Min. grillen, bis sich der Fisch mit der Gabel leicht zerteilen läßt. Während des Grillens die restliche Sauce neben dem Grill oder auf dem Herd erwärmen.

7. Die Fischfilets mit dem Grillwender auf eine Platte oder auf Teller heben und die Sauce darüber verteilen. Jedes Filet mit einem Sträußchen feingeschnittener Kaffirlimettenblätter garnieren und sofort servieren.

Für 4 Personen

Hinweis: Erläuterungen zu den besonderen Zutaten finden Sie im Glossar, die Zutaten selbst bekommen Sie in Asienläden. Sie können sie aber auch ersetzen, und zwar: das Zitronengras durch 2 Streifen Zitronenschale (je ca. 5 cm lang), den Galgant durch 1 EL (oder etwas mehr) feingehackten frischen Ingwer und die Kaffirlimettenblätter ebenfalls durch Zitronenschale. Auch auf diese Weise erzielen Sie ein äußerst schmackhaftes Ergebnis.

Fischfilets perfekt grillen

Filets sind das schwierigste Stück vom Fisch. Beliebt sind sie dennoch, weil sie kaum Gräten enthalten und die große Oberfläche das Raucharoma beim Grillen gut aufnimmt. Problematisch ist, daß sie leicht am Rost haften und beim Wenden zerfallen.

Das Geheimnis liegt in der Verwendung eines Fisch- oder Gemüserostes. Dies ist ein stark perforierter Teller aus Porzellan oder emailliertem Metall, der auf den Grill gelegt wird. Die Filets bleiben darauf flach liegen und können beim Wenden nicht zerfallen. Wenn Sie gern und oft Fischfilets grillen, lohnt sich die Anschaffung unbedingt.

ENTHÄUTETE FILETS

1. Den Grill auf höchster Stufe anheizen.

2. Den Fischrost auf dem Grill 5 Min. erhitzen. Die Fischfilets mit Öl oder zerlassener Butter bestreichen und mit Salz und Pfeffer würzen. Den Grill- oder Fischrost gut ölen. Die Filets auf den Rost legen und 3–6 Min. garen, bis sie unten bräunlich und oben nicht mehr glasig sind.

3. Zarte Filets wie die von Seezunge oder Flunder nicht wenden, sondern statt dessen bei geschlossenem Grill garen. Festere Filets mit Öl oder zerlassener Butter bestreichen, mit einem Grillwender vorsichtig wenden und weitere 3–6 Min. garen, bis sie auch auf der zweiten Seite schön braun sind. Der Fisch sollte sich dann leicht mit der Gabel zerteilen lassen.

FILETS MIT HAUT

Filets von fetterem Fisch wie Säbelfisch oder Lachs lassen sich gut mit Haut grillen.

1. Den Grill auf starke bis mittlere Hitze anheizen.

2. Die Fischhaut mit Öl oder zerlassener Butter bestreichen. Die Filets mit der Haut nach unten auf den Rost legen. Den Grill schließen. 6–12 Min. grillen, bis die Haut dunkel gebräunt und knusprig ist und sich der Fisch leicht mit der Gabel zerteilen läßt. Brennt die Haut an, bevor der Fisch gar ist, den Fisch auf ein Stück Alufolie ziehen. Die Oberseite wird durch die eingeschlossene Hitze gar.

GEGRILLTER LACHS IN WEINBLÄTTERN
Kolheeda

REPUBLIK GEORGIEN

METHODE:
Direktes Grillen

VORBEREI-TUNGSZEIT:
20 Min. zum Einweichen der Weinblätter

Die georgische Spezialität Kolheeda ist eines der beeindruckendsten Fischgerichte vom Grill, die ich je gegessen habe. Es ist benannt nach einer sagenhaften Goldmine im Kaukasus und besteht aus einer ganzen, entgräteten Lachsforelle, die mit Walnüssen und Dill gefüllt, in Weinblätter gehüllt und dann gegrillt wird. Die Weinblätter verleihen dem Fisch eine angenehme Säure und unterstreichen das Aroma der Walnüsse. Und sie verhindern, daß der Fisch austrocknet.

Das Rezept geht auf eine Anregung von Nancy und Gogetidze Gelody vom »Pearl Café« in Brighton Beach, Brooklyn, New York zurück. Ich bereite es mit Lachsfilets, weil die leichter erhältlich sind als eine ganze Lachsforelle. Wenn möglich, verwenden Sie aber unbedingt Lachsforelle. Weinblätter in Salzlake erhält man in den meisten arabischen Läden und in vielen Supermärkten.

Kolheeda vermittelt einen ausgezeichneten Einblick in die georgische Küche und ist zugleich ein für Ihre Gäste sicher sehr ungewöhnliches Gericht.

16–24 in Salzlake eingelegte Weinblätter, abgetropft
4 Lachsfilets à ca. 180 g, etwa 2 cm dick, enthäutet und entgrätet (s. Kasten Seite 322)
Salz und frisch gemahlener schwarzer Pfeffer nach Geschmack
1 Tasse Walnüsse, geschält
2 Knoblauchzehen, gehackt
2 EL Dillspitzen, gehackt, oder 1 EL Dill, getrocknet
2 EL Koriandergrün oder glatte Petersilie, gehackt

1 EL frisch gepreßter Zitronensaft, nach Geschmack auch mehr
4 Zitronenscheiben, hauchdünn geschnitten

1. Weinblätter unter fließendem kaltem Wasser sorgfältig waschen und 20 Min. in einer Schale mit kaltem Wasser einweichen. Das Wasser 1–2mal wechseln. Abtropfen lassen und mit Küchenpapier trockentupfen.

2. Inzwischen die Filets unter fließendem kaltem Wasser waschen, abtropfen lassen und mit Küchenpapier trockentupfen. Die Filets auf ein Schneidbrett legen. An der Längsseite, etwa 1 cm vom Rand entfernt, eine tiefe Tasche in die Filets schneiden. Die Filets von innen und außen mit Salz und Pfeffer würzen. Beiseite stellen und Füllung zubereiten.

3. Für die Füllung Walnüsse, Knoblauch, Dill, Koriandergrün und Zitronensaft im Mixer zu einer körnigen Masse pürieren. Mit Salz, Pfeffer und Zitronensaft pikant abschmecken und die Lachsfilets gleichmäßig damit füllen.

4. Die Filets einzeln in Weinblätter wikkeln. Dazu 2–3 Weinblätter zu einem Rechteck legen, das den Fisch auf jeder Seite um 5 cm überragt. Die Weinblätter sollten sich leicht überlappen. Das Filet auf die Weinblätter und auf jedes Filet eine Zitronenscheibe legen. Das Filet mit weiteren Weinblättern bedecken, die überstehenden Enden unterschlagen (s. Hinweis).

5. Den Grill auf höchster Stufe anheizen.

6. Den Grillrost ölen. Die eingewickelten Filets auf den heißen Rost legen. Von jeder Seite 3–6 Min. grillen, bis die Weinblätter bräunlich und die Filets gar sind. Zur Garprobe ein dünnes Metallspießchen in die dickste Stelle des Fisches stechen. Ist es beim Herausziehen sehr heiß, ist der Fisch gar.

7. Den Fisch mit einem Grillwender auf Teller oder eine Platte heben und sofort servieren. Die Weinblätter sind nicht für den Genuß bestimmt.

Für 4 Personen

Hinweis: Bis zu Schritt 4 läßt sich das Gericht mehrere Stunden vor dem Grillen vorbereiten. Abgedeckt in den Kühlschrank stellen.

GEGRILLTER LACHS KIEW

UKRAINE

METHODE:
Direktes Grillen

VORBEREI-TUNGSZEIT:
1 Std. bis 2 Tage Kühlzeit für die Butter

SPEZIAL-ZUBEHÖR:
Fisch- oder Gemüserost (falls vorhanden)

Ja, ich weiß, dieses Gericht wird normalerweise mit Hähnchen zubereitet und fritiert, nicht gegrillt. Aber ich kann mir nur wenig Angenehmeres vorstellen als den ersten Schnitt in ein rauchig gegrilltes Fischfilet, wenn sich danach aromatisch duftende geschmolzene Kräuterbutter aus dem Inneren auf den Teller ergießt.

4 EL (60 g) Butter, zimmerwarm
2 EL glatte Petersilie, feingehackt
1 Knoblauchzehe, durchgepreßt
    (nach Wunsch)
½ TL abgeriebene Zitronenschale
2 TL frisch gepreßter Zitronensaft (nach
    Geschmack auch mehr)
Salz und frisch gemahlener schwarzer Pfeffer
    nach Geschmack
4 Lachsfilets (à 180–240 g, 2–2,5 cm dick),
    enthäutet und entgrätet
1 EL Olivenöl extra vergine oder zerlassene
    Butter

1. Butter, Petersilie, Knoblauch, Zitronenschale, Zitronensaft, Salz und Pfeffer in einer kleinen Schüssel glatt und cremig rühren. Mit Salz und Zitronensaft abschmecken. Die Butter auf ein großes Stück Klarsichtfolie geben und zu einer Rolle formen. Mindestens 1 Std., längstens 2 Tage, in den Kühlschrank stellen und hart werden lassen.

2. Den Grill auf höchster Stufe anheizen.

3. In der Zwischenzeit die Lachsfilets unter fließendem kaltem Wasser waschen und mit Küchenpapier trockentupfen. Die Filets auf ein Schneidbrett legen. An der Längsseite, ca. 1 cm vom Rand entfernt, eine 5 cm breite, tiefe Tasche in die Filets schneiden. Die harte Kiew-Butter in 4 gleich große Stücke teilen und jede Tasche mit einem Butterstück füllen. Die Taschen mit Zahnstocher oder kleinem Spieß schließen, die Filets auf eine Platte heben und von beiden Seiten mit Öl oder zerlassener Butter bestreichen, salzen und pfeffern. Beiseite stellen.

4. Einen Fisch- oder Gemüserost 5 Min. erhitzen, dann ölen, ansonsten den Grillrost ölen. Die Lachsstücke auf den heißen Rost legen und 3–6 Min. grillen. Mit einem Grillwender vorsichtig wenden und weitere 3–6 Min. gar grillen. Zur Garprobe ein dünnes Metallspießchen in die dickste Stelle des Fisches stechen. Ein dekoratives Rautenmuster entsteht, wenn der Fisch auf jeder Seite nach 2 Min. Grillzeit um 45 Grad gedreht wird.

5. Die Lachsstücke mit dem Grillwender vorsichtig auf Teller oder eine Platte heben, die Zahnstocher entfernen und sofort servieren

Für 4 Personen

GEGRILLTER LACHS PINO AN BASILIKUM-SAHNE

ITALIEN

METHODE:
Direktes Grillen

**SPEZIAL-
ZUBEHÖR:**
*Fisch- oder
Gemüserost
(falls vorhanden)*

Lachs paßt wunderbar zu Basilikum und besonders zu dieser Basilikum-Sahne-Sauce. Sie ist eine Erfindung meines Freundes Pino Savarino, eines großartigen Kochs aus Italien, der in Miami arbeitet.

FÜR DEN FISCH:
**4 Lachsfilets (à 180–250 g, 2–2 ½ cm dick),
ohne Haut und Gräten (s. Kasten
Seite 322)
2 EL Olivenöl
2 EL frisch gepreßter Zitronensaft
Salz und frisch gemahlener schwarzer Pfeffer
nach Geschmack**

FÜR DIE SAUCE:
**20 Basilikumblätter
80 ml trockener Weißwein
2 Knoblauchzehen
250 ml Sahne
1 EL frisch gepreßter Zitronensaft
2 EL Butter
Salz und frisch gemahlener schwarzer Pfeffer
nach Geschmack**

1. Den Grill auf höchster Stufe anheizen.

2. Die Lachsfilets unter fließendem kaltem Wasser waschen und mit Küchenpapier trockentupfen. Filets auf eine Platte legen und von beiden Seiten mit dem Öl bestreichen, mit Zitronensaft, Salz und Pfeffer würzen. Beiseite stellen.

3. Basilikum, Wein und Knoblauch im Mixer glattpürieren, in einen kleinen Topf geben und mit der Sahne mischen. Bei mittlerer Hitze unter häufigem Rühren etwa 15 Min. köcheln lassen, bis die Sauce um die Hälfte reduziert ist. Zitronensaft und Butter mit dem Schneebesen unterrühren. Sobald die Butter sich aufgelöst hat, den Topf vom Herd nehmen. Mit Salz und Pfeffer abschmecken. Abgedeckt warm halten.

4. Einen Fisch- oder Gemüserost 5 Min. erhitzen, dann ölen. Oder den Grillrost ölen. Die Lachsfilets auf dem heißen Rost verteilen und 3–6 Min. grillen. Die Filets mit einem Grillwender mit langem Stiel umdrehen und weitere 3–6 Min. grillen, bis sie sich mit der Gabel leicht zerteilen lassen.

5. Die Filets mit dem Grillwender vorsichtig auf Teller oder eine Platte heben. Mit einem Löffel etwas Basilikumsauce darübergeben und servieren.
Für 4 Personen

SEEZUNGE KATALANISCH

SPANIEN

METHODE:
Direktes Grillen

Grillen ist in Spanien nicht sehr verbreitet, aber das Garen über offenem Feuer spielt in der spanischen Küche keine unbedeutende Rolle. Probieren Sie einmal diese Spezialität eines bezaubernden Restaurants in Barcelonas mittelalterlicher Altstadt Barri Gòtic, des »La Cuineta«. Der Koch verwendet Seezunge, frisch aus

**VORBEREI-
TUNGSZEIT:**
*30 Min. zum
Marinieren*

**SPEZIAL-
ZUBEHÖR:**
*Fisch- oder
Gemüserost
(falls vorhanden)*

dem Atlantik und daher viel fester und fleischiger als die Seezunge, die man sonst bekommt. In größeren Städten wird sicher Seezunge oder Heilbutt aus dem Atlantik angeboten – aber Sie können für dieses Rezept auch jeden anderen zum Grillen geeigneten Fisch verwenden. Der Kontrast zwischen süß und würzig (hier zwischen Korinthen und Zucker sowie Pinienkernen und Fisch) ist typisch für die katalanische Küche.

FISCH:

4 Stücke Seezunge (à 180–250 g) oder Fisch-
    filets, entgrätet (s. Kasten Seite 320)
Salz und frisch gemahlener schwarzer Pfeffer
    nach Geschmack
2 EL Olivenöl
2 EL frisch gepreßter Orangensaft
1 Knoblauchzehe, zerdrückt

SAUCE:

2 EL Butter
½ Tasse Schalotten, feingehackt
1 EL Mehl
2 EL Weinbrand
200 ml frisch gepreßter Orangensaft, nach
    Geschmack auch mehr
1 EL Zucker, nach Geschmack auch mehr
125 ml Sahne
3 EL Korinthen
3 EL geröstete Pinienkerne
    (s. Kasten Seite 93)
Salz und frisch gemahlener schwarzer
    Pfeffer nach Geschmack
frisch gepreßter Zitronensaft nach
    Geschmack

1. Den Fisch unter fließendem kaltem Wasser waschen und mit Küchenpapier trockentupfen. Von beiden Seiten mit Salz und Pfeffer würzen und auf ein ausreichend großes, beschichtetes Backblech legen. Mit Öl und Orangensaft beträufeln und mit Knoblauch bestreichen, dabei die Stücke mehrmals wenden, so daß sich die Marinade gut verteilt. Marinierzeit: 30 Min.

2. Den Grill auf höchster Stufe anheizen.

3. Während der Marinierzeit die Sauce zubereiten. Die Butter in einem kleinen Topf bei mittlerer Hitze zerlassen. Schalotten glasig dünsten, aber nicht braun werden lassen. Das Mehl einrühren und etwa eine Minute unter Rühren erhitzen. Den Topf vom Herd nehmen, Weinbrand und Orangensaft unterrühren, danach bei mittlerer Hitze erneut aufkochen. Den Zucker zusammen mit der Sahne einrühren, bis der Zucker gelöst ist. Die Sauce 5–10 Min. köcheln und eindicken lassen. Den Topf vom Herd nehmen und Korinthen, Pinienkerne, Salz sowie Pfeffer einrühren (s. Hinweis). Nach Bedarf mit Salz oder Zucker abschmecken und gegebenenfalls noch etwas Orangensaft oder einen Tropfen Zitronensaft zugeben. Die Sauce sollte leicht süßlich sein. Abgedeckt warm halten.

4. Wenn der Grill bereit ist, einen Fisch- oder Gemüserost 5 Min. erhitzen, dann ölen. Ansonsten den Grillrost ölen. Die Fischstücke auf den heißen Rost legen und 3–6 Min. grillen. Dabei mit der restlichen Sauce beträufeln. Die Stücke mit einem Grillwender mit langem Stiel umdrehen und weitere 3–6 Min. grillen, bis sie sich mit der Gabel leicht zerteilen lassen.

5. Die Sauce auf 4 Teller verteilen und die Fischstücke mit dem Grillwender vorsichtig auf die Teller heben. Oder die Sauce getrennt zum Fisch reichen. Sofort servieren.

Für 4 Personen

Hinweis: Sie können die Sauce durch ein Sieb passieren, bevor Sie Korinthen und Pinienkerne zugeben. Ich liebe es eher rustikal und esse auch gerne eine Sauce, in der man die Schalottenstückchen noch sieht.

GEGRILLTE ROCHENFILETS MIT SÜSS-SAURER SAUCE NONYA

MALAYSIA

METHODE:
Direktes Grillen

SPEZIAL-ZUBEHÖR:
Fisch- oder Gemüserost (falls vorhanden)

Außen knusprig und innen so butterzart, daß sie auf der Zunge zergehen – diese Rochenfilets sind die Spezialität von Frau Goh Choi Eng, der Besitzerin eines Imbißstandes am Gurney Drive in Penang. Der Fisch bekommt zwei Geschmacksrichtungen. Einmal eine leckere Sauce zum Bestreichen mit aromatischen Nelken und dann eine süß-saure Sauce aus Malaysia, die intensiv nach Zitronengras, Schalotten und Chillies duftet. Wenn Sie Rochen nicht bekommen können, läßt sich dieses Gericht genauso schmackhaft mit Säbelfisch, Schwertfisch oder Goldmakrele zubereiten.

»Nonya« ist das malayische Wort für Großmutter. In der Küche bezeichnet es eine Stilmischung, die sich im 19. Jahrhundert in Singapur und Malaysia entwickelt hat. Die Nonyas waren einheimische Frauen (meist Muslimas), die Einwanderer aus China heirateten – einfache Arbeiter, die oft bei Briten eine Stelle fanden. Die Nonyas übernahmen chinesische Gewürze wie Sojasauce und Fünf-Gewürze-Pulver und Kochmethoden wie das schnelle Anbraten, behielten ihre Vorliebe für malayische Zutaten wie Zitronengras und feurige Chillies aber bei. Auch das Braten der Würzpaste ist so eine Nonya-Methode.

1 kg Rochenfilets
1 EL Koriander, gemahlen
2 TL Curry
¼ TL Nelken, gemahlen
1–2 Serrano- oder andere scharfe Chillies, entkernt und feingehackt (für eine schärfere Sauce die Kerne mitverwenden)
6 EL Wasser
2 EL Worcestersauce

Salz und frisch gemahlener schwarzer Pfeffer
½ Tasse süß-saure Sauce Nonya (Rezept umseitig), nach Bedarf auch mehr
1–2 EL Pflanzenöl zum Bestreichen

1. Den Grill auf höchster Stufe anheizen.

2. Die Rochenfilets quer in ½ cm breite Streifen schneiden und jeweils längs ein-, aber nicht ganz durchschneiden. Aufklappen und beiseite stellen.

3. Für die Sauce Koriander, Curry, Nelken, Chili, Wasser, Worcestersauce, Salz und Pfeffer in einer Schüssel verrühren (s. Hinweis).

4. Einen Fisch- oder Gemüserost 5 Min. erhitzen, dann ölen, sonst den Grillrost ölen. Die Rochenstücke auf den heißen Rost legen und 2–4 Min. grillen, bis die Unterseite gebräunt ist. Die Stücke wenden und jeweils mit 1–2 EL der süß-sauren Sauce Nonya bestreichen. Weitere 2–4 Min. grillen, bis sie auch auf der zweiten Seite gebräunt sind und sich mit einer Gabel leicht zerteilen lassen.

5. Die Rochenfilets mit dem Grillwender auf Teller oder eine Platte heben und sofort servieren.

Für 4 Personen
Hinweis: Die Sauce eignet sich zum Bestreichen aller Fische und Meeresfrüchte und bleibt im Kühlschrank wochenlang frisch.

Süß-saure Sauce Nonya

Diese Sauce heißt zwar süß-sauer, aber ich versichere Ihnen, sie läßt sich mit keiner anderen süß-sauren Sauce vergleichen. Knoblauch und Schalotten verleihen ihr pikante Würze, Zitronengras schenkt aromatischen Duft, und Chillies sorgen für milde Schärfe. Im Original wird die Würzpaste mit Öl streichfähig verdünnt, ich ziehe allerdings eine weitere beliebte Zutat der Nonyas vor: Kokosmilch. Eine echte Nonya würde wahrscheinlich zusätzlich noch 1 TL Glutamat zugeben, was Sie ebenfalls gerne tun können.

250 g Schalotten, geputzt und grobgehackt
6–8 Jalapeño-Chillies oder andere scharfe Chilischoten, entkernt und grobgehackt (für eine schärfere Sauce die Kerne mitverwenden)
3–4 lange Zitronengrasstiele, geputzt und grobgehackt, oder 3 Streifen Zitronenschale, je ca. 5 cm lang und 1 cm breit
2 Knoblauchzehen
125 ml Pflanzenöl
80 ml frisch gepreßter Limettensaft, nach Geschmack auch mehr
2 EL frisch gepreßter Orangen- oder Limettensaft
2 EL Zucker, nach Geschmack auch mehr
1 ½ EL Sojasauce, nach Geschmack auch mehr
1 TL Salz, nach Geschmack auch mehr
½ TL Kurkuma, gemahlen
125 ml Kokosmilch, aus der Dose oder selbstgemacht (s. Seite 522)

1. Schalotten, Chillies, Zitronengras, Knoblauch, Öl, Limettensaft, Orangensaft, Zucker, Sojasauce, Salz und die Kurkuma im Mixer zu einer noch leicht stückigen Masse pürieren.

2. Masse in einen Saucentopf geben und bei mittlerer Hitze unter häufigem Rühren 15–20 Min. reduzieren, bis die Sauce leicht bräunlich und hoch aromatisch ist. Kokosmilch einrühren und ca. 5 Min. weiter köcheln lassen, bis die Sauce dick und cremig ist. Vom Herd nehmen und eventuell mit Salz, Zucker, Sojasauce oder Limettensaft abschmecken. Die Sauce sollte leicht süßsäuerlich und sehr würzig schmecken.

3. Sofort servieren oder auf Zimmertemperatur abkühlen lassen und dann abgedeckt im Kühlschrank aufbewahren. So bleibt die Sauce wochenlang frisch.
Ergibt 400–500 ml

GESALZENER KABELJAU VOM GRILL

PORTUGAL

METHODE:
Direktes Grillen

In Portugal gibt es eine Redensart, wonach eine Frau erst dann heiraten kann, wenn sie Bacalhao (gesalzenen Kabeljau) auf 365 verschiedene Arten zubereiten kann. Das ist übertrieben und vielleicht auch ein wenig sexistisch, zeigt aber, welch bedeutende Rolle gesalzener Kabeljau in Küche und Kultur Portugals spielt.

Zu den ursprünglichsten Zubereitungsarten für gesalzenen Kabeljau gehört Bacalhao grelhado – gesalzener Kabeljau vom Grill. Der Fisch wird einen Tag gewässert.

**VORBEREI-
TUNGSZEIT:**
24 Std. zum
Wässern des
Fischs

**SPEZIAL-
ZUBEHÖR:**
Fisch- oder
Gemüserost
(falls vorhanden)

So wird er zarter und weniger salzig. Dann wird er gegrillt und mit zischend gebratenem Knoblauch und Olivenöl serviert. Schon der Duft ist eine Mahlzeit für sich! Wählen Sie beim Kauf ein 2 ½ cm dickes Mittelstück des weißesten Fisches, den Sie finden können. (Gelblicher gesalzener Kabeljau und dünne, schmale Schwanzstücke zeugen von minderer Qualität.) Den besten gesalzenen Kabeljau bekommen Sie in portugiesischen, spanischen oder südamerikanischen Geschäften.

- 1 kg Kabeljau, gesalzen
- 160 ml Olivenöl extra vergine
- 8 Knoblauchzehen, in dünne Scheibchen geschnitten
- ½ TL schwarzer Pfeffer, zerstoßen oder grobgehackt
- Zitronenspalten zum Servieren

1. Den gesalzenen Kabeljau in einer großen Schüssel gut 2 cm mit Wasser bedecken. Abgedeckt im Kühlschrank 24 Std. ruhen lassen. (Bei einem Kabeljaustück mit Haut sollte die Haut nach oben zeigen.) In dieser Zeit das Wasser drei- oder viermal wechseln.

2. Den Kabeljau unter fließendem kaltem Wasser abspülen und mit Küchenpapier trockentupfen. In 4 gleiche Teile schneiden, Hautreste entfernen.

3. Einen Fisch- oder Gemüserost 5 Min. erhitzen. Inzwischen den Kabeljau mit 1 ½–2 EL Öl bestreichen. Den Grillrost ebenfalls ölen und die Kabeljaustücke 3–6 Min. grillen, bis die Unterseite schön gebräunt ist. Wenden und von der zweiten Seite weitere 3–6 Min. grillen, bis sich die Stücke leicht zerteilen lassen und in der Mitte kochend heiß sind. Währenddessen das restliche Öl neben dem Grill oder bei mittlerer Hitze auf dem Herd erhitzen, bis es beinahe raucht.

4. Den Fisch mit dem Grillwender auf eine hitzefeste Platte heben. Die Knoblauchscheiben gleichmäßig in die Mitte der Fischstücke legen und den grobgehackten Pfeffer darüber streuen. Das heiße Öl über den Fisch gießen, besonders über den Knoblauch (dieser sollte zischend braun werden). Sofort mit Zitronenspalten servieren.

Für 4 Personen

FISCH-KEBABS AUS PERU
Anticuchos de pescado

PERU

METHODE:
Direktes Grillen

**VORBEREI-
TUNGSZEIT:**
30 Min. zum
Marinieren

Die Idee zu diesem Rezept stammt aus dem »Tito's Place«, einem netten peruanisch-italienischen Restaurant in Coral Gables, Florida. Es ist eine raffinierte Variante des beliebtesten Imbisses aus Peru (traditionell werden Anticuchos aus Rinderherzen zubereitet). In Miami verwendet man Goldmakrele, aber Schwertfisch, Heilbutt oder sogar Hai eignen sich ebenso gut.

Im Original wird das Gericht mit Aji amarillo (wörtlich: gelber Pfeffer), Chilipulver oder -paste, bestrichen. Vielleicht bekommen Sie es in einem Südamerikaladen. Ein ähnliches Aroma ergeben aber auch Rosenpaprika und eine Prise Kurkuma. Lassen Sie sich von der scheinbar großen Salzmenge nicht abschrecken. Das meiste tropft auf die Kohlen.

SPEZIAL-
ZUBEHÖR:
4 lange
Metallspieße

Zu einer Grillplatte mit verschiedenen Kartoffeln aus Peru servieren.

FISCH:

750 g fester, weißer Fisch wie Goldmakrele, Schwertfisch oder Heilbutt (ca. 2 ½ cm dick)

1 ½ TL Salz

2 rote Paprika, entstielt und entkernt

MARINADE:

6 Knoblauchzehen, geschält

½ TL frisch gemahlener schwarzer Pfeffer

1 TL Kreuzkümmel, gemahlen

80 ml Weißweinessig

80 ml frisch gepreßter Zitronensaft

GLASUR:

3 EL Pflanzenöl

1 EL Aji-amarillo-Pulver oder -Paste, Ancho-Chili-Pulver oder Rosenpaprika

¼ Kurkuma, gemahlen (nach Geschmack)

2 TL Salz

1 TL frisch gemahlener schwarzer Pfeffer

Zitronenspalten zum Servieren

1. Den Fisch unter fließendem kaltem Wasser waschen und mit Küchenpapier trockentupfen. In Würfel von gut 2 cm Kantenlänge schneiden und in einer mittelgroßen Schüssel in Salz wenden. 5 Min. ziehen lassen. Inzwischen die Paprika in Würfel von derselben Größe schneiden.

2. Für die Marinade Knoblauch, Pfeffer, Kreuzkümmel, Essig und Zitronensaft im Mixer zu einer glatten Masse vermischen. Diese Mischung über den Fisch gießen, die Würfel darin wenden und abgedeckt im Kühlschrank 30 Min. marinieren.

3. Den Grill auf höchster Stufe anheizen.

4. Für die Glasur das Öl in einem Saucentopf bei geringer bis mittlerer Hitze erwärmen. Aji amarillo, Kurkuma, Salz und Pfeffer zugeben. Etwa 5 Min. unter ständigem Rühren mit einem hölzernen Kochlöffel leicht köcheln lassen, bis die Mischung rot ist und intensiv duftet. Beiseite stellen und abkühlen lassen (s. Hinweis).

5. Fischwürfel abwechselnd mit der Paprika auf Spieße ziehen. Den Grillrost ölen, dann die Spieße auf den heißen Rost legen und mit der Hälfte der Glasur bestreichen. Von jeder Seite 2–4 Min. grillen, bis die Fischwürfel außen appetitlich gebräunt und innen gar sind. Dabei mit einer Grillzange wenden und mit der restlichen Glasur bestreichen. Sofort mit Zitronenspalten servieren.

Für 4 Personen

Hinweis: Die Zutaten für diese Glasur können auch ohne Kochen in einer Schüssel gemischt werden. Das Ergebnis fällt dann jedoch geschmacklich nicht ganz so intensiv aus.

BRASILIANISCHE SCHWERTFISCH-KEBABS MIT KOKOSMILCH

BRASILIEN

METHODE:
Direktes Grillen

Dieses Rezept stammt aus einer Quelle, wo man es wohl nie vermuten würde: einem Fleischimperium mit Namen »Porcão« (großes Schwein). Wie die meisten Churrascarias (Grillrestaurants) bietet auch das »Porcão« eine erstaunliche Vielfalt gegrillter Fleischgerichte von riesigen Spießen, die bei Tisch direkt auf den Teller geschabt werden. Das Ganze funktioniert nach dem Prinzip »endloser Genuß«.

**VORBEREI-
TUNGSZEIT:**
1–4 Std. zum
Marinieren

Die Ober füllen die Teller immer wieder, bis man sie ausdrücklich bittet aufzuhören.

Die Kebabs in diesem Rezept fielen mir deshalb ins Auge (und auf die Zunge), weil sie nicht mit Fleisch zubereitet werden. Im »Porcão« macht man sie mit Surubinho, einem mild-aromatischen Süßwasserfisch aus dem Amazonas. In unseren Breiten kommt ihm Heilbutt am nächsten, gut eignen sich auch Thunfisch, Loup de mer oder ein anderer Fisch mit viel festem Fleisch. Normalerweise verwende ich Schwertfisch für dieses Gericht.

Kokosmilch ist eine klassische Zutat der nordbrasilianischen Küche. Ihr hoher Fettgehalt bewahrt Frische und Aroma des Fisches. Verwenden Sie nur eine ungesüßte Qualität. Der Chefkoch des »Porcão« bstreicht den Fisch zusätzlich mit Knoblauchbutter. Dadurch wird der Fisch noch reichhaltiger, aber er schmeckt auch ohne diese Variante sehr gut.

Verrückter Reis (s. Register) ist eine ideale Beilage.

FISCH UND MARINADE:
ca. 700 g Schwertfisch-Steaks, 2 cm dick
250 ml Kokosmilch, aus der Dose oder
    selbstgemacht (s. Seite 522)
2 EL Olivenöl
6 Knoblauchzehen, grobgehackt
1 mittelgroße Zwiebel, geviertelt
½ mittelgroßer grüner Paprika, entstielt,
    entkernt und geviertelt
1 TL Salz, nach Geschmack auch mehr
1 TL frisch gemahlener schwarzer Pfeffer
¼ Tasse glatte Petersilie, gehackt

ZUM BESTREICHEN (nach Wunsch):
30 g gesalzene Butter
1 Knoblauchzehe, durchgepreßt

KEBABS:
1 mittelgroße Zwiebel, geviertelt
1 roter Paprika, entstielt, entkernt und in
    Würfel von ca. 2 cm Kantenlänge
    geschnitten
1 grüner Paprika, entstielt, entkernt und in

Würfel von ca. 2 cm Kantenlänge geschnitten

1. Die Haut von den Fisch-Steaks entfernen. Den Fisch unter fließendem kaltem Wasser waschen und mit Küchenpapier trockentupfen. In Würfel von gut 2 cm Kantenlänge schneiden, in eine mittelgroße Schüssel geben und beiseite stellen.

2. Kokosmilch, Öl, Knoblauch, Zwiebeln, grüne Paprika, Salz und den schwarzen Pfeffer im Mixer zu einer glatten Masse pürieren. Die Petersilie zugeben und 30 Sek. pürieren. Mit Salz pikant abschmecken. Die Mischung über die Fischwürfel gießen und vorsichtig unterheben. Im Kühlschrank abgedeckt mindestens 1 Std., besser bis zu 4 Std., marinieren. Dabei gelegentlich umrühren.

3. Den Grill auf höchster Stufe anheizen.

4. Wenn Sie den Fisch bestreichen wollen, die Butter in einem Saucentopf bei geringer Hitze zerlassen, entweder auf dem Brenneraufsatz des Grills oder auf dem Herd. Den Knoblauch einrühren und den Topf vom Herd nehmen.

5. Zwiebelviertel in die einzelnen Schichten zerteilen. Fischwürfel aus der Marinade heben und abwechselnd mit den Zwiebelscheiben und den Paprikastücken auf Spieße ziehen. Den Grillrost ölen, die Kebabs darauf legen und insgesamt 8–12 Min. grillen, bis sie von außen appetitlich gebräunt und innen gar sind. Die Spieße währenddessen mit einer Grillzange wenden. Die Kebabs ca. 1 Min. vor Ende der Garzeit mit der Knoblauchbutter bestreichen.

6. Die Kebabs auf eine Platte oder Teller heben und sofort servieren.

Für 4 Personen

RUSSISCHE STÖR-KEBABS

RUSSLAND

METHODE:
Direktes Grillen

VORBEREI-TUNGSZEIT:
4–8 Std. zum Marinieren

SPEZIAL-ZUBEHÖR:
4 lange Metallspieße

In Rußland werden Zwiebeln für eine Marinade oft eher geraspelt denn gehackt. Auf diese Weise kommt mehr Luft an die Zwiebeln und ihr Geschmack wird intensiver. Der Spritzer von süß-saurem Granatapfelsirup oder auch Grenadine ist ein Markenzeichen der sinnlichen georgischen Küche mit ihrem Reichtum an Südfrüchten, die im teils subtropischen Klima der ehemaligen Sowjetrepublik gedeihen.

700 g Stör, Seeteufel oder Schwertfisch
    (knapp 4 cm dick)
1 Zwiebel, grob geraspelt
125 ml trockener Weißwein
60 ml Pflanzenöl
3 EL frisch gepreßter Zitronensaft
1 EL Edelsüßpaprika
1½ TL Salz
1 Lorbeerblatt, gerebelt
½ TL frisch gemahlener schwarzer Pfeffer
1–2 EL Pflanzenöl zum Bestreichen
2–3 EL Granatapfelsirup (s. Seite 227) zum
    Servieren
Zitronenspalten zum Servieren

1. Haut und, falls nötig, Gräten von den Fischsteaks entfernen. Den Fisch unter fließendem kaltem Wasser waschen und mit Küchenpapier trockentupfen. In Würfel von knapp 4 cm Kantenlänge schneiden und beiseite stellen.

2. Für die Marinade Zwiebeln, Wein, Öl, Zitronensaft, Paprikapulver, Salz, Lorbeerblatt und Pfeffer in einer großen Schüssel verrühren. Fischwürfel zugeben und alles gut mischen. Abgedeckt im Kühlschrank mindestens 4–8 Std. marinieren. Dabei gelegentlich wenden.

3. Den Grill auf höchster Stufe anheizen.

4. Fischwürfel aus der Marinade heben, abtropfen lassen und auf Spieße ziehen. Den Grillrost ölen und die Spieße auf den heißen Rost legen. Gut von allen Seiten mit Öl bestreichen und insgesamt 8–12 Min. grillen, bis sie außen schön gebräunt und innen nicht mehr glasig sind. Währenddessen mit der Grillzange wenden und nach jedem Wenden mit Öl bestreichen.

5. Die Kebabs mit Granatapfelsirup beträufeln, mit Zitronenspalten garnieren und sofort servieren.

Für 4 Personen

Stör

Viele kennen den Stör nur als Kaviarfisch oder in geräucherter Form. Aber in Rußland wird dieser prähistorisch anmutende Fisch mit seinen Bartfäden häufig gegrillt, wie ich bei einem Restaurantbummel in Brighton Beach, Brooklyn, New Yorks »Klein-Odessa«, leicht feststellen konnte. Stör besitzt ein überraschend mildes Aroma und eine feste, fast gallertartige Konsistenz. Sein festes Fleisch macht ihn zum idealen Fisch für die Herstellung von Spießen oder Steaks (s. Seite 312).

Wenn Sie keinen frischen Stör bekommen können, bietet sich Seeteufel als Ersatz an. Auch Schwertfisch läßt sich gut verwenden. Er ist zwar von etwas weicherer Konsistenz, schmeckt aber, nach unserem Rezept zubereitet, genauso köstlich.

SCHWERTFISCH-KEBABS PANDELI

TÜRKEI

METHODE:
Direktes Grillen

**VORBEREI-
TUNGSZEIT:**
*30 Min. zum
Marinieren*

**SPEZIAL-
ZUBEHÖR:**
*4 lange
Metallspieße*

Das »Pandeli« ist ein weithin sichtbares Restaurant im zweiten Obergeschoß des Eingangs zu Istanbuls Gewürzbazar. Es besitzt das berühmteste Treppenhaus der Stadt: glänzende blau-weiße Fließen umrahmen ein historisches Portal. Käme man ins »Pandeli« aber einzig wegen des Treppenhauses, hieße das, eine Speisekarte zu ignorieren, deren Gerichte so verlockend und wohlschmeckend sind – und schon früher waren –, daß Kemal Atatürk, der Gründer der modernen Türkei, dieses Restaurant zu seinem Stammlokal erklärte. Wer früh genug da ist, bekommt vielleicht sogar noch einen Tisch mit Blick über den Gewürzmarkt oder den Bosporus. Ganz gleich, wo Sie sitzen, bestellen Sie auf jeden Fall die Mezze von Meeresfrüchten (eine Auswahl an geräucherten Spezialitäten aus dem Schwarzen und dem Kaspischen Meer) und diese Schwertfisch-Kebabs.

Türkische Köche verfügen über eine schlichte, doch wirkungsvolle Palette an Zubereitungsarten. Dieses Rezept mag also zunächst ganz und gar nicht ungewöhnlich erscheinen, das Ergebnis aber ist außerordentlich wohlschmeckend. Eine Beschreibung der Bull's horn peppers finden Sie auf den Seiten 502/503.

700 g Schwertfisch-Steaks (ca. 2 ½ cm dick)
12 Bull's horn peppers oder 2 große, grüne
**   Paprika**
12 Lorbeerblätter
2 große Tomaten, in je 6 Spalten geschnitten
1 große Zitrone, in 12 Spalten geschnitten
Salz und frisch gemahlener schwarzer Pfeffer
60 ml Olivenöl extra vergine
3 EL frisch gepreßter Zitronensaft
1 Bund glatte Petersilie, zur Hälfte grob-
**   gehackt, zur Hälfte in Zweige gezupft**
Zitronenspalten zum Servieren

1. Die Haut von den Fischsteaks entfernen. Den Fisch unter fließendem kaltem Wasser waschen und mit Küchenpapier trockentupfen. In Würfel von ca. 5 cm Kantenlänge schneiden und abwechselnd mit Paprika oder Bull's horn peppers, Lorbeerblättern, Tomaten- und Zitronenspalten auf Spieße ziehen. Die Kebabs salzen und pfeffern.

2. Die Kebabs in eine große Auflaufform legen. Öl und Zitronensaft in einer kleinen Schüssel verquirlen und über die Kebabs gießen. Mit der gehackten Petersilie bestreuen. Bei Zimmertemperatur 30 Min. marinieren; dabei 1–2mal wenden.

3. Den Grill auf höchster Stufe anheizen.

4. Die Kebabs aus der Auflaufform heben, restliche Marinade aufbewahren. Den Grillrost ölen und die Kebabs auf den heißen Rost legen. Von jeder Seite 4–5 Min. grillen, bis Gemüse und Fisch appetitlich gebräunt sind und der Fisch in der Mitte nicht mehr glasig ist. Mit einer Grillzange wenden. Die Kebabs während des Grillens mit der übrigen Marinade bestreichen, allerdings nicht mehr während der letzten 3 Min.

5. Die Kebabs auf Teller oder eine Platte heben, mit Zitronenspalten und Petersilienzweigen anrichten und sofort servieren.

Für 4 Personen
Hinweis: Von den Bull's horn peppers Blätter und Stiele, nicht aber die Kerne entfernen. Von den grünen Paprika Stiele und Kerne entfernen und die Schoten in 5 x 2 ½ cm lange Streifen schneiden.

BALINESISCHE FISCHMOUSSE-SATES
Saté lilit

INDONESIEN

METHODE:
Direktes Grillen

VORBEREI-TUNGSZEIT:
2 Std. zum Kühlen der Mousse

SPEZIAL-ZUBEHÖR:
24 Zitronengras-stiele, auf je 15 cm Länge geschnitten (s. Hinweise) oder 24 Eisstiele, 1 Std. in kaltes Wasser gelegt und abgetropft

Satés lilit gehören zu den anspruchs-vollsten Satés in der indonesischen Küche. Sie kommen ursprünglich aus Bali, wo sie bei religiösen Festen serviert werden. Zarte Mousse wird hier mit hoch-aromatischen Gewürzen kombiniert, mit Kokosmilch abgerundet und dann auf zer-brechlichen Zitronengrasstielen gegrillt. Die Mousse kann man aus Fisch, Garnelen, Huhn, Ente und sogar Schildkrötenfleisch herstellen.

Auch ohne die eine oder andere unge-wöhnliche Zutat können Sie Saté lilit gut zubereiten. Kaffirlimettenblätter mit ihrem elektrisierend aromatischen Limettenge-schmack erhält man frisch oder tiefgefro-ren in Asienläden, im Notfall aber tut es auch ein wenig abgeriebene Zitronen-schale. Garnelenpaste (Trassi) ist ein stark riechendes Gewürz aus sauer eingelegten Garnelen. Man kann sie durch asiatische Fischsauce oder Anchovispaste ersetzen.

Lassen Sie sich durch die lange Zuta-tenliste nicht abschrecken. Diese Satés sind leicht herzustellen und nicht so zeit-aufwendig, wie es den Anschein haben mag. Das Ergebnis aber ist wahrlich über-wältigend.

WÜRZPASTE:
4 große Schalotten, in Ringe geschnitten
4 Macadamia-Nüsse
3 Knoblauchzehen, in Scheiben geschnitten
1–3 Thai- oder Serrano-Chillies, in Ringe geschnitten
1 Stück (gut 2 cm) Galgant oder Ingwer-wurzel, geschält und in Scheiben geschnitten
2 TL Koriander, gemahlen
½ TL frisch gemahlener schwarzer Pfeffer

½ TL Kurkuma, gemahlen
1 TL Garnelenpaste oder Anchovispaste oder 1 EL asiatische Fischsauce
½ TL Salz
1½ EL Pflanzenöl

FISCHMOUSSE:
500 g feste weiße Fischfilets, z. B. vom Rotbarsch, Goldmakrele, Wolfsbarsch oder Katfisch (Seewolfart)
250 g Garnelen, geschält und ohne Darm
60 ml Kokosmilch aus der Dose
1 Eiweiß
1 EL frisch gepreßter Limettensaft (nach Geschmack)
2 Kaffirlimettenblätter, in hauchdünne Streifen geschnitten, oder ½ TL abgeriebene Zitronenschale
4 TL Palmzucker oder etwas mehr hellbrauner Zucker
Salz nach Geschmack

1. Für die Würzpaste Schalotten, Maca-damia-Nüsse, Knoblauch, Chillies, Galgant, Koriander, Pfeffer, Kurkuma, Garnelen- oder Anchovispaste (s. Hinweise) und Salz im Mixer glattpürieren. Das Öl in einer kleinen Pfanne bei mittlerer Hitze erwärmen. Die Würzpaste zugeben und 5–10 Min. unter ständigem Rühren sautieren, bis die Masse dunkel ist und würzig duftet. Vom Herd neh-men und in einer kleinen Schüssel abkühlen lassen.

2. Für die Fischmousse Fisch und Gar-nelen im Mixer glattpürieren. Die gekühlte Würzpaste, Kokosmilch, das Eiweiß, Limet-tensaft, die Kaffirlimettenblätter und Zucker zugeben und weiter mixen, bis alles gut ver-mischt ist. Eine kleine Menge in einer be-schichteten Pfanne gar sautieren, probieren und die übrige Mischung mit Salz und Limettensaft pikant abschmecken. Die Mischung abgedeckt 2 Std. kühlen.

3. Die Mousse in 24 gleich große Portionen teilen. Jede Portion mit leicht befeuchteten Händen um den gewölbten Teil eines Zitronengrasstiels wickeln. Es sollte ein knapp 8 cm langes Würstchen entstehen. Die fertigen Satés auf ein mit Klarsichtfolie ausgelegtes Backblech legen. Mit der Folie abdecken und bis zu 6 Std. kühl stellen.

4. Den Grill auf höchster Stufe anheizen.

5. Satés auf dem gut geölten Grillrost verteilen und von jeder Seite 3–4 Min. grillen, bis sie außen gebräunt und innen gar sind. Klebt die Fischmousse am Rost, ganz vorsichtig mit dem Grillwender lösen und wenden.

6. Die Satés mit dem Grillwender auf eine Platte oder auf Teller heben und sofort servieren.

Für 4–6 Personen als Vorspeise,
für 2 Personen als Hauptgericht

Hinweise: Bei großen Zitronengrasstielen (ca. 30 cm lang, mit einem unteren Durchmesser von ca. 1 ½ cm) lassen sich auch die Spitzen als Spieße verwenden. Sie können die Stiele dann quer halbieren und brauchen daher nur 12.

■ Falls Fischsauce verwendet wird, diese mit der Würzpaste in Schritt 2 zugeben.

SCHWERTFISCH-SOUFLAKI

GRIECHENLAND

METHODE:
Direktes Grillen

**VORBEREI-
TUNGSZEIT:**
*30 Min. zum
Marinieren*

**SPEZIAL-
ZUBEHÖR:**
*4 lange
Metallspieße*

Meine Freundin Patsy Jamieson, Leiterin der Testküche bei Eating Well, bereitet Fisch-Kebabs nach Art eines Suflaki (griechisches Schisch-Kebab) mit traditionellen Zutaten wie Olivenöl, Zitronen, Knoblauch, Oregano und Lorbeerblättern zu. Patsy verwendet dafür frischen Thunfisch, ich ziehe Schwertfisch vor, geeignet sind aber jeder feste Steak-Fisch und sogar Garnelen oder Kammmuscheln.

Couscous, Reis oder warmes Pita-Brot geben ideale Begleiter für dieses delikate Gericht ab.

FISCH UND MARINADE:
**700 g Steaks vom Thun- oder Schwertfisch,
    ca. 4 cm dick**
3 EL Olivenöl
3 EL frisch gepreßter Zitronensaft
3 EL trockener Weißwein
2 Knoblauchzehen, durchgepreßt
**1 EL Oreganoblätter, gehackt, oder
    1 ½ TL Oregano, getrocknet**
1 TL abgeriebene Zitronenschale
1 TL Salz, nach Geschmack auch mehr
½ TL frisch gemahlener schwarzer Pfeffer

KEBABS:
24 Lorbeerblätter
1 mittelgroße Zwiebel, geviertelt

Zitronenspalten zum Servieren

1. Hautreste von den Fischsteaks entfernen. Fisch unter fließendem kaltem Wasser waschen und mit Küchenpapier trocken-tupfen. In Würfel von ca. 4 cm Kantenlänge schneiden. Beiseite stellen.

2. Für die Marinade Öl, Zitronensaft, Wein, Knoblauch, Oregano und Zitronenschale, Salz und Pfeffer in einer Schüssel verquirlen, bis das Salz gelöst ist. Die Mischung mit Salz pikant abschmecken. Den Fisch zugeben und vorsichtig mit der Marinade bedecken. Bei Zimmertemperatur etwa 30 Min. marinieren, dabei gelegentlich wenden. Die Lorbeerblätter 20 Min. in kaltem Wasser einweichen.

3. Den Grill auf höchster Stufe anheizen

4. Die Zitronenviertel in die einzelnen Schichten zerteilen. Die Lorbeerblätter ab-tropfen lassen. Die Fischwürfel aus der Marinade heben – übrige Mischung aufbewahren – und abwechselnd mit den Zwiebelschichten und den Lorbeerblättern auf Spieße ziehen. Den Grillrost ölen, dann die Kebabs auf den heißen Rost legen. Von jeder Seite 2–3 Min. grillen (insgesamt 8–12 Min., mit einer Grillzange wenden), bis die Fischwürfel außen appetitlich gebräunt und innen nicht mehr glasig sind. Währenddessen mit der restlichen Marinade bestreichen, in den letzten 2 Min. aber nicht mehr.

5. Die Kebabs auf eine Servierplatte oder Teller heben, mit Zitronenspalten anrichten und sofort servieren.

Für 4 Personen

ROTBARSCH-BURGER FLORIDA

USA

METHODE:
Direktes Grillen

VORBEREI-TUNGSZEIT:
30 Min.–6 Std. zum Kühlen

Dies ist ein fleischloser Burger von einem der Pioniere der neuen Küche in Florida, Allen Susser aus dem »Chef Allen's« in North Miami Beach. Susser verwendet Rotbarsch dafür, Sie können aber auch Goldmakrele oder Heilbutt (oder einen anderen gelatinereichen Fisch) nehmen. Die Konsistenz dieser Burger ähnelt eher der einer Fischmousse, ungewöhnlich aromatisch sind sie aber durch die Fischsauce und frischen Dill. Passend zum tropischen Thema wird im »Chef Allen's« ein selbst hergestelltes Mangoketchup dazu serviert. Sie können statt dessen aber auch Mark Militellos Mango-Barbecuesauce dazu reichen. Susser empfiehlt, diese Burger auf knusprigem Baguette mit etwas frischem Spinat zu servieren.

ca. 600 g Rotbarschfilets ohne Haut, in gut 2 cm große Stücke geschnitten

3 Eiweiß, leicht aufgeschlagen

1 EL Thai-Fischsauce

1 TL grobkörniges Salz, nach Geschmack auch mehr

¼ TL frisch gemahlener schwarzer Pfeffer, nach Geschmack auch mehr

¼ TL Cayennepfeffer, nach Geschmack auch mehr

2 EL gehackte Lauchzwiebeln, Weißes und Grünes

2 EL Dillspitzen, gehackt

3–4 EL Semmelbrösel

2 EL Olivenöl

1 Baguette (ca. 40 cm lang), längs halbiert; jede Hälfte quer in 4 gleiche Teile geschnitten

12 Spinatblätter, gewaschen und trockengetupft

125 ml Mark Militellos Mango-Barbecuesauce (nach Wunsch, s. Seite 461)

1. Die Rotbarschfilets auf Gräten prüfen und diese, falls nötig, mit einer Pinzette herausziehen. Den Rotbarsch im Mixer in kurzen Intervallen fein hacken. Auf keinen Fall soll ein Püree entstehen (s. Hinweis). In weiteren kurzen Intervallen Eiweiß, Fischsauce, Salz, Pfeffer und Cayennepfeffer einarbeiten. Lauchzwiebeln, Dill und ausreichend Semmelbrösel zugeben (mit 3 EL anfangen), so daß die Masse bindet. Eine kleine Menge in einer beschichteten Pfanne gar sautieren, probieren und die restliche Mischung mit Salz und Pfeffer pikant abschmecken.

2. Die Mischung in 4 gleiche Portionen teilen. Mit leicht angefeuchteten Händen zu Frikadellen von knapp 10 cm Durchmesser und gut 1 cm Höhe formen. Die Frikadellen auf einen gut geölten Teller legen und abgedeckt mindestens 30 Min. und bis zu 6 Std. kühlen.

3. Den Grill auf höchster Stufe anheizen.

4. Die Frikadellen an der Oberseite gut mit Öl bestreichen. Den Grillrost ölen, dann die Frikadellen mit der öligen Seite nach unten auf den heißen Rost legen. Von jeder Seite 3–4 Min. grillen, bis der Fisch appetitlich gebräunt ist. Mit der Grillzange wenden und die Baguettestücke mit den Anschnitten nach unten auf den Rost legen. Die Burger keinesfalls zu lange garen.

5. Die Burger mit je einem Spinatblatt und etwas Barbecuesauce auf den Baguettes servieren.

Für 4 Personen

Hinweis: Statt im Mixer können Sie den Fisch auch mit einem Hackmesser oder einem anderen scharfen Messer feinhacken und in einer Schüssel mit den übrigen Zutaten mischen.

Schick in Schale
HUMMER, GARNELEN & MUSCHELN

»Viele Garnelen, viele Geschmäcker, viele Menschen, viele Launen.«

MALAYISCHES SPRICHWORT

Ich frage mich, wie der Mensch herausgefunden hat, wie man Austern ißt. Bestimmt nicht mit einem Austernmesser! Am besten gefällt mir der Gedanke, der Mensch habe sie in die Glut eines Lagerfeuers gelegt und gewartet, bis die rauchige Hitze die Schalen öffnet. Zwar mag man beim Thema Krustentiere nicht unbedingt ans Grillen denken, dennoch ist es eine der besten Zubereitungsarten für Muscheln, Garnelen und sogar Hummer.

Dieses Kapitel bietet eine Einführung in die Welt gegrillter Krustentiere, von griechischen gegrillten Kraken bis zu karibischen Garnelen auf Zuckerrohrspießen. Erleben Sie, wie die Australier ihre berühmten »Barbie-Garnelen« grillen, ganz zu schweigen von ihren »Morton Bay Bugs« (Hummer).

Hummer und Langusten lassen sich wunderbar grillen. Garnelen bleiben frisch und Krabben werden knackig-knusprig. Probieren Sie Garnelen Penang mit brennend scharfer Salsa und gegrillte Lambi-Schnecke von den Bahamas. Nie schmeckten Krustentiere besser!

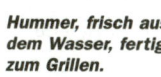

Hummer, frisch aus dem Wasser, fertig zum Grillen.

MORTON BAY BUGS MIT INGWER-MINZE-BUTTER

AUSTRALIEN

METHODE:
Direktes Grillen

Ich mag die liebevolle Respektlosigkeit, mit der Fischer auf der ganzen Welt Neptuns edelstem Geschöpf begegnen. In englischsprachigen Ländern bezeichnen Fischer Hummer gewöhnlich als »Bugs« (Viecher). Der »Morton Bay Bug« gehört zu Australiens wertvollsten Krustentieren, ein scherenloser Hummer, der eher einer Languste ähnelt. Das folgende Rezept bereite ich mit Hummerschwänzen zu. Sie können statt dessen aber auch Langusten, Garnelen oder sogar Riesengarnelen verwenden. Ingwer, Limette und Minze aromatisieren die Butter, mit der der Hummer beim Grillen bestrichen wird. Die Zubereitung ist einfach, doch das Ergebnis umwerfend gut.

4 Hummerschwänze (à 250 g), frisch oder
    gefroren und aufgetaut, oder 4 lebende
    Hummer (à 600–700 g)
8 EL (125 g) Butter
2 EL Minzeblätter, gehackt, oder
    1 ½ TL Minze, getrocknet
1 EL Ingwer, feingehackt
1 Knoblauchzehe, durchgepreßt
1 TL abgeriebene Limettenschale
3 EL asiatische Fischsauce oder
    Sojasauce
2 EL frisch gepreßter Limetten-
    saft
Salz und frisch gemahlener
    schwarzer Pfeffer nach
    Geschmack

1. Den Grill auf höchster Stufe anheizen.
2. Die Hummerschwänze mit einer Küchenschere oder einem scharfen, schweren Messer der Länge nach halbieren, den Darm mit einer Gabel entfernen. Lebende Hummer

Für die weniger Mutigen

Die hier beschriebene Kochtechnik eignet sich für alle, denen nicht so recht wohl ist bei dem Gedanken, einen Hummer mit einem Messer zu töten.

In einem großen Topf mit Deckel gut 9 l Wasser (diese Menge reicht für 4 Hummer) zum Kochen bringen. Die Hummer hineingeben, den Deckel fest schließen und die Hummer 2 Min. kochen lassen. Die Hummer mit einer Zange herausheben und abkühlen lassen. Danach halbieren und wie angegeben grillen.

durch einen Messerstich in den Hinterkopf zwischen den Augen töten. So sind sie sofort tot (s. Kasten oben). Die Hummer längs halbieren, Darm und papierartigen grauen Sack im Kopf entfernen. Die Scheren abbrechen und mit einem Nußknacker öffnen. Hummer oder Hummerschwänze beiseite stellen.
3. Für die Ingwer-Minze-Butter die Butter in einem Saucentopf bei milder Hitze zerlassen. Minze, Ingwer, Knoblauch und Zitronenschale zugeben und bei mittlerer Hitze ca. 3 Min. kochen, bis die Mischung stark duftet, aber nicht braun ist. Fischsauce und Limettensaft zugeben und aufkochen. Dann den Topf vom Herd nehmen.

4. Die Schnittseiten der Hummer oder Hummerschwänze mit Ingwer-Minze-Butter bestreichen, salzen und pfeffern.

5. Wenn der Grill bereit ist, den Grillrost ölen. Die Hummerhälften oder -schwänze und Scheren mit der Schnittseite nach unten auf den heißen Rost legen und 6–8 Min. grillen. Mit einer Grillzange wenden und von der an-deren Seite weitere 6–8 Min. grillen, bis das Fleisch fest und weiß ist. Währenddessen mehrfach großzügig mit der Butter bestreichen.

6. Die Hummer auf Teller oder eine Platte geben, eventuell noch vorhandene Butter darüber gießen und sofort servieren.

Für 4 Personen

GEGRILLTE LANGUSTEN MIT BASILIKUM-BUTTER

GUADELOUPE

METHODE:
Direktes Grillen

Dieses beeindruckende Gericht ist die Spezialität des New-age-Restaurants »Hostellerie des Trois Forces« in St. Barthélemy. Chefkoch und Astrologe Hubert Delamotte verwendet dazu Langusten mit breitem Schwanz und scharf gezacktem Rückenschild, aber ohne Scheren. Mit Hummer läßt es sich jedoch genausogut zubereiten. In jedem Fall unterstreicht der würzige Duft des Basilikums den aromatischen Eigengeschmack des Hummer- oder Langustenfleisches auf ganz hervorragende Weise. Als Beilage eignet sich gegrillte Polenta.

4 Langustenschwänze (à ca. 250 g),
    frisch oder gefroren und aufgetaut, oder
    4 lebende Langusten (à 600–700 g)
8 EL gesalzene Butter, zerlassen
Salz und frisch gemahlener schwarzer Pfeffer
    nach Geschmack
1 Bund Basilikum, grobgehackt
1–2 Limetten, halbiert

1. Den Grill auf höchster Stufe anheizen.

2. Die Langustenschwänze mit einer Küchenschere oder einem scharfen, schweren Messer der Länge nach halbieren, den Darm mit einer Gabel entfernen. Lebende Langusten durch einen Messerstich in den Hinterkopf zwischen die Augen töten. So sind sie sofort tot (s. Kasten linke Seite). Die Langusten der Länge nach halbieren, Darm und papierartigen grauen Sack im Kopf entfernen. Bei Hummer die Scheren am Gelenkkopf abbrechen und mit einem Nußknacker öffnen.

3. Langusten oder Langustenschwänze an den Schnittseiten mit etwas zerlassener Butter bestreichen, salzen und pfeffern. Das gehackte Basilikum zur restlichen Butter geben.

4. Wenn der Grill bereit ist, den Grillrost ölen. Die Langustenhälften oder -schwänze und eventuell Scheren mit der Schnittseite nach unten auf den heißen Rost legen und 6–8 Min. grillen. Mit einer Grillzange wenden und von der anderen Seite weitere 6–8 Min. grillen, bis das Fleisch fest und weiß ist. Währenddessen mit Limettensaft beträufeln und mehrfach großzügig mit der Basilikum-Butter bestreichen.

5. Die Langusten auf Teller oder eine Platte heben und sofort servieren. Die restliche Butter in Förmchen dazu reichen.

Für 4 Personen

Grilltabelle für Krustentiere*

ART	METHODE	HITZE	GARZUSTAND
KLAFFMUSCHELN (SCHALE)	DIREKT	STARK	SCHALEN GEÖFFNET, 6–8 MIN.
HUMMER			
HALBE HUMMER	DIREKT	STARK	DURCHGEGART, 6–8 MIN./SEITE
SCHWÄNZE	DIREKT	STARK	DURCHGEGART, 6–8 MIN./SEITE
AUSTERN (IN DER SCHALE)	DIREKT	STARK	SCHALEN GEÖFFNET, 6–10 MIN.
KAMMUSCHELN	DIREKT	STARK	DURCHGEGART, 1–3 MIN./SEITE
GARNELEN	DIREKT	STARK	DURCHGEGART, 1–3 MIN./SEITE

*Diese Tabelle gibt nur ungefähre Richtwerte. Grillen ist schließlich keine Wissenschaft, sondern eine Kunst! Halten Sie sich im Zweifelsfall an die Zeitangaben in den Rezepten.

LANGUSTEN MIT KREOLISCHER SAUCE

GUADELOUPE

METHODE:
Direktes Grillen

Dieses Gericht genossen meine Frau und ich zum ersten Mal 1990 während unserer Flitterwochen in St. Barthélemy in dem winzigen Strandlokal »Marigot Bay Club«. Michel Ledée, der Besitzer, war ein befreundeter Fischer. Die Langusten hätten wir noch frischer wohl nur direkt im Meer bekommen!

Michels kreolische Sauce hat viele Geschmacksnoten: die Bässe von Knoblauch und Lauchzwiebeln, den Bariton von Thymian und Limettensaft und den hohen Tenor einer scharfen Sauce auf der Grundlage von Scotch bonnets.

Noch beim Schreiben dieses Rezepts ereilte mich die traurige Nachricht von Michels tragischem Tod. Er kam ums Leben, als er seine Tochter bei einem Badeunfall rettete. Dieses Rezept ist seinem Andenken gewidmet.

4 Langustenschwänze (à ca. 250 g),
**   frisch oder gefroren und aufgetaut, oder**

4 lebende Langusten (à 600–700 g)
4 EL Schmalz (s. Hinweis)
½ Tasse Schalotten, feingehackt
4 Lauchzwiebeln, Weißes und Grünes,
**   feingehackt**
3 Knoblauchzehen, feingehackt
3 EL glatte Petersilie, gehackt
2 TL Thymian, gehackt, oder 1 TL Thymian,
**   getrocknet**
1 Tasse Ketchup
160 ml Wasser
2 EL frisch gepreßter Limettensaft, nach
**   Geschmack auch mehr**
1 TL Chilisauce, vorzugsweise mit Scotch-
**   bonnet-Chillies, nach Geschmack auch**
**   mehr**
Salz und frisch gemahlener schwarzer Pfeffer
**   nach Geschmack**

1. Den Grill auf höchster Stufe anheizen.
2. Die Langustenschwänze mit einer Küchenschere oder einem scharfen, schweren Messer der Länge nach halbieren, den Darm

mit einer Gabel entfernen. Lebende Langusten durch einen Messerstich in den Hinterkopf zwischen die Augen töten. So sind sie sofort tot (s. Kasten Seite 342). Die Langusten der Länge nach halbieren, Darm und papierartigen grauen Sack im Kopf entfernen. Bei Hummer die Scheren am Gelenkkopf abbrechen und mit einem Nußknacker öffnen. Abgedeckt in den Kühlschrank stellen und die kreolische Sauce zubereiten.

3. 2 EL Schmalz in einem Saucentopf bei mittlerer Hitze zerlassen. Schalotten, Lauchzwiebeln, Knoblauch, Petersilie und Thymian zugeben und 3–5 Min. sautieren, bis Schalotten und Lauchzwiebeln leicht gebräunt sind. Ketchup, Wasser, Limettensaft und Chilisauce einrühren und aufkochen. Bei geringer Hitze ca. 5 Min. köcheln lassen, bis die Sauce eindickt und gut duftet. Den Topf vom Herd nehmen und, falls erforderlich, mit etwas mehr Salz, Pfeffer, Limettensaft oder Chilisauce abschmecken. Die Sauce sollte sehr würzig sein.

4. Das restliche Schmalz in einem Saucentopf bei geringer Hitze zerlassen und die Schnittseiten der Hummer oder Hummerschwänze damit bestreichen.

5. Wenn der Grill bereit ist, den Grillrost ölen. Die Langusten oder Hummer samt Scheren mit der Schnittseite auf den heißen Rost legen und 6–8 Min. grillen. Mit einer Grillzange wenden und mit kreolischer Sauce bestreichen. Von der anderen Seite weitere 6–8 Min. grillen, bis das Fleisch fest und weiß ist.

6. Die Langustenschwänze oder Langusten auf Teller oder eine Platte heben und sofort servieren.

Für 4 Personen

Hinweis: Schmalz als Zutat mag manchem bei diesem Rezept seltsam, gar abschreckend erscheinen, wird aber in der französischen Küche oft zum Bestreichen verwendet. Bei diesen Langusten gibt es den karibischen Gewürzen die Grundlage. Selbstverständlich können Sie es durch zerlassene Butter oder Öl ersetzen.

GEGRILLTE LANGUSTEN AUS SÜDAFRIKA

SÜDAFRIKA

METHODE:
Indirektes Grillen

In Südafrika grillt man Langusten auf ganz eigene Art und Weise. Die dünne Schale an der Unterseite des Schwanzes wird aufgeritzt und die Languste dann nach der indirekten Methode mit dem Bauch nach oben in der Schale gegart. So bleibt sie frisch und zart.

Die Sauce zum Bestreichen mag recht unspektakulär erscheinen, aber Butter, Wein und Worcestersauce eröffnen völlig neue Geschmackswelten, ohne jedoch den Eigengeschmack der Langusten zu übertönen.

4 lebende Langusten (à 600–700 g) oder
  4 Langustenschwänze (à ca. 250 g),
  gefroren und aufgetaut
4 EL Butter
3 EL Olivenöl extra vergine
2 El Worcestersauce
2 EL frisch gepreßter Zitronensaft
2 EL trockener Weißwein
2 Knoblauchzehen, durchgepreßt
3 EL glatte Petersilie, feingehackt
½ TL Cayennepfeffer, nach Geschmack auch
  mehr
Salz und frisch gemahlener schwarzer Pfeffer

1. Den Grill zum indirekten Grillen vorbereiten (s. Seiten 14/16). Eine Tropfschale muß nicht, kann aber eingesetzt werden. Den Grill auf mittlere Hitze anheizen.

2. Lebende Langusten durch einen Messerstich in den Hinterkopf zwischen die Augen töten. So sind sie sofort tot (s. Kasten Seite 342). Dann mit einer Küchen- oder Geflügelschere an der Unterseite des Schwanzes 4 Einschnitte setzen, 2 längs und 2 quer, und die dünne Schale entfernen. Die Langustenschwänze mit der Küchenschere oder einem scharfen, schweren Messer der Länge nach halbieren, aber dabei die Rückenschale nicht durchschneiden. Die Schwänze aufklappen. Den Darm mit einer Gabel entfernen. Beiseite stellen.

3. Für die Sauce zum Bestreichen die Butter in einem Saucentopf bei geringer Hitze zerlassen. Öl, Worcestersauce, Zitronensaft, Wein, Knoblauch, Petersilie und Cayennepfeffer zugeben. Alles gut verrühren und 3–5 Min. leicht köcheln lassen, bis der Knoblauch duftet. Vom Herd nehmen und Salz, schwarzen Pfeffer sowie Cayennepfeffer zugeben.

Die Hälfte der Sauce bis zum Servieren beiseite stellen.

4. Die Langusten oder Langustenschwänze (s. Hinweis) mit der Unterseite nach oben in die Mitte des Grillrosts legen und gut mit der Sauce bestreichen. Den Grill schließen. Langusten 30–40 Min., Langustenschwänze 20–30 Min. grillen, bis das Fleisch fest und weiß ist. Das Fleisch dabei 1–2mal mit der Sauce bestreichen.

5. Die Langusten auf Teller oder auf eine Platte geben und sofort servieren. Die restliche Sauce zum Dippen in Schalen dazu reichen.

Für 4 Personen

Hinweis: Langustenschwänze kann man auch über direkter Hitze grillen. Den Grill dafür auf höchster Stufe anheizen und die Schwänze mit den Schnittseiten nach unten 6–8 Min. grillen, damit das Fleisch etwas geröstet wird. Die Schwänze umdrehen und weitere 6–8 Min. grillen, bis das Fleisch fest und weiß ist. Während des Grillens und noch einmal kurz vor dem Servieren mit der Sauce bestreichen.

GEGRILLTE KREBSE MIT CURRY-BEURRE-BLANC

GUADELOUPE

METHODE:
Direktes Grillen

VORBEREITUNGSZEIT:
30–60 Min. zum Marinieren

Guadeloupe ist in der gesamten Karibik berühmt für ein großes Krustentier mit sehr aromatischem Fleisch, Oassou genannt. Man übersetzt das zwar in der Regel mit »Krebs«, tatsächlich aber handelt es sich beim Oassou eher um eine Garnelenart. Die bevorzugte Zubereitungsweise ist das Grillen. Die ganzen Krebse werden auf Spieße gezogen und über glühenden Kohlen gebraten. Oassous sind bei uns möglicherweise schwer oder gar nicht erhältlich, doch sie ähneln im Geschmack Garnelen oder Riesengarnelen, die Sie auf die gleiche Weise zubereiten können.

In Guadeloupe (das noch heute zu Frankreich gehört) reicht man zu Oassou eine Beurre blanc (Buttersauce), aroma-

**SPEZIAL-
ZUBEHÖR:**
*4 lange
Metallspieße*

tisiert mit Colombo, einem Curry von den Antillen, den man in Geschäften mit Produkten aus der Karibik bekommen kann. Für mein Rezept lasse ich Ihnen die Wahl zwischen echtem Colombo oder einem normalen, allerdings qualitativ hochwertigen Curry.

SPIESSE UND MARINADE:

20 Garnelen oder Riesengarnelen in der Schale

1 Zwiebel, halbiert, jede Hälfte in 6–8 Spalten geschnitten

1 roter Paprika, entstielt, entkernt und in 2 ½ cm große Quadrate geschnitten

3 EL frisch gepreßter Limettensaft

3 EL Olivenöl extra vergine

2 Knoblauchzehen, gepreßt

Salz und frisch gemahlener schwarzer Pfeffer nach Geschmack

BEURRE BLANC:

250 ml trockener Weißwein

60 ml Weißweinessig

¼ Tasse Schalotten, feingehackt

1 ½ TL Colombo-Pulver, selbstgemacht (s. Seite 493) oder gekauft, oder Curry-Pulver, nach Geschmack auch mehr

60 ml Sahne

8 EL (125 g) kalte Butter, in Flocken

Salz und frisch gemahlener schwarzer Pfeffer

1. Die Garnelen unter fließendem kaltem Wasser waschen, abtropfen lassen und mit Küchenpapier trockentupfen. Abwechselnd mit den Zwiebel- und den Paprikastük-

ken der Länge nach auf Spieße ziehen. Die Spieße nebeneinander auf eine Platte legen und beiseite stellen.

2. Für die Marinade Limettensaft, Öl, Knoblauch, Salz und Pfeffer in einer kleinen Schüssel verquirlen, bis sich das Salz aufgelöst hat. Die Spieße mit der Mischung bestreichen und die restliche Marinade für den späteren Gebrauch aufbewahren. Die Spieße locker mit Klarsichtfolie abdecken und im Kühlschrank 30 Min. bis 1 Std. marinieren.

3. Den Grill auf höchster Stufe anheizen.

4. Während der Marinierzeit die Beurre blanc zubereiten. Wein, Essig, Schalotten und Colombo in einem Saucentopf bei mittlerer bis starker Hitze verrühren. 6–8 Min. im offenem Topf kochen, bis die Sauce auf ca. 60 ml Flüssigkeit reduziert ist. Sahne zugeben und weitere 2–4 Min. kochen, bis wiederum nur ca. 60 ml Flüssigkeit übrig sind. Auf mittlere Hitze zurückschalten und die Butterflöckchen nach und nach mit dem Schneebesen sorgfältig einrühren. Das bindet die Sauce. Ist die Butter vollständig eingearbeitet, den Topf vom Herd nehmen. Die Sauce darf nicht mehr kochen, sonst gerinnt sie. Falls nötig, mit Salz, Pfeffer oder Curry abschmecken; die Sauce sollte sehr würzig sein. Bis zum Servieren im Wasserbad oder auf einem Rost über dem Herd warm halten. Nicht direkt auf eine Wärmequelle stellen, sonst könnte sie gerinnen.

5. Wenn der Grill bereit ist, den Grillrost ölen. Die Spieße auf den heißen Grill legen und von jeder Seite 4–6 Min. grillen, bis die Schalen eine leuchtend rote Farbe annehmen und das Fleisch nicht mehr glasig ist. Dabei mit einer Grillzange wenden und ein- oder zweimal mit der restlichen Marinade bestreichen.

6. Die Garnelen und die Gemüsestücke mit einer Gabel von den Spießen schieben und sofort servieren. Die Beurre blanc dazu reichen.

Für 4 Personen

GEGRILLTE WEICHSCHALIGE KRABBEN MIT WÜRZIGER SAUCE TARTAR

USA

METHODE:
Direktes Grillen

Wie alle Krustentiere, so werfen auch Krabben in regelmäßigen Abständen ihre Schalen ab, damit sie wachsen können. Weichschalige Krabben sind gehäutete Blaukrabben. Die Krabbe wird samt Rückenschild ganz verspeist. Saison hat sie von Mai bis August. Meist werden weichschalige Krabben gebraten oder fritiert. Durch Grillen aber erzielt man mit nur einem Bruchteil des Fetts einen hervorragenden Geschmack. Die Krabben werden wunderbar aromatisch und herrlich knusprig: würzig wie das Meer und knackig wie junges Gemüse.

Am besten kaufen Sie die Krabben lebend. Bitten Sie Ihren Fischhändler, sie zu säubern und bereiten Sie sie stets noch am gleichen Tag zu. Reichen Sie dazu gegrilltes Knoblauchbaguette und klassischen Krautsalat.

SAUCE TARTAR:
1 Tasse Mayonnaise
1–2 frische oder eingelegte Jalapeño-Chillies, entkernt und feingehackt
1 EL Dijon-Senf
1 EL frisch gepreßter Limettensaft, nach Geschmack auch mehr
1 EL Kapern, abgetropft, gehackt
1 EL Schnittlauch oder Lauchzwiebelgrün, gehackt
1 EL Cornichons, gehackt
1 EL Estragon oder Basilikum, gehackt
Salz nach Geschmack

KRABBEN:
250 ml zerlassene Butter oder Olivenöl
1 EL frisch gepreßter Zitronensaft
12 weichschalige Krabben, gesäubert
Salz und frisch gemahlener schwarzer Pfeffer nach Geschmack

1. Den Grill auf höchster Stufe anheizen.
2. Für die Sauce tatar Mayonnaise, Chillies, Senf, Limettensaft, Kapern, Schnittlauch, Cornichons und Estragon in einer kleinen Schüssel sorgfältig verquirlen. Falls erforderlich, mit etwas mehr Salz oder Limettensaft abschmecken. Die Mischung sollte sehr würzig sein. Bis zum Servieren beiseite stellen (s. Hinweis).
3. Die zerlassene Butter und den Zitronensaft in einer kleinen Schüssel verrühren. Die Krabben von beiden Seiten mit der Butter bestreichen und großzügig salzen und pfeffern.
4. Wenn der Grill bereit ist, den Grillrost ölen. Die Krabben auf den heißen Rost legen und von jeder Seite 3–6 Min. grillen, bis die Schalen leuchtend rot sind. Die Krabben dabei mit einer Zange wenden und 1–2mal mit der restlichen Butter bestreichen.
5. Die Krabben auf Teller oder eine Platte heben und sofort servieren. Die Sauce tartar dazu reichen.
Für 4–6 Personen
Hinweis: Die Sauce kann bis zu 2 Tage im voraus zubereitet werden. Abgedeckt kühl stellen.

Garnelen schälen und entdarmen

Garnelen schmecken köstlich, ob mit oder ohne Schale gegrillt. In der Schale bleibt das Fleisch frisch und aromatisch. Aber früher oder später muß sie herunter, und der schwarze Darm entlang dem Rücken muß – zumindest bei den größeren Garnelen, die zum Grillen verwendet werden – ebenfalls entfernt werden.

Haushaltswarengeschäfte führen ein Gerät, das das Schälen und Entdarmen von rohen Garnelen deutlich erleichtert. Der Krabbenschäler sieht aus wie ein rotes Plastikmesser mit einer langen, schmalen, gebogenen, flexiblen Spitze. Und so wird's gemacht: Halten Sie eine ungeschälte Garnele so gerade wie möglich in einer Hand. Stechen Sie das schmale Ende des Schälers am Kopf der Garnele mit der anderen Hand in den Darm und drücken Sie es nach vorne. Die gebogene Klinge des Schälers schneidet die Schale glatt ein und entfernt den Darm. Wollen Sie die Schale entfernen, können Sie die Garnele jetzt einfach durch den geöffneten Rückenpanzer herausziehen.

EINE ROHE GARNELE VON HAND SCHÄLEN: Die Beine abbrechen, so öffnet sich die Schale an der Unterseite. Die Garnele mit den Fingern von der Schale lösen und herausziehen. Wenn die Schale sich schwer vom Fleisch löst, kann sie dabei in Stücke brechen. Alle restlichen Schalenstücke sorgfältig entfernen. Das Schwanzstück wegen des optischen Eindrucks nicht entfernen.

EINE UNGESCHÄLTE GARNELE VON HAND ENTDARMEN: Die Schale am Rücken mit einer Küchenschere der Länge nach einschneiden. Den Darm mit einer Gabelzinke oder der Spitze eines Schälmessers herauskratzen.

EINE GESCHÄLTE GARNELE VON HAND ENTDARMEN: Für die klassische Art schneidet man den Rücken längs v-förmig ein. Der Schnitt sollte gerade so tief sein, wie der Darm sitzt. Diesen kleinen Fleischkeil mitsamt dem Darm herausheben.

Es gibt eine blitzschnelle Methode, die ich in Louisiana gelernt habe. Eine Gabelzinke in der Mitte des Rückens einstechen. Die Gabel vorsichtig von der Krabbe wegziehen, dabei löst sich der Darm.

EINE GARNELE SCHMETTERLINGSFÖRMIG AUFSCHNEIDEN: Dies ist die Steigerung der oben beschriebenen Methoden des Entdarmens. Schneiden Sie das Fleisch nach dem Entdarmen der Länge nach bis kurz vor dem Schwanz fast, aber nicht ganz durch.

BARBIE-GARNELEN MIT HONIG UND SESAM

AUSTRALIEN

METHODE:
Direktes Grillen

Garnelen »on the Barbie« (Grill) sind Australiens berühmtester kulinarischer Exportartikel. Selbst wenn Sie gar nichts über die Küche »down under« wissen, haben Sie bestimmt von der Leidenschaft der Australier für das Grillen gehört – besonders, was Fisch und Meeresfrüchte angeht.

**VORBEREI-
TUNGSZEIT:**
*30–60 Min.
zum Marinieren*

Die chinesischen Wurzeln dieses Gerichts sind unverkennbar – eine Folge des großen Einwandererstroms aus Asien in den 70er und 80er Jahren. Ich liebe das Zusammenspiel von süßem Honig und Fünf-Gewürze-Pulver, nussigen Sesamkörnern und Sesamöl sowie salzigen Garnelen und Sojasauce.

700 g Garnelen, geschält und entdarmt
   (s. Kasten Seite 349)
5 EL asiatisches (dunkles) Sesamöl
3 EL Reiswein, Sake oder Sherry dry
3 EL Sojasauce
1 ½ EL Honig
1 ½ EL Sesamkörner
1 EL thailändische süße Chilisauce (nach
   Wunsch, s. Hinweis)
½ TL Fünf-Gewürze-Pulver
2 Knoblauchzehen, mit einem Hackmesser
   zerdrückt
2 Scheiben Ingwer (à ½ cm dick)
2 Lauchzwiebeln, Weißes mit dem Hackmesser zerdrückt, Grünes feingehackt

1. Die Garnelen unter fließendem kaltem Wasser waschen und mit Küchenpapier trockentupfen. Beiseite stellen und die Marinade zubereiten.

2. 3 EL Sesamöl, Reiswein, Sojasauce, Honig, Sesamkörner, Chilisauce und Fünf-Gewürze-Pulver in einer großen Schüssel verquirlen. Knoblauch, Ingwer, Lauchzwiebeln und Garnelen zugeben. Die Garnelen ganz eintauchen und abgedeckt im Kühlschrank 30–60 Min. marinieren.

3. Den Grill auf höchster Stufe anheizen.

4. Die Garnelen mit einem Schaumlöffel aus der Marinade heben und in einer Schüssel in den restlichen 2 EL Sesamöl wenden. Die Marinade in einen Saucentopf gießen. Knoblauch, Ingwer und das Weiße der Lauchzwiebeln mit dem Schaumlöffel herausheben und wegwerfen. Die Marinade bei starker bis mittlerer Hitze zum Kochen bringen und etwa 3 Min. im offenen Topf zu einer dicken, sirupartigen Glasur einkochen. Vom Herd nehmen und beiseite stellen.

5. Wenn der Grill bereit ist, den Grillrost ölen. Die Garnelen auf dem Rost verteilen und von jeder Seite ca. 2 Min. grillen, bis sie außen appetitlich gebräunt und innen fest und rosa sind. Mit einer Grillzange wenden und während des Garens mit der Glasur bestreichen.

6. Die Garnelen auf Teller oder eine Platte heben und mit dem Grün der Lauchzwiebeln bestreuen. Sofort servieren.

Für 4 Personen

Hinweis: Süße Chilisauce ist die thailändische Form des Ketchup. Falls Sie sie nicht bekommen, lassen Sie sie einfach weg.

GARNELEN MIT KETJAP-BUTTER

INDONESIEN

METHODE:
Direktes Grillen

Garnelen, so groß wie Hummer, in der Schale knackig-knusprig gegrillt und mit einer wohlschmeckenden, salzig-süßen Mischung aus Butter und süßer Sojasauce bestrichen, gehören zu den Spezialitäten von Jakartas berühmtem Fisch-Restaurant »Sunda Kelapa«. Sie sind so köstlich, daß man sie, wie das die meisten Gäste ohnehin tun, mit den Fingern essen möchte. Solch große Garnelen sind schwer zu bekommen, man kann aber auch Riesengarnelen in der Schale verwenden. Reichen Sie dazu eine Salatplatte aus Java mit Schalotten-Sambal sowie gedämpften Reis.

3 EL Butter

**3 EL süße Sojasauce (Ketjap manis) oder je
1 ½ EL normale Sojasauce und Sirup**

1 EL frisch gepreßter Limettensaft

**700 g (Riesen-)Garnelen mit Schale,
entdarmt und aufgeklappt (s. Kasten
Seite 349)**

1. Den Grill auf höchster Stufe anheizen.

2. Die Butter in einem Saucentopf zerlassen. Vom Herd nehmen und süße Sojasauce und Limettensaft einrühren. Die Schnittseiten der Garnelen mit der Mischung bestreichen.

3. Wenn der Grill bereit ist, den Grillrost ölen. Die Garnelen mit der Schnittseite nach unten auf den heißen Rost legen und ca. 2 Min. grillen, bis sie leicht gebräunt sind. Die Schalen mit der Buttermischung bestreichen, dann die Garnelen mit einer Grillzange wenden. Weitere 2–4 Min. grillen, bis sie auch auf der zweiten Seite leicht gebräunt und innen fest und rosa sind. Dabei 1–2mal mit der Buttermischung bestreichen.

4. Die Garnelen auf Teller oder eine Platte heben, mit der restlichen Buttermischung übergießen und sofort servieren.

Für 4 Personen

GARNELEN MIT SALZ UND PFEFFER

VIETNAM

METHODE:
Direktes Grillen

Wie viele Grillgerichte ist auch dieses Rezept die Schlichtheit selbst. Aber drei ganz gewöhnliche Gewürze und Zutaten machen aus diesen in der Schale gegrillten Garnelen eine schier unwiderstehliche Komposition. Meine Freundin, die Reisejournalistin Jane Wooldridge, berichtete mir zum ersten Mal von diesem Rezept. Und als ich es dann in Saigon selbst probierte, konnte ich Janes Begeisterung nachvollziehen. In Vietnam werden Garnelen mit Kopf und in der geschlossenen Schale gegrillt, und tatsächlich wird das Aroma so noch weit intensiver. Wenn Sie nur Garnelen ohne Köpfe bekommen können, verwenden Sie zumindest solche mit Schale.

**700 g Garnelen (oder 900 g Garnelen mit
Kopf), mit Schale, aber entdarmt**

3 EL frisch gepreßter Limettensaft

**3 TL grobkörniges Salz
(am besten Meersalz)**

3 TL frisch gemahlener weißer Pfeffer

1 große, saftige Limette

1. Den Grill auf höchster Stufe anheizen.

2. Die Garnelen unter fließendem kaltem Wasser waschen und mit Küchenpapier trockentupfen. Die Garnelen in einer Auflaufform mit dem Limettensaft beträufeln und mit je 1 TL Salz und Pfeffer bestreuen. Gut wenden und ca. 10 Min. bei Zimmertemperatur marinieren.

3. Die Limette der Länge nach in 4 Spalten teilen. Je eine Spalte in ein flaches Schälchen oder auf einen kleinen Teller geben. Rechts und links neben die Limettenspalten jeweils ein Häufchen Salz und Pfeffer geben (je ½ TL). Beiseite stellen.

4. Wenn der Grill bereit ist, den Grillrost ölen. Die Garnelen in der Schale auf den Rost legen und von jeder Seite ca. 2 Min. grillen, bis das Fleisch fest und rosa ist. Mit einer Grillzange wenden.

5. Die Garnelen auf Teller geben. Die Limettenspalten über dem Salz und dem Pfeffer ausdrücken und alles mit Stäbchen zwei- oder dreimal verrühren. Die Garnelen schälen und zum Essen in die Würzsauce dippen.

Für 4 Personen

Grillen in Brasilien

Wie Türken ihre Schisch-Kebabs und die Indonesier ihre Satés, haben auch die Brasilianer ihre Variante des Barbecue, das Churrasco, das ich besonders liebe. Ein Churrasco ist eine herrliche Mahlzeit, die einen ganzen Abend unterhaltsam gestaltet. Ein Churrasco wird mit mehr als magenfüllender Ausdauer von einer feierlichen Prozession nimmermüder Kellner serviert, die das Fleisch von riesigen Spießen auf die Teller der Gäste schaben. Marius Fontana ist darin unschlagbar.

Marius besitzt drei gute Churrascarias (Grillrestaurants) in Rio de Janeiro. Wenn man ihm begegnet, will man das gar nicht glauben: edles Schuhwerk, Designerjeans, aufs sorgfältigste frisiertes schulterlanges Haar. Er wirkt eher wie ein Filmstar denn wie ein Grillmeister. Fragt man aber einen Cariosca (Einwohner von Rio), wo man das beste Churrasco bekommt, wird man fast immer an Marius verwiesen. An dem Abend, an dem ich zum ersten Mal sein Restaurant im vornehmen Stadtteil Ipanema besuchte, waren alle Tische komplett besetzt.

Churrasco ist eine Küchentechnik und eine Lebensart. Die rustikale Mahlzeit stammt aus dem Rinderstaat Brasiliens, Rio Grande do Sul. Für ein Churrasco brauchte man nur wenig: ein Lagerfeuer, ein Schwert, auf das man Fleisch spießte, und ein scharfes Messer, mit dem es abgeschabt wurde. Die Gewürze waren sogar noch einfacher: grobes Meersalz und frische Luft. Fast 400 Jahre lang genossen die Cowboys ihr Churrasco auf diese Weise. In jüngerer Zeit verbreitete sich das Churrasco von Rio Grande aus über ganz Brasilien. Auf dem Weg nach Norden wurde aus einem rustikalen Essen am Lagerfeuer ein extravagantes Festmahl. Taufen, Geburtstage, Sportereignisse, sogar politische Wahlen werden bei einem Churrasco gefeiert. Einige der nobelsten Restaurants in Rio sind heute Churrascarias.

Wie das »Marius«. Der moderne Speisesaal präsentiert sich mit polierten Holzpaneelen, Trennwänden aus gefrostetem Glas, Messinggeländern und einer abgehängten Kassettendecke mit eingelassenen Strahlern. Mit einem Lagerfeuer hat das nicht mehr viel gemein. Verändert haben sich auch die Gäste, zu denen heute Geldmagnaten, Filmstars und Touristen aus drei Kontinenten zählen.

Aus den Riesenportionen des traditionellen Churrasco ist eine eigenartige Spielart stilvoller Völlerei geworden. Man bekommt nicht etwa eine Aperitif-Karte gereicht, nein, der Ober rollt eine transportable Bar an den Tisch. Und die Vorspeisen, sind nichts weniger als ein persönliches Buffet, zu dem Pão de queijo (winzige, dampfende Käsebrötchen) genauso gehören wie knuspriger Maniok, gekochte Wachteleier und ein gutes Dutzend anderer brasilianischer Horsd'œuvres. Und beim Hauptgang weiß man dann das »Zeichen« wahrhaft zu schätzen.

Das »Zeichen« ist eine feste Einrichtung in den meisten Churrascarias Brasiliens. Damit kontrolliert man das Tempo dieses gnadenlosen Angriffs auf die Taille. Im »Marius« gibt es drei Schildchen für den kleinen Zeichenhalter: normal, lento (langsam) und suspenso (Stop). (Anderswo kann es ein Pfeil sein, den man auf das Fleischstück richtet, von dem man nachgelegt bekommen möchte oder ein Schild mit der Aufschrift »Stop«.)

Eine ganze Schar Ober ist unterwegs, jeder mit einem anderen Fleischgericht. Der eine schwankt unter dem Gewicht eines ganzen Rippenspeers am Spieß. Andere tragen Spiralen von Linguiça (portugiesischer Wurst), Picanha (am Spieß gebratener Lende), Cupim (Stiernacken), Geflügelherzen sowie Lamm-Kebabs mit Minze – alles in allem vielleicht zwanzig verschiedene Speisen. Und solange Ihr Zeichen auf »normal« steht, kommt jeder Ober zu Ihrem Tisch. Das endet erst, wenn Sie das Zeichen auf »suspenso« stellen.

Jedes Gericht kommt zischend heiß an den Tisch. Weil ich wissen wollte, wie das geht, erbat ich einen Besuch in der Küche. In die Wand gemauert war ein riesiger Edelstahlgrill mit motorbetriebenen Spießen. Fette Fleischstücke drehen sich auf der obersten Ebene, damit das heruntertropfende Fett die mageren Stücke darunter begießt. Genial! Die Ober tragen die Spieße in den Speisesaal, schaben gare Stücke ab und bringen den Rest zum weiteren Grillen zurück in die Küche.

Eine Mahlzeit in einer brasilianischen Churrascaria scheint aus Unmengen von Fleisch zu bestehen. Dem ist tatsächlich so, aber brasilianische Churrascarias bieten auch Fisch und Meeresfrüchte in erstaunlicher Qualität (s. nächste Seite).

Was Sie auch bestellen – hungrig werden Sie nicht vom Tisch aufstehen!

GARNELEN MIT ERDNUSS-SAUCE BAHIA

BRASILIEN

METHODE:
Direktes Grillen

**VORBEREI-
TUNGSZEIT:**
*30 Min. zum
Marinieren*

**SPEZIAL-
ZUBEHÖR:**
*12 lange
Bambusspieße,
1 Std. in kaltes
Wasser legen
und abtropfen
lassen*

Dieses Rezept wurde inspiriert von Bahia im Norden Brasiliens. Bahia gilt als das New Orleans Brasiliens. Nirgends macht sich der afrikanische Einfluß auf die brasilianische Küche deutlicher und schmackhafter bemerkbar. Kokosmilch, Koriandergrün, feurige Chillies und Erdnüsse sind die Eckpfeiler der Küche von Bahia. Hier vereinen sie sich zu einer reichhaltigen, unvergeßlichen und aromatischen Sauce für gegrillte Garnelen.

GARNELEN UND MARINADE:

700 g Garnelen, geschält und entdarmt
   (s. Kasten Seite 349)
180 ml Kokosmilch, selbstgemacht (s. Seite
   522) oder aus der Dose
60 ml frisch gepreßter Limettensaft
2 Knoblauchzehen, durchgepreßt
1 TL Salz
½ TL frisch gemahlener schwarzer Pfeffer

SAUCE:

2 EL Olivenöl extra vergine
4 Knoblauchzehen, durchgepreßt
1 Bund Lauchzwiebeln, Weißes und Grünes,
   feingehackt
1 EL Ingwer, feingehackt
½ mittelgroßer, grüner Paprika, entstielt,
   entkernt und feingehackt
½ mittelgroßer, roter Paprika, entstielt,
   entkernt und feingehackt

2 Tomaten, gehäutet und entkernt (s. Kasten
   Seite 62), feingehackt
ca. 300 ml Kokosmilch, selbstgemacht
   (s. Seite 522) oder aus der Dose
½ Tasse cremige Erdnußbutter
3 EL frisch gepreßter Limettensaft
½ Tasse Koriandergrün, gehackt
Salz und frisch gemahlener schwarzer Pfeffer
   nach Geschmack
1–2 Msp. Cayennepfeffer, nach Geschmack
   auch mehr

¼ Tasse Erdnüsse, gehackt und geröstet
   (s. Kasten Seite 93), zum Garnieren

1. Die Garnelen unter fließendem kaltem Wasser waschen und mit Küchenpapier trockentupfen. Beiseite stellen.

2. Für die Marinade Kokosmilch, Limettensaft, Knoblauch, Salz und Pfeffer in einer großen Schüssel gut verrühren. Die Garnelen unterheben und abgedeckt bei Zimmertemperatur 30 Min. marinieren.

3. Den Grill auf höchster Stufe anheizen.

4. Für die Sauce das Öl in einem Saucentopf bei mittlerer Hitze erwärmen. Knoblauch, Lauchzwiebeln, Ingwer und Paprika zugeben und ca. 5 Min. sautieren, bis alles leicht gebräunt ist. Die Tomaten zugeben und bei starker Hitze ca. 1 Min. kochen, damit etwas Flüssigkeit verdampft.

5. Kokosmilch, Erdnußbutter, Limettensaft und die Hälfte des Koriandergrüns unterrühren. Bei geringer Hitze und offenem Topf 5–10 Min. leicht köcheln lassen, bis die Sauce etwas eindickt. Falls erforderlich, mit etwas mehr Salz, Pfeffer und Cayennepfeffer abschmecken. Die Sauce sollte sehr würzig sein. Abgedeckt warm halten.

6. Die Garnelen abtropfen lassen und auf Spieße ziehen.

7. Den Grillrost ölen. Die Spieße auf den heißen Rost legen und von jeder Seite ca. 2 Min. grillen, bis die Garnelen von außen appetitlich gebräunt und innen fest und rosa sind. Mit einer Zange wenden und danach jeweils mit etwas Erdnußsauce bestreichen.

8. Die Sauce auf Tellern verteilen. Die Garnelen mit einer Gabel von den Spießen schieben und auf der Sauce anrichten. Mit den gehackten Erdnüssen und dem restlichen Koriandergrün bestreuen und sofort servieren.

*Für 6–8 Personen als Vorspeise,
für 4 Personen als Hauptgericht*

BALINESISCHE GARNELEN-SATES
Saté udang

INDONESIEN

METHODE:
Direktes Grillen

**VORBEREI-
TUNGSZEIT:**
*1 Std. zum
Marinieren*

**SPEZIAL-
ZUBEHÖR:**
*12 dünne Zitro-
nengrasstiele
ohne Wurzeln,
Spitzen und
äußere Blätter,
oder 12 lange
Bambusspieße,
1 Std. in kaltes
Wasser legen
und abtropfen
lassen*

Balinesische Garnelen-Satés verdanken ihren außergewöhnlichen Duft den Spießen, auf denen sie gegart werden: frischen Zironengrasstielen. Kaufen Sie möglichst dünne Halme. Sollten Sie aber kein Zironengras bekommen, nur keine Sorge – auf Bambusspießen gegrillte Satés schmecken gleichfalls höchst aromatisch.

24 große Garnelen (insgesamt ca. 700 g),
   geschält und entdarmt
   (s. Kasten Seite 349)
60 ml süße Sojasauce (Ketjap manis) oder
   je 2 EL normale Sojasauce und Sirup
3 Knoblauchzehen, feingehackt
1 ½ TL Koriander, gemahlen
2 EL frisch gepreßter Limettensaft
2 EL Palmzucker oder etwas mehr heller
   brauner Zucker
3 EL Pflanzenöl

1. Die Garnelen unter fließendem kaltem Wasser waschen und mit Küchenpapier trokkentupfen. Beiseite stellen.

2. Für die Marinade Sojasauce, Knoblauch, Koriander, Limettensaft, Zucker sowie 1 EL Öl in eine große Schüssel geben und sorgfältig verquirlen. Die Garnelen in der Mischung wenden und abgedeckt im Kühlschrank 1 Std. marinieren.

3. Den Grill auf höchster Stufe anheizen.

4. Die Garnelen abtropfen lassen. Sollen sie auf Zitronengrasstielen gegrillt werden, zuerst mit Metallspießen ein Loch in die Garnelen stechen. Jeweils 2 Garnelen auf einen Stiel oder einen Bambusspieß ziehen.

5. Wenn der Grill bereit ist, den Grillrost ölen. Die Satés auf den heißen Rost legen und unter Wenden mit der Grillzange von jeder Seite ca. 2 Min. grillen, bis sie außen appetitlich gebräunt und innen fest und rosa sind. Währenddessen 1–2mal mit dem restlichen Öl bestreichen.

6. Die Satés auf Teller oder eine Platte heben und sofort servieren.

***Für 6–8 Personen als Vorspeise,
für 4 Personen als Hauptgericht***

GEGRILLTE GARNELEN MIT TARATOOR

LIBANON

METHODE:
Direktes Grillen

Auch diese Zubereitungsart für gegrillte Garnelen zählt in meiner Familie zu den Lieblingsgerichten. Es ist schnell, einfach und wunderbar exotisch. Das Besondere an dem Rezept ist der Dip zu den leicht marinierten Garnelen. Taratoor ist eine cremige, nussige, zitronige und helle Creme aus Sesampaste und Zitronen. Tahini (Sesampaste) erhält man in arabischen Geschäften, Bioläden und vielen Supermärkten.

Hübsch sieht es aus, wenn die Garnelen mit der Schnittseite nach oben und einem Klecks Sauce darauf auf einer Platte arrangiert werden. Zusätzlich streue ich etwas gehackte Petersilie darüber.

**VORBEREI-
TUNGSZEIT:**
30 Min. zum
Marinieren

**SPEZIAL-
ZUBEHÖR:**
Etwa 40 kurze
Bambusspieße,
1 Std. in kaltes
Wasser legen
und abtropfen
lassen

GARNELEN:

700 g große Garnelen in der Schale
2 EL Olivenöl
2 EL frisch gepreßter Zitronensaft
1 Knoblauchzehe, durchgepreßt
**Salz und frisch gemahlener schwarzer Pfeffer
    nach Geschmack**

TARATOOR:

½ Tasse Tahini
2 Knoblauchzehen, durchgepreßt
**125 ml frisch gepreßter Zitronensaft, nach
    Geschmack auch mehr**
3 EL glatte Petersilie, gehackt
3–5 EL warmes Wasser
**Salz und frisch gemahlener weißer Pfeffer
    nach Geschmack**

Pita-Brot zum Servieren

1. Die Garnelen von unten längs ein-, aber nicht ganz durchschneiden. Aufklappen und entdarmen, dann unter kaltem Wasser abspülen und mit Küchenpapier trockentupfen. In einer Auflaufform Öl, Zitronensaft, Knoblauch, Salz und Pfeffer über die Garnelen geben. Abgedeckt im Kühlschrank 30 Min. marinieren, dabei gelegentlich wenden.

2. Den Grill auf höchster Stufe anheizen.

3. Für den Taratoor Tahini, Knoblauch, Zitronensaft und Petersilie in einer Schüssel verquirlen. Dann gerade so viel Wasser einrühren, daß eine gießfähige Sauce entsteht. Falls erforderlich, mit etwas mehr Zitronensaft, Salz oder Pfeffer abschmecken, die Sauce sollte sehr würzig sein. Die Sauce gleichmäßig auf 4 Förmchen verteilen und bis zum Servieren beiseite stellen.

4. Die Garnelen aus der Auflaufform heben, die Marinade aufbewahren. Die Garnelen aufklappen und mit je einem Spießchen oben und unten offen feststecken.

5. Den Grillrost ölen. Die Garnelen mit der Schnittseite nach unten auf den heißen Rost legen und von jeder Seite ca. 2 Min. grillen, bis sie außen appetitlich gebräunt und innen fest und rosa sind. Währenddessen 1–2mal mit der Marinade bestreichen.

6. Mit einem Pita-Brot als Fingerschutz die Garnelen von den Spießen schieben und auf Teller oder eine Platte geben. Den Taratoor als Dip dazu reichen.

Für 4 Personen

TANDOORI-GARNELEN

INDIEN

METHODE:
Direktes Grillen

**VORBEREI-
TUNGSZEIT:**
2 Std. zum
Marinieren

**SPEZIAL-
ZUBEHÖR:**
4 lange
Metallspieße

Nach 18 Stunden Flug kam ich aus New York in New Delhi an. Ich wollte Tandoori (indisches Barbecue) in seinem Geburtsland kennenlernen. Zum Glück mußte ich nicht viel weiter reisen: Das »Bukhara«, Indiens berühmtestes Grillrestaurant, gehörte zu meinem Hotel. Ein Blick in die mustergültige Küche mit ihren flammenden Tandoors und Wänden aus getriebenem Kupfer, an denen die Spieße hingen, genügte, und ich wußte, daß ich auf eine Goldader gestoßen war.

Ein Tandoor ist eine Kreuzung aus Barbecuegrube und Herd. Ganz unten in dem taillenhohen, urnenförmigen Tongefäß brennt ein Holzkohlenfeuer. Fisch, Meeresfrüchte, Fleisch und sogar Gemüse werden an senkrecht stehenden Spießen über den Kohlen gegart, Brot hingegen direkt an den Wänden des Tandoor gebacken.

Im »Bukhara« wird das folgende Rezept mit großen, saftigen Garnelen aus der Bengalischen Bucht zubereitet. Hierzulande kann man Garnelen oder Hummerschwänze

GRILLEN OHNE ROST

In einem indischen Tandoor grillt man ohne Rost. Nach der Anleitung auf Seite 21 können Sie das ebenfalls ausprobieren.

verwenden. Ganz gleich mit welchem Krustentier – Ingwer, Crème double und die würzige Marinade machen dieses Gericht zu einem der üppigsten und aromatischsten Barbecues der Welt. Es erfordert zwei besondere Zutaten: Kichererbsenmehl (Besan) bekommt man in indischen, teilweise in italienischen Geschäften und in Bioläden. Notfalls könnte man es durch Vollkornmehl ersetzen oder ganz weglassen. Garam masala ist eine indische Würzmischung. Sie können sie nach dem Rezept auf Seite 499 selbst zubereiten oder auch eine Fertigmischung verwenden.

700 g Garnelen, geschält und entdarmt
    (s. Kasten Seite 349)
3 EL Ingwer, grobgehackt
6 Knoblauchzehen, in Scheiben geschnitten
1 TL Salz, nach Geschmack auch mehr
2 EL frisch gepreßter Zitronensaft
⅔ Tasse Crème double oder Naturjoghurt
1 Ei
3 EL Kichererbsenmehl (nach Wunsch)
½ TL Cayennepfeffer
½ TL Kurkuma, gemahlen
½ TL Kreuzkümmel, gemahlen
½ TL Garam masala, selbstgemacht (s. Seite
    499) oder Fertigmischung
½ TL frisch gemahlener weißer Pfeffer
2–3 EL gesalzene Butter, zerlassen, zum
    Bestreichen
Zitronenspalten zum Servieren

1. Die Garnelen unter fließendem kaltem Wasser waschen und mit Küchenpapier trockentupfen. Beiseite stellen.

2. Für die Marinade Ingwer, Knoblauch und Salz im Mörser zu einer glatten Paste zerstoßen, dann Zitronensaft und 2 EL Crème double einrühren oder alle Zutaten im Mixer pürieren.

3. Die Ingwer-Knoblauch-Paste in einer Schüssel mit der restlichen Crème double, mit Ei, Kichererbsenmehl, Cayennepfeffer, Kurkuma, Kreuzkümmel, Garam masala und weißem Pfeffer verrühren. Falls erforderlich, noch etwas Zitronensaft oder Salz zufügen und die Marinade pikant abschmecken. Die Garnelen in der Mischung wenden und abgedeckt im Kühlschrank 2 Std. marinieren.

4. Den Grill auf höchster Stufe anheizen. Die Garnelen aus der Marinade heben und auf Spieße ziehen.

5. Wenn der Grill bereit ist, den Grillrost ölen. Die Garnelen-Spieße auf dem heißen Rost verteilen und von jeder Seite ca. 2 Min. grillen, bis sie außen appetitlich gebräunt und innen fest und rosa sind. Mit einer Grillzange wenden und während des Grillens 1–2mal mit der zerlassenen Butter bestreichen. Die Garnelen mit einer Gabel von den Spießen auf Teller oder eine Platte schieben, anrichten und sofort mit Zitronenspalten servieren.

Für 4 Personen

FLAMBIERTE GARNELEN

INDIEN

METHODE:
Direktes Grillen

Muhammad Ishtiyaque Qureshi entstammt einer Dynastie indischer Meisterköche. Dem Äußeren nach könnte man ihn eher für einen Kalifornier halten. Unter seiner Toque schaut ein Pferdeschwanz hervor, und an einem Ohr funkelt ein goldener Ohrring. Ishtiyaque ist Chefkoch im »Indian Harvest Restaurant« im »Leele Hotel« in Bombay, und sein Hang zum Theatralischen äußert sich auch beim Kochen. Alle paar Minuten dröhnt vulkanischer Donner durch den Speisesaal, und

**VORBEREI-
TUNGSZEIT:**
*1 Std. zum
Marinieren*

ein Flammenmeer erhebt sich aus einer zischenden Platte mit Garnelen: Dahakte Jhinga. Die Show ist zur Unterhaltung für japanische und westliche Geschäftsleute (und ihrer indischen Gastgeber) bestimmt. Ishtiyaque zufolge aber haben flambierte Gerichte in Indien Tradition. Schließlich brachten die persischen Mogule das Grillen nach Indien, und Ishtiyaque behauptet, sie hätten ihre gegrillten Speisen mit brennendem Wein gewürzt.

Ishtiyaques Garnelen kommen aus der Bengalischen Bucht und sind so groß wie kleine Hummer. Ihr Geschmack wird durch zweifaches Marinieren betont: zuerst in Essig, dann in Joghurt. Hierzulande kann man auch Hummerschwänze verwenden. Ganz originalgetreu müßten die Garnelen in einem fruchtigen, schwarzen Essig aus der indischen Beere Jamun mariniert werden. Sie können ihn auch durch einen lange gereiften, sirupartigen Balsamessig ersetzen. Ishtiyaque verwendet einen aus Joghurt hergestellten Käse für seine Marinade, aber auch Naturjoghurt ergibt ein leckeres Ergebnis.

GARNELEN UND ESSIGMARINADE:
**700 g große Garnelen in der Schale
    (s. Hinweis)
5 EL Balsamessig (Riserva)
2 EL Zitronensaft**

JOGHURTMARINADE:
**1 Tasse Naturjoghurt
1–3 TL Cayennepfeffer oder Rosenpaprika
3 Knoblauchzehen, durchgepreßt
1 TL Ingwer, geraspelt
¼ TL Nelken, gemahlen
1 TL Salz**

**2–3 EL zerlassene Butter zum
    Bestreichen
60 ml Rum zum Flambieren, am
    besten 151**

1. Die Garnelen von unten der Länge nach ein-, aber nicht ganz durchschneiden und entdarmen. Aufklappen, aber nicht auseinanderbrechen, und in der Schale belassen. Unter kaltem Wasser abspülen und mit Küchenpapier trockentupfen. Beiseite stellen.

2. Für die Essigmarinade Balsamessig und Zitronensaft in eine Auflaufform gießen. Die Garnelen nebeneinander mit der Schnittseite nach unten hineinlegen und bei Zimmertemperatur 15 Min. marinieren.

3. In der Zwischenzeit die Joghurtmarinade zubereiten. Joghurt, Cayennepfeffer, Knoblauch, Ingwer und Nelken in einer Schüssel verquirlen. Die Garnelen vorsichtig unterheben und abgedeckt im Kühlschrank 1 Std. ziehen lassen.

4. Den Grill auf höchster Stufe anheizen.

5. Wenn der Grill bereit ist, den Grillrost ölen. Die Garnelen aus der Marinade heben (diese weggießen) und mit den Schnittseiten nach unten auf den heißen Rost legen. 2 Min. grillen, dann mit der Grillzange wenden und weitere 2–4 Min. grillen, bis sie außen appetitlich gebräunt und innen fest und rosa sind. Die Garnelen dabei 1–2mal mit der zerlassenen Butter bestreichen.

6. Die Garnelen auf eine Platte heben. Alles Brennbare aus der Umgebung entfernen und auf einen ausreichend großen Abstand zu Personen achten; falls erforderlich, die Haare zurückbinden und die Ärmel hochkrempeln. Den Rum bei geringer Hitze in einem Saucentopf leicht erwärmen (nicht kochen!). Den Topf vom Herd nehmen und mit einem langen Streichholz anzünden. Sehr vorsichtig über die Garnelen gießen und sofort servieren.

Für 4 Personen

Hinweis: Auch Hummerschwänze eignen sich sehr gut für dieses Rezept. In diesem Fall 4 Hummerschwänze wie unter Schritt 1 beschrieben vorbereiten und wie angegeben zunächst in Essig, dann in Joghurt marinieren. Grillen wie angegeben, allerdings 6–8 Min. von jeder Seite.

GARNELEN PLANTAGEN-ART

KARIBIK

METHODE:
Direktes Grillen

**VORBEREI-
TUNGSZEIT:**
*1 Std. zum
Marinieren*

**SPEZIAL-
ZUBEHÖR:**
*1 Stück (30 cm)
Zuckerrohr*

Dieses Gericht gibt es in der Karibik eigentlich gar nicht, obwohl sich die typischen Zutaten dieser Inselgruppe darin finden: Zuckerrohr (daher der Name »Plantagen-Art«), Rum, Piment und Muskatnuß. Ich kreierte das Rezept für ein Restaurant in der Karibik, das den Namen meines Buches trägt, »Miami Spice«.

Zuckerrohr ist zum Essen viel zu hart. Sinn der Sache ist es, beim Essen der Garnelen auf die Zuckerrohrspießchen zu beißen und den süßen Saft zu genießen.

Wenn es schnell gehen soll, kann man die Garnelen auch nur in der Honig-Soja-Mischung marinieren und dann grillen. Auch ohne Zuckerrohr und Glasur sind sie ganz phantastisch. Reichen Sie Erbsen und Reis à la Bahamas dazu.

GARNELEN UND MARINADE:
24 große Garnelen (ca. 700 g), geschält
    und entdarmt (s. Kasten Seite 349)
2 Knoblauchzehen, durchgepreßt
2 Lauchzwiebeln, Weißes und Grünes,
    feingehackt
1 EL Ingwer, feingehackt
½ Scotch-bonnet- oder 1 Jalapeño-Chili,
    entkernt und feingehackt
2 EL Sojasauce
2 EL Honig
2 EL Erdnußöl

RUMGLASUR:
80 ml plus 1 EL brauner Rum
2 EL Tomatenpaste
2 EL brauner Zucker
1 EL Honig
1 EL destillierter Weißweinessig
1 EL Worcestersauce
1½ TL Tabasco oder eine ähnlich scharfe
    Sauce
1 Prise Piment, gemahlen
1 Prise Nelken, gemahlen
Salz und frisch gemahlener schwarzer Pfeffer

1. Die Garnelen unter fließendem kaltem Wasser abspülen und mit Küchenpapier trockentupfen. Beiseite stellen.

2. Für die Marinade Knoblauch, Lauchzwiebeln, Ingwer, Chillies, Sojasauce, Honig und Erdnußöl in einer großen Schüssel verquirlen. Die Garnelen vorsichtig unterheben und abgedeckt im Kühlschrank 1 Std. marinieren.

3. Den Grill auf höchster Stufe anheizen.

4. Inzwischen die Zuckerrohrspießchen vorbereiten. Das Zuckerrohr mit einem scharfen Messer schälen und dann quer in 10 cm lange Stücke schneiden. Jedes Stück längs in 8 Streifen schneiden (ergibt insgesamt 24 Streifen). Die Streifen an einem Ende schräg anschneiden, so daß eine scharfe Spitze entsteht. Beiseite stellen.

5. Für die Glasur 80 ml Rum, Tomatenpaste, Zucker, Honig, Essig, Worcestersauce, Tabasco, Piment und Nelken in einem Saucentopf bei starker bis mittlerer Hitze zum Kochen bringen. Dabei rühren, bis sich die Flüssigkeiten verbinden und sich der Zucker gelöst hat. Bei mittlerer Hitze 3–5 Min. köcheln lassen und zu einer sirupartigen Glasur reduzieren. Vom Herd nehmen, 1 EL Rum einrühren und, falls erforderlich, mit Salz und Pfeffer abschmecken.

6. Die Garnelen aus der Schüssel heben und mit einem Metallspieß in jedes ein Loch stechen (das Zuckerrohr ist dazu zu weich). Je eine Garnele über die Spitze auf ein Zuckerrohrspießchen ziehen.

7. Den Grillrost ölen. Die Garnelen auf den heißen Rost legen und von jeder Seite ca. 2 Min. grillen, bis sie außen appetitlich gebräunt und innen fest und rosa sind. Mit einer Grillzange wenden und während des Grillens mit der Glasur bestreichen.

8. Die Garnelen auf Teller oder eine Platte heben und sofort servieren.

***Für 6–8 Personen als Vorspeise,
für 4 Personen als Hauptgericht***

GARNELEN A LA EMERIL LAGASSE, NEW ORLEANS

USA

METHODE:
Direktes Grillen

VORBEREI-TUNGSZEIT:
1 Std. zum Marinieren

Überrascht es Sie, in diesem Buch ein Rezept aus New Orleans zu finden, schließlich bringt man die Küche von Louisiana nicht unbedingt mit Grillen in Verbindung? Nun, als ich dieses Gericht zum ersten Mal aß, waren die Garnelen tatsächlich gebraten und nicht gegrillt. Aber vom Grill sind sie einfach hervorragend – das zarte Raucharoma steht dann in reizvollem Gegensatz zur zitronigen Sahnigkeit der Barbecuesauce.

900 g große Garnelen
3 EL Olivenöl
3 EL Cajun-Würzmischung (s. Seite 491) oder fertiges Cajun-Gewürz
1 kleine Zwiebel, feingehackt
2 EL Knoblauch, durchgepreßt
3 Lorbeerblätter
2 Zitronen, geschält und quer in dünne Scheiben geschnitten, entkernt
500 ml Muschelbrühe aus dem Glas oder Wasser
125 ml Worcestersauce
60 ml trockener Weißwein
2 Tassen Sahne
2 EL Butter
Salz und frisch gemahlener schwarzer Pfeffer nach Geschmack

1. Die Garnelen schälen und entdarmen (s. Kasten Seite 349), die Schwanzstücke nicht abschneiden und die Schalen aufbewahren. Die Garnelen unter fließendem kaltem Wasser abspülen und mit Küchenpapier trockentupfen.

2. Die Garnelen in eine große Schüssel geben, mit 2 EL Öl beträufeln und mit der Hälfte der Cajun-Würzmischung bestreuen. Das Öl und die Würzmischung mit den Fingern (eventuell Plastikhandschuhe tragen) gut in die Garnelen reiben, dann abgedeckt im Kühlschrank 1 Std. marinieren.

3. Den Grill auf höchster Stufe anheizen.

4. In der Marinierzeit die Barbecuesauce zubereiten. 1 EL Öl in einem Saucentopf bei starker Hitze erwärmen. Zwiebeln und Knoblauch zugeben und ca. 3 Min. sautieren, bis sie eben braun werden. Die Garnelenschalen, die zweite Hälfte der Cajun-Würzmischung, Lorbeerblätter, Zitronenscheiben, Muschelbrühe, Worcestersauce und Wein zugeben. Unter Rühren aufkochen, dann 20–30 Min. bei mittlerer Hitze im offenen Topf köcheln lassen, bis die Flüssigkeit auf knapp 400 ml reduziert ist.

5. Die Mischung durch ein Sieb in einen zweiten Saucentopf gießen und bei starker Hitze unter ständigem Rühren ca. 15 Min. kochen, bis die Sauce sirupartig eingedickt und dunkelbraun ist. Es sollten etwa 125 ml Flüssigkeit verbleiben. Die Sahne einrühren und aufkochen. Bei leicht verringerter Hitze 5–10 Min. kochen und auf ca. 500 ml reduzieren. Den Topf vom Herd nehmen und die Butter einrühren. Falls erforderlich, mit Salz und Pfeffer abschmecken. 125 ml Sauce zum Bestreichen abnehmen. Die restliche Sauce abgedeckt bis zum Servieren warm halten.

6. Wenn der Grill bereit ist, den Grillrost ölen. Die Garnelen auf den heißen Rost legen und mit etwas Barbecuesauce bestreichen. Von jeder Seite ca. 2 Min. grillen, bis sie außen appetitlich gebräunt und innen fest und rosa sind. Die Garnelen währenddessen 1–2mal großzügig mit der Barbecuesauce bestreichen.

7. Die Garnelen auf eine Platte geben, mit der restlichen Barbecuesauce begießen und sofort servieren.

Für 6–8 Personen als Vorspeise, für 4 Personen als Hauptgericht

GARNELEN PENANG MIT BRENNEND SCHARFER SALSA

MALAYSIA

METHODE:
Direktes Grillen

**SPEZIAL-
ZUBEHÖR:**
*8 lange
Bambusspieße,
1 Std. in kaltes
Wasser legen
und abtropfen
lassen*

Schon wenn man Penang nur erwähnt, läuft den meisten Menschen auf Malaysia das Wasser im Munde zusammen. Diese tropische Insel im Nordosten steht in dem Ruf, die beste Küche Asiens zu bieten – was man bestätigt finden wird, wenn man die Imbißbuden am Gurney Drive besucht.

Man sollte erwarten, daß die teuflisch scharfe Nam choh (Schalotten-Salsa) die zarten, mit Butter und Kokosmilch bestrichenen Garnelen erdrückt, tatsächlich aber geschieht das genaue Gegenteil: Es ist, als öffne die Schärfe die Geschmacksknospen erst so recht für das zarte, milde Aroma der Garnelen.

Für dieses Rezept brauchen Sie eine besondere Zutat: Garnelenpaste (Belacan auf malayisch, Trasi auf indonesisch), eine beißend scharfe Paste aus eingelegten Garnelen und Salz. Doch trotz ihres eher abstoßenden Aromas verleiht sie den Speisen als Gewürz einen vollen und sehr angenehmen Geschmack, was sie Köchen in ganz Südostasien lieb und teuer macht. Rösten mildert den stechend-scharfen Geruch der Paste. Man bekommt sie in Asienläden und Delikatessengeschäften. Im Notfall können Sie aber auch einen Tupfer Anchovispaste oder 1–2 TL Fischsauce nehmen (die Sie dann natürlich nicht rösten). In Malaysia verwendet man Garnelen mit Kopf. Wenn Sie welche bekommen können, kaufen Sie sie unbedingt.

**700 g große Garnelen mit Schale
  (900 g mit Kopf)**
2 EL gesalzene Butter, zimmerwarm
¼ TL Garnelenpaste
**3 EL frisch gepreßter Limettensaft, nach
  Geschmack auch mehr**
1 TL Zucker, nach Geschmack auch mehr
¾ TL Salz, nach Geschmack auch mehr
**¾ Tasse Schalotten, in dünne Ringe
  geschnitten**
**6–8 Thai- oder Serrano-Chillies, in dünne
  Scheiben geschnitten (für eine mildere
  Salsa die Chillies entkernen)**
**250 ml Kokosmilch, selbstgemacht (s. Seite
  522) oder aus der Dose, zum Bestreichen**

1. Den Grill auf höchster Stufe anheizen.

2. Die Garnelen entdarmen (s. Kasten Seite 349). Dann den Einschnitt mit einem Messer vertiefen, da die Garnelen mit Butter gefüllt werden. Die Garnelen unter fließendem kaltem Wasser abspülen und mit Küchenpapier trockentupfen. Die Butter in die Einschnitte streichen und die Garnelen dann längs durch Kopf- und Schwanzstücke auf Spieße ziehen. Auf eine Platte legen und beiseite stellen. Nam choh zubereiten.

3. Die Garnelenpaste auf die Zinke einer Grillgabel geben und ca. 2 Min. über dem Feuer rösten, bis sie aromatisch duftet. In eine kleine Schüssel geben und Limettensaft, Zucker und Salz zugeben. Verrühren, bis Zucker und Salz gelöst sind, dann Schalotten und Chillies zugeben. Falls erforderlich, mit etwas mehr Limettensaft, Zucker oder Salz abschmecken. Die Sauce sollte sehr würzig sein. Bis zum Servieren beiseite stellen.

4. Den Grillrost ölen. Die Garnelen mit Kokosmilch bestreichen und die Spieße auf den heißen Rost legen. Von jeder Seite ca. 2 Min. grillen, bis die Garnelen außen appetitlich gebräunt und innen fest und rosa sind. Mit einer Grillzange wenden und zwischendurch 1–2mal mit Kokosmilch bestreichen

5. Die Spieße auf Teller oder eine Platte geben und sofort servieren. Die Nam choh in kleinen Schälchen dazu reichen.

Für 4 Personen

GARNELEN GOLFKÜSTEN-ART

USA

METHODE:
Direktes Grillen

**VORBEREI-
TUNGSZEIT:**
*2–4 Std. zum
Marinieren*

**ZUCKERROHR-
SIRUP**
*Sie finden
Zuckerrohrsirup
dort, wo es
karibische oder
amerikanische
Lebensmittel
gibt, oder in
Bioläden. Zur
Not können Sie
ihn auch durch
dunklen Glukose-
sirup ersetzen.*

Heiß, süß und rauchig-aromatisch sind diese Garnelen Golfküsten-Art, auch wenn sie hier nicht traditionell in der Pfanne, sondern auf dem Grill zubereitet werden. Für diese Garnelen lohnt es sich, ausgetretene Pfade zu verlassen!

700 g große Garnelen, geschält und entdarmt (s. Kasten Seite 349), Schalen aufbewahren
250 ml fertige Muschel- oder Hühnerbrühe, oder Wasser
125 g Butter
6 Knoblauchzehen, durchgepreßt
4 Lauchzwiebeln, Weißes und Grünes, feingehackt
1–2 EL Tabasco oder scharfe Sauce Louisiana-Art
1 EL Worcestersauce
2 Lorbeerblätter
2 TL Cayennepfeffer
2 TL Edelsüßpaprika
2 TL Thymian, getrocknet
2 TL Oregano, getrocknet
1 ½ TL Salz
1 TL frisch gemahlener schwarzer Pfeffer
180 ml dunkler Zuckerrohrsirup

1. Die Garnelenschalen in der Brühe zum Kochen bringen. Bei geringer Hitze im offenen Topf 10–15 Min. köcheln, bis die Flüssigkeit etwas reduziert ist und intensiv duftet (die Garnelenschalen verfärben sich orange).

Die Brühe durch ein Sieb in einen zweiten Topf gießen. Es sollten jetzt ca. 180 ml sein.

2. Butter, Knoblauch, Lauchzwiebeln, Tabasco, Worcestersauce, Lorbeerblätter, Cayennepfeffer, Paprika, Thymian, Oregano, Salz, schwarzen Pfeffer und Sirup zugeben. Bei mittlerer Hitze zum Kochen bringen und im offenen Topf ca. 10 Min. kochen, bis die Sauce sirupartig eingedickt und sehr aromatisch ist. Vom Herd nehmen und bei Zimmertemperatur abkühlen lassen.

3. In der Zwischenzeit die Garnelen unter fließendem kaltem Wasser abspülen und mit Küchentüchern trockentupfen.

4. Die Garnelen zu der abgekühlten Marinade geben und unterheben. Abgedeckt im Kühlschrank 2–4 Std. marinieren.

5. Den Grill auf höchster Stufe anheizen

6. Wenn der Grill bereit ist, den Grillrost ölen. Die Garnelen aus der Marinade heben, Marinade aufbewahren. Die Garnelen auf den heißen Rost legen und von jeder Seite ca. 2 Min. grillen, bis sie außen appetitlich gebräunt und innen fest und rosa sind. Mit einer Grillzange wenden. Die Garnelen währenddessen mit 2–3 EL von der Marinade bestreichen.

7. Die Garnelen auf eine Platte heben. Die restliche Marinade im Topf bei mittlerer Hitze zum Kochen bringen. Die Garnelen damit begießen und sofort servieren.

*Für 6–8 Personen als Vorspeise,
für 4 Personen als Hauptgericht*

GARNELEN-KEBABS QUARTIER LATIN

GRIECHENLAND
FRANKREICH

METHODE:
Direktes Grillen

**SPEZIAL-
ZUBEHÖR:**
*4 lange
Metallspieße*

Die nettesten Kebabs, die ich je gesehen habe, gibt es in der Rue de la Huchette im Pariser Quartier Latin. Dieses Gewirr enger Straßen in einem der ältesten Viertel von Paris ist die Heimat Dutzender griechischer Restaurants, die miteinander im feurigen Wettstreit liegen und sich bei der Zubereitung der Schisch-Kebabs gegenseitig zu übertreffen versuchen. Dem Meister der Spieße ist alles recht: Lamm, Rind, eng gerollte Merguez (marokkanische Würstchen), Fisch und Meeresfrüchte – von ovalen, hellorangefarbenen Lachssteaks bis zu Riesengarnelen mit Kopf. Die Kebabs werden mit der Präzision eines Schweizer Uhrenmachers und wahrhaft künstlerischem Farb- und Formgefühl zusammengestellt. Feine Variationen unterscheiden die Kebabs des einen von denen des anderen Restaurants. Die Kebabs in diesem Rezept leben von einer aromatischen Würzmischung aus Oregano, Thymian und Rosmarin. Die gegrillten Zitronen sind zwar nicht zum Essen gedacht, ergeben aber ein hervorragendes Aroma.

WÜRZMISCHUNG:
1 EL grobkörniges Salz (Meersalz)
1 TL frisch gemahlener schwarzer Pfeffer
1 TL Oregano, getrocknet
1 TL Rosmarin, getrocknet
1 TL Thymian, getrocknet

KEBABS:
12 Riesengarnelen, idealerweise mit Kopf und mit Schale, aber entdarmt (s. Kasten Seite 349)
2 mittelgroße Zwiebeln, abgezogen
1 großer, grüner Paprika, entstielt, entkernt und längs geviertelt
1 Zitrone, in 8 Spalten geschnitten
12 große Kirschtomaten

3 EL Olivenöl extra vergine, nach Bedarf auch mehr, zum Bestreichen

Pita-Brot zum Servieren

1. Die Zutaten für die Würzmischung in eine Schüssel geben und mischen. Dabei den Rosmarin zwischen den Fingern etwas zerreiben. Beiseite stellen.
2. Die Garnelen unter fließendem kaltem Wasser abspülen und mit Küchenpapier trockentupfen. Die Zwiebeln vierteln und die Viertel einmal quer durchschneiden. Danach die Paprikaviertel quer in vier gleich große Stükke schneiden.
3. Den Grill auf höchster Stufe anheizen.
4. Die Zutaten wie folgt auf Spieße ziehen (natürlich können Sie die Reihenfolge auch abändern): Zitronenspalte (mit der Schnittseite nach oben), Paprika, Zwiebel, Garnele (Unterseite nach oben), in die Rundung eine Kirschtomate, Paprika, Zwiebel, Paprika, Zwiebel, Garnele und Tomate, Paprika, Zwiebel, Garnele und Tomate und zum Schluß noch eine Zitrone, mit der Schnittseite nach unten (s. Hinweis).
5. Die Kebabs von beiden Seiten mit Öl bestreichen und mit der Würzmischung bestreuen. Die Kebabs auf den heißen Rost legen und von jeder Seite 3–6 Min. grillen, bis das Fleisch der Garnelen fest und rosa ist und die Tomaten und Zwiebeln deutlich gebräunt sind. Die Kebabs dabei noch 1–2mal mit dem Öl bestreichen und großzügig mit der Würzmischung bestreuen.
6. Die Kebabs mit etwas Pita-Brot zum Schutz der Finger von den Spießen auf Teller schieben und sofort servieren.
Für 4 Personen
Hinweis: Die Kebabs können bis zu 6 Std. im voraus vorbereitet werden. Mit Klarsichtfolie abdecken und im Kühlschrank aufbewahren.

JAKOBSMUSCHEL-KEBABS MIT PANCETTA, ZITRONE UND BASILIKUM

USA

METHODE:
Direktes Grillen

VORBEREITUNGSZEIT:
30 Min. zum Marinieren

SPEZIALZUBEHÖR:
8 lange Bambusspieße, 1 Std. in kaltes Wasser legen und abtropfen lassen

Diese Kebabs sind denkbar einfach zuzubereiten und zugleich äußerst aromatisch. Die salzige Pancetta (italienischer Speck) und die säuerliche Zitrone sorgen für einen starken Geschmackseindruck. Wenn Sie sehr große Jakobsmuscheln haben, müssen Sie sie vielleicht etwas zurechtschneiden. Die meisten Jakobsmuscheln weisen an einer Seite einen bogenförmigen Muskel auf, der vor der Zubereitung entfernt werden sollte. Dieses Fleisch ist wesentlich zäher als der Rest der Muschel. Mit Butternudeln servieren.

700 g Jakobsmuscheln
3 EL Olivenöl extra vergine
3 EL frisch gepreßter Zitronensaft
4 Streifen Zitronenschale (à 5 x 1 cm, mit einem Gemüseschäler abgezogen)
frisch gemahlener schwarzer Pfeffer nach Geschmack
1 Bund Basilikum, abgepflückt
8 dünne Scheiben Pancetta oder normaler Schinkenspeck, in 2 cm große Stücke geschnitten

1. Falls vorhanden, mit den Fingern den kleinen, halbmondförmigen Muskel an der Seite jeder Muschel abziehen. Große Muscheln halbieren oder vierteln, so daß alle Stücke gleich groß sind. Die Muscheln unter fließendem kaltem Wasser abspülen, abtropfen lassen und mit Küchenpapier trockentupfen. Beiseite stellen und die Marinade zubereiten.

2. Öl, Zitronensaft, Zitronenschale und Pfeffer in eine mittelgroße Schüssel geben und verquirlen. Die Muscheln zufügen und darin wenden. Abgedeckt bei Zimmertemperatur 30 Min. marinieren.

3. Den Grill auf höchster Stufe anheizen.

4. Die Muscheln aus der Marinade heben und die Marinade aufbewahren. Die Muscheln abwechselnd mit einem Blatt Basilikum und einer Scheibe Pancetta auf Spieße ziehen.

5. Wenn der Grill bereit ist, den Grillrost ölen. Die Kebabs auf den heißen Rost legen und von jeder Seite 1–2 Min. grillen, bis die Muscheln gerade eben fest und weiß sind. Die Muscheln währenddessen 1–2mal mit der Marinade bestreichen.

6. Die Muscheln mit einer Gabel von den Spießen auf Teller schieben und sofort servieren.

Für 4 Personen

KLAFFMUSCHELN MIT COLOMBO-BUTTER

GUADELOUPE

METHODE:
Direktes Grillen

An Klaffmuscheln denken beim Thema gegrillte Meeresfrüchte wohl die wenigsten. Aber das Grillen über Feuerkohlen dürfte die erste Zubereitungsart für zweischalige Muscheln gewesen sein, die der Mensch kannte, und diese Tradition lebt an vielen Orten weiter, darunter auch auf Guadeloupe, eine der vielen Wiegen

SPEZIAL-ZUBEHÖR:
Fisch- oder Gemüserost (falls vorhanden)

des Barbecue. Colombo ist eine Curry-Mischung von den Westindischen Inseln, die Reis und Gewürze enthält. Ihr nussiger, würziger, aromatischer Geschmack bringt das Aroma der Klaffmuscheln unnachahmlich gut zur Geltung. Auf Seite 493 finden Sie ein Rezept dafür, es gibt Colombo aber auch in gut sortierten Gewürzläden. Sie können ihn durch hochwertigen normalen Curry ersetzen.

8 EL (125 g) gesalzene Butter

3 Knoblauchzehen, durchgepreßt

2 TL Colombo, selbstgemacht (s. Seite 493) oder gekauft, oder normales Currypulver, nach Geschmack auch mehr

frisch gemahlener schwarzer Pfeffer nach Geschmack

2 Dutzend Klaffmuscheln: Sandklaffmuscheln oder kleine Venusmuscheln (s. Hinweis)

1. Den Grill auf höchster Stufe anheizen.

2. Die Butter in einem Saucentopf bei mittlerer Hitze zerlassen. Knoblauch und Colombo zugeben und 2 Min. sautieren, bis es stark duftet und der Knoblauch weich, aber nicht braun ist. Vom Herd nehmen und mit Colombo und Pfeffer pikant abschmecken.

3. Einen Fisch- oder Gemüserost 5 Min. vorheizen, dann die Muscheln darauf legen. Ansonsten die Muscheln direkt auf den Rost legen und 6–8 Min. grillen, bis sich die Schalen öffnen.

4. Die Muscheln auf Teller oder eine Platte heben. Ungeöffnete Muscheln wegwerfen. Etwas Colombo-Butter in jede Schale geben und sofort servieren.

Für 4–6 Personen als Vorspeise, für 2–3 Personen als Hauptgericht

Hinweis: Klaffmuscheln werden nach Größe verkauft. Sandklaffmuscheln sind die kleinsten. Muscheln mit mehr als 5 cm Durchmesser sind für dieses Rezept zu zäh.

GEGRILLTE MUSCHELN
Eclade

FRANKREICH

METHODE:
Direktes Grillen

Eclade ist einer der ungewöhnlichsten Barbecuestile der Welt: Dabei werden Muscheln über brennenden Piniennadeln gegart. Der Name könnte von dem französischen Verb »éclore« kommen (dt.: sich öffnen). Wahrscheinlich hat man Muscheln schon in prähistorischer Zeit so zubereitet. Bis heute ist Eclade in der französischen Region Cognac weit verbreitet.

Piniennadeln werden Sie wohl nur schwer bekommen können, zum Glück aber schmecken die Muscheln vom Holzkohlefeuer fast genauso delikat – und es macht wesentlich weniger Aufwand.

Die Muscheln schmecken am besten, wenn sie direkt vom Grill weg verspeist werden. Dabei kann man sich aber leicht die Finger verbrennen. Deshalb heißen sie auch »Moules-brûlés-doigts« (Muscheln zum Fingerverbrennen)!

2 kg Muscheln

180 g Butter

3 Knoblauchzehen, durchgepreßt

⅓ Tasse glatte Petersilie

Salz und frisch gemahlener schwarzer Pfeffer

SPEZIAL-
ZUBEHÖR:
*Fisch- oder
Gemüserost
(falls vorhanden)*

1. Den Grill auf höchster Stufe anheizen.
2. Die Muscheln unter fließendem kaltem Wasser abbürsten. Solche mit gesprungenen Schalen oder solche, deren Schalen sich auf Berührung nicht schließen, wegwerfen. Mit einer langen Pinzette alle Fäden um die Ränder der Muscheln herausziehen.
3. Die Butter in einem Saucentopf bei mittlerer Hitze zerlassen. Knoblauch, Petersilie, Salz und Pfeffer zugeben und ca. 2 Min. sautieren, bis der Knoblauch weich, aber nicht braun ist. Vom Herd nehmen und die Knoblauch-Petersilien-Butter auf 4 kleine Schälchen verteilen (zum Dippen).
4. Einen Fisch- oder Gemüserost 5 Min. auf dem Rost vorwärmen, dann die Muscheln mit der runden Seite nach unten darauf legen (s. Hinweis). Ansonsten die Muscheln direkt auf den Grillrost legen. Bei geschlossenem Grill 2–5 Min. grillen, bis sich die Schalen öffnen, bei offenem Grill etwas länger.
5. Die Muscheln in Schälchen geben, ungeöffnete wegwerfen. Die Muscheln zum Essen mit den Fingern oder einer kleinen Austerngabel aus der Schale lösen und in die Knoblauch-Petersilien-Butter dippen. Für die leeren Schalen eine Platte bereitstellen.

Für 4 Personen

Hinweis: Muscheln haben eine abgerundete und eine flache Seite.

GEGRILLTE LAMBI-SCHNECKE

BAHAMAS

METHODE:
Direktes Grillen

LAMBI
In einigen ausgewählten Fischgeschäften bekommen Sie vielleicht sogar frische oder aufgetaute Lambi. Halten Sie sonst nach gefrorenen Exemplaren Ausschau. Lambi läßt sich gut einfrieren und wird im Kühlschrank aufgetaut.

Lambi, auf den Bahamas Conch (sprich »Konk«) genannt, ist das weißeste und köstlichste Krustentier. Hier so gut wie unbekannt, ist sie auf den Bahamas fast ein Nationalgericht. Auf dem Markt Potters Cay unter der Brücke zum Paradise Island oder im Arawak Cay Park finden sich Dutzende von Imbißbuden, deren Spezialität die Zubereitung dieser riesigen Seeschnecke ist. Probieren Sie zuerst feurigen Lambi-Salat (so bekommt man sie am häufigsten serviert), dann »Cracked conch« (gebratene Lambi) und dann die köstlichste aller Zubereitungen: gegrillte Lambi.

Im Grunde wird die Lambi mit Zwiebeln, Knoblauch, Chillies und Butter in Alufolie gewickelt und dann gegrillt. Basil Dean, Chefkoch in Nassau, röstet sie zunächst direkt über den Kohlen, bevor er sie einwickelt, damit der Rauchgeschmack noch etwas intensiver wird. Filets von allen Fischen mit weißem Fleisch schmecken so zubereitet übrigens köstlich.

700 g Lambi, gesäubert (4 große oder
   8 kleine Steaks, s. linke Spalte)
Salz und frisch gemahlener schwarzer Pfeffer
   nach Geschmack
2/3 Tasse Zwiebel, sehr fein gehackt
2 Knoblauchzehen, durchgepreßt
1/2–1 Bird pepper oder eine andere scharfe
   Chilischote, sehr fein gehackt (für
   milderen Geschmack die Kerne und
   evtl. die Rippen entfernen)
2 EL frisch gepreßter Limettensaft
4 EL (60 g) gesalzene Butter
4 Limettenspalten zum Servieren

1. Den Grill auf höchster Stufe anheizen.
2. Die Lambi-Steaks mit einem Fleischklopfer weich und ca. 1/2 cm dünn klopfen. Von beiden Seiten mit Salz und Pfeffer würzen.
3. Wenn der Grill bereit ist, den Grillrost ölen. Die Steaks auf den heißen Rost legen und kurz – ca. 1 Min. von jeder Seite – grillen. Mit einer Grillzange wenden. (Die Lambi soll

ein Grillmuster und ein rauchiges Aroma bekommen.) Die Steaks auf eine Platte heben und abkühlen lassen.

4. Von extra starker Alufolie 4 Stücke, jeweils 30 x 20 cm groß, zuschneiden. Je ein großes oder zwei kleine Lambi-Steaks in die Mitte legen.

5. Zwiebeln, Knoblauch und Chillies in eine Schüssel geben und vermengen. 3–4 EL von der Mischung auf jedes Steak geben. Je ½ EL Limettensaft über die Steaks träufeln und 1 EL Butter darauf setzen. Die Folie über

den Steaks zusammenfalten und luftdicht verschließen.

6. Die Steaks in der Folie auf den heißen Grillrost legen und ca. 5 Min. grillen. Die Lambi ist gar, wenn sich ein eingestochener Spieß beim Herausziehen sehr heiß anfühlt.

7. Die Folie öffnen und die Lambi-Steaks mit der Garnierung auf Teller gleiten oder jeden sein Päckchen selbst öffnen lassen. Vorsicht vor dem entweichenden Dampf! Die Limettenspalten über den Steaks ausdrücken.

Für 4 Personen

AUSTERN MIT SAHNEMEERRETTICH

USA

METHODE:
Direktes Grillen

SPEZIAL-ZUBEHÖR:
Fisch- oder Gemüserost (falls vorhanden)

Austern passen wunderbar zu Meerrettich – das weiß jeder zu schätzen, der einmal ein Stündchen oder zwei in einer Vorspeisenbar verbracht hat. Für dieses Rezept wird der Meerrettich mit ungesüßter Schlagsahne vermischt, die auf den heißen Austern schmilzt. Frisch geriebener Meerrettich ist unübertrefflich, aber auch Meerrettich aus dem Glas zaubert einen köstlichen Geschmack.

250 ml Sahne
1 EL geriebener Meerrettich, nach
    Geschmack auch mehr; Meerrettich aus
    dem Glas abtropfen lassen
1 EL Schnittlauch oder Lauchzwiebelgrün,
    gehackt
1 TL abgeriebene Zitronenschale
2 TL frisch gepreßter Zitronensaft, nach
    Geschmack auch mehr
Salz und frisch gemahlener schwarzer Pfeffer
    nach Geschmack
2 Dutzend Austern in der Schale, abgebürstet

1. Den Grill auf höchster Stufe anheizen.

2. Die Sahne in einer mittelgroßen, gekühlten Schüssel steif schlagen, dann Meerrettich, Schnittlauch, Zitronenschale, Zitronensaft, Salz und Pfeffer unterheben. Die Mischung mit Meerrettich und Zitronensaft pikant abschmecken.

3. Einen Fisch- oder Gemüserost 5 Min. auf dem Grillrost erwärmen, dann die Austern mit der abgerundeten Seite nach unten darauf legen. Andernfalls die Austern direkt auf den Grillrost legen und 6–10 Min. grillen, bis sich die Schalen öffnen.

4. Die Austern auf Tellern oder einer Platte anrichten. Ungeöffnete Austern wegwerfen. Einen Löffel voll Sahnemeerrettich auf jede Auster geben und sofort servieren.

Für 4–6 Personen als Vorspeise,
für 2–3 Personen als Hauptgericht
Hinweis: Bei genauerem Hinsehen kann man erkennen, daß Austern eine etwas rundere und eine flachere Seite haben.

GEGRILLTER KRAKE
Khtapothi sti skhara

METHODE:
Direktes Grillen

OUZO UND KRAKE

Das traditionelle Getränk zu Krake ist Ouzo, ein griechischer Anisschnaps. Den Ouzo zwei Finger hoch in ein Glas gießen und mit Wasser auffüllen. Es entsteht ein milchiges Getränk, das verführerisch gut schmeckt. Legen Sie deshalb vorher fest, wer später fährt!

Müßte ich mich für ein Gericht mit dem typischen Geschmack der griechischen Inseln entscheiden, es wäre diese beliebte Mezze (Vorspeise). Krake gehört zu den Nahrungsmitteln, die scheinbar wie zum Grillen geschaffen sind: Das Feuer bringt den delikaten Geschmack des köstlichen weißen Fleisches erst so richtig zur Geltung. Und dieses wiederum nimmt das Aroma von Olivenöl, Oregano und Kohlen auf, ohne etwas von sich aufzugeben. Das Säubern und Weichklopfen eines Kraken kann erschreckend viel Arbeit machen. Zum Glück aber ist Krake im verkaufsfertigen Zustand meist bereits gesäubert und weichgeklopft. So bleibt nur noch die Aufgabe, ihn über dem Feuer (am besten Holzkohle) von allen Seiten schön braun zu braten. Krake bekommt man in Läden mit griechischen und japanischen Lebensmitteln und im Fischfachgeschäft. Kalmare oder Garnelen können Sie ähnlich zubereiten.

Dieses Rezept ist insofern ungewöhnlich, als der Krake trocken gegrillt und erst dann mariniert wird. Dazu paßt griechischer Salat – mal anders.

900 g Krake, gesäubert
2 EL Rotweinessig, nach Geschmack auch
    mehr
2 EL frisch gepreßter Zitronensaft
2 TL Oregano, getrocknet, am besten aus
    Griechenland
1 TL grobkörniges Salz (Meersalz), nach
    Geschmack auch mehr
½ TL frisch gemahlener schwarzer Pfeffer
6–8 EL Olivenöl extra vergine
¼ Tasse glatte Petersilie, feingehackt
Zitronenspalten zum Servieren

1. Den Grill auf höchster Stufe anheizen.

2. Mit einem Schälmesser die rötliche Haut vom Kraken entfernen. (Dies erübrigt sich bei bereits gesäubertem Kraken.) Die Arme ganz lassen, den Rumpf aber vierteln. Den Kraken unter fließendem kaltem Wasser abspülen, abtropfen lassen und mit Küchenpapier trockentupfen.

3. Wenn der Grill bereit ist, den Grillrost ölen. Die Krakenstücke auf dem heißen Rost verteilen und von jeder Seite 3–6 Min. grillen, bis sie rundum appetitlich gebräunt, jedoch nicht verbrannt sind (insgesamt 6–12 Min.).

4. Den Kraken auf ein Schneidbrett heben und in mundgerechte Stücke teilen. Die Stücke in eine Servierschüssel geben.

5. Essig, Zitronensaft, Oregano, Salz, Pfeffer, Öl und Petersilie in eine kleine Schüssel geben und verquirlen, dann über den Kraken gießen und diesen gut in der Mischung wenden. Mindestens 5 und bis zu 30 Min. marinieren. (Der Krake kann heiß oder zimmerwarm serviert werden.) Mit Salz und Essig pikant abschmecken und die gegrillten Krakenstücke mit Zitronenspalten (zum Auspressen) servieren.

Für 4–6 Personen

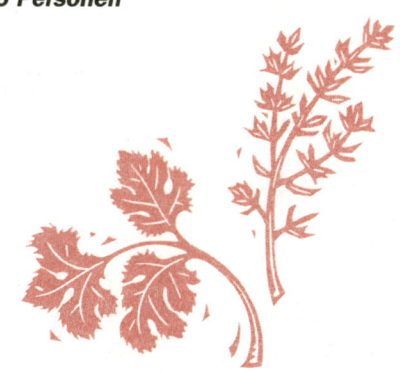

GEGRILLTE KALMARE DURBAN

SÜDAFRIKA

METHODE:
Direktes Grillen

**VORBEREI-
TUNGSZEIT:**
*1–2 Std. zum
Marinieren*

**SPEZIAL-
ZUBEHÖR:**
*Fisch- oder
Gemüserost
(falls vorhanden)*

Wahrscheinlich wissen Sie, daß Süd-afrikas kulinarische Wurzeln in Eng-land, Holland und natürlich Afrika liegen. Weitgehend unbekannt ist aber, daß viele Städte, so auch Durban, die Ha-fenstadt an der Ostküste, große indische und malayische Bevölkerungsanteile ha-ben. Das geht auf die Zeit zurück, als Ar-beiter aus Asien in die Gold- und Diaman-tenminen geholt wurden. Diese gegrillten Kalmare entfalten das geschmackliche Feu-erwerk, das man sonst mit Indien oder Südostasien in Verbindung bringt.

Das Einritzen der Kalmare vor dem Grillen sorgt für einen dramatischen Effekt.

900 g Kalmare, gesäubert, mit Tentakeln
2 TL Koriander
1 TL Kreuzkümmel
3 Knoblauchzehen, abgezogen
½ kleine Zwiebel, abgezogen
1 Stück Ingwerwurzel (ca. 2 cm)
**3 Zitronengrasstiele, in dünne Streifen
    geschnitten, oder 3 Streifen Zitronen-
    schale (à 5 x 1 cm)**
**1–3 Serrano- oder Jalapeño-Chillies (für
    mildere Kalmare Samen entfernen)**
**180 ml Kokosmilch, aus der Dose oder
    selbstgemacht (s. Seite 522)**
½ TL Salz, nach Geschmack auch mehr
**½ TL frisch gemahlener schwarzer Pfeffer,
    nach Geschmack
    auch mehr**

1 Tasse Koriandergrün
Limettenspalten zum Servieren

1. Die Kalmare unter fließendem kal-tem Wasser abspülen, abtropfen lassen und mit Küchenpapier trockentupfen. Den Kör-per jeweils einmal längs aufschneiden und die Kalmare flach ausbreiten. Nach Belie-ben mit einem scharfen Messer von außen kreuzweise bis zur halben Dicke einritzen. Die Tentakel ganz lassen. In einer großen Schüssel im Kühlschrank aufbewahren und die Marinade zubereiten.

2. Eine kleine Pfanne bei mittlerer Hitze erwärmen. Koriander und Kreuzkümmel hin-eingeben und ca. 3 Min. rösten, bis sie duf-ten. Die Pfanne dabei leicht rütteln. Vom Herd nehmen und abkühlen lassen, dann im Mixer zu grobem Pulver zerkleinern (s. Hinweis). Knoblauch, Zwiebeln, Ingwer, Zi-tronengras, Chillies, Kokosmilch, Salz und Pfeffer zufügen und zu einer glatten Paste pürieren. Mit Salz und Pfeffer pikant ab-schmecken. Die Hälfte des Koriandergrüns einrühren, dann die Mischung über die Kal-mare gießen und diese gut darin wenden. Abgedeckt im Kühlschrank 1–2 Std. mari-nieren, die Kalmare dabei gelegentlich wen-den.

3. Den Grill auf höchster Stufe anheizen.

4. Einen Fisch- oder Gemüserost 5 Min. vorheizen, dann ölen. Andernfalls den Grill-rost ölen. Die Kalmare auf den Rost legen und von jeder Seite ca. 1–2 Min. grillen, bis sie eben fest und weiß sind. Mit einer Grillzange wenden.

5. Die Kalmare auf Teller geben, mit dem restlichen Koriander bestreuen und sofort servieren. Die Limettenspalten dazu reichen.

Für 4 Personen

Hinweis: Wenn's schnell gehen soll, kön-nen Sie statt der gerösteten ganzen auch ge-mahlene Gewürze verwenden.

FERNANDOS GEGRILLTER TINTENFISCH MIT SALSA MACAO

MACAO

METHODE:
Direktes Grillen

VORBEREITUNGSZEIT:
30 Min. zum Marinieren

Fernando Gomes hat einen Blick für das Gute. Als der Mann von den Azoren Anfang der achtziger Jahre in der ehemaligen portugiesischen Kolonie Macao (1999 an China zurückgegeben) ankam, war es Liebe auf den ersten Blick – und Biß. Also tat er, was viele Portugiesen in Macao tun: Er eröffnete ein Restaurant. Hinter einer auffälligen Backsteinfront liegt ein geräumiger Hof. Hier dinieren die Gäste in einem wandlosen Pavillon unter sich ständig drehenden Ventilatoren. Das »Fernando's« liegt auf der ruhigsten Insel von Macao, Coloane, hinter sich den Strand von Hac Sa. Schon allein der gegrillte Tintenfisch ist die Reise wert.

Tintenfisch ist der größere, breitere, fleischigere, etwas aromatischere Cousin des Kalmar. Man bekommt ihn in Läden mit asiatischen, spanischen oder italienischen Lebensmitteln. Dieses Rezept läßt sich auch mit den wesentlich leichter erhältlichen Kalmaren zubereiten. Grillen Sie möglichst über Holzkohle.

700–900 g Tintenfisch oder Kalmare, gesäubert, mit Tentakeln
160 ml Olivenöl extra vergine
3 EL Rotweinessig, nach Geschmack auch mehr
1 kleine Zwiebel, feingehackt
¼ Tasse glatte Petersilie, feingehackt
½ TL Salz, nach Geschmack auch mehr
½ TL frisch gemahlener schwarzer Pfeffer
1 mittelgroße Tomate, entkernt (s. Kasten Seite 62) und gewürfelt

1. Die Tintenfische unter fließendem kaltem Wasser abspülen, abtropfen lassen und mit Küchenpapier trockentupfen. In einer Auflaufform beiseite stellen und die Marinade zubereiten.

2. Öl, Essig, Zwiebeln, Petersilie, Salz und Pfeffer in eine Schüssel geben und verquirlen. Mit etwas Salz und Essig pikant abschmecken. Die Hälfte der Mischung über die Tintenfische gießen und abgedeckt im Kühlschrank 30 Min. marinieren. Den Rest der Mischung in eine dekorative Schale gießen und die Tomatenwürfel einrühren. Diese Sauce beiseite stellen.

3. Den Grill auf höchster Stufe anheizen

4. Einen Fisch- oder Gemüserost 5 Min. vorheizen, dann ölen. Andernfalls den Grillrost ölen. Die Tintenfische aus der Marinade heben, die Marinade aufbewahren. Die Tintenfische auf den heißen Rost legen und von jeder Seite 2–3 Min. (insgesamt 4–6 Min.) grillen, bis sie appetitlich gebräunt und gerade eben fest sind. Mit einer Grillzange wenden. Die Tintenfische währenddessen 1–2mal mit der aufbewahrten Marinade bestreichen.

5. Die Tintenfische auf Teller oder eine Platte heben und sofort mit der Sauce servieren.

Für 4 Personen

Gemüse
GRÜNES AUF DEM GRILL

»Was war das Paradies anderes, als ein riesiger Gemüse-garten?«

WILLIAM LAWSON

In meiner Kindheit war Barbecue gleichbedeutend mit Fleisch, besonders Steak. Paprika oder Portobello-Pilze zu grillen wäre den Menschen so seltsam vorgekommen wie eine Mondlandung.

Nun, die Mondlandung hat stattgefunden, und Gemüse wird inzwischen auch gegrillt. Vieles ist zwar noch neu, aber wer es einmal entdeckt hat, wird wahren Enthusiasmus entwickeln. Warum? Weil Gemüse vom Grill einfach am besten schmeckt. Beim Grillen verdampft ein Teil der Flüssigkeit, der Geschmack wird konzentrierter. Die intensive, trockene Hitze karamelisiert den enthaltenen Fruchtzucker, und das Gemüse schmeckt süßer. Im Gegensatz zum Kochen, bei dem das Gemüse Geschmack einbüßt, intensiviert Grillen das Aroma. Dazu ein wenig Rauch (Holzspäne oder -stückchen), und das Gemüse gewinnt einen erstaunlich nuancenreichen Geschmack.

Dieses Kapitel bietet eine appetitanregende Führung durch die Welt der Grillgemüse, von Austernpilzen aus Korea bis zu Tandoori-Blumenkohl mit seinem überaus verlockenden Duft nach indischen Gewürzen. Dabei erfahren Sie, wie man Mais, Fenchel, Bohnen und sogar Brotfrucht grillt. Vielleicht mochten Sie als Kind Gemüse nur deshalb nicht, weil es nicht gegrillt war.

Sizilianischer Markt – ein Paradies für Fans von gegrilltem Gemüse.

Gemüse –
immer wieder perfekt gegrillt

Im allgemeinen gewinnt Gemüse beim direkten Grillen auf höchster Stufe. Eine Ausnahme bilden nur kohlehydratreiche Knollengemüse wie Kartoffeln und Rüben. Sie werden am besten indirekt gegrillt oder vorgekocht und dann über dem Feuer zu Ende gegart.

SPARGEL, OKRA, GRÜNE BOHNEN UND ANDERE LANGE, SCHLANKE, FASERREICHE GEMÜSE: Die Spitzen oder Enden des Gemüses abschneiden und je 4–6 Stück auf dünne Bambusspieße ziehen. Mit Oliven- oder Sesamöl bestreichen, salzen und pfeffern. Auf höchster Stufe von beiden Seiten appetitlich braun grillen. Spargel insgesamt 6–8 Min., Okra und grüne Bohnen 8–10 Min. garen. Lauchzwiebeln brauchen insgesamt 4–8 Min.

MAIS: Zum Mais gibt es zwei Theorien. Die einfachste ist, die nicht enthülsten Kolben auf dem Grill bei starker Hitze so

lange zu drehen und zu wenden, bis die Hülsen trocken und braun sind. Diese mit Küchentüchern abreiben (das Silberhäutchen wird ebenfalls entfernt). Insgesamt dauert das 15–18 Min., der Mais schmeckt süß und leicht rauchig.

Ich selbst grille Mais am liebsten als enthülsten Kolben, mit zerlassener Butter oder Olivenöl bepinselt und großzügig gesalzen und gepfeffert. Ich grille ihn bei starker Hitze direkt über den Flammen, bis die Körner stark gebräunt sind und aufplatzen. Insgesamt dauert das 8–12 Min. Der Vorteil dabei ist, daß der Mais einen wunderbaren Rauchgeschmack annimmt.

AUBERGINEN: Wählen Sie lange, schlanke Exemplare. Den Grill auf höchster Stufe anheizen. Die Auberginen grillen, bis die Haut von allen Seiten schwarz geröstet und das Fruchtfleisch zart ist. Die Haut muß tatsächlich verbrannt werden. So erhält die Aubergine ihr besonderes Raucharoma. Die Aubergine insgesamt ca. 20–30 Min. grillen und dabei mit einer Grillzange wenden. Das Gemüse anschließend auf einen Teller heben und abkühlen lassen. Dann die verbrannte Haut abkratzen (ein paar Reste können bleiben, sie verleihen einen köstlichen Geschmack). Jetzt können Sie die Aubergine in einen Salat schneiden oder für einen Dip pürieren.

Bitte beachten Sie, daß in manchen Rezepten asiatische Auberginen verwendet werden. Sie sind etwa 15 cm lang und haben einen Durchmesser von gut 2 cm. Die Garzeit dieser Gemüseart beträgt ca. 9–12 Min.

CHAMPIGNONS: Champignons werden beim Grillen schnell trocken, deshalb mariniert man sie am besten ein paar Stunden in einer ölhaltigen Marinade oder bestreicht sie während des Grillens großzügig mit Kräuterbutter oder anders aromatisierter Butter. Kleine Champignons so auf Spieße ziehen, daß sie flach auf dem Rost liegen. Sie lassen sich dann ganz leicht grillen und wenden. Bei starker Hitze von jeder Seite 3–6 Min. grillen (insgesamt 6–12 Min.). Bei Portobello-Champignons zuerst den Kopf, dann den Stiel 4–6 Min. (insgesamt 8–12 Min.) grillen. Gefüllte Champignonköpfe nach der indirekten Methode 15–20 Min. auf der abgerundeten Seite stehend grillen. Champignons sollten während des Grillens immer großzügig bepinselt werden.

ZWIEBELN: Die Zwiebeln vierteln, den Wurzelansatz aber nicht entfernen, er hält die Zwiebel beim Grillen zusammen. Die Haut bis zum Wurzelansatz herunterziehen und die Zwiebelviertel mit Öl oder zerlassener Butter bestreichen. Bei starker Hitze grillen, bis die Zwiebeln von außen appetitlich gebräunt und innen weich sind. Häufig wenden, damit sie gleichmäßig garen.

Die Garzeit beträgt insgesamt 10–12 Min. Die verbrannte Haut vor dem Servieren abkratzen.

PAPRIKA UND CHILLIES: Wählen Sie Exemplare von rundlicher Form und glatter Oberfläche, mit möglichst wenigen Unebenheiten und Rillen. Den Grill auf höchster Stufe anheizen. Das Gemüse ganz auf den Grill legen. Größere Exemplare von jeder Seite 4–5 Min. grillen, bis sie dunkel geröstet sind (insgesamt 16–20 Min.), kleinere brauchen weniger lange. Ober- und Unterseite nicht vergessen, das Gemüse dabei, falls erforderlich, mit einer Zange festhalten. Auch dieses Gemüse soll verbrannt sein. Das gegrillte Gemüse in eine Schüssel geben und mit Klarsichtfolie abdecken oder in einen Plastikbeutel geben und diesen verschließen. Durch den so entstehenden Dampf läßt sich die Haut leichter abziehen. Sobald das Gemüse etwas abgekühlt ist, die Haut mit einem Schälmesser abkratzen. Strunk und Samen entfernen.

Paprika und Chillies können aber auch leicht mit Olivenöl bestrichen und dann nur appetitlich braun gegrillt werden. Da die Haut dann nicht verbrannt ist, braucht man sie nicht zu schälen.

RADICCHIO, KOHL UND BLATTGEMÜSE: Radicchio in Viertel, Schnitze oder dicke Scheiben schneiden. Kohlblätter ganz lassen. Bei starker Hitze von jeder Seite 2–4 Min. grillen, bis die Blätter leicht gebräunt sind. Sorgfältig darauf achten, daß sie nicht zu trocken werden.

TOMATEN: Kleine Tomaten auf breite, flache Spieße ziehen und über starker Hitze grillen, bis die Haut rundum braun ist und Blasen wirft. Große Exemplare einzeln genauso grillen. Dabei mit einer Zange wenden. Sehr große Tomaten quer in gut 2 cm dicke Scheiben schneiden. Mit Olivenöl bestreichen, salzen und pfeffern und über starker Hitze grillen. Kleine Tomaten insgesamt 8–12 Min., große doppelt so lange grillen. Tomatenscheiben sind nach 2–4 Min. pro Seite gar.

ZUCCHINI UND KÜRBISSE: Das Gemüse der Länge nach in $\frac{1}{2}$–1 cm breite Scheiben schneiden. Von beiden Seiten mit Oliven- oder Walnußöl bestreichen. Salzen und pfeffern und von jeder Seite 2–4 Min. bei starker Hitze grillen.

Grilltabelle für Gemüse*

GEMÜSE	METHODE	HITZE	GARZEIT
ARTISCHOCKEN	DIREKT	MITTEL-SCHWACH	1–1 ¼ STD.
AUBERGINE (IM GANZEN)			
ASIATISCHE	DIREKT	STARK	9–12 MIN.
NORMALE	DIREKT	STARK	20–30 MIN.
CHAMPIGNONKÖPFE			
PORTOBELLO	DIREKT	STARK	4–6 MIN./SEITE
NORMALE	DIREKT	STARK	3–5 MIN./SEITE
GRÜNE BOHNEN	DIREKT	STARK	8–10 MIN./SEITE
MAIS	DIREKT	STARK	8–12 MIN. INSGESAMT
PAPRIKA (IM GANZEN)	DIREKT	STARK	16–20 MIN.
SPARGEL	DIREKT	STARK	6–8 MIN. INSGESAMT
TOMATEN			
SCHEIBEN	DIREKT	STARK	2–4 MIN./SEITE
IM GANZEN	DIREKT	STARK	8–24 MIN. INSGESAMT
ZUCCHINI UND KÜRBIS			
SCHEIBEN	DIREKT	STARK	4–6 MIN./SEITE
ZWIEBELN			
VIERTEL	DIREKT	STARK	10–12 MIN./SEITE
SCHEIBEN	DIREKT	STARK	4–8 MIN./SEITE

* Diese Tabelle gibt nur ungefähre Richtwerte. Grillen ist schließlich keine Wissenschaft, sondern eine Kunst. Halten Sie sich im Zweifelsfall an die Zeitangaben in den Rezepten.

GEORGISCHE GEMÜSE-KEBABS

REPUBLIK GEORGIEN

METHODE:
Direktes Grillen

**SPEZIAL-
ZUBEHÖR:**
*4 lange, flache
Metallspieße*

Diese farbenprächtigen Gemüse-Kebabs fehlen in Georgien bei keinem Barbecue. In ihrer Schlichtheit bilden sie einen reizvollen Gegensatz zur komplexen Geschmacksvielfalt der Gerichte mit mariniertem Fleisch. Süßsaure Pflaumensauce ist eine gute Begleiterin, delikat sind die Kebabs aber auch ohne sie. Die Tomaten sollten reif, aber noch fest sein, damit sie nicht von den Spießen fallen. In Georgien verwendet man zum Grillen flache, breite Stahlspieße.

8 kleine, grüne Paprika
6 kleine Tomaten
**16 große, weiße Champignonköpfe, mit an-
gefeuchtetem Küchenpapier abgerieben**
3 EL Olivenöl
**grobes Salz und frisch gemahlener schwarzer
Pfeffer nach Geschmack**
1 Zitrone, halbiert

1. Den Grill auf höchster Stufe anheizen.

2. Inzwischen Tomaten und Paprika abwechselnd auf die Spieße stecken und die Champignonköpfe jeweils dazwischen setzen. Die Kebabs mit Olivenöl bestreichen, salzen und pfeffern.

3. Die Kebabs auf dem heißen Grillrost verteilen und von jeder Seite 4–6 Min. appetitlich goldbraun grillen (insgesamt 8–12 Min.). Dabei nochmals mit Olivenöl bestreichen. Zuletzt den Zitronensaft über die Gemüsespieße träufeln und sofort servieren.

Für 4 Personen

JAPANISCHE GEMÜSE VOM GRILL
Robatayaki

JAPAN

METHODE:
Direktes Grillen

SPEZIAL-ZUBEHÖR:
50–60 Bambusspieße (verschiedene Längen), 1 Std. in kaltes Wasser legen und abtropfen lassen

Robatayaki bezeichnet eine theatralische, anspruchsvolle japanische Grillmethode (s. Seite 388/389). Traditionell werden die Speisen über einer in Japan hochgeschätzten Holzkohle, der Bincho, gegrillt. In bestimmten Vierteln in Tokio – z. B. in den Imbißlokalen am Bahnhof Yurakucho – findet man auch heute noch Restaurants mit Holzkohlengrills. Andere arbeiten nach moderneren Methoden und benutzen Gasgrills. Diese Gemüseplatte hat vieles zu bieten, nicht zuletzt die meines Erachtens beste Zubereitungsart für Okra.

500 g Okra (s. Hinweis Seite 391)

500 g Zuckererbsen, Ansätze und Fäden entfernt

500 g dicker Spargel, geschält, Enden abgeschnitten und auf gleiche Länge gekürzt

350 g Shiitakepilze oder große, weiße Champignonköpfe, mit angefeuchtetem Küchenpapier abgerieben

1 Bund Lauchzwiebeln, in 5 cm lange Stücke geschnitten

1 EL grobes Salz

2 TL frisch gemahlener weißer Pfeffer (nach Wunsch)

2 EL asiatisches (dunkles) Sesamöl

1. Den Grill auf höchster Stufe anheizen.

2. Den Strunk der Okras abschneiden, die Schoten aber ganz lassen. (Vorsicht: Wenn Luft an das Innere kommt, wird es schleimig. Je 4–5 Okras auf ein Schneidbrett legen und durch die Enden je einen Bambusspieß ziehen, so daß sie später flach auf dem Grill aufliegen. Die Okra-Spieße auf eine Platte legen. Die Zuckererbsen ebenso auf Spieße ziehen und zu den Okras auf die Platte legen.

3. Die Spargelstangen quer halbieren. Immer abwechselnd Spitzen- und Endstücke quer auf Spieße ziehen, je 4–5 Stücke pro Spieß. Die Spargelspieße auf die Platte mit den übrigen Gemüsen legen.

4. Große Shiitakepilze halbieren oder vierteln, kleine ganz lassen. Abwechselnd mit den Lauchzwiebelstücken auf Spieße

ziehen, jeweils ca. 4 Pilzköpfe pro Spieß. Die Pilze so aufziehen, daß sie später flach auf dem Grillrost aufliegen. Die Shiitakespieße ebenfalls auf die Gemüseplatte legen. In einer kleinen Schüssel Salz und (nach Wunsch) Pfeffer mischen. Die Gemüsespieße mit Sesamöl bestreichen und mit der Salzmischung bestreuen.

5. Okras, Zuckererbsen, Spargel und Shiitakepilze auf den Grill legen und von jeder Seite je nach Gemüseart 3–6 Min. hellbraun und zart grillen. Die Spieße servieren, sobald sie gar sind. Am meisten Spaß macht es, wenn das Gemüse nach und nach auf den Teller kommt.

Für 4–6 Personen

GEGRILLTES GEMÜSE SANTA MARGHERITA

ITALIEN

METHODE:
Direktes Grillen

**SPEZIAL-
ZUBEHÖR:**
*Gemüserost
(falls vorhanden)*

Nach zwei schrecklichen Wochen meiner Barbecuereise erschien mir die Stadt Santa Margherita wie eine Oase in der Wüste. In eine malerische Felsbucht schmiegt sich ein Hafen voller schaukelnder Jachten und Fischerboote Die Häuser geschmückt mit Trompe-l'œil-Malerei, die Cafés voller schicker junger Italiener. Zur Mittagszeit stach uns das Buffet auf einem Felsvorsprung mit herrlichem Blick über die Bucht förmlich ins Auge – besonders sein Mittelpunkt hatte es uns angetan: eine riesige Platte mit gegrilltem Gemüse.

Zurückhaltend wie die Italiener beim Grillen sind, war dieses Gemüse ganz ohne Marinade gegart und wurde statt von einer Sauce nur von einem Tröpfchen Olivenöl und einem Spritzer Zitronensaft begleitet. Aber das Gemüse war als Gaumenschmaus genauso unvergleichlich wie als Augenweide. Die Zutatenliste ist nur ein Anhaltspunkt. Wählen Sie das Gemüse je nach Saison.

2 mittelgroße, rote Paprika
2 mittelgroße, gelbe Paprika
2 Chicorée
500 g weiße Champignonköpfe, mit angefeuchtetem Küchenpapier abgerieben
4 kleine Auberginen oder Zucchini
125 ml Olivenöl extra vergine
grobes Salz und frisch gemahlener schwarzer Pfeffer nach Geschmack
500 g dicker Spargel, geschält und holzige Enden abgeschnitten
8 kleine Tomaten
2 EL Balsamessig (nach Wunsch)
8 Zitronenspalten zum Servieren

1. Den Grill auf höchster Stufe anheizen.
2. Die Paprika halbieren, Stiel und Kerne entfernen. Die Hälften jeweils längs in drei Streifen teilen. Die Chicorée der Länge nach vierteln und den Strunk nicht herausschneiden. Champignons, Zucchini und Auberginen der Länge nach halbieren.
3. Wenn Sie einen Gemüserost benutzen, diesen 5 Min. vorheizen. Die Paprika-

streifen dünn mit Olivenöl bestreichen, salzen und pfeffern und auf den heißen Rost legen. Von jeder Seite 4–6 Min. grillen, bis die Haut braun, aber nicht verbrannt ist. Die gegrillten Paprika auf eine Platte heben. Chicorée, Spargel, Tomaten, Zucchini und Auberginen ebenfalls einölen, würzen und grillen. Das Gemüse sollte außen appetitlich braun und innen zart sein. Je nach Sorte dauert das 3–6 Min. pro Seite. Das Gemüse während des Grillens 1–2mal dünn mit Öl bestreichen, salzen und pfeffern.

4. Das Gemüse dekorativ auf einer Platte in Reihen anrichten. Dabei nach Farbe und Form variieren. Mit dem restlichen Öl beträufeln und abkühlen lassen.

5. Unmittelbar vor dem Servieren das Gemüse nochmals salzen und pfeffern und nach Belieben mit etwas Balsamessig beträufeln. Mit Zitronenspalten zum Auspressen servieren.

Für 8 Personen

GEGRILLTE GEMÜSE AUS TRINIDAD
Choka

TRINIDAD

METHODE:
Direktes Grillen

Im allgemeinen wird auf Trinidad nicht viel gegrillt, eher fritiert man die Speisen, dem britischem Erbe folgend, oder kocht nach Art der afrikanischen Vorfahren einen Eintopf. Das heißt aber nicht, daß in den Imbißbuden an den Straßen von Port of Spain nicht jede Menge Holzkohlefeuer lodern. In der Regel aber bereitet man darüber Eintöpfe und Fritiertes. Eine Ausnahme bilden die Chokas der indischen Bevölkerung. Das sind über dem Feuer gebratene, gehackte Gemüse, traditionell Auberginen. Ebenso kann man aber auch Tomaten, Kartoffeln oder sogar Kürbis verwenden. Oft gibt es Choka mit Sada roti (Fladenbrot) bereits zum Frühstück. Hierzulande können Sie Pitabrot oder jedes andere in diesem Buch beschriebene Brot verwenden. Dieses Choka wurde inspiriert vom Restaurant »Monsoon« in Port of Spain.

CHOKA:
- 2 kleine Auberginen (à 300–350 g)
- 6 Knoblauchzehen, abgezogen und längs halbiert
- 2 mittelgroße Tomaten
- 1 mittelgroßer, grüner Paprika
- 1 große Zwiebel, abgezogen und geviertelt, (Wurzelenden nicht abschneiden)
- 1 EL Pflanzenöl
- Salz und frisch gemahlener schwarzer Pfeffer nach Geschmack

WÜRZMISCHUNG:
- 2 EL Pflanzenöl
- 2 TL Senfkörner (vorzugsweise schwarze)
- 1 mittelgroße Zwiebel, feingehackt
- 2 Knoblauchzehen, durchgepreßt
- 1 EL Ingwer, feingehackt
- ½–1 Scotch-bonnet-Chili, entkernt und feingehackt
- 2 EL frisch gepreßter Zitronensaft

- ¼ Tasse Koriandergrün, gehackt

1. Den Grill auf höchster Stufe anheizen.

2. Jede Aubergine rundum gleichmäßig 6mal einschneiden. In die Einschnitte je eine halbe Knoblauchzehe stecken. Auberginen, Tomaten, Paprika und Zwiebeln dünn mit Öl bestreichen, salzen und pfeffern.

3. Die Gemüse auf den heißen Rost legen und grillen, bis die Haut gut gebräunt ist, dabei mit einer Grillzange wenden. Auberginen und Paprika brauchen insgesamt ca. 20 Min., Tomaten und Zwiebelviertel ca. 12 Min. Das Gemüse auf einen Teller geben und leicht abkühlen lassen.

4. Die verbrannte Haut weitgehend abkratzen. Auberginen und Tomaten in Würfel von 2 cm Kantenlänge schneiden. Stiel und Kerne der Paprika entfernen, dann fein würfeln. Die Zwiebeln quer in dünne Scheiben schneiden. Das Gemüse in einer flachen Servierschüssel gründlich vermischen, nach Geschmack salzen und pfeffern.

5. Unmittelbar vor dem Servieren die Würzmischung zubereiten. Das Öl bei mittlerer Hitze in einem kleinen Topf erhitzen. Senfkörner, Zwiebeln, Knoblauch, Ingwer und Chili zugeben und ca. 5 Min. sautieren, bis die Gewürze goldbraun sind und duften. Zitronensaft zugeben und aufkochen. Die heiße Würzmischung über das Gemüse gießen und unterheben. Mit dem Koriandergrün bestreuen und warm servieren.

Für 8 Personen

KATALANISCHE ARTISCHOCKEN

SPANIEN

METHODE:
Direktes Grillen

Das »La Tomaquera« ist ein einfaches Restaurant in einem Arbeiterviertel in Barcelona. Es gehört zu den Lokalen, in denen man stolz darauf ist, Coca-Cola nicht auf der Karte zu haben und die bei Fußballübertragungen im Fernsehen früh schließen. Hier kann man sich für wenig Geld nach Herzenslust satt essen. Für mich heißt das: Schnecken an reichhaltiger Sauce und danach eine Platte mit gegrilltem Lamm, Rind und anderem Fleisch.

Am meisten beeindruckte mich aber ein ungewöhnliches Gemüsegericht, das zum Besten gehört, was ich je gegessen habe: gegrillte Artischocke. Durch langes Grillen bei geringer Hitze werden die Blätter so knusprig, daß man sie fast ganz verspeisen könnte. Mir fällt nur noch eine weitere Zubereitungsart ein, bei der Artischocken so köstlich knusprig werden: Carciofi alla guida aus Rom, Artischocken auf jüdische Art.

Am besten gelingt dieses Rezept mit mittelgroßen Artischocken, deren Blätter weit geöffnet sind. Babyartischocken benötigen eine kürzere Garzeit. Dicht geschlossene Riesenartischocken eignen sich hervorragend zum Kochen, zum Grillen aber überhaupt nicht.

8 mittelgroße Artischocken
½ Zitrone
250 g Butter
6 Knoblauchzehen, feingehackt
¼ Tasse glatte Petersilie, feingehackt
grobes Salz
schwarzer Pfeffer, zerstoßen oder grobgehackt, nach Geschmack

1. Den Grill auf schwache bis mittlere Hitze anheizen.

2. Die Artischocken von den Stielen befreien, so daß sie stehen bleiben. Die Schnittstellen mit Zitrone abreiben, damit sie sich nicht verfärben. Die dünnen Blattspitzen mit der Schere abschneiden. Die einzelnen Blätter vorsichtig mit den Fingern auseinander drücken.

3. Die Butter in einem Topf bei schwacher Hitze zerlassen. Knoblauch und Petersilie zugeben und bei mittlerer Hitze ca. 3 Min. köcheln, bis der Knoblauch gar ist. Die Artischocken rundum großzügig mit der Buttermischung bepinseln, dann salzen und pfeffern. Jede Artischocke mit einem Löffel Buttermischung beträufeln, so daß diese zwischen die Blätter läuft.

4. Die Artischocken mit dem Stielende nach unten auf den heißen Grillrost legen. Etwa 30 Min. grillen, bis die Unterseite tief goldbraun ist. Dabei häufig mit einer Grillzange drehen, damit sie gleichmäßig garen, und oft mit der Buttermischung bestreichen. Großzügig mit Salz und Pfeffer würzen.

5. Die Blätter der Artischocken mit der Grillzange von der Mitte aus blütenförmig aufdrücken. Noch einmal mit Knoblauchbutter bestreichen, salzen und pfeffern. Die Artischocken umdrehen und weitere 30–40 Min. goldbraun grillen. Die Blätter sollten knusprig sein und sich leicht lösen. Das Herz sollte zart sein (zur Probe mit einem Spieß hineinstechen). Beim Holzkohlegrill nach ca. 1 Std. 25 Kohlen nachlegen.

6. Die Artischocken nochmals wenden. Wieder bestreichen und würzen. Die Böden einige Minuten erwärmen, dann die restliche Knoblauchbutter über die Artischocken träufeln und sofort servieren.

Für 8 Personen

ÜBER FEUER GEBACKENE BROTFRUCHT

JAMAIKA

METHODE:
Direktes oder indirektes Grillen

Seit Captain Bligh die Brotfrucht aus dem Südpazifik in die Karibik brachte, wurde sie zur klassischen Beilage jamaikanischer Gerichte mit luftgetrocknetem Schweinefleisch. Das »Sufferer's Restaurant« auf Jamaika hat eine spezielle Grillpfanne, in der die Brotfrüchte in der Glut vergraben werden. Das Braten über dem Feuer ist die beste Zubereitungsart für diese große, runde Frucht mit grüner Haut und vielen Kernen, die sich vornehmlich durch ihren milden (man könnte auch sagen faden) Geschmack auszeichnet – so nimmt sie etwas von der höllischen Schärfe des Schweinefleisches! Botanisch gesehen, zählt die Brotfrucht zu den Früchten, aber im allgemeinen wird sie als Gemüse oder Beilage serviert. Das Braten über offenem Feuer verleiht dem stärkereichen, weißen Fruchtfleisch einen rauchigen Geschmack. Originalgetreu geschieht das auf dem Holzkohlegrill, ist aber nach der direkten oder indirekten Methode auch auf dem Gasgrill möglich. Brotfrucht findet man in karibischen Läden oder gut sortierten Gemüsegeschäften. Wählen Sie ein festes Exemplar ohne Druckstellen und lassen Sie es bei Zimmertemperatur nachreifen, bis es auf Daumendruck nachgibt, dabei aber immer noch recht fest ist.

1 Brotfrucht (à 1 $\frac{1}{2}$–2 kg)
60 g gesalzene Butter zum Servieren
Salz und frisch gemahlener schwarzer Pfeffer zum Servieren

1. Den *Holzkohlegrill* (direkte Methode) auf höchster Stufe anheizen. Dann die Brotfrucht in die Kohlen stecken, so daß sie so weit wie möglich von diesen bedeckt wird. Je nach Größe und Reifegrad der Frucht 40–60 Min. grillen, bis die Haut verbrannt und das Fleisch sehr weich ist. Zur Garprobe einen Metallspieß hineinstechen. Die Brotfrucht sollte in der Mitte weich sein.

Den *Gasgrill* (direkte Methode) auf mittlere Hitze anheizen. Dann die Brotfrucht auf den Rost legen und wie oben grillen, bis die Haut verbrannt und das Fleisch sehr weich ist.

Den *Gasgrill* (indirekte Methode) auf starke bis mittlere Stufe anheizen. Dann die Brotfrucht in die Mitte des Grills, außerhalb des Bereichs mit der größten Hitze legen. 1–1 ½ Std. grillen, bis sie außen gut gebräunt und innen weich ist. (Ich bevorzuge die direkte Methode, weil dabei die Haut verbrannt wird, aber die indirekte ist weniger aufwendig.)

2. Die Brotfrucht zum Servieren in Spalten teilen und das Verbrannte abschneiden. Mit Butterflöckchen belegen, salzen und pfeffern, mit einer Gabel zerdrücken und essen.

Für 4–6 Personen

TANDOORI-BLUMENKOHL

INDIEN

METHODE:
Indirektes Grillen

VORBEREITUNGSZEIT:
2 Std. zum Marinieren

SPEZIALZUBEHÖR:
8 lange Metallspieße

Beim Thema Barbecue denkt man im Westen kaum an Blumenkohl. Ganz anders in Indien. Dort schätzt man den Blumenkohl (Gobi), weil er die Aromen von Rauch und Gewürzen ausgezeichnet aufnimmt und doch fest bleibt. Dieses Rezept enthält zwei besondere Zutaten: Besan (Kichererbsenmehl) und Ajwain (Liebstöckelsamen). Beides bekommt man in Asienläden, Besan, das sich auch gut durch Vollkornmehl ersetzen läßt, im Bioladen oder in Delikatessengeschäften. Ajwain ist schwieriger zu finden, aber auch nicht unbedingt erforderlich. Der Blumenkohl wird in jedem Fall sehr lecker.

2 Tassen Naturjoghurt (s. Hinweis)
1 Blumenkohl (ca. 700 g)
3 Knoblauchzehen, feingehackt
1 ½ EL Ingwer, gerieben
60 ml Pflanzenöl
1 EL Edelsüßpaprika
1 TL Cayennepfeffer
1 TL Salz
½ TL frisch gemahlener schwarzer Pfeffer
½ TL Ajwain (nach Wunsch)
½ TL Kreuzkümmel, gemahlen
2 TL frisch gepreßter Zitronensaft
¾ Tasse Kichererbsenmehl (Besan) oder
   ¼ Tasse Weizenvollkornmehl oder nach Bedarf
3 EL Butter, zerlassen, zum Bestreichen

1. Ein Joghurtsieb oder ein normales Passiersieb (mit einer doppelten Lage angefeuchtetem Mulltuch ausgelegt) über eine mittelgroße Schüssel hängen. Den Joghurt hineingeben und im Kühlschrank 4 Std. abtropfen lassen. Am Ende sollten etwa 1 ¼ Tassen übrig bleiben.

2. Den Blumenkohl in Röschen mit je gut 2 cm langem Strunk teilen. Jedes Röschen 8–10mal mit einer Nadel einstechen, damit die Marinade eindringen kann.

3. Knoblauch, Ingwer und Öl in einer Gewürzmühle oder einem kleinen Mixer zu einer glatten Paste pürieren. Oder Knoblauch und Ingwer im Mörser zu einer Paste zerstoßen, dann das Öl einrühren. Die Paste in eine große Schüssel geben. Paprika, Cayenne, Salz, Pfeffer Ajwain (nach Geschmack), Kreuzkümmel, Joghurt, Zitronensaft und so viel Besan einrühren, daß eine geschmeidige

Masse entsteht. Den Blumenkohl unterheben und abgedeckt im Kühlschrank 2 Std. marinieren.

4. Den Grill zum indirekten Grillen vorbereiten (s. Seite 14/16). Eine Tropfschale in die Mitte stellen und den Grill auf höchster Stufe anheizen.

5. Die Blumenkohlröschen quer durch den Strunk auf Spieße ziehen (Röschen nach oben).

6. Die restliche Marinade über den Blumenkohl gießen und die Spieße über der Tropfschale auf den heißen Rost legen. Den Grill schließen und 10 Min. grillen, dann den Blumenkohl mit etwas Butter bestreichen. Weitere 10–20 Min. grillen, bis die Röschen appetitlich gebräunt und zart sind. Die Spieße während der letzten 2–3 Min. direkt über die Flammen halten, damit der Blumenkohl etwas gebräunt wird. Mit der restlichen Butter bestreichen und auf Teller oder eine Platte streifen. Sofort servieren.

Für 6–8 Personen

Hinweis: Wenn Sie den Joghurt nicht abtropfen lassen, benötigen Sie nur ca. 1 ½ Tassen.

GEGRILLTER MAIS MIT SHADON-BENI-BUTTER

TRINIDAD

METHODE:
Direktes Grillen

Zwar wird noch weithin über Holzkohlefeuer gekocht, aber aus Barbecue macht man sich auf Trinidad nicht viel. Mit einer Ausnahme: Mais. Wer in der Dämmerung im Queen's Park Savannah in Port of Spain spazieren geht, sieht lange Schlangen vor den Maisständen. Hier steht man an nach knackig-knusprigen Kolben einer Maissorte, die für unseren Geschmack viel zu groß, zu alt und zu trocken wäre. Aber genau diese scheinbaren Defizite machen ihn so knusprig und köstlich.

Traditionell werden die gegarten Kolben mit zerlassener Butter bestrichen, gesalzen und gepfeffert. Eine auf Trinidad weit verbreitete Pflanze inspirierte mich aber zu einer raffinierteren Variante: Shadon-beni-Butter. Shadon beni (wörtlich: falscher Koriander) ist ein dunkelgrünes fingerförmiges, gezacktes Blattkraut, das im Geschmack Koriandergrün ähnelt. Auf größeren Märkten und in gut sortierten Kräuterläden bekommt man es unter den Namen mexikanischer Koriander. Können Sie Shadon beni nicht finden, verwenden Sie normales Koriandergrün. Die Butter wird damit genauso köstlich. Shadon beni eignet sich übrigens sehr gut zum Bestreichen aller schlichten gegrillten Gemüse, Fische und Meeresfrüchte.

8 Maiskolben (je größer und älter, desto besser)
125 g gesalzene Butter, zimmerwarm
3 EL mexikanischer Koriander oder Koriandergrün, feingehackt
2 Lauchzwiebeln, feingehackt
1 Knoblauchzehe, durchgepreßt
frisch gemahlener schwarzer Pfeffer nach Geschmack

1. Den Grill auf höchster Stufe anheizen

2. Den Mais enthülsen und beiseite stellen. Die Shadon-beni-Butter zubereiten.

3. Butter, Koriander, Lauchzwiebeln, Knoblauch und Pfeffer im Mixer zu einer glatten Masse pürieren. In eine Schale geben. Sind Kräuter und Knoblauch sehr fein gehackt, können sie auch direkt in die Butter eingerührt werden.

4. Den Grillrost ölen. Den Mais auf den heißen Rost legen und insgesamt 8–12 Min.

appetitlich braun grillen. Dabei mit einer Grillzange wenden und den Mais gelegentlich mit der Butter bestreichen. Vom Grill heben, nochmals mit Butter bestreichen und sofort servieren.

Für 8 Personen

GEGRILLTE AUBERGINEN MIT MISO-BARBECUESAUCE

JAPAN

METHODE:
Direktes Grillen

Gegrillte Auberginen als kleiner Imbiß – das mag in den Augen eines westlichen Betrachters seltsam erscheinen. Aber in den Teriyaki-Bars bei Tokios Bahnhöfen sind sie Bestseller. Man könnte sie als vegetarische Würstchen bezeichnen. Die Barbecuesauce, mit der die Auberginen überzogen werden, ist eine salzig-süße Mischung aus Miso (fermentierter Sojapaste). Weißen Miso, die bekannteste Sorte, findet man in Bioläden und größeren Supermärkten im Kühlregal. Für dieses Rezept eignen sich am besten kleine asiatische Auberginen. Sie sind schnell gar und ebenso rasch verzehrt.

6 asiatische Auberginen (à ca. 120 g)
⅓ Tasse weißer Miso
1 EL Sake
1 EL Mirin (süßer Reiswein) oder
   Cream Sherry
1 EL Zucker
1 EL Mayonnaise
1 EL asiatisches (dunkles) Sesamöl zum
   Bestreichen
1 TL dunkle Sesamkerne oder geröstete,
   helle Sesamkerne (s. Kasten Seite 93)

1. Den Grill auf höchster Stufe anheizen.
2. Die Auberginen der Länge nach halbieren. Von allen Seiten mit einem scharfen Messer kreuzweise einschneiden. Die Schnitte sollten ca. 3 mm tief und 3 mm voneinander entfernt sein.

3. Miso, Sake, Mirin, Zucker und Mayonnaise in einer Schüssel glattrühren.

4. Die Auberginen von beiden Seiten mit Sesamöl bestreichen. Mit der Schnittseite nach unten auf den heißen Grillrost legen und 3–4 Min. appetitlich braun grillen. Mit einer Grillzange wenden und jeweils gut 1 EL Misosauce auf die Schnittseite geben. Weitere 6–8 Min. grillen, bis die Unterseiten appetitlich gebräunt und das Innere weich ist. Zur Garprobe die Auberginen seitlich etwas eindrücken: Sie sollten leicht nachgeben. Mit Sesamkernen bestreuen und sofort servieren.

Für 6 Personen als Vorspeise,
für 3 Personen als leichtes Hauptgericht

Mit Rost und Zuversicht: Tips zum Grillen von Gemüse

Sie kennen das: Da freut man sich auf sein gegrilltes Gemüse, aber beim Wenden fallen die verlockend brutzelnden Champignons, Lauchzwiebeln und Zwiebelspalten zwischen den Stäben des Grillrostes hindurch ins Feuer.

Erfahrene Grillexperten verwenden deshalb einen Gemüserost – einen Zusatzrost, der auf den eigentlichen Rost aufgesetzt wird. Der Rost, oft aus Porzellan oder teflonbeschichtetem Metall, hat kleine Löcher, durch die Rauch und Hitze zum Gemüse gelangen, ohne daß dieses ins Feuer fallen kann.

Eine andere Variante ist der Gemüsekorb. Ein Drahtkorb zum Einhängen, in den man Champignons, Kirschtomaten, Scheiben von Gartenkürbis und Zucchini und andere kleine Gemüse legen kann. Statt jedes Gemüsestück einzeln auf dem Rost zu wenden, dreht man einfach den ganzen Korb.

Gemüseroste und -körbe bekommt man im Haushaltswarengeschäft oder im Versand. Sie sollten dieses Spezialzubehör vor dem Ein- oder Auflegen des Gemüses etwa 5 Min. auf dem Grillrost erhitzen.

Barbecue-Enthusiasten sind sich uneins darüber, ob der Rost (ob nun normaler oder Gemüserost) vor dem Grillen von Gemüse einzuölen ist oder nicht. Gemüse klebt nicht so leicht am Rost wie Fleisch oder Fisch und Meeresfrüchte (deren Eiweißgehalt das Festkleben verursacht). Legen Sie aber Wert auf attraktive Grillspuren und intakte Formen, dann ölen Sie den heißen Rost unmittelbar vor dem Grillen.

Selbstverständlich kann man Gemüse auch ohne Gemüserost grillen. Ich habe Barbecue auf allen fünf Kontinenten kennengelernt. Aber nur auf einem, nämlich in Nordamerika, verwendet man einen Gemüserost.

GEGRILLTE AUBERGINE ARGENTINISCH

ARGENTINIEN

METHODE:
Direktes Grillen

Argentinier belasten ihre streng fleischlichen Mahlzeiten eigentlich nicht gern mit Beilagen oder Gemüsen. Gegrillte Aubergine jedoch fand Eingang in die Steakhäuser. Die bevorzugte Aubergine ist eine kleine, 12 cm lange, italienische Sorte. Man findet sie in italienischen oder Delikatessengeschäften. Aber auch größere Sorten können so zubereitet werden. Diese dann quer in 1 cm dicke Scheiben teilen und von jeder Seite 3–5 Min. grillen.

3 italienische Auberginen (à 120–180 g)
2 Knoblauchzehen, durchgepreßt
3 EL Olivenöl
1 TL Oregano, getrocknet
1 TL Basilikum, getrocknet
½ TL Thymian, getrocknet
1 TL Edelsüß- oder Rosenpaprika
½ TL scharfe, rote Chiliflocken
    (nach Wunsch)
Salz und frisch gemahlener schwarzer Pfeffer
    nach Geschmack

1. Den Grill auf höchster Stufe anheizen.

2. Die Auberginen längs halbieren, den Stiel nicht abschneiden. Knoblauch und Öl in einer kleinen Schüssel verrühren und die Schnittseiten der Auberginen damit bestreichen. Kräuter und Gewürze in einer kleinen Schüssel mischen und beiseite stellen.

3. Die Auberginen mit der Schnittseite nach unten auf den heißen Grillrost legen und in 3–4 Min. appetitlich braun grillen. Die Haut dünn mit der Ölmischung bestreichen. Mit der Grillzange wenden, die Schnittseiten mit dem restlichen Öl bestreichen. Mit Kräutermischung sowie Salz und Pfeffer nach Geschmack bestreuen. Die Auberginen mit der Schnittseite nach oben weitere 6–8 Min. grillen, bis das Innere weich ist. Sofort servieren.

Für 6 Personen

GEGRILLTER FENCHEL

ITALIEN

METHODE:
Direktes Grillen

VORBEREI-TUNGSZEIT:
2 Std. zum Marinieren

In der Gemüseabteilung des Supermarktes nimmt er sich einfach hübsch aus, der Fenchel mit seinem farnähnlichen, fedrigen Grün, seinen knusprigen grünen Stengeln und der weißen Knolle. Den Geschmack von frischem Fenchel könnte man gut mit dem von Sellerie mit Lakritzaroma vergleichen. Grillen scheint seine Süße erst so recht zur Geltung zu bringen. Dazu eine süß-saure Balsamico-Marinade, und Sie erleben ein Gemüse, das Sie so schnell nicht wieder vergessen werden. Servieren Sie es zimmerwarm als Vorspeise oder heiß als Beilage. Die Balsamico-Marinade ist auch ein ausgezeichnetes Dressing.

4 kleine oder 2 große Fenchelknollen
   (700–900 g)
80 ml Olivenöl
80 ml Balsamessig
2 EL Honig
2 Knoblauchzehen, durchgepreßt
2 kleine Schalotten, feingehackt
3 EL Estragon oder Basilikum, gehackt
Salz und frisch gemahlener schwarzer Pfeffer
   nach Geschmack

1. Stengel und äußere Blätter der Fenchelknollen entfernen (Stengel zur anderweitigen Verwendung aufbewahren, z. B. für den Loup de mer auf Fenchelstangen gegrillt, s. Seite 291). Jede Knolle von der Schmalseite aus längs in 1 cm dicke Scheiben schneiden.

2. Öl, Essig, Honig, Knoblauch, Schalotten und Estragon in einer großen Schüssel verquirlen. Den Fenchel zugeben und sorgfältig unterheben. Abgedeckt 2 Std. marinieren.

3. Den Grill auf höchster Stufe anheizen.

4. Die Fenchelscheiben aus der Marinade heben, auf den heißen Grillrost legen und insgesamt 8–16 Min. bißfest grillen. Dabei mit der Grillzange wenden, salzen und pfeffern. Den gegrillten Fenchel in der restlichen Marinade wenden und heiß oder zimmerwarm servieren.

Für 4 Personen

KNOBLAUCH-KEBABS

METHODE:
Direktes Grillen

**SPEZIAL-
ZUBEHÖR:**
*8 lange Zahn-
stocher
(Wässern nicht
erforderlich)*

Diese winzigen Kebabs begleiten in Korea üblicherweise gegrilltes Fleisch, z. B. Bool kogi. Das Grillen verleiht dem Knoblauch ein köstliches Raucharoma, und die Alufolie schützt ihn vor dem Verbrennen.

2–3 Knoblauchknollen (24 große Zehen)
1 EL asiatisches (dunkles) Sesamöl
**Salz und frisch gemahlener schwarzer Pfeffer
nach Geschmack**

1. Den Grill auf höchster Stufe anheizen.
2. Die Knoblauchknollen in Zehen teilen.

Diese abziehen (s. Hinweis) und je 3 Knoblauchzehen quer auf einen Zahnstocher spießen. Mit Sesamöl bestreichen, salzen und pfeffern. Dann jeden Kebab locker in Alufolie schlagen.

3. Die Päckchen auf den heißen Grillrost legen und pro Seite ca. 5 Min. grillen, bis der Knoblauch zart ist. Mit der Zange wenden. In den letzten Minuten die Alufolie entfernen, damit die Spieße leicht bräunen.

Für 4–8 Personen

Hinweis: Knoblauch mit einem Knoblauchschäler abziehen oder die Zehen mit einem breiten Messer etwas flachdrücken.

GEGRILLTE LANGE BOHNEN

METHODE:
Direktes Grillen

**SPEZIAL-
ZUBEHÖR:**
*Gemüserost
(falls vorhanden)*

Lange Bohnen (Aka yard) sind ein traditionelles chinesisches Gemüse. In der Form von grünen Bohnen, jedoch bis zu 45 cm lang, kamen sie Mitte des 19. Jh. mit den aus China einwandernden Arbeitern nach Trinidad. Die langen Bohnen schmecken ähnlich wie die grünen, nur etwas erdiger. Ihre Länge ist vielleicht das Attraktivste an ihnen, denn man kann sie zu hübschen Knoten schlingen.

500 g lange oder grüne Bohnen
2 EL Sesamöl
**Salz und frisch gemahlener schwarzer Pfeffer
nach Geschmack**
**1 EL Sesamkerne, geröstet
(s. Kasten Seite 93)**

1. Den Grill auf höchster Stufe anheizen.
2. Die Bohnen in einem großen Topf mit

Salzwasser ca. 3 Min. blanchieren. Mit kaltem Wasser abschrecken und gut abtropfen lassen. Jede Bohne in 20–23 cm lange Stücke teilen und diese zu losen Knoten schlingen (s. Hinweis). Auf Küchenpapier trocknen lassen.

3. Wenn der Grill bereit ist, einen Gemüserost 5 Min. vorheizen. Die Bohnen mit Sesamöl bestreichen, salzen und pfeffern. Auf den heißen Rost legen und insgesamt 4–6 Min. appetitlich braun grillen. Dabei mit einer Grillzange wenden. Die Bohnen auf Teller oder eine Platte heben, mit Sesamkernen bestreuen und sofort servieren.

Für 4 Personen

Hinweis: Grüne Bohnen in Portionen zu je 4 oder 5 quer auf kurze Bambusspieße (zuvor 1 Std. in kaltes Wasser gelegt und gut abgetropft) ziehen. Junge, schlanke grüne Bohnen brauchen Sie nicht zu blanchieren.

KOREANISCHE KEBABS VON GEGRILLTEN PILZEN UND LAUCHZWIEBELN

KOREA

METHODE:
Direktes Grillen

**VORBEREI-
TUNGSZEIT:**
*1–2 Std. zum
Marinieren*

**SPEZIAL-
ZUBEHÖR:**
*12 lange Bam-
busspieße (oder
nach Bedarf),
1 Std. in kaltes
Wasser legen
und abtropfen
lassen*

Pilze sind zum Grillen einfach perfekt. Die starke Hitze karamelisiert ihre Oberfläche und intensiviert so den Geschmack. Ihr hoher Wassergehalt sorgt für Frische. Das wissen besonders die Koreaner zu schätzen, die eine Vielzahl gegrillter Pilzgerichte kennen. Die hier vorgestellten Kebabs sind zwar vegetarisch, doch werden in Korea Pilze häufig mit Streifen von Geflügel oder Rindfleisch gegrillt.

500 g frische Creminiköpfe (kleine Champignons) oder Shiitakepilze, mit angefeuchtetem Küchenpapier abgerieben
2 Bund große Lauchzwiebeln
1 mittelgroßer, gelber Paprika, entstielt, entkernt und in 4 x 1 cm lange Streifen geschnitten
60 ml Sojasauce
3 EL Zucker
1 El asiatisches (dunkles) Sesamöl
4 Knoblauchzehen, durchgepreßt
2 EL Sesamkerne, geröstet (s. Kasten Seite 93)
½ TL frisch gemahlener schwarzer Pfeffer, nach Geschmack auch mehr

1. Die Pilzköpfe in 1 cm dicke Scheiben teilen. Die grünen Blätter der Lauchzwiebeln fein hacken. Die Pilzscheiben abwechselnd mit Lauchzwiebelknollen und Paprikastreifen so auf Spieße ziehen, daß sie flach auf dem Grill liegen. Die fertigen Kebabs in eine Auflaufform legen.

2. Für die Marinade Sojasauce, Zucker, Sesamöl, Knoblauch, die Hälfte der Sesamkerne und den Pfeffer in einer großen Schüssel verquirlen. Die Marinade über die Kebabs gießen und diese bei Zimmertemperatur 1–2 Std. marinieren. Dabei einmal wenden.

3. Den Grill auf höchster Stufe anheizen.

4. Die Kebabs auf den heißen Grillrost legen und von jeder Seite 3–5 Min. (insgesamt 6–10 Min.) grillen, bis die Pilze weich und die Lauchzwiebeln und die Paprika appetitlich gebräunt sind. Dabei mit einer Zange wenden und häufig mit der Marinade bestreichen. Mit dem gehackten Lauchzwiebelgrün und den restlichen Sesamkernen bestreuen und heiß oder zimmerwarm servieren.

Für 4–6 Personen

AUSTERNPILZE IN SESAMKRUSTE

KOREA

METHODE:
Direktes Grillen

Austernpilze sind längliche, graue Pilze, deren glitschige, weiche Konsistenz an Austern erinnert. Notfalls kann man sie auch durch andere exotische Pilze oder Champignonviertel ersetzen. Zu diesem Rezept wurde ich inspiriert im »Korea House« in Seoul. Dort gehörte es zu einem Hanjongshik, einer beeindruckenden Folge von mehr als einem Dutzend verschiedener kleiner Gerichte, die ein traditionelles koreanisches Festmahl ausmachen. Ein Gemüserost vereinfacht das Grillen.

SPEZIAL-ZUBEHÖR:
Gemüserost oder 12 kurze Bambusspieße, 1 Std. in kaltes Wasser legen und abtropfen lassen

500 g runde Austernpilze oder mittelgroße, weiße Champignons

je ½ mittelgroßer, grüner und roter Paprika, entstielt und entkernt

2 Knoblauchzehen, durchgepreßt

3 Lauchzwiebeln, feingehackt

3 EL Sojasauce

1 ½ EL asiatisches (dunkles) Sesamöl

1 EL Zucker

1 EL Sesamkerne geröstet
(s. Kasten Seite 93)

Salz und frisch gemahlener schwarzer Pfeffer nach Geschmack

1. Die Enden der Austernpilze abschneiden. Die Paprikahälften schräg in feine Streifen schneiden. Knoblauch, Lauchzwiebeln, Sojasauce, Sesamöl, Zucker, Sesamkerne, Salz und viel Pfeffer so lange verrühren, bis sich der Zucker gelöst hat. Die Pilze und die Paprikastreifen unterheben und alles 15 Min. marinieren.

2. Den Grill auf höchster Stufe anheizen. Wenn der Grill bereit ist, einen Gemüserost 5 Min. vorheizen.

3. Die Pilze und die Paprikastreifen aus der Marinade heben. Falls kein Gemüserost verwendet wird, das Gemüse jetzt auf Spieße ziehen. Auf den heißen Rost legen. Das Gemüse von jeder Seite 3–5 Min. grillen, bis es appetitlich gebräunt und gar ist. Auf eine Platte, Teller oder in eine Schale geben und servieren (s. Hinweis).

Für 4–6 Personen

Hinweis: Dieses Gericht kann man heiß, kalt oder zimmerwarm servieren. In Korea werden Gemüsebeilagen dieser Art gerne warm serviert.

SHIITAKE-LAUCHZWIEBEL-KEBABS

JAPAN

METHODE:
Direktes Grillen

SPEZIAL-ZUBEHÖR:
8 lange Bambusspieße, 1 Std. in kaltes Wasser legen und abtropfen lassen

Diese farbenfrohen Kebabs gibt es in den Yakitori-Lokalen von Tokio. Sie sind eine wunderbare Beilage oder Vorspeise. Ich liebe den vom Aroma der Lauchzwiebeln durchdrungenen Geschmack der Shiitakes. Frische Shiitakepilze gibt es fast überall, aber man kann sie auch durch getrocknete chinesische schwarze Pilze (20 Min. in heißem Wasser eingeweicht) oder andere Pilze ersetzen.

1 Bund große Lauchzwiebeln

24 Shiitakepilze, entstielt, die Köpfe mit angefeuchtetem Küchenpapier abgerieben

3 EL Sojasauce

3 EL Mirin (süßer Reiswein) oder Cream Sherry

1 EL Zucker

1 Knoblauchzehe, durchgepreßt

1. Den Grill auf höchster Stufe anheizen.

2. Die Lauchzwiebeln quer in Stücke schneiden, sie sollen etwa so groß wie die Pilze sein. Die Shiitakeköpfe abwechselnd mit Lauchzwiebelstücken (quer aufziehen) so auf Spieße ziehen, daß sie flach auf dem Grill liegen. Auf jeden Kebab werden 4 Lauchzwiebeln und 3 Pilze gesteckt (die übrigen Lauchzwiebelstücke anderweitig verwenden).

3. Sojasauce, Mirin, Zucker und Knoblauch in einer kleinen Schüssel verquirlen, bis sich der Zucker aufgelöst hat.

4. Die Kebabs auf den heißen Grillrost legen und von jeder Seite 3–5 Min. grillen (insgesamt 6–10 Min.), bis die Pilze zart und die Lauchzwiebeln appetitlich gebräunt sind. Mit einer Zange wenden und mit der Sojamischung bestreichen. Sofort servieren.

Für 4 Personen als Vorspeise oder Beilage

Grillen in Japan

Japanische Küche bedeutet für viele Sushi, Sashimi, Sukiyaki oder Soba-Nudeln. Es mag Sie überraschen, aber Japan kann tatsächlich auf eine ehrwürdige Grilltradition verweisen. Eigentlich sind es zwei: der gehobene Robatayaki-Stil und das eher populäre Yakitori. Das habe ich jüngst auf einer Reise in dieses Land gelernt, das mir besonders am Herzen liegt, denn ich wurde in Nagoya geboren.

Bei meinen Grilltrips genoß ich in einem Teehaus am Philosophenweg in Kyoto köstliches Dengaku (gegrillten Tofu). Vor Tokios ehrwürdigem Sesoji-Tempel verspeiste ich bei Straßenhändlern gegrillte Reiskuchen, bestrichen mit einer Pflaumenpaste, so sauer, daß der Mund förmlich zusammenschnurrt. In den rauhen, halb verfallenen Yakitori-Lokalen unter dem Bahnhof bei der neonblinkenden Ginza aß ich Geflügel-Teriyaki und mit Miso glasierte Auberginen. Aber meine schönste Begegnung mit der Grillkunst Japans erlebte ich in Tokio bei einem Essen im »Inakaya«.

Von außen kaum zu erahnen, liegt das Restaurant im ersten Stock eines kleinen Hochhauses im vornehmen Stadtteil Rapongi. Vorbei an einer Schale Salz (zum Zeichen der Gastlichkeit) und einer Bambusvase mit blühenden Pfirsichzweigen schreitet man einem kulinarischen Erlebnis entgegen, das sich mit nichts in der westlichen Welt vergleichen läßt.

HOCHWILLKOMMENE GÄSTE

Noch im selben Moment, in dem meine Frau Barbara und ich das Lokal betraten, verkündete ein in Blau und Weiß gekleideter Kellner laut rufend unsere Ankunft. Seine Kollegen wiederholten die Ankündigung mit einer Stimmgewalt, die selbst Tote wieder auferweckt hätte. Von weiteren Rufen begleitet, nahmen wir an einer U-förmigen Bar Platz, die eine beeindruckende Speisenformation umschloß. Dort standen geflochtene Körbe mit verschiedenstem Gemüse (Okras, Shiitakepilze, Poree, Yams und Baby-Taros, um nur einige zu nennen), glitzernde Eisblöcke, auf denen sich ganze Fische, Riesengarnelen und unglaublich große Scheren von Königskrabben türmten, Platten mit Schweinefleisch, Geflügel und marmoriertem Kobe-Rindfleisch. Ich versuchte zu zählen, was dort alles präsentiert wurde. Aber irgendwo jenseits der 40 gab ich auf.

Von erhöhter Stelle wacht ein Koch mit blau-weißem Tuch um den Kopf kniend über sein Reich. Wir bestellten Sake, und der Koch streckte uns ein 3 m langes Holzpaddel entgegen. An einem Ende trug es eine kleine Holzkiste mit einer Schale darin. Ein Kellner füllte die Schale aus einer Thermosflasche mit Sake, so daß noch etwas in die flache Holzkiste darunter floß. Im »Inakaya« hält man auf Großzügigkeit. Und während der nächsten zwei Stunden wurden wir mit einer Generosität bewirtet, die fast an Verschwendung grenzt.

Die Vorspeisen kamen, ohne daß es einer Bestellung bedurft hätte: ein Teller Sashimi, eine kleine Karottenart und Kampyosalat (Kalebassensalat), ein kalter Spieß mit Kobe-Rind, dem teuersten Fleisch der Welt (die Kühe werden mit Bier großgezogen und massiert, damit das Fleisch zart wird). Da wir nicht Japanisch sprechen, deuteten wir mit den Fingern auf die Speisen, die vor uns präsentiert wurden, und das eigentliche Mahl – das Robatayaki – begann.

Robatayaki kommt von den beiden japanischen Begriffen »ro« und »yaki«. Ersterer bezeichnet einen quadratischen Herd, an dem die Bauern kochten und sich wärmten; »yaki« heißt gegrillt. Früher grillte man über Holzkohle. In vielen Yakitori-Lokalen ist das immer noch so, aber im »Inakaya« hat High-tech Einzug gehalten, und man grillt über Infrarot-Gasgrills, die für unsere Verhältnisse geradezu winzig sind. Unser gesamtes Mahl wurde auf einem Grill zubereitet, kaum länger als mein Unterarm und kaum breiter als meine Hand.

In schneller Folge servierte man uns winzige Spieße mit gegrilltem Spargel, Shiitakepilzen und sogar Okra (die gegrillt einfach erstaunlich schmecken).

Nichts ist einem Robatayaki-Koch fremd: Baby-Yams, Wachteleier, selbst Gingko-Nüsse, die wie wachsige Kartoffeln schmecken. Das Rufen will nicht enden, und das Paddel bringt eine unendliche Folge von Köstlichkeiten. Man kann so einen ganzen Abend verbringen – und genau das taten wir auch.

Der bemerkenswerteste Aspekt des Robatayaki – mehr noch als die laute Theatralik und die unerschöpfliche Großzügigkeit – ist die äußerste Schlichtheit der Zubereitung. Sicher wird hier etwas mit Teriyaki-Sauce bestrichen und dort ein Klecks Miso gesetzt, vielleicht ein Tröpfchen zerlassene Butter aufgeträufelt, aber die meisten Speisen werden lediglich mit Salz gewürzt. Der Geschmack ist unverfälscht und natürlich. Doch mit wenigen Gewürzen komponiert der Koch eine geradezu symphonische Vielfalt an Aromen. Das prächtigste Soufflé, die kunstvollste französische Pastete, nichts kann sich so leicht mit der schlichten, ungekünstelten Melonenscheibe von exquisitem Reifegrad vergleichen, die man im »Inakaya« zum Dessert reicht.

Angesichts der minutiösen Genauigkeit der Zubereitung und der präzisen, fast künstlerischen Präsentation der Speisen auf dem Teller könnte man den fröhlichen Aspekt der japanischen Küche beinahe aus den Augen verlieren. Aber Fröhlichkeit und Festlichkeit sind Schlüsselbegriffe im »Inakaya«. Man sollte erwarten, daß ein so kunstvoll zubereitetes Mahl in andächtiger Stille eingenommen wird. Aber japanische Feinschmecker sind sehr trinkfest und feiern ausgelassen – besonders beim Genuß ihrer Lieblingsspeisen.

FEIERABEND AUF JAPANISCH

Ganz besonders gilt das für die Yakitori-Lokale, die man in oder unter fast allen Bahnhöfen in Tokio findet. Das Yakitori ist eine japanische Institution: halb Kneipe, halb Grill-Lokal, in das japanische Arbeiter nach der Arbeit in Scharen strömen, auf einen schnellen Imbiß, eine Zigarette, ein paar Bierchen und wahrhaft ohrenbetäubende Gespräche vor der langen Zugfahrt nach Hause.

Ein Yakitori-Lokal ist nicht groß (manche haben nur sechs Plätze), und ganz bestimmt nicht elegant. Das »Tonton« in Tokio, eines der berühmtesten, hat nicht einmal vier Wände. Ein Besuch in Japan ohne einen Aufenthalt in einem Yakitori-Lokal hieße aber, ein wichtiges kulturelles Erlebnis auszulassen.

Yakitori kommt von Yaki (gegrillt) und Tori (Hähnchen). Im Gegensatz zu gehobenen Grillrestaurants wird im Yakitori immer noch auf Holzkohle gegrillt – oft einfach ein dreibeiniges Kohlebecken direkt vor dem Restaurant. Traditionell verwendet man Bancho-Kohle aus der langsam brennenden Eiche in der Präfektur Wakayama bei Kyoto.

Manchen Experten zufolge brachten holländische Händler, die sich bei Nagasaki niederließen, das Yakitori (oder doch zumindest das Grillen) nach Japan. Und so trägt eine bekannte Tokioter Yakitori-Kette tatsächlich den Namen »Nanbantei« (wörtlich: Restaurant zu den Barbaren aus dem Süden), so wie die ersten europäischen Händler genannt wurden.

Was Tori (Hähnchen) angeht, so bieten die Yakitori-Lokale eine beeindruckende Auswahl. Es gibt Momo yaki (Hähnchenschenkel – fettreicher, aromatischer und beliebter als Brust), Shiitake toriyaki (Hähnchen-Pilz-Kebabs), Negi toriyaki (Hähnchen-Lauch-Kebabs) und Tsukune aki (Hähnchen-Fleischbällchen). Mutige können sich auch an Kawa yaki (gegrillte Hähnchenhaut), Hatsu yaki (Hühnerherzen), Bonchiri yaki (Bürzel) und Uzura yaki (gegrillte Wachteleier) wagen. Auch Vegetarier kommen nicht zu kurz: Bestellen Sie Nasu yaki (gegrillte Aubergine mit Miso-Glasur), Piiman yaki (winzige gegrillte Chillies) oder Ginnan yaki (gegrillte Gingko-Nüsse).

Nicht schlecht für ein Restaurant, das meist kleiner ist als ein Wohnzimmer. Man bezahlt pro Spieß. So bleibt Yakitori preiswert (dies ist eine der seltenen Gelegenheiten, bei denen Sie nach einem Essen in Tokio auf einen 2000-Yen-Schein noch etwas herausbekommen). Das klassische Getränk in einem Yakitori-Lokal ist Bier.

Im Westen mißt man ein Barbecue zum Teil immer noch an seiner Üppigkeit. Gesund ist das nicht. Anders in Japan! Ob in einem Robatayaki-Restaurant oder in einem Yakitori-Lokal, Fleisch wird fast wie ein Gewürz verarbeitet. Grundlage der Saucen ist eher Brühe als Öl, Eier oder andere Fette. Die Portionen sind maßvoll, ja zurückhaltend. Das meiste wird in mundgerechten Happen serviert. Schönes muß in Japan klein sein. Und zumindest die Speisen flüstern eher, als daß sie schreien.

Dieser Sinn für das rechte Maß ist meiner Meinung nach das Wichtigste, was westliche Grillfans von den Japanern lernen können – und ungebremste laute Lebensfreude.

GEGRILLTE CHAMPIGNONS MIT CHORIZO

METHODE:
Indirektes Grillen

**SPEZIAL-
ZUBEHÖR:**
*Gemüserost
(falls vorhanden)*

Champignonköpfe, gegrillt mit Chorizo, Knoblauch und Olivenöl sind ein beliebtes spanisches Tapa – so beliebt sogar, daß es in Madrid eine Tapa-Bar gibt, den »Mesón de Champinone«, in dem man einzig und allein nur dieses Gericht bekommt. Der »Mesón« ist Teil einer ganzen Reihe von Tapa-Bars, die direkt in die Mauer um die Plaza Mayor gebaut sind und von denen jede eine eigene Spezialität anbietet. Im »Mesón« werden die Champignons auf einer Plancha (Crêpes-Eisen) gebacken, aber gegrillt schmecken sie interessanter. Und Grillen im Freien macht auch mehr Spaß. Dieses Gericht können Sie als Vorspeise oder Gemüsebeilage servieren.

**16 große, weiße Champignonköpfe, mit
    angefeuchtetem Küchenpapier abgerieben**
80 ml Olivenöl, nach Bedarf auch mehr
**4 Scheiben Chorizo-Wurst, gekocht (je ½ cm
    dick, s. Hinweis)**
4 Knoblauchzehen, durchgepreßt
¼ Tasse glatte Petersilie, gehackt
½ Zitrone
**Salz und frisch gemahlener schwarzer Pfeffer
    nach Geschmack**

1. Den Grill zum indirekten Grillen vorbereiten (s. Seite 14/16) und auf höchster Stufe anheizen.

2. Die Champignonköpfe rundum großzügig mit Öl bestreichen und in eine Auflaufform legen.

3. Die Chorizo-Scheiben vierteln und je ein Viertel in einen Pilzkopf stecken. Knoblauch und Petersilie auf die Champignons verteilen. Mit dem restlichen Öl beträufeln. Gut salzen und pfeffern.

4. Einen Gemüserost 5 Min. vorheizen. Die Pilze in die Mitte des Rostes, außerhalb des Bereichs der größten Hitze legen. Den Grill schließen und die Pilze ca. 20 Min. grillen, bis sie zart und appetitlich gebräunt sind und Knoblauch und Wurst zischen. Die Pilze nehmen Rauchgeschmack an, wenn sie mindestens 5 Min. direkt über die Flammen gelegt werden. Die Pilze auf eine Platte heben und zum Servieren einzeln auf Zahnstocher spießen.

*Für 4 Personen als Vorspeise,
für 8 Personen als Beilage*
Hinweis: Chorizo ist eine würzige spanische Wurst. Ich habe dieses Rezept auch schon mit Speck zubereitet. Dann benötigt man ca. 60 g dünne Speckstreifen.

GEGRILLTE CHAMPIGNONS MIT RAUKE-BUTTER

METHODE:
Indirektes Grillen

Gefüllte Champignons waren eines der ersten Gerichte, die ich selbst zubereiten konnte, und die Fähigkeit dieser Pilze, fremden Geschmack anzunehmen, ohne den eignen aufzugeben, fasziniert mich immer noch. Ich bevorzuge Riesenchampignons, mit einem Durchmesser von 7–8 cm, die zum Füllen wie geschaffen scheinen. Ich fülle sie mit Rauke-Butter und grille sie nach der indirekten Methode. Beeindruckend!

1 Bund Rauke, entstielt, gewaschen, trockengeschleudert und grobgehackt
1 Knoblauchzehe, gehackt
125 g Butter, zimmerwarm
Salz und frisch gemahlener schwarzer Pfeffer nach Geschmack
einige Tropfen frisch gepreßter Zitronensaft
8 Riesenchampignonköpfe oder 16 große Champignonköpfe, mit angefeuchtetem Küchenpapier abgerieben
¼ Tasse frisch geriebener Parmesan

1. Grill zum indirekten Grillen vorbereiten (s. Seite 14/16), auf höchster Stufe anheizen.

2. Für die Buttermischung Rauke und Knoblauch in den Mixer geben und fein hakken. Butter, Salz, Pfeffer und Zitronensaft zufügen und pürieren. Die Pilzköpfe mit Rauke-Butter füllen und mit Parmesan bestreuen.

3. Wenn der Grill bereit ist, einen Gemüserost 5 Min. vorheizen. Die Pilze in die Mitte des Rostes, außerhalb des Bereichs der größten Hitze legen. Den Grill schließen und die Pilze ca. 20 Min. grillen, bis sie zart und appetitlich gebräunt sind und die Butter zischend geschmolzen ist. Die Pilze nehmen Rauchgeschmack an, wenn sie mindestens 5 Min. direkt über die Flammen gelegt werden. Sofort servieren.

*Für 8 Personen als Vorspeise,
für 4 Personen als Hauptgericht*

GEGRILLTE OKRA

JAPAN

Okra ist ein heikles Gemüse. Wenig beliebt ist der Schleim, den es beim Kochen absondert. Dem steht sein attraktiver leicht süßlicher, erdiger Geschmack entgegen. Gegrillte Okra habe ich in Tokio entdeckt, wo es zu einer beeindruckenden Folge gegrillter Gemüse- und Fleischgerichte gehört, die in einem Robatayaki-Restaurant serviert werden. Mediterraner wird das Rezept mit Oliven- statt Sesamöl.

500 g Okraschoten (s. Hinweis)
1 EL asiatisches (dunkles) Sesamöl oder Olivenöl extra vergine
Salz und frisch gemahlener schwarzer Pfeffer nach Geschmack

1. Den Grill auf höchster Stufe anheizen.
2. Die Stiele der Okra abschneiden, dabei aber die Schoten nicht verletzen. Sonst

kommt das Innere mit Luft in Brührung und die Okras werden schleimig. Jeweils 4–5 Schoten nebeneinander auf ein Schneidbrett legen. Je einen Spieß durch ihre oberen und unteren Enden stechen. So bleiben sie flach auf dem Grillrost liegen. Die fertigen Okraspieße auf eine Platte heben. Von beiden Seiten dünn mit Sesamöl bestreichen, salzen und pfeffern.

3. Die Okras auf den heißen Grillrost legen und von jeder Seite 4–5 Min. grillen, bis sie leicht gebräunt sind (insgesamt 8–10 Min.). Mit einem Grillwender wenden. Sofort servieren. Jeder Gast entfernt seine Spieße selbst.

Für 4 Personen

Hinweis: Kaufen sie kleine Okraschoten von möglichst gleicher Größe, etwa so lang und dick wie Ihr Zeigefinger. Die Okra sollten knackig frisch und saftig grün sein, keinesfalls braun oder runzelig.

GEGRILLTE GRÜNE ZWIEBELN ROMESCO
Calçots

SPANIEN

METHODE:
Direktes Grillen

Saftige, zarte Calçots sind katalanische grüne Zwiebeln. Und was für welche! Süße, fleischige Schößlinge werden (ähnlich wie Chicorée) in der Wachstumsphase mit Erde bedeckt. Dadurch bleiben die helle Farbe und der Geschmack erhalten. Die Calçots werden über brennendem Rebenreisig gegrillt und dann in Zeitungspapier gar gedämpft. Im Januar, zur Erntezeit der Calçots, finden in ganz Katalonien riesige Calçadas (Zwiebelfeste) statt. Traditionell werden diese Zwiebeln in eine Sauce aus Mandeln und gebratenen Tomaten gedipt und aus der Hand gegessen. Aber auch nur mit Olivenöl, Salz und Pfeffer sind sie ein Genuß.

Für dieses Rezept können Sie grüne Zwiebeln oder große Lauchzwiebeln verwenden.

2 Bund grüne Zwiebeln oder 4 Bund große
   Lauchzwiebeln
grobes Salz nach Geschmack
Romesco-Sauce zum Servieren
   (nach Wunsch, s. Seite 469)
spanisches Olivenöl zum Servieren
   (nach Wunsch)
frisch gemahlener schwarzer Pfeffer nach
   Geschmack (nach Wunsch)

1. Den Grill auf höchster Stufe anheizen.

2. Die Zwiebeln auf den heißen Grillrost legen und 8–12 Min. grillen (Lauchzwiebeln brauchen weniger lang), bis sie ganz schwarz sind. Dabei mit einer Zange wenden und großzügig salzen. Die Zwiebeln in eine dicke Schicht Küchenpapier (oder Zeitungspapier wie in Spanien) wickeln. 15 Min. ruhen lassen.

3. Die Zwiebeln auswickeln und die verbrannte Haut mit den Fingern abzupfen. Warm mit Romesco-Sauce servieren oder mit Öl beträufeln und mit Pfeffer bestreut essen.
Für 4 Personen

MARINIERTE GEGRILLTE PAPRIKA MIT OLIVEN UND ANCHOVIS

ITALIEN

METHODE:
Direktes Grillen

Wie die meisten italienischen Grillgerichte ist auch dieses ganz einfach. Die Qualität der Zutaten bestimmt das Ergebnis, nicht gehaltvolle Marinaden oder viele Gewürze. Sie können jede beliebige Paprikasorte verwenden, selbst eine bunte Mischung aus roten, grünen, gelben und lila Paprika. Zum ersten

SPEZIAL-ZUBEHÖR:
Gemüserost (falls vorhanden)

Mal aß ich dieses Gericht mit roten Paprika, und so ist es mir immer noch am liebsten. Rustikal wird das Gericht, wenn die Haut, wie hier, nicht entfernt wird. Feinschmecker grillen die Paprika ganz und schälen sie danach (s. Seite 373).

3 mittelgroße, rote Paprika
60 ml Olivenöl extra vergine
grobes Salz und frisch gemahlener schwarzer Pfeffer nach Geschmack
2–4 Anchovis in Öl, abgetropft und in ½ cm lange Stücke geschnitten
2 EL Kapern, abgetropft
4 Basilikumblätter, in dünne Streifen geschnitten
¼ Tasse schwarze Oliven, in Öl eingelegt (Niçoise oder andere Sorte), entsteint
1 EL Balsamessig, nach Geschmack auch mehr

1. Den Grill auf höchster Stufe anheizen.
2. Die Paprika halbieren, Stiele und Kerne entfernen. Jede Hälfte nochmals längs halbieren. In 1 EL Öl, Salz und Pfeffer wenden.
3. Wenn der Grill bereit ist, einen Gemüserost 5 Min. vorheizen. Die Paprika auf den heißen Rost legen und von jeder Seite 3–5 Min. (insgesamt 6–10 Min.) grillen, bis sie appetitlich gebräunt sind und die Haut Blasen wirft. Mit der Grillzange wenden. Auf einem Schneidbrett abkühlen lassen. Jedes Stück in ½ cm breite Streifen schneiden und diese in eine Servierschüssel geben.
4. Anchovis, Kapern, Basilikum, Oliven, Balsamessig und restliches Öl zufügen und alles gut mischen. Vor dem Servieren mindestens 15 Min., besser 2 Std., marinieren.

Für 4–6 Personen als Vorspeise oder Beilage

GEGRILLTE PLANTAIN-BANANEN

KARIBIK

METHODE:
Direktes Grillen

Die Plantain ist die große Schwester der Banane. Sie wird immer gekocht oder gebraten als Gemüse oder wie Kartoffeln serviert. Grüne Plantains schmecken neutral wie Kartoffeln. Im reifen Zustand aber (die Haut verfärbt sich schwarz) wird sie so süß wie reife Bananen. Plantains kann man grün oder ausgereift grillen, ich selbst bevorzuge reife Früchte. Durch das Feuer karamelisiert der Fruchtzucker, und sie werden noch aromatischer. Die Plantainstücke werden in der Schale gegrillt. So bleiben sie saftig und zart.

4 reife (schwarze) Plantains (s. Hinweis)

1. Den Grill auf höchster Stufe anheizen.
2. An jedem Ende der Plantains 2 cm abschneiden, dann die Früchte quer in 2 cm lange Stücke schneiden.
3. Die Plantains auf den heißen Grillrost legen und unter häufigem Wenden 12–15 Min. grillen, bis die offenen Enden appetitlich karamelisiert sind, die Haut verbrannt und das Fruchtfleisch innen gar ist. Die Plantains sind gar, wenn sie auf Fingerdruck etwas nachgeben.
4. Die gegrillten Plantains mit der Haut servieren. Diese vor dem Verzehr entfernen.

Für 4 Personen

Hinweis: Grüne wie reife Plantains bekommen Sie in Geschäften mit afrikanischen Lebensmitteln. Grüne Früchte kann man zu Hause bei Zimmertemperatur nachreifen lassen, bis die Haut schwarz ist. Das dauert bis zu 1 Woche.

ZWEIERLEI FOLIENKARTOFFELN

Die Anregungen für die beiden folgenden recht ähnlichen Rezepte könnten nicht aus entfernteren Quellen stammen. Als meine Frau Barbara noch ein junges Mädchen war, bereitete sie mit ihren Freundinnen auf Sommerlagern ein Gericht, das sie Kartoffeln à la Ketchup nannten. Kartoffelscheiben wurden in Ketchup und Butter gewendet und in Folie auf dem Feuer gegrillt. Dampfend heiß verspeist, war das ein feines Lagermahl. Jahre später genossen wir in einer völlig anderen Umgebung wiederum in Folie gegrillte Kartoffeln – dieses Mal aromatisiert mit Sesamkernen und Sojasauce –, nämlich in einem japanischen Steakhaus im »Sahid Jaya«-Hotel in Jakarta.

USA

METHODE:
Indirektes Grillen

Kartoffeln à la Ketchup

Verwenden Sie für dieses Rezept Kartoffeln einer festkochenden oder vorwiegend festkochenden Sorte.

2 EL Ketchup
1 EL Worcestersauce
1 EL frisch gepreßter Zitronensaft
60 g Butter, zimmerwarm
4 mittelgroße Kartoffeln (à ca. 180 g),
    in ½ cm dicke Scheiben geschnitten
1 kleine Zwiebel, in dünne Ringe geschnitten
Salz und frisch gemahlener schwarzer Pfeffer
    nach Geschmack

1. Den Grill zum indirekten Grillen vorbereiten (s. Seite 14/16) und auf mittlere Hitze anheizen.

2. Ketchup, Worcestersauce und Zitronensaft in einer kleinen Schüssel verrühren und beiseite stellen.

3. Aus extra starker Alufolie 4 Stücke 35 x 22 cm groß zuschneiden. Diese mit der glänzenden Seite nach unten auf die Arbeitsfläche legen und 1 EL Butter in die Mitte der unteren Hälfte setzen. Ein Viertel der Kartoffelscheiben darauf häufen und mit einem Viertel der Zwiebelringe belegen. Darauf 1 EL Ketchupsauce verteilen, salzen und pfeffern. Die Alufolie über den Kartoffeln zusammenschlagen und mehrfach falten, so daß sie dicht verschlossen sind. Auf diese Weise 4 Päckchen herstellen.

4. Die Folienpäckchen in die Mitte des heißen Grillrostes, außerhalb des Bereichs der größten Hitze setzen. Den Grill schließen und 20–30 Min. garen, bis sich die Päckchen stark aufblähen.

5. Servieren. Die Päckchen aus sicherem Abstand mit Messer und Gabel öffnen, da der entweichende Dampf sehr heiß ist.

Für 4 Personen

Schwarzes Gold

Im 19. Jh., als man sich schwarze Trüffel noch leisten konnte, ohne eine Hypothek aufnehmen zu müssen, bereitete man in Frankreich Trüffel so zu wie in dem Rezept für Zwiebeln und Kartoffeln (s. Seite 395/396). Wenn Sie im Lotto gewinnen, können Sie den duftenden schwarzen Pilz auf diese extravagante Weise genießen. Ein Trüffel mit einem Durchmesser von ca. 5 cm benötigt etwa 15–20 Min. Garzeit.

INDONESIEN

METHODE:
Indirektes Grillen

Folienkartoffeln mit asiatischen Gewürzen

Kartoffeln bringt man in der westlichen Welt gewöhnlich nicht mit asiatischen Gewürzen wie Ingwer und Sojasauce in Verbindung. Diese Kombination ist jedoch recht delikat.

60 g Butter, zimmerwarm
4 mittelgroße Kartoffeln (à ca. 180 g),
    in ½ cm dicke Scheiben geschnitten
2 EL Sojasauce
2 EL Sesamkerne, geröstet
    (s. Kasten Seite 93)
1 Knoblauchzehe, feingeschnitten
2 Lauchzwiebeln, feingehackt
Salz und frisch gemahlener schwarzer Pfeffer
    nach Geschmack

1. Den Grill zum indirekten Grillen vorbereiten (s. Seite 14/16) und auf mittlere Hitze anheizen.

2. Wie in Schritt 2 und 3 des vorherigen Rezepts beschrieben, 4 Päckchen vorbereiten. Die Kartoffelhäufchen aber mit einer Mischung aus Sojasauce, Sesamkernen, Knoblauchscheiben und Lauchzwiebeln begießen. Salzen und pfeffern und die Päckchen schließen.

3. Wie im vorherigen Rezept bei Schritt 4 beschrieben grillen und servieren. Die Päckchen vorsichtig öffnen, da der entweichende Dampf sehr heiß ist.

Für 4 Personen

ZWIEBELN UND KARTOFFELN, ZWISCHEN DEN KOHLEN GEGRILLT

EUROPA

METHODE:
Direktes Grillen

Dies ist die einfachste und älteste Zubereitungsart für Knollengemüse – eine Methode, so alt wie die Menschheit selbst. Es ist ganz einfach: Man vergräbt das Gemüse unter einem glühenden Kohlenhaufen. So verbrennt es von außen, aber das Innere schmeckt wunderbar rauchig, süß und zart. Gemüsezwiebeln und aromatische, mehligkochende Kartoffelsorten eignen sich für dieses Rezept besonders gut.

ZUM GRILLEN:
4 große Backkartoffeln mit Schale
4 große Gemüsezwiebeln mit Schale

ZUM SERVIEREN:
Balsamessig
Olivenöl extra vergine
grobes Salz und frisch gemahlener schwarzer
    Pfeffer nach Geschmack
Butter
Sauerrahm

1. Einen Holzkohlegrill auf höchster Stufe anheizen.

2. Die Hälfte der Kohlen zur Seite schieben. Kartoffeln und Zwiebeln in getrennten Gruppen (so können sie bei unterschiedlicher Garzeit einzeln entnommen werden) auf die restlichen Kohlen setzen. Mit Hilfe einer Grillzange das Gemüse mit den übrigen Kohlen bedecken.

3. Die Zwiebeln 20–30 Min., die Kartoffeln 40–60 Min. sehr weich grillen. Als Garprobe sollte sich ein Spieß leicht in eine Kartoffel oder Zwiebel stechen lassen. Das Gemüse mit einer Zange aus den Kohlen heben. Die Asche mit einer Gemüsebürste entfernen und das Gemüse zum Servieren auf eine Platte legen.

4. Zwiebeln und Kartoffeln aufschneiden und auslöffeln (die Haut wegen der vielen Asche nicht mit essen). Nach Geschmack Balsamessig, Öl, Salz und Pfeffer auf die Zwiebeln geben (sie schmecken aber auch pur ganz ausgezeichnet). Die Kartoffeln mit Butter oder Sauerrahm, Salz und Pfeffer essen.

Für 4 Personen

KARTOFFEL-GRILLPLATTE AUS PERU

PERU

METHODE:
Direktes Grillen

**SPEZIAL-
ZUBEHÖR:**
Gemüserost

Woher kommt die in der ganzen Welt beliebte Kartoffel? Es gibt zahlreiche Theorien, aber alles deutet auf Peru als Herkunftsland. Dieses Bergland im Norden Südamerikas ist Heimat so raffinierter Kartoffelsorten wie der lila Kartoffel und der Camote (einer Art Süßkartoffel). Wahrscheinlich werden in Peru mehr unterschiedliche Kartoffelsorten angebaut als in jedem anderen Land der Welt. Die peruanischen Kartoffelsorten für das folgende Rezept bekommt man in Delikatessengeschäften und im spezialisierten Gemüsehandel. Die lila Kartoffel schmeckt in etwa wie Salatkartoffeln, die Camote hat einen milden, nussigen und leicht süßen Geschmack, der an Maroni erinnert.

1 kg verschiedene Kartoffelsorten, darunter
    lila Kartoffeln, Süßkartoffeln und Camote,
    ungeschält
60 g Butter oder 60 ml Olivenöl
2 Knoblauchzehen, durchgepreßt
2 EL glatte Petersilie, gehackt
Salz und frisch gemahlener schwarzer Pfeffer
    nach Geschmack

1. Die Kartoffeln in einem großen Topf mit kaltem Wasser aufsetzen und bei mittlerer Hitze zum Kochen bringen. Dann bei offenem Topf gar kochen, kleine Kartoffeln benötigen ca. 10 Min., große 20–30 Min. Die Kartoffeln abgießen und kalt abbrausen. Schälen und der Länge nach in 1 cm dicke Scheiben schneiden.

2. Den Grill auf höchster Stufe anheizen.

3. Butter, Knoblauch und Petersilie in einen Saucentopf geben und bei starker Hitze zerlassen. Der Knoblauch sollte zischen, aber nicht braun werden. Den Topf vom Herd nehmen.

4. Einen Gemüserost 5 Min. vorheizen. Die Kartoffelscheiben mit der Buttermischung bestreichen und auf den heißen Rost legen. Von jeder Seite 2–3 Min. goldbraun grillen. Mit der Grillzange wenden und mit Salz und Pfeffer würzen. Sofort servieren.

Für 4–6 Personen

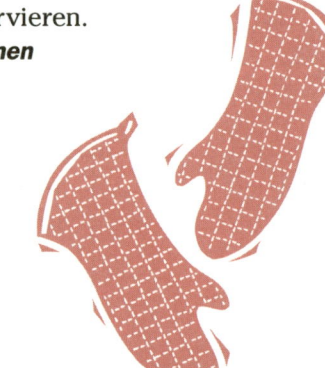

GRIECHISCHE KARTOFFELN, GERÖSTET MIT KNOBLAUCH UND ZITRONE

GRIECHENLAND

METHODE:
Indirektes Grillen

**SPEZIAL-
ZUBEHÖR:**
*1 Tasse Holz-
späne, 1 Std.
in kaltem Wasser
einweichen und
abtropfen lassen*

Diese Kartoffeln sind in Griechenland die traditionelle Beilage zu Lamm-keule vom Spieß (s. Seite 181). Zitrone bestimmt das Aroma. Und obwohl man in Westeuropa Zitrone nicht unbedingt mit Kartoffeln in Verbindung bringt, muß ich wirklich sagen, daß sie völlig neue Geschmackswelten erschließt. Ein paar Löffel Butter, zum Schluß unter die Kartoffeln gerührt, machen sie gehaltvoller.

1 ½ kg kleine, rote Kartoffeln,
    abgebürstet und halbiert
60 ml Olivenöl extra vergine
4 Knoblauchzehen, grobgehackt
2 Lorbeerblätter
1 TL Oregano, getrocknet
grobes Salz und frisch gemahlener schwarzer
    Pfeffer nach Geschmack
1 Zitrone, halbiert
2 EL Butter (nach Wunsch)
2 EL Dill, gehackt

1. Den Grill zum indirekten Grillen vorbereiten (s. Seite 14/16). Einen *Holzkohle-grill* auf mittlere Hitze anheizen.

Beim *Gasgrill* die Holzspäne in den Kamin legen und den Grill auf höchster Stufe anheizen. Steigt Rauch auf, auf mittlere Hitze reduzieren.

2. Die Kartoffeln in einer Pfanne mit Öl, Knoblauch, Lorbeer, Oregano, Salz und Pfeffer mischen. Die Zitrone über den Kartoffeln ausdrücken und die leeren Hälften darauf legen.

3. Beim Holzkohlegrill die Holzspäne unter die Kohlen mischen. Die Pfanne in die Mitte des Grills stellen. Die Kartoffeln bei geschlossenem Grill in 1–1 ¼ Std. braun und weich garen. Dabei gelegentlich umrühren. Während der letzten 10 Min. nach Geschmack Butter und Dill unterrühren.

4. Vor dem Servieren Zitronenschalen und Lorbeer entfernen. Bei Bedarf mit Salz und Pfeffer abschmecken und servieren.
Für 6–8 Personen

GEGRILLTE SÜSSKARTOFFELN MIT SESAMDIP

KOREA

METHODE:
Direktes Grillen

Gegrillte Süßkartoffeln gibt es in Korea oft im Straßenverkauf. Zum ersten Mal bin ich diesem leckeren Imbiß auf dem Tongdaemun-Markt in Seoul begegnet – ein doppelter Genuß! Zum einen für den Gaumen: der unerwartete Kontrast zwischen der Süße der Kartoffel und der nussigen Salzigkeit des Dips. Zum zweiten für die Hände: In Koreas eiskalter Winterluft wärmen die Kartoffeln wunderbar die Hände. Süßkartoffeln wurden im 18. Jh. von Japan aus in Korea eingeführt, mit der Absicht, Hungersnöten entgegenzuwirken. Bei einem Spaziergang über den Markt gibt es kaum ein angenehmeres Vergnügen. Kennen Sie Süßkartoffeln nur mit Butter und braunem Zucker? Dann erleben Sie jetzt eine Offenbarung.

4 mittelsüße Kartoffeln (je 10–12 cm lang und ca. 4 cm dick)
5 EL Sojasauce
5 EL Sake oder Sherry dry
2 EL Zucker
2 Lauchzwiebeln, feingehackt
2 Knoblauchzehen, durchgepreßt
2 EL Sesamkerne, geröstet
   (s. Kasten Seite 93)

1. Den Grill auf starke bis mittlere Hitze anheizen.

2. Die Kartoffeln unter fließendem kaltem Wasser abbürsten und trockentupfen.

3. Den Grillrost ölen. Die Süßkartoffeln auf den heißen Rost legen und unter häufigem Wenden mit der Grillzange ca. 30–50 Min. grillen, bis sie außen schön braun und innen weich sind.

4. In der Zwischenzeit die Sauce zubereiten. Dafür in einer kleinen Schüssel Sojasauce, Sake, Zucker, Lauchzwiebeln, Knoblauch und Sesamkerne verrühren, bis sich der Zucker aufgelöst hat. Die Sauce auf 4 kleine Schälchen verteilen.

5. Die Süßkartoffeln zusammen mit den Saucenschälchen servieren. Die Kartoffeln einfach mit der Hand in die Sauce dippen. Wenn sie als Beilage serviert werden, die Kartoffeln aufschneiden und die Sauce darüber geben.

Für 4 Personen

KARIBISCHES KÜRBISGRATIN

KARIBIK

METHODE:
Indirektes Grillen

Dies ist eines meiner Lieblingsrezepte für Kürbis. Besonders gut schmeckt er als Beilage zu jamaikanischem luftgetrocknetem Schweinefleisch, Seeräuber-Hähnchen oder gegrilltem Hähnchen à la Bahamas, oder aber zu jedem anderen karibischenGrillgericht. Man braucht den Grill dafür jedoch zweimal: Zuerst wird der Kürbis selbst darauf gegart, dann das Gratin darauf gegrillt. Den Kürbis können Sie bereits am Vortag garen, wenn Sie viel Zeit haben, und das Gratin dann erst kurz vor dem Servieren grillen. Das hat gleich noch einen Vorteil: Sollte am nächsten Tag schlechtes Wetter sein, können Sie das Gratin auch im Ofen überbacken. Aber ich garantiere Ihnen: Dieses Gratin ist eines der besten überhaupt!

Traditionell wird für dieses Rezept Calabaza (Bisamkürbis) verwendet, eine dichte, schwere, dunkelorange Sorte mit intensivem Kürbisgeschmack. Calabaza wird in Hälften oder Stücken verkauft. Halten Sie nach einer ähnlichen Sorte Ausschau.

1 kg Calabaza oder intensiv oranger Kürbis
2 Knoblauchzehen
45 g Butter in Flocken, gekühlt
zusätzlich Butter zum Fetten der Gratinform
250 ml Sahne
Salz und frisch gemahlener schwarzer Pfeffer nach Geschmack
frisch geriebene Muskatnuß nach Geschmack
1 Tasse frisch geriebener Parmesan
3 EL Semmelbrösel, geröstet
   (s. Kasten Seite 93)

1. Den Grill zum indirekten Grillen vorbereiten (s. Seite 14/16) und auf mittlere Hitze anheizen.

2. Die Kerne aus dem Kürbis entfernen und diesen lose in Alufolie wickeln.

3. Die Calabaza in die Mitte des Grills, außerhalb des Bereichs der größten Hitze legen. Den Grill schließen und den Kürbis ca. 1 Std. sehr weich garen. Die Calabaza vom Grill heben und die Folie öffnen (Vorsicht vor dem entweichenden Dampf). Auf Zimmertemperatur abkühlen lassen.

4. Den Kürbis schälen und das Fleisch in ½ cm dicke Scheiben schneiden. Eine Knoblauchzehe durchpressen und beiseite stellen. Die zweite Knoblauchzehe halbieren und die Gratinform damit ausreiben. Diese anschließend leicht buttern. Auf dem Boden der Form ein Viertel des Calabaza verteilen. Ein Drittel der Sahne darüber gießen und mit Salz, Pfeffer, Muskat, einem Drittel des gepreßten Knoblauchs und des Parmesans bestreuen. Mit einigen Butterflöckchen belegen. Eine weitere Lage Calabaza darauf geben. Wieder Sahne angießen und mit Salz, Pfeffer, Muskat und Knoblauch würzen. Mit Parmesan und Butterflöckchen bestreuen (etwas Butter für die Kruste zurückbehalten). Auf dieselbe Weise eine dritte Lage einschichten. Mit Calabaza abschließen. Mit Semmelbröseln bestreuen und die restlichen Butterflöckchen darauf verteilen. (Bis hierher können Sie das Gericht im voraus zubereiten. Bis zum Grillen mit Klarsichtfolie abgedeckt in den Kühlschrank stellen.)

5. Das Gratin in die Mitte des Rostes, außerhalb des Bereichs der größten Hitze stellen. Den Grill schließen und das Gratin 20–30 Min. goldbraun backen. Sofort servieren. Wurde das Gratin am Vortag zubereitet, den Grill wieder zum indirekten Grillen vorbereiten und auf höchster Stufe anheizen. Wird das Gratin am gleichen Tag gegrillt, auf jeder Seite des Grills 10–12 Kohlen nachlegen, damit er wieder sehr heiß wird.

Für 6–8 Personen

DILL-TOMATEN VOM GRILL

ZENTRALASIEN

METHODE:
Direktes Grillen

**SPEZIAL-
ZUBEHÖR:**
*2 lange, flache
Metallspieße*

Gegrillte Tomaten begleiten Kebabs in ganz Zentralasien, vom Irak bis zur Republik Georgien. Verwenden Sie kleinere Tomaten (6–8 cm Durchmesser), die reif, aber noch fest sind. Auf flachen Metallspießen halten Tomaten am besten, von runden rutschen sie leicht ab.

8 reife Tomaten oder Pflaumentomaten
2 EL Olivenöl
**Salz und frisch gemahlener schwarzer Pfeffer
    nach Geschmack**
2 EL Dillspitzen, gehackt

1. Den Grill auf höchster Stufe anheizen.
2. Die Tomaten auf Spieße ziehen. Diese dann mit Öl bestreichen, salzen und pfeffern.

3. Die Spieße auf den heißen Grillrost legen und die Tomaten unter gelegentlichem Wenden insgesamt 8–12 Min. grillen, bis die Haut gebräunt ist und Blasen wirft und das Innere heiß und weich ist. Die Tomaten mit einer Gabel von den Spießen streifen, mit Dill bestreuen und sofort servieren.

Für 4 Personen

Grillen Vegetarisch

Barbecue bestand von jeher aus einer festen Abfolge verschiedener Fleischgerichte. Wer Frikadellen, Wurst, Spieße oder Steaks nicht mochte, war arm dran. Kein Wunder, daß es vielen Vegetariern da leichter fiel, zu Hause zu bleiben, statt sich einen ganzen Abend lang mit Gurken- und Kartoffelsalat zu bescheiden.

Das hat sich zum Glück geändert. Wo immer mehr Menschen zumindest teilweise vegetarisch leben, entdecken auch Köche und Grillmeister ihr Talent fürs fleischlose Grillen. Vegetarisches Barbecue hat sich von einer exotischen Randerscheinung zum kulinarischen Standard entwickelt.

Dieses Kapitel präsentiert eine Auswahl der besten vegetarischen Grillgerichte aus aller Welt, vom Schweizer Raclette über indische Gemüse-Kebabs bis zum japanischen Dengaku (wörtlich: Tofu auf Stelzen). Wer wollte da noch behaupten, zu einem guten Barbecue gehöre vor allem Fleisch?

Mit gartenfrischen Zutaten wird Vegetarisches vom Grill zum reinsten Vergnügen.

PIZZA VOM GRILL – DAS ORIGINAL

USA

METHODE:
*Direktes Grillen
(Zwei-Lagen-
Grillen)*

**VORBEREI-
TUNGSZEIT:**
*2–3 Std. für
den Teig*

Meine erste gegrillte Pizza werde ich nie vergessen. Es war 1985 im Restaurant »Al Forno« in Providence, Rhode Island. Die Kellnerin brachte mir ein Stück Pizza: krachend knusprig der Rand, rauchig aromatisch der Boden und saftig frisch die Mitte. Belegt war sie schlicht mit ein paar Klecksen frischer Tomatensauce, einem Hauch von geriebenem Käse und einer Hand voll gehackter Basilikumblätter. Das war die perfekte Pizza schlechthin. Mehr als perfekt, sie vereinte in sich das ursprüngliche Raucharoma indischer Tandoori-Brote mit der üppigen Saftigkeit von frisch gebackenem Pita-Brot. Es war Liebe auf den ersten Biß.

Johanne Killeen und George Germon, die Besitzer des »Al Forno«, erfanden die gegrillte Pizza eher zufällig. »Ein Lieferant erzählte uns von einer gegrillten Pizza, die er in Italien gegessen hatte«, erinnert sich Johanne. Uns war zwar klar, daß er wahrscheinlich einen Holzofen mit einem Grill verwechselte, wir waren aber doch so beeindruckt, daß wir versuchen wollten, ob sich der Teig auf dem Grill backen läßt.«

Gegrillte Pizza ist einfach zuzubereiten, sieht phantastisch aus und schmeckt unvergleichlich gut. Nur ein paar wenige Dinge sind dabei zu beachten. Bereiten Sie zunächst den Grill so vor, daß eine heißere (dort wird der Teig vorgebacken) und eine weniger heiße Zone entsteht (zum Warmhalten des Teigs, ohne daß der Boden verbrennt, während die Pizza belegt wird). Eine Anleitung für das Zwei-Lagen-Grillen finden Sie auf Seite 14.

Wellen Sie den Teig dann nicht in Mehl aus, sondern ziehen Sie ihn auf Öl in Form (so wird der Teig knuspriger.) Zunächst schnurrt der Teig wieder in seine alte Form zurück. Durch beständiges Ziehen wird er aber so groß und dünn wie gewünscht.

Und schließlich ist zu beachten, daß der Belag bei gegrillter Pizza in umgekehrter Reihenfolge aufgebracht wird. Erst das Öl, dann der Käse und schließlich die Tomatensauce oder die Tomaten. So kann der Käse schmelzen, auch wenn er nicht direkter Hitze ausgesetzt ist. Im folgenden das Grundrezept für den Teig und zwei Pizzavarianten, die Ihre Vorstellungen von Pizza grundlegend verändern werden.

Pizzateig

Der Pizzateig im »Al Forno« verdankt seinen Geschmack drei verschiedenen Mehlsorten: Weizenmehl, Vollkornweizenmehl und auf Stein gemahlenem Maismehl.

250 ml warmes Wasser
1 Päckchen Trockenhefe
1 TL Zucker
2 TL grobkörniges Salz (Meersalz)
3 EL feines, weißes Maismehl
3 EL Vollkornweizenmehl
**1 TL Olivenöl extra vergine, plus Öl für die
    Schüssel**
3–3 ½ Tassen Weizenmehl

1. Das Wasser in eine große Schüssel gießen, mit Hefe und Zucker verrühren und ca. 5 Min. stehen lassen. Dann Salz, Maismehl, Vollkornmehl und Öl einrühren. Nach und nach so viel helles Mehl einrühren, daß sich der Teig vom Schüsselrand löst. Den Teig von Hand auf bemehlter Unterlage oder in einer Küchenmaschine mit Knethaken glatt kneten. Der Teig sollte weich und formbar, aber nicht klebrig sein. Etwa 6–8 Min. kneten.

2. Eine große, saubere Schüssel leicht ölen. Den Teig in die Schüssel geben, dünn mit Öl bestreichen und locker mit Klarsichtfolie bedeckt 1–2 Std. an einem warmen, geschützten Ort zur doppelten Größe aufgehen lassen. Den Teig zusammenschlagen.

3. Den Teig nochmals 40–50 Min. zur doppelten Größe aufgehen lassen und wieder zusammenschlagen. In zwei Hälften teilen. Jeden Teil zu einer Kugel formen, dann zu einer dicken Scheibe flachdrücken. Jetzt die Pizzas zubereiten.

Ergibt Teig für 2 Pizzas à 32 x 23 cm

Gegrillte Pizza mit Tomaten, Basilikum und Käse

Dies ist die gegrillte Variante der einfachsten Pizza überhaupt, der Margherita. Für noch intensiveren Grillgeschmack röste ich die Tomaten über dem Feuer und belege den Boden dann mit den dunkel gerösteten und in Würfel geschnittenen Scheiben.

2 große Tomaten ohne Stielansatz
6 EL Olivenöl extra vergine, oder nach Bedarf
grobkörniges Salz (Meersalz) und frisch gemahlener schwarzer Pfeffer nach Geschmack
Grundrezept Pizzateig (s. Seite 402)
2 Knoblauchzehen, durchgepreßt
⅔ Tasse Fontina-Käse, geraspelt oder feingewürfelt
⅓ Tasse frisch geriebener Pecorino
16 Basilikumblätter

1. Den Grill auf einer Seite auf höchster auf der anderen auf mittlerer Stufe anheizen. Beim Holzkohlegrill die Kohlen auf einer Seite in doppelter, auf der anderen in einfacher Lage aufschütten, so daß zwei Hitzezonen entstehen (s. Seite 14).

2. Die Tomaten quer in 1 cm dicke Scheiben schneiden, alle Scheiben dünn mit Öl bestreichen, salzen und pfeffern. Die Tomaten auf der heißen Seite des Grills von jeder Seite ca. 2 Min. rösten. Mit einem Grillwender wenden. Auf einen Teller heben und abkühlen lassen.

3. Den Teig auf einem gut geölten Backblech mit Fingern und Handflächen ca. 30 x 20 cm groß ausstreichen. Das braucht ein wenig Übung. Lassen Sie sich nicht entmutigen, wenn es beim ersten Mal nicht gleich perfekt wird. Die zweite Teigscheibe auf einem zweiten Backblech zu einem Rechteck formen.

4. Das erste Rechteck vorsichtig mit beiden Händen vom Backblech heben und auf die heißeste Seite des Grills legen. Innerhalb etwa einer Minute wird der Teig an der Unterseite knusprig, dunkel und fest und geht an der Oberseite leicht auf. Den Teig mit der Grillzange oder zwei Grillwendern wenden und auf die weniger heiße Seite des Grills legen.

5. Die Oberseite der Pizza rasch mit 1 TL Öl bepinseln. Den Knoblauch darauf verteilen, den Käse darüber streuen, Tomatenscheiben und Basilikumblätter auflegen. Jeweils die Hälfte der Blätter für die zweite Pizza zurückbehalten. 1 TL Öl über die Pizza träufeln, salzen und pfeffern.

6. Die Pizza wieder auf die heißere Seite des Grills ziehen und drehen, damit sie gleichmäßig gart. 2–4 Min. grillen, bis sie an der Unterseite gebräunt und der Käse auf dem Belag geschmolzen ist.

7. Die Pizza vom Grill ziehen, in Stücke schneiden und servieren. Die zweite Pizza auf die gleiche Weise zubereiten.

Ergibt 2 Pizzas; für 8 Personen als Vorspeise, für 2–4 Personen als Hauptgericht

Gegrillte Pizza mit Rauke und italienischem Käse

Bei gegrillter Pizza sollte der Belag stets einfach sein, damit er den Geschmack des gegrillten Teigs nicht überdeckt, betonen Johanne und George, die Besitzer des Restaurants »Al Forno«.

1 Grundrezept Pizzateig (s. Seite 402)
6 EL Olivenöl extra vergine, nach Geschmack auch mehr
2 Knoblauchzehen, durchgepreßt
1 Tasse Bel Paese, geraspelt
6 EL frisch geriebener Parmesan
2 große Tomaten, gehäutet, entkernt (s. Seite 62) und grobgehackt
24 Raukeblätter

1. Die Pizzas zubereiten wie im Rezept für gegrillte Pizza mit Tomaten, Basilikum und Käse beschrieben. Nach dem Wenden des Teigs jede Pizza zuerst mit dem geriebenen Käse, dann mit den Tomatenwürfeln bestreuen. Die Raukeblätter am Schluß darauf verteilen.

2. Die Pizza wieder auf die heißere Seite des Grills ziehen und drehen, damit sie gleichmäßig gart. 2–4 Min. grillen, bis sie an der Unterseite gebräunt und der Käse auf dem Belag geschmolzen ist.

3. Die Pizza vom Grill ziehen, in Stücke schneiden und servieren. Die zweite Pizza auf die gleiche Weise zubereiten.

Ergibt 2 Pizzas; für 8 Personen als Vorspeise, für 2–4 Personen als Hauptgericht

RACLETTE

SCHWEIZ

METHODE:
Direktes Grillen

Raclette ist der Grillkäse schlechthin. Schon seit Jahrhunderten wird er in der französischen Schweiz vor offenem Feuer geschmolzen und dann auf Pellkartoffeln oder Brot serviert. Raclette heißen sowohl das Gericht wie auch der Käse, mit dem es zubereitet wird. Dieser ist ein großes Rad (8 cm dick und 30–40 cm im Durchmesser) aus halbfestem Kuhmilchkäse mit 45 % Butterfett. Die eßbare, hellbraune Rinde umschließt einen Käse mit kräftigem Aroma.

1 kg kleine, rote Kartoffeln, abgeschrubbt und halbiert
Salz nach Geschmack
30 Silberzwiebeln, abgetropft
30 Cornichons o. ä.
6 dicke Scheiben Roggen- oder Bauernbrot
1 Ecke (1–1 ½ kg) Raclettekäse (s. Hinweis)

1. Soll das Raclette am offenen Kamin zubereitet werden, ein kräftiges Feuer entzünden. Einen Holzkohle- oder Gasgrill auf höchster Stufe anheizen.

2. Die Kartoffeln in einem Topf mit Salzwasser kalt ansetzen und bei starker Hitze zum Kochen bringen. Auf mittlere Hitze zurückschalten und die Kartoffeln in ca. 10 Min. gar kochen. In einen Durchschlag geben und abtropfen lassen, kalt abschrecken und wieder abtropfen lassen. Die Kartoffeln mit Silberzwiebeln und Cornichons auf vier Teller verteilen und beiseite stellen.

3. Wenn alles bereit ist, das Brot auf eine

Gabel mit langem Stiel spießen (oder mit der Zange festhalten) und vor dem Feuer rösten. Oder das Brot auf dem heißen Rost 2–4 Min. von jeder Seite grillen. Das Brot auf die Teller mit den Kartoffeln, Zwiebeln und Cornichons verteilen.

4. *Vor dem Kaminfeuer:* Den Käse mit einer langen, gefederten Zange 2–4 Min. vor das Feuer halten, bis er an der Oberfläche schmilzt. Ein wenig geschmolzenen Käse auf jeden Teller über Kartoffeln, Brot, Zwiebeln und Cornichons schaben. So oft wiederholen, bis der Käse ganz geschmolzen ist oder alle satt sind.

Über dem Grill: Den Käse direkt auf den heißen Rost legen und ca. 2 Min. garen, bis die Unterseite schmilzt. Ein wenig geschmolzenen Käse auf jeden Teller über Kartoffeln, Brot und Gemüse schaben. Wiederholen, bis der Käse ganz geschmolzen ist oder alle satt sind.

Für 6 Personen

Hinweis: Für 6 Personen braucht man gut 1 kg Käse. Ein größeres Stück Käse, ca. 2–3 kg, läßt sich vor einem offenen Feuer aber leichter handhaben und bleibt besser in Form.

Raclette

Die Anfänge des Raclette liegen in den Alpen. Es heißt, die Sennen im Schweizer Wallis hätten es erfunden, als sie mal wieder etwas Warmes essen wollten. Möglich ist das allemal. Auch die Käseherstellung begann in den Bergen. Um die auf der Alp gewonnene Milch haltbar zu machen und ins Tal zu bringen, wurde die Käserei entwickelt. Das Wort Raclette kommt übrigens von dem französischen »racler« für schaben.

Traditionell schmilzt man beim Raclette ein halbes oder viertel Käserad auf einem Stein vor dem offenen Feuer. Wer Johanna Spyris Roman »Heidi« gelesen hat, erinnert sich vielleicht, wie der Großvater Käse vorm offenen Feuer schmolz. Den geschmolzenen Teil des Käses schabt man über knuspriges Brot oder Kartoffeln, Silberzwiebeln und Cornichons.

Ein modernes Raclette hat mit diesem rustikalen Mahl nur noch wenig gemein. In Restaurants verwendet man meist Racletteöfen statt offenem Feuer, und zu Hause werden Käsescheiben in Pfännchen geschmolzen. Bei den Zutaten gilt das Motto: Erlaubt ist, was schmeckt. Kenner essen die knusprig gebratene Rinde, die »Religieuse«, mit besonderer Vorliebe mit. Die besten Raclettekäse kommen aus Frankreich und der Schweiz. Steven Jenkins, der Autor von »Cheese Primer«, empfiehlt den Raclette aus Bagnes, Conches, Gosmer und Orsières in der Schweiz sowie Brunnerois und Perrin in Frankreich.

Raclettekäse ist ein sogenannter Halbhartkäse. Bei seiner Herstellung werden Molke und Bruch weniger hoch erhitzt (ca. 32/33 °C) als z. B. beim Emmentaler (über 40 °C), so daß die Konsistenz weniger fest wird. Wie bei allen Käsesorten gilt auch hier: je reifer, desto würziger. Durch das Schmelzen wird der Käse cremig wie Butter, und sein milder Geschmack erinnert an Mozzarella.

Grillen in Indien

Beim Stichwort »indische Küche« fallen meist Begriffe wie Curries, Chutneys und Reisgerichte. Weitgehend unbekannt ist, daß in Indien oft und viel gegrillt wird und daß es Heimat eines ganz eigenen Kochstils über dem offenen Feuer ist: Das Tandoori, benannt nach einem riesigen Kochgefäß aus Ton, vereint in sich das Raucharoma des Grillens, wie wir es kennen, mit der Zartheit, wie sie beim Barbecue oder im Ofen entsteht.

Manjit Gill ist Chefkoch im »Bukhara«, dem Restaurant in Neu-Delhis »Maurya Sheraton«. Das Geheimnis des Tandoori, so erklärte er am Tag meines Besuches, liegt in den Öfen. Er deutete auf die Tandoors, die taillenhohen, bauchigen Tonöfen, Mittelpunkt der Schauküche des Restaurants. Diese Öfen benutzt man in Indien und Zentralasien seit mindestens 5000 Jahren, es gibt sie im Iran, wo sie Tanoors heißen, und im Kaukasus, Tons genannt. Sie sind ein unverzichtbarer Bestandteil der nordindischen Küche.

Nach Gills Angaben könnte der Begriff Tandoor von dem Wort »Kandu« herrühren, das auf Sanskrit ein schalenförmiges Gefäß bezeichnet, oder vom Persischen »Tata andar«, was wörtlich »innen heiß« bedeutet. Das ist sehr zurückhaltend ausgedrückt. Im »Bukhara« werden die Tandoors drei Stunden lang vorgeheizt, und wenn die Speisen zum Garen hineingegeben werden, beträgt die Temperatur im Inneren fast 500° C. Bull's horn-Chillies und Blumenkohl (beides wird in Indien gern gegrillt) werden in dieser enormen Hitze in Minuten appetitlich gebräunt, Raan gosht (Keulen vom Zicklein, in Joghurt und Kichererbsenmehl mariniert) wird so zart, daß man es mit den Fingern zerteilen kann (und genau so essen es die Inder auch). Kebabs erhalten Brauntöne von geradezu Rembrandtscher Farbgebung, und Brot, direkt an den Wänden des Tandoor gebacken, wird rauchig-zart und locker wie Holzofenpizza.

Damit das blitzschnelle Hantieren der Köche nicht den Eindruck erweckt, Tandoori sei Fast food, müssen Sie wissen, daß jeder kunstvoll gewürzte Bissen das Ergebnis aufwendiger Vorbereitungen ist. Gemüse und Fleisch werden in scharfen Joghurtpasten und extrem sauren Mischungen aus Essig, Tamarinden- oder Zitronensaft geduldig mariniert – zuweilen sogar zweimal. Kräftige Pürees aus Ingwer und Knoblauch bilden die Grundlage für Gewürzmischungen, Masalas genannt. Die Marinierzeit kann von 30 Min. bis zu vielen Stunden betragen. Das Fleisch wird dabei so zart, daß es im Nu perfekt gart.

Die marinierten Speisen werden auf lange Metallspieße gezogen und in den Tandoor gesenkt. Durch die senkrechte Position der Spieße tropft die Flüssigkeit auf die unteren Stücke statt auf die Kohlen – ein weiterer Grund, warum sie so saftig bleiben. Zudem werden die meisten Kebabs vor dem Servieren großzügig mit Ghee (geklärter Butter) bestrichen.

Vegetarier haben in westlichen Grillrestaurants meist nicht viel Auswahl. Nicht so in Indien, wo ein beträchtlicher Teil der Bevölkerung kein Fleisch ißt. Zu den vegetarischen Kebabs gehören Paneer tikka (in Kichererbsenmehl gewendeter Käse auf Spießen) und Tandoori aloo (Kartoffeln am Spieß mit einer duftenden Fülle aus Cashewnüssen, Rosinen und Koriander). Zu den klassischen Beilagen gehören Minz-Chutney, erfrischende Raita (ein Gewürz auf Joghurtgrundlage) und eine erstaunliche Vielfalt an verschiedenen Brotsorten.

Brot war das erste Nahrungsmittel, das im Tandoor zubereitet wurde, und es ist auch heute noch das am meisten verbreitete. In Nordindien hat jedes Dorf eine Bäckerei unter freiem Himmel, wo Roti (Fladenbrote aus Vollkornweizenmehl), Paratha (blätterteigartige Fladenbote), Naan (süßes Hefeweißbrot) und köstliche Romali (Crêpeähnliche Brote, deren seidige Zartheit ihrem Namen vollauf gerecht wird: »Taschentuchbrot«), dampfend heiß aus dem Ofen kommen. Wenn Sie das Glück haben, im größeren Kreis im »Bukhara« zu speisen, bestellen Sie das Familien-Naan, ein riesiges schalenförmiges Brot mit einem Durchmesser· von sage und schreibe 60 cm.

Originalgetreu kann man Tandoori nur im Tandoor zubereiten, recht nahe kommt dem aber ein Holzkohle- oder Gasgrill im Freien. Bereiten Sie den Grill fürs Grillen ohne Rost vor (s. Kasten Seite 21), so daß das Fleisch nicht mit dem Rost in Berührung kommt. Schließlich ist der Tandoor nicht das einzige, was ein indisches Barbecue zu etwas Besonderem macht. Marinaden, Gewürze und Saucen spielen ebenfalls eine wichtige Rolle, so daß, wenn diese gelingen, beim Grillen nichts mehr danebengehen kann.

WEISSER HASE

INDIEN

METHODE:
Direktes Grillen

**VORBEREI-
TUNGSZEIT:**
*30 Min. zum
Abtropfen und
weitere 4 Std.
zum Marinieren
des Tofu*

Dieses geniale Rezept geht auf die Inspiration von Manu Mehta zurück, Chefkoch im »Sheraton Rajputana«-Hotel in Jaipur. Zu Mehtas Gästen gehören viele Vegetarier, deshalb schuf er eine fleischlose Variante des Sula, eines dort verbreiteten Barbecuegerichts. Statt des traditionellen Wildkaninchens verwendet er Paneer (indischen weißen Käse) – daher der Name. Paneer ist ein halbfester Schnittkäse, ähnlich Bauernkäse oder spanischem Queso blanco. Aber der Chefkoch und ich kamen überein, daß man dieses Gericht auch mit einer ganz und gar nicht indischen Zutat zubereiten kann, die in ihrer Konsistenz an Paneer erinnert: Tofu! Wenn Sie Tofu bisher für fade gehalten haben, ist dies das richtige Rezept für Sie. Der Sojaquark wird gleich zweifach aromatisiert. Einmal durch die Füllung aus Koriandergrün und Minze, das zweite Mal durch die Knoblauch-Ingwer-Chili-Marinade. Kommt dazu noch die zarte Rauchnote vom Grillen, sind selbst Skeptiker hingerissen.

TOFU UND FÜLLUNG:
2 Stücke (à 500 g) sehr fester Tofu
3 EL Koriandergrün, gehackt
**3 EL Minze, gehackt, oder entsprechend
    mehr Koriandergrün**
**1 Lauchzwiebel, Weißes und Grünes, in Ringe
    geschnitten**
**1–2 Jalapeños oder andere scharfe Chillies,
    entkernt**

1 EL frisch gepreßter Zitronensaft
1 EL Pflanzenöl
¼ TL Salz

MARINADE:
3 Knoblauchzehen, in Scheiben geschnitten
**1 Stück Ingwerwurzel (2 cm), in Scheiben
    geschnitten**
1 Jalapeño-Chili, entkernt
2 EL Pflanzenöl
2 EL Wasser
1 EL Paprika
1 TL Koriander, gemahlen
**½ TL Cayennepfeffer, nach Geschmack auch
    mehr**
½ TL Salz, nach Geschmack auch mehr
¾ Tasse Naturjoghurt
60 ml Sahne oder Sauerrahm
3 EL Koriandergrün, gehackt
**1 EL frisch gepreßter Zitronensaft, nach
    Geschmack auch mehr**

3 EL (50 g) Butter, zerlassen

1. Den Tofu unter fließendem kaltem Wasser abspülen und abtropfen lassen. Ein Schneidbrett leicht schräg ins Spülbecken legen. Darauf den Tofu und auf den Tofu eine schwere Platte oder einen Topfdeckel legen. So wird überschüssige Flüssigkeit ausgepreßt (dauert ca. 30 Min.). Dann jedes Tofustück zuerst horizontal, die entstehenden Hälften nochmals quer halbieren. In jedes Stück eine tiefe Tasche schneiden. Beiseite stellen und die Füllung zubereiten.

2. Koriandergrün, Minze, Lauchzwiebeln, Chillies, Zitronensaft, Öl und Salz in einem kleinen Mixer oder einer Gewürzmühle zu einer groben Paste verarbeiten und damit gleichmäßig die Tofutaschen füllen.

3. Für die Marinade Knoblauch, Ingwer, Chili, Öl und Wasser in einem kleinen Mixer oder einer Gewürzmühle zu einer glatten

Masse pürieren. In eine kleine Schüssel füllen und Paprika, Koriander, Cayennepfeffer, Salz, Joghurt, Sahne, Koriandergrün und Zitronensaft einrühren. Mit etwas Cayenne, Salz und Zitronensaft pikant abschmecken. Ein Drittel der Marinade in eine Auflaufform gießen, die Tofustücke hineinlegen und die restliche Marinade darüber gießen. Im Kühlschrank abgedeckt 4 Std. marinieren.

4. Den Grill auf höchster Stufe anheizen.

5. Den Grillrost ölen. Den Tofu aus der Marinade heben und auf den heißen Rost legen. Von jeder Seite ca. 4 Min grillen, bis der Tofu appetitlich gebräunt und innen heiß ist. Mit einem Grillwender wenden und während des Grillens 1–2mal mit zerlassener Butter bestreichen. Den Tofu auf Teller oder eine Platte heben und vor dem Servieren wieder mit zerlassener Butter bestreichen.

Für 4 Personen

TOFU AUF STELZEN
Dengaku

JAPAN

METHODE:
Direktes Grillen

VORBEREI-TUNGSZEIT:
30 Min. zum Abtropfen des Tofu

SPEZIAL-ZUBEHÖR:
16 lange Bambusspieße 1 Std. in Wasser legen und abtropfen lassen

Dengaku ist ein beliebtes Gericht in den Teehäusern entlang dem idyllischen Philosophenweg in Kyoto. Das Gericht hat seinen eigenartigen Namen vom japanischen Wort für »Stelzen«. In diesem Fall sind die Stelzen zwei Bambusspieße, die den Tofu beim Grillen über den Kohlen festhalten. Der Grill, auf dem Dengaku traditionell zubereitet wird, hat keinen Rost. Statt dessen werden die Spieße über die Flammen gestellt und der Tofu sozusagen schwebend gegrillt. Auch ein normaler Grill oder ein Hibachi liefert brauchbare Ergebnisse, allerdings geht etwas Glasur verloren.

2 Stücke sehr fester Tofu (à 500g)
½ Tasse weißer Miso
2 EL Mirin (süßer Reiswein) oder Cream Sherry
2 EL Sake
2 EL Zucker
1 EL Mayonnaise
1 EL Sesamkerne, geröstet (s. Kasten Seite 93)

1. Den Tofu unter fließendem kaltem Wasser abspülen und abtropfen lassen. Ein Schneidbrett leicht schräg ins Spülbecken legen. Darauf den Tofu und auf den Tofu eine schwere Platte oder einen Topfdeckel legen. So wird überschüssige Flüssigkeit ausgepreßt (dauert ca. 30 Min.).

2. Eventuell den Grill zum Grillen ohne Rost vorbereiten (s. Kasten Seite 21). Den Grill auf höchster Stufe anheizen.

3. Miso, Mirin, Sake, Zucker und Mayonnaise im Wasserbad verquirlen. Die Sauce dann über leicht köchelndem Wasser etwa 3 Min. erhitzen, bis sie dick und cremig ist.

4. Jedes Tofustück zuerst waagerecht, die entstehenden Hälften nochmals quer halbieren. In jedes Stück Tofu auf der Schmalseite 2 Spieße stecken.

5. Den Tofu, wie beim Grillen ohne Rost beschrieben, über dem Grill anbringen oder den Grillrost ölen und den Tofu direkt darauf legen. Von jeder Seite 3–4 Min. hellbraun grillen. Dabei mit der Misoglasur bestreichen. Mit Sesamkernen bestreuen und sofort servieren.

Für 4 Personen

CHAMPIGNON-REIS-BURGER MIT CHEDDAR

USA

METHODE:
Direktes Grillen

VORBEREI-TUNGSZEIT:
4–5 Std.
zum Kühlen

SPEZIAL-ZUBEHÖR:
Gemüserost

In meiner Kindheit gab es keine vegetarischen Burger. Heute sind sie sozusagen in aller Munde, denn immer mehr Menschen leben gesundheitsbewußt und ernähren sich zumindest teilweise vegetarisch. In diesem Rezept werden Champignons, Hafer und Vollkornreis zu einer Art Hamburger mit vollem, kräftigem, fast fleischähnlichem Aroma verarbeitet. So lassen sich auch Reste von Vollkornreis sehr gut verwerten. Vegetarische Burger sind weniger fest als fleischhaltige. Man muß deshalb den Grillrost sehr gut ölen und die Burger mit einem Grillwender vorsichtig wenden.

BURGER:
2 EL Olivenöl
1 mittelgroße Zwiebel, feingehackt
2 Knoblauchzehen, durchgepreßt
250 g Champignons, mit angefeuchtetem Küchenpapier abgerieben und feingehackt
1 Tasse Vollkornreis, gekocht
½ Tasse Haferflocken (Schmelzflocken)
120 g reifer Cheddar, grobgerieben (ca. ¾ Tasse)
1 Ei, verquirlt
Salz und frisch gemahlener schwarzer Pfeffer nach Geschmack
2–3 EL Semmelbrösel, nach Bedarf

ZUM SERVIEREN:
1 große Tomate, in dünne Scheiben geschnitten
1 große Zwiebel, in dünne Ringe geschnitten (nach Wunsch)
Essiggurken, in Scheiben geschnitten
½ Kopf Eisbergsalat, in dünne Streifen geschnitten
4 Vollkorn-Hamburger-Brötchen
Ketchup, Mayonnaise, Senf nach Geschmack

1. Für die Burger-Mischung das Öl in einer Pfanne bei mittlerer Hitze erwärmen. Zwiebeln und Knoblauch 4 Min. weich, aber nicht braun sautieren. Die Champignons zugeben und bei etwas stärkerer Hitze ca. 4 Min. unter gelegentlichem Rühren weich garen. Die Flüssigkeit sollte zum größten Teil verdampft sein.

2. Den Vollkornreis einrühren und 1 Min. erhitzen. Die Mischung vom Herd nehmen und in eine große Schüssel geben. Haferflocken, Käse und Ei einrühren. Salz und Pfeffer zufügen. Ist die Mischung noch zu feucht, Semmelbrösel unterkneten. Abgedeckt im Kühlschrank 3–4 Std. fest werden lassen.

3. Ein Backblech oder eine große Platte mit Klarsichtfolie auslegen. Mit nassen Händen aus der Gemüsemischung 4 Burger formen. Die Burger auf das Backblech legen, mit Klarsichtfolie locker abdecken und 1 Std. in den Kühlschrank stellen.

4. Den Grill auf höchster Stufe anheizen.

5. Wenn der Grill bereit ist, einen Gemüserost 5 Min. vorwärmen. Tomatenscheiben, Zwiebelringe, Essiggurken und Salatstreifen auf einer Platte anordnen und beiseite stellen. Den heißen Gemüserost ölen und die Burger darauf legen. Von jeder Seite 4–6 Min. appetitlich braun grillen. Vorsichtig mit einem Grillwender wenden. Während die Burger garen, die Brötchen ebenfalls rösten. Genau wie Hamburger mit Ketchup, Mayonnaise und/oder Senf bestreichen, mit Salat, Zwiebelringen und Tomatenscheiben belegen und servieren.

Für 4 Personen

INDISCHE SPINAT-KÄSE-KEBABS

METHODE:
Direktes Grillen

**VORBEREI-
TUNGSZEIT:**
*3 Std.
zum Kühlen
(nach Wunsch)*

**SPEZIAL-
ZUBEHÖR:**
*4 lange, flache
Metallspieße*

Diese grünen Kebabs sind eine Spezialität des Restaurants »Peshawar« in
Jaipurs »Sheraton Rajputana«-Hotel.
Jaipur ist eine Stadt an der indisch-pakistanischen Grenze und eine Bastion des
Fleischkonsums, wenn es das denn gibt.
Aber der Vegetarismus ist den Indern so
sehr in Fleisch und Blut übergegangen, daß
selbst Grillrestaurants wie das »Peshawar«
interessante vegetarische Gerichte anbieten. Wegen der Vielzahl der Zutaten mag
das Rezept kompliziert erscheinen. Tatsächlich aber ist es recht einfach und ganz
entschieden der Mühe wert. Das Zusammenspiel der Aromen – die Süße von Nüssen und Spinat, das Salzige des Käses, die
exotische Intensität der Gewürze – macht
dies zu einem Gericht, das Vegetarier wie
Fleischesser gleichermaßen begeistert.

KEBABS:
Salz nach Geschmack
**300 g Spinat, gewaschen, ohne Stiele, oder
      300 g tiefgefrorener Spinat**
**¼ Tasse gemischte Nüsse (Pistazien,
      Cashewkerne und/oder Mandeln),
      grobgehackt**
**¼ Tasse Kichererbsenmehl (Besan) oder
      Vollkornweizenmehl**
**½ TL schnelles Garam masala (s. Seite 499)
      oder Koriander, gemahlen**
¼ TL Kreuzkümmel, gemahlen
¼ TL Bockshornkleesamen (nach Wunsch)
**¼ TL Cayennepfeffer, nach Geschmack auch
      mehr**
**⅔ Tasse Bauernkäse oder trockener Hütten-
      käse, zerbröckelt**
1 EL Stärkemehl
¼ Tasse Gouda oder milder Cheddar, gerieben
3 EL Koriandergrün, gehackt
1 EL Rosinen, grobgehackt (nach Wunsch)
**2 TL frisch gepreßter Zitronensaft, nach
      Geschmack auch mehr**

3 EL (50 g) Butter, zerlassen

ZUM SERVIEREN:
Naan, Pita-Brot oder Lavash
Zitronenspalten
Zwiebelringe
Gurkenscheiben
Tomatenscheiben
Chiliringe

1. In einen großen Topf ca. 2 cm hoch
Wasser füllen, Salz zugeben und bei starker
Hitze zum Kochen bringen. Den Spinat darin
3 Min. bei mittlerer Hitze dünsten. (Tiefgefro-
renen Spinat nach der Anweisung auf der
Packung zubereiten.) Den Spinat in einem
Durchschlag abtropfen lassen, abschrecken
und wieder abtropfen lassen. Den Spinat mit
den Händen so gut wie möglich auspressen,
dann im Mixer pürieren oder von Hand hakken. Ergibt ca. ¾ Tasse.

2. Die Nüsse in einer Pfanne ohne Fett
2–3 Min. leicht rösten. Die Pfanne dabei etwas rütteln. Die Nüsse auf einem Teller abkühlen lassen. Das Kichererbsenmehl in der
Pfanne ebenfalls ca. 2 Min. unter gelegentlichem Rühren leicht rösten. Kichererbsenmehl und Spinat in eine Schüssel oder in die
Rührschüssel des Mixers geben. Garam masala, Kreuzkümmel, eventuell Bockshornkleesamen und Cayennepfeffer in der Pfanne ca. 1 Min. leicht rösten. Die Gewürze an
den Spinat geben.

3. Den Käse unter den Spinat heben und
zu einer grobkörnigen Paste verrühren oder
mixen. Stärkemehl, Gouda, Koriandergrün,
Rosinen, Zitronensaft und die Nüsse zugeben und schnell mischen. Falls erforderlich,
mit Zitronensaft, Salz oder Cayennepfeffer
abschmecken. Die Mischung sollte sehr
würzig sein. Die Kebabs lassen sich leichter
formen, wenn diese Mischung abgedeckt ca.
3 Std. gekühlt wird.

4. Zuerst 4 lange, flache Metallspieße ölen. Die Spinatmischung in 4 gleiche Portionen teilen. Die Mischung mit angefeuchteten Händen als jeweils ca. 20–25 cm lange und 2 cm dicke Wurst um die Spieße drükken. Sollen die Kebabs nicht gleich gegrillt werden, mit Klarsichtfolie abdecken und im Kühlschrank aufbewahren.

5. Eventuell den Grill zum Grillen ohne Rost vorbereiten (s. Kasten Seite 21). Den Grill auf höchster Stufe anheizen.

6. Wenn der Grill bereit ist, jeden Kebab leicht mit zerlassener Butter bestreichen und, wie beim Grillen ohne Rost beschrie-

ben, die Spieße über dem Grill anbringen oder den heißen Grillrost ölen und die Spieße direkt darauf legen. Insgesamt ca. 8 Min. von allen Seiten hellbraun grillen. Währenddessen 1–2mal wenden. Wieder mit Butter bestreichen.

7. Die Kebabs mit einem Stück Naan, Pita-Brot oder Lavash als Schutz für die Finger vom Spieß auf Teller oder eine Platte schieben. Mit Zitronenspalten (zum Auspressen) und einer Platte mit Zwiebelringen, Gurken- und Tomatenscheiben sowie Chiliringen servieren.

Für 4 Personen

KEBABS VON YAM UND NÜSSEN

INDIEN

METHODE:
Direktes Grillen

VORBEREITUNGSZEIT:
3 Std.
zum Kühlen
(nach Wunsch)

SPEZIAL-ZUBEHÖR:
4 lange, flache Metallspieße

Wie kocht man in einem Land mit leidenschaftlichen Fleischessern für eine große und anspruchsvolle vegetarische Klientel? Dieser Herausforderung muß sich Nisar Waris täglich stellen. Waris ist Chefkoch des »Peshawar«, des größten Restaurants im »Sheraton Rajputana«-Hotel in Jaipur. Seine Mannschaft hat ein beträchtliches Repertoire an vegetarischen Grillgerichten entwickelt, darunter auch das folgende Rezept. Ein ganz erstaunlicher Zusammenklang der Aromen! Hier kombiniert Waris kunstvoll die Süße von Yam und Rosinen, das Nußaroma von Cashews und Pistazien und die Würze von Kardamom und Koriandergrün. Dafür verzichtet man gern auf Fleisch. Er grillt die Mischung auf Spießen, man kann aber auch Frikadellen daraus formen. Näheres zu Kichererbsenmehl steht im Glossar.

KEBABS:
500 g Yam oder Süßkartoffeln, genug für 1 Tasse Püree (s. Hinweis)

¼ Tasse Kichererbsenmehl (Besan) oder Vollkornweizenmehl
2 Tassen gemischte Nüsse, wie Cashews, Pistazien und Mandeln und/oder Sonnenblumenkerne, grobgehackt
1 EL Sahne oder Sauerrahm
1 TL frisch gepreßter Zitronensaft, nach Geschmack auch mehr
½ Tasse Rosinen, feingehackt
⅓ Tasse Koriandergrün, gehackt
1 TL frisch gemahlener weißer Pfeffer
½ TL schnelles Garam masala (s. Seite 499) oder Koriander, gemahlen
¼ TL Kardamom, gemahlen
½ TL Salz, nach Geschmack auch mehr
3 EL (50 g) Butter, zerlassen

ZUM SERVIEREN:
Naan, Pita-Brot oder Lavash
Zitronenspalten
Zwiebelringe
Gurkenscheiben
Tomatenscheiben
Chiliringe

1. Sollen die Yam auf dem Grill gegart werden, diesen zum indirekten Grillen vorbereiten (s. Seite 14/16). Eine Tropfschale in die Mitte setzen und den Grill auf starke bis mittlere Hitze anheizen. Andernfalls den Backofen auf 200 °C (Gas: Stufe 6) vorheizen.

2. Die Yam im geschlossenen Grill oder Backofen in ca. 40 Min. weich garen. Auf einem Teller abkühlen lassen. Die Yam schälen und in einer Schüssel mit einem Kartoffelstampfer zu Brei zerstampfen. (Nicht im Mixer pürieren, sonst entsteht eine gummiartige Masse.)

3. Das Kichererbsenmehl in einer Pfanne ohne Fett ca. 2 Min. leicht rösten. In das Yam-Püree einrühren. Die Nüsse in der Pfanne unter Rühren 3–5 Min. rösten und unter die Yam heben. Sahne, Zitronensaft, Rosinen, Koriandergrün, Pfeffer, Garam masala, Kardamom und Salz zufügen. Mit Zitronensaft und Salz pikant abschmecken; die Mischung sollte sehr würzig sein. Die Kebab-Mischung läßt sich leichter verarbeiten, wenn sie vorher ca. 3 Std. abgedeckt gekühlt wurde. Sie kann auch am Vortag zubereitet und über Nacht im Kühlschrank aufbewahrt werden.

4. Zuerst 4 lange, flache Metallspieße ölen. Die Yam-Mischung in 4 gleiche Portionen teilen und mit leicht angefeuchteten Händen als jeweils ca. 20–25 cm lange und 2 cm dicke Wurst um die Spieße drücken.

Sollen die Kebabs nicht sofort gegrillt werden, mit Klarsichtfolie abdecken und im Kühlschrank aufbewahren.

5. Eventuell den Grill für das Grillen ohne Rost vorbereiten (s. Kasten Seite 21). Den Grill auf höchster Stufe anheizen.

6. Wenn der Grill bereit ist, jeden Kebab leicht mit zerlassener Butter bestreichen und, wie beim Grillen ohne Rost beschrieben, die Spieße über dem Grill anbringen oder den heißen Grillrost ölen und die Spieße direkt darauf legen. Insgesamt ca. 8 Min. von allen Seiten hellbraun grillen. Dabei 1–2mal wenden. Wieder mit Butter bestreichen.

7. Die Kebabs mit einem Stück Naan, Pita-Brot oder Lavash als Schutz für die Finger vom Spieß auf Teller oder eine Platte schieben. Mit Zitronenspalten (zum Auspressen) und einer Platte mit Zwiebelringen, Gurken, Tomaten und Chillies servieren.

Für 4 Personen

Hinweis: Am besten schmeckt dieses Gericht mit echten Yam, stärkereichen Knollen mit zarter Süße. Echte Yam erhalten Sie in Läden mit afrikanischen oder exotischen Lebensmitteln. Es läßt sich aber auch mit Bonitas (weißfleischigen Süßkartoffeln aus der Karibik, die wie Maroni schmecken) und natürlich mit normalen Süßkartoffeln zubereiten.

SANDWICH PROVENZALISCH

FRANKREICH

METHODE:
Direktes Grillen

Dieses Sandwich mit seinem überwältigenden Geschmack ruft Erinnerungen an die Provence wach und begeistert alle, die gegrilltes Gemüse und Ziegenkäse mögen. Rosmarin und Knoblauch verleihen dem traditionellem Ratatouille-Gemüse eine mediterrane Note. Der würzige Käse setzt einen markanten Kontrapunkt zum Gemüse. Am besten verwendet man einen weichen, frischen Ziegenkäse, der sich leicht zerdrücken läßt. Diese Sandwiches lassen sich sehr gut ein paar Stunden im voraus zubereiten und eignen sich hervorragend für ein Picknick, wenn der Saft des Gemüses etwas ins Brot einziehen kann.

GEMÜSE:
1 mittelgroße Aubergine (350–400 g), ohne Stielansatz
2 mittelgroße Zucchini, ohne Stielansatz
2 mittelgroße, gelbe Kürbisse, ohne Stielansatz
2 mittelgroße, rote Paprika
1 mittelgroße, rote Zwiebel, abgezogen, mit Wurzelende

ZUM BESTREICHEN:
3 EL Olivenöl extra vergine
2 EL frisch gepreßter Zitronensaft
2 Knoblauchzehen, durchgepreßt
1 Rosmarinzweig oder 1 TL Rosmarin, getrocknet
   Salz und frisch gemahlener schwarzer Pfeffer nach Geschmack

ZUM SERVIEREN:
1 langes Baguette
250 g Ziegenkäse, zimmerwarm

1. Den Grill auf höchster Stufe anheizen.
2. Aubergine, Zucchini und Kürbisse längs in ca. ½ cm breite Scheiben schneiden. Die Paprika von Stielansatz und Kernen befreien und vierteln. Die Zwiebel vierteln, das Wurzelende aber an jedem Stück belassen. (Das Wurzelende hält die Zwiebeln beim Grillen zusammen.)

3. Für die Mischung zum Bestreichen Öl, Zitronensaft und Knoblauch in einer kleinen Schüssel verquirlen. Die getrockneten Rosmarinnadeln direkt in das Öl geben.

4. Wenn der Grill bereit ist, das Gemüse mit der Ölmischung bestreichen. Dabei den Rosmarinzweig als »Pinsel« benutzen. Ist kein frischer Rosmarin verfügbar, einen Küchenpinsel verwenden. Das Gemüse auf den heißen Rost legen und von jeder Seite 3–6 Min. appetitlich braun grillen; 1–2mal mit der Ölmischung bestreichen, dann salzen und pfeffern. Auf einer Platte abkühlen lassen. Die Wurzelenden der Zwiebeln abschneiden und die Zwiebeln in ihre einzelnen Schichten teilen.

5. Das Baguette in 4 gleich große Stücke teilen. Jedes Stück wie für ein Sandwich in der Mitte quer durchschneiden. Die unteren Baguettehälften auf die Arbeitsfläche legen und mit der restlichen Ölmischung bestreichen. Mit der Hälfte des Ziegenkäses belegen, dann Auberginen, Zucchini, Kürbisse, Paprika und Zwiebeln darauf verteilen. Mit der anderen Hälfte des Ziegenkäses die Schnittseiten der übrigen Baguettes belegen und diese umgedreht auf die Sandwiches setzen. Die Sandwiches noch einmal quer durchschneiden und heiß oder zimmerwarm servieren.

Für 4 Personen

GEGRILLTE PORTOBELLO-SANDWICHES MIT BASILIKUM-AIOLI

USA

METHODE:
Direktes Grillen

Der Portobello-Pilz ist zum Steak des ausgehenden Jahrhunderts geworden: gegrilltes Gemüse statt Rindfleisch. Die breite, üppige Kappe des Pilzes hat ein fleischähnliches Aroma. Man erhält ihn in großen Supermärkten und Feinkostgeschäften. Reicht man dazu eine frische, mit Basilikum gewürzte Aïoli (Knoblauchsauce), erhält man ein Sandwich, das förmlich auf den Geschmacksknospen tanzt.

SPEZIAL-
ZUBEHÖR:
Gemüserost

4 große Portobello-Pilze, mit angefeuchtetem
   Küchenpapier abgerieben
3 Knoblauchzehen, in schmale Stifte
   geschnitten
1 Rosmarinzweig, abgepflückt (nach Wunsch)
3 EL Olivenöl extra vergine
3 EL Balsamessig
1 große Tomate, quer in ca. 1 cm dicke
   Scheiben geschnitten
Salz und frisch gemahlener schwarzer Pfeffer
   nach Geschmack
4 Zwiebelbrötchen, Hamburger-Brötchen oder
   12 cm lange Baguettestücke, längs aufgeschnitten
Basilikum-Aïoli (s. rechte Spalte) oder
   Mayonnaise
1 Bund Rauke, gewaschen und getrocknet

1. Den Grill auf höchster Stufe anheizen.
2. Die Füßchen der Pilze abschneiden. Mit der Spitze eines Schälmessers kleine Löcher in die Köpfe stechen. Knoblauchstifte und Rosmarinnadeln hineinstecken. Öl und Essig in einer kleinen Schüssel verquirlen. Die Portobelloköpfe und die Tomatenscheiben großzügig mit dieser Mischung bestreichen, salzen und pfeffern.
3. Einen Gemüserost 5 Min. vorwärmen. Tomatenscheiben und Portobelloköpfe, abgerundete Seite nach unten, auf den heißen Rost legen und von jeder Seite 3–6 Min. appetitlich braun grillen. Mit einem Grillwender

wenden. Das Gemüse dabei 1–2mal mit der Öl-Essig-Marinade bestreichen.
4. Die Brötchen innen mit Basilikum-Aïoli bestreichen. Das gegrillte Gemüse und die Rauke zugeben und sofort servieren.
Für 4 Personen

Basilikum-Aïoli

Aïoli ist eine Art Knoblauch-Mayonnaise aus Südfrankreich. Hier verwende ich eine fertige Mayonnaise als Basis, um das geringe, aber ernste Risiko zu umgehen, das mit dem Genuß roher Eier verbunden ist.

1 Tasse Mayonnaise
3 Knoblauchzehen, durchgepreßt
24 Basilikumblätter, in dünne Streifen
   geschnitten
1 EL frisch gepreßter Zitronensaft
Salz und frisch gemahlener schwarzer Pfeffer
   nach Geschmack

Mayonnaise, Knoblauch, Basilikum, Zitronensaft, Salz und Pfeffer in einer kleinen Schüssel sorgfältig verquirlen.
Ergibt ca. 1 Tasse

TANDOORI-PAPRIKA

INDIEN

METHODE:
Indirektes Grillen

Gefüllte Paprika findet man in Tandoori-Lokalen in ganz Nordindien. Dort verwendet man eine grüne Paprikasorte, die kleiner und schärfer ist als unsere. Die fehlende Schärfe unserer Paprika gleiche ich durch eine kräftige Prise Cayennepfeffer in der Füllung wieder aus.

Die Füllung ist schon eine Mahlzeit für sich – ein kräftiger Eintopf aus Zwiebeln, Kartoffeln, Kohl und Nüssen, ausgesuchten Gewürzen und Käse. In Indien grillt man die gefüllten Paprika auf senkrechten Spießen in einem Tandoor. In der aufrechten Position kann nichts von der Füllung herausfallen. Wo kein Tandoor vorhanden ist, gart man die Paprika am besten nach der indirekten Methode, aufrecht stehend auf dem Rost. Auch rote und gelbe Paprika eignen sich ausgezeichnet zum Füllen, selbst wenn das nicht mehr ganz original-getreu ist.

PAPRIKA UND MARINADE:
4 große, grüne, rote oder gelbe Paprika
2 EL frisch gepreßter Zitronensaft
1 EL Pflanzenöl
1 Knoblauchzehe, grobgehackt
1 Stück Ingwerwurzel (ca. 1 cm)
¼ TL Salz

FÜLLUNG:
2 EL Pflanzenöl
½ TL Kreuzkümmel
½ TL Kurkuma, gemahlen
¼ TL Cayennepfeffer, nach Geschmack auch mehr
1 mittelgroße Zwiebel, feingehackt
1 Knoblauchzehe, durchgepreßt
1 große Kartoffel (ca. 300 g), geschält und in ca. ½ cm große Würfel geschnitten
⅓ von 1 kleinen Weißkohlkopf, ohne Strunk, in dünne Streifen geschnitten
1 große Tomate, feingehackt
2 EL Cashewnüsse, grobgehackt
2 EL Rosinen (nach Wunsch)
¼ Tasse Koriandergrün, feingehackt
½ Tasse Gouda oder milder Cheddar, gerieben
Salz nach Geschmack

1. Von jeder Paprika einen ca. 1 cm hohen Deckel abschneiden. Die weiße Haut und die Kerne mit einem Löffel oder Melonen-schneider entfernen. Paprika samt Deckel beiseite stellen.
2. Für die Marinade Zitronensaft, Öl, Knoblauch, Ingwer und Salz im Mixer pürie-ren. Das Innere der Paprika und der Deckel mit Hilfe eines Küchenpinsels mit der Mi-schung bestreichen. Beiseite stellen und ma-rinieren.
3. Für die Füllung das Öl in einer gro-ßen Pfanne oder einem Topf bei mittlerer Hitze erwärmen. Kreuzkümmel, Kurkuma, Cayennepfeffer, Zwiebeln und Knoblauch zugeben und ca. 5 Min. sautieren, bis die Zwiebeln eben braun werden. Kartoffeln, Kohl, Tomaten, Cashewnüsse und Rosinen einrühren und 2 Min. garen. Den Deckel auf die Pfanne setzen und bei geringer Hitze 10–15 Min. unter gelegentlichem Rühren garen, bis das Gemüse weich ist. Nach ca. 10 Min. prüfen, ob sich Flüssigkeit abge-setzt hat. In diesem Fall die letzten 5 Min. der Garzeit in der offenen Pfanne garen, damit die Flüssigkeit verdampfen kann. Das Koriandergrün einrühren und 1 Min. darin ziehen lassen. Den Käse einrühren. Die Pfanne vom Herd nehmen und die Füllung mit Salz und noch etwas Cayennepfeffer pi-kant abschmecken.
4. Die Füllung in die Paprika geben. Die Deckel aufsetzen (s. Hinweis).
5. Den Grill zum indirekten Grillen vor-bereiten (s. Seite 14/16) und auf höchster Stufe anheizen
6. Die Paprika in die Mitte des heißen Rostes, aber außerhalb des Bereichs mit der größten Hitze stellen. Die Haube auf den Grill setzen und die Paprika 20–30 Min. garen, bis sie appetitlich gebräunt und zart sind. Ich schiebe die Paprika in den letzten Minuten der Garzeit gern direkt über die Flammen, damit die Haut etwas dunkel wird. Sofort servieren.

Für 4 Personen
Hinweis: Bis zu Schritt 4 können die Pa-prika bis zu 6 Std. im voraus vorbereitet und, mit Klarsichtfolie locker abgedeckt, im Kühlschrank aufbewahrt werden.

ข้าวขาว ขยาแข้ง
เก่า ขึ้นหม้อ
15 ก.ก. 170 บ.

เหอมะลิ สุรินทร์
220

หอมมะลิ ใหม่ครั่ง
หอมนิ่มเหนียว
220 บาท

Reis, Bohnen
UND ANDERE SATTMACHER

Gerichte aus Reis und Bohnen sind vielleicht nicht gerade die Höhepunkte eines Barbecue, aber ohne sie fehlte etwas. Dieses Kapitel handelt von den rustikalen Beilagen, die den Speisen Substanz verleihen und einen Ausgleich zum üppigen Fleischgenuß schaffen.

Reis ist in vielen Teilen der Welt die klassische Beilage zu Grillgerichten, vom klebrigen Rundkornreis in Asien bis hin zum lockeren Langkornreis im Westen.

Auch Bohnen sind universell. In Nordamerika findet man gebackene Bohnen fast überall, in Indien reicht man Dal (mit Ingwer gekochte Bohnen) zum Tandoori und in Brasilien Tutu mineira (schwarze

Bohnen nach Cowboy-Art) zu gegrilltem Fleisch (Churrasco). Hier finden Sie Rezepte für all das und vieles mehr.

Damit kommen wir zu den etwas ungewöhnlicheren Beilagen wie Polenta oder Haferschnitten – die gegrillt einfach köstlich sind! Auch Yorkshirepudding kann man auf dem Grill zubereiten, in der Ruhezeit des Entrecôte zum Beispiel. Selbst ein Rezept für geröstetes Maniokmehl gibt es hier, mit dem man in Brasilien gern gegrilltes Fleisch bestreut.

Dank dieser Rezepte muß niemand hungrig nach Hause gehen, und das Barbecue wird ein voller Erfolg.

»Wer würde je müde des Mondenscheins und einer guten Schale Reis?«

JAPANISCHES SPRICHWORT

In Thailand bildet Reis die klassische Beilage zu allen Grillgerichten.

BASMATI-REIS INDISCH

INDIEN

BEILAGE

*SPEZIAL-
ZUBEHÖR:
Wok-Aufsatz oder
Flammenschutz*

*BASMATI MIT
SAFRAN-RO-
SENWASSER*

*Weichen Sie ½ TL
Safranfäden in ei-
nem kleinen Gefäß
mit Deckel in 2 EL
Rosenwasser ein.
Vor dem Servieren
ein paar Tropfen
über den Reis
geben und unter-
rühren. Reste
im Kühlschrank
aufbewahren.*

Die traditionelle indische Zubereitungs-art für Basmati folgt einem planvollen, aber einfachen Ablauf: Spülen, Einwei-chen und Dünsten. Das ergibt den köstlich-sten Basmati-Reis, den ich kenne.

**2 Tassen Basmati-Reis
500 ml Wasser
1 TL Salz**

1. Den Reis in einer großen Schüssel gut 7 cm hoch mit Wasser bedecken und mit der Hand verwirbeln, bis das Wasser trübe wird. Durch ein Sieb gießen. 4–6mal wiederholen, bis das Wasser klar bleibt. Den Reis abtrop-fen lassen, wieder in die Schüssel geben, das Wasser angießen und 30 Min. quellen lassen.

2. Das Wasser durch ein Sieb in einen großen Topf gießen und bei starker Hitze zum Kochen bringen. Salz und Reis zugeben und nochmals aufkochen. Den Topfdeckel halb öffnen und den Reis bei schwacher bis mittlerer Hitze 10–12 Min. leise köcheln las-sen, bis sich an der Oberfläche des Reises Löcher gebildet haben, durch die der Dampf entweicht.

3. Die Temperatur reduzieren und den Topf über der Herdplatte auf einen Wokauf-satz oder Flammenschutz stellen. Den Topf-deckel in ein sauberes Küchentuch wickeln. Überstehendes Tuch nach oben umschla-gen. (Es darf nicht auf die Herdplatte kom-men.) Den Deckel mit dem Tuch auf den Topf setzen und den Reis bei ganz niedriger Hitze 10 Min. dünsten.

4. Den Reis mit einer Gabel vorsichtig lockern und sofort servieren.
Für 4 Personen

SCHNELLER BASMATI-REIS

USA

BEILAGE

Unter der Woche oder immer, wenn nicht viel Zeit ist, kann man mit dieser Methode schnell einen recht leckeren Basmati-Reis kochen.

**1 ½ l Wasser
30 g Butter
1 TL Salz
½ TL frisch gemahlener weißer Pfeffer (nach
  Geschmack)
2 Tassen Basmati-Reis**

1. Wasser, Butter, Salz und Pfeffer in ei-nem großen Topf zum Kochen bringen. Den Reis einrühren und bei starker Hitze noch-mals aufkochen.

2. Die Temperatur auf niedrige Stufe re-duzieren, den Deckel fest schließen und den Reis in ca. 18 Min. weich kochen. Das Wasser sollte vollständig aufgesogen sein. Den Topf vom Herd nehmen und den Reis 5 Min. ruhen lassen.

3. Den Reis mit einer Gabel vorsichtig lockern und sofort servieren.
Für 4 Personen

Basmati-Reis in fünf Variationen

Basmati ist der Rolls Royce unter den Reissorten. Er hat ein langes, schlankes Korn von intensivem Aroma, das leicht süßlich nach Butter, Nüssen und Milch schmeckt. Und das ohne irgendein Gewürz! Basmati wächst am Fuße des Himalaya und verdankt sein außergewöhnliches Aroma einem mehrjährigen Reifeprozeß in Silos. Anders als die meisten Reissorten wird er beim Kochen nicht dikker, sondern länger.

Bei Basmati-Reis denkt man im allgemeinen an Indien, tatsächlich ist er aber Grundnahrungsmittel vom Kaukasus im Westen bis Bangladesh im Osten.

Die traditionelle Zubereitungsart umfaßt mehrmaliges Waschen, Quellen und Dünsten (s. linke Seite). Weil Basmati-Reis in der Welt des Barbecue aber so eine wichtige Rolle spielt, biete ich gleich mehrere Rezepte an, vom Schnellkochreis – ideal für den Wochenendkoch – bis zum aufwendigen persischen Reis mit Preiselbeeren.

Basmati-Reis gibt es im Delikatessengeschäft, aber auch in den meisten Supermärkten. Wenn Sie ihn genauso gern mögen wie ich, kaufen Sie ihn in größeren Mengen in indischen, pakistanischen oder arabischen Läden.

GEDÜNSTETER REIS PERSISCH

IRAN

BEILAGE

Ohne Reis wäre ein persisches Mahl unvollständig. Hier ein einfaches Rezept für gedünsteten Reis, der ausgezeichnet zu allen persischen oder afghanischen Kebabs in diesem Buch paßt. Servieren Sie diesen oder den Reis aus dem nächsten Rezept zu Irans berühmtestem Grillgericht: Chelow-Kebab (s. Seite 421).

3 Tassen Basmati-Reis
1 EL Salz
1 ½ l Wasser
4 EL (60 g) Butter, in Flöckchen

1. Den Reis in einer großen Schüssel gut 7 cm hoch mit Wasser bedecken und mit der Hand verwirbeln, bis das Wasser trübe wird. Durch ein Sieb gießen. 4–6mal wiederholen, bis das Wasser klar bleibt.

2. Reis, Salz und Wasser in einem Topf bei starker Hitze zum Kochen bringen. Dann den Reis bei mittlerer Hitze und im offenen Topf ca. 18 Min. leise köcheln lassen. Hat der Reis das Wasser aufgesogen, die Temperatur auf niedrigste Stufe reduzieren und die Butterflöckchen auf den Reis setzen.

3. Den Topfdeckel in ein sauberes Küchentuch wickeln. Überstehendes Tuch nach oben umschlagen. (Es darf nicht auf die Herdplatte kommen.) Den Deckel mit dem Tuch auf den Topf setzen und den Reis bei ganz geringer Hitze 20 Min. dünsten. Den Topf vom Herd nehmen und 5 Min. ruhen lassen.

4. Den Reis mit einer Gabel vorsichtig lockern und sofort servieren.
Für 6 Personen

Ein Tag mit Najmieh Batmanglij:
Grillen in Persien

Najmieh Batmanglij ist mein Guru, was das Grillen in Persien angeht. Ich traf sie ausgerechnet an einem Tag, der denkbar ungeeignet für ein Barbecue schien. Die Holzkohle lag ordentlich aufgestapelt im Grill (einer Spezialanfertigung) auf der Terrasse ihres Hauses in Washington D. C. Aber als ich Najmieh besuchte, hatte ein Schneesturm Grill, Terrasse und Garten mit einer dichten Schneedecke überzogen.

Najmieh Batmanglij gehört nicht zu den Köchen, die sich durch einen Schneesturm vom gemeinsamen Kochen abhalten lassen. Najmieh, klein, dunkeläugig und mit wallendem schwarzem Haar, ist eine Autorin und Kochlehrerin, der man ihre Leidenschaft für persisches Barbecue sofort abnimmt. Sie wurde als eines von elf Kindern in Teheran geboren, im Iran, dem früheren Persien. Von ihren zahlreichen Büchern, die in den USA begeistert aufgenommen wurden, ist leider noch keines ins Deutsche übersetzt. So wichtig ist das Grillen im Iran, daß sie ihre Küche mit einem Grill ausgerüstet hat, um den sie so manches Restaurant beneiden würde. Ich klopfte den Schnee von Mantel und Stiefeln, und wir machten uns ans Marinieren und Schneiden des Fleisches.

Am Tage meines Besuches zeigte sie mir mit einer an Zauberei grenzenden Geschicklichkeit in drei Stunden zehn Gerichte. Ein ganzes Rinderfilet war in Null Komma Nichts sauber in mundgerechte Streifen geschnitten, mit Zwiebel- und Zitronensaft beträufelt und mit zerstoßenem Pfeffer bestreut. Lamm- und Rinderschulter wurden durch einen Fleischwolf gedreht und für den berühmten iranischen Kubideh (Hackfleisch-Kebab) dann bei geringer Hitze von Hand verknetet. In irdenen Töpfen lagen Stücke von Lamm- und Geflügel, die zwei Tage in farbenprächtigem Safran-Joghurt mariniert worden waren. Beeindruckend ist das zu jeder Jahreszeit, aber bei dem unwirtlichen Wetter wirkte es noch imposanter.

Es ist unwahrscheinlich, daß die Ursprünge einer so universellen Kochtechnik wie Fleisch auf Spießen über einem Feuer zu grillen in einem bestimmten Land und einer bestimmten Zeit liegen. Wenn aber doch, wäre wohl Persien der Geburtsort des Grillens. Es ist seit Hunderten, wenn nicht Tausenden von Jahren untrennbar mit der persischen Kultur verflochten. Darauf weisen Erkenntnisse der Sprachwissenschaft hin. Auch finden sich in der frühen persischen Kunst und Literatur zuhauf Bilder und Berichte vom Grillen. In einer Handschrift aus dem 4. Jh. wird z. B. ein am Spieß gerösteter Kapaun beschrieben, der ausschließlich mit Hanfsaat und Olivenbutter ernährt worden war. Der Dichter Ferdousi schildert detailliert eine Kalbfleisch-Marinade mit Safran, Rosenwasser, Moschus und altem Wein.

Kebabs im persischen Stil, vorzugsweise mit Lammfleisch und einer Marinade auf Joghurtbasis, findet man vom Balkan im Westen bis nach Bangladesh im Osten. Sie haben wohl auch griechische Souflaki und indisches Tandoori inspiriert. Souflaki könnten zur Zeit des osmanischen Reiches mit den Türken nach Griechenland gekommen sein (wenn nicht bereits während der Persischen Kriege im 6. Jh.). Tandoori führten die

Moguln ein, persische Herrscher, die im 16. Jh. den Islam nach Nordindien brachten. (In der indischen Küche sind die Gewürze exquisiter, die Marinaden auf der Basis von Joghurt und Knoblauch jedoch die gleichen.) Selbst die in Rußland beliebten Schaschliki (Spieße von Rind- oder Lammfleisch) gehen wahrscheinlich auf das persische Schischlik (auf Spießen gegrillte Lammkoteletts) zurück.

Woher kommt diese Liebe zu Gegrilltem im heutigen Iran? »Bei uns findet das Leben draußen statt«, erklärt Najmieh. »Acht Monate im Jahr kocht, speist und schläft man sogar draußen.« Auf diese Art entstand eine unvergleichliche Grillkultur.

Gäbe es im Iran nur ein einziges Nationalgericht, dann wäre das sicher Chelow-Kebab, Lamm-, Kalb- oder Rindfleischspieße auf einem schneeweißen Reisberg, serviert mit überm Feuer gerösteten Tomaten, rohem Ei, rohen Zwiebeln und einem herben lilafarbenen Pulver aus Sumachbeeren. Aber dem Freund von Kebabs ist alles recht: Lamm, Kalb, Rind, Innereien, Tomaten, Zwiebeln, sogar mit Sumach bestäubter Fisch. Am beliebtesten ist jedoch Lamm. »Im Iran weiden die Schafe auf Wiesen, deren Kräuter ihrem Fleisch einen ausgezeichneten Geschmack verleihen«, erklärt Najmieh. Lende und Filet sind ihre Lieblingsstücke, aber auch Keule und Schulter sind akzeptabel, wenn sie mindestens 48 Stunden mariniert werden.

Traditionell werden die Lammstücke mit Schwanzfett gespickt.

Langes Marinieren ist geradezu ein Markenzeichen persischer Grillgerichte. Die Marinade besteht grundsätzlich aus Joghurt, Zitronen- oder Limettensaft, Zwiebeln, Knoblauch, Safran, Pfeffer und Salz. Zuweilen verleiht kandierte Orangenschale eine leichte Süße. Manchmal wird der Joghurt durch Olivenöl ersetzt – besonders bei Rind- und Kalbfleisch. Im Iran wird Fleisch wesentlich länger mariniert als hier, zwei bis drei Tage sind durchaus üblich. Eine zwei- bis dreitägige Ruhezeit in einer Marinade aus saurem Joghurt und Zitronensaft wirkt bei zähen Fleischfasern Wunder. Und sie erzeugt eine ungewöhnliche Geschmackstiefe. »Im Iran hat man immer etwas Fleisch in einer Marinade im Kühlschrank«, erklärt Najmieh. »So können wir im Handumdrehen Kebabs machen.«

Eine weitere Besonderheit persischen Grillens ist die Mischung, mit der das Fleisch beim Grillen bestrichen wird. Im wesentlichen besteht sie aus Limettensaft, Safran und zerlassener Butter. Safran verleiht dem Fleisch einen Goldschimmer. Insgesamt bleibt das Fleisch durch die Mischung saftig. Das ist wichtig, denn im Iran grillt man gern über sehr starker Hitze.

Angesichts der großen Bedeutung von Kebabs in der persischen Küche verwundert es nicht, daß es entsprechend raffinierte Spieße gibt: lange, flache Stahl-

bänder verschiedener Breite mit einer Spitze, so daß man das Grillgut leicht aufziehen kann: Fleischwürfel auf schmale Spieße (½ cm breit), dünne Streifen Rind- und Lammfleisch auf mittlere (1 cm breit) und Hackfleisch auf die breitesten (1 ½– 2 ½ cm breit). Diese Spieße sind so nützlich, daß sie in der gesamten arabischen Welt Verbreitung fanden.

Aber bei Najmieh lernte ich auch, daß das Grillgut allein nicht die Hauptsache des persischen Barbecue ausmacht. Auch die Beilagen spielen eine wichtige Rolle. Man begrüßt die Gäste mit süßem Tee in einem winzigen Goldrandglas. Und der Tisch biegt sich förmlich unter dem Gewicht eines Mokhalafat, einer ganz erstaunlichen Auswahl an Dips, Salaten, Chutneys, Torshis (Süß-Saurem) und papierdünnen Lavash-Fladen, mit denen man das Fleisch umhüllt.

Najmieh reichte zu ihrem Barbecue eine Platte mit Basilikum, Minze, Brunnenkresse und anderen frischen Kräutern, dazu Tomaten, Gurken und Lauchzwiebeln. Zusätzlich gab es gehackte Zwiebeln und köstlich würziges Sumachpulver, das man über das Fleisch streut. Zu trinken gab es kühles, schäumendes Dugh, ein erfrischendes Getränk aus Joghurt, Minze und Rosenblättern. Najmiehs Gastfreundschaft war so überwältigend, daß ich mich am Ende fühlte wie bei einem Gastmahl in Teheran und nicht wie mitten in einem Schneesturm in Washington D. C.

PERSISCHER REIS MIT GOLDKRUSTE

Chelow

IRAN

BEILAGE

Dieses Reisgericht gehört zu den Glanzstücken der persischen (iranischen) Gastronomie – zarter, süßer, safrangelber Reis mit einer hörbar knusprigen, mit Joghurt aromatisierten Kruste. In der Theorie ist das ganz einfach (man bräunt den Reis in einer Schicht am Topfboden), aber es bedarf jahrelanger Praxis, bis man eine perfekt goldbraune Kruste hinbekommt, die sich in einem Stück vom Topfboden löst. Und so bereitet meine persische Koch-Meisterin Najmieh Batmanglij diese Beilage zu einem iranischen Barbecue zu:

3 Tassen Basmati-Reis
2 ¼ l plus 1 EL Wasser
2 EL Salz
¼ TL Safranfäden
160 ml geklärte, zerlassene Butter (s. Hinweis) oder Olivenöl
3 EL Naturjoghurt

1. Den Reis in einer großen Schüssel gut 7 cm hoch mit Wasser bedecken und mit der Hand verwirbeln, bis das Wasser trübe wird. Durch ein Sieb gießen. 4–6mal wiederholen, bis das Wasser klar bleibt.

2. In einem beschichteten Topf (24–26 cm Durchmesser und 15 cm hoch) 2 l Wasser mit Salz bei starker Hitze zum Kochen bringen. Die Temperatur reduzieren, den Reis zugeben und im offenen Topf 6 Min. sprudelnd kochen. In ein Sieb schütten, kalt abschrecken und gut abtropfen lassen. Den Reistopf auswischen und mit Küchenpapier trockenreiben.

3. Die Safranfäden in einer kleinen Schüssel mit einem Stößel oder Holzkochlöffel zu Pulver zerstoßen. 1 EL warmes Wasser zugeben und 5 Min. ziehen lassen.

4. In einer zweiten Schüssel die geklärte Butter (s. Hinweis) mit dem Joghurt und weiteren 125 ml Wasser verquirlen. Diese Mischung auf den Boden des Reistopfs gießen. Mit dem Löffel gleichmäßig eine gut 1 cm hohe Schicht Reis auf der Mischung verteilen. Den restlichen Reis vorsichtig zur Mitte hin anhäufen. Die Spitze mit der Safranmischung beträufeln und im geschlossenen Topf 8 Min. bei mittlerer Hitze garen.

5. Den Topf öffnen und weitere 125 ml Wasser über den Reis träufeln. Auf geringe Hitze zurückschalten. Den Topfdeckel in ein sauberes Küchentuch wickeln. Überstehendes Tuch nach oben umschlagen. (Es darf nicht auf die Herdplatte kommen.) Den Deckel mit dem Tuch auf den Topf setzen und den Reis ca. 40 Min. garen, bis er oben weich ist und unten eine goldbraune Kruste gebildet hat. Nach 30 Min. nachschauen: Ist keine Kruste zu erkennen, die Temperatur etwas erhöhen.

6. Zum Servieren den lockeren Reis in eine Schale füllen, die Kruste im Topf lassen. Eine runde Platte auf den Topf legen. Den Topf stürzen und ein wenig schütteln. Der knusprige Reis sollte als goldbraune Scheibe herausgleiten. Die Kruste in Stücke schneiden und neben dem lockeren Reis servieren.

Für 6 Personen
Hinweis: Butter klären: 250 g Butter in einem kleinen Topf bei mittlerer Hitze zerlassen. Vom Herd nehmen und die goldfarbene Flüssigkeit (die geklärte Butter) in einen Glasmeßbecher oder in ein hitzefestes Gefäß gießen. Die weißen Flöckchen, die sich am Topfboden abgesetzt haben, wegschütten. Geklärte Butter hält sich im Kühlschrank bis zu einem Monat.

PERSISCHER REIS MIT PREISELBEEREN

IRAN

BEILAGE

Reis mit Sauerkirschen oder Blaubeeren wird im Iran gern zu Kebabs gereicht. Als ich einmal weder das eine noch das andere im Haus hatte, kochte ich Reis mit getrockneten Preiselbeeren: Ihr süß-saurer Geschmack erwies sich als genau das Richtige. Getrocknete Preiselbeeren und Kirschen bekommt man im Delikatessengeschäft, im Bioladen und in vielen Supermärkten.

3 Tassen
    Basmati-Reis
2 ³⁄₈ l Wasser
2 EL Salz
1 ½ Tassen getrocknete Preiselbeeren oder
    Sauerkirschen
¼ Tasse Zucker
2 EL Butter
2 EL zerlassene Butter
2 EL Naturjoghurt
2 EL Wasser

1. Den Reis in einer großen Schüssel gut 7 cm hoch mit Wasser bedecken und mit der Hand verwirbeln, bis das Wasser trübe wird. Durch ein Sieb gießen und diesen Vorgang 4–6mal wiederholen, bis das Wasser klar bleibt.

2. In einem beschichteten Topf (24–26 cm Durchmesser und 15 cm hoch) 2 l Wasser mit Salz bei starker Hitze zum Kochen bringen. Die Temperatur etwas reduzieren, den Reis zugeben und im offenen Topf 6 Min. sprudelnd kochen. In ein Sieb schütten, kalt abschrecken und gut abtropfen lassen. Den Reistopf auswischen und mit Küchenpapier trockenreiben.

3. In der Zwischenzeit die Preiselbeeren mit ³⁄₈ l Wasser und dem Zucker in einem mittelgroßen Topf bei mittlerer Hitze erwärmen. 5–8 Min. köcheln lassen, bis die Preiselbeeren weich sind und die Flüssigkeit zum größten Teil verdampft ist. Der verbleibende Saft sollte sirupartig sein. Die Preiselbeeren mit einem Schaumlöffel in eine Schale heben. 2 EL Butter unter den Saft rühren und aufkochen. Vom Herd nehmen und abgedeckt bei Zimmertemperatur ruhen lassen.

4. Die zerlassene Butter, den Joghurt sowie 2 EL Wasser in eine Schüssel geben und verquirlen. Diese Mischung auf den Boden des Reistopfs gießen. Mit dem Löffel gleichmäßig eine gut 1 cm hohe Schicht Reis auf der Mischung verteilen. Die Preiselbeeren unter den restlichen Reis rühren und den Preiselbeerreis vorsichtig zur Mitte hin anhäufen. Im offenen Topf bei mittlerer Hitze 6–8 Min. kochen, bis der Reis unten braun wird.

5. Die Temperatur reduzieren. Den Topfdeckel in ein sauberes Küchentuch wickeln. Überstehendes Tuch nach oben umschlagen. (Es darf nicht auf die Herdplatte kommen.) Den Deckel mit dem Tuch auf den Topf setzen und den Reis ca. 40 Min. garen, bis er oben weich ist und sich unten eine goldbraune Kruste gebildet hat. Nach 30 Min. nachschauen: Ist keine Kruste zu erkennen, die Temperatur etwas erhöhen. Den aufbewahrten Preiselbeersaft über den Reis gießen und den Topf vom Herd nehmen. 5 Min. abgedeckt ruhen lassen.

6. Zum Servieren den lockeren Reis in eine Schale füllen, die Kruste im Topf lassen. Eine runde Platte auf den Topf legen. Den Topf stürzen und ein wenig schütteln. Der knusprige Reis sollte als goldbraune Scheibe herausgleiten. Die Kruste mit einem Löffel in Stücke teilen und neben dem lockeren Reis servieren.

Für 6 Personen

JASMINREIS

THAILAND

BEILAGE

Jasminreis ist bei uns noch relativ neu, hat die Herzen der Reisliebhaber aber im Sturm erobert. Angesichts seines süßen, delikaten, fast blumigen Geschmacks überrascht das nicht. Jasminreis bekommt man in Asienläden und Delikatessengeschäften. Dieser Reis ist die ideale Beilage für alle thailändischen Grillgerichte in diesem Buch.

2 Tassen Jasminreis
875 ml Wasser

1. Den Jasminreis in eine große Schüssel geben, gut 7 cm hoch mit Wasser bedecken und mit der Hand verwirbeln, bis das Wasser trübe wird. Durch ein Sieb gießen und diesen Vorgang 4–6mal wiederholen, bis das Wasser klar bleibt.

2. Das Wasser in einem großen Topf bei starker Hitze zum Kochen bringen. Den Reis einrühren und erneut aufkochen. Auf niedrige Hitze zurückschalten und den Topfdeckel gut schließen. Den Reis in 15–18 Min. gerade eben weich kochen.

3. Den Topf vom Herd nehmen und den Topfdeckel in ein sauberes Küchentuch wickeln. Überstehendes Tuch nach oben umschlagen. (Es darf nicht auf die Herdplatte kommen.) Den Deckel mit dem Tuch auf den Topf setzen und den Reis 5 Min. ruhen lassen.

4. Den Reis mit einer Gabel vorsichtig lockern und sofort servieren.

Für 4 Personen

GELBER REIS AUS BALI
Nasi kuning

INDONESIEN

BEILAGE

Dieser hohe Reiskegel – mit Kurkuma vergoldet und mit Zitronengras und Ingwer aromatisiert – symbolisiert Balis heiligen Berg Agung. Er ist der passende Mittelpunkt eines Megibung, einer balinesischen Reistafel. Ein Megibung ist eine Art Buffet balinesischer Köstlichkeiten, zu dem unbedingt Babi guling (Schweinebraten) und verschiedene Satés gehören.

Traditionell wird für dieses Gericht balinesischer Langkornreis verwendet. Hierzulande kommt thailändischer Jasminreis dem am nächsten. Kokosnußwasser ist die Flüssigkeit in der Kokosnuß.

3 Tassen Jasminreis
375 ml Kokosnußwasser oder normales Wasser
375 ml Hühnerbrühe, selbstgemacht oder Fertigprodukt (natriumarm)
180 ml Kokosmilch, aus der Dose oder selbstgemacht (s. Seite 522)
1 Zitronengrasstiel, mit der Seite eines Hackbeils flachgedrückt, oder 1 TL abgeriebene Zitronenschale
4 Scheiben Galgant oder Ingwer, ½ cm dick, mit der Seite des Hackbeils leicht zerdrückt
½ TL Kurkuma, gemahlen
1 TL Salz

1. Den Reis in einer großen Schüssel gut 7 cm hoch mit Wasser bedecken und mit der Hand verwirbeln, bis das Wasser trübe wird. Durch ein Sieb gießen und diesen Vorgang 4–6mal wiederholen, bis das Wasser klar bleibt.

2. Kokosnußwasser, Hühnerbrühe, Kokosmilch, Zitronengras, Galgant, Kurkuma und Salz in einem großen Topf bei starker Hitze zum Kochen bringen. Den Reis zugeben und nochmals aufkochen. Auf niedrige Hitze zurückschalten und den Topfdeckel gut schließen. Den Reis in 15–18 Min. gerade eben weich kochen. Den Topf vom Herd nehmen und den Reis 5 Min. abgedeckt ruhen lassen.

3. Den Reis mit einer Gabel vorsichtig lockern. Das Zitronengras und die Galgantscheiben entfernen. Auf Bali wird Nasi kuning vor dem Servieren in eine leicht geölte Kegelform gegeben. Mit der Öffnung nach oben und mit Alufolie bedeckt 3 Min. in eine Schüssel oder einen Topf stellen. Eine Platte auf die Öffnung legen und den Reis darauf stürzen.

Für 6 Personen

GEDÜNSTETER REIS JAPANISCH

JAPAN

BEILAGE

In Japan ist Reis mehr als nur ein Nahrungsmittel. Er ist die Seele der japanischen Kultur. In seinem zweiten Buch »Japanese Cooking: A Simple Art« (noch nicht ins Deutsche übersetzt) widmet Shizuo Tsuji, die Autorität für die japanische Kochkunst schlechthin, der Zubereitung von schlichtem gekochtem Reis acht Seiten. Er inspirierte mich zu dem folgenden Rezept.

Man braucht für dieses Gericht asiatischen Reis mit kurzem (ovalem) Korn. In Japan wäre Shinmai der Reis der Wahl, frisch geernteter »neuer Reis«, wie er im Herbst auf den Markt kommt. Eventuell bekommt man Shinmai in einem japanischen Geschäft.

3 Tassen Kurzkornreis
ca. 1 l Wasser
2 TL dunkle Sesamkerne (nach Wunsch)

1. Den Reis in eine große Schüssel geben, gut 7 cm hoch mit Wasser bedecken und mit der Hand verwirbeln, bis das Wasser trübe wird. Durch ein Sieb gießen und diesen Vorgang 4–6mal wiederholen, bis das Wasser klar bleibt. Wenn der Reis gewaschen ist, ca. 30 Min. im Sieb stehen lassen, bis er gut abgetropft ist.

2. Den Reis in einen großen Topf mit gut schließendem Deckel geben und mit Wasser bedecken (ca. 1 l). Im geschlossenen Topf bei mittlerer Hitze garen, bis man hören kann, wie das Wasser anfängt zu kochen. Auf starke Hitze schalten und den Reis 2 Min. sprudelnd kochen (so daß der Dampf den Deckel hebt). Die Temperatur reduzieren und den Reis bei geringer Hitze 15–20 Min. garen, bis er das Wasser vollständig aufgesogen hat. (Den Deckel nicht vor Ablauf von 15 Min. abheben.)

3. Den Topf vom Herd nehmen und den Topfdeckel in ein sauberes Küchentuch wickeln. Überstehendes Tuch nach oben umschlagen. (Es darf nicht auf die Herdplatte kommen.) Den Deckel mit dem Tuch auf den Topf setzen und den Reis 15 Min. ruhen lassen.

4. Den Reis vor dem Servieren mit einer Gabel vorsichtig lockern und mit den Sesamkernen bestreuen. Sofort servieren.

Für 6 Personen

GEGRILLTE REISKUCHEN

JAPAN

METHODE:
Direktes Grillen

**VORBEREI-
TUNGSZEIT:**
*2–8 Std.
zum Kühlen*

Gegrillte Reiskuchen sind in Japan sehr beliebt. Es gibt sie an Imbißbuden, in Yakitori-Lokalen und selbst in vornehmen Restaurants. Zum folgenden Rezept inspirierten mich die Händler vor dem Sensoji-Tempel in Tokyo. Wahrscheinlich kann man dafür auch Vollkornreis verwenden, aber alle Barbecue-Enthusiasten, denen ich in Japan begegnet bin, teilen fast einhellig die Liebe zum weißen Reis.

Japanische Grillmeister ölen die Reiskuchen nicht. Sie grillen ohne Rost, daher werden die Kuchen auf eßstäbchenähnlichen Spießen gegrillt, die sie über dem Feuer festhalten. Geölt kann man sie auch auf einem hier üblichen Grill zubereiten.

**gedünsteter Reis japanisch (s. Seite 425),
   abgekühlt
klassische Teriyaki-Sauce oder Barbecuesauce
   mit weißem Miso (s. Seite 475) oder auch
   beides**

1 EL Rapsöl

1. Den Reis in eine Schüssel füllen und eine Schale mit kaltem Wasser bereitstellen. Einen großen Teller leicht ölen. Mit leicht angefeuchteten Händen 5 cm große Reisbälle abnehmen. Diese zu Kreisen, Ovalen oder Herzen von je gut 2 cm Dicke formen und auf die Platte legen. Die Hände immer wieder anfeuchten. Die fertig geformten Kuchen locker mit Klarsichtfolie bedecken und mindestens 2 oder bis zu 8 Std. stehen lassen.

2. Den Grill auf höchster Stufe anheizen.

3. Den Grillrost ölen. Die Reiskuchen von beiden Seiten leicht mit Rapsöl bestreichen. Auf einer Seite Sauce auftragen, dann mit der Saucenseite nach unten auf den heißen Rost legen. Von beiden Seiten 4–5 Min. appetitlich braun grillen. Vor dem Wenden nochmals mit Sauce bestreichen. Sofort servieren.

*Ergibt 16–18 Kuchen,
für 6–8 Personen als Beilage*

ERBSEN UND REIS A LA BAHAMAS

BAHAMAS

BEILAGE

Erbsen und Reis werden auf allen Inseln der Karibik häufig gegessen. In diesem Fall sind es Pigeon peas (Straucherbsen), eine grünlich-braune, erdig schmeckende Bohne aus Afrika. Aus manchen volkstümlichen Namen dieser Bohne hört man ihre afrikanische Herkunft noch heraus. Auf Jamaika heißt sie Gunga pea (Kongo-Erbse), auf den frankophonen westindischen Inseln nennt man sie Pois d'Angole (Angola-Erbse), was auch in ihrer spanischen Bezeichnung anklingt: Gandule.

Pigeon peas werden in der zerfurchten Schote verkauft. Es gibt sie in Dosen und gefroren in Südamerikaläden und größeren Supermärkten. Man kann sie auch durch Schwarzaugenbohnen (Afrikaläden) oder kleine rote Kidney-Bohnen ersetzen.

1 EL Pflanzenöl
4 Scheiben Speck, in ½ cm breite Streifen geschnitten
1 mittelgroße Zwiebel, feingehackt
1 mittelgroßer, grüner Paprika, entstielt, entkernt und feingehackt
3 Knoblauchzehen, durchgepreßt
6 Basilikumblätter, in dünne Streifen geschnitten, oder 1 TL Basilikum, getrocknet
1 TL Thymianblätter oder ½ TL Thymian, getrocknet
2 ½ TL Salz, nach Geschmack auch mehr
½ TL frisch gemahlener schwarzer Pfeffer, nach Geschmack auch mehr
2 EL Tomatenpaste
½ TL Zucker
1 ³⁄₈ l Wasser, nach Bedarf auch mehr
3 Tassen weißer Langkornreis
1 EL frisch gepreßter Zitronensaft
2 Tassen gekochte Pigeon peas, Schwarzaugenbohnen oder Kidney-Bohnen

1. Das Öl in einem großen Topf bei mittlerer Hitze erwärmen. Den Speck darin in 4 Min. leicht bräunen. Das Fett bis auf 2 EL abgießen. Zwiebeln, Paprika, Knoblauch, Basilikum, Thymian, Salz und Pfeffer zugeben und 5 Min. braten, bis die Zwiebeln goldbraun sind. Tomatenpaste und Zucker einrühren und weitere 2 Min. braten.

2. Das Wasser zugeben und aufkochen. Reis und Zitronensaft einrühren und nochmals aufkochen. Temperatur reduzieren und den Topf dicht schließen. Den Reis in 18 Min. weich kochen. Nach 15 Min. nachsehen: Ist der Reis noch zu feucht, den Deckel leicht öffnen, so daß etwas Flüssigkeit entweichen kann. Ist er zu trocken, 2–3 EL Wasser zufügen. Während der letzten 3 Min. die »Erbsen« einrühren. Den Topf vom Herd nehmen, 5 Min. ruhen lassen. Das Gericht unmittelbar vor dem Servieren mit einer Gabel lockern und mit Salz und Pfeffer abschmecken.

Für 8 Personen

VERRÜCKTER REIS
Arroz loco

BRASILIEN

BEILAGE

VEGETARISCH
Für eine vegetarische Variante dieses Gerichtes einfach den Speck weglassen und 2 statt 1 EL Öl verwenden

Diese farbenfrohe Beilage ist die brasilianische Version des Risotto. Sie wird in Churrascarias und Restaurants in Rio de Janeiro und São Paulo serviert, und die Chefköche versuchen sich gegenseitig in der Raffinesse der Komposition zu übertreffen. Meine Variante stammt aus dem »Candidos«, einem wunderbaren Restaurant in der Hafenstadt Pedra de Guaratiba, eine Autostunde südlich von Rio.

1 ½ Tassen Langkornreis
625 ml Wasser, nach Bedarf auch mehr
½ TL Salz
1 EL Butter

1 EL Olivenöl
3 Streifen Speck, in ½ cm breite Streifen geschnitten
½ mittelgroße, rote Zwiebel, gewürfelt
1 Knoblauchzehe, durchgepreßt
½ mittelgroßer, grüner Paprika, entstielt, entkernt und in ½ cm große Würfel geschnitten
½ mittelgroßer, roter Paprika, entstielt, entkernt und in ½ cm große Würfel geschnitten
½ Tasse gekochte Maiskörner
¼ Tasse dunkle Rosinen
¼ Tasse helle Rosinen
3 EL glatte Petersilie, gehackt

Salz und frisch gemahlener schwarzer Pfeffer nach Geschmack

1. Den Reis in einer großen Schüssel gut 7 cm hoch mit Wasser bedecken und mit der Hand verwirbeln, bis das Wasser trübe wird. Durch ein Sieb gießen und 4–6mal wiederholen, bis das Wasser klar bleibt.

2. Den Reis in einen großen Topf geben. So viel Wasser zugeben, daß es ca. 2 cm über dem Reis steht (ca. 625 ml). Salz und Butter einrühren und bei starker Hitze zum Kochen bringen. Temperatur reduzieren, den Topfdeckel gut schließen und den Reis ca. 18 Min. garen. Nach 15 Min. nachsehen: Ist der Reis noch zu feucht, den Deckel leicht öffnen, so daß etwas Flüssigkeit entweichen kann. Ist er zu trocken, 2–3 EL Wasser zugeben. Den Topf vom Herd nehmen und den Reis abgedeckt 5 Min. ruhen lassen. Mit einer Gabel lockern und beiseite stellen.

3. Das Öl in einer großen Pfanne bei mittlerer Hitze erwärmen. Den Speck zugeben und 4 Min. leicht bräunen. Das Fett bis auf 2 EL abgießen. Zwiebeln, Knoblauch, Paprika, Mais, Rosinen und Petersilie zugeben, ca. 5 Min. braten, bis die Zwiebeln leicht braun werden. Den Reis einrühren und ca. 2 Min. erwärmen. Mit Salz und Pfeffer abschmecken.

Für 4 Personen

GEGRILLTE POLENTA

ITALIEN

METHODE:
Direktes Grillen

VORBEREITUNGSZEIT:
4 Std. bis 2 Tage zum Kühlen

Polenta ist italienischer Maisbrei. Aber was für ein Brei! Maisgries, zu einer wohlschmeckenden Masse gekocht und hier mit Butter und Sahne verfeinert, dann über dem Grill rauchig gebräunt. Gegrillte Polenta ist entweder eine Beilage oder, mit einer köstlichen Tomatensauce, ein Hauptgericht. Besonders hübsch sieht es aus, wenn man mit einem Teigrädchen Sterne, Dreiecke, Kreise oder andere Formen ausschneidet.

Zusätzlich habe ich die Polenta bei Schritt 2 mit 2 EL zerlassener Butter verfeinert. Das können Sie gerne übernehmen.

2 Tassen Maisgries (Polenta)
1 ½ l Wasser
1 TL Salz, nach Geschmack auch mehr
½ TL frisch gemahlener schwarzer Pfeffer, nach Geschmack auch mehr
125 ml Sahne
2–4 EL Butter, zerlassen, oder Olivenöl

1. Maisgries, Wasser, Salz und Pfeffer in einem großen Topf verquirlen. Unter ständigem Rühren zum Kochen bringen und 2 Min. kochen.

2. Die Temperatur reduzieren, bis die Masse nur noch leicht köchelt, dann die Sahne und nach Wunsch 2 EL zerlassene Butter oder Olivenöl einrühren. Die Polenta im offenen Topf 30–40 Min. leicht köcheln lassen, bis sie sich vom Topfrand löst. Sie brauchen die Polenta nicht ständig zu rühren, aber Sie sollten den Topf im Auge behalten und die Masse ca. alle 5 Min. umrühren. Wird sie fester, den Schneebesen gegen einen Kochlöffel eintauschen. Mit etwas Salz und Pfeffer abschmecken. Die Polenta sollte sehr würzig sein.

3. Die Polenta ca. 1 cm hoch auf einem beschichteten Backblech verteilen und glattstreichen. Auf Zimmertemperatur abkühlen lassen, locker mit Klarsichtfolie abdecken und im Kühlschrank mindestens 4 Std. und bis zu 2 Tage fest werden lassen.

4. Den Grill auf höchster Stufe anheizen.

5. In der Zwischenzeit die kalte und feste Polenta mit einem Messer oder Teigrädchen in Rauten, Rechtecke oder andere dekorative Formen schneiden. (Die Stücke sollten nicht größer sein als 8–10 cm.) Mit einem Grillwender vorsichtig vom Backblech auf einen großen Teller oder eine Platte heben.

6. Wenn der Grill bereit ist, den Grillrost ölen. Die Polenta von beiden Seiten mit 2 EL zerlassener Butter oder Olivenöl bestreichen. Die Polenta auf den heißen Rost legen und von jeder Seite 3–4 Min. zischend heiß und appetitlich braun grillen. Mit dem Grillwender wenden. Sofort servieren.

Für 4 Personen

GEGRILLTE HAFERSCHNITTEN

USA

METHODE:
Direktes Grillen

VORBEREI-TUNGSZEIT:
4 Std. bis 2 Tage zum Kühlen

VARIATIONEN

Nach Wunsch bei Schritt 1 zufügen:

Käseschnitten:
½ Tasse reifer Cheddar, alter Gouda oder Manchego (spanischer Schafskäse), feingerieben

Maisschnitten:
1 Tasse gegrillte Maiskörner (s. Kasten Seite 372)

Chilischnitten:
eingelegte Jalapeño-Chillies, gehackt, und ½ Tasse Monterey oder Cheddar, gerieben

Gegrillte Polenta hat in Italien lange Tradition. Das brachte mich auf die Idee, auch das amerikanische Äquivalent zu grillen: Haferschnitten. Sie passen wunderbar zu Barbecue nach Texas- oder Südstaaten-Art (s. Seiten 466/467).

750 ml Wasser oder Hühnerbrühe, selbstgemacht oder Fertigprodukt (natriumarm)
1 Knoblauchzehe, durchgepreßt
1 TL scharfe Sauce nach Wunsch
1 TL Salz, nach Geschmack auch mehr
½ TL frisch gemahlener schwarzer Pfeffer, nach Geschmack auch mehr
3 Tassen Hafergrütze
60 ml zerlassene Butter oder Olivenöl

1. Wasser, Knoblauch, scharfe Sauce, Salz und Pfeffer in einen großen Topf geben und bei starker Hitze zum Kochen bringen. Die Hafergrütze und die Hälfte der zerlassenen Butter einrühren und nochmals aufkochen. Die Hafergrütze bei reduzierter Temperatur 5–8 Min. unter häufigem Rühren leicht köchelnd quellen lassen. Die Grütze sollte Blasen werfen, aber nicht spritzen. Falls erforderlich, mit etwas mehr Salz und Pfeffer abschmecken.

2. Die Polenta ca. 1 cm hoch auf einem beschichteten Backblech verteilen und glattstreichen. Auf Zimmertemperatur abkühlen lassen, locker mit Klarsichtfolie abdecken und im Kühlschrank mindestens 4 Std. und bis zu 2 Tage fest werden lassen.

3. Den Grill auf höchster Stufe anheizen.

4. In der Zwischenzeit die Grütze in Rauten oder Dreiecke schneiden und mit einem Grillwender vorsichtig auf einen großen Teller heben.

5. Wenn der Grill bereit ist, die Haferschnitten von beiden Seiten mit zerlassener Butter bestreichen. Den Rost ölen, die Schnitten darauf legen und von beiden Seiten 3–4 Min. zischend heiß und appetitlich braun grillen. Mit dem Grillwender wenden. Die Schnitten dabei mit der restlichen Butter bestreichen.

Für 6 Personen

REGENBOGEN-MANIOK

Farofa

BEILAGE

GERÖSTETER MANIOK

Eine einfachere Farofa wird in brasilianischen Grillokalen als Gewürz serviert. Man streut sie über Steaks und Koteletts, damit sie den Fleischsaft aufsaugt. Hat man sich erst einmal daran gewöhnt, möchte man sie nicht mehr missen. Man findet Farofa sogar in Steakhäusern in Uruguay und Argentinien.

Farofa ist eine der ungewöhnlichsten Beilagen zu einem Barbecue und außerhalb seiner Heimat Brasilien kaum bekannt. In ihrer einfachsten Form ähnelt sie gerösteten Semmelbröseln, besitzt aber einen nussigen, erdigen und buttrigen Geschmack sowie eine körnige Konsistenz.

Farofa wird aus getrocknetem Maniok hergestellt, der kartoffelähnlichen Knolle, aus der die Tapiok-Stärke gewonnen wird. Für eine einfache Farofa wird Maniokmehl mit ein paar Zwiebeln oder Knoblauch in Butter oder Öl sautiert. Eine raffiniertere Variante besteht aus einer regenbogenbunten Mischung von getrockneten Früchten, Gemüse und verquirlten Eiern.

Maniokmehl gibt es in brasilianischen und portugiesischen Geschäften und unter der Bezeichnung Cassava in Afrikaläden. Matzenmehl wäre ein Ersatz, es hat aber nicht das gleiche Aroma.

2 EL Butter
4 EL Olivenöl
1 große Zwiebel, feingehackt
2 Knoblauchzehen, durchgepreßt
1 mittelgroßer, roter Paprika, entstielt, entkernt und in 1 cm große Rauten geschnitten
1 mittelgroßer, grüner Paprika, entstielt, entkernt und in 1 cm große Rauten geschnitten
1 mittelgroßer, gelber Paprika, entstielt, entkernt und in 1 cm große Rauten geschnitten
⅓ Tasse Rosinen oder Korinthen
⅓ Tasse Trockenpflaumen, entsteint und gewürfelt
2 Tassen Maniokmehl
2 Eier, verquirlt
Salz und frisch gemahlener schwarzer Pfeffer

1. Butter und 2 EL Öl in einer großen Pfanne bei mittlerer Hitze erwärmen. Zwiebeln und Knoblauch zugeben und ca. 4 Min. weich, aber nicht braun braten. Paprika, Rosinen und Pflaumen zugeben und ca. 4 Min. weiterbraten, bis die Paprika weicher sind.

2. Das Maniokmehl zugeben, ca. 6 Min. unter häufigem Rühren goldbraun sautieren. Die Mischung an den Pfannenrand schieben.

3. Die restlichen 2 EL Öl in die Mitte der Pfanne geben und erhitzen. Die Eier zufügen und zu Rühreiern braten. Unter die Maniokmischung rühren und alles noch 2–4 Min. erhitzen. Salzen und pfeffern, auf einer Platte anrichten und servieren.

Für 6–8 Personen

BOHNEN, SCHNELL IM RAUCH GEBACKEN

METHODE:
Indirektes Grillen

Nicht immer hat man die Zeit, gebackene Bohnen vollständig selbst zuzubereiten. Deshalb werden in diesem Rezept Dosenbohnen verwendet. Aber die kurze Zeit im Rauch auf dem Grill verleiht so viel Aroma, man könnte schwören, die

**SPEZIAL-
ZUBEHÖR:**
*2 Tassen Holz-
späne, 1 Std. in
kaltem Wasser
einweichen und
abtropfen lassen*

Bohnen seien stundenlang auf dem Herd gewesen. Am besten schmeckt es, wenn man noch ein paar Reste Schweinefleisch (vom Barbecue), Speck oder Rinderbrust mit hineingibt. Diese Bohnen kann man auch im Backofen zubereiten: bei 180 °C ca. 30 Min. backen.

**125 g Speck, in ½ cm dicke Streifen
   geschnitten**
2 Tassen Zwiebeln, feingehackt
3 Knoblauchzehen, durchgepreßt
1 EL Ingwer, gerieben
**2 Dosen (à 450 g) Kidney-Bohnen,
   gewaschen und abgetropft**
¼ Tasse brauner Zucker
¼ Tasse Sirup
¼ Tasse Barbecuesauce
¼ Tasse Ketchup
2 EL Worcestersauce
1 EL Senfpulver
1 EL Senf
1 EL Apfelessig
**1–2 Tassen Schweinefleisch, Speck oder
   Rinderbrust, vom Rauch oder Barbecue, in
   Würfel geschnitten (nach Wunsch)**

1 EL Barbecue-Bratenfett (nach Wunsch)
Salz und frisch gemahlener schwarzer Pfeffer

1. Den Grill zum indirekten Grillen vorbereiten (s. Seite 14/16). Den *Holzkohlegrill* auf mittlerer Stufe vorheizen. Beim *Gasgrill* alle Holzspäne in den Räucherkasten geben und den Grill auf höchster Stufe anheizen. Sobald Rauch entweicht, auf mittlere Hitze reduzieren.

2. Den Speck in einem großen Topf 5 Min. bei mittlerer Hitze auslassen. Das Fett bis auf 2 EL abgießen.

3. Zwiebeln, Knoblauch und Ingwer zugeben und ca. 5 Min. sautieren, bis das Gemüse leicht gebräunt ist. Den Topf vom Herd nehmen, Bohnen, Zucker, Sirup, Barbecuesauce, Ketchup, Worcestersauce, Senfpulver, Senf, Essig, Fleischwürfel und Bratenfett zugeben. Bohnen in eine Auflaufform füllen.

4. Beim Holzkohlegrill jetzt die Holzspäne auf die Kohlen streuen. Das Gericht in die Mitte des Grills außerhalb des Bereichs der größten Hitze stellen. Die Bohnen bei geschlossenem Grill ca. 30 Min. backen. Mit Salz und Pfeffer würzen und servieren.

Für 6–8 Personen

GEBACKENE BOHNEN INDISCH
Dal bukhara

INDIEN

BEILAGE

Ein nordamerikanisches Barbecue ohne gebackene Bohnen – das kann man sich kaum vorstellen. Aus aller Welt reisen Begeisterte nach Neu-Delhi, um im berühmten Tandoori-Restaurant »Bukhara« ein exquisites, cremig-mildes Bohnengericht zu genießen: Dal bukhara. Mit anderen Worten: gebackene Bohnen. Wie in der nordamerikanischen Tradition auch, wird Dal bukhara über Nacht in einem riesigen Topf über Holzkohle gekocht.

Die Bohne der Wahl für Dal bukhara ist Urad dal (auch Kali dal genannt), eine kleine schwarze Bohne, im Aussehen ähnlich einer Mungobohne. (Die Bohne hat keinen deutschen Namen.) Sahne und Butter verleihen den Bohnen eine seidige Konsistenz und eine Cremigkeit wie bei keinem anderen indischen Bohnengericht. Urad Dal bekommt man in indischen Geschäften und im Bioladen. Zur Not kann man auch Mungobohnen verwenden.

Klassisches Dal bukhara benötigt eine Zubereitungszeit von 12 Std. Schneller geht es im Dampfkochtopf.

1 Tasse Urad dal oder Mungobohnen
1 l Wasser
1 große Tomate, gehäutet
1 EL Ingwer, gerieben
3 Knoblauchzehen, durchgepreßt
½ mittelgroße Zwiebel, feingehackt
1 EL Tomatenpaste
2 TL Koriander, gemahlen
1 TL Salz, nach Geschmack auch mehr
½ TL frisch gemahlener schwarzer Pfeffer, nach Geschmack auch mehr
¼ TL Cayennepfeffer, nach Geschmack auch mehr
6 EL Butter
125 ml Sahne

1. Die Bohnen auf ein Backblech streuen und Stiele und Steinchen auslesen. Die Bohnen in einer großen Schüssel 8 cm hoch mit Wasser bedecken, mit der Hand verwirbeln, dann durch ein Sieb gießen. Diesen Vorgang ca. 3mal wiederholen

2. Die Bohnen in einen Dampfkochtopf geben und 1 l Wasser angießen. Bei mittlerer Hitze ca. 10 Min. kochen, bis ein gleichmäßiges Pfeifen ertönt und das Ventil hüpft.

3. Inzwischen die Tomate in Stücke schneiden und im Mixer pürieren.

4. Den Dampfkochtopf 5 Min. unter fließendem kaltem Wasser abkühlen, dann den Deckel öffnen.

5. Ingwer, Knoblauch, Zwiebeln, Tomatenpaste, Koriander, Salz, Pfeffer, Cayennepfeffer und 4 EL Butter unter die Bohnen rühren. Nochmals 5 Min. im Dampfkochtopf zu einem sämigen, cremigen Püree kochen (s. Hinweis). Den Topf wieder unter fließendem kaltem Wasser abkühlen.

6. Kurz vor dem Servieren die Sahne einrühren. Die Bohnen im Dampfkochtopf oder in einem anderen Topf bei geöffnetem Deckel 2 Min. leicht köcheln lassen. Falls erforderlich, mit etwas mehr Salz, Pfeffer und Cayennepfeffer abschmecken. Das Dal in eine Servierschüssel füllen und die restliche Butter in Flöckchen daraufsetzen. Sofort servieren.

Für 8 Personen
Hinweis: Bis zu Schritt 5 können die Bohnen mehrere Stunden oder sogar einen Tag im voraus zubereitet werden; abgedeckt im Kühlschrank aufbewahren.

SCHWARZE BOHNEN MIT SPECK
Tutu mineira

BRASILIEN

BEILAGE

Dies ist die brasilianische Variante der gebackenen Bohnen, zumindest eine von mehreren. In Brasilien sind Bohnen so beliebt, daß es Dutzende verschiedener Bohnengerichte gibt. Tutu stammt aus Minas Gerais, einer Bergbauprovinz im Nordwesten Brasiliens. Dort bereitet man es mit schwarzen Bohnen und Speck zu.

Ich habe das Rezept etwas abgewandelt, denn im Original eignet es sich eher für Schwerstarbeiter. Tutu mineira paßt zu allen brasilianischen Barbecuegerichten in diesem Buch.

Wo Maniokmehl (s. Seite 430) nicht erhältlich ist, kann es durch geröstete Semmelbrösel ersetzt werden (s. Seite 93).

VEGETARISCH

Für eine vegetarische Variante des Tutu den Speck durch gehackte Pinienkerne und das Speckfett durch 2 EL Olivenöl ersetzen.
In Schritt 1 das Öl bei mittlerer Hitze erwärmen und die Pinienkerne 2–3 Min. leicht goldbraun braten. Weiter wie im Rezept beschrieben.

4 Scheiben Speck
1 mittelgroße Zwiebel, feingehackt
4 Knoblauchzehen, durchgepreßt
¼ Tasse glatte Petersilie, gehackt
1 Lorbeerblatt
4 Tassen gekochte schwarze Bohnen
   (oder 2 Dosen à 450 g)
125–250 ml Kochflüssigkeit von den Bohnen
   oder Hühnerbrühe, selbstgemacht oder
   Fertigprodukt (natriumarm)
¼ TL portugiesische scharfe Sauce (s. Seite
   478) oder andere scharfe Sauce
3–4 EL Maniokmehl
Salz und frisch gemahlener schwarzer Pfeffer
   nach Geschmack
2 hartgekochte Eier, grobgehackt

1. Den Speck in einer großen Pfanne bei mittlerer Hitze ca. 5 Min. auslassen. Bis auf 2 EL alles Fett abgießen. Zwiebeln, Knoblauch, die Hälfte der Petersilie und das Lorbeerblatt zugeben und ca. 4 Min. sautieren, bis die Zwiebeln weich, aber nicht braun sind.

2. Die Bohnen, 125 ml Kochflüssigkeit und die scharfe Sauce zugeben und 5 Min. köcheln lassen. Das Lorbeerblatt entfernen. Etwa die Hälfte der Bohnen mit einem Stößel, Kartoffelstampfer oder umgedrehten Kochlöffel zerstampfen. 3 EL Maniokmehl einrühren. Sind die Bohnen zu fest geworden, noch etwas Kochflüssigkeit angießen, sind sie zu flüssig, das restliche Maniokmehl einrühren.

3. Falls erforderlich, mit etwas mehr Salz, Pfeffer und scharfer Sauce abschmekken. Mit den gehackten Eiern und der restlichen Petersilie bestreuen und sofort servieren.

Für 8 Personen

GEGRILLTER YORKSHIREPUDDING

ENGLAND

METHODE:
Indirektes Grillen

VORBEREI-TUNGSZEIT:
*30 Min.
zum Kühlen*

Gegrillter Hoher Rippe vom Rind fehlte einfach etwas ohne Yorkshirepudding. In der Ruhezeit des Fleisches kann der Pudding auf dem Grill garen. Es gibt einen Trick, wie der Pudding geradezu phantastisch aufgeht: den eiskalten Rührteig in eine Pfanne mit rauchendem Öl gießen. Ganz authentisch schmeckt der Pudding mit zerlassenem Bratenfett – ganz gleich, was Ernährungsexperten dazu sagen.

Das Fett gleich beim Braten des Fleisches auffangen oder das Fett von einem früheren Gericht verwenden.

6 Eier
625 ml Milch
1 TL Salz
½ TL frisch gemahlener schwarzer Pfeffer
2 Tassen Mehl
60 ml Bratenfett, zerlassene Butter oder Öl

1. Eier, Milch, Salz und Pfeffer in einer großen Schüssel verquirlen. Mehl und 2 EL Bratenfett einrühren. Die Mischung abgedeckt 30 Min. in den Kühlschrank stellen.

2. Den Grill zum indirekten Grillen vorbereiten (s. Seite 14/16) und auf höchster Stufe anheizen (s. Hinweis).

3. Die restlichen 2 EL Bratenfett in eine saubere Saftpfanne (35 x 23 cm) geben, in die Mitte des heißen Grillrostes stellen und ca. 3 Min. erhitzen, bis das Öl raucht. Den Teig in die Pfanne gießen und die Haube auf den Grill setzen. Etwa 20 Min. garen, bis der Pudding aufgegangen und appetitlich gebräunt ist (nicht vorher öffnen). Zum Servieren in Rechtecke schneiden.

Für 8 Personen

Hinweis: Wenn der Holzkohlegrill vom Fleischgericht noch zum indirekten Grillen vorbereitet ist, einfach auf jeder Seite 10–12 Kohlen nachlegen.

Freunde und Helfer

PICKLES, RELISHES, SALSAS & C O

Jedes Schauspiel hat Haupt- und Nebenrollen. Auch ein Barbecue. Fleisch, Fisch und Meeresfrüchten gilt der größte Applaus, aber erst die kleinen Beigaben, die Pickles, Relishes und Salsas machen aus einem schlichten Solo eine Aufführung von konzertanter Virtuosität.

Pickles und Relishes spielen in der Welt des Barbecue eine bedeutende Rolle. Textur und Biß bilden einen aparten Kontrast zu gegrilltem Fleisch. In diesem Kapitel finden Sie Rezepte für Encurtidos (sauer eingelegte Zwiebeln) aus Mittelamerika, Torshis (sauer eingelegtes Gemüse) aus Zentralasien, feurige Sambals aus Indonesien und Malaysia und Chutneys vom indischen Subkontinent.

Eine große, berühmte Salsa-Familie kommt aus Südamerika und Florida. Sie reicht von der milden Salsa criolla (argentinisches Tomaten-Relish) über die brennend scharfe Xni pec (Dog's-nose-Salsa) aus Yucatán bis zu der rauchig-aromatischen Apfel-Bananen-Salsa und der Salsa von gegrillten Ananas aus Florida.

Und schließlich darf Krautsalat einfach nicht fehlen. In diesem Kapitel finden Sie verschiedene Varianten, darunter einen mit feurigen Scotch-bonnet-Chillies.

Der Applaus ist Ihnen sicher.

Dieser nordafrikanische Händler hat alles, was man so für die kleinen Beigaben braucht.

PICKLES AUS ZENTRALASIEN
Torshi

AFGHANISTAN

BEILAGE

*VORBEREI-
TUNGSZEIT:*
3 Tage

*SPEZIAL-
ZUBEHÖR:*
*1 großer Krug
mit Deckel
(mindestens 3 l
Fassungsver-
mögen), gut
ausgespült*

Torshi bezeichnet eine komplette Familie von eingelegtem Gemüse. Man findet es in ganz Zentralasien, besonders aber in Afghanistan, Iran und im Irak. Zwar gibt es von Land zu Land leichte Abweichungen, doch zum Grundrezept gehören Karotten, Sellerie, Blumenkohl und Gurken, eingelegt in Essig, Salz sowie Sev gundig (schwarze Zwiebelsamen, erhältlich in Läden mit Produkten aus dem Mittleren und Nahen Osten). Eine oder mehrere Schalen Torshi dürfen in Zentralasien bei keinem Barbecue fehlen. Dieses Rezept ergibt milde Pickles. Wer es scharf mag, gibt 2–12 getrocknete rote Chillies zu.

MARINADE:
**1125 ml destillierter Weißwein-
essig**
750 ml Wasser
⅓ Tasse Salz
**¼ Tasse Zucker, nach
Geschmack auch mehr**
**1 TL Sev gundig (s. oben;
nach Wunsch)**
1 TL Oregano, getrocknet
1 TL schwarze Pfefferkörner
½ TL Kurkuma, gemahlen

GEMÜSE:
1 Blumenkohl, in Röschen zerteilt
**250 g Karotten, geschält, in 2 cm große
Stücke geschnitten**
**4 mittelgroße Selleriestangen, in 2 cm große
Stücke geschnitten**
**1 Steckrübe, längs halbiert und dann quer in
½ cm dicke Scheiben geschnitten**
**1 Zwiebel, in ½ cm dicke Scheiben
geschnitten**
3 Knoblauchzehen, abgezogen

   1. Essig, Wasser, Salz, Zucker, Sev gundig, Oregano, Pfefferkörner und Kurkuma in ein großes Gefäß geben. Gut verschließen und schütteln, bis der Zucker gelöst ist.

   2. Blumenkohl, Karotten, Sellerie, Rüben- und Zwiebelscheiben sowie Knoblauch einrühren. Mit Zucker abschmecken. Eine Lage Klarsichtfolie direkt über die Mischung legen. Sie hält das Gemüse in der Marinade. Zwischen Ausguß und Deckel kommt eine weitere Lage Folie, damit der Essig den Metalldeckel nicht angreift. Mindestens 3 Tage bei Zimmertemperatur oder im Kühlschrank ziehen lassen. Dicht verschlossen hält sich Torshi im Kühlschrank mehrere Wochen.

Ergibt ca. 3 l, für 12 Portionen

GEORGISCHE PICKLES

**REPUBLIK
GEORGIEN**

BEILAGE

Zu jedem Barbecue (ja, zu jedem Festmahl) serviert man in Georgien eine reiche Auswahl an eingelegtem Gemüse: Bekanntes wie Gurken und Kohl, aber auch Ungewöhnliches wie Salat und Wassermelonen. Georgische Pickles sind in wenigen Minuten zubereitet, sie sollten jedoch 3 Tage durchziehen.

**VORBEREI-
TUNGSZEIT:**
3 Tage

**SPEZIAL-
ZUBEHÖR:**
*3 Krüge à 1 l
Fassungsver-
mögen, gut
ausgespült*

MARINADE:

1250 ml destillierter Weißweinessig

750 ml Wasser

5 EL Salz

5 EL Zucker, nach Geschmack auch mehr

8 Knoblauchzehen, abgezogen

8 Korianderzweige

8 Dillzweige

8 scharfe Chillies, getrocknet

GEMÜSE:

1 Eisbergsalat

500 g Tomaten

500 g Gurken zum Einlegen

1 Stück Wassermelone mit Rinde (500 g)

1. Für die Marinade Essig, Wasser, Salz und Zucker in einen mittelgroßen Topf geben und bei hoher Temperatur zum Kochen bringen. Den Topf vom Herd nehmen und Knoblauch, Koriander, Dill sowie Chillies in die Flüssigkeit einrühren. Etwa 1 Std. auf Zimmertemperatur abkühlen lassen. Mit Zucker abschmecken.

2. In der Zwischenzeit vom Salat die äußeren Blätter entfernen und den ganzen Kopf in etwa 2 cm breite Scheiben schneiden. Die Tomaten und die Gurken unter fließendem kaltem Wasser abspülen, mit Küchenpapier trockentupfen und 5–6mal mit einer Gabel einstechen. Die Wassermelone mit der Schale in ca. 2 cm breite Spalten schneiden. Den Salat, die Tomaten, die Gurken und die Melonenspalten auf 3 Krüge (à 1 l Fassungsvermögen) verteilen. Mit der abgekühlten Marinade bedecken. Eine Lage Klarsichtfolie direkt über die Mischung legen. Sie hält das Gemüse in der Marinade.

3. Zwischen Ausguß und Deckel eine weitere Lage Klarsichtffolie geben, damit der Essig den Metalldeckel nicht angreift. Mindestens 3 Tage im Kühlschrank ziehen lassen. Dicht verschlossen halten sich die Pickles im Kühlschrank mehrere Wochen.

Ergibt ca. 3 l, für 10–12 Portionen

KAROTTEN-ANANAS-ESCABECHE

USA

BEILAGE

**VORBEREI-
TUNGSZEIT:**
*Mindestens
2 Std. zum
Kühlen*

Escabeche nennt man in Spanien in Essig eingelegte Speisen. Escabeche hat ein wenig von einem Relish, von Pickles und von einer Salsa, kurzum, sie ist einfach köstlich. Zum Truthahn beispielsweise ersetzt sie die sonst übliche Preiselbeersauce. Eine Chilischote macht die Escabeche interessant, mit sechs dagegen wird sie höllisch scharf.

500 ml Reisessig

²/₃ Tasse Zucker

**6–8 mittelgroße Karotten (ca. 300 g),
geschält und in feine Streifen
geschnitten**

**1–6 Serrano- oder Jalapeño-Chillies, in
hauchdünne Ringe geschnitten**

3 Tassen frische Ananas, gewürfelt

**Salz und frisch gemahlener schwarzer Pfeffer
nach Geschmack**

3 EL Koriandergrün, gehackt

1. Essig und Zucker in einem großen Topf bei hoher Temperatur zum Kochen bringen. Die Karotten zugeben und bei mittlerer Temperatur 1–2 Min. bißfest garen. Die Chillies zufügen und 20 Sek. köcheln lassen. Karotten und Chillies mit einem Schaumlöffel in eine hitzefeste Servierschüssel heben.

2. Die Ananas in die köchelnde Essigmischung geben und 2–4 Min. bißfest garen. Die Ananas mit einem Schaumlöffel in die Schüssel heben. Das Gemüse mit der Marinade begießen, Salz und Pfeffer einrühren

3. Die Escabeche auf Zimmertemperatur abkühlen lassen, dann mindestens 2 Std. in den Kühlschrank stellen (s. Hinweis).

4. Vor dem Servieren abschmecken und mit Koriandergrün bestreuen.

Ergibt ca. 2 l, für 8–10 Portionen

Hinweis: Bis hierher kann die Escabeche bis zu 48 Std. im voraus zubereitet werden.

EINGELEGTE ZWIEBELN
Cebollita

NICARAGUA

BEILAGE

VORBEREITUNGSZEIT:
6–8 Std.
ziehen lassen

SPEZIALZUBEHÖR:
1 Krug à 500 ml Fassungsvermögen, gut ausgespült

In Nicaragua reicht man zu gegrilltem Rindfleisch stets eingelegte Zwiebeln. Das Rezept ist denkbar einfach und paßt perfekt zu jeder Art von gegrilltem Fleisch.

250 ml destillierter Weißweinessig
1 ½ TL Salz
½ TL Zucker
1 große, weiße Zwiebel, in schmale Spalten geschnitten
1–2 Jalapeño-Chillies, in dünne Ringe geschnitten

1. Essig, Salz und Zucker in einer Schüssel verquirlen, bis der Zucker gelöst ist. Zwiebeln und Chillies einrühren. Eine Lage Klarsichtfolie direkt über die Mischung legen. Sie hält das Gemüse in der Marinade.

2. Bei Zimmertemperatur 6–8 Std. ziehen lassen. In einen sauberen Krug von 500 ml Fassungsvermögen füllen. Zwischen Ausguß und Deckel eine weitere Lage Folie geben, damit der Essig den Metalldeckel nicht angreift. Im gut verschlossenen Krug hält sich die Cebollita im Kühlschrank mehrere Wochen.

Ergibt ca. 500 ml, für 6 Portionen

EINGELEGTES GEMÜSE
Encurtido

MITTELAMERIKA

BEILAGE

Diese scharfe kleine Beilage wird in ganz Mittelamerika zu gegrillten Steaks und Würstchen, Reis- und Bohnengerichten, kurz, einfach zu allen deftigen Speisen gereicht. Man verwendet dort mexikanische Habanero-Chillies, Verwandte der Scotch-bonnet-Chillies aus der Karibik. Beide lassen sich ohne weiteres gegenseitig austauschen.

**VORBEREI-
TUNGSZEIT:**
*Mindestens
1 Tag ziehen
lassen*

**SPEZIAL-
ZUBEHÖR:**
*2 Krüge à 500 ml
Fassungsver-
mögen, gut
ausgespült*

500 ml destillierter Weißweinessig
1 EL Salz
2 große, weiße Zwiebeln, in feine Würfel
    geschnitten
1 Tasse Karotten, in feine Würfel geschnitten
½ mittelgroßer, grüner Paprika, entstielt,
    entkernt und in feine Würfel geschnitten
½ mittelgroßer, gelber Paprika, entstielt,
    entkernt und in feine Würfel geschnitten
1–3 Habanero-Chillies, in dünne Ringe
    geschnitten
3 EL Koriandergrün, gehackt
1 EL Oregano, gehackt, oder 2 TL Oregano,
    getrocknet
8 schwarze Pfefferkörner
2 Pimentkörner

1. Essig und Salz in eine Schüssel geben und so lange verquirlen, bis das Salz gelöst ist. Zwiebeln, Karotten, Paprika, Chillies, Koriandergrün, Oregano, Pfeffer- und Pimentkörner einrühren. Die Mischung auf 2 Krüge mit jeweils 500 ml Fassungsvermögen verteilen.

2. Zwischen Ausguß und Deckel jeweils eine Lage Klarsichtfolie geben, damit der Essig den Metalldeckel nicht angreift. Dann die Krüge verschließen. Das Gemüse bei Zimmertemperatur mindestens 1 Tag ziehen lassen (s. Hinweis).

Ergibt ca. 1 l, für 8–10 Portionen
Hinweis: Das Encurtido hält sich im Kühlschrank mehrere Wochen. Der Geschmack wird während dieser Zeit immer besser.

SCHALOTTEN-RELISH PENANG
Chung gao jai

MALAYSIA

BEILAGE

Schalotten-Relishes gibt es viele in der Welt des Barbecue. Ich habe sie in so unterschiedlichen Ländern wie Marokko, Malaysia und der Türkei genossen. Sie sind auch deshalb so beliebt, weil Schalotten milder und feiner schmecken als Zwiebeln. Dieses Relish stammt von der Insel Penang im Nordwesten Malaysias, wo man es zu gegrilltem Rochen reicht. Es schmeckt köstlich zu Fisch und selbst zu Steak. Aber Vorsicht: Es ist scharf!

Sambal oelek ist eine feurige rote Chilipaste aus Indonesien und Malaysia und in Asienläden, Delikatessengeschäften und vielen Supermärkten erhältlich. Statt dessen kann man aber auch Chilisaucen aus Thailand, Vietnam (ungesüßt) und China verwenden.

1 Tasse Schalotten, in dünne Ringe
    geschnitten
125 ml frisch gepreßter Limettensaft, nach
    Geschmack auch mehr
1 ½ TL Salz, nach Geschmack auch mehr
1 ½ TL Zucker
1 EL Sambal oelek oder andere Chilipaste,
    nach Geschmack auch mehr
60 ml Wasser

Die Schalotten mit Limettensaft, Salz, Zucker, Sambal oelek und Wasser in einer Schüssel verrühren, bis der Zucker gelöst ist. Mit Salz, Limettensaft sowie Sambal oelek abschmecken. Der Sambal schmeckt jetzt schon gut, kann er aber 30 Min. durchziehen, wird er noch besser.

Ergibt ca. 310 ml, für 4–6 Portionen

ZWIEBEL-KORIANDER-RELISH

MEXIKO

BEILAGE

Dieses einfache Relish wird in Mexiko zu jedem Barbacoa, gegrilltem Fisch oder gegrilltem Fleisch gereicht. Ich liebe es, weil es die Zunge gleich mit drei unterschiedlichen Geschmacksnoten anspricht: mit der Schärfe der Zwiebeln, der Würze der Rettiche und dem herben Aroma des Koriandergrüns. Der Koriander neutralisiert übrigens den typischen Mundgeruch nach dem Genuß von Zwiebeln.

1 Bund Koriandergrün
1 Bund Rettiche
1 große, weiße Zwiebel

Das Koriandergrün unter fließendem kaltem Wasser waschen, auf Küchenpapier abtropfen lassen und die Blätter von den Stielen pflücken. Die Rettiche putzen, schälen und in $\frac{1}{2}$ cm große Würfel schneiden. Die Zwiebel abziehen, vom Wurzelende befreien und in $\frac{1}{2}$ cm große Würfel schneiden. Koriandergrün, Rettiche und Zwiebeln in einer Servierschüssel mischen. Dieses Relish schmeckt frisch (nicht älter als 2 Std.) am besten.

Für 6–8 Portionen

FEURIGES CHILI-SCHALOTTEN-RELISH
Sambal chobek

INDONESIEN

BEILAGE

Dieses Relish (oder auch Sambal, wie es in Indonesien heißt) ist eine feurige Mischung aus Schalotten und roten Chillies. Chobek ist ein schwarzer Mörser, in dem in Java traditionell die Zutaten für ein Sambal zerstoßen werden. Die Auswahl an Chillies ist groß: rote Jalapeños oder Serranos, Bird peppers oder Tabascos. Dosieren Sie die angegebene Menge ganz nach Geschmack (in Indonesien verwendet man 15 Chilischoten!). Eine Zutat mag eher abschreckend erscheinen: Garnelenpaste. Diese wenig wohlriechende lila-braune Paste aus gemahlenen, gesalzenen, fermentierten Garnelen, in Indonesien Trasi, in Malaysia Belacan genannt, schmeckt jedoch wesentlich besser, als sie riecht. Man kann sie notfalls auch durch ein paar Tropfen asiatische Fischsauce ersetzen oder ganz weglassen.

$\frac{1}{2}$ TL Garnelenpaste (nach Wunsch)
5–15 rote Chillies, entstielt und in feine Ringe geschnitten
4 Schalotten, geputzt und grobgehackt
160 ml frisch gepreßter Limettensaft, nach Geschmack auch mehr
1 EL Salz, nach Geschmack auch mehr

1. Die Garnelenpaste zu einer Kugel formen und auf eine Gabel oder einen Spieß stecken. Über einer offenen Flamme (Grill oder Gasbrenner) 2–4 Min. rösten, bis sie stark duftet. Oder die Paste auf ein Stück Alufolie setzen und unter dem Backofengrill rösten.

2. Die Garnelenpaste mit Chillies, Schalotten, Limettensaft und Salz in einen Mixer geben und zu einer groben Paste verarbeiten. Falls erforderlich, mit etwas mehr Salz oder Limettensaft abschmecken. Das Sambal sollte sehr würzig sein. Gut verschlossen hält sich Sambal cholek im Kühlschrank bis zu 3 Tagen.

Ergibt ca. 250 ml, für 4–6 Portionen

SCHALOTTEN-RELISH AUS MAROKKO

MAROKKO

BEILAGE

Dieses einfache, aber sehr wirkungsvolle Relish begleitet traditionell jedes marokkanische Barbecue. Reichen Sie es zu einem beliebigen Gericht aus dem Lamm-Kapitel oder den Kebabs Rue Bani marine.

½ Tasse Schalotten, feingehackt
½ Tasse glatte Petersilie, feingehackt
2 EL Olivenöl extra vergine
2 EL frisch gepreßter Zitronensaft, nach Geschmack auch mehr
½ TL Salz, nach Geschmack auch mehr

½ TL frisch gemahlener schwarzer Pfeffer, nach Geschmack auch mehr

Die Schalotten mit der Petersilie, dem Öl und dem Zitronensaft in eine Schüssel geben und gut mischen. Salz und Pfeffer einrühren. Abschmecken und, falls erforderlich, noch etwas Salz, Pfeffer oder Zitronensaft zufügen. Dieses Relish schmeckt frisch (nicht älter als 2 Std.) am besten.

Ergibt ca. 1 Tasse, für 4 Portionen

ZWIEBEL-RELISH MIT GRANATAPFELSIRUP

TÜRKEI

BEILAGE

Dieses scharfe Relish taucht in der einen oder anderen Form, in Kebab-Lokalen wie in privaten Haushalten, überall in der Türkei auf. In seiner einfachsten Variante kann es schlicht aus Zwiebeln und Petersilie bestehen. Dieses hier ist etwas raffinierter – aromatisiert mit Sumach, Aleppopfeffer und Granatapfelsirup. Zum ersten Mal begegnete ich dieser Variante im Hause von Ayfer Unsal, einem großen türkischen Koch. Angaben zu den teilweise ungewöhnlichen Zutaten finden Sie im Glossar, die Zutaten selbst sind in Läden mit arabischen Produkten und in Delikatessengeschäften erhältlich.

**1 mittelgroße, weiße Zwiebel, in dünne
    Ringe geschnitten**
**½ mittelgroßer, roter Paprika, entstielt,
    entkernt und in dünne Streifen
    geschnitten**
¼ Tasse glatte Petersilie, grobgehackt
**1 EL Aleppopfeffer, Edelsüß- oder
    Rosenpaprika**
**1 EL Sumach, gemahlen, oder 2 TL frisch
    gepreßter Zitronensaft**

1 EL Granatapfelsirup (s. Seite 227)
Salz nach Geschmack

Zwiebeln, Paprika, Petersilie, Pfeffer, Sumach und Granatapfelsirup in einer Servierschüssel mischen. Gut mit den Händen oder einem Holzlöffel vermischen (beim Mischen mit den Händen werden die Zwiebeln weicher). Etwa 5–10 Min. ziehen lassen, dann, falls erforderlich, mit etwas Salz abschmecken. Sofort servieren.

Ergibt ca. 500 ml, für 4–6 Portionen

MANGO-RELISH AUS GUAYANA

GUAYANA

BEILAGE

Feurig scharf und köstlich fruchtig ist diese beliebte kleine Beilage aus Guayana. Ganz originalgetreu wird das Relish mit grünen Mangos zubereitet, aber ich liebe die an Pfirsiche und Aprikosen erinnernden Geschmacksnoten der reifen Frucht. Das Relish sparsam verwenden – es ist sehr scharf! Weniger feurig wird es, wenn die Chilikerne vor dem Pürieren entfernt werden. Das Relish paßt zu gegrilltem Fisch, Meeresfrüchten, Geflügel oder Fleisch.

**2 Tassen reife Mangos, geschält, entsteint
    und in 1 cm große Würfel geschnitten**
**1–4 Scotch-bonnet-Chillies, nach Geschmack
    auch mehr, entstielt**

4 Knoblauchzehen, zerdrückt
2 TL Salz, nach Geschmack auch mehr
2 TL Zucker
**80 ml frisch gepreßter Limettensaft, nach
    Geschmack auch mehr**
2–4 EL Wasser

Mangos, Chillies, Knoblauch, Salz, Zucker, Limettensaft und 2 EL Wasser im Mixer zu einer glatten Masse pürieren. Es soll eine sämige, aber nicht zu dicke Sauce entstehen. Falls nötig, noch Wasser zugeben. Mit Salz und Limettensaft abschmecken. Gut verschlossen hält sich das Relish im Kühlschrank bis zu 1 Woche.

Ergibt ca. 500 ml, für 8 Portionen

ANANAS-ACHAR

SINGAPUR

BEILAGE

Achar ist eine Art indisches oder südostasiatisches Relish, oft aus Früchten. Dieses hier vereint die kühle Frische der Ananas mit der feurigen Schärfe der Chilischoten. Eine Zutat mag überraschend wirken: Fischsauce. Aber dieses salzige Gewürz wird tatsächlich in ganz Südostasien zu Früchten verwendet. Das Salz der Fischsauce betont auf ganz erstaunliche Weise die Süße der Ananas, und die Säure der Frucht eliminiert den Fischgeschmack der Sauce. Probieren Sie es einmal aus, Sie werden bestimmt begeistert sein. Zu diesem Rezept inspirierte mich ein Achar, das ich in einem Imbiß auf dem arabischen Markt von Singapur aß.

1 EL asiatische Fischsauce, nach Geschmack auch mehr

1 EL frisch gepreßter Limettensaft, nach Geschmack auch mehr

1 EL Zucker, nach Geschmack auch mehr

3 Tassen frische Ananas, gewürfelt

1–3 scharfe asiatische rote oder grüne Chillies oder Jalapeños, in feine Ringe geschnitten (ohne Kerne wird das Achar, milder)

Fischsauce, Limettensaft und Zucker in einer Servierschüssel verquirlen, bis der Zucker gelöst ist. Ananas und Chillies einrühren. Mit Fischsauce, Limettensaft und Zucker abschmecken. Das Achar sollte süß, fruchtig, sauer und ein wenig salzig sein. Sofort servieren.

Ergibt ca. 750 ml, für 6 Portionen

ACHAR MIT MISCHGEMÜSE

INDONESIEN

BEILAGE

VORBEREITUNGSZEIT: 8–10 Std. zum Marinieren

Und noch ein Achar – diesmal aus dem »Amandari Resort« auf Bali. Es gehört zu den erfrischendsten Relishes, die je eine Tafel zierten. Die Süße von Zimt und Sternanis schafft einen faszinierenden Ausgleich zur Schärfe von Schalotten und Essig.

GEMÜSE:
1 Gurke, geschält, entkernt (s. Kasten Seite 90)
3 Karotten, geschält
1 mittelgroßer, roter Paprika, entstielt und entkernt
1 mittelgroßer, grüner Paprika, entstielt und entkernt
4 Schalotten, geputzt

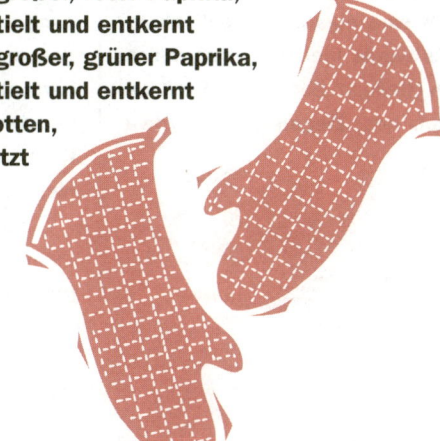

MARINADE:
330 ml destillierter Weißweinessig
½ Tasse Zucker
5 ganze Nelken
4 Zimtstangen (à 7 ½ cm lang)
2 Sternanis
2 Scheiben Ingwer (je ½ cm dick), leicht zerdrückt
Salz nach Geschmack

1. Gurke, Karotten und Paprika in Streifen von 10 x 1/2 cm, die Schalotten in feine Ringe schneiden. Das Gemüse in einer großen Schüssel durchmischen und beiseite stellen.

2. Essig, Zucker, Nelken, Zimt, Sternanis und Ingwer in einem Saucentopf bei hoher Temperatur zum Kochen bringen. Bei mittlerer Hitze 10 Min. köcheln lassen, bis die Mischung stark duftet. Abschmecken und nach Belieben salzen. Etwas abkühlen lassen, dann über das Gemüse gießen. Das Gemüse abgedeckt im Kühlschrank 8–10 Std. marinieren. Dabei gelegentlich umrühren. Im Kühlschrank hält sich das Achar 1 Woche.

Für 6 Portionen

Aufgespießt:
Grillen in Indonesien

Indonesien ist ein Land mit einer schier unglaublichen ethnischen Vielfalt. Es gibt mehr als 300 Volksstämme und Religionen. Ich bereiste die beiden bekanntesten der 12 000 Inseln des indonesischen Archipels – Java und Bali –, und wohin ich auch kam, traf ich auf Saté. Diese winzigen Spieße, Indonesiens gemeinsamer kulinarischer Nenner, werden überall serviert: aus Imbißwägen an der Straße ebenso wie in protzigen Hotel-Restaurants, als Snack oder als komplette Mahlzeit, bei religiösen Festen, Sportereignissen sowie am Strand, und das zu fast jeder Tages- und Nachtzeit.

Einfach in der Zubereitung, leicht zu essen, preiswert, nahrhaft und unendlich variabel in Gestalt und Geschmack, gehören Satés zu den praktischsten Speisen, die der Mensch je erdacht hat. So verwundert es nicht, daß sie bis weit über Indonesien hinaus bekannt und beliebt sind. Satés sind eine feste Größe in der Küche Thailands, Malaysias und Singapurs. Und im Laufe des letzten Jahrzehnts entdeckten auch immer mehr westliche Köche ihre Liebe zu ihnen.

Viele Mißverständnisse ranken sich um Satés, nicht zuletzt um die Hauptzutat. Meist versteht man im Westen unter einem Saté einen kleinen (für indonesische Verhältnisse aber immer noch recht großen) Kebab aus Geflügel oder Rindfleisch, zu dem Erdnußsauce gereicht wird. In Indonesien aber gibt es Hunderte verschiedener Satés, vom winzigen Saté lalat (wörtlich: Fliege; ein Saté mit Rindfleisch und Kokosnuß von minimalen Ausmaßen) bis zum Saté buntel (ein Lammhack-Saté, so groß, daß es mit vier Spießen gehalten werden muß).

Das Saté – oder doch zumindest die Idee, Fleisch am Spieß zu grillen – haben wohl arabische Gewürzhändler mitgebracht, die im 11. Jh. nach Sumatra kamen. Die Araber führten den Islam ein und möglicherweise eben auch Kebabs, wie man sie im Nahen Osten macht. Einen Hinweis auf die Richtigkeit dieser Theorie sehen Gelehrte in der Stadt Padang, einer der ersten Städte auf Sumatra, die den Islam übernahmen. Saté padang ist bis heute eines der beliebtesten Satés in Indonesien. (Aber natürlich kann die Idee, Fleisch am Spieß zu grillen, universell wie sie ist, lang vor der Ankunft der Araber entstanden sein.)

Mag Saté auch auf den arabischen Kebab zurückgehen, so entwickelte es doch rasch eine eigene Persönlichkeit. Erstens: Es wurde kleiner. Ein normales Saté ayam (Geflügel-Saté) oder Saté kaming (Lamm- oder Ziegen-Saté) ist etwa

fingerlang. Das macht es zum idealen Snack. In Indonesien ißt man zu einer Mahlzeit ohne weiteres 20–30 Satés und fühlt sich dennoch nicht übersättigt.

Yuni Syafril, Tourismusmanager in Jakarta, zufolge kommt der Name Saté vom sumatrischen Wort für aufspießen. Wenn man sehr wütend auf jemanden ist, so droht man ihm mit »saté«. Dergleichen Etymologie findet sich mehr in der Welt des Barbecue: Das Jerk aus Jamaika kommt von »juk«, einem Dialektwort für erstechen.

DAS BESTE FINDEN

In Jakarta, der Hauptstadt Indonesiens und der größten Stadt auf Java, war ich zu Gast bei Syafril, und er begegnete mir mit jener überwältigenden Gastfreundschaft, für die die Indonesier berühmt sind. Gleich an meinem ersten Abend unternahm er mit mir, was man hierzulande als Kneipentour bezeichnen würde. Unsere erste Station war die Jalan sabang, eine laute Straße, rechts und links gesäumt von Restaurants (darunter das berühmte Padang-Restaurant »Natrabu« und die unvermeidlichen amerikanischen Restaurantketten). Aber unser Ziel war nicht ein Speiselokal, sondern der winzige Handkarren auf Fahrrädern von Nurul Phamid, einem schlaksigen jungen Mann mit zartem Schnurrbart.

Wie sein Vater, der 1960 sein »Geschäft« an dieser Stelle eröffnete, beginnt Phamid um 17 Uhr mit der Arbeit und schließt um 3 Uhr morgens. Er verkauft Satés ayam, die er im Licht einer Kerosinlampe vorbereitet und grillt. Den ganzen Nachmittag über zieht Phamid winzige Stückchen Hähnchenschenkel, -leber, -haut und Eier auf Bambusspieße, nicht dicker als Besenborsten.

Im Augenblick der Bestellung bereitet Phamid die Marinade zu. Dazu mischt er auf einem Teller Ketjap manis (süße Sojasauce), Erdnußsauce, einen Spritzer Zitronensaft und gehackte Zwiebeln. Als wären es Pinsel, taucht er eine Handvoll Satés in die Mischung und legt sie dann auf ein winziges Holzkohlebecken. Mit dem Bambusfächer – nach dem Grill das wichtigste Utensil in der Saté-Küche – etwas Luft zugefächert, und schon entflammt die Glut aus Kokosnußschalen zum Leben. Phamid bestreicht die brutzelnden Satés mit seiner geheimen Zutat – ausgelassenem Hühnerfett –, und schon einen Augenblick später sind sie fertig.

Begleitet werden diese großartigen Satés von einem Tropfen Erdnußsauce, einem Klecks Ketjap manis und einem Löffel Sambal (einer feurigen Chilisauce), die in einer Schale vermischt werden. Dazu reichte man uns ein Stück gedünsteten Reiskuchen, Lontong genannt, der im Bananenblatt zubereitet wird. Über alles streut man gebratene Schalotten. Die Kosten für dieses wahrhaft fürstliche Mahl betrugen 3000 Rupien, 60 Pfennig.

ZUM
SATE PADANG

Unsere nächste Station war ein hell erleuchteter Imbißstand mit Namen »Gunung sari« in Jakartas belebtem Stadtteil Kota. Das Leben in Jakarta spielt sich täglich gleich ab. Mit Einbruch der Nacht schließen die Geschäfte, und vor ihren Schaufenstern sprießen die fahrbaren Restaurants nur so aus den Bürgersteigen. Einige, wie das »Gunung sari«, sind durchaus aufwendig ausgestattet: mit Generatoren, Neonlicht und weißen Resopaltischen. Nach einem Blick in einen riesigen Kessel, der über einem Holzkohlefeuer blubberte, wußte ich, was ich bestellen würde: Saté padang.

Dafür werden Rinderherzen, Zunge und Kutteln mehrere Stunden lang in einer feurigen, mit Ingwer, Galgant, Sumach, Knoblauch und geradezu atemberaubenden Mengen schwarzen Pfeffers gewürzten Brühe gekocht. Das abgekühlte Fleisch wird in winzige Würfel geschnitten, auf Spieße gezogen und über Holzkohle aus Kokosnußschalen gegrillt. Inzwischen wird die Brühe mit Reismehl zu einer Sauce eingedickt. Spieße und Sauce werden auf einem Bananenblatt serviert. Dazu trinkt man Eistee, gekühlt mit Stückchen von einem riesigen Eisblock, der einfach auf dem Bürgersteig steht.

Ich muß gestehen, daß ich Herz und Zunge nicht besonders mag und mir nach langen Jahren als Restauranttester die Lust auf mehlgebundene Bratensaucen vergangen ist. Aber die Satés

padang aus dem »Gunung sari« gehören zum Köstlichsten, was ich je gegessen habe. Nun verstand ich, warum dieses wenig stilvolle Restaurant so gut lief.

In den Wochen, die ich auf Bali und Java verbrachte, lernte ich eine erstaunliche Vielzahl von Satés kennen. Würstchengroßes Saté buntel (aus Lammhack und Koriander) mit süß-saurer Tamarindensauce. Winziges Saté kalong (»Flugfuchs«-Saté), ein süßes, knoblauchgewürztes Saté mit Rinderhack, benannt nach einem nachtaktiven Eichhörnchen, das zu der Zeit erwacht, zu der die Saté-Verkäufer in der Stadt Cirebon an der Nordküste von Java ihre Stände öffnen. Eines Abends kam ich in den Genuß eines Satés, das ich auf dieser streng islamischen Insel am wenigsten erwartet hätte: Saté babi manis (süßes Saté mit Schweinefleisch). Ich aß es, logisch, in Jakartas Chinatown. Auf Bali genoß ich eines meiner Lieblingsgerichte, Saté lilit, eine pikante Fischmousse, gewürzt mit hochfeinen Kaffirlimettenblättern und gegrillt auf frischen Zitronengrasstielen.

Die Rezepte für diese und andere Satés finden Sie in diesem Buch – manche sind ideale Vorspeisen, andere eher Hauptgerichte, die meisten eignen sich zu beidem. Satés sind das perfekte Grillgericht für das neue Jahrtausend: hocharomatisch, fettarm, man kann sie sehr gut unterwegs essen oder Gästen servieren, und sie sind schnell und einfach zuzubereiten. Angesichts der Gemüsebeilagen ißt man damit eine eher kleine Portion Fleisch.

MANGO-ACHAR

MALAYSIA

BEILAGE

Und hier nun aus unserem Achar-Trio das dritte, dieses Mal aus Malaysia. Ich bezeichne es gern als südostasiatischen Coleslaw. Die Süße von Mango und Kokosmilch ergänzt ein Barbecue ganz hervorragend, wie überhaupt der Gegensatz zwischen süß und würzig, heiß und kalt. Wie an anderer Stelle auch, gebe ich bei den Chillies eine variable Menge an. Mild wird das Achar mit einer Chili, sechs entwickeln malayisches Feuer.

DRESSING:
- 125 ml Kokosmilch, aus der Dose oder selbstgemacht (s. Seite 522)
- 60 ml destillierter Weißweinessig
- 1 EL Zucker, nach Geschmack auch mehr
- 1 EL asiatische Fischsauce oder Sojasauce (s. Hinweis)
- 2 TL Ingwer, feingehackt
- 1 Knoblauchzehe, feingehackt
- ½ TL Salz, nach Geschmack auch mehr
- ½ TL frisch gemahlener schwarzer Pfeffer, nach Geschmack auch mehr

RELISH:
- 1 reife Mango, geschält, entsteint und in 1 cm große Würfel geschnitten (ca. 500 g)
- ¼ Kopf Weißkohl (250 g), in 1 cm große Würfel geschnitten (ca. 500 g)
- 2 Schalotten, in feine Ringe geschnitten
- 1–6 scharfe Chillies, z. B. Thai- oder Serrano-Chillies (Milder wird das Achar, wenn die Samen entfernt werden.)

1. Für das Dressing Kokosmilch, Essig, Zucker, Fischsauce, Knoblauch, Ingwer, Salz und Pfeffer in einem Saucentopf bei mittlerer Hitze zum Kochen bringen. Dabei ständig rühren, bis der Zucker gelöst ist. In eine Servierschüssel gießen und auf Zimmertemperatur abkühlen lassen.

2. Mango, Kohl, Schalotten und Chillies unterrühren. Nach Bedarf mit etwas mehr Zucker oder Salz abschmecken. Das Achar sollte leicht süß, leicht salzig und aufregend würzig sein. Das Achar kann sofort serviert werden, schmeckt aber besser, wenn es bis zu 1 Std. durchziehen konnte.

Ergibt ca. 1 l, für 6–8 Portionen

Hinweis: Traditionell wird dem Achar noch ein ziemlich übelriechendes Gewürz zugegeben: Garnelenpaste (s. Glossar). Ich verwende Fischsauce. Sie hat einen ähnlichen Geschmack, ist aber leichter erhältlich und einfacher zu verwenden.

ZITRONENGRAS-SAMBAL

INDONESIEN

BEILAGE

Sambals sind würzige Pasten aus scharfen Chillies und aromatischem Gemüse (zuweilen auch Meeresfrüchten), die in Indonesien und Malaysia als kleine Beilagen gereicht werden. Ein Schüsselchen oder ein Löffel voll Sambal (oder mehrere verschiedene Sambals) wird auf den Teller gegeben und zu Saté, gegrilltem Hähnchen oder Fisch gereicht. Dieses Sambal hat den unvergeßlichen Geschmack von frischem Zitronengras. Ganz originalgetreu wird es mit frischer Kurkuma, Palmzucker und Tamarindenwasser (alles in Asienläden erhältlich). Aber auch Ingwer und gemahlene statt frischer Kurkuma, brauner Zucker statt Palmzucker und Zitronen- statt Tamarindensaft ergeben ein wirklich leckeres Sambal.

6 Zitronengrasstiele, in dünne Streifen geschnitten

2–3 große Schalotten, abgezogen und grobgehackt

6 Knoblauchzehen, abgezogen

1–3 Thai- oder Serrano-Chillies, grobgehackt (Milder wird das Sambal, wenn die Kerne und eventuell auch die Rippen entfernt werden.)

1 vollreife Pflaumentomate, in gut 1 cm große Würfel geschnitten (mit Saft)

1 EL Ingwer, gehackt

1 EL Kurkuma, gehackt, oder 1 weiterer EL Ingwer, gehackt, gemischt mit ½ TL Kurkuma, gemahlen

1 EL Palmzucker oder hellbrauner Zucker

2 EL Tamarindenwasser (s. Seite 219) oder frisch gepreßter Zitronensaft

1 EL süße Sojasauce (Ketjap manis) oder je 1 ½ TL normale Sojasauce und Sirup

½ TL Salz, nach Geschmack auch mehr

½ TL frisch gemahlener schwarzer Pfeffer, nach Geschmack auch mehr

125 ml Erdnußöl

1. Die Zitronengrasstreifen mit Schalotten, Knoblauch, Chillies, Tomaten samt Saft, Ingwer, Kurkuma und Palmzucker in den Mixer geben und zu einer grobkörnigen Paste pürieren. Tamarindenwasser, süße Sojasauce, Salz und Pfeffer zufügen und einarbeiten.

2. Das Öl in einem Wok oder einer Pfanne bei mittlerer Hitze erwärmen. Die Zitronengrasmischung zugeben. Etwa 10 Min. unter ständigem Rühren mit einem Holzlöffel sautieren, bis sie hellbraun ist und stark duftet. Falls erforderlich mit etwas mehr Salz und Pfeffer abschmecken. Vor dem Servieren auf Zimmertemperatur abkühlen lassen. Gut verschlossen hält sich dieses köstliche Sambal im Kühlschrank bis zu einer Woche.

Ergibt ca. 375 ml, für 4–6 Portionen

TOMATEN-ERDNUSS-SAMBAL
Sambal achan

INDONESIEN

BEILAGE

Dies ist eines der milderen Sambals im indonesischen Repertoire – eine wunderbar cremige kleine Beilage, nussig durch Erdnußbutter, aromatisch durch Koriander und pikant durch Limettensaft. Sambal achan paßt zu allen indonesischen Satés in diesem Buch sowie zu gegrilltem Fleisch aus Vietnam, Thailand oder Malaysia.

¼ Tasse stückige Erdnußbutter

60 ml frisch gepreßter Limettensaft oder Weißweinessig, nach Geschmack auch mehr

60 ml süße Sojasauce oder je 2 EL normale Sojasauce und Sirup, nach Geschmack auch mehr

2–3 EL Sambal oelek oder eine andere Chilipaste, nach Geschmack auch mehr

1 große Tomate, gehäutet, entkernt (s. Kasten Seite 62) und gewürfelt

2 Lauchzwiebeln, Weißes und Grünes, feingehackt

1 Knoblauchzehe, feingehackt

3 EL Koriandergrün, feingehackt

1 TL Koriander, gemahlen

½ TL Salz

½ TL frisch gemahlener schwarzer Pfeffer

1. Die Erdnußbutter mit Limettensaft, süßer Sojasauce und 2 TL Sambal oelek in einer kleinen Schüssel verquirlen

2. Tomaten, Lauchzwiebeln, Knoblauch, Koriandergrün, Koriander, Salz und Pfeffer einrühren. Mit etwas Sambal oelek, Limettensaft oder süßer Sojasauce abschmecken. Gut verschlossen bleibt das Sambal im Kühlschrank bis zu 1 Woche frisch.

Ergibt ca. 300 ml, für 4–6 Portionen

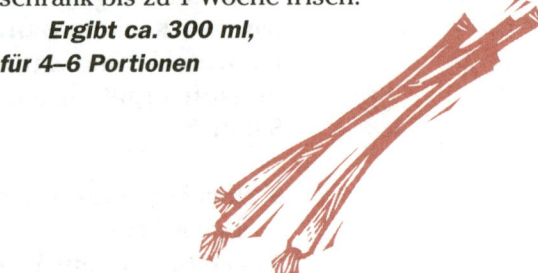

TOMATENMARMELADE

MAROKKO

BEILAGE

Diese sämige, würzige »Marmelade« schmeckt absolut unvergleichlich. Süß, fruchtig und aromatisch wird sie normalerweise zusammen mit den saftigen Salaten zu Beginn eines marokkanischen Mahles gereicht. Ich serviere sie etwas unkonventioneller – als Relish zu gegrilltem Fleisch.

8 vollreife Tomaten (ca. 1 ½ kg)

½ Tasse Zucker, nach Geschmack auch mehr

3 EL Pflanzenöl

2 EL Rotweinessig, nach Geschmack auch mehr

2 TL Zimt, gemahlen, nach Geschmack auch mehr

1. Die Tomaten quer halbieren, die Hälften über einer Schüssel vorsichtig ausdrücken und so die Kerne entfernen (Kerne und Flüssigkeit als Vorrat oder für eine Suppe aufbewahren). Die Tomaten grob hacken und in eine beschichtete Pfanne geben.

2. Zucker, Öl, Essig und Zimt einrühren und bei starker Hitze zum Kochen bringen. Die Temperatur reduzieren und die Mischung bei mittlerer Hitze 5–10 Min. unter gelegentlichem Rühren zu einer marmeladenähnlichen Masse einkochen lassen. Falls erforderlich, noch etwas Zucker, Essig oder Zimt zugeben. Die Mischung sollte süßlich und würzig schmecken. Die Marmelade in eine Schüssel gießen und auf Zimmertemperatur abkühlen lassen. Sie hält sich verschlossen im Kühlschrank bis zu 1 Woche.

Ergibt ca. 250 ml, für 4–6 Portionen

ANANAS-CHUTNEY

BEILAGE

Dieses schnell und leicht zuzubereitende Ananas-Chutney wird in Sri Lanka gern zu Geflügel-Satés gereicht. Die Tamarinde verleiht dem Chutney eine komplexe, rauchige, süß-saure Note. Am besten schmeckt es mit einer goldgelben Ananassorte, die über ein reicheres Aroma und mehr Süße verfügt als die sonst handelsüblichen Früchte.

2 Tassen frische reife Ananas, in Würfel geschnitten (mit Saft)
½ mittelgroßer, roter Paprika, entstielt, entkernt und in ½ cm große Würfel geschnitten
¼ Tasse Rosinen oder Sultaninen
1–4 Serrano- oder andere scharfe Chillies, entkernt und feingehackt
3 EL Koriandergrün, gehackt
125 ml Tamarindenwasser (s. Seite 219) oder 60 ml Balsamessig, gemischt mit gut 1 EL hellbraunem Zucker
125 ml Ananassaft
60 ml Apfelessig
2 EL hellbrauner Zucker, nach Geschmack auch mehr
1 Zimtstange (8 cm)
3 weiße Kardamomschoten oder 1 TL Kardamom, gemahlen
½ TL Sambal oelek oder eine andere scharfe Sauce

1. Die Ananas samt Saft mit Paprika, Rosinen, Chillies, Koriandergrün, Tamarindenwasser, Ananassaft, Essig, Zucker, Zimtstange, Kardamom und Sambal oelek in einem Saucentopf bei starker Hitze zum Kochen bringen. 5 Min. im offenem Topf kochen, bis die Ananas weich ist und das Chutney eindickt und intensiv duftet. Vom Herd nehmen und ganz nach Belieben mit Zucker abschmecken.

2. Das Chutney in eine Schüssel geben und auf Zimmertemperatur abkühlen lassen. Die Zimtstange vor dem Servieren entfernen. Gut verschlossen hält sich das Chutney im Kühlschrank mehrere Wochen.

Ergibt ca. 500 ml, für 4–6 Portionen

GUACAMOLE OAXACA-ART

BEILAGE

Guacamole ist eine Avocadocreme. In Mexiko jedoch wird sie eher als Sauce denn als Dip verwendet. Jede Region hat ihr eigenes Rezept. Guacamole ist leicht zuzubereiten, erfordert aber unbedingt reife Avocados (so reif, daß sie eine platte Stelle bekommen, wenn man sie auf den Tisch fallen läßt). Sonst fehlt der rechte Geschmack. Hier die Version aus Oaxaca – einfach perfekt zu gegrilltem Fleisch.

2 reife Avocados
¼ Tasse Zwiebeln, gehackt
1 Knoblauchzehe, feingehackt
1–3 Serrano- oder Jalapeño-Chillies, grobgehackt (für milderen Geschmack Kerne und eventuell auch Rippen entfernen)
60 ml frisch gepreßter Limettensaft, nach Geschmack auch mehr
¼ Tasse Koriandergrün, gehackt
½ TL Salz, nach Geschmack auch mehr

1. Die Avocados schälen, entsteinen und grob hacken. Zwiebeln, Knoblauch und Chillies im Mixer fein hacken. Die Avocados zugeben und fein pürieren. Limettensaft, Koriandergrün und Salz zugeben und untermischen. Falls erforderlich, mit etwas mehr Zitronensaft oder Salz abschmecken.

2. Die Guacamole in eine Servierschüssel füllen und sofort servieren.

Für 4–6 Portionen

ARGENTINISCHE TOMATEN-SALSA
Salsa criolla

ARGENTINIEN

BEILAGE

Diese farbenprächtige Salsa wird in Argentinien stets zu gegrilltem Fleisch serviert. Das Rezept unterscheidet sich von Restaurant zu Restaurant und von Familie zu Familie. Zuweilen besteht die Salsa lediglich aus gehackten Tomaten und Zwiebeln. Meine Version ist etwas raffinierter und schmeckt ganz hervorragend zu gegrilltem Fleisch.

2 große, vollreife Tomaten (ca. 500 g), ohne Stielansatz und Samen (s. Kasten Seite 62), dann in ½ cm große Würfel geschnitten

1 süße Zwiebel, z. B. Vidalia or Walla Walla, in ½ cm große Würfel geschnitten

1 mittelgroßer, grüner Paprika, entstielt, entkernt und in ½ cm große Würfel geschnitten

2 EL Olivenöl extra vergine

2 EL Rotweinessig, nach Geschmack auch mehr

3 EL glatte Petersilie, gehackt

1 TL Oregano, getrocknet

Salz und frisch gemahlener schwarzer Pfeffer nach Geschmack

Tomaten, Zwiebeln, Paprika, Öl, Essig, Petersilie und Oregano in einer mittelgroßen Schüssel mischen. Falls erforderlich, noch etwas Essig, Salz und Pfeffer zugeben. Die Mischung sollte sehr würzig sein. Die Salsa kann bis zu 4 Std. im voraus zubereitet werden. Vor dem Servieren nochmals abschmecken.

Ergibt ³/₄–1 l, für 6–8 Portionen

GEGRILLTE HABANERO-SALSA

MEXIKO

METHODE:
Direktes Grillen

Die Habanero gehört zu den 2 oder 3 schärfsten Chilisorten der Welt. Grillen dämpft das Feuer etwas und hebt den rauchig-fruchtigen Geschmack der Chili hervor. Dennoch ist die Salsa brennend scharf. Wer's höllisch scharf mag, sollte auch die Dog's-nose-Salsa von Seite 453 probieren.

**SPEZIAL-
ZUBEHÖR:**
Gemüserost

12–15 Habanero- oder Scotch-bonnet-
  Chillies
1 kleine Zwiebel, längs halbiert
1 Knoblauchzehe, feingehackt
60 ml frisch gepreßter Pomeranzen- oder
  Zitronensaft
60 ml frisch gepreßter Orangensaft
½ TL Salz
¼ TL Zucker (nach Wunsch)

1. Den Grill auf höchster Stufe anheizen.
2. Einen Gemüserost auf dem heißen Grill 5 Min. erhitzen.
3. Die Chillies und die Zwiebelhälften mit der Schnittseite nach unten auf den heißen Gemüserost legen und unter häufigem Wenden 3–6 Min. grillen, bis sie vollständig gebräunt sind. (Die Haut sollte schwarz, aber das Gemüse nicht gar sein.) Chillies und Zwiebeln auf einem Schneidbrett abkühlen lassen.
4. Besonders stark verbrannte Hautstellen abschaben, dann Chillies und Zwiebelhälften fein hacken. In eine Servierschüssel geben, Knoblauch, Pomeranzen- und Orangensaft sowie Salz und Zucker einrühren. Die Salsa sparsam verwenden. Sie ist von heftiger Wirkung! Am besten innerhalb von 3 Std. nach Zubereitung servieren.
Ergibt ca. 250 ml, für 8 Portionen

SALSAS VON DREI FRÜCHTEN

USA

METHODE:
Direktes Grillen
oder Zubereitung
ohne Kochen

Fruchtige Salsas sind eine rein nordamerikanische Erfindung und selbst als solche noch nicht sehr alt. Doch schon sind sie aus der amerikanischen Küche nicht mehr wegzudenken, weil sie einfach perfekt zu gegrilltem Fleisch, Geflügel, Fisch und Meeresfrüchten passen. Und mit ihrem niedrigen Fettgehalt sind sie auch sehr gesund. Im folgenden meine drei Lieblings-Salsas. Auf der immer gleichen Grundlage kann man mit fast jedem Obst Salsas zubereiten.

Gegrillte Ananas-Salsa

Grillen verleiht dieser Salsa einen deutlichen Rauchgeschmack. Aber wenn es schnell gehen muß, schmeckt diese Salsa auch ohne Grillen köstlich. Zu gegrilltem Schweinefleisch servieren.

1 reife Ananas
1 mittelgroßer, roter Paprika
1 mittelgroßer, gelber Paprika
1 Poblano-Chili oder 1 mittelgroßer, grüner
  Paprika
½–1 Scotch-bonnet-Chili oder andere scharfe
  Chili, entkernt und feingehackt (Schärfer
  wird die Salsa mit Kernen.)
1 TL kandierter Ingwer, feingehackt
½ mittelgroße, rote Zwiebel, feingehackt
125 ml Koriandergrün, gehackt
3 EL frisch gepreßter Limettensaft, nach
  Geschmack auch mehr
1 EL hellbrauner Zucker

1. Den Grill auf höchster Stufe anheizen.
2. Die Ananas schälen, längs halbieren und den Stielansatz entfernen. Jede Hälfte längs vierteln. Ergibt insgesamt 8 Spalten.
3. Ananas, Paprika und Poblano-Chili auf den heißen Rost legen und 8–12 Min. von allen Seiten appetitlich braun grillen. Dabei mit

einer Grillzange wenden. In eine Schüssel geben und abkühlen lassen.

4. Die abgekühlte Ananas in 2 cm große Würfel schneiden. Die Paprika entstielen und entkernen und ebenfalls in 2 cm große Würfel schneiden. Ananas, Paprika, Poblano, Scotch bonnet, Ingwer, Zwiebel, Koriandergrün, Limettensaft und Zucker in einer Servierschüssel gut mischen. Mit etwas mehr Limettensaft und Zucker abschmecken. Die Salsa sollte sehr würzig sein. Innerhalb von 3 Std. nach der Zubereitung servieren.

Ergibt 1–1 ½ l, für 6–8 Portionen

Apfelbananen-Salsa mit Raucharoma

Die Apfelbanane gehört zu den leckersten exotischen Früchten, die je auf meinem Tisch gelandet sind. Sie ist klein, rundlich und von herbem, apfelähnlichem Geschmack. Wer einmal eine Apfelbanane gekostet hat, wird kaum noch mit gewöhnlichen Bananen vorliebnehmen wollen. Man bekommt sie in Südamerikaläden und großen Supermärkten. Diese Salsa reicht man zu gegrillter Ente oder Hähnchen, für das Raucharoma sorgen die Chipotle-Chillies.

1–2 Chipotle-Chillies (s. Hinweis)
4 Apfelbananen, geschält und in Würfel geschnitten (ca. 500 g) oder 2 große Bananen
½ mittelgroßer, roter Paprika, entstielt, entkernt und in kleine Würfel geschnitten
½ Poblano-Chili oder mittelgroßer, grüner Paprika, entstielt, entkernt und in kleine Würfel geschnitten
¼ rote Zwiebel, in kleine Würfel geschnitten
3 EL Minzeblätter, gehackt

3 EL frisch gepreßter Orangensaft
2 EL frisch gepreßter Limettensaft, nach Geschmack auch mehr
1 EL Honig, nach Geschmack auch mehr

1. Getrocknete Chipotle-Chillies 30 Min. in warmem Wasser einweichen. Aus dem Wasser heben und mit Küchenpapier trockentupfen. Stielansatz und Kerne entfernen, dann sehr fein hacken. (Chipotles aus der Dose sehr fein hacken.)

2. Chipotles, Apfelbanane, Paprika, Poblano, Zwiebel, Minze, Orangensaft, Limettensaft und Honig in einer Servierschüssel mischen. Mit Limettensaft und Honig abschmecken. Diese Salsa schmeckt innerhalb von 3 Std. nach der Zubereitung am besten.

Ergibt ca. 750 ml, für 4–6 Portionen
Hinweis: Chipotles (geräucherte Jalapeño-Chillies) gibt es getrocknet und in der Dose, in eine würzige Tomatensauce (Adobo) eingelegt. Getrocknete Chipotles müssen 30 Min. in warmem Wasser eingeweicht werden, Chipotles aus der Dose brauchen Sie nur aus der Sauce zu fischen und fein zu hacken.

Mango-Minze-Salsa

Achten Sie bei Mangos darauf, nur schwere Früchte ohne schadhafte Stellen zu kaufen. Bei Zimmertemperatur nachreifen lassen, bis sie auf Druck nachgeben und stark duften. Viele (aber nicht alle) Sorten werden rot, wenn sie reif sind. Die Reife läßt sich daher nur an Druckfestigkeit und Geruch erkennen. Wer zu allergischen Reaktionen neigt, sollte beim Verarbeiten von Mangos Gummihandschuhe tragen. Der Saft kann einen Ausschlag hervorrufen. Diese Salsa schmeckt auch mit anderen Früchten köstlich, z.B. mit Pfirsichen, Nektarinen oder Melonen, und paßt ausgezeichnet zu Geflügel oder Fisch und Meeresfrüchten. Die Zutaten können im voraus gehackt, aber sie sollten erst 20 Min. vor dem Verzehr gemischt werden.

2 reife Mangos, geschält, entsteint und in ½ cm große Würfel geschnitten (ca. 500 g)

1 mittelgroße Gurke, geschält, entkernt und in ½ cm große Würfel geschnitten

½ Tasse Lauchzwiebeln, Weißes und Grünes, feingehackt

½ mittelgroßer, roter Paprika, entstielt, entkernt und in ½ cm große Würfel geschnitten

1 EL kandierter oder frischer Ingwer, gehackt

1–3 Jalapeño-Chillies, entkernt und feingehackt (Schärfer wird die Salsa mit Kernen.)

¼ Tasse Minzeblätter, gehackt

3 EL frisch gepreßter Limettensaft, nach Geschmack auch mehr

2 EL hellbrauner Zucker, nach Geschmack auch mehr

Mangos, Gurken, Lauchzwiebeln, Paprika, Ingwer, Chillies, Minze, Limettensaft und braunen Zucker in einer großen Servierschüssel mischen. Mit Limettensaft und Zucker pikant abschmecken. Die Salsa innerhalb 3 Std. nach der Zubereitung servieren.

Ergibt ¾–1 l, für 4–6 Portionen

DOG'S-NOSE-SALSA
Xni pec

MEXIKO

BEILAGE

Die Salsa mit dem blumigsten Namen – Xni pec (sprich: schni peck) – ist auch eine der schärfsten der Welt. »Xni« bezeichnet in der Sprache der Majas einen Hund, »pec« heißt Nase. Weshalb man aber die Salsa so nennt, darüber gehen die Meinungen auseinander. Wohl, weil einem von der Schärfe die Nase läuft, was ich bestätigen kann. Und eine Hundenase ist ja auch immer feucht. Bei der Menge an Chillies lasse ich Ihnen die Wahl. Auf Yucatán würde man alle 8 verwenden. Aber diese Salsa ist nicht nur scharf: Zwiebeln, Tomaten, Koriandergrün und Pomeranzen ergeben ein komplexes Zusammenspiel der Aromen.

2–8 Habanero- oder Scotch-bonnet-Chillies, feingehackt (s. Hinweis)

1 große Tomate, in ½ cm große Würfel geschnitten (mit Saft)

½ Tasse weiße Zwiebeln, feingehackt

3 EL Koriandergrün, gehackt

3 EL frisch gepreßter Pomeranzensaft oder 2 EL frisch gepreßter Limettensaft und 1 EL frisch gepreßter Orangensaft, nach Geschmack auch mehr

½ TL Salz

Chillies, Tomaten, Zwiebeln, Koriandergrün, Pomeranzensaft und Salz in einer Servierschüssel sorgfältig mischen. Mit Pomeranzensaft abschmecken. Die Salsa schmeckt innerhalb von 3 Std. nach der Zubereitung am besten.

Ergibt 250 ml, für 4–6 Portionen

Hinweis: Wenn man die Chillies entkernt, wird die Salsa weniger scharf, aber dann ist sie natürlich weit vom Original entfernt.

ZWEI RAITAS

BEILAGE

VORBEREI-TUNGSZEIT:
2 Std. zum Abtropfen (nach Wunsch)

Raita ist eine kühlende kleine Beilage aus Joghurt und Gemüse oder Obst und aromatischen Gewürzen. Sie ist die perfekte Begleiterin aller indischen Speisen in diesem Buch und besänftigt wirkungsvoll brennendes Chilifeuer am Gaumen. Unten finden Sie zwei klassische indische Raitas.

Für beide Rezepte muß der Joghurt abtropfen, damit er gehaltvoller wird. Wenn es schnell gehen soll, kann man diesen Schritt weglassen, dann aber 125 ml weniger Joghurt verwenden. Man kann Raita auch mit fettarmem Joghurt zubereiten, sie verliert dadurch nur etwas im Geschmack.

Ananas-Raita

Ananas verleiht dieser Raita einen überraschenden Hauch Süße.

1 ½–2 Tassen Naturjoghurt
½ TL Kreuzkümmelsamen
1 Tasse reife Ananas, feingewürfelt
1 ½ EL frische oder 2 TL getrocknete Minze
1 TL schnelles Garam masala (s. Seite 499)
Salz und frisch gemahlener schwarzer Pfeffer nach Geschmack

1. In ein Joghurtsieb oder ein normales, mit zwei Lagen angefeuchtetem Mulltuch ausgelegtes Sieb über einer Schüssel 2 Tassen Joghurt geben und im Kühlschrank ca. 2 Std. abtropfen lassen.

2. Die Kreuzkümmelsamen in einer Pfanne ohne Fett bei mittlerer Hitze ca. 2 Min. rösten, bis sie duften.

3. Den Joghurt in eine Servierschüssel geben und mit Kreuzkümmelsamen, Ananas, Minze, der Hälfte des Garam masala, Salz und Pfeffer verrühren. Das restliche Garam masala darüberstreuen und die Raita sofort, spätestens innerhalb von 4 Std. nach Zubereitung bei Zimmertemperatur oder kalt servieren.

Ergibt ca. 750 ml, für 4–6 Portionen

Tomaten-Gurken-Raita

1 ½–2 Tassen Naturjoghurt
½ TL Kreuzkümmelsamen
1 kleine oder ½ große Gurke, geschält, entkernt und feingewürfelt
1 mittelgroße Tomate, geschält, entkernt und feingewürfelt
Salz und frisch gemahlener schwarzer Pfeffer nach Geschmack

1. In ein Joghurtsieb oder ein normales, mit zwei Lagen angefeuchtetem Mulltuch ausgelegtes Sieb über einer Schüssel 2 Tassen Joghurt geben und im Kühlschrank ca. 2 Std. abtropfen lassen.

2. Die Kreuzkümmelsamen in einer Pfanne ohne Fett bei mittlerer Hitze ca. 2 Min. rösten, bis sie duften.

3. Den Joghurt in eine Servierschüssel geben und mit Kreuzkümmelsamen, Gurken, Tomaten, Salz und Pfeffer sorgfältig mischen. Sofort, spätestens innerhalb von 4 Std. nach Zubereitung bei Zimmertemperatur servieren.

Ergibt ca. 750 ml, für 4–6 Portionen

DREI KRAUTSALATE

Krautsalat (Coleslaw) ist seit Gründung der USA, wenn nicht sogar schon länger, Bestandteil der dortigen Barbecue-Kultur. Der amerikanische Name kommt von den holländischen Wörtern »kool« für Kraut und »sla« für Salat und stammt aus den Tagen, als Manhattan niederländische Kolonie war. Amelia Simmons erwähnt Slaw in »American Cookery«, dem ersten amerikanischen Kochbuch, veröffentlicht 1796. Im folgenden eine Zusammenstellung von Slaws, von mild bis feurig, die jedem Barbecue gerecht werden dürfte.

Klassisch

Dies ist der klassische, mild-cremige Krautsalat mit Mayonnaise, wie er überall in den USA zum Barbecue gereicht wird. Eine schlankere Variante entsteht durch Verwendung von Sauerrahm statt Mayonnaise.

DRESSING:
5 EL Mayonnaise
3 EL Apfelessig
1 EL Dijon-Senf
1 EL frisch gepreßter Zitronensaft
2 TL Zucker, nach Geschmack auch mehr
1 Knoblauchzehe, feingehackt (nach Wunsch)
2 TL Selleriekörner
Salz und frisch gemahlener schwarzer Pfeffer
    nach Geschmack

KRAUTSALAT:
½ mittelgroßer Kopf Weißkohl, geraspelt
    (s. Hinweis)
2 mittelgroße Karotten, geschält und
    geraspelt oder in Juliennes geschnitten
    (s. Hinweis)
½ mittelgroßer, grüner Paprika, entstielt,
    entkernt und geraspelt (nach Wunsch;
    s. Hinweis)
1 mittelgroße Selleriestange (nach Wunsch)

    1. Für das Dressing Mayonnaise, Essig, Senf, Zitronensaft, Zucker, Knoblauch und Selleriekörner in einer kleinen Schüssel verquirlen. Mit Salz und Pfeffer würzen und pikant abschmecken.
    2. Kraut, Karotten, Paprika und Sellerie in eine große Schüssel geben und mit dem Dressing mischen. Den Salat nicht länger als 4 Std. stehen lassen. Unmittelbar vor dem Servieren nochmals mit Salz und Pfeffer abschmecken.
    Für 6 Portionen
    Hinweis: Am schnellsten raspelt man Kraut, Karotten und Paprika mit der Küchenmaschine. Für die Karotten nach Möglichkeit eine Julienne-Scheibe verwenden.

Shogun-Slaw

Ingwer, Reisessig und Sesamöl verleihen diesem Krautsalat einen japanischen Akzent. So ist er der Stolz jedes asiatischen Barbecue. Wasabi ist japanischer Meerrettich – diese grüne, zahnpastaartige Creme, die zum Sushi gereicht wird. Ich überlasse es Ihnen, ob Sie sie verwenden wollen, aber sie gibt dem Slaw eine interessante Würze. Napa ist

längliches, asiatisches Weißkraut. Genausogut kann man aber auch europäisches Weißkraut oder Wirsing verwenden. Wasabi, Reisessig und dunkle Sesamkörner findet man in
Japanläden und in einigen großen Supermärkten.

DRESSING:
- 2 TL Wasabi-Pulver (nach Wunsch)
- 2 TL Wasser (nach Wunsch)
- 1 Knoblauchzehe, feingehackt
- 1 TL Ingwer, feingehackt, nach Geschmack auch mehr
- 5 EL Reisessig, nach Geschmack auch mehr
- 2 EL Zucker, nach Geschmack auch mehr
- ½ TL Salz, nach Geschmack auch mehr
- 1 EL dunkles Sesamöl
- 2 EL dunkle oder geröstete helle Sesamkörner (s. Seite 93)

KRAUTSALAT:
- ½ kleiner Kopf Napa-Kraut, feingeraspelt
- 2 mittelgroße Karotten, geschält und geraspelt oder in Juliennes geschnitten
- ½ mittelgroßer, roter Paprika, entstielt, entkernt und in dünne Streifen geschnitten
- 4 Lauchzwiebeln, Weißes sehr fein gehackt, Grünes der Länge nach in feine Streifen geschnitten
- ½ Tasse Zuckererbsen, ohne Spitzen und Fäden, die Schoten in feine Streifen geschnitten

1. Für das Dressing Wasabi in einer kleinen Schüssel ins Wasser einrühren und 5 Min.
zu einer dicken Paste quellen lassen. Knoblauch, Ingwer, Essig, Zucker und Salz zugeben. Verquirlen, bis der Zucker gelöst ist.
Sesamöl und Sesamkörner unterrühren.

2. Kraut, Karotten, Paprika, Lauchzwiebeln und Zuckererbsen unterrühren. Den
Salat nicht länger als 4 Std. stehen lassen.
Falls erforderlich, unmittelbar vor dem Servieren nochmals mit Essig, Zucker oder Salz
abschmecken.
Für 4–6 Portionen

Haiti-Slaw
Pikliz

Dies war gewiß der schärfste Krautsalat, den ich bei meinen Barbecuereisen entdecken konnte. Sein Feuer verdankt er der
Dame Jeanne, einer Schwester der Scotch-
bonnet-Chili. Der Name Pikliz klingt wie Pickles, und tatsächlich ist es eine Art eingelegter
Krautsalat, fast wie Sauerkraut. Bei der Menge der Chillies lasse ich Ihnen die Wahl: mit
2 wird er anregend feurig, mit 10
stellt er noch den eifrigsten Pyromanen Haitis zufrie-
den. Pomeranzen
sehen aus wie
Orangen,
schmecken aber wie
Limetten. Man findet
sie in Delikatessenge-
schäften und gut sor-
tierten Exotenabteilun-
gen großer Supermärkte.

DRESSING:
- 375 ml destillierter Weißweinessig
- 375 ml frisch gepreßter Pomeranzensaft oder 250 ml frisch gepreßter Zitronensaft und 125 ml frisch gepreßter Orangensaft
- 2 EL Salz
- ½ TL frisch gemahlener schwarzer Pfeffer
- 3 ganze Nelken

KRAUTSALAT:
- 1 kleiner Kopf Weißkohl oder Wirsing, geraspelt
- 2 mittelgroße Karotten, geschält und geraspelt
- 2 mittelgroße Selleriestangen, feingehackt
- 1 große Zwiebel, in feine Ringe geschnitten
- 1 Bund Lauchzwiebeln, Weißes und Grünes, feingehackt
- 5 Knoblauchzehen, feingehackt
- 2–10 Scotch-bonnet- oder Habanero-Chillies,

entkernt, in dünne Ringe geschnitten (Noch schärfer wird der Slaw, wenn die Samen mitverwendet werden.)

1. Für das Dressing Essig, Pomeranzensaft, Salz, Pfeffer und Nelken in einem Steinguttopf mit 2 l Fassungsvermögen oder einer großen Schüssel verquirlen, bis das Salz gelöst ist.

2. Kraut, Karotten, Sellerie, Zwiebeln, Lauchzwiebeln, Knoblauch und Chillies einrühren. Den Steinguttopf mit Klarsichtfolie abdecken und im Kühlschrank mindestens 24 Std. marinieren. Dabei mehrmals umrühren. Der Krautsalat kann bis zu einer Woche im voraus zubereitet werden. Gut abgedeckt im Kühlschrank aufbewahren.

Für 8–10 Portionen

Saucen

Vor einiger Zeit war ich Juror beim »May World Championship Barbecue Cooking Contest« in Memphis. Mich verblüffte die virtuose Zubereitung der Schweineschultern, ich staunte über den rauchig-aromatischen Geschmack der Rippensteaks, was mir aber wirklich den Atem verschlug, war die geradezu unglaubliche Vielfalt an Saucen.

Saucen waren schon immer der Prüfstein für jeden Grillmeister. In Nordamerika reicht die Bandbreite von den süßen Tomatensaucen aus Kansas City bis zu den Essigsaucen aus dem Norden North Carolinas, von den Senfsaucen aus dem Süden dieses Bundesstaats bis zu den feurigen Salsas im Südwesten der USA.

Andernorts ist man nicht weniger erfinderisch. Kein südamerikanisches Barbecue wäre komplett ohne Chimichurri, die Knoblauch-Petersilien-Sauce. Scharfe Chillies geben der nordafrikanischen Harissa Pfiff. Die Spanier lieben die gerösteten milden roten Pfefferschoten und die Nüsse, die ihrer Romesco Geschmack verleihen, wohingegen Barbecuesaucen an vielen anderen Orten der Welt fruchtige Aromen tragen. Dieses prall gefüllte Kapitel enthält Rezepte für Saucen, die zu Gerichten aus diesem Buch gehören, aber auch solche, die zu jedem anderen Grillgericht passen. Entdecken Sie völlig neue Barbecuesaucen!

Ein Spritzer Fischsauce gibt dem Barbecue in Südostasien den letzten Schliff.

KLASSISCHE BARBECUESAUCE

USA

Eine gute Barbecuesauce lebt von ihren Kontrasten: süß und sauer, fruchtig und rauchig, würzig und mild. Hier ein Rezept für eine vielseitige Barbecuesauce, hocharomatisch, aber nicht zu süß. Sie paßt zu Geflügel, Schweine- und Rindfleisch.

Das feingehackte Gemüse verleiht der Sauce eine körnige Konsistenz, wie ich sie mag. Wem eine glatte Sauce lieber ist, der kann sie im Mixer pürieren.

3 EL Pflanzenöl
1 mittelgroße Zwiebel, feingehackt
1 Knoblauchzehe, feingehackt
¼ grüner Paprika, entstielt, entkernt und feingehackt
125 ml Ketchup
125 ml Tomatensauce
250 ml Wasser, nach Bedarf auch mehr
3 EL Apfelessig, nach Geschmack auch mehr
3 EL Worcestersauce
2 EL frisch gepreßter Zitronensaft
2 EL Ananassaft (nach Wunsch)
1 TL scharfe Sauce, nach Geschmack auch mehr
½ TL Flüssigrauch oder 2 EL Bratenfett
2 EL Sirup
3 EL brauner Zucker, nach Geschmack auch mehr
2 EL Senf
1 TL Senfpulver
½ TL frisch gemahlener schwarzer Pfeffer
Salz nach Geschmack

1. Das Öl in einem großen Topf bei mittlerer Hitze erwärmen. Zwiebeln, Knoblauch und Paprika zugeben und ca. 4 Min. weich, aber nicht braun sautieren.

2. Ketchup, Tomatensauce, Wasser, Essig, Worcestersauce, Zitronensaft, Ananassaft, scharfe Sauce, Flüssigrauch, Sirup, Zucker, Senf, Senfpulver und Pfeffer einrühren und aufkochen. Bei geringer Hitze im offenen Topf ca. 15 Min. unter häufigem Rühren köcheln lassen, bis die Sauce eindickt. Erscheint die Sauce zu dick, etwas Wasser angießen. Den Topf vom Herd nehmen und die Sauce, falls erforderlich, mit Salz, Essig, scharfer Sauce und Zucker abschmecken. Die Sauce sollte sehr würzig sein.

3. Die Sauce in eine Servierschüssel füllen und warm oder bei Zimmertemperatur servieren. Gut verschlossen hält sie sich im Kühlschrank mehrere Wochen.
Ergibt 625–750 ml

NORTH-CAROLINA-ESSIGSAUCE

USA

North Carolina, besonders der Nordwesten des Bundesstaats, nimmt in der Welt des amerikanischen Barbecue eine ganz besondere Stellung ein. Im Gegensatz zum Rest des Landes (wo man Tomatensaucen liebt) bevorzugt man hier eine pikante Mischung auf Essig- und Chilibasis mit einer Prise Zucker, die der Schärfe die Spitze nimmt. Es wird stets Schweinefleisch serviert, durchgedreht oder feingehackt, nie geschnitten. Solches Schweinefleisch zusammen mit dieser Essigsauce ergibt eines der köstlichsten Barbecuegerichte überhaupt. Die Jalapeño-Chili entspricht zwar nicht ganz dem Originalrezept, aber ich mag ihre Schärfe.

375 ml Apfelessig
250 ml Wasser
1 EL Zucker, nach Geschmack auch mehr
1 EL scharfe, rote Chiliflocken

1 kleine Zwiebel, in dünne Ringe geschnitten
1 Jalapeño-Chili, in dünne Ringe geschnitten
      (Milder wird die Sauce ohne die Kerne.)
2 TL Salz, nach Geschmack auch mehr
½ TL frisch gemahlener schwarzer Pfeffer

   1. Sämtliche Zutaten in einer mittelgroßen Schüssel verrühren, bis Zucker und Salz gelöst sind. Falls erforderlich, mit etwas mehr Zucker und Salz abschmecken.

   2. Die Sauce sofort, zumindest am gleichen Tag verbrauchen. Sie hält sich nicht lange.

   Ergibt ca. 625 ml

MARK MILITELLOS MANGO-BARBECUESAUCE

USA

METHODE:
Direktes Grillen

SPEZIAL-ZUBEHÖR:
1 Tasse Holzspäne, 1 Std. in kaltem Wasser einweichen und abtropfen lassen

Dies ist eine Mango-Barbecuesauce mit geradezu explosivem tropischem Aroma. Gegrillte Paprika und Tomaten sorgen für den Rauch, Scotch-bonnet-Chillies entfachen das Feuer. (Keine Bange: Die Sauce ist pikant, aber nicht zu feurig.) Diese Sauce geht auf Mark Militello zurück, den berühmten Koch aus Florida. Er serviert sie zu gegrilltem Schwertfisch. Zwar gewinnt jedes Grillgericht durch diese Sauce, besonders gut paßt sie jedoch zu Fisch, Meeresfrüchten und Hähnchen.

1 mittelgroßer, grüner Paprika
1 mittelgroßer, roter Paprika
2 große Tomaten
1 große oder 2 kleine reife Mangos,
      geschält, entkernt und in Würfel
      geschnitten (ca. 2 Tassen)
⅔ Tasse rote Zwiebel, feingehackt
1 EL Knoblauch, feingehackt
1 Scotch-bonnet-Chili, halbiert (Milder wird
      die Sauce ohne die Kerne.)

80 ml Apfelessig
½ Tasse brauner Zucker
2 EL Sirup
2 EL Dijon-Senf
2 EL Tamarindenwasser (s. Seite 219),
      gefrorenes Tamarindenpüree, aufgetaut,
      oder frisch gepreßter Limettensaft
1 EL Sojasauce
1 Zimtstange (8 cm lang)
1 ½ TL Thymianblätter oder ¾ TL Thymian,
      getrocknet
1 ½ TL Majoranblätter oder ¾ TL Majoran,
      getrocknet
1 ½ TL Kreuzkümmel, gemahlen
125 ml Wasser, nach Bedarf auch mehr
Salz und frisch gemahlener schwarzer Pfeffer

   1. Den Grill auf höchster Stufe anheizen. Beim Gasgrill die Holzspäne im Räucherkasten erhitzen, bis Rauch entsteht.

   2. Beim Holzkohlegrill die Holzspäne auf die Kohlen streuen. Den Grillrost ölen und Paprika und Tomaten auf den heißen Rost legen. Insgesamt 12–20 Min. grillen, bis die Haut ringsum verbrannt ist. Den Grill dabei geschlossen halten und nur zum Wenden und am Schluß öffnen. Auf einem Schneidbrett abkühlen lassen.

3. Die verbrannte Haut von Paprika und Tomaten abschaben. Paprika und Tomaten halbieren, entstielen und entkernen, dann grob hacken. In einen großen Topf geben und mit Mango, Zwiebeln, Knoblauch, Chili, Essig, Zucker, Sirup, Senf, Tamarindenwasser, Sojasauce, Zimtstange, Thymian, Majoran, Kreuzkümmel, Wasser, Salz und Pfeffer mischen. Bei geringer Hitze zum Köcheln bringen und bei offenem Topf unter gelegentlichem Rühren ca. 20 Min. köcheln, bis die Sauce stark duftet. So viel Wasser zugeben, daß die Sauce dickflüssig bleibt. Die Zimtstange entfernen.

4. Die Sauce im Mixer glatt pürieren. Noch glatter wird sie, wenn man sie durch ein feinmaschiges Sieb streicht. Mit Salz und schwarzem Pfeffer abschmecken.

5. Die Sauce in eine Servierschüssel geben und warm oder bei Zimmertemperatur servieren. Gut verschlossen hält sie sich im Kühlschrank mehrere Wochen.

Ergibt ca. 750 ml

ELIDAS HONIG-GUAVEN-BARBECUESAUCE

KUBA

Elida Proenza aus Kuba ist eine gute Freundin und erstklassige Köchin. Sie verkörpert eine gastronomische Binsenweisheit: Mit vielen Zutaten kochen die meisten gut, aber nur dem wahren Genie gelingt ein unvergeßliches Gericht mit nur zwei oder drei Ingredienzen. Leise lächelnd beobachtete Elida, wie ich etliche Dutzend Fläschchen mit Gewürzen und Zutaten für verschiedene Barbecuesaucen vor mir aufreihte. In einem unbeobachteten Augenblick rührte sie aus Honig, Guavenpaste und einem Fertigprodukt diese exotisch-fruchtige Sauce, die uns sofort begeisterte. Besonders gut paßt sie zu Hähnchen und Schweinefleisch.

Guavenpaste ist ein festes, stark duftendes, rotes Fruchtgelee, das man in flachen Dosen in Südamerikaläden und den Exotenabteilungen der Supermärkte bekommt. In Klarsichtfolie gewickelt, hält sie sich auch geöffnet im Kühlschrank monatelang. Keine Sorge, wenn die Paste kristallisiert – der Zucker schmilzt beim Erhitzen wieder.

¼ **Tasse Honig**
3 EL Guavenpaste
⅔ **Tasse fertige Barbecuesauce (s. Hinweis)**
einige Spritzer Zitronensaft (nach Wunsch)

1. Den Honig mit der Guavenpaste und der Barbecuesauce in einem Saucentopf bei mittlerer Hitze zum Kochen bringen. Die Temperatur reduzieren und die Sauce bei geringer Hitze 5 Min. unter ständigem Schlagen köcheln lassen. Die Sauce ist fertig, wenn die Guavenpaste vollständig gelöst ist. Schmeckt sie zu süß, einen Spritzer Zitronensaft zugeben.

2. Die Sauce in eine Servierschüssel füllen und heiß oder bei Zimmertemperatur servieren. Gut verschlossen hält sie sich im Kühlschrank mehrere Wochen.

Ergibt ca. 250 ml

Hinweis: So erstaunlich es ist, für dieses Rezept kann man fast jede handelsübliche Barbecuesauce verwenden. Elida bevorzugt Tomatensaucen, aber sie hat die Sauce auch schon erfolgreich mit Saucen auf Essigbasis zubereitet.

SENF-BARBECUESAUCE CAROLINA-ART

USA

In den USA werden Barbecuesaucen zumeist auf Tomaten- oder Ketchupbasis zubereitet. Aber im Süden von North Carolina (ebenso wie in einigen Gegenden von South Carolina und Florida) fehlt dem Barbecue einfach etwas, wenn dazu nicht eine hellgelbe Sauce aus Senf, Honig und Essig gereicht wird. Allein die Vorstellung mag schon höchst ungewöhnlich erscheinen, hat man sie aber erst einmal probiert, will man bald nicht mehr darauf verzichten.

Traditionell wird diese Sauce mit einem ganz einfachen, preiswerten Senf zubereitet, und damit macht man sicher auch nichts falsch. Ich aber liebe den etwas schärferen, raffinierteren Geschmack von französischem Dijon-Senf. Verwenden Sie nach Möglichkeit eine Sorte, die »à l'ancienne« hergestellt ist.

½ Tasse Senf nach Wahl
½ Tasse Honig
¼ Tasse hellbrauner Zucker
¼ Tasse destillierter Weißweinessig
Salz und frisch gemahlener schwarzer Pfeffer nach Geschmack

1. Senf, Honig, Zucker und Essig in einem Topf verquirlen. Bei niedriger Hitze zum Köcheln bringen und 5 Min. unter gelegentlichem Rühren köcheln lassen, bis die Sauce stark duftet. Den Topf vom Herd nehmen und die Sauce mit Salz und Pfeffer abschmecken.

2. Die Sauce in eine Servierschüssel füllen und heiß oder bei Zimmertemperatur servieren. Gut verschlossen hält sie sich im Kühlschrank mehrere Wochen.

Ergibt ca. 375 ml

GEORGISCHE PFLAUMENSAUCE
Tkemali

REPUBLIK GEORGIEN

Tkemali, eine köstlich herbe Sauce mit sauren Pflaumen und Koriandergrün, ist Georgiens Version des Ketchup. Sie paßt perfekt zu fast allem, von gegrillten Würstchen bis Fisch. Da dunkelrote Tkemalipflaumen wirklich sehr sauer sind, empfehle ich, große, unreife rote Pflaumen zu verwenden, wie man sie in den meisten Supermärkten findet. Man kann aber auch anderes saures Obst, wie z. B. Rhabarber, verwenden.

500 g unreife rote Pflaumen
180 ml Wasser
3 EL frisch gepreßter Zitronensaft oder Rotweinessig, nach Geschmack auch mehr
1 EL Olivenöl
3 Knoblauchzehen, feingehackt
1 ½ TL Koriander, gemahlen
½ TL Salz, nach Geschmack auch mehr
½ TL scharfe, rote Chiliflocken, nach Geschmack auch mehr
¼ Tasse Koriandergrün oder Dill, feingehackt

1. Einen großen Topf zur Hälfte mit Wasser füllen. Bei mittlerer Hitze zum Kochen bringen und die Pflaumen darin 1 Min. blanchieren, herausheben und kalt abbrausen. Die Haut mit einem scharfen Schälmesser abziehen. Die Pflaumen bis zum Kern einschneiden, dann in Hälften teilen. Den Stein mit einem Löffel entfernen. Jede Pflaumenhälfte nochmals halbieren.

2. Die Pflaumen mit Wasser, Zitronensaft, Öl, Knoblauch, Koriander, Salz und scharfen Chiliflocken in einem kleinen Topf bei mittlerer Hitze zum Kochen bringen. Die Temperatur reduzieren und die Mischung bei geringer Hitze zugedeckt ca. 5 Min. köcheln lassen, bis die Pflaumen sehr weich sind. Die Mischung in einen Mixer gießen und fein pürieren. Das Püree wieder in den Topf geben und das Koriandergrün einrühren. Bei mittlerer Hitze zum Kochen bringen, dann bei etwas schwächerer Hitze ca. 5 Min. köcheln lassen, bis die Sauce auf ca. 500 ml reduziert ist. Den Topf vom Herd nehmen und die Sauce mit Salz, Chiliflocken sowie Zitronensaft pikant abschmecken. Auf Zimmertemperatur abkühlen lassen und sofort servieren oder gut verschlossen im Kühlschrank bis zu 2 Wochen aufbewahren.

Ergibt ca. 500 ml

Hinweis: Sie können die Sauce mit Rhabarber zubereiten, wie unter Schritt 2 beschrieben. Die Pflaumen dabei durch 500 g geschälten und gewürfelten Rhabarber ersetzen. Die Säure des Rhabarbers läßt sich durch 1 EL Zucker (nach Bedarf auch mehr) ausgleichen.

BENGALISCHE MANGO-TAMARINDEN-BARBECUESAUCE

BANGLADESH

Dieses Rezept basiert auf einer Sauce, die ich tatsächlich erst probiert habe, als ich sie selbst zubereitete. Aber der bengalische Taxifahrer, der mir von ihr erzählte, beschrieb sie mit einer solchen Leidenschaft, daß ich mir ihren Geschmack lebhaft vorstellen konnte. Die Sauce gehört zu einer ganzen Familie von Tamarinden-Chutneys auf dem indischen Subkontinent und paßt zu gegrilltem Fleisch, zu Geflügel, Fisch und Meeresfrüchten.

375 ml Tamarindenwasser (s. Seite 219) oder gefrorenes Tamarindenpüree, aufgetaut
250 ml reife Mango, gewürfelt
1 mittelgroße Zwiebel, feingehackt
1 Stück (8 x 5 cm) grüner Paprika, feingehackt
2 Serrano- oder Jalapeño-Chillies, entkernt und feingehackt
1 EL Ingwer, feingehackt
3 EL brauner Zucker, nach Geschmack auch mehr
¼ TL Salz, nach Geschmack auch mehr
¼ Tasse Koriandergrün, gehackt
1 EL frisch gepreßter Limettensaft

1. Tamarindenwasser, Mango, Zwiebeln, Paprika, Chillies, Ingwer, Zucker und Salz in einem Topf bei mittlerer Hitze zum Kochen bringen. Die Hitze etwas reduzieren und die

Mischung im offenem Topf unter häufigem Rühren ca. 20 Min. köcheln lassen, bis Mangos und Zwiebeln sehr weich sind. Koriandergrün und Limettensaft einrühren und den Topf vom Herd nehmen.

2. Die Mischung in einen Mixer geben und pürieren. Falls erforderlich, mit etwas mehr Zucker oder Salz abschmecken. Die Sauce sollte süß-sauer sein.

3. Die Sauce in Portionsschälchen füllen und zimmerwarm servieren. Gut verschlossen hält sie sich im Kühlschrank mehrere Tage.

Ergibt ca. 450 ml

JAKES BARBECUESAUCE MIT TÜRKISCHEM KAFFEE

`U S A`

Diese Barbecuesauce ist wahrhaft exotisch. Enthält sie doch so ungewöhnliche und (allerdings nur scheinbar!) unvereinbare Zutaten wie Kardamom, Kaffee und Hoisinsauce. Das Rezept stammt von Jake, meinem Stiefsohn, der die Sauce in seinem phantastischen neuen Restaurant »JADA« in Miami am liebsten zu Seebarsch sowie zu gehaltvollem Fleisch wie dem von Schwein und Lamm serviert.

2 EL Olivenöl
1 mittelgroße Zwiebel, feingehackt
1 mittelgroßer, rote Paprika, entstielt, entkernt und feingehackt
3 Knoblauchzehen, feingehackt
1 TL Ingwer, feingehackt
375 ml türkischer Kaffee (ohne Satz) oder italienischer Espresso
60 ml Hoisinsauce
2 EL Balsamessig
1 ½ TL Kakaopulver
2 TL Kardamom, gemahlen
2 EL Honig, nach Geschmack auch mehr
Salz und frisch gemahlener schwarzer Pfeffer nach Geschmack

1. Das Öl in einem großen Topf bei mittlerer Hitze erwärmen. Zwiebeln, Paprika, Knoblauch und Ingwer zugeben und sautieren, bis das Gemüse weich, aber nicht braun ist. Kaffee, Hoisinsauce, Balsamessig, Kakao und Kardamom zugeben, verrühren und bei stärkerer Hitze zum Kochen bringen.

2. Die Mischung bei geringer Hitze im offenen Topf ca. 10 Min. unter gelegentlichem Rühren köcheln lassen, bis sie eindickt und stark duftet. Wird die Sauce zu dick, etwas Wasser zugeben. In einen Mixer gießen und pürieren, Honig zufügen, damit die Sauce Glanz bekommt. Falls erforderlich, mit etwas mehr Salz, schwarzem Pfeffer und Honig abschmecken.

3. Die Sauce in eine Servierschüssel füllen und heiß oder bei Zimmertemperatur servieren. Gut verschlossen hält sie sich im Kühlschrank mehrere Wochen.

Ergibt ca. 500 ml

Die vier Arten des amerikanischen Barbecue

Barbecue ist zweifellos eine nordamerikanische Delikatesse – soweit sind sich alle einig. Doch worum es dabei geht, das variiert von Region zu Region. Östlich des Mississippi verlangt Barbecue Schweinefleisch, westlich des mächtigen Stroms, vor allem in Texas, hingegen Rindfleisch. Rippchen gehören zum festen Repertoire aller Grillmeister in Kansas City, in Carolina wiederum ist Schweineschulter das beste Stück. Und schließlich serviert man in immer mehr Barbecuelokalen Hähnchen, eine Referenz an die leichte Küche.

Auf Barbecuereisen durch die USA werden Sie feststellen, daß sich Fleischstücke, Saucen und Zubereitungsarten oft überschneiden. Im wesentlichen gibt es aber vier regional unterschiedliche Stile.

NORTH CAROLINA

In beiden Carolinas ist Barbecue gleichbedeutend mit Schweinefleisch, insbesondere Schweineschulter. Zuweilen wird das Fleisch mit einer Würzmischung aus Paprika, Salz, Zucker und anderen Gewürzen eingerieben, genauso oft verzichtet man aber auch darauf. Die Schweineschultern garen über Hickoryholz 6–8 Std. im Rauch, bis sie so zart sind, daß sich das Fleisch mit den Fingern abziehen läßt.

Und genau das tun die Grillmeister dort auch. Pulled pork ist der höchste Genuß beim Barbecue in Carolina, kräftig geräucherte und extrem zarte Schweineschulter, die von Hand in Stückchen gezupft wird. Andere Maestros des Rostes (vor allem in Restaurants) teilen die Schulter lieber mit einem Hackmesser in winzige Stücke. Dieses Zerteilen ist wichtig,

weil die winzigen Fleischstückchen so wie Schwämmchen die Sauce besser aufsaugen können. Im Gegensatz zu anderen Landesteilen wird in Carolina Fleisch beim Barbecue selten in Scheiben geschnitten.

Manche Köche bestreichen das Fleisch während des Garens mit Saucen auf Essigbasis, damit es saftig bleibt, andere lassen lieber die Zeit und den Holzrauch für sich arbeiten. Zuweilen grillt man in Carolina auf diese Weise sogar ein ganzes Schwein, und zum Pig picking (Schweinchenzerpflücken) versammelt sich dann die ganze Gemeinde.

Ein weiterer Punkt, in dem sich Carolinas Barbecue vom Rest des Landes unterscheidet, sind die Saucen. Es gibt drei Gruppen, und jede ist so ganz anders als die süße, sämige, rote Zutat, die die meisten für die klassische Barbecuesauce schlechthin halten. Im Nordosten von North Carolina (der wichtigsten Barbecueregion in Carolina) bevorzugt man eine dünne, klare Sauce auf der Basis von Wein- oder Apfelessig, aromatisiert mit scharfen Chiliflocken und einer Prise Zucker. Weiter westlich gibt man oft noch Ketchup

oder Tomatensauce dazu. Es entsteht eine scharfe, herbe, rote Sauce, wie sie sonst nirgends in den USA üblich ist. Im südlichen North Carolina und in South Carolina serviert man gern eine leuchtend gelbe Sauce mit Essig, wenig Süßstoff (Zucker, Sirup oder Honig) und ganz einfachem Senf. Dies ist von allen Barbecuesaucen im Carolina-Stil die süßeste. Traditionell ißt man Barbecue hier auf süßen Brötchen mit Krautsalat und Essigsauce.

MEMPHIS

Wenn es um Barbecue geht, ist Memphis ganz in seinem Element. Diese Stadt in Tennessee am Ufer des Mississippi richtet einen der größten Barbecue-Wettbewerbe der Welt aus: den »May World Championship Barbecue Cooking Contest«, eine dreitägige Bier- und Barbecue-Orgie, zu der regelmäßig 300 Teams aus den USA und einem halben Dutzend anderer Länder kommen und um das Preisgeld wetteifern.

Zwar gibt es in Memphis alle möglichen Fleischsorten und sogar Fisch und Meeresfrüchte, aber das unangefochtene Königspaar sind Schweineschulter und Rippen. Erstere wird langsam im Rauch gabelzart gegart, dann in dünne Scheiben geschnitten und mit Barbecuesauce serviert. Aber beim Rippenstück hebt sich Memphis weit vom Rest der USA ab.

Memphis ist die Wiege der Dry ribs: Schweinerippchen oder Dicke Rippe erhalten eine Kruste aus trockener Würzmischung, werden im Rauch gegart und vor dem Servieren erneut mit der Würzmischung bestreut. Am liebsten esse ich das in Charlie Vergos Restaurant »Rendezvous« mitten in Memphis. Vergo grillt die Rippen direkt über der Holzkohle, hängt den Rost aber so hoch, daß die Hitze quasi indirekt ist.

Mit trockener Würzmischung eingeriebene Rippchen grille ich am liebsten. Die Mischung unterstreicht den Geschmack des Fleisches, ohne ihn zu übertönen, was bei Barbecuesauce zuweilen passiert.

KANSAS CITY

Kansas City rivalisiert mit Memphis um den Status als Zentrum des amerikanischen Barbecue. Ebenfalls am Mississippi gelegen, glänzt es mit über 90 Barbecuelokalen, von einfachsten Kneipen im Stil des »Arthur Bryant's« bis zu noblen Restaurants mit Tiffanylampen. Beim Barbecue selbst ist man in Kansas City ökumenisch eingestellt. Wie ihre Brüder und Schwestern in Tennessee und den beiden Carolinas lieben auch die Bürger von Kansas Schweinefleisch, besonders die Rippenstücke. Ja, es gibt sogar ein eigenes Vokabular für die Finessen der Zubereitung.

Rib tips sind die dunkel gebratenen Spitzen am Rippenspeer – fett, knorpelig und einfach köstlich. Long ends sind die mageren vorderen Abschnitte vom Rippenspeer, Short ends die kleineren, fettreichen, fleischigen hinteren Stücke. Am saftigsten sind die Zwerchrippen, die dicht an der Wirbelsäule geschnitten werden.

Aber in Kansas teilt man auch die Liebe der Texaner zum Rindfleisch. Bis in die 60er Jahre hinein war Kansas City ein wichtiger Fleischumschlagplatz, daher belieferten die Schlachthöfe Grillspezialisten eher mit Brust und anderem, preiswerterem Rindfleisch. Wie in Memphis reiben auch in Kansas viele Grillmeister ihr Fleisch vor dem Garen mit einer trocke-

nen Würzmischung ein (Salz, Paprika und andere Gewürze), Saucen zum Bestreichen werden jedoch nicht verwendet. Das wichtigste am Barbecue in Kansas City ist wohl der hohe Stellenwert der Saucen.

Die typische Barbecuesauce aus Kansas City ist dickflüssig und süßlich, eine komplexe Mischung aus Ketchup oder Tomatensauce, braunem Zucker, Maissirup, Sirup, Essig, Zwiebeln, Knoblauch, scharfen roten Chiliflocken, Flüssigrauch und zuweilen sogar Apfelsaft. Die bekannteste und meistverkaufte Barbecuesauce (KC Masterpiece) schuf der Kinderpsychologe und Barbecue-Mogul Rich Davis. Aber ein Überblick über die Barbecuesaucen aus Kansas City wäre unvollständig ohne Arthur Bryants Sauce, eine scharfe, pulverartige (und nicht im geringsten zuckrige) Mischung auf der Grundlage von Essig und Paprika.

Kansas City ist die Wiege einer Delikatesse, die anderswo kaum bekannt ist: Burnt edges oder auch Brownies sind die knusprigen, dunkel gebrannten Ränder einer Rinderbrust. (Vorsicht vor Burnt edges aus der Mitte des Bruststücks – sie enthalten nicht genug Fett, und gerade das macht die echten Edges so unverschämt gut.) Die besten Burnt edges der Welt bekommt man im »Arthur Bryant's«, dem schmucklosen Lokal, das durch Calvin Trillin unsterblich wurde.

TEXAS

Meine erste Kostprobe eines texanischen Barbecue werde ich nie vergessen, auch wenn das jetzt fast 20 Jahre her ist. Im »Bodacious Barbecue« in Longview, Texas, aß ich Rinderbrust – so rauchig-aromatisch wie frisch aus dem Kamin, so saftig wie Gulasch und so zart, daß ich sie mit den Fingern auseinander zupfen konnte.

In Texas geht nichts über Rindfleisch. (Wo sonst gäbe es wohl ein Monument für eine Rinderherde?) Das bevorzugte Fleischstück ist Rinderbrust, und die Zubereitung ist von beeindruckender Schlichtheit: Sie basiert im wesentlichen auf Zeit und dem Rauch von Eiche, Hickory oder Mesquit. Eine gut gegrillte Rinderbrust kann bis zu 18 Stunden im geschlossenen Grill verbleiben, wodurch sich das Fleisch am Rand rötlich verfärbt. Das ist der Rauchring, wie er bei Fleisch entsteht, das lange geräuchert wird. In Texas verwenden die meisten Grill-Enthusiasten weder Würzmischungen noch Saucen zum Bestreichen.

Das Fleisch wird meist in Scheiben geschnitten (nicht in Stücke) und eher auf einer Scheibe weichen Weißbrotes denn auf einem süßen Brötchen gegessen. Barbecuesaucen haben in Texas eine Basis aus Tomaten und Chilipulver und sind mehr dünnflüssig, herb und essigsauer. »Wir sind keine großen Freunde von Zucker«, sagt Mike DeMaster, Chefkoch im »Sonny Bryan's« in Dallas. Seine Sauce verdankt ihr reiches Aroma dem Räuchern im Grill.

Wie Barbecue nach Texas kam, darüber herrscht Uneinigkeit. Das langsame Garen im Rauch über einem Kohlebecken erinnert an Barbecue in den beiden Carolinas und Kansas City. Die Verwendung von Rindfleisch und Mesquit deutet auf eine Verwandtschaft zu den Carnes asados aus Mexikos Norden.

Nach Angaben der Texas Restaurant Association gibt es heute in Texas mehr als 3800 Barbecuelokale, und in den meisten serviert man Rippe, Schweineschulter, Würstchen (Jalapeño-Würstchen sind sehr beliebt), Truthahn und andere Fleischsorten. Aber das Beste am Texas-Barbecue ist und bleibt die Rinderbrust.

INGWER-PFLAUMEN-BARBECUESAUCE

PHILIPPINEN

Dies ist eine moderne asiatische Barbecuesauce mit herb-süßen Pflaumen. Sie schmeckt köstlich zu Ente, Schweinefleisch und Rippe. Das Rezept geht auf Romy Dorotan zurück, Chefköchin und Besitzerin des Cendrillon in New York, und es übertrifft die stark zuckerhaltigen Pflaumensaucen aus China weit. Die Pflaumen zum Entsteinen der Länge nach rundum bis zum Stein einschneiden, die beiden Hälften gegeneinander drehen, damit sie sich lösen, und den Stein mit einem Löffel entfernen.

350 g reife Pflaumen (4–5 Stück), entsteint
1 EL Ingwer, feingehackt
1 Zitronengrasstiel, geputzt und feingehackt, oder 1 Streifen Zitronenschale (5 x 1 cm; mit dem Gemüseschäler abgezogen)
1 scharfe Chili, entkernt (Schärfer wird die Sauce, wenn die Kerne mitverwendet werden.)
2 Lauchzwiebeln, Weißes und Grünes, geputzt und feingehackt
1 große Knoblauchzehe, abgezogen und feingehackt
2 EL Sojasauce, nach Geschmack auch mehr
2 EL süße Sojasauce (Ketjap manis) oder je 1 EL normale Sojasauce und Sirup
2 EL Honig, nach Geschmack auch mehr
1 EL Reisessig
2 TL frisch gepreßter Zitronensaft, nach Geschmack auch mehr
125 ml Wasser, nach Bedarf auch mehr

1. Alle Zutaten, auch Sojasauce und Honig, Zitronensaft und Wasser in einen Topf geben und bei mittlerer Hitze zum Kochen bringen. Bei etwas reduzierter Hitze im offenen Topf ca. 5 Min. köcheln lassen, bis die Pflaumen sehr weich sind. In einen Mixer geben und glatt pürieren, dann zurück in den Topf gießen. Abschmecken und, falls erforderlich, noch etwas Sojasauce, Honig oder Zitronensaft zugeben; die Sauce sollte süß-sauer und würzig sein. Ist sie zu dickflüssig, mit etwas Wasser verdünnen.

2. Die Sauce in eine Servierschüssel geben und heiß oder bei Zimmertemperatur servieren. Gut verschlossen hält sie sich im Kühlschrank bis zu 1 Woche.

Ergibt ca. 250 ml

TOMATENSAUCE NICARAGUA-ART
Salsa marinara

NICARAGUA

In Nicaragua heißt diese köstliche Tomatensauce Marinara, aber sie schmeckt so völlig anders als alle anderen Pastasaucen, die ich kenne. Dort gehört sie zu den drei klassischen Beigaben zu gegrilltem Fleisch. (Die anderen beiden sind Chimichurri und Cebollita.) Servieren Sie sie zu Steak Nicaragua-Art (s. Seite 126).

125 ml Wasser

3 EL destillierter Weißweinessig, nach
    Geschmack auch mehr

3 EL Ketchup

3 Tomaten, gehäutet, entkernt (s. Seite 62)
    und feingehackt

2 mittelgroße Zwiebeln, in feine Ringe
    geschnitten

½ mittelgroßer, grüner Paprika, entstielt,
    entkernt und in feine Streifen geschnitten

2 Knoblauchzehen, feingehackt

3 EL glatte Petersilie, feingehackt

1–2 Jalapeño-Chillies, entkernt und gehackt

Salz und frisch gemahlener schwarzer Pfeffer
    nach Geschmack

Das Wasser mit Essig und Ketchup in einem kleinen Topf verrühren und bei mittlerer Hitze zum Kochen bringen. Tomaten, Zwiebelringe, Paprikastreifen, Knoblauch, Petersilie und Chillies zugeben. Bei geringer Hitze 5–10 Min. leise köcheln lassen, bis die Sauce sämig und aromatisch ist. Den Topf vom Herd nehmen, die Sauce abschmecken und, falls erforderlich, etwas mehr Salz, schwarzen Pfeffer und Essig zufügen. Die Sauce sollte sehr würzig sein. Sofort servieren oder gut verschlossen bis zu 3 Tagen im Kühlschrank aufbewahren.

Ergibt ca. 500 ml

ROMESCO

SPANIEN

METHODE:
Direktes Grillen

**SPEZIAL-
ZUBEHÖR:**
Gemüserost

Romesco ist die bekannteste Sauce Kataloniens, ein feuriges Püree aus Tomaten, Knoblauch, frischen und getrockneten Chillies, verbunden durch zwei typisch katalanische »Bindemittel«: geröstetes Brot und gemahlene Mandeln. Traditionell werden die Zutaten vor dem Pürieren im Ofen geröstet, damit sie aromatischer werden. Das brachte mich auf eine Idee, wie der Geschmack noch intensiver hervorgehoben werden könnte: Gemüse und Brot grillen! In Katalonien verwendet man Anorra, getrocknete Chillies. Sie können sie aber auch durch Ancho- oder Pasilla-Chillies aus Mexiko ersetzen. (Schlimmstenfalls 1–2 EL Chilipulver nehmen.) Romesco wird traditionell zu gegrilltem Fisch und Meeresfrüchten, Hähnchen und Fleisch gereicht. Ich esse sie am liebsten direkt vom Löffel.

3 getrocknete Anorra-Chillies oder 1 Ancho-
    oder Pasilla-Chili

1 kleiner, roter Paprika

2 große oder 3 mittelgroße Tomaten

5 Knoblauchzehen, abgezogen

3 EL ganze Mandeln, mit oder ohne Schale

1 kleine Zwiebel, geviertelt

80 ml Olivenöl

1 Scheibe Bauernbrot

1 Lorbeerblatt

3 EL glatte Petersilie, gehackt

2 EL Rotweinessig, nach Geschmack auch
    mehr

Salz und frisch gemahlener schwarzer Pfeffer
    nach Geschmack

1. Die Chillies in einer Schüssel mit warmem Wasser bedecken und ca. 30 Min. einweichen.

2. Die Chillies abtropfen lassen, das Einweichwasser aufbewahren. Die Chillies mit Küchentüchern trockentupfen. Soll die Sauce milder werden, die Kerne entfernen.

3. Den Grill auf höchster Stufe anheizen.

4. Wenn der Grill bereit ist, einen Gemüserost ca. 5 Min. vorwärmen. Den Paprika und die Tomaten mit Öl bestreichen und insgesamt 10–15 Min. grillen, bis die Haut ringsum dunkel ist. Knoblauch, Mandeln und Zwiebeln in einer kleinen Schüssel in 2 EL Öl wenden, dann auf den heißen Gemüserost legen und grillen, bis sie appetitlich gebräunt sind und duften: die Mandeln 1–2, das Gemüse 4–8 Min. Mit einem Grillwender wenden. Das Brot von beiden Seiten mit Öl bestreichen und pro Seite 1–2 Min. schön braun rösten. Die eingeweichten und abgetropften Chillies ca. 20 Sek. von jeder Seite knusprig grillen. Gegrillte Mandeln, Gemüse, Brot und Chillies auf eine Platte heben und abkühlen lassen.

5. Sehr dunkle Hautstellen von dem Paprika und den Tomaten abschaben, den Paprika entstielen und entkernen. Die Tomaten in einen Mixer geben und fein pürieren. Knoblauch, Zwiebeln, Paprika, Mandeln, Brot, Chillies, Lorbeerblatt, Petersilie, Essig, restliches Olivenöl, Salz und Pfeffer zufügen. Zu einer glatten Paste pürieren und dabei so viel von dem Einweichwasser zugeben, daß eine gießfähige Sauce entsteht. Falls erforderlich, mit etwas mehr Salz oder Essig abschmecken.

6. Die Sauce bei Zimmertemperatur servieren. Gut verschossen hält sie sich im Kühlschrank bis zu 3 Tagen.

Ergibt ca. 500 ml

TOMATENSAUCE MIT GRANATAPFELSIRUP
Khashkesh

LIBANON

METHODE:
Direktes Grillen

Khashkesh ist keine gewöhnliche Tomatensauce. Ganz und gar nicht. Das Rösten verleiht den Tomaten deutlichen Rauchgeschmack, der Granatapfelsirup ein unerwartet süßes und herbes Aroma. (Granatapfelsirup gibt es in arabischen Geschäften. Sie finden auch ein Rezept auf Seite 227.)

1 große Tomate
1 Knoblauchzehe, feingehackt
2 EL Granatapfelsirup (s. Seite 227) oder
    1 EL Balsamessig
¼ TL Cayennepfeffer, nach Geschmack auch
    mehr
Salz und frisch gemahlener schwarzer Pfeffer

1. Den Grill auf höchster Stufe anheizen.

2. Die Tomate auf den heißen Grillrost legen und 8–12 Min. von allen Seiten dunkel grillen. Dabei mit einer Grillzange wenden. Auf eine Platte heben und abkühlen lassen.

3. Die verbrannte Haut von der Tomate schaben, die Tomate dann mit Knoblauch, Granatapfelsirup, Cayennepfeffer, Salz und Pfeffer in einen Mixer geben und grob pürieren. Abschmecken und, falls erforderlich, etwas mehr Salz oder Cayennepfeffer zufügen. Die Sauce sollte sehr würzig sein.

4. Die Sauce am besten innerhalb der nächsten 4 Std. bei Zimmertemperatur servieren.

Ergibt ca. 250 ml

HOISIN-CHILI-SAUCE

CHINA

Diese in China und ganz Südostasien weit verbreitete Sauce ist die Schlichtheit selbst. Sie enthält nur zwei Zutaten: Hoisinsauce (eine dunkle, süße Sauce aus Sojabohnen) und Chilisauce. Hier hat man die Wahl unter vielen Geschmacksrichtungen. Ich schätze thailändische Chilisaucen sehr, geeignet ist aber fast jede gute Chilisauce aus der Flasche. Je nach Geschmack und gewünschter Schärfe eine größere oder kleinere Menge verwenden. Diese Sauce schmeckt zu Satés und anderen asiatischen Grillgerichten.

160 ml Hoisinsauce
80 ml Chilisauce

Die Zutaten in einer Schüssel verquirlen (s. Hinweis). In kleine Schälchen füllen und servieren.

Ergibt ca. 250 ml

Hinweis: Besonders beeindruckend wird die Sauce folgendermaßen serviert: Die Hoisinsauce in kleine Schälchen füllen. In die Mitte je einen Klecks Chilisauce geben. Die Saucen mit der Spitze eines Eßstäbchens verrühren und wie einen Dip verwenden.

EINFACHE TAMARINDEN-BARBECUESAUCE

THAILAND

Die meisten nordamerikanischen Barbecuesaucen leben vom Gegensatz zwischen der Süße von Zucker oder Sirup und der Schärfe von Essig oder scharfer Sauce. Ein ähnlicher Kontrast zeichnet auch Barbecesaucen aus Thailand aus. Eine Sauce, die im Restaurant »Bahn Thai« in Bangkok serviert wird, inspirierte mich zu folgendem Rezept. Ihren pikanten Geschmack verdankt sie der Tamarinde. Besonders gut paßt sie zu gegrilltem Hähnchen oder Fisch. Bei der Anzahl der Chillies haben Sie die freie Wahl.

60 ml Tamarindenwasser (s. Seite 219) oder gefrorenes Tamarindenpüree, aufgetaut
60 ml asiatische Fischsauce
¼ Tasse Zucker
2 EL Wasser
2 große Schalotten, feingehackt
1–6 Thai-, Serrano- oder Jalapeño-Chillies, in feine Ringe geschnitten (Milder wird die Sauce, wenn die Kerne entfernt werden.)

Tamarindenwasser, Fischsauce, Zucker und Wasser in einer kleinen Schüssel verquirlen, bis der Zucker gelöst ist. Schalotten und Chillies unterrühren und die Sauce sofort, zumindest aber noch am gleichen Tag, bei Zimmertemperatur servieren.

Ergibt ca. 250 ml

INDONESISCHES KETCHUP
Ketjap manis

INDONESIEN

Verlangt man in dem Land mit der viertgrößten Bevölkerungszahl der Welt nach Ketchup, so wird einem höchstwahrscheinlich Ketjap manis serviert, eine sämige, sirupartige, süßlich-würzige Sojasauce. Auf den ersten Blick hat sie überhaupt nichts gemein mit der blutroten Sauce, die den meisten von uns so gut bekannt ist. Dennoch sind beide eng miteinander verwandt, sie bilden sozusagen die zwei Seiten einer Medaille.

Hier ein Rezept für selbstgemachtes Ketjap manis, eine beeindruckende Sauce zu schlichten Fleisch- und Fischgerichten vom Grill. Hinweis: Eine Mischung aus gleichen Teilen Ketjap manis und Butter ergibt eine hervorragende Sauce zum Bestreichen von gegrilltem Fisch. Der einfacheren Zubereitung halber habe ich die Sauce etwas variiert und Galgant und Salamblätter durch Ingwer und Lorbeerblätter ersetzt. Falls Sie diese Gewürze jedoch in arabischen Läden ausfindig machen können, wird Ihr Ketjap manis um so authentischer.

In den Rezepten dieses Buches ersetze ich Ketjap manis durch eine Mischung aus Sojasauce und Sirup. Wenn Sie die indonesische Küche vom Grill aber ebenso sehr lieben wie ich, lohnt es sich, Ketjap manis zu kaufen oder selbst herzustellen.

500 ml Sojasauce
1 ½ Tassen hellbrauner Zucker, nach Geschmack auch mehr
¾ Tasse Sirup, nach Geschmack auch mehr
2 Knoblauchzehen, etwas flachgedrückt und abgezogen
2 Scheiben Ingwer (½ cm dick), flachgedrückt
2 ganze Sternanis oder 1 TL Anislikör plus ¼ TL Flüssigrauch
1 Lorbeerblatt
1 TL Koriandersamen

1. Sojasauce, Zucker, Sirup, Knoblauch, Ingwer, Sternanis, Lorbeerblatt und Koriander in einem mittelgroßen Topf bei mittlerer Hitze unter Rühren (bis der Zucker gelöst ist) zum Kochen bringen. Bei etwas reduzierter Hitze im offenen Topf ca. 8 Min. unter ständigem Rühren köcheln lassen, bis die Mischung stark duftet und leicht sirupartig wird. Mit Zucker und Sirup süß abschmecken.

2. Das Ketjap durch ein Sieb passieren und abkühlen lassen. Gut verschlossen hält er sich im Kühlschrank mehrere Monate.
Ergibt ca. 750 ml

THAILÄNDISCHE ERDNUSS-SAUCE

THAILAND

Erdnußsauce ist die traditionelle Begleiterin thailändischer Satés. Wahrscheinlich gibt es ebenso viele Rezepte wie es Straßenhändler gibt. Diese Version – mit Kokosmilch angereichert – könnte man so auch an einem Satéstand bekommen.

2 TL Ingwer, gerieben

1–2 Thai-, Serrano- oder Jalapeño-Chillies, entkernt und feingehackt (Schärfer wird die Sauce mit den Kernen.)

1 Knoblauchzehe, feingehackt

2 Lauchzwiebeln, Weißes und Grünes, geputzt und feingehackt

⅓ Tasse stückige Erdnußbutter

80 ml Kokosmilch, aus der Dose oder selbstgemacht (s. Seite 522), nach Bedarf auch mehr

2 EL asiatische Fischsauce oder Sojasauce

1 EL frisch gepreßter Limettensaft, nach Geschmack auch mehr

2 TL Zucker, nach Geschmack auch mehr

¼ Tasse Koriandergrün, gehackt (nach Wunsch)

1. Ingwer, Chillies, Knoblauch, Lauchzwiebeln, Erdnußbutter, Kokosmilch, Fischsauce, Limettensaft, Zucker und Koriandergrün in einen kleinen Topf geben und bei mittlerer Hitze unter ständigem Rühren zum Kochen bringen. Bei geringer Hitze im offenen Topf ca. 10 Min. köcheln lassen, bis die Sauce stark duftet. Die Sauce sollte sämig, aber gießfähig sein. Falls nötig, mit Kokosmilch verdünnen.

2. Den Topf vom Herd nehmen und die Sauce mit Fischsauce, Limettensaft sowie Zucker pikant abschmecken. Heiß oder bei Zimmertemperatur servieren. Gut verschlossen hält sich die Sauce im Kühlschrank bis zu 3 Tagen.

Ergibt ca. 250 ml

ERDNUSS-SAUCE VON DEN ANTILLEN

NIEDERLÄNDISCHE ANTILLEN

Die Tamarinde verleiht dieser Erdnußsauce ein fruchtig-herbes Aroma. Die Sauce paßt ganz ausgezeichnet zu Boka dushi, den Geflügel-Kebabs aus Curaçao (s. Seite 46). Sie schmeckt aber genauso hervorragend zu allen Satés, Grillhähnchen, Fisch und Meeresfrüchten.

¼ Tasse Zwiebeln, feingehackt

1 Knoblauchzehe, feingehackt

1 TL Sambal oelek oder eine andere Chilipaste oder -sauce

¾ Tasse cremige Erdnußbutter

60 ml Tamarindenwasser (s. Seite 219)

2 EL süße Sojasauce (Ketjap manis) oder je 1 EL normale Sojasauce und Sirup, nach Geschmack auch mehr

2 EL destillierter Weißweinessig, nach Geschmack auch mehr

180–250 ml Wasser

1. Die Zwiebeln mit Knoblauch und Sambal oelek in einem Mörser zu einer glatten Paste zerstoßen oder in einem Mixer pürieren. Die Mischung in einen Topf füllen und Erdnußbutter, Tamarindenwasser, süße Sojasauce, Essig sowie 180 ml Wasser einrühren.

2. Die Mischung bei mittlerer Hitze zum Kochen bringen, dann bei geringer Hitze ca. 5 Min. köcheln lassen, bis die Sauce dunkel und aromatisch ist. Falls erforderlich, noch etwas Wasser zugeben, damit die Sauce zwar sämig, aber noch gießfähig wird. Den Topf vom Herd nehmen, die Sauce abschmecken und ganz nach Belieben etwas mehr süße Sojasauce oder Essig zufügen. Die Sauce sollte sehr würzig sein.

3. Die Sauce heiß oder bei Zimmertemperatur servieren. Gut verschlossen hält sie sich im Kühlschrank bis zu 3 Tagen.

Ergibt ca. 500 ml

APFEL-GARNELEN-SAUCE
Mam nem

Mam nem gehört zu den etwas exotischeren Dips aus dem kulinarischen Repertoire Vietnams. Trotz der vielleicht eigenartig anmutenden Geschmackskomposition ist er ausgesprochen lecker und einfach zuzubereiten. Zum ersten Mal begegnete ich dieser Sauce in Saigon, wo sie mit pürierter Ananas hergestellt wurde. Ich ziehe die weniger kapriziöse Süße von Apfelmus vor. Diese Sauce paßt zu Fisch- und Schweinefleisch.

1 EL Pflanzenöl
1 Knoblauchzehe, feingehackt
120 g Garnelen, geschält, entdarmt (s. Kasten Seite 349) und feingehackt
2 EL asiatische Fischsauce, nach Geschmack auch mehr
1 TL Sambal oelek oder andere Chilipaste oder -sauce

½ Tasse Apfelmus, ungesüßt

1. Das Öl in einem kleinen Topf bei mittlerer Hitze erwärmen. Den Knoblauch zufügen und 15 Sek. braten, aber nicht braun werden lassen. Die Garnelen zugeben und 1–2 Min. glasig dünsten. Fischsauce, Sambal oelek und das Apfelmus einrühren und zum Kochen bringen. Dann den Topf vom Herd nehmen. Abschmecken und, falls erforderlich, noch etwas Fischsauce oder scharfe Sauce zugeben. Die Sauce sollte sehr würzig sein.

2. Die Sauce in eine Schüssel füllen und auf Zimmertemperatur abkühlen lassen. Sofort servieren oder gut verschlossen im Kühlschrank bis zu 3 Tagen aufbewahren. Zimmerwarm servieren.

Ergibt ca. 375 ml

ZWEI MISO-BARBECUESAUCEN

Diese cremigen, salzig-süßen Saucen gehören zu den Glanzleistungen der japanischen Grillküche. Man findet sie in bescheidenen Yakitori-Lokalen sowie in den großen Restaurants. Ihr herbes Aroma verdanken sie Miso, einer nahrhaften Paste aus fermentierten Sojabohnen und Getreide. Den Geschmack von Miso kann man einfach nicht mit Worten beschreiben, er tendiert aber zu einer Mischung aus salziger Bouillon und sahnigem Frischkäse. Miso erhält man in Bioläden, japanischen Geschäften und einigen Supermärkten. Im Kühlschrank ist er nahezu unbegrenzt haltbar. Im folgenden zwei Miso-Barbecuesaucen, wie sie in Japan sehr häufig serviert werden.

Barbecuesauce mit weißem Miso

Weißer Miso (eigentlich ist er beige) ist der am weitesten verbreitete und bekannteste Miso. Man kennt ihn als Zutat in Misosuppe und Misosalatsauce. Shiro-Miso, wie er auf japanisch heißt, wird aus Sojabohnen und Reis hergestellt und ist daher leicht süßlich im Geschmack. Dieses Rezept bricht gleich in zweifacher Hinsicht mit der Tradition: Erstens habe ich die Eigelbe aus dem Originalrezept durch Fertigmayonnaise ersetzt. Die Sauce wird zuweilen nur erwärmt und nicht gekocht serviert, daher verwende ich lieber keine rohen Eier. Zweitens nehme ich Gemüsefond statt Dashi (eine leichte Fischbrühe aus getrockneten Bonitostücken und Kelp). Puristen können aber selbstverständlich 2 Eigelbe und 2 EL Dashi verwenden. Weißer Miso schmeckt köstlich zu gegrilltem Tofu und Gemüse.

1 Tasse weißer Miso
2 EL Sake oder Sherry dry
2 EL Mirin (süßer Reiswein) oder Cream Sherry
2 EL Zucker
2 EL Mayonnaise
2 EL Gemüsefond, Dashi oder Wasser

1. Miso, Sake, Mirin, Zucker und Mayonnaise in einem Wasserbadeinsatz glattrühren. Nach und nach den Gemüsefond zufügen. Die Sauce im Wasserbad ca. 5 Min. cremig köcheln lassen. Den Einsatz mit der Sauce vom Herd nehmen und auf Zimmertemperatur abkühlen lassen.

2. Die Sauce in eine Servierschüssel füllen und gut verschlossen im Kühlschrank bis zu 3 Tagen aufbewahren. Zimmerwarm servieren.

Ergibt ca. 375 ml

Barbecuesauce mit rotem Miso

Roter Miso (tatsächlich ist er eher rötlichbraun) ist salzig-aromatisch und nicht ganz so süß wie weißer Miso. Aka-Miso, wie er auf japanisch heißt, enthält Gerste, Sojabohnen und Reis. Barbecuesauce aus rotem Miso schmeckt besonders gut zu gegrilltem Gemüse und Lachs.

Zubereiten wie oben angegeben, statt weißem aber roten Miso verwenden. Nach dem Abkühlen mit Zucker abschmecken. Den Zucker sehr sorgfältig unterrühren.

Ergibt ca. 375 ml

KLASSISCHE TERIYAKI-SAUCE

JAPAN

Teriyaki ist eher als Marinade bekannt, tatsächlich aber ist es in der traditionellen japanischen Küche eine Glasur oder Barbecuesauce, mit der schlichte Fleisch- und Fischgerichte sowie Meeresfrüchte bestrichen werden. (»Teri« ist das japanische Wort für Glanz oder Schimmer, »yaki« heißt gegrillt.) Diese Sauce ist von an Zen grenzender Schlichtheit und geht auf Shizuo Tsuji zurück, den verstorbenen Gründer der Ecole Technique Hôtelière Tsuji in Osaka und Autor des Standardwerks unter der japanischen Kochbüchern »Japanese Cooking: A Simple Art«.

125 ml dunkle Sojasauce
125 ml Sake oder trockener Sherry
125 ml Mirin (süßer Reiswein) oder Cream Sherry
2 EL Zucker

1. Sojasauce, Sake, Mirin und Zucker in einem kleinen Topf bei starker Hitze zum Kochen bringen. Dann bei mittlerer Hitze ca. 5 Min. köcheln lassen, bis die Sauce eindickt.

2. Den Topf vom Herd nehmen, abkühlen lassen. Dann als Glasur verwenden oder als Sauce servieren. Gut verschlossen hält sich die Sauce im Kühlschrank bis zu 2 Wochen.

Ergibt ca. 375 ml

KLASSISCHES CHIMICHURRI

SÜDAMERIKA

CHIMICHURRI-VARIANTEN

Manche Köche geben geriebene Zwiebeln an ihr Chimichurri (für das Rezept rechts eine kleine Zwiebel), andere ¼ Tasse fein gewürfelte rote Paprika oder frische scharfe Chillies.

In Südamerika ist Chimichurri die klassische Beigabe zu gegrilltem Fleisch. Man begegnet ihm überall, von der Imbißbude am Straßenrand bis zum kostspieligen Steakpalast, von Nicaragua im Norden bis Chile im Süden und in so gut wie jedem spanischsprachigen Land dazwischen. Aber nie wird man zwei völlig identische Chimichurris finden, auch wenn das klassische Rezept nur vier Zutaten vorsieht: Petersilie, Knoblauch, Olivenöl und Salz. Dieses Rezept stammt von Marono Fraga, dem Besitzer der »Estancia del Puerto« am Hafenmarkt. Erschrecken Sie nicht wegen des vielen Knoblauchs, die Petersilie mildert den typischen Mundgeruch.

1 Bund glatte Petersilie, entstielt
1 kleine Knolle Knoblauch, in Zehen geteilt, abgezogen (ca. 8–10 Zehen)
1 mittelgroße Karotte, geschält und grob geraspelt
250 ml Olivenöl extra vergine
80 ml Weißweinessig oder destillierter Weinessig, nach Geschmack auch mehr
60 ml Wasser
1 TL Salz, nach Geschmack auch mehr
1 TL Oregano, getrocknet
½ TL scharfe rote Chiliflocken, nach Geschmack auch mehr
½ TL frisch gemahlener schwarzer Pfeffer

1. Petersilie und Knoblauch in einen Mixer geben und in kurzen Intervallen so weit als möglich zerkleinern.

2. Karotten, Öl, Essig, Wasser, Salz, Oregano, scharfe Chiliflocken sowie schwarzen Pfeffer zugeben und sorgfältig mischen. Abschmecken und, falls erforderlich, noch etwas Essig, Salz oder Chiliflocken zugeben. Die Sauce sollte sehr würzig sein. Im Kühlschrank hält sich das Chimichurri mehrere Tage (vor dem Servieren nochmals nachwürzen), es schmeckt aber am besten, wenn es innerhalb weniger Stunden nach der Zubereitung serviert wird.

Ergibt ca. 500 ml

ROTES CHIMICHURRI

ARGENTINIEN

Das klassische Chimichurri ist eine grüne Knoblauchsauce aus Olivenöl und frischer Petersilie. Aber in Argentinien und Uruguay gibt es zahlreiche Variationen, darunter rotes Chimichurri – eine Spezialität des angesehenen Steakhauses »La Cabaña« in Buenos Aires. Dieses Chimichurri unterscheidet sich von den meisten anderen gleich in zweifacher Hinsicht: Es wird gekocht (die meisten werden ungekocht zubereitet), und es wird mit Anchovis und Thunfisch aromatisiert. Ersteres deutet auf eine Verwandtschaft mit zwei anderen weltberühmten Steaksaucen: A-1 und Worcestersauce, letzteres hingegen erinnert an die italienische Tonnatosauce, die so köstlich zu kaltem Kalbsbraten oder gegrilltem Rindfleisch, Fisch und Meeresfrüchten schmeckt. Das Rezept aus dem »La Cabaña« könnte folgendermaßen aussehen:

125 ml Olivenöl
½ mittelgroßer, roter Paprika, entstielt, entkernt und in kleine Würfel geschnitten
½ mittelgroße Karotte, geschält und in kleine Würfel geschnitten
2 Lauchzwiebeln, Weißes und Grünes, gewürfelt
¼ mittelgroße Zwiebel, gewürfelt
1 mittelgroße Selleriestange, gewürfelt
1 Knoblauchzehe, feingehackt
3 EL Thunfisch im eigenen Saft, abgetropft

1 Anchovisfilet aus der Dose, abgetropft und gehackt
2 EL glatte Petersilie, gehackt
2 TL Kapern, abgetropft
250 ml Tomatensauce
125 ml Hühnerbrühe oder Wasser
¼ Tasse Tomatenpaste
1 EL Rotweinessig, nach Geschmack auch mehr
1 TL Oregano, getrocknet
Salz und sehr viel frisch gemahlener schwarzer Pfeffer

1. Das Öl in einem mittelgroßen Topf bei mittlerer Hitze erwärmen. Paprika, Karotten, Lauchzwiebeln, Zwiebeln, Sellerie und Knoblauch zugeben und ca. 5 Min. weich, jedoch nicht braun sautieren.

2. Thunfisch, Anchovis, Petersilie, Kapern, Tomatensauce, Brühe, Tomatenpaste, Essig, Oregano, Salz und Pfeffer zugeben und im offenen Topf ca. 10 Min. kochen, bis die Sauce sämig ist und stark duftet.

3. Die Sauce in einem Mixer fein pürieren, dann wieder in den Topf füllen und bei mittlerer bis geringer Hitze nochmals 5 Min. kochen. Vom Herd nehmen und mit Salz und Essig pikant abschmecken. In eine Servierschüssel füllen und heiß oder zimmerwarm servieren. Gut verschlossen hält sich die Sauce im Kühlschrank bis zu 3 Tagen.

Ergibt ca. 625 ml

TROCKENES CHIMICHURRI

ARGENTINIEN

Dies ist das einfachste Chimichurri. Es besteht lediglich aus Olivenöl, aromatisiert mit getrockneten Kräutern und roten Chiliflocken. Zum ersten Mal genoß ich es auf der Estancia Cinacina, einer Pferderanch in Argentinien, die auch Barbecues und Reitsportveranstaltungen für Touristen ausrichtet. In argentinischen

Läden findet man Chimichurri-Kräuter als Fertigmischungen für alle, die nicht die Zeit haben, die Kräuter frisch zu kaufen und zu hacken. Chimichurri über gegrilltes Rindfleisch geben.

180 ml Olivenöl extra vergine
3 EL Rotweinessig
1 EL Oregano, getrocknet
1 EL Basilikum, getrocknet
2 TL Edelsüßpaprika
1 TL Thymian, getrocknet
1 TL scharfe, rote Chiliflocken
½ TL grobkörniges Salz

½ TL frisch gemahlener schwarzer Pfeffer, nach Geschmack auch mehr

Alle Zutaten, einschließlich Salz und Pfeffer, in eine Rührschüssel geben und verquirlen. Abschmecken und, falls erforderlich, noch etwas Salz und Pfeffer zufügen. Gut verschlossen hält sich die Sauce im Kühlschrank bis zu 3 Tagen.

Ergibt ca. 180 ml

PORTUGIESISCHE SCHARFE SAUCE
Piri-piri

PORTUGAL

VORBEREITUNGSZEIT: 3–48 Std.

SPEZIALZUBEHÖR: 1 Krug von 500 ml Fassungsvermögen, gut ausgespült

Die Liebe zu Chillies haben die Portugiesen in ihrer ehemaligen Kolonie Brasilien entdeckt. Die Chili, um die es hier geht, gehört zu den kleinsten in der Familie der Capsicum-Gewächse. Sie ist nur ½ bis 1 cm groß, hat es aber trotz ihrer Winzigkeit gewaltig in sich. Piri-piris heißen in Brasilien Pimenta malagueta und in Angola Gindungo und sind aus der Küche der gesamten portugiesischsprachigen Welt nicht mehr wegzudenken. Piri-piri gibt es frisch oder aus dem Glas in vielen Supermärkten. Als Ersatz kann man auch frische oder eingelegte Schoten von Cayennepfeffer, Péquinchillies aus Mexiko, Serrano- oder Thai- und notfalls sogar Jalapeño-Chillies verwenden.

Besonders gut paßt die Sauce zu gegrilltem Fisch oder Hähnchen, man kann sie aber zu jedem Gericht reichen, dem eine Prise iberischer Schärfe gut bekommen würde.

6–12 Piri-piris oder andere scharfe rote Chillies
1 TL grobkörniges Salz, nach Geschmack auch mehr
80 ml Rotweinessig
180 ml Olivenöl
60 ml heißes Wasser

Die Chillies in feine Ringe schneiden und dann zusammen mit Salz und Essig in den Deckelkrug geben. Den Deckel schließen und die Mischung schütteln, bis das Salz gelöst ist. Öl und Wasser zugeben und nochmals schütteln. Einige Stunden bis ein paar Tage an einem kühlen Ort ziehen lassen, damit sich der Geschmack voll entwickeln kann. Gut verschlossen hält sich die Sauce im Kühlschrank mehrere Wochen. Soll sie länger aufbewahrt werden, ein Stück Klarsichtfolie zwischen Deckel und Krugrand legen, damit der Deckel nicht rostet.

Ergibt ca. 375 ml

ZWEI HARISSAS

Harissas sind scharfe Saucen aus Nordafrika. Der Begriff ist so umfassend, daß darunter sowohl schlichte Tomatenpürees mit Zwiebeln und scharfem Paprika wie aufwendige Saucen mit eingelegten Limonen und Cayennepfeffer verstanden werden. Selbstgemachte Harissa schmeckt ganz anders und wesentlich besser als das Fertigprodukt, das man in Delikatessengeschäften und Afrikaläden kaufen kann.

Einfache Harissa

Dies ist eine schnelle, einfache Variante der Harissa. Man serviert sie zu gegrilltem Lamm, Kebabs und anderem, auf nordafrikanische Art gegrilltem Fleisch.

2 große Tomaten
1 kleine Zwiebel oder 2 Schalotten, abgezogen
3 EL glatte Petersilie, feingehackt
1 EL Rosenpaprika oder 1 ½ TL Cayennepfeffer (s. Hinweis), nach Geschmack auch mehr
2 EL Olivenöl extra vergine
1 EL frisch gepreßter Zitronensaft
Salz und frisch gemahlener schwarzer Pfeffer nach Geschmack

Die Tomaten halbieren und über einem Teller etwas ausdrücken, um die Kerne zu entfernen. Die Tomaten über einer Schüssel grob raspeln und die Haut wegwerfen. Die Zwiebel in die Schüssel raspeln, Petersilie, Paprika, Öl, Zitronensaft, Salz und schwarzen

Pfeffer nach Geschmack unterrühren. Die Mischung sollte sehr würzig sein. Sofort, spätestens innerhalb der nächsten 4 Std., zimmerwarm servieren.

Ergibt ca. 375 ml
Hinweis: Für eine mildere Harissa Rosenpaprika oder Cayennepfeffer weglassen.

Harissa mit eingelegten Zitronen

Diese Harissa ist etwas raffinierter, aromatisiert mit frischen Chillies und eingelegten Zitronen. Deren Geschmack ist ganz typisch für die marokkanische Küche – zitronig-frisch, aber säuerlich-salzig und gar nicht süß. Man bekommt sie in Geschäften mit afrikanischen oder arabischen Produkten und in Feinkostläden. Ihr Aroma ist so intensiv, daß man nur ganz wenig braucht.

4–10 scharfe Chillies wie Jalapeños oder Serranos (Milder wird die Harissa, wenn die Kerne entfernt werden.)
3 Schalotten, in dünne Ringe geschnitten
2 Knoblauchzehen, abgezogen
1 EL eingelegte Zitronen, gehackt
2 Tomaten, gehäutet und entkernt (s. Seite 62)
1 EL Rosenpaprika oder 1 ½ TL Cayennepfeffer
½ TL Kreuzkümmel, gemahlen
3 EL Pflanzenöl
2 EL frisch gepreßter Zitronensaft
Salz und frisch gemahlener schwarzer Pfeffer

1. Chillies, Schalotten, Knoblauch, eingelegte Zitronen und Tomaten im Mörser zerstoßen, dann die restlichen Zutaten unterrühren, Salz und Pfeffer nach Geschmack
zufügen. Oder alle Zutaten im Mixer pürieren. Vorsicht mit dem Salz, eingelegte Zitronen sind bereits sehr salzig.

2. Die Harissa sollte herb und würzig,
nicht nur scharf sein. In eine Schüssel geben und sofort, auf jeden Fall aber
innerhalb der nächsten 4 Std.,
bei Zimmertemperatur servieren.

Ergibt ca. 500 ml

KORIANDERSAUCE

AFGHANISTAN

Koriandersauce ist eine herb-würzige Beigabe zu gegrillten Kebabs, Kote-letts und Hähnchen. Diese Version darf auf keinem afghanischen Essenstisch fehlen. Ähnliche Saucen findet man von In-dien im Osten bis zur Republik Georgien im Westen. Die Walnüsse machen die Sauce sämiger und binden sie.

1 Bund Koriandergrün, entstielt
3 Knoblauchzehen, abgezogen
**1 Jalapeño- oder andere scharfe Chili,
    entkernt (Schärfer wird das Chutney,
    wenn die Kerne mitverwendet werden.)**
½ Tasse Walnüsse, gehackt
**80 ml frisch gepreßter Zitronensaft oder
    destillierter Weißweinessig, nach**

Geschmack auch mehr
1 TL Salz, nach Geschmack auch mehr
½ TL frisch gemahlener schwarzer Pfeffer
¼ TL Kreuzkümmel, gemahlen (nach Wunsch)
2–4 EL Wasser, oder nach Bedarf

1. Koriandergrün, Knoblauch, Chili und Walnüsse in den Mixer geben. Zitronensaft, Salz, Pfeffer und Kreuzkümmel zufügen und glatten pürieren. So viel Wasser zugeben, daß eine gießfähige Sauce entsteht.
2. Mit Salz und Zitronensaft abschmek-ken, die Sauce sollte sehr kräftig gewürzt sein. Sofort, auf jeden Fall aber innerhalb der nächsten 4 Std., bei Zimmertemperatur ser-vieren.

Ergibt ca. 250 ml

SCHARFE SAUCE VOM LAND
Molho da companha

BRASILIEN

Diese Salsa-artige scharfe Sauce wird immer gereicht, wenn Brasilianer Fleisch grillen. Die Chili der Wahl ist

Pimenta Malagueta, deren Schärfe sich umgekehrt proportional zu ihrer winzigen Größe verhält. Unter dem Namen Piri-piri findet man sie manchmal eingelegt im Glas im Supermarkt. Man kann aber auch Thai-, Bird-, Serrano- oder Jalapeño-Chillies oder sogar rote scharfe Chiliflocken nehmen. Wie viele Chillies Sie verwenden wollen, sei Ihnen überlassen. Traditionell gibt man in Brasilien ein wenig von der Sauce auf das gegrillte Fleisch und streut dann etwas Farofa darüber (geröstetes Maniokmehl – s. Seite 430).

1 mittelgroße Zwiebel, feingehackt
1 große Tomate, feingehackt
½ grüner Paprika, entstielt, entkernt und feingehackt
1–6 Piri-piri oder andere scharfe Chillies, feingehackt

60 ml Wasser
3 EL Olivenöl extra vergine
2 EL frisch gepreßter Zitronensaft
1 EL Rotweinessig, nach Geschmack auch mehr
Salz und frisch gemahlener schwarzer Pfeffer nach Geschmack

Zwiebeln, Tomaten, Paprika, Chillies, Wasser, Öl, Zitronensaft und Essig in eine kleine Schüssel geben und sorgfältig verrühren. Abschmecken und, falls erforderlich, noch etwas Salz, Pfeffer und Essig zufügen. Die Sauce sollte sehr würzig sein. Sofort, auf jeden Fall aber noch am gleichen Tag, zimmerwarm servieren.

Ergibt ca. 500 ml

DOG-SAUCE VON DEN ANTILLEN
Sauce chien

FRANZÖSISCHE ANTILLEN

Sauce chien (wörtlich: Hundesauce) ist so eine Art aufgepeppte Vinaigrette, die überall auf den frankophonen Antilleninseln serviert wird. Wie kam sie zu ihrem seltsamen Namen? Eine Theorie sagt, »Hund« beziehe sich auf den scharfen Biß der Chillies. Eine andere stützt sich auf die Tatsache, daß diese Sauce ohne Eigelb, Butter und Sahne im Vergleich zu den edleren französischen Saucen eher schlicht daherkommt. Doch ganz gleich, woher der Name rührt, Sauce chien ist auf allen französischen Antilleninseln eine unverzichtbare Begleiterin zu gegrilltem Fisch wie auch zu Meeresfrüchten, Hähnchen und Gemüse.

2 Knoblauchzehen, feingehackt
½ TL Salz, nach Geschmack auch mehr
½–2 Scotch-bonnet-Chillies, entkernt und feingehackt (Schärfer wird die Sauce, wenn Kerne und Rippen mitverwendet werden.)
1 Schalotte, feingehackt
2 EL Schnittlauch oder Lauchzwiebelgrün, feingehackt
2 EL Koriandergrün, feingehackt
2 EL glatte Petersilie, feingehackt
½ TL Thymian, gehackt
frisch gemahlener schwarzer Pfeffer nach Geschmack
3 EL frisch gepreßter Limettensaft, nach Geschmack auch mehr
60 ml Olivenöl extra vergine
60 ml kochendes Wasser, nach Bedarf auch mehr

1. Knoblauch und Salz im Mörser zerstoßen. Dann Chillies, Schalotten, Schnittlauch, Koriandergrün, Petersilie, Thymian, Pfeffer und Limettensaft zugeben und untermischen. Das Öl einarbeiten und so viel kochendes Wasser zugeben, daß eine glatte, gießfähige Sauce entsteht. Oder alle Zutaten im Mixer in kurzen Intervallen zu einer körnigen Paste pürieren. Abschmecken und, falls erforderlich, noch etwas Salz oder Limettensaft zugeben. Die Sauce sollte sehr würzig sein.

2. Die Sauce in eine Sauciere geben und sofort, zumindest aber innerhalb der nächsten 4 Std., zimmerwarm servieren

Ergibt ca. 250 ml

MINZSAUCE SCHARF UND SÜSS

GROSS-BRITANNIEN

In Großbritannien und den Ländern des Commonwealth ist Minzsauce zu Lamm so beliebt, daß es eine große Lücke risse, wollte ich sie hier weglassen – auch wenn diese Sauce üblicherweise zu gebratenem oder gekochten und nicht zu gegrilltem Lamm gereicht wird. Das traditionelle Rezept habe ich durch die Verwendung von frischer Minze und Scotch-bonnet-Chillies etwas aufgepeppt. Heiß oder kalt zu allen gegrillten Lammgerichten servieren

¾ Tasse Pfefferminz-Zitronen-Gelee
60 ml destillierter Weißweinessig, nach
  Geschmack auch mehr
1 Scotch-bonnet-, Habanero- oder Jalapeño-
  Chili (evtl. die Kerne mitverwenden)
3 EL Minze, in feine Streifen geschnitten,
  oder 2 TL Minze, getrocknet

Das Pfefferminz-Zitronen-Gelee mit dem Essig und der Chili in einen kleinen Topf geben und bei mittlerer Hitze zum Kochen bringen. Die Temperatur etwas reduzieren und die Sauce im offenen Topf ca. 5 Min. köcheln lassen, bis sie eindickt und stark duftet. Den Topf vom Herd nehmen und abschmecken. Ist die Sauce zu süß, etwas Essig, ist sie zu dick, etwas Wasser zugeben. In eine Sauciere gießen und sofort servieren oder abkühlen lassen und gut verschlossen bis zu 3 Tagen im Kühlschrank aufbewahren.

Ergibt ca. 250 ml

KNOBLAUCHSAUCE

TRINIDAD UND TOBAGO

Falls Sie befürchten, die schier unglaubliche Menge Knoblauch in diesem Rezept mache die Sauce ungenießbar, seien Sie versichert, daß Limettensaft und Salz den Geschmack so weit dämpfen, daß sie angenehm mild und schmackhaft wird.

Diese Sauce wurde ursprünglich für Hai auf dem Brotkissen (s. Seite 308) kreiert, aber es gibt wohl kaum ein Grillgericht, dem ein Löffelchen davon nicht gut täte.

8 Knoblauchzehen, abgezogen
125 ml frisch gepreßter Limettensaft
125 ml destillierter Weißweinessig
60 ml Wasser
1 EL Salz, nach Geschmack auch mehr

Knoblauch, Limettensaft, Essig und Salz im Mixer cremig-glatt pürieren. Mit etwas mehr Limettensaft und Salz pikant abschmecken, in eine Sauciere gießen und zimmerwarm servieren. Gut verschlossen hält sich die Sauce im Kühlschrank bis zu 3 Tagen.
Ergibt ca. 310 ml

ZITRONEN-HONIG-SAUCE MIT KNOBLAUCH

THAILAND

Süß, sauer, leicht feurig und beißend scharf – diese Sauce ist die Quintessenz der Küche Thailands. Ganz originalgetreu wird sie mit Korianderwurzel. Die Sauce schmeckt wie eine Mischung aus Koriandergrün und Pastinaken. In Geschäften mit exotischen Lebensmitteln erhält man Koriander mitsamt der Wurzel. Fast ebenso gut wird die Sauce aber mit Koriandergrün. Lassen Sie sich von der Menge an Knoblauch und Chillies nicht abschrecken: Zitronensaft und Honig wirken stark mildernd. Diese Sauce kann man zu gegrilltem Hähnchen, Rind- und Schweinefleisch reichen, besonders gut schmeckt sie jedoch zu Fisch und Meeresfrüchten.

12 Knoblauchzehen, durchgepreßt
3–6 Thai-, Serrano- oder andere scharfe Chillies, entkernt und feingehackt
3 EL Korianderwurzel oder Koriandergrün, feingehackt
125 ml frisch gepreßter Zitronensaft
125 ml asiatische Fischsauce
3 EL Honig

Knoblauch, Chillies, Koriander, Zitronensaft, Fischsauce und Honig in einer Schüssel verquirlen und nach Belieben mit den Zutaten abschmecken. In eine Sauciere gießen und sofort servieren oder abgedeckt im Kühlschrank bis zu 8 Std. aufbewahren.
Ergibt ca. 375 ml

KATALANISCHE VINAIGRETTE

SPANIEN

Diese Sauce gehört zu einem Trio, das in Barcelona gegrilltes Fleisch, Fisch und Meeresfrüchte begleitet (die anderen sind Romesco – s. Seite 469 – und Alioli, eine einfache, knoblauchgewürzte Mayonnaise, verwandt mit der provenzalischen Aïoli). Wenn Sie glauben, eine Vinaigrette sei zu zart, als daß sie neben einem Steak bestehen könnte, dann probieren Sie einmal diese um Kapern, Schalotten und Cornichons bereicherte Variante und lassen Sie sich angenehm überraschen.

2 EL Rotweinessig
2 EL heißes Wasser
½ TL Salz, nach Geschmack auch mehr
½ TL frisch gemahlener schwarzer Pfeffer, nach Geschmack auch mehr
125 ml Olivenöl extra vergine
1 große Schalotte, feingehackt
1 Cornichon, feingehackt
1 reife Pflaumentomate, feingehackt
1 EL Kapern, abgetropft, große Exemplare grobgehackt

1. Essig, Wasser, Salz und Pfeffer in einer kleinen Schüssel verquirlen, bis das Salz gelöst ist. Unter ständigem Schlagen das Öl in dünnem Strahl zugeben, so daß es sich mit Essig und Wasser verbindet. Schalotten, Cornichons, Tomaten und Kapern einrühren.

2. Die Vinaigrette mit etwas Salz und Pfeffer abschmecken und in eine Sauciere gießen. Vor dem Servieren 10 Min. bis zu 10 Std. durchziehen lassen. Zieht die Sauce im Kühlschrank durch, vor dem Servieren auf Zimmertemperatur erwärmen, erneut schlagen und, falls erforderlich, nachwürzen.

Ergibt ca. 250 ml

TAMARINDENDIP

THAILAND

Tamarinde ist das süß-saure Fruchtfleisch einer tropischen Hülsenfrucht. Ihre intensive Säure setzt einen interessanten Kontrapunkt zu südostasiatischen Grillgerichten. Diese temperamentvolle Sauce paßt vor allem, jedoch bei weitem nicht nur zu Satés. Auch gegrillten Garnelen, Hähnchen und Schweinefleisch, ja sogar Hamburgern verleiht sie Glanz.

2 EL Erdnußöl
2 Knoblauchzehen, durchgepreßt
2 Schalotten oder 1 kleine Zwiebel, feingehackt
1 EL Ingwer, feingehackt
1–2 scharfe Chillies, entkernt und feingehackt (Schärfer wird die Sauce, wenn die Kerne mitverwendet werden.)
180 ml Tamarindenwasser (s. Seite 219)
60 ml asiatische Fischsauce, nach Geschmack auch mehr
2 EL Zucker, nach Geschmack auch mehr
2 EL Koriandergrün, gehackt (nach Wunsch)

1. Das Öl im Wok oder in einer großen Pfanne bei starker Hitze erwärmen. Knoblauch, Schalotten, Ingwer und Chillies zugeben und unter ständigem Rühren ca. 30 Sek. sautieren, aber nicht braun werden lassen.

2. Tamarindenwasser, Fischsauce und Zucker einrühren und bei mittlerer Hitze zum Kochen bringen. Bei niedriger Temperatur im offenen Topf ca. 5 Min. köcheln lassen, bis die Sauce etwas eindickt und sich die Aromen gut mischen. Den Topf vom Herd nehmen und die Sauce mit Salz und Fischsauce pikant abschmecken. Das Koriandergrün einrühren. Die Sauce in Schälchen füllen und auf Zimmertemperatur abkühlen lassen. Sofort servieren.

Ergibt ca. 250 ml

KLASSISCHER VIETNAMESISCHER DIP
Nuoc cham

VIETNAM

Nuoc cham ist gewissermaßen Vietnams Nationalsauce – eine köstliche, topasfabene, süß-säuerliche, salzige Beigabe zu jedem vietnamesischen Grillgericht. Traditionell verleihen ihr in hauchdünne Stifte geschnittene Karotten Farbe und Biß. Hauchdünn heißt in diesem Fall übrigens fadendünn!

1 Stück Karotte (5 cm), geschält
125 ml warmes Wasser
2 EL Zucker, nach Geschmack auch mehr
80 ml asiatische Fischsauce, nach Geschmack auch mehr
60 ml frisch gepreßter Limettensaft
2 EL Reisessig oder destillierter Weißweinessig
1 kleine, rote, scharfe Chili, in dünne Ringe geschnitten oder ¼ TL Chiliflocken
2 Knoblauchzehen, feingehackt

1. Die Karotte mit einem Gemüseschäler längs in Streifen schneiden. Die Streifen aufeinander legen und dann der Länge nach mit einem langen, scharfen Messer in hauchdünne Fäden schneiden.

2. Wasser und Zucker in einer Schüssel verquirlen, bis der Zucker gelöst ist, dann Fischsauce, Limettensaft, Essig, Chillies, Knoblauch und Karottenstreifen zufügen (s. Hinweis). Abschmecken und, falls erforderlich, noch etwas Fischsauce oder Zucker zugeben Die Nuoc cham sollte ein Gleichgewicht finden zwischen salzig, sauer und süß.

3. Die Sauce in eine Schale füllen und sofort oder zumindest noch am Tag der Herstellung zimmerwarm servieren.

Ergibt ca. 250 ml
Hinweis: Die Zutaten für den Dip können auch in einem fest verschlossenen Schüttelbecher miteinander vermischt werden.

ERDNUSS-CHILI-DIP

VIETNAM

Hier ein ebenso schlichter wie köstlicher Dip auf der Grundlage von Nuoc cham. Die Erdnüsse sorgen für eine typisch südostasiatische Süße.

1 Stück Karotte (5 cm), geschält
2 Knoblauchzehen, grobgehackt
2 EL Zucker, nach Geschmack auch mehr
60 ml asiatische Fischsauce, nach Geschmack auch mehr
60 ml frisch gepreßter Zitronen- oder Limettensaft, nach Geschmack auch mehr
2 EL Reisessig oder destillierter Weißweinessig

1–2 Jalapeño- oder Serrano-Chillies (für eine mildere Sauce die Kerne und evtl. die Rippen entfernen)
3 EL trocken geröstete Erdnüsse, gehackt
5–6 EL Wasser

1. Die Karotte mit einem Gemüseschäler längs in Streifen schneiden. Die Streifen aufeinander legen und dann der Länge nach mit einem langen, scharfen Messer in hauchdünne Fäden schneiden.

2. Den Knoblauch mit dem Zucker in einem Mörser oder einer Schüssel mit dem

Stiel eines Holzlöffels zu einer feinen Paste zerstoßen. Fischsauce, Zitronensaft, Essig, Karottenstreifen, Chillies, Erdnüsse und so viel Wasser einrühren, daß eine milde, angenehme Sauce entsteht. Abschmecken und nach Geschmack noch etwas Fischsauce, Zitronensaft oder Zucker zugeben. Der Dip sollte ein wenig salzig, süßlich und sauer zugleich sein.

3. Innerhalb von 4 Std. nach der Herstellung zimmerwarm servieren.

Ergibt ca. 310 ml

NASHIBIRNEN-DIP

KOREA

Als Leser dieses Buches werden Sie meine ungezügelte Begeisterung für die koreanische Küche inzwischen kennen. Eine Küche, die – das möchte ich hinzufügen – im Westen stark unterschätzt wird. In dieser Sauce spiegelt sich die Vorliebe der Koreaner, süße, salzige und nussige Aromen in einem einzigen Gericht miteinander zu vereinen. Sie können den Dip zu jedem beliebigen koreanischen Gericht servieren.

125 ml Sojasauce
125 ml Sake oder Sherry dry
¼ Tasse Zucker
1 kleine Nashibirne, geschält, entkernt und feingehackt
4 Lauchzwiebeln, Weißes und Grünes, feingehackt
¼ Tasse Zwiebeln, feingehackt
2 EL geröstete Sesamkörner (s. Seite 93)

Alle Zutaten in einer mittelgroßen Schüssel miteinander verrühren, bis der Zucker gelöst ist. Die Sauce in kleine Schälchen geben, so daß jeder seinen eigenen Dip hat. Sofort servieren.

Ergibt ca. 625 ml

EINFACHER DIP AUS JAVA

JAVA

Beim Stichwort indonesische Satés denkt man im Westen meist an Erdnußsauce. Genauso beliebt ist in Indonesien aber dieser einfache Dip, der von den Gästen selbst zubereitet wird. So kann jeder Limettensaft, gebratene Schalotten und Chillies nach persönlichem Geschmack verwenden. Süß und salzig zugleich, herb und scharf, cremig, aber mit knusprigen Stückchen gebratener Schalotten, beansprucht diese Sauce alle Geschmacksknospen. Und ich brauche wohl nicht zu erwähnen, wie vergnüglich es ist, den Dip bei Tisch zuzubereiten. Zu Satés oder gegrilltem Fleisch reichen.

SAUCEN

250 ml Erdnußöl

1 große Schalotte, in dünne Scheiben
geschnitten

180 ml süße Sojasauce (Ketjap manis)
oder je 6 EL normale Sojasauce
und Sirup

2–4 Serrano-, Thai- oder andere scharfe
Chillies, in feine Ringe geschnitten
(Schärfer wird die Sauce, wenn die Kerne
und die Rippen mitverwendet werden.)

4 saftige Limettenspalten zum Servieren

1. Das Erdnußöl in einer kleinen Pfanne erhitzen, bis es sternförmig von der Mitte nach außen läuft (über 180 °C) Die Schalotten zugeben und ca. 30 Sek. knusprig braten. Mit einem Schaumlöffel herausheben und auf Küchenpapier abtropfen lassen.

2. Die Sojasauce auf 4 Schälchen verteilen. Chillies und Schalotten darüber streuen und einen großzügigen Spritzer Limettensaft zufügen. Die Zutaten beim Dippen mischen.

Ergibt 4 Portionen

Scharfmacher

»Wohl dem, der reichlich würzen kann, auf daß sein Fleisch ihm munde.«

ENGLISCHES
SPRICHWORT

Die Gewürze auf diesem Markt in Südfrankreich ergeben die herrlichsten Würzmischungen und Marinaden.

Zu den Geheimnissen der weltbesten Grillmeister zählt der gekonnte Einsatz von Würzmischungen, Marinaden, Kräuterbutter und Saucen zum Bestreichen.

Rubs sind Kräuter- und Gewürzmischungen, mit denen man das Fleisch vor dem Grillen einreibt, damit es intensiver schmeckt und zarter wird. In diesem Kapitel finden Sie Rezepte aus aller Welt: von israelischem Hawaij über indisches Garam masala und Sazón aus Puerto Rico bis zu Gewürzsalz aus Szechuan.

Marinaden, die Seele des Barbecue, verleihen jedem Gericht mit Fleisch, Geflügel oder Fisch eine besondere, regionale Note. Hier lernen Sie einige der besten kennen: vom aromatischen mexikanischen Adobo bis zur feurigen Berber-Marinade aus dem Atlasgebirge.

Kräuterbutter und Saucen verhindern, daß das Grillgut austrocknet, und gleichen so den einzigen Nachteil des Grillens wieder aus. Sorgfältig bepinselt, bleibt selbst mageres Fleisch zart und saftig. Und geschmacklich sind japanische Knoblauch-Butter, Bourbon-Sauce und Mopsauce aus North Carolina für jedes Stück Fleisch ein Gewinn.

Diese Rezepte geben Ihren Grilladen das gewisse Etwas und selbst dem einfachsten Gericht noch einen Schuß Raffinesse.

MEMPHIS-RUB

USA

Ich kann nicht genau sagen, wo die Wiege des amerikanischen Rub stand, sollte ich mich aber für einen Ort entscheiden, so fiele meine Wahl auf Memphis. Dort verwendet man Rubs in Hülle und Fülle, oft ohne jegliche weitere Saucen. Dieser Rub schmeckt besonders gut zu im Rauch gegarten Rippchen oder Schweineschulter.

¼ Tasse Paprikapulver
1 EL brauner Zucker
1 EL Kristallzucker
2 TL Salz
2 TL Glutamat (nach Wunsch)
1 TL Selleriesalz
1 TL frisch gemahlener schwarzer Pfeffer
1–3 TL Cayennepfeffer, je nach Geschmack
1 TL Senfpulver
1 TL Knoblauchpulver
1 TL Zwiebelpulver

Sämtliche Zutaten in ein Deckelgefäß geben, den Deckel fest verschließen und das Gefäß zum Mischen gut schütteln. An einem kühlen, dunklen Ort bis zu 6 Monaten aufbewahren.
Ergibt ca. 125 g,
ausreichend für 4–6 Rippenstücke

MIAMI SPICE

USA

Diesen Rub habe ich anläßlich der Veröffentlichung meines Buches »Miami Spice« kreiert. Er verleiht gegrilltem Fleisch, Fisch und Meeresfrüchten einen Hauch von Florida. Habanero-Chili-Pulver bekommt man in Delikatessengeschäften.

5 EL grobkörniges Salz (Meersalz)
3 EL Paprikapulver
3 EL frisch gemahlener schwarzer Pfeffer
2 EL Kreuzkümmel, gemahlen
2 EL Oregano, getrocknet
1 EL Habanero-Chili-Pulver

Die Zutaten in ein Deckelgefäß geben, den Deckel fest verschließen und das Gefäß zum Mischen gut schütteln. An einem kühlen, dunklen Ort bis zu 6 Monaten aufbewahren.
Ergibt ca. 250 g,
ausreichend für 2½–3½ kg Fleisch, Geflügel,
Fisch oder Meeresfrüchte

KREOLISCHER RUB

USA

Eine Würzmischung, getragen vom warmen Ton der Paprika und Cayennes, die direkt aus dem Herzen der kreolischen Küche kommt. Sie paßt ideal zu Meeresfrüchten (besonders Garnelen und Krebsen) sowie Geflügel.

3 EL Paprikapulver
2 EL Salz
1 EL Knoblauchpulver
1 EL frisch gemahlener schwarzer Pfeffer
1 EL Zwiebelpulver
1 EL Cayennepfeffer
1 EL Oregano, getrocknet
1 EL Thymian, getrocknet

Die Zutaten in ein Deckelgefäß geben, den Deckel fest verschließen und das Gefäß zum Mischen gut schütteln. An einem kühlen, dunklen Ort bis zu 6 Monaten aufbewahren.

Ergibt ca. 180 g, für 2 kg Meeresfrüchte oder Geflügel

CAJUN-RUB

USA

Dieser Rub diente ursprünglich dem »Pfannenschwärzen«, einer im Cajun beliebten Zubereitungsart, bei der stark gewürzte Speisen in einer heißen Pfanne sehr scharf angebraten werden. Cajun-Rub wirkt köstlich auf Fisch, Meeresfrüchten oder Fleisch, wenn er mindestens 30 Min. vor dem Grillen aufgetragen wird.

¼ Tasse grobkörniges Salz (Meersalz)
2 EL Knoblauchpulver
2 EL Zwiebelpulver

je 2 EL Thymian und Oregano, getrocknet
2 EL Paprikapulver
1 EL frisch gemahlener schwarzer Pfeffer
1 EL frisch gemahlener weißer Pfeffer
1–3 EL Cayennepfeffer, je nach Geschmack

Alle Zutaten in ein Deckelgefäß geben, den Deckel fest verschließen und das Gefäß zum Mischen gut schütteln. An einem kühlen, dunklen Ort bis zu 6 Monaten aufbewahren.

Ergibt ca. 250 g, für 2½–3½ kg Fleisch oder Fisch und Meeresfrüchte

KRÄUTERSALZ AUS PUERTO RICO
Sazón

PUERTO RICO

Sazón, dem Kräutersalz, das nach Kreuzkümmel, Knoblauch und Oregano duftet, begegnet man in Puerto Rico überall. Im Handel gibt es viele Fertigmischungen, die meisten enthalten aber große Mengen Natriumglutamat. Diese selbstgemachte Variante ist überaus aromatisch. Man benötigt dafür ganze Gewürze, die vor dem Mahlen geröstet werden. Wenn es schnell gehen muß, kann man darauf auch verzichten, die Mischung ist dann immer noch äußerst schmackhaft.

2 EL schwarze Pfefferkörner
2 EL Kreuzkümmelsamen
2 EL Oregano, getrocknet
½ Tasse grobkörniges Salz (Meersalz)
2 EL Knoblauchpulver

1. Pfefferkörner und Kreuzkümmelsamen in einer Pfanne ohne Fett unter Rütteln bei mittlerer Hitze ca. 3 Min. rösten, bis sie duften.

2. Die Mischung mit dem Oregano im Mörser zu feinem Pulver zerstoßen – oder eine Gewürzmühle verwenden. Salz und Knoblauchpulver zugeben. Luftdicht verschlossen an einem kühlen, dunklen Ort bis zu 6 Monaten aufbewahren

Ergibt ca. 250 g,
ausreichend für 2½–3½ kg Fleisch, Geflügel,
Fisch oder Meeresfrüchte

RUB NIÇOISE FÜR LAMM UND STEAKS

FRANKREICH

Die Rue Pairolière ist ein schmales, gewundenes Sträßchen in Nizzas Altstadtviertel, gesäumt von Bäckereien, Oliven- und Gewürzläden. Dieser Rub, eine Spezialität des »Maison d'Olive«, fiel mir besonders angenehm auf und umschmeichelte meine Nase. Er bildet eine farbenfrohe und aromatische Bereicherung für gegrilltes Fleisch.

½ Tasse Petersilie, getrocknet
3 EL Knoblauchflocken, getrocknet

3 EL Koriandersamen, zerstoßen, oder
  Koriander, gemahlen
2 EL grobkörniges Salz (Meersalz)
2 TL schwarze Pfefferkörner, zerstoßen
2 EL scharfe, rote Chiliflocken

Die Zutaten in ein Deckelgefäß geben, den Deckel fest verschließen und das Gefäß zum Mischen gut schütteln. An einem kühlen, dunklen Ort bis zu 6 Monaten aufbewahren.

Ergibt ca. 250 g, ausreichend
für 2½–3½ kg Lamm oder Steak

KRÄUTER DER PROVENCE

FRANKREICH

Kräuter und Gewürze sind die Seele der provenzalischen Küche. Bei der Fahrt durch diesen sonnigen Landstrich im Südwesten Frankreichs sieht man sie überall: lila Lavendelfelder, buschhohe Rosmarinsträucher, Fenchel allerorten, sogar wild am Straßenrand. Zuweilen werden diese Kräuter einzeln frisch verwendet, meistens jedoch getrocknet und zu einer duftenden Mischung kombiniert.

Das Rezept variiert von Region zu Region und von Haus zu Haus, aber die Grundzutaten bleiben Rosmarin, Thymian, Majoran, Bohnenkraut, Basilikum, Lorbeer und – für einen Hauch Süße – Fenchel und Lavendel. Kräuter der Provence bekommt man fast überall, oft in dekorativen Döschen zu entsprechend gehobenen Preisen. Man kann sie aber auch ganz leicht selbst machen. (Ein Töpfchen mit selbstgemachten Herbes de Provence ist ein wunderbares Weihnachtsgeschenk.) Und nichts hebt den Geschmack von gegrillten Lamm, Steak, selbst Fisch und Meeresfrüchten oder Geflügel so sehr wie diese duftende Mischung.

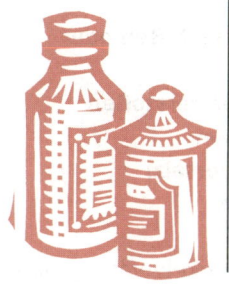

3 EL Rosmarin, getrocknet
3 Lorbeerblätter
3 EL Basilikum, getrocknet

3 EL Majoran, getrocknet
3 EL Bohnenkraut
3 EL Oregano, getrocknet
2 EL Thymian, getrocknet
1 TL Fenchelsaat
1 TL Lavendel, getrocknet
1 TL frisch gemahlener weißer Pfeffer
1 TL Koriander, gemahlen

Rosmarin und Lorbeerblätter mit den Fingern in eine kleine Schale zerkrümeln. Die restlichen Zutaten untermischen. Die Kräuter der Provence, luftdicht verschlossen, kühl und dunkel bis zu 6 Monaten aufbewahren.

Ergibt ca. 300 g, ausreichend für 3½ kg Fleisch, Geflügel, Fisch oder Meeresfrüchte

COLOMBOPULVER

FRANZÖSISCHE ANTILLEN

Colombo ist der Curry der französischen Antillen. Von herkömmlichem Curry unterscheidet er sich durch eine überraschende Zutat: gerösteten Reis. Der Reis ist sowohl Geschmackslieferant als auch Bindemittel. Durch das Rösten bekommt der Reis ein nussiges Aroma und läßt sich leichter mahlen.

¼ Tasse Reis
¼ Tasse Kreuzkümmelsamen
¼ Tasse Koriandersamen
1 EL Senfkörner, am besten schwarz
    (s. Hinweis)
1 EL schwarze Pfefferkörner
1 EL Bockshornkleesamen (nach Wunsch;
    s. Hinweis)
1 TL ganze Nelken
¼ Tasse Kurkuma, gemahlen

1. Den Reis in einer Pfanne ohne Fett bei mittlerer Hitze 2–3 Min. hellbraun rösten. Dabei die Pfanne rütteln. Den Reis in eine Schüssel füllen und abkühlen lassen.

2. Kreuzkümmel, Koriander, Senf, Pfeffer, Bockshornklee und Nelken in die Pfanne geben und bei mittlerer Hitze ca. 3 Min. rösten, bis sie duften. Die Pfanne dabei rütteln. Die Gewürze in eine Schüssel geben und abkühlen lassen.

3. Den Reis und die gerösteten Gewürze in einer Gewürzmühle oder im Mixer zu feinem Pulver mahlen. Die Kurkuma untermischen. Das Pulver luftdicht verschlossen an einem kühlen, dunklen Ort bis zu 6 Monaten aufbewahren.

Ergibt ca. 250 g, für 2½–3½ kg Fleisch, Geflügel, Fisch oder Meeresfrüchte

Hinweis: Schwarze Senfkörner sind schärfer als helle, die man aber zur Not auch verwenden kann. Bockshornkleesamen sind kleine hellbraune Samen mit einem leicht bitteren Geschmack. Man bekommt sie in Indien- oder Bioläden sowie in Delikatessengeschäften.

PROVENZALISCHE GEWÜRZMISCHUNG FÜR FISCH

FRANKREICH

Die Stadt Isle sur la Sorge wird ihrem Beinamen vollauf gerecht: das provenzalische Venedig. Die Sorge fließt um das malerische Stadtzentrum herum und mitten hindurch und schafft so breite Uferstraßen und Terrassen über dem Wasser. Am Sonntag (Markttag) füllen sich die Uferstraßen mit Händlern, die provenzalische Spezialitäten und Kunsthandwerk verkaufen. Zum folgenden Rezept inspirierten mich die Gewürzhändler auf diesem Markt.

1 EL Fenchelsamen
¼ Tasse Koriandersamen, zerstoßen oder gemahlen
2 EL schwarze Pfefferkörner, zerstoßen
2 EL scharfe, rote Chiliflocken
2 EL grobkörniges Salz (Meersalz)
3 Lorbeerblätter, zerkrümelt

Die Zutaten in ein Deckelgefäß geben, den Deckel fest verschließen und das Gefäß zum Mischen gut schütteln. An einem kühlen, dunklen Ort bis zu 6 Monaten aufbewahren.

Ergibt ca. 125 g, ausreichend für 1½–2 kg Fisch oder Meeresfrüchte

ISRAELISCHER RUB

Hawaij

ISRAEL

Hawaij ist das Nationalgewürz im Jemen. Jemenitische Juden brachten es mit nach Israel, und Israelis jedweder Herkunft übernahmen es mit Genuß. Dieses Rezept stammt von Lenore Skenazy, Redakteurin der New York Daily News, die mit einem jemenitischen Juden verheiratet ist. Wie Fünf-Gewürze-Pulver oder Kräuter der Provence wird auch Hawaij vor dem Grillen in Fleisch, Fisch oder Meeresfrüchte eingerieben. Auch Suppen und Eintöpfe werden damit gewürzt. Es gibt sogar eine Variante, die man in Kaffee streuen kann.

6 EL schwarze Pfefferkörner
5 EL Kreuzkümmelsamen
1 TL ganze Nelken
1 TL Kardamomsamen oder 1 EL -schoten
3 EL Kurkuma, gemahlen
3 EL grobkörniges Salz (nach Wunsch; s. Hinweis)

1. Pfefferkörner, Kreuzkümmel, Nelken und Kardamom in einer Pfanne ohne Fett bei mittlerer Hitze ca. 3 Min. rösten, bis sie duften. Die Pfanne dabei rütteln. In eine Schüssel geben und abkühlen lassen.

2. Die gerösteten Gewürze mit Kurkuma und Salz in eine Gewürzmühle oder einen Mixer geben und zu feinem Pulver mahlen. Luftdicht verschlossen an einem kühlen und dunklen Ort bis zu 6 Monaten aufbewahren.

Ergibt ca. 250 g, für 2½–3½ kg Fleisch, Geflügel, Fisch oder Meeresfrüchte

Hinweis: Im Westen gibt man gern Salz an Gewürzmischungen, in Israel eher nicht. Ich finde, das Salz rundet den Geschmack sehr gut ab.

SCHNELLES HAWAIJ

ISRAEL

Hier das Rezept für ein schnelles Hawaij ohne Rösten. Mit Salz bekommt es eine westliche Note.

3 EL frisch gemahlener schwarzer Pfeffer
3 EL Kreuzkümmel, gemahlen
3 EL Kurkuma, gemahlen
3 EL grobkörniges Salz (Meersalz)
1 TL Kardamom, gemahlen

Alle Zutaten in ein Deckelgefäß geben, den Deckel fest verschließen und das Gefäß zum Mischen gut schütteln. An einem kühlen, dunklen Ort bis zu 6 Monaten aufbewahren.

Ergibt ca. 180 g, für 2–3 kg Fleisch, Geflügel, Fisch oder Meeresfrüchte

MARRAKESCH-RUB

MAROKKO

Der »Herboriste de Paradis« ist ein Gewürzladen im Suk (Basar) von Marrakesch. Dieser kleine Stand von Majid Ouadouane vermittelt Zauber und Mystik des Gewürzhandels in Nordafrika. Die vielen hundert Gewürze und Aromen, die dort verkauft werden, lassen die Grenzen zwischen Kochen, Kosmetik und Medizin verschwimmen. Die Gewürze reichen von gewöhnlichem Koriander und Kardamom über Antimon (für Khol, zur Umrandung der Augen) bis zu Spanischer Fliege (ein Aphrodisiakum aus getrockneten Käfern).

Monsieur Ouadouane schuf folgende Mischung zu gegrilltem Lamm. Schneller geht es, wenn die Gewürze gemahlen und ungeröstet verwendet werden.

2½ EL Koriandersamen
2 EL Kreuzkümmelsamen
1 EL schwarze Pfefferkörner
½ TL Kardamomsamen oder
    1 TL Kardamomschoten
2 EL Ingwer, gemahlen
2 EL grobkörniges Salz (Meersalz; nach Wunsch)

1. Koriandersamen, Kreuzkümmel, Pfefferkörner und Kardamom in einer Pfanne ohne Fett unter Rütteln ca. 3 Min. rösten, bis die Gewürze duften und braun werden. In eine Schüssel geben und abkühlen lassen.

2. Die gerösteten Gewürze im Mörser zu einem feinen Pulver zerstoßen oder in der Gewürzmühle fein mahlen. In eine Schüssel geben mit gemahlenem Ingwer und Salz mischen. Luftdicht verschlossen an einem kühlen, dunklen Ort bis zu 6 Monaten aufbewahren.

Ergibt ca. 125 g,
ausreichend für 2 kg Lamm

GRIECHISCHER RUB

GRIECHENLAND

Dieser einfache Rub gibt jedem Grillfleisch, besonders aber Lamm, eine griechische Note. Am besten schmeckt er mit griechischem Oregano – er hat ein schärferes, minzeähnlicheres Aroma als italienischer Oregano. Man bekommt ihn in griechischen Läden. Olivenöl gibt dem Rub köstlichen Glanz, ohne zu verkleben.

⅓ Tasse grobkörniges Salz (Meersalz)
⅓ Tasse schwarze Pfefferkörner, zerstoßen
⅓ Tasse Oregano, grob zerrieben (am besten aus Griechenland)

2 EL Dill, getrocknet
2 EL Olivenöl extra vergine

Salz, Pfeffer, Oregano, Dill und Öl in einer Schüssel verrühren. Die Gewürze sollten mit Öl überzogen sein, aber nicht verkleben. Luftdicht verschlossen an einem kühlen, dunklen Ort bis zu 6 Monaten aufbewahren.

Ergibt ca. 250 g,
für 2½–3½ kg
Lamm oder Fisch

TUNESISCHER RUB
Tabil

TUNESIEN

Scharf, würzig und hocharomatisch ist diese einfache Mischung aus Tunesien, dort Tabil genannt. Kümmel bringt man normalerweise nicht mit Barbecue in Verbindung, tatsächlich aber verleiht er gegrilltem Fisch, Hähnchen oder Fleisch eine komplexe, erdige Geschmacksnote.

2 EL Koriander
je 2 EL Kreuzkümmel und Kümmel
2 EL scharfe, rote Chiliflocken
2 EL grobkörniges Salz (Meersalz)

1. Koriander, Kreuzkümmel und Kümmel in einer Pfanne ohne Fett bei mittlerer Hitze ca. 3 Min. rösten, bis die Gewürze duften. Die Pfanne dabei rütteln. In eine Schüssel geben und abkühlen lassen.

2. Die Mischung in einem Mörser zu feinem Pulver zerstoßen oder in einer Gewürzmühle fein mahlen. Luftdicht verschlossen an einem kühlen dunklen Ort bis zu 6 Monaten aufbewahren.

Ergibt ca. 125 g, für 1½–2 kg Fleisch, Geflügel, Fisch oder Meeresfrüchte

KOREANISCHES SESAMSALZ

`KOREA`

Sesam gehört zu den typischen Gewürzen der koreanischen Küche. In diesem Rezept werden geröstete Sesamkörner mit Salz, Pfeffer und scharfen roten Chiliflocken zu einer ungewöhnlichen Würzmischung für gegrilltes Fleisch, Fisch und Meeresfrüchte kombiniert.

3 EL helle Sesamkörner
1 EL dunkle Sesamkörner (s. Hinweis)
2 EL grobkörniges Salz (Meersalz)
2 TL schwarze Pfefferkörner, zerstoßen
**1 TL scharfe, rote Chiliflocken
(nach Wunsch)**

1. Die hellen Sesamkörner in einer Pfanne ohne Fett bei mittlerer Hitze ca. 3 Min. rösten, bis sie leicht gebräunt sind. Die Pfanne dabei rütteln. In eine Schüssel geben und abkühlen lassen.

2. Die dunklen Sesamkörner, Salz, Pfeffer und Chiliflocken unterrühren. Luftdicht verschlossen an einem kühlen, dunklen Ort bis zu 6 Monaten aufbewahren.

Ergibt ca. 80 g, für 1½ kg Fleisch, Fisch oder Meeresfrüchte

Hinweis: Können Sie keine dunklen Sesamkörner bekommen, verwenden Sie statt dessen 4 EL helle Sesamkörner.

SZECHUAN-GEWÜRZSALZ

`CHINA`

Die chinesische Variante von Gewürzsalz überrascht Zunge und Gaumen mit dem Aroma von schwarzem und Szechuanpfeffer. Letzterer ist eigentlich kein Pfeffer, sondern eine rotbraune, pfefferkorngroße Beere aus der chinesischen Provinz Szechuan. Szechuanpfeffer hat einen klaren, holzigen, an Kiefernharz erinnernden Geschmack, wie man ihn sonst bei Gewürzen nicht findet. Er ist nicht besonders scharf. Man bekommt ihn in Asien- und Feinkostläden. Durch Rösten wird der Geschmack intensiver, die Würzmischung paßt dann besonders gut zu Grillhähnchen, Tauben und Garnelen.

½ Tasse grobkörniges Salz (Meersalz)
⅓ Tasse Szechuanpfefferkörner
3 EL schwarze Pfefferkörner

1. Das Salz mit den beiden Pfeffersorten in einer Pfanne ohne Fett bei mittlerer Hitze 3–6 Min. rösten, bis die Gewürze dunkel werden und leicht zu rauchen beginnen. In eine Schüssel füllen und abkühlen lassen.

2. Die Mischung in einem Mörser zu feinem Pulver zerstoßen oder in einer Gewürzmühle fein mahlen. Luftdicht verschlossen an einem kühlen, dunklen Ort bis zu 6 Monaten aufbewahren.

Ergibt ca. 250 g, für 2½–3½ kg Geflügel, Fisch oder Meeresfrüchte

INDISCHES GERÖSTETES WÜRZPULVER
Garam masala

INDIEN

Auf Garam masala trifft man in Indien überall. Rezepte gibt es so viele, wie es Köche gibt. Auf indischen Märkten kann man zwar Fertigmischungen kaufen, aber in den meisten Haushalten und Restaurants stellt man es selbst her. Die vorherrschenden Aromen kommen von Kreuzkümmel, Koriander, schwarzem Pfeffer sowie grünem und schwarzem Kardamom. Letzterer ist eine große, mandelförmige, schwarze Schote mit rauchig-aromatischem Geschmack. Er ist nicht leicht zu finden, aber die Suche lohnt sich! Garam masala ist in Marinaden für indisches Tandoori von entscheidender Bedeutung. Stellen Sie alle paar Monate eine größere Menge her, so daß Sie immer etwas zu Hause haben.

3 EL Kreuzkümmel
3 EL Koriander
1 EL schwarze Pfefferkörner
2 TL grüne Kardamomschoten
1 TL schwarze Kardamomschoten
1 Stück Zimtstange (5 cm)
½ Muskatnuß
2 Lorbeerblätter
½ TL Muskatblüte
¼ TL ganze Nelken
1 TL Ingwer, gemahlen

1. Kreuzkümmel, Koriander, Pfeffer, grünen und schwarzen Kardamom, Zimtstange, Muskatnuß, Lorbeerblätter, Muskatblüte und Nelken in einer Pfanne ohne Fett bei mittlerer Hitze ca. 3 Min. rösten, bis sie duften. Die Pfanne dabei rütteln. In eine Schüssel geben und abkühlen lassen.

2. Die Mischung in einem Mörser zu feinem Pulver zerstoßen oder in einer Gewürzmühle fein mahlen. Die Mischung mit dem Ingwer in ein Gefäß geben, dieses luftdicht verschließen und gut schütteln. Kühl und dunkel bis zu 6 Monaten aufbewahren.

Ergibt ca. 125 g, für ca. 1½ kg Fleisch, Geflügel, Fisch oder Meeresfrüchte

SCHNELLES GARAM MASALA

INDIEN

Fehlt die Zeit zum Rösten und Mahlen der Gewürze, ist dieses Garam masala innerhalb weniger Minuten zubereitet.

2 EL Kreuzkümmel, gemahlen
2 EL Koriander, gemahlen
2 TL frisch gemahlener schwarzer Pfeffer
1 TL Kardamom, gemahlen
1 TL Ingwer, gemahlen
⅛ TL Zimt, gemahlen
⅛ TL Nelken, gemahlen
⅛ TL Muskatnuß, gerieben

Die Zutaten in ein Deckelgefäß geben, den Deckel fest verschließen und alles gut schütteln. An einem kühlen, dunklen Ort bis zu 6 Monaten aufbewahren.

Ergibt ca. 80 g, ausreichend für 1 ½ kg Fleisch, Geflügel, Fisch oder Meeresfrüchte

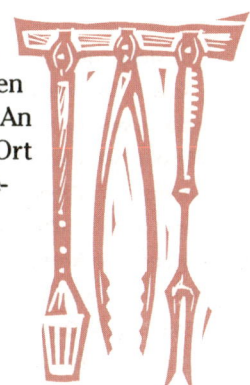

JERK-MARINADE AUS JAMAIKA

JAMAIKA

Jerk ist ein traditionelles jamaikanisches Gericht, das zunächst Amerika erobert hat und von dort aus nun auch nach Europa kommt. Unterwegs hat es allerdings viel Feuer, Würze und Pepp verloren. In seiner Heimat – der Stadt Boston Beach an der Nordküste von Jamaika – wird Jerk wie hier angegeben zubereitet. Dabei leistet ein Mixer gute Dienste (in Boston Beach mahlt man die Gewürze tatsächlich in einer Gewürzmühle mit Handkurbel). In dieser Marinade werden Schweinefleisch 6, Hähnchenbrust 3 und Fischfilet oder Garnelen 1 Std. mariniert.

4–15 Scotch-bonnet-Chillies, entkernt (Schärfer wird die Marinade, wenn die Kerne mitverwendet werden.)
1 Bund Lauchzwiebeln, Weißes und Grünes, grobgehackt
2 Schalotten, halbiert
1 kleine Zwiebel, geviertelt
2 Knoblauchzehen, abgezogen
1 EL Ingwer, gemahlen
2 TL Thymianblätter, gehackt, oder 1 TL Thymian, getrocknet
2 TL Piment, gemahlen
3 EL Rapsöl
3 EL Sojasauce
3 EL frisch gepreßter Limettensaft, nach Geschmack auch mehr
2 EL brauner Zucker
2 EL Salz, nach Geschmack auch mehr
1 TL frisch gemahlener schwarzer Pfeffer
250 ml Wasser

Chillies, Lauchzwiebeln, Schalotten, Zwiebeln, Knoblauch, Ingwer, Thymian, Piment, Öl, Sojasauce, Limettensaft, Zucker, Salz, Pfeffer und Wasser in einem Mixer pürieren. Abschmecken und, falls erforderlich, noch etwas Limettensaft oder Salz zugeben. Hält sich gut verschlossen im Kühlschrank bis zu 2 Wochen.

Ergibt ca. 500 g, für 2 kg Fleisch, Hähnchen, Fisch oder Meeresfrüchte

Die Barbecue-Gasse: Grillen in Mexiko

Für viele heißt mexikanische Küche Tacos, Burritos und Enchilladas. Grill-Begeisterte werden aber mit Freude hören, daß Mexiko auch auf eine lange Tradition des Garens über offenem Feuer zurückblicken kann, von den über Mesquit gegrillten Steaks aus dem Norden bis zum würzigen gegrillten Fisch von der Halbinsel Yucatán.

Und es gibt Barbacoa, eine Variante des Pit-cooking-Barbecue, das allerdings in den verschiedenen Landesteilen Unterschiedliches bedeuten kann. Im Norden nimmt man Rindfleisch dazu, im Süden fast pyrotechnisch gewürztes Lamm, und in Mexiko-City wickelt man Lammfleisch in die Blätter des Maguay-Kaktus und brät es in einem holzbefeuerten Ziegelbecken: ohne Marinade, Würzmischungen oder raffinierte Beigaben – schlicht und einfach, aber ganz zart gegart.

Aber Mexiko bietet auch viele Gerichte, die direkt über dem Feuer zubereitet werden. Man denke etwa an die anmutige Kolonialstadt Oaxaca im Landesinneren. Oaxaca ist berühmt für seine »Moles« (langsam geköchelte Saucen mit Nüssen, Früchten und einer geradezu verwirrenden Vielfalt an Chillies), zugleich aber auch ein Hexenkessel verlockender Grillgerichte. In der Barbecue-Gasse auf dem Mercado 20 de Noviembre kann man die besten mexikanischen Grillspeisen kennenlernen.

Unter den rauchgeschwängerten Arkaden an der Ostseite des Marktes reihen sich die Barbecue-Stände, und von jedem steigen dicke Rauchsäulen zum Himmel. Der Bestellritus ist für Neulinge vielleicht etwas verwirrend, aber er stellt sicher, daß alles ganz frisch vom Grill kommt.

Gönnen Sie sich beim Betreten der Arkaden einen Aufenthalt bei den Gemüseständen rechts und links. (Ich mag den ersten Stand rechts, dessen Besitzerinnen, Yolanda und Gloria, ihre Gäste gern ein wenig an der Nase herumführen, wenn sie die Bestellung aufnehmen.) Kaufen Sie ein Bund Lauchzwiebeln und ein paar Agua-Chillies. (Das sind ziemlich unschuldig aussehende Pfefferschoten. Aber beim Aussehen hört die Unschuld auch schon auf.) Das Gemüse reicht man Ihnen in einem mit Papier ausgelegten Flechtkorb.

Schlendern Sie weiter zu den Fleischständen. Vier oder fünf Fleischsorten stehen zur Wahl: Carne de res (Rindfleisch), Tazajo (getrocknetes Rindfleisch), Cecino (gepökeltes Schweinefleisch), Chorizo (eiförmige, blutrote Würstchen in Ketten) und Kutteln. Das Fleisch liegt in breite, flache Streifen geschnitten auf Tischen aus. Es ist zwar nicht gefroren, aber die starke Hitze der Holzkohle ist zugleich ein wirkungsvolles Desinfektionsmittel.

Entscheiden Sie sich für einen Stand (z. B. Nr. 189) und deuten Sie auf das Stück Fleisch, das Sie möchten. Die Besitzerin schneidet etwas Kutteln, Rind- oder Schweinefleisch und wiegt es ab. Dann erscheint eine Frau, die Ihnen Ihre Lauchzwiebeln und Chillies abnimmt und sie zwischen den Kohlen eines riesigen Grills vergräbt, der aus einer mit Zement gefüllten Waschwanne gebaut wurde. Sie ist die Asadora (Grillmeisterin), die unter Ihren Augen Ihr Fleisch und Ihr Gemüse auf einem Drahtrost unmittelbar über den Kohlen grillt. Währenddessen kommt die Tortilla-Frau, zählt Ihre gewünschten Tortillas ab und macht sie für Sie auf dem Grill heiß. Unterdessen erscheint eine vierte Frau, die Ihnen einen Napolitosalat (Kaktusohr) verkauft, hübsch verpackt in einer winzigen Plastiktasche. Während sie das Wechselgeld abzählt, stellt sie sich das Tablett mit den Salaten einfach auf den Kopf. Sind Fleisch und Gemüse gar, legt sie die Asadora wieder in Ihren Korb. Gehen Sie nun wieder zum ersten Stand und lassen Sie Yolanda die Chillies schälen und entkernen sowie die verbrannten Stellen von den Lauchzwiebeln abschaben und beides mit Limettensaft und Salz würzen. Dann reicht Ihnen Gloria Schälchen mit Guacamole und Salsa mexicana in den Farben der mexikanischen Flagge: grüne Serranochillies, weiße Zwiebeln und knallrote Tomaten. (In Texas kennt man diese Sauce als Pico de gallo.)

Setzen Sie sich an einen der niedrigen steinernen Gemeinschaftstische und genießen Sie Ihr Mahl. Carne asado ißt man folgendermaßen: einen Streifen Fleisch auf eine Tortilla legen, gebratene Zwiebeln, Chillies, ein wenig Salsa und Guacamole darauf geben. Die Tortilla mit Belag zusammenrollen und in den Mund stecken. Ist Ihnen heldenhaft zumute, können Sie die Chili auch pur essen, sonst wickeln Sie sie mit den anderen Zutaten in die Tortilla.

Carne asado macht einfach Spaß. Unterhalten Sie sich mit den Verkäuferinnen und mit anderen Gästen an den Gemeinschaftstischen und genießen Sie einen würzigen Leckerbissen, den Sie so schnell nicht wieder vergessen werden. Die »Barbecue-Gasse« lohnt einen Umweg!

CHILI-MARINADE MIT RAUCHAROMA

Adobo

MEXIKO

Als Adobo bezeichnet man überall in der spanischsprachigen Welt eine ganze Familie von Gerichten mit mariniertem Schweinefleisch. In Mexiko verwendet man den Begriff für eine feurige Marinade mit Chipotle-Chillies (geräucherten Jalapeño-Chillies). Chipotles werden getrocknet und in Dosen verkauft (eingelegt in Tomatensauce). Für dieses Rezept bevorzuge ich Dosenware. Man findet sie in Mexikoläden oder Delikatessengeschäften.

In Adobo mariniert man Fisch und Meeresfrüchte 30 Min., Hähnchenbrust 1 Std. und ganze Hähnchen oder Fleisch 4–6 Std. Besonders gut paßt es zu Schweinefleisch.

6 Chipotle-Chillies aus der Dose mit 2 EL Saft
5 Knoblauchzehen, abgezogen
1 Streifen Orangenschale (5 x 1 cm; mit einem Gemüseschäler abgezogen)

250 ml frisch gepreßter Pomeranzensaft oder
180 ml frisch gepreßter Orangensaft und
70 ml frisch gepreßter Limettensaft
1 EL Tomatenpaste
2 TL Oregano, getrocknet
1 TL Kreuzkümmel, gemahlen
2 EL Rotweinessig
1 TL Salz
½ TL frisch gemahlener schwarzer Pfeffer

1. Alle Zutaten in einem mittelgroßen Topf bei starker Hitze zum Kochen bringen und 5–8 Min. kochen, bis die Marinade um die Hälfte reduziert ist.

2. Die Marinade in einen Mixer geben und zu einer glatten Paste pürieren. Sie hält sich gut verschlossen im Kühlschrank bis zu 3 Tagen.

Ergibt ca. 250 ml, ausreichend für 1½ kg Fleisch oder Hähnchen

BASILIKUMMARINADE

USA

Diese farbenfrohe und äußerst schmackhafte Basilikummarinade paßt ausgezeichnet zu Hähnchen, Fisch und Meeresfrüchten. Nehmen Sie ca. ein Drittel der Marinade zum Bestreichen während des Grillens. Hähnchen 2, Fisch und Meeresfrüchte 1 Std. marinieren.

80 ml Olivenöl extra vergine
80 ml frisch gepreßter Zitronensaft
80 ml kochendes Wasser

3 Knoblauchzehen, abgezogen
1 Bund Basilikum, abgepflückt
1 TL Salz
1 TL frisch gemahlener schwarzer Pfeffer

Öl, Zitronensaft, Wasser, Knoblauch, Basilikum, Salz und Pfeffer im Mixer zu einer glatten Paste pürieren. Sie hält sich gut verschlossen im Kühlschrank bis zu 3 Tagen.

Ergibt ca. 250 ml, ausreichend für 1½ kg Geflügel oder Fisch

Mit Chillies grillen

Wo Rauch ist, ist auch Feuer, sagt das Sprichwort. Und wo Feuer ist, wird's einem heiß. Chillies dürfen bei keinem Barbecue fehlen: als Gemüse gegrillt, als Zutat in Marinaden, Würzmischungen und Saucen, eingelegt oder roh als Beilage zu den verschiedensten Grillgerichten. Wer empfindliche Haut hat, sollte bei der Zubereitung von Chillies Gummihandschuhe tragen. Die Kerne und Rippen der Chillies sind am schärfsten. Wer nicht viel Schärfe verträgt, entfernt sie besser. Dazu die Chili halbieren und Kerne und Rippen mit einem Löffel oder stumpfen Messer herausschaben. Kontakt mit Augen-, Nasen- und Mundschleimhaut vermeiden, und danach stets gründlich die Hände (oder Handschuhe) waschen.

Hier ein kurzer Überblick über die wichtigsten Chilisorten aus der Welt des Barbecue. Leider werden einige sonst weit verbreitete Sorten in Deutschland kaum angeboten. Aber in fast allen größeren Städten gibt es türkische und arabische Geschäfte, Afrika- und Südamerikaläden. Dort finden Sie verschiedene Chillies – frisch, eingelegt oder getrocknet. Natürlich können Sie Chillies auch selbst aus Samen ziehen. Eine Fülle an Informationen rund um Chillies finden Sie im Internet unter: www.chilipepper.de

AJI AMARILLO (wörtlich »gelbe Chili«): Eine feurige, fleischige, gelb-orange Chili aus Peru zum Würzen von Kebabs. Aji amarillo gibt es als Pulver, Paste oder eingelegt in Südamerikaläden.

BIRD PEPPER: Eine kleine (gut 2 cm lange), kegelförmige, rote oder rot-orange Chili aus der Karibik und Afrika, verwandt mit Cayenne. Kann durch rote Serrano- oder Jalapeño-Chillies ersetzt werden.

BULL'S HORN PEPPERS (CORNO DE TORO): Diese Chillies findet man auf der ganzen Welt, wenn es um Barbecue geht. Sie haben ein angenehmes Paprikaaroma und eine milde bis mäßige Schärfe. Deshalb und aufgrund ihrer langen, schmalen Form werde sie gern als Gemüse gegrillt. Die Schoten einfach quer auf Spieße ziehen und von allen Seiten dunkel rösten.

CAYENNE: Eine kleine (5 cm lange), feurige, rote Chili, die am Golf von Mexiko und in Guayana zu Hause ist und meist als Pulver verwendet wird. Cayenne ist besonders in Afrika, Indien und Asien weit verbreitet. Sie ist sehr scharf, aber eher eintönig im Geschmack.

CHIPOTLE: Eine geräucherte Jalapeño sowie charakteristische Zutat für mexikanisches Adobo (Marinade mit geräucherten Chillies) und viele Salsas. Chipotles gibt es in zwei Sorten: die kleine rote Morena und die große braune Grande, die im Geschmack wesentlich interessanter

TERIYAKI-MARINADE

JAPAN

Diese salzig-süße Marinade basiert auf einer klassischen japanischen Teriyaki-Sauce. Falls man das Grillgut zusätzlich während des Garens damit bestreichen will, kann man dies bedenkenlos tun, wenn man die Marinade einmal aufkocht, nachdem Fleisch, Fisch oder Meeresfrüchte entnommen sind.

2 Knoblauchzehen, feingehackt
1 EL Ingwer, feingehackt
2 Lauchzwiebeln, Weißes und Grünes, geputzt und in feine Ringe geschnitten
125 ml Tamari oder Sojasauce
125 ml Mirin (süßer Reiswein) oder Cream Sherry
60 ml Sake oder Sherry dry
¼ Tasse hellbrauner Zucker

ist. In Mexiko- und Delikatessengeschäften findet man Chipotles getrocknet oder in der Dose, eingelegt in Pomeranzen- und Tomatensauce. Dosenware hat ein reicheres Aroma.

DE ARBOL: Eine lange (9–12 cm), dünne, getrocknete, rote Chili aus Mexiko von mäßiger Schärfe. Im Norden des Landes würzt man damit Salsas mit gerösteten Tomaten zu gegrilltem Rindfleisch.

GOAT PEPPER: Eine schrumpelige, runde, grüne, ca. 4 cm lange Chili, in Geschmack und Schärfe ähnlich der Scotch bonnet. Beliebt auf den Bahamas.

GUAJILLO: Eine lange, glatte, rotbraune, getrocknete, schmackhafte, aber relativ milde Chili aus Mexiko. Dort wird sie oft, zu Pulver vermahlen, in Marinaden für Schweinefleisch gegeben.

HABANERO: Eine glatte, eichelförmige rote, gelbe oder grüne Chili, in Geschmack und feuriger Schärfe der Scotch bonnet sehr ähnlich.

JALAPENO: Eine konisch geformte, grüne oder rote Chili. Im Gegensatz zu den USA hierzulande schwer erhältlich. Sie gilt als sehr scharf, ist aber tatsächlich für eine Chili eher mild. Die Schärfe von Chillies wird in Scovilles gemessen. Jalapeños haben etwa 5000 Scovilles, Habaneros oder Scotch bonnets 200 000.

KOREA-CHILI: Eine scharfe, getrocknete rote Chili, die in der koreanischen Küche nie fehlen darf. Läßt sich durch ungarischen scharfen Paprika ersetzen.

PIMENTA MALAGUETA: Eine winzige, gerippte, rote oder grüne Chili (meist eingelegt oder getrocknet) aus Brasilien.

POBLANO: eine große (bis zu 8 cm), dunkelgrüne, spitz geformte Chili aus Mexiko. Ähnelt geschmacklich grünem Paprika, ist aber schärfer und aromatischer. Gut zum Füllen und Grillen geeignet. Getrocknet heißt sie Ancho.

SCOTCH BONNET: Diese Chili in der Form einer Lampionblume als scharf zu bezeichnen, wäre stark untertrieben. Die Scotch bonnet ist etwa 40mal schärfer als eine Jalapeño! Unter der Schärfe aber lockt ein blumiges, fast fruchtiges Aroma, das mich an Aprikosen erinnert. Sie ist eng verwandt mit der Habanero aus Mexiko, dem Country pepper aus Jamaika, der Dame Jeanne aus Haiti und dem Datil pepper aus Florida. All diese Chilisorten sind auch ein geeigneter Ersatz, falls man keine Scotch bonnets bekommt. Scotch bonnets gibt es in Läden mit karibischen und mexikanischen Lebensmitteln.

SERRANO: Eine schlanke, spitze, hellgrüne Chili, kleiner und etwas schärfer als die Jalapeño. Beide sind austauschbar.

THAI-CHILLIES: Zwei Sorten sollten sie kennen – Pik kee no (wörtlich: die Maus fallen lassen), winzig, gerillt und gnadenlos scharf, sowie Prik kee far, eine schlanke, gebogene, grüne Chili, ebenfalls sehr scharf, aber dennoch milder als ihre kleine Schwester. Thailändische Chillies findet man in Asien- und Indienläden.

1. Knoblauch, Ingwer, Lauchzwiebeln, Tamari, Mirin, Sake und Zucker in einer kleinen Schüssel verquirlen, bis der Zucker gelöst ist. Fleisch, Fisch oder Meeresfrüchte 1 Std. in dieser Mischung marinieren. Aus der Marinade heben und abtropfen lassen.

2. Soll die Marinade als Glasur verwendet werden, in einen Topf passieren und ca. 5 Min. kochen, bis sie eindickt. Das Grillgut während der letzten 5 Min. der Garzeit damit bestreichen. Die Glasur hält sich nach dem Kochen gut verschlossen im Kühlschrank bis zu 1 Woche.

Ergibt ungekocht ca. 375 ml, ausreichend für knapp 1 kg Fisch, Meeresfrüchte, Hähnchen oder Rindfleisch

BERBER-MARINADE

Die Berber, die für ihre Teppichwebkunst bekannt sind, leben im Atlasgebirge (Marokko). Lamm und anderes Fleisch würzen sie mit dieser kräftigen Paste aus typisch nordafrikanischen Gewürzen. Bockshornklee ist ein Samenkorn mit angenehm bitterem Geschmack – man findet ihn in indischen und arabischen Geschäften sowie im Bioladen. Ich habe diese Marinade mit sehr gutem Ergebnis für Thunfisch, Schweinefilet und Lendensteak verwendet. Die Marinade auf Fleisch, Geflügel, Fisch oder Meeresfrüchte streichen und alles abgedeckt im Kühlschrank 8 Std. marinieren. Die Mischung ist recht feurig, daher sparsam dosieren.

1 mittelgroße Zwiebel, feingehackt
4 Knoblauchzehen, feingehackt
2 EL Ingwer, gehackt
3 EL Edelsüßpaprika
3 EL Rosenpaprika
1 EL Koriander, gemahlen
2 TL frisch gemahlener schwarzer Pfeffer
½ TL Kardamom, gemahlen
1 TL scharfe, rote Chiliflocken, oder nach Geschmack
½ TL Bockshornklee, gemahlen (nach Wunsch)
½ TL Zimt, gemahlen
¼ TL Piment, gemahlen
⅛ TL Nelken, gemahlen
4 TL Salz oder Menge nach Geschmack
1 TL Honig oder Zucker
180 ml Olivenöl
60 ml frisch gepreßter Zitronensaft

Zwiebeln, Knoblauch, Ingwer, Paprika, Koriander, Pfeffer, Kardamom, Chiliflocken, Bockshornklee, Zimt, Piment, Nelken und Salz in einem Mixer zu einer grobkörnigen Paste pürieren. Honig, Öl und Zitronensaft einarbeiten. Oder alle Zutaten auf einmal zu einer glatten Paste pürieren. Abschmecken und, falls nötig, noch etwas Chiliflocken oder Salz zufügen. Abgedeckt hält sich diese Marinade im Kühlschrank 1 Woche.

Ergibt ca. 375 ml, für 1–1 ½ kg Fisch, Meeresfrüchte, Geflügel oder Fleisch

BRASILIANISCHE MARINADE FÜR LAMM

Bei brasilianischem Barbecue denkt man für gewöhnlich an Rindfleisch, aber die legendäre Barbecue-Restaurantkette »Porcão«, mit Niederlassungen in Rio, São Paulo und Miami, bietet auch viele Lammgerichte an. Diese Marinade eignet sich wunderbar für ganze sowie entbeinte Lammkeulen. Das Fleisch sollte vor dem Grillen abgedeckt im Kühlschrank einen Tag darin eingelegt werden.

1 mittelgroße Zwiebel, geviertelt
6 Knoblauchzehen, abgezogen
1 Bund Lauchzwiebeln, Weißes und Grünes, geputzt
½ Tasse Koriandergrün
2 Lorbeerblätter
1 TL Salz
1 TL frisch gemahlener schwarzer Pfeffer
125 ml trockener Weißwein
125 ml Olivenöl

Sämtliche Zutaten in einen Mixer geben und zu einer grobkörnigen Paste pürieren. In einem Gefäß fest verschlossen im Kühlschrank bis zu 2 Tagen aufbewahren.

Ergibt ca. 500 ml, ausreichend für 1 ½ kg Lamm

WEISSWEINMARINADE FÜR FISCH

FRANKREICH

Diese schlichte Marinade paßt zu jeder Art von Fisch oder Meeresfrüchten. Sie wird asiatisch angehaucht, wenn man Olivenöl durch Sesamöl und Wein durch Sake oder Mirin ersetzt. Das Grillgut abgedeckt im Kühlschrank 1–2 Std. marinieren.

125 ml trockenen Weißwein oder weißen Vermouth
60 ml Olivenöl extra vergine
3 EL frisch gepreßter Zitronensaft
3 EL glatte Petersilie, gehackt

2 Rosmarinzweige oder 1 EL Rosmarinnadeln, getrocknet
2 Lorbeerblätter
½ Zwiebel, in dünne Ringe geschnitten
2 Knoblauchzehen, in Scheiben geschnitten
1 TL Salz
½ TL frisch gemahlener schwarzer Pfeffer

Alle Zutaten in einer kleinen Schüssel mischen und innerhalb 1 Std. verwenden.

Ergibt ca. 375 ml, ausreichend für 1 kg Fisch oder Meeresfrüchte

SECHS BUTTERMISCHUNGEN

FRANKREICH

Als das Schreckgespenst namens Cholesterin noch nicht umging, war Butter für Köche wie Grillmeister unverzichtbar. Das Scheibchen Butter auf dem Fleisch hat in Frankreich lange Tradition. Es schmilzt auf dem heißen Fleisch, Fisch oder den Meeresfrüchten, macht sie geschmeidig, mürbe und saftig. Das schafft einen Ausgleich zu der leicht austrocknenden Wirkung des Grillens.

Buttermischungen sind einfach herzustellen, und ein wenig davon schadet sicher nicht. Die Butter wird cremig (locker und schaumig) gerührt – in Frankreich nennt man das »en pommade« – und dann intensiv gewürzt. Die fertige Mischung wird in Klarsichtfolie oder Butterbrotpapier zu einer dicken Rolle geformt. So kann die Butter kühl gestellt oder tiefgefroren werden. Bei Bedarf schneidet man einfach ein Scheibchen ab und gibt es auf gegrilltes Fleisch, Fisch oder Meeresfrüchte.

Ich habe immer ein paar Buttermischungen im Kühlschrank parat und zaubere damit im Nu ein saftiges, leckeres Gericht, das man nicht so schnell wieder vergißt. Es folgen die Rezepte für sechs klassische Mischungen. Alle halten sich im Kühlschrank bis zu 1 Woche, tiefgefroren bis zu 2 Monaten.

Butter à la Maître d'hôtel

Dies ist eine moderne Variante des großen Klassikers unter den Buttermischungen – die Krönung für Lachs, Kabeljau, Heilbutt oder Seezunge.

8 EL (125 g) gesalzene Butter, zimmerwarm
3 EL glatte Petersilie, gehackt
1 Knoblauchzehe, durchgepreßt
½ TL abgeriebene Zitronenschale
2 TL frisch gepreßter Zitronensaft
¼ TL frisch gemahlener weißer Pfeffer

1. Die Butter in einer Schüssel oder einem Mixer schaumig rühren. Dann Petersilie, Knoblauch, Zitronenschale, Zitronensaft und Pfeffer unterrühren.

2. Die Butter auf ein Stück Butterbrotpapier oder Klarsichtfolie streichen und zur Rolle formen. Im Kühlschrank aufbewahren oder einfrieren. Nach Bedarf gut 2 cm dicke Scheiben abschneiden.
Für 6–8 Portionen

Schnecken-Butter

Diese Knoblauch-Petersilien-Butter ist die klassische Beigabe zu Schnecken, aber sie paßt auch hervorragend zu Fisch und Meeresfrüchten. Ich bestreiche damit gerne Brot, das ich dann zu Knoblauchtoast grille.

8 EL (125 g) gesalzene Butter, zimmerwarm
3 EL glatte Petersilie, gehackt
3 Knoblauchzehen, durchgepreßt
¼ TL frisch gemahlener schwarzer Pfeffer

1. Die Butter in einer Schüssel oder einem Mixer schaumig rühren. Dann Petersilie, Knoblauch und Pfeffer unterrühren.

2. Die Butter auf ein Stück Butterbrotpapier oder Klarsichtfolie streichen und zur Rolle formen. Im Kühlschrank aufbewahren oder einfrieren. Nach Bedarf gut 2 cm dicke Scheiben abschneiden.
Für 6–8 Portionen

Roquefort-Butter

Der berühmte Edelpilzkäse, der nach dem französischen Ort Roquefort-sur-Soulzon benannt ist, wird aus Schafsmilch mit bis zu 10 % Kuhmilch hergestellt. Sein salzig-scharfes Aroma paßt besonders gut zu gegrilltem Lamm und Rindfleisch. Stilton- oder Gorgonzola-Butter wird ebenso zubereitet.

8 EL (125 g) gesalzene Butter, zimmerwarm
60 g Roquefort, zimmerwarm

1. Die Butter in einer Schüssel oder einem Mixer schaumig rühren. Den Roquefort durch ein Sieb auf die Butter streichen und sorgfältig unterrühren.

2. Die Butter auf ein Stück Butterbrotpapier oder Klarsichtfolie streichen und zur Rolle formen. Im Kühlschrank aufbewahren oder einfrieren. Nach Bedarf gut 2 cm dicke Scheiben abschneiden.
Für 6–8 Portionen

Anchovis-Butter

Anchovis wirken wunderbar appetitanregend. So schrieb schon im 17. Jh. der englische Dichter Thomas Flatman:

Wähnst verloren, ach, deinen Appetit,
sprichst du Anchovis zu, kehret er zurück.

Anchovis-Butter paßt besonders gut zu gegrilltem Schwert- und Thunfisch, aber auch zu Steak.

6–8 Anchovisfilets aus der Dose, abgetropft und abgebraust
8 EL (125 g) gesalzene Butter, zimmerwarm
¼ TL frisch gemahlener schwarzer Pfeffer

1. Die Anchovis in einem Mörser zu einer groben Paste zerdrücken. Oder in einer kleinen Schüssel mit dem Stielende eines Holzlöffels zerstoßen. Butter und Pfeffer zugeben und sorgfältig glattrühren.

2. Die Butter auf ein Stück Butterbrotpapier oder Klarsichtfolie streichen und zur Rolle formen. Im Kühlschrank aufbewahren oder einfrieren. Nach Bedarf gut 2 cm dicke Scheiben abschneiden.

Für 6–8 Portionen

Curry-Butter

Curry-Butter paßt besonders gut zu Fisch und Meeresfrüchten.

8 EL (125 g) gesalzene Butter, zimmerwarm
3 EL Schalotten, feingehackt
1 Knoblauchzehe, durchgepreßt
2 TL Currypulver

1. Von der Butter 2 EL in einem kleinen Topf bei mittlerer Hitze zerlassen. Schalotten, Knoblauch und Curry zugeben und un-

ter ständigem Rühren ca. 3 Min. garen, bis die Schalotten weich, aber nicht braun sind. Vollständig abkühlen lassen.

2. Die restliche Butter in einer Schüssel oder einem Mixer schaumig schlagen. Die Currymischung unterrühren.

3. Die Butter auf ein Stück Butterbrotpapier oder Klarsichtfolie streichen und zur Rolle formen. Im Kühlschrank aufbewahren oder einfrieren. Nach Bedarf gut 2 cm dicke Scheiben abschneiden.

Für 6–8 Portionen

Butter à la Marchand de vin

Diese Butter verdankt ihren klingenden Namen (dt.: Weinhändler) den Schalotten und dem Rotwein, den man für das Rezept kräftig einkochen läßt. Zu Steak servieren.

250 ml trockener Rotwein
2 Schalotten, feingehackt
8 EL (125 g) gesalzene Butter, zimmerwarm
3 EL glatte Petersilie, feingehackt
¼ TL frisch gemahlener schwarzer Pfeffer

1. Den Wein mit den Schalotten in einen Saucentopf geben und bei starker Hitze zum Kochen bringen. Etwa 7 Min. kochen, bis der Wein sirupartig eindickt und auf ca. 3–4 EL reduziert ist. Die Mischung vollständig abkühlen lassen.

2. Die Butter in einer Schüssel oder einem Mixer schaumig schlagen. Den reduzierten Wein, Petersilie und Pfeffer unterrühren.

3. Die Butter auf ein Stück Butterbrotpapier oder Klarsichtfolie streichen und zur Rolle formen. Im Kühlschrank aufbewahren oder einfrieren. Nach Bedarf gut 2 cm dicke Scheiben abschneiden.

Für 6–8 Portionen

JAPANISCHE KNOBLAUCH-BUTTER

JAPAN

Bei diesem Rezept treffen sich Ost und West – eine japanische Buttersauce zum Bestreichen von gegrilltem Gemüse, Fisch, Meeresfrüchten und Fleisch. Sie kann auch getrennt gereicht werden.

5 EL (80 g) Butter
3 EL Sojasauce
2 EL frisch gepreßter Zitronensaft

1 Knoblauchzehe, durchgepreßt

Die Butter in einem Saucentopf bei mittlerer Hitze zerlassen. Die übrigen Zutaten einrühren und ca. 3 Min. köcheln lassen, bis der Knoblauch weich ist. Die Butter hält sich abgedeckt im Kühlschrank bis zu 3 Tagen. Vor dem Servieren erwärmen.
Ergibt ca. 125 ml

KETJAP-BUTTER

INDONESIEN

Ketjap manis (gewürzte süße Sojasauce) ist Indonesiens Nationalsauce. Sie ist Bestandteil von Marinaden und traditionelle Begleiterin indonesischer Satés. Im berühmten Fischrestaurant »Sunda Kelapa« werden gegrillter Fisch und Meeresfrüchte mit dieser Butter bestrichen. Wo Ketjap manis nicht erhältlich ist oder die Zeit zum Selbermachen fehlt, kann man ihn durch gleiche Teile Sojasauce und Sirup (plus ½ TL gemahlenen Koriander) ersetzen.

4 EL (60 g) Butter
60 ml Ketjap manis, gekauft oder
**   selbstgemacht (s. Seite 472)**

Die Butter in einem Saucentopf bei mittlerer Hitze zerlassen. Ketjap manis einrühren und ca. 2 Min. köcheln lassen, damit sich beides gut vermischt. Die Butter hält sich abgedeckt im Kühlschrank bis zu 3 Tagen. Vor dem Servieren bei geringer Hitze erwärmen.
Ergibt ca. 125 ml

MOPSAUCE AUF ESSIGBASIS

USA

Mopsaucen sind unverzichtbarer Bestandteil des Barbecue genannten langen, allmählichen indirekten Garens im Rauch. Es gibt sie in North Carolina, wo man sie auf Schweineschultern streicht, und in Memphis, wo sie für Rippenstücke verwendet werden. Traditionell nimmt man zum Bestreichen einen (selbstverständlich fabrikneuen und blitzsauberen) Baumwollmop – daher auch der Name.

1 l Apfelessig
1 Zwiebel, in Ringe geschnitten
3 Jalapeño-Chillies, in Ringe geschnitten
4 TL grobkörniges Salz (Meersalz)
2 TL scharfe, rote Chiliflocken
2 TL frisch gemahlener schwarzer Pfeffer

Essig, Zwiebeln, Chillies, Salz, Chiliflocken und Pfeffer in einem großen Plastikkrug verrühren, bis das Salz gelöst ist. Abgedeckt hält sich diese Mischung im Kühlschrank bis zu 3 Tagen.

Ergibt ca. 1 l

BOURBON-BUTTER-SAUCE

USA

Diese süße, beschwipste Sauce zum Bestreichen aus Tennessee paßt hervorragend zu gegrilltem oder im Rauch gegartem Schweinefleisch. Karibisch angehaucht wird sie, wenn man den Bourbon durch braunen Rum und den Apfelsaft durch Ananassaft ersetzt.

8 EL (125 g) gesalzene Butter
250 ml Apfelsaft
¼ Tasse brauner Zucker
1 EL frisch gepreßter Zitronensaft
½ TL Salz, bei Bedarf auch mehr
½ TL frisch gemahlener schwarzer Pfeffer

250 ml Bourbon

1. Die Butter in einem Saucentopf bei mittlerer Hitze zerlassen. Apfelsaft, Zucker, Zitronensaft, Salz und Pfeffer zugeben. Bei starker Hitze zum Kochen bringen und ca. 5 Min. kochen, bis die Sauce etwas eindickt.

2. Den Topf vom Herd nehmen und den Bourbon einrühren. Falls nötig, mit Salz abschmecken. Abgedeckt hält sich die Sauce im Kühlschrank bis zu 1 Woche. Vor der Verwendung bei geringer Hitze erwärmen.

Ergibt ca. 625 ml

MEXIKANISCHE SAUCE ZU FISCH

MEXIKO

Herb und salzig, so schmeckt diese Sauce, mit der man auf Yucatán Fisch und Meeresfrüchte bestreicht. Wer es gern scharf mag, kann 1–2 Habanero-Chillies hineinschneiden. Auf Yucatán verwendet man Pomeranzensaft. Sie können ihn auch durch Limettensaft ersetzen.

125 ml frisch gepreßter Pomeranzensaft oder Limettensaft
2 TL Salz
2 Knoblauchzehen, durchgepreßt

Alle Zutaten in einer Schüssel verrühren, bis das Salz gelöst ist. Abgedeckt hält sich die Sauce im Kühlschrank bis zu 3 Tagen.

Ergibt ca. 125 ml

FEUER UND EIS

DESSERTS

Die einen sagen, die Welt ende im Feuer, die anderen, im Eis«, schrieb der Dichter Robert Frost. Ich meine, ein Barbecue sollte mit beidem enden.

Nur weil der Hauptgang beendet ist, muß man den Grill noch lange nicht abschalten. So bestreicht der Bananenverkäufer in Bangkok sein Obst mit Kokosmilch und röstet es über Kokosschalen, und der französische Pâtissier karamelisiert seine Crème brûlée mit Hilfe einer Lötlampe. Die starke Hitze einer offenen Flamme bewirkt beim Karamelisieren von Zucker wahre Wunder an Geschmackstiefe. In diesem Kapitel finden Sie Rezepte für Crema catalana, gegrillte Ananas, gegrillte Bananen, eine moderne Variante von S'mores und weitere im Feuer zubereitete Desserts.

Ohne Eiscreme fehlt nach Ansicht vieler Grillfans jedem Barbecue etwas. Sie ist einfach unvergleichlich erfrischend, wenn man lange neben dem lodernden Feuer gestanden hat. Die Eisdesserts in diesem Kapitel reichen von Kulfi (indische Eismilch) über Faluda (persisches Sorbet mit Rosenwasser und Nudeln) bis zum frisch zubereiteten Kokoseis aus Guadeloupe.

Manaus, Brasilien: Bananen warten auf den Grill.

EDLE S'MORES

USA

METHODE:
Direktes Grillen

**SPEZIAL-
ZUBEHÖR:**
*4 lange Metall-
spieße oder 8
kurze Bambus-
spieße, 1 Std. in
kaltes Wasser
legen und ab-
tropfen lassen*

Gegrillte Marshmallows kennt wohl jeder, der als Jugendlicher schon mal an einem Lagerfeuer gegessen hat. S'Mores sind gegrillte Marshmallows, die mit Schokolade zwischen Vollkornkeksen verspeist werden. Dabei schmilzt die Schokolade durch die Hitze der Marshmallows. Und weil das so köstlich schmeckt, ruft man in USA nach »s'more« (some more, noch mehr). Hier eine edle Variante für Erwachsene mit Schokokeksen und bester Schokolade.

8 große Marshmallows
**8 dünne Täfelchen sehr gute Schokolade
   (Lindt)**
16 amerikanische Chocolate chip cookies

1. Die Marshmallows auf Spieße ziehen und beiseite legen.
2. Beim *Holzkohlegrill* das Dessert zubereiten, wenn die Kohlen nach dem Hauptgang fast erloschen sind. Den Grillrost vorsichtig entfernen und die Kohlen anhäufeln. Die Marshmallows unter stetigem Drehen 3–6 Min. über der Glut rösten, bis sie zischen, schmelzen und von allen Seiten gut gebräunt sind.

Den *Gasgrill* auf höchster Stufe anheizen und den Grillrost ölen. Die Spieße direkt auf den heißen Rost legen und die Marshmallows ca. 1 Min. leicht bräunen. Die Spieße drehen und die Marshmallows von der anderen Seite genauso grillen.

3. Auf die flache Unterseite jedes Kekses ein Stück Schokolade legen. Ein Marshmallow vom Spieß darauf schieben. Einen zweiten Keks mit der flachen Seite darauf legen, kurz warten, bis die Schokolade zerläuft, dann wie ein Sandwich essen. Es lebe die Nostalgie!

Ergibt 8 Stück, für 4–8 Personen

BRATÄPFEL VOM GRILL

USA

METHODE:
Direktes Grillen

**SPEZIAL-
ZUBEHÖR:**
*1 Tasse Holzspä-
ne (vorzugsweise
Apfelbaum oder
Ahorn), 1 Std.
in Apfelsaft oder
kaltem Wasser
einweichen und
abtropfen lassen*

Wenn Sie das indirekte Grillen einmal beherrschen, können Sie fast alles, was Sie bisher im Ofen gebacken haben, im Grill zubereiten – sogar Bratäpfel. Aber warum? Weil Rauch und Zucker sich gegenseitig anziehen, was besonders bei so klassischen gesüßten Speisen wie Räucherlachs und Schinken deutlich wird. Und es scheint, als könne er auch die Süße von Äpfeln besonders zur Geltung bringen, die hier vor dem Grillen mit braunem Zucker und Kekskrümeln gefüllt werden.

8 feste, süße Äpfel (z. B. Gala)
4 EL Butter, zimmerwarm
¼ Tasse brauner Zucker
¼ Tasse Korinthen
**¼ Tasse Kekskrümel, Brotwürfel, geröstet,
   oder Mandeln, gemahlen**
½ TL Zimt, gemahlen
¼ TL frisch gemahlene Muskatnuß
5 Tropfen Vanillearoma
4 Marshmallows, halbiert (nach Wunsch)

1. Den Grill zum indirekten Grillen vorbereiten (s. Seite 14/16). Einen *Holzkohlegrill* auf mittlere Hitze anheizen.

Beim *Gasgrill* die Holzspäne in den Räucherkasten geben und auf höchster Stufe anheizen. Sobald Rauch erscheint, auf mittlere Hitze reduzieren. Eine Alugrillpfanne leicht ölen.

2. Aus den Äpfeln das Kerngehäuse entfernen. Dabei aber nicht ganz durchstechen, so daß eine Öffnung zum Füllen entsteht.

3. Butter und Zucker in einer mittelgroßen Schüssel schaumig schlagen. Korinthen, Kekskrümel, Zimt, Muskatnuß und Vanille einrühren. Die Äpfel damit füllen. Nach Wunsch auf jeden Apfel noch ein halbes Marshmallow setzen. Die Äpfel in die vorbereitete Grillpfanne stellen.

4. Beim Holzkohlegrill die Holzspäne auf die Glut streuen. Die Apfelpfanne in die Mitte des Grillrostes, außerhalb des Bereichs mit der größten Hitze, stellen. Den Grill schließen und die Äpfel 40–60 Min. weich garen. Nach 40 Min. kontrollieren. Sollten die Marshmallows zu braun werden, die Äpfel mit einem Stück Alufolie abdecken. Sofort servieren.

Für 8 Personen

GEGRILLTE BANANEN AN KOKOSMILCH-KARAMEL AUS BALI

INDONESIEN

METHODE:
Direktes Grillen

Ich nenne dieses Dessert gern einen balinesischen Bananensplit. Stellen Sie sich eine zuckerglasierte, im Rauch gegrillte Banane vor, serviert mit einer seidigen Karamelsauce, aromatisiert mit Kokosmilch, Zitronengras und Palmzucker. Palmzucker ist ein malziges Süßmittel aus Palmsaft. Geschmacklich ähnelt er braunem Zucker. Diese gegrillten Bananen kann man einfach in einer Schüssel servieren, übergossen mit dieser köstlichen, ausgefallenen Sauce und, wer mag, mit Eiscreme.

In Bali bereitet man dieses Gericht mit Fingerbananen zu, einer süßen, etwa zeigefingergroßen Sorte. Ich verwende hier normale Bananen, aber wenn Sie Finger- oder Apfelbananen (mit herbem, apfelähnlichem Aroma) bekommen können, verwenden Sie unbedingt diese. Wählen Sie reife, aber keinesfalls zu weiche Früchte.

KARAMELSAUCE:
²⁄₃ **Tasse Palmzucker oder hellbrauner Zucker**
500 ml Kokosmilch, aus der Dose oder selbstgemacht (s. Seite 522)
1 Zimtstange (8 cm)
1 Zitronengrasstiel, geputzt und etwas flachgedrückt
2 TL Speisestärke
1 EL Wasser

BANANEN:
6 Bananen (à ca. 15 cm)
250 ml Kokosmilch, aus der Dose oder selbstgemacht (s. Seite 522)
1 Tasse Zucker
1 l Vanilleeis (nach Wunsch) zum Servieren

1. Für die Karamelsauce den Palmzucker in einem großen, möglichst beschichteten Topf bei mittlerer Hitze unter ständigem Rühren mit einem Holzlöffel schmelzen (das dauert 2–3 Min.). Weitere 3–5 Min. erhitzen und rühren, bis der Zucker karamelisiert. Den Zucker jedoch nicht zu braun werden lassen, sonst verbrennt er, und die Sauce schmeckt bitter.

2. Den Topf sofort vom Herd nehmen und die Kokosmilch einrühren. (Vorsicht, das zischt und spritzt!) Den Topf zurück auf den Herd stellen und die Kokosmilch unter Rühren – damit sich der Zucker löst – aufkochen. Zimtstange und Zitronengras zufügen. Die Mischung bei reduzierter Temperatur ca. 10 Min. köcheln lassen, bis sie eindickt und intensiv duftet. Dabei gelegentlich umrühren, damit sie nicht anbrennt.

3. Die Speisestärke im Wasser auflösen und in die Sauce rühren. Etwa 1 Min. köcheln lassen, bis sie sämig wird. Die Sauce in eine Schüssel gießen und auf Zimmertemperatur abkühlen lassen. Zimtstange und Zitronengras entfernen. Die Sauce abgedeckt kühl stellen.

4. Den Grill auf höchster Stufe anheizen.

5. Die Bananen schälen und schräg in Viertel schneiden. Die Kokosmilch und den Zucker in flachen Schälchen neben den Grill stellen.

6. Wenn der Grill bereit ist, den Grillrost ölen. Jedes Bananenstück zuerst in Kokosmilch, dann in Zucker tauchen und auf den heißen Rost legen. Insgesamt 6–8 Min. appetitlich braun grillen, dabei mit einer Grillzange wenden.

7. Die Bananen zum Servieren auf Teller oder in Schälchen anrichten und mit Sauce übergießen. Sollen die Bananen mit Eis serviert werden, zuerst Eiskugeln in die Schälchen setzen, diese mit Bananen belegen, mit Karamelsauce begießen und sofort servieren.

Für 6 Personen

GEGRILLTER BANANENSPLIT A LA POMPANO GRILLE

USA

METHODE:
Direktes Grillen

VORBEREITUNGSZEIT:
3 Std. zum Marinieren

Das »Book and the Cook« in Philadelphia gehört zu den berühmtesten Kochfestivals in den USA. Zehn Tage dauert das Ereignis, bei dem Kochbuchautoren in den besten Restaurants der Stadt die köstlichsten Gerichte zubereiten.

Vor einigen Jahren arbeitete ich dabei mit dem »Pompano Bar & Grille« zusammen und fand im Besitzer Bill Beck eine verwandte Seele. Seine karibisch geprägte Speisekarte hat vieles gemeinsam mit meinem Buch »Miami Spice«, das Bill als großartige Inspiration für sein Restaurant bezeichnete. Und es scheint ganz so, als erstrecke sich unsere Seelenverwandtschaft auch aufs Grillen. Urteilen Sie selbst.

BANANEN UND MARINADE:
250 ml Ahornsirup
125 ml brauner Rum
¼ Tasse Zucker
½ TL Zimt, gemahlen
¼ TL frisch geriebene Muskatnuß
4 noch leicht grüne Bananen, geschält

BANANENSPLIT:
1 l Kokoseis, Fertigprodukt oder selbstgemacht (s. Seite 522)
500 ml Schlagsahne (s. nächste Seite)
¼ Tasse Kokosraspel, geröstet (s. nächste Seite links)
2 TL Macadamianüsse, gehackt und geröstet (s. Kasten Seite 93)

KOKOSNÜSSE RÖSTEN:

Kokosraspel auf ein Backblech streuen und im vorgeheizten Ofen bei 200 °C 4–6 Min. hellbraun rösten. Dabei einmal wenden.

1. Den Grill auf höchster Stufe anheizen.

2. Ahornsirup, Rum, Zucker, Zimt und Muskatnuß in einer großen Schüssel verquirlen, bis der Zucker gelöst ist. Kühl stellen.

3. Den Grillrost ölen. Die Bananen auf den heißen Rost legen und insgesamt 6–8 Min. appetitlich braun grillen. Dabei mit einer Grillzange wenden. Die Bananen auf ein Schneidbrett legen und schräg in mundgerechte Stücke schneiden. Diese in die Marinade legen und auf Zimmertemperatur abkühlen lassen. Abgedeckt 3 Std. im Kühlschrank marinieren.

4. Für den Bananensplit je ein Viertel der Eiscreme in flache Dessertschälchen füllen. Die Bananen mit etwas Sirup darauf geben. Mit Löffel oder Spritztülle ein Sahnehäubchen darauf setzen, mit den gerösteten Kokosraspeln und Macadamianüssen bestreuen. Sofort servieren.

Für 4 Personen

Schlagsahne

Schlagsahne wird am schönsten, wenn die Rührschüssel und der Schneebesen ca. 30 Min. vorgekühlt werden.

250 ml Schlagsahne
1 EL Zucker
1 Päckchen Vanillezucker

1. Die Sahne in eine Rührschüssel gießen und mit dem Handrührer zunächst auf kleiner, dann mittlerer und starker Stufe ca. 5 Min. schlagen, bis weiche Spitzen entstehen.

2. Zucker und Vanille zugeben und die Sahne weitere ca. 2 Min. ganz steif schlagen. Nicht zu lange schlagen, sonst trennen sich Rahm und Molke.

Ergibt ca. 1 ½ Tassen

GEGRILLTE ANANAS MIT ZUCKERKRUSTE

USA

METHODE:
Direktes Grillen

Besonders in Südostasien röstet man häufig Bananen und anderes Obst zum Nachtisch über glühenden Kohlen. Ananas schmecken gegrillt besonders gut, weil die beim Grillen entstehenden Aromastoffe hervorragend mit dem karamelisierten Fruchtzucker harmonieren. Achten Sie beim Kauf von Ananas auf beste Qualität. Sorten mit goldfarbener Rinde sind saftiger und süßer als die mit grüner Rinde, die man leider viel häufiger findet.

1 Ananas
8 EL Butter (125 g), zerlassen
¾ Tasse Zucker
1 TL abgeriebene Limettenschale
1 TL Zimt, gemahlen
1 Prise Nelken, gemahlen
125 ml brauner Rum zum Flambieren
    (nach Wunsch)

1. Den Grill auf höchster Stufe anheizen.

2. Blattkrone und Rinde der Ananas abschneiden. Die Frucht dann in 8–10 gleichmäßig große Scheiben teilen. Die holzige Mitte mit einem Schälmesser oder einem Ananasausstecher entfernen.

3. Die zerlassene Butter in ein flaches Schälchen gießen. Zucker, Limettenschale und Zimt in einem zweiten Schälchen mischen. Beide Schälchen neben den Grill stellen. Den Grillrost ölen. Jede Ananasscheibe zuerst in die zerlassene Butter, dann in die Zuckermischung tauchen. Überschüssigen Zucker abklopfen. Die Scheiben auf den heißen Rost legen und von jeder Seite ca. 5–8 Min. appetitlich braun grillen. Mit einer Grillzange wenden. Die gegrillten Scheiben rosettenförmig auf einer Platte oder einem Teller anordnen.

4. Nach Wunsch den Rum in einem kleinen, feuerfesten Topf leicht erwärmen (er darf nicht zu heiß werden). Vom Herd nehmen und mit einem langen Streichholz anzünden. (Achten Sie dabei auf Ärmel, Haare und Gesicht!) Den Rum ganz vorsichtig über die Ananas gießen und sofort servieren.

Für 8–10 Personen

ZITRONEN-INGWER-CREME BRULEE

USA

METHODE:
Offenes Feuer

**VORBEREI-
TUNGSZEIT:**
*6–8 Std.
zum Kühlen*

**SPEZIAL-
ZUBEHÖR:**
*Küchenlötlampe
(nach Wunsch)*

In diesem Buch geht es ums Kochen über offener Flamme, daher erschien es mir nur natürlich, auch ein paar Varianten von Crème brûlée (gebrannter Creme) aufzunehmen. Zwar ist sie erst jüngst zum Modedessert avanciert, tatsächlich gibt es sie aber schon sehr lange. Ursprünglich wurde der Zucker mit einem im Feuer erhitzten Schürhaken karamelisiert. Die Brûlées kann man zwar auch unter dem Backofengrill karamelisieren, aber heute gibt es eine bessere Methode: die Küchenlötlampe (s. Seite 519). Damit arbeite ich am liebsten. Erstens paßt das zum Thema dieses Buches, und zweitens entsteht so eine sehr heiße, konzentrierte, zielgerichtete Flamme, die den Zucker karamelisiert, ohne daß die Eiercreme darunter heiß wird.

Frischer Ingwer und Zitronenschale geben dieser Crème brûlée ein deutlich asiatisches Aroma und machen sie zu einem besonders erfrischenden Sommerdessert.

750 ml Sahne
6 Scheiben Ingwer (je ½ cm dick), etwas
    flachgedrückt
6 Streifen Zitronenschale (je 5 cm x 1 cm)
10 Eigelb
⅓ Tasse Zucker
¼ Tasse Turbinadozucker oder Kristallzucker

1. Sahne, Ingwer und Zitronenschale in einen Topf geben. Bei mittlerer Hitze zum Kochen bringen. Vom Herd ziehen und auf Zimmertemperatur abkühlen lassen.

2. Den Backofen auf 150 °C vorheizen. In einem großen Topf Wasser zum Kochen bringen.

3. Eigelbe und Zucker in einer großen Schüssel verquirlen. Die abgekühlte Sahne unter den Eischaum schlagen. Die Creme durch ein Sieb in 6 Förmchen streichen. Kochendes Wasser 1 cm hoch in eine Pfanne gießen und die Förmchen hineinstellen.

4. Die Creme 45–60 Min. im Backofen fest werden lassen. Die Förmchen aus der Pfanne heben und auf Zimmertemperatur abkühlen lassen. Dann locker mit Klarsichtfolie abdecken und mindestens 6 Std. oder besser über Nacht in den Kühlschrank stellen.

5. Kurz vor dem Servieren jede Portion

mit einer dünnen Schicht Turbinadozucker bestreuen. Eine Küchenlötlampe nach Herstelleranweisung entzünden. Oder den Grill des Backofens vorheizen und den Rost 5–10 cm darunter einschieben.

6. Den Zucker auf den Portionsförmchen mit der Lötlampe karameliseren (s. Anleitung Seite 519) oder unter dem Backofengrill ca. 3 Min. goldbraun karamelisie-ren. Dabei, falls erforderlich, die Förmchen so verschieben, daß der Zucker gleichmäßig bräunt.

Für 6 Personen

COCO LOCO BRULEE

USA

METHODE:
Direktes Feuer

VORBEREI-TUNGSZEIT:
4–8 Std. zum Kühlen

Hier die klassische Crème brûlée in einer Variante, die sie zu einem Dessert höchsten Ranges macht. Die Wirkung ist kaum zu übertreffen! Die Eiercreme wird mit Kokosmilch und -creme hergestellt und in einer ausgehöhlten Kokosnuß serviert – auf diese Idee brachte mich Douglas Rodriguez, Chefkoch des »Patria« in New York.

Coco loco brûlée wird nicht eigentlich gegrillt, braucht aber offenes Feuer, damit der Zucker karamelisiert. Ich mache das gern mit einer Lötlampe, aber es geht natürlich auch im Backofengrill. Das Kokoswasser können Sie für Drinks aufbewahren.

3 Kokosnüsse
500 ml Sahne
180 ml Kokosmilch, aus der Dose oder
    selbstgemacht (s. Seite 522)
³/₄ Tasse Kokoscreme aus der Dose
1 Vanilleschote, aufgeschlitzt
2 Streifen Zitronenschale (je 5 x 1 cm)
³/₄ Tasse Zucker
8 Eigelb
2 ¹/₂ EL Speisestärke
2 l Eis, zerstoßen

1. Die Kokosnüsse halbieren. Am besten geht das dem Rücken eines Hackmessers: Damit schlägt man immer wieder vorsichtig gegen eine imaginäre Mittellinie. Nach häufigem Klopfen zerbricht die Kokosnuß in zwei glatte Hälften. Das Wasser in einer Schüssel auffangen und für Drinks verwenden. Die Kokosnuß innen mit Küchenpapier trockentupfen, in Plastiktüten geben und bis zum Füllen im Kühlschrank aufbewahren.

2. Sahne, Kokosmilch, Kokoscreme, Vanilleschote und Zitronenschale in einen Topf geben und bei mittlerer Hitze in 6–8 Min. langsam zum Kochen bringen. Vom Herd nehmen und 3 Min. abkühlen lassen.

3. In der Zwischenzeit ¹/₂ Tasse Zucker und die Eigelbe in einer mittelgroßen, feuerfesten Schüssel verquirlen. Die Speisestärke einarbeiten. Die Milchmischung in dünnem Strahl in die Eigelbmasse gießen und gut verrühren. Diese Mischung zurück in den Topf geben und unter stetem Schlagen bei mittlerer Hitze zum Köcheln bringen. Sobald die Masse dicklich wird, noch 1–2 Min. weiterköcheln lassen. Nicht zu rasch oder zu lange erhitzen, da die Mischung sonst gerinnt. Den Topf vom Herd nehmen und die Creme auf Zimmertemperatur abkühlen lassen. Vanilleschote und Zitronenschale entfernen. Die Creme in die Kokosschalen füllen und mit einem Löffel glattstreichen. Die Creme mindestens 4 Std., besser über Nacht, in den Kühlschrank stellen.

**SPEZIAL-
ZUBEHÖR:**
*Küchenlötlampe
(nach Wunsch)*

4. Die Creme kurz vor dem Servieren gleichmäßig mit jeweils 2 TL Zucker pro Portion bestreuen. Eine Küchenlötlampe nach Herstelleranweisung entzünden. Oder den Grill des Backofens vorheizen und den Rost 10–15 cm darunter einschieben.

5. Den Boden einer Pfanne mit zerknitterter Alufolie auslegen und die gefüllten Kokosnüsse vorsichtig hineinstellen. Mit Hilfe der Alufolie gerade halten. Den Zucker auf der Creme mit der Lötlampe (s. Anweisung Seite 519) oder unter dem Backofengrill in ca. 3 Min. goldbraun karamelisieren. Dabei die Pfanne unter dem Grill, falls erforderlich, so verschieben, daß jede Portion gleichmäßig bräunt.

6. Das zerstoßene Eis auf sechs flache Schälchen verteilen. In jedes eine Kokosnußhälfte setzen und servieren.

Für 6 Personen

KATALANISCHE CREME
Crema catalana

SPANIEN

METHODE:
Offenes Feuer

**VORBEREI-
TUNGSZEIT:**
*6 Std. zum
Kühlen*

**SPEZIAL-
ZUBEHÖR:**
*Küchenlötlampe
(nach Wunsch)*

Crema catalana ist die spanische Version der Crème brûlée, und was für eine! Dieses Rezept stammt aus dem Restaurant »Set Porters« in Barcelona, das seit 1836 besteht.

500 ml Milch
250 ml Sahne
6 Streifen Zitronenschale (je 5 x 1 cm)
6 Streifen Orangenschale (je 5 x 1 cm)
1 Zimtstange (8 cm)
1 Tasse Zucker
7 Eigelb
2 ½ EL Mehl

1. Milch, Sahne, Orangen-, Zitronenschale und Zimtstange in einem mittelgroßen Topf bei geringer Hitze zum Köcheln bringen. Die Mischung ca. 10 Min. köcheln lassen, aber nicht kochen. Vom Herd nehmen und auf Zimmertemperatur abkühlen lassen.

2. In einer mittelgroßen Schüssel ³/₄ Tasse Zucker und die Eigelbe verquirlen. Das Mehl einarbeiten, dann die Milchmischung in dünnem Strahl zugießen und verrühren. Die Mischung zurück in den Topf geben und bei mittlerer Hitze unter stetem Schlagen langsam zum Köcheln bringen. Sobald die Masse eindickt, noch 1–2 Min. weiterköcheln lassen. Nicht zu rasch oder zu lange erhitzen, sonst gerinnt die Creme.

3. Die Creme sofort auf 6 Förmchen verteilen. Auf Zimmertemperatur abkühlen lassen, dann mit Klarsichtfolie locker abdekken und 6 Std. in den Kühlschrank stellen.

4. Kurz vor dem Servieren jede Portion gleichmäßig mit 2 TL Zucker bestreuen. Eine Küchenlötlampe nach Herstelleranweisung entzünden. Oder den Grill des Backofens vorheizen und den Backofenrost mit den Förmchen 15–20 cm darunter einschieben.

5. Den Zucker auf der Creme mit der Lötlampe (s. Anweisung Seite 519) oder unter dem Backofengrill ca. 3 Min. goldbraun karamelisieren. Dabei, falls erforderlich, die Förmchen so verschieben, daß die Portionen gleichmäßig bräunen. Sofort servieren.

Für 6 Personen

Kochen mit der Lötlampe

Nun gut, Grillen ist es nicht. Aber es ist Kochen mit offenem Feuer. Viele Köche und Grillmeister verleihen ihren Gerichten ein leichtes Röstaroma mit einem Werkzeug, das man bisher nur in der Werkstatt kannte: der Lötlampe.

In der Küche hielt die Lötlampe in den 70er Jahren Einzug, als französische Konditoren damit Meringuen bräunten und den Zucker auf Eiercremes, wie eben der Crème brûlée, karamelisierten.

Eine Lötlampe in der Küche mag zunächst ein wenig abschreckend erscheinen, aber nichts erzeugt eine so starke, zielgerichtete Flamme und eine vergleichbar intensive Hitze. Heute gibt es sogar Lötlampen, die speziell zur Verwendung in der Küche hergestellt werden. Fragen Sie im Küchenfachhandel danach. Bei der Verwendung einer Lötlampe beachten sie bitte folgendes:

■ Die Ärmel umschlagen, das Haar zurückbinden und darauf achten, daß keine Kinder in der Nähe sind.

■ Das zu bearbeitende Gericht auf eine feuerfeste Platte oder ein Backblech, keinesfalls aber auf einen Glasteller oder eine Glasplatte stellen.

■ Platte oder Backblech auf eine feuerfeste Unterlage setzen.

■ Die Flamme entzünden und so einstellen, daß in der Mitte der blauen Flamme ein spitzer, gelb-roter Hitzekegel entsteht. Darin ist die Hitze am stärksten. Flamme 5–8 cm über dem Gericht hin und her bewegen, damit es gleichmäßig bräunt.

■ Zucker und Meringue bräunen noch einige Sekunden nach. Daher die Flamme kurz vor Erreichen des gewünschten Bräunungsgrades abschalten.

PERSISCHES ZITRONEN-ROSENWASSER-FRUCHTEIS MIT SAUERKIRSCHSIRUP

Faluda

IRAN

Eines der erfrischendsten Desserts, mit dem man ein Barbecue krönen kann, ist Faluda (oder Faludeh). Ich begegnete ihm erstmals im »Persepolis«, einem persischen Restaurant in New York. Faluda gibt es auch in Afghanistan, wo man es mit frisch gefallenem Bergschnee zubereitet. Mit dem indischen Kulfi und dem türkischen Sorpa (Sorbet) gehört es zur großen Familie der asiatischen Desserts mit Gefrorenem. Die persische Variante überrascht mit dem beeindruckenden Aroma von Sauerkirschsaft und Rosenwasser. Aber erst die Reisnudeln machen Faluda zu etwas ganz Besonderem. Sie verleihen ihm eine wunderbar exotische und unerwartete Textur.

Rosenwasser und Sauerkirschsirup bekommt man in arabischen Geschäften. Bei den Reisnudeln nur eine sehr feine Qualität verwenden.

180 ml frisch gepreßter Zitronensaft
180 ml Rosenwasser
1 ½ Tassen Zucker
30 g Reisnudeln
2 l Eis, zerstoßen
125 ml Sauerkirschsirup oder Grenadine

1. Zitronensaft, Rosenwasser und Zucker in einen Topf geben und bei mittlerer Hitze zum Kochen bringen. Unter ständigem Rühren ca. 5 Min. kochen, bis der Zucker gelöst ist und die Mischung sirupartig eindickt. Vom Herd nehmen und auf Zimmertemperatur abkühlen lassen, dann abgedeckt mindestens 2 Std. kühl stellen.

2. In der Zwischenzeit die Reisnudeln 20 Min. in kaltem Wasser einweichen.

3. In einem großen Topf 1 l Wasser zum Kochen bringen. Die Nudeln in einem Durchschlag abtropfen lassen und in dem Wasser 3–5 Min. weich kochen. Abgießen, kalt abbrausen und abtropfen lassen. Die Nudeln mit einer Schere in 2 cm lange Stücke schneiden.

4. Zerstoßenes Eis und Rosenwassersirup portionsweise im Mixer zu einer glatten Eismasse pürieren. In eine Schüssel geben und die Reisnudeln unterheben. Auf 8 Dessertgläser verteilen. Über jedes Faluda etwas Sauerkirschsirup träufeln und sofort servieren (s. Hinweis).

Für 8 Personen

Hinweis: Faluda kann man auch im voraus zubereiten und dann in Pappbechern einfrieren. 5–10 Min. vor dem Servieren antauen lassen, dann die Becher leicht drücken, damit sich das Faluda daraus löst. In Dessertgläser geben und mit Kirschsirup beträufeln.

ARGENTINISCHE KARAMELCREME
Dulce de leche

ARGENTINIEN

Diese sämige, süße, saucenähnliche Karamelcreme ist das Nationaldessert Argentiniens. Sie wird in noblen Restaurants ebenso serviert wie in heimeligen Imbißstuben. Man reicht sie einfach zu allem, vom Obstkuchen bis zur Eiscreme. Auch direkt vom Löffel gegessen, schmeckt sie herrlich. Dulce de leche ist nicht besonders schwierig herzustellen, erfordert allerdings gewissenhaftes Rühren, damit die Karamelcreme nicht überkocht. Vielleicht tröstet Sie ja die Tatsache, daß dieses Dessert sich monatelang hält und sehr ergiebig ist.

1 l Vollmilch (s. Hinweis)
1 ⅓ Tassen Zucker
1 Vanilleschote
½ TL Backpulver

1. Alle Zutaten in einen großen Topf geben und bei starker Hitze unter Rühren – damit sich der Zucker löst – zum Kochen bringen. Auf mittlere Hitze zurückschalten und 30–40 Min. unter häufigem Rühren mit einem Holzlöffel lebhaft köcheln lassen, dabei auf die Hälfte reduzieren. Die Sauce ist jetzt dick und karamelfarben. Die Hitze immer wieder anpassen, so daß die Masse stets lebhaft köchelt, aber nicht überkocht. Zur Probe der Konsistenz etwas Creme auf ein Tellerchen geben. Bildet sie einen dikken Klecks, ohne zum Tellerrand zu verlaufen, ist sie fertig. Zuletzt die Vanilleschote entfernen.

2. Die Karamelcreme in eine Servierschüssel füllen und auf Zimmertemperatur abkühlen lassen. Sofort servieren oder abgedeckt kalt stellen.

Für 4–6 Personen
Hinweis: Verwenden Sie für Dulce de leche unbedingt Vollmilch. Fettarme Milch brennt leicht an.

INDISCHER KARDAMOM-PISTAZIEN-REISPUDDING
Kheer

INDIEN

Tandoori oder Kebabs sind kaum vorstellbar ohne Kheer, ein Dessert aus cremigem Reispudding, das in ganz Zentralasien und auf dem indischen Subkontinent sehr beliebt ist. Seinen interessanten, exotischen Duft verdankt Kheer Kardamom und Rosenwasser, seine Cremigkeit der Milch, die gekocht wird, bis sie fast auf die Hälfte reduziert ist.

2 l Vollmilch (s. Hinweis)
12 grüne Kardamomschoten, zerstoßen und in ein Baumwolltuch gewickelt
¼ Tasse Basmati-Reis
½ Tasse Zucker
¼ Tasse ungesalzene Pistazien, feingehackt, plus 2 EL zum Garnieren
¼ Tasse Mandeln, in Stifte geschnitten
¼ Tasse Sultaninen
1 Prise Salz
1 EL Rosenwasser

1. Die Milch mit Kardamom und Reis in einen großen Topf geben und bei mittlerer bis starker Hitze allmählich zum Kochen bringen. Auf mittlere Hitze zurückschalten und die Milch unter häufigem Rühren mit einem hölzernen Kochlöffel ca. 30 Min. köcheln lassen, bis sie auf ca. 1 ½ l reduziert ist. Den Kardamom herausnehmen und wegwerfen.

2. Zucker, Pistazien, Mandeln, Sultaninen und Salz einrühren und unter häufigem Rühren ca. 20 Min. leise köcheln lassen, bis der Reis sehr weich und der Pudding eingedickt ist. Die Menge sollte um nochmals gut 100 ml reduziert sein. Das Rosenwasser zufügen und 1 Min. mitkochen.

3. Den Topf vom Herd nehmen und auf

Zimmertemperatur abkühlen lassen, dann auf 6 Schälchen oder Dessertgläser verteilen. Der Pudding schmeckt zimmerwarm oder leicht gekühlt am besten. Unmittelbar vor dem Servieren die restlichen Pistazien aufstreuen.

Für 6 Personen

Hinweis: Für Kheer immer Vollmilch verwenden. Fettarme Milch brennt beim Reduzieren leicht an.

KOKOSNUSS-EISCREME

GUADELOUPE

SPEZIAL-ZUBEHÖR:
Eismaschine

Diese köstliche Eiscreme stammt von der Plage Point Château auf Guadeloupe. Dort sitzen Frauen unter den Strandschirmen auf der Ladefläche ihrer Kombis und rühren diese Eiscreme von Hand. Am besten schmeckt sie mit selbstgemachter Kokosmilch, zur Not kann man aber auch Kokosmilch aus der Dose verwenden (keinesfalls Kokoscreme).

500 ml Kokosmilch, selbstgemacht (s. rechte Spalte) oder aus der Dose
⅔ Tasse Zucker, nach Geschmack auch mehr
5 Tropfen Vanillearoma
½ TL Mandelaroma
1 TL abgeriebene Zitronenschale
½ TL Zimt, gemahlen
¼ TL frisch geriebene Muskatnuß

1. Alle Zutaten in eine mittelgroße Schüssel geben und verquirlen, bis der Zucker gelöst ist. Abschmecken und, falls erforderlich, noch etwas Zucker zugeben.
2. Die Mischung in eine Eismaschine geben und nach Anweisung des Herstellers Eis bereiten.

Für 4 Personen

Kokosmilch

So kann man Kokosmilch schnell und einfach selbst zubereiten:

1 Kokosnuß
500 ml kochendes Wasser

1. Wie auf Seite 89 beschrieben, die Kokosnuß bearbeiten und die braune Haut vom Fruchtfleisch abziehen. Große Stücke in kleinere von ca. 2–5 cm Größe brechen.
2. Die Kokosnußstücke mit dem aufgefangenen Kokoswasser und dem kochenden Wasser im Mixer 3 Min. pürieren. Portionsweise arbeiten, damit der Behälter nicht überläuft. Die Mischung ca. 5 Min. stehenlassen, dann durch ein sehr feines Sieb oder ein mit mehreren Lagen Mulltuch ausgelegtes normales Sieb streichen. Das Tuch fest auswringen, damit soviel Milch wie möglich gewonnen werden kann. Kokosmilch hält sich im Kühlschrank bis zu 3 Tagen, tiefgefroren bis zu 1 Monat.

Ergibt 500–750 ml

KARDAMOM-KARAMEL-EISCREME

Kulfi

ZENTRALASIEN

VORBEREI-TUNGSZEIT:
2 Std. zum Kühlen

SPEZIAL-ZUBEHÖR:
Eismaschine

Grillgerichte und Eiscreme bilden zwei Konstanten in der Welt des Barbecue. Diese Eiscreme, Kulfi, besitzt einen unvergeßlichen Geschmack, der irgendwo zwischen Malz und Karamel liegt. Er geht auf das langsame Reduzieren der Milch um zwei Drittel zurück und wird ergänzt durch die exotischen Noten von Kardamom und Pistazien.

2 l Vollmilch (s. Hinweis)
6 grüne Kardamomschoten, zerstoßen und in ein Baumwolltuch gewickelt
½ Tasse Zucker, nach Geschmack auch mehr
3 EL Pistazien, gehackt
3 EL Mandeln, gehackt und geschält

1. Die Milch mit dem Kardamom in einen großen Topf geben und bei mittlerer Hitze allmählich zum Kochen bringen. Die Temperatur etwas zurückschalten und die Milch unter häufigem Rühren mit einem hölzernen Kochlöffel köcheln lassen, bis sie nach etwa 1 Std. auf 750 ml reduziert ist. Den Kardamom herausnehmen und wegwerfen.

2. Zucker, Pistazien und Mandeln einrühren und weitere 3 Min. köcheln lassen. Den Topf vom Herd nehmen und die Mischung abschmecken, falls erforderlich noch etwas Zucker zugeben. Auf Zimmertemperatur abkühlen lassen. Dann in eine Schüssel geben und abgedeckt 2 Std. kühl stellen.

3. Die Kulfi-Mischung in eine Eismaschine geben und nach Anweisung des Herstellers das Eis bereiten.

Für 4–6 Personen

Hinweis: Verwenden Sie für Kulfi immer Vollmilch. Fettarme Milch brennt leicht an.

FRUCHTIGE ERFRISCHUNG

SÜDOSTASIEN

Diese fruchtige Erfrischung ist eine Mischung aus Milchshake und Dessert. In ganz Südostasien wird sie an Straßenständen und auf Märkten verkauft. Gesüßte Kondensmilch bildet die Basis, denn sie verdirbt in der tropischen Hitze nicht. Bei den Früchten kann man variieren.

3 Tassen Wassermelone, entkernt und gewürfelt
3 Tassen frische Erdbeeren, gewürfelt, plus 6 kleine ganze Früchte zum Garnieren
2 reife Bananen, geschält und gewürfelt
80 ml frisch gepreßter Limettensaft, nach Geschmack auch mehr
⅓ Tasse Zucker, nach Geschmack auch mehr
80 ml gesüßte Kondensmilch
6 Tassen zerstoßenes Eis

Obst, Limettensaft, Zucker und Kondensmilch portionsweise im Mixer fein pürieren. Abschmecken und, falls erforderlich, noch etwas Limettensaft oder Zucker zugeben. Sofort in hohen Gläsern mit Erdbeeren garniert und mit einem Strohhalm servieren.

Für 6 Personen

Barbecue im Land der Morgenstille: Grillen in Korea

Früher in Boston war ein unscheinbares Lokal mein Lieblingsrestaurant: das »Korea Garden«. Mindestens einmal pro Woche kehrte ich in dieser Oase der Ruhe ein und genoß meine bitter entbehrte Ration Mondoo (Ravioli mit Rindfleisch und Knoblauch), Kimchi (feurig eingelegter Napakohl) und Bool kogi (süß-salziges gegrilltes Rindfleisch in der Sesamkruste).

Kulinarisch wird Korea oft von seinen beiden großen Nachbarn China und Japan überschattet. Chinesische Küche ist fast überall bekannt, und Sushi und andere japanische Gerichte sind inzwischen so populär, daß sie schon fast zum westlichen Speisenrepertoire gehören. Doch wer kennt auch nur ein einziges Gericht aus Korea?

Ein Jammer, denn Korea hat eine der raffiniertesten, kunstvollsten und gesündesten Küchen, denen ich auf allen fünf Kontinenten begegnet bin: Kompositionen, beeindruckend in Farbe, Konsistenz und Geschmack. Menüs, bemerkenswert für die sparsame Verwendung von Fleisch und den hohen Anteil an Körnern und Gemüse. Die koreanische Küche ist nicht so fetthaltig wie viele chinesische Gerichte, und die Aromen sind lebendiger, als es dem zurückhaltenden japanischen Gusto entspricht.

An Barbecue dachte ich bei meinem Besuch in Korea allerdings am allerwenigsten. Es war Februar, und die klirrende Kälte hatte das Wasser im Stadtgraben um den Kyonbuk-Kung-Palast in Seoul zu Eis gefrieren lassen. Es war die Zeit der herzhaften Suppen und Eintöpfe.

Neugierig wie ich bin, stieß ich aber auf Barbecuegerichte, wo ich auch war – in repräsentativen Restaurants, heimeligen Imbißstuben und Hinterhofgarküchen. Dabei entdeckte ich, daß Grillen in Korea ebenso häufig draußen wie drinnen stattfindet, und zwar das ganze Jahr über. Die Koreaner versammeln sich um ihre Holzkohlegrills auf dem Tisch mit der gleichen Begeisterung wie Skifahrer um den offenen Kamin.

Das erlebte ich nie so deutlich wie im Restaurant »Dae Won Gak«. Tatsächlich ist der Begriff Restaurant noch leicht untertrieben. Das »Dae Won Gak« ist ein richtiges kleines Dorf mit 60 in traditionellem Stil errichteten koreanischen Häusern auf einem großzügig angelegten Hügelgrundstück oberhalb von Seoul. In manchen Gebäuden finden mühelos 300 Gäste Platz, andere sind so gemütlich und intim, daß sie gerade für zwei ausreichen. Aber jedes glänzt mit der charmant geschwungenen Dachkante, der Keramikdecke, den Sisalteppichen und den kunstvollen Holzschnitzereien, wie sie für koreanische Häuser typisch sind.

KOREANISCHER FRUCHTPUNSCH

KOREA

Teils Getränk, teils Fruchtsalat, wird dieses kühle, grützenähnliche Gericht in Korea am Ende einer Mahlzeit zur Erfrischung gereicht. Ich habe es schon mit allem erdenklichen Obst gegessen, von getrockneten Persimonen bis zu roten Datteln, der Wahl der Zutaten ist einzig durch Ihre Phantasie Grenzen gesetzt. Ich schätze eine Mischung aus hartem Obst wie Nashibirnen oder Äpfeln, weichen Früchten wie Bananen oder Melonen und Beeren wie Erdbeeren oder Heidelbeeren.

3 Tassen gemischtes Obst, in Würfel oder Scheiben geschnitten
¾ Tasse Zucker
1 l Wasser
4 Scheiben Ingwer (à ½ cm dick, etwas flachgedrückt)
3 Streifen Zitronenschale (à 5 x 1 cm)

Auf dem Boden vor einem kniehohen Tisch mit in der Mitte eingelassenem Keramikgrill nahm ich Platz. Unsere Kellnerin tat glühende Kohlen hinein und legte dann mit Eßstäbchen dünne Scheiben mariniertes Rindfleisch und winzige Spieße mit Knoblauchzehen auf den geschwungenen Grillrost. Rauch stieg uns in die Nase, und das Zischen des Fleisches klang uns in den Ohren, während das Bool kogi vor unseren Augen gegrillt wurde.

Traditionell ißt man Bool kogi aufgerollt, ähnlich wie Schweinefleisch Moo shu oder Fajitas (auch wenn es nicht überall so serviert wird). Ich legte eine Scheibe Fleisch und eine gegrillte Knoblauchzehe auf ein Blatt Romanasalat, rollte alles auf, stippte es in eine Nashibirnen-Sauce und steckte es in den Mund. Der Kontrast von salzig und süß, herzhaft und fruchtig, von knackigem Gemüse und kräftigem, aber zartem Fleisch war so unvergeßlich wie die klangvolle Kai-ya-kum-Musik im Hintergrund.

Abgerundet wurde das Mahl durch eine Reihe erfrischender Beilagen: würziger Daikonrettichsalat, Kopfsalat mit Zwiebeln, nussiger Bohnensprossensalat, drei Sorten Kimchi und Platten mit Salatblättern, Gurkenscheiben und Reis.

RIPPE VOM BARBECUE

In Korea hat man die Zubereitung von Rinderrippen zur Kunst erhoben. Das Gericht heißt Kalbi kui (wörtlich: gegrillte Rippe). Ich genoß es in einem der berühmtesten Grillrestaurants von Seoul, dem »Samwon Garden«. Und ich war nicht der einzige. Dieses riesige Lokal faßt 700 Gäste und serviert an manchen Tagen 2000 Essen. »Samwon heißt ›drei Superlative‹«, erklärte Mr. Park, der Geschäftsführer des Restaurants. Die drei Superlative, um die es hier geht, sind Sauberkeit, Freundlichkeit und Delikatesse. Und ich möchte noch einen vierten Superlativ hinzufügen: Entertainment. Das »Samwon« ist der reinste Märchenpark. Es hat einen eigenen Teich, einen Berg und Wasserfälle.

Mr. Park führte mich in eine makellose Küche, in der 70 Köche rund um die Uhr keine Mühe scheuen, die zahlreichen, begeisterten Gäste zu bedienen. Ein eigener Raum ist der Zubereitung von Kalbi vorbehalten. Zuerst werden ganze Rinderrippen mit einer Bandsäge in 5 cm breite Stücke geschnitten, dann in dünne Streifen zerlegt. Mr. Park zufolge wurde Kalbi kui erst in jüngerer Zeit in den koreanischen Speiseplan aufgenommen. Seinen Anfang nahm es in den 50er Jahren in Restaurants, nicht in der häuslichen Küche. Wie Bool kogi wird auch Kalbi kui auf einem Grill in der Tischmitte zubereitet und in Salatblätter gewickelt gegessen.

Wie die meisten koreanischen Speisen basiert auch Kalbi kui auf wenigen einfachen Aromen: der salzigen Frische von Sojasauce, der Süße von Zucker oder Honig und dem nussigen Ton von Sesamöl und -kernen. Akzente setzen die Schärfe von Knoblauch und Lauchzwiebeln, die Wärme von Ingwer und das Feuer von Chilipulver und Chilipaste.

Praktisch bedeutet das, daß sich in einer westlichen Küche viel leichter koreanisch als zum Beispiel chinesisch oder japanisch kochen läßt. Die Zutaten sind unschwer zu bekommen, und die Techniken sind schlicht. Mit einer relativ bescheidenen Zahl von Zutaten kreiert man in Korea eine erstaunliche Geschmacksvielfalt.

---

2 Zimtstangen (à 8 cm)
2 EL Pinienkerne, leicht geröstet (s. Kasten Seite 93)

1. Die Früchte in einer Schüssel in ¼ Tasse Zucker wenden. 15 Min. ziehen lassen.

2. Inzwischen den restlichen Zucker mit Wasser, Ingwer, Zitronenschale und Zimtstangen in einen Topf geben und bei starker Hitze zum Kochen bringen. Bei geringerer Hitze ca. 5 Min. köcheln lassen, bis die Flüssigkeit duftet und leicht eindickt Den Topf vom Herd nehmen und vollständig abkühlen lassen.

3. Den Sirup durch ein Sieb über das Obst streichen und vorsichtig unterheben. Mit den Pinienkernen bestreuen und sofort servieren.

Ich serviere den Punsch gerne in Glasschälchen oder Cognacschwenkern. Der Sirup darf daraus wie Saft getrunken werden.

Für 6 Personen

RAICHLENS BESTENLISTE:
Fünfundzwanzig Grillrestaurants und Barbecuelokale auf der ganzen Welt

Wo bekommt man das beste Barbecue, die schmackhaftesten Grillgerichte? Auf meinen Barbecuereisen habe ich viele bemerkenswerte Häuser kennengelernt – nicht alle sind nobel, manche lassen sich noch nicht einmal als Restaurant bezeichnen. Es sind zum Teil wenig ansehnliche Etablissements darunter oder rasch auf dem Bürgersteig aufgebaute Handkarren, aber an all diesen Orten wird Vorzügliches vom Grill serviert.

Die besten auswählen zu wollen, ist fast unmöglich. Dennoch liste ich hier in alphabetischer Ordnung meine fünfundzwanzig Favoriten auf:

ARROYO
Av. Insurgentes Sur 4003,
Coyoacán
Mexico City, Mexiko
52-5-573-4344
Ein gigantisches, disneyhaftes Erlebnisrestaurant, sogar mit eigener Stierkampfarena. Zu empfehlen: Barbacoa (gegrilltes Lamm in den Blättern des Magueykaktus gegart).

ARTHUR BRYANT'S
1727 Brooklyn Avenue
Kansas City, Missouri
1-816-231-1123
Unsterblich seit Calvin Trillins Roman und so laut wie ein Busbahnhof. Aber nirgends gibt es so gute Rinderbrust oder Burnt Edges (die abgetrennten gerösteten Spitzen der Rinderbrust).

BUKHARA
Im Maurya Sheraton Hotel &
Towers
Diplomatenviertel
New Delhi, Indien
91-11-3010101
Das beste Tandoori-Restaurant, eingerichtet im Stil einer Jagdhütte im indischen Grenzgebiet. Zu empfehlen: alle Gerichte mit dem Zusatz Tandoori und Dal Bukhara (ein Eintopf aus butterzarten Bohnen).

DA DELFINA
Artimio, bei Carmignano
Toskana, Italien
39-55-8718074
Mit Rosmarin aromatisierter Fasan vom Spieß und ganz ausgezeichnete Bistecca alla fiorentina.

DEVELI
Samatya Balikazari
Gumusyuzuk Sok. Nr. 7
Samatya, Istanbul, Türkei
90-212-5290833
Kaum besser als andere Restaurants in Istanbul, die hervorragende Kebabs und typisch türkische Gerichte servieren. Und das heißt: superb. Zu empfehlen: Pistazien-Lamm-Kebab und Alinasik-Kebab (gegrilltes Lammhack auf Auberginenpüree).

EAST COAST GRILL
1271 Cambridge Street
Cambridge, Massachusetts
1-617-491-6568
Amerikanisches Grillen auf Spitzenniveau, serviert von Barbecueguru Chris Schlesinger.

IMAM CAGDAS
Hamdi Kutlar Cad.
Uzun Carsi 14
Gaziantep, Türkei
90-342-231-2678 oder
90-342-234-4000
Dieses schon über 100 Jahre alte Restaurant mit seiner außergewöhnlichen Küche – eine Folge der Lage an der Seidenstraße – serviert die exotischsten Kebabs und die beste Baklava der ganzen Türkei.

INAKAYA
7-8-4 Roppongi
Minato-ku, Tokio, Japan
81-3405-9866
Japans berühmtestes Robatayaki-Restaurant mit einer ganz erstaunlichen Vielfalt an Fleisch, Fisch, Meeresfrüchten und Gemüsen, die zu lauten Rufen im Augenblick der Bestellung gegrillt und dann auf drei Meter langen Holzpaddeln serviert werden. Ein höchst ungewöhnliches Erlebnis – und ein recht kostspieliges dazu.

LA CABANA
Av. Entre Rios 435. Congreso
Buenos Aires, Argentinien
54-1-381-2373
Das älteste Steakhaus in Buenos Aires, stattlich, ehrwürdig und *das* Lokal für Costilla (Rippensteak) – hier immerhin ein Stück von 1 1/2 kg! Beachtlich die Haus-Steaksauce: rotes Chimichurri.

LAS NAZARENAS
1132 Reconquista Street
Buenos Aires, Argentinien
54-1-312-5559
Eines der angesehensten Steakhäuser in Buenos Aires. Bietet Asado (ganze Rinder- und Kitzhälften, vor dem offenen Feuer gebraten) und Parrillada (Steaks, Würstchen wie auch andere Fleischsorten vom Grill). Zu empfehlen: Parrillada Las Nazarenas, eine üppige Grillplatte mit allen nur vorstellbaren Sorten von Wurst und deftigem Fleisch.

LA TOMAQUERA
Margarit 58
Barcelona, Spanien
In diesem rauchigen, winzigen Lokal gibt es riesige Portionen vom Grill mit Romescosauce und einer Alioli, nach der man sich die Finger leckt. Unangefochtener Star aber sind die gegrillten Artischocken mit ihrem einzigartigen Aroma von Rauch, Butter und Knoblauch. Nirgendwo sonst auf der Welt sind sie so gut!

LEXINGTON BARBECUE NO. 1
10 Highway 29–70 S.
Lexington, North Carolina
1-704-249-9814
Lexington, 30 Kilometer nördlich von Winston Salem gelegen, ist die Barbecue-Hauptstadt von North Carolina. Das beste der zahllosen Barbecue-Restaurants ist das »Honey Monk's«, wie man das »Lexington Barbecue« dort nennt. Serviert die besten Schweineschultern, die je ein Hamburger-Brötchen gekrönt haben.

LIL' JAKE'S EAT IT & BEAT IT
1227 Grand Avenue
Kansas City, Missouri
1-816-283-0880
Das Grillokal in Kansas City schlechthin! Bei nur 18 Plätzen heißt es allerdings schnell essen – die nächsten Gäste warten schon. Phantastische Rippchen und Brust!

MARIUS
Rua Francisco Otaviano, 96
Ipanema, Rio de Janeiro, Brasilien
55-21-521-0500
(und Filialen)
Die eleganteste Churrascaria in Rio de Janeiro! Anders als sonst üblich, wird hier à la carte serviert.

MERCADO DEL PUERTO
Im Zentrum von Montevideo in Uruguay an der Kreuzung Calle Piedras und Calle Perez Castelano, gegenüber dem alten Hafen
Die zahlreichen Stände und Restaurants auf diesem 1868 wiedereröffneten Markt bieten alle hervorragende Grillspezialitäten wie Choto (gedrehter Lammdarm – schmeckt besser als es klingt) sowie Tira de asado (ein ungewöhnliches, höchst aromatisches Steak, quer aus der Rinderrippe geschnitten). Mein Lieblingsrestaurant: das »El Palenque«.

MITLA
Hermanos Escobar 2325
Juarez, Mexiko
Ein winziges Steakhaus, die Wände in vier Jahrzehnten schwarz geworden vom Rauch. Über Mesquitholz gegrillte Steaks sind die Spezialität des Hauses. Dazu frische Tortillas und Salsa Chile de abrol.

PORCAO
Ilha do Governador
Praia Belo Jardin, 285
(Estrada do Galeão)
Rio de Janeiro, Brasilien
55-21-462-3209
Wörtlich bedeutet der Name »großes Schwein«, im übertragenen Sinne »Vielfraß«, und dazu kann man hier auch werden. Das Porcão ist die Churrascaria schlechthin. Scharen von Kellnern marschieren durch den Speisesaal, beladen mit riesigen, schwertähnlichen Spießen, von denen das Fleisch direkt auf den Teller des Gastes geschabt wird.

RENDEZVOUS RESTAURANT
52 S. Second Street
Memphis, Tennessee
1-901-523-2746
Mein liebstes Barbecuelokal in Memphis. Die nur mit einem Rub gewürzten Rippenstücke sind mustergültig.

SAMWON GARDEN
135-120 623-1, Sinsa-dong
Kangnam-gu, Seoul, Korea
82-2-544-5351
Ein Mammutrestaurant mit Platz für 700 Gäste. Spezialitäten: Bool kogi und Kalbi kui, zubereitet auf einem Grill in der Tischmitte.

SATAY GELUGOR
Gurney Drive
Georgetown
Penang Island, Malaysia
60-4-83-4761
Asmavy Mustadi serviert mit die ungewöhnlichsten Satés in Malaysia, unter anderem Kaninchen- und Reh-Satés. Zum Bestreichen verwendet er einen Zitronengrasstiel. Superbe Satés gibt es an fast jedem Grillstand am Gurney Drive auf der Insel Penang im Norden von Malaysia, einer Straße voller fliegender Händler und mit den besten Imbißbuden Asiens.

SONNY BRYAN'S
2202 Inwood Road
Dallas, Texas
1-972-357-7120
Die Wiege der Rinderbrust vom Barbecue, für die Dallas berühmt ist. (Empfehlenswert auch die Jalapeñowürstchen und die handgeschnittenen Zwiebelringe.) Hinweis: Im »Sonny Bryan's«

muß man einfach gewesen sein. Unbedingt vor 13 Uhr kommen, denn das Restaurant schließt, sobald die Rinderbrust aus ist.

SUFFERER'S JERK PORK FRONT LINE NO. 1
Boston Beach, Jamaica
Hier gibt es das beste Jerk in ganz Jamaika, abgerundet durch in der Glut geröstete Brotfrucht.

SUNDA KELAPA
J1 Ancol Barat IV 28–29

Old Port
Jakarta, Indonesien
62-21-692-4954, 62-21-690-8765
Das berühmteste Fischrestaurant in Jakarta. Zu empfehlen: gegrillte Garnelen und jeder gegrillte Fisch.

THE RIVERSIDE TERRACE AT THE ORIENTAL HOTEL
Oriental Avenue
Bangkok, Thailand
66-2-437-6211
Ein Touristenlokal, nur die Angestellten sind Einheimische. Aber man darf die beeindruckende Geschmackswelt des thailändischen Barbecue in einer wundervollen Flußlandschaft genießen, fernab der Verkehrshölle der Stadt und ohne irgendwelche gesundheitlichen Risiken befürchten zu müssen.

TON TON
Under the tracks, 1
Yurakucho 2-chome
Chiyoda-ku, Tokio, Japan
Hier ist es verraucht, laut, voll und eng. Das »Ton Ton« hat einfach alles, was ein richtiges Yakitori-Lokal haben sollte.

GLOSSAR SPEZIELLER ZUTATEN

Grillen ist so unkompliziert wie keine andere Zubereitungsart. Wenn Sie aber im Lauf der Zeit immer mehr Gerichte aus aller Herren Länder ausprobieren, sollten Sie auch einige spezielle Zutaten kennen, wie sie im folgenden kurz vorgestellt werden.

ABGEHANGENER JOGHURT (auch Joghurtkäse): Die Seele aller Barbecue-Marinaden von der Türkei bis Bangladesh. In Indien wird Naturjoghurt in ein Tuch gewickelt und aufgehängt. Die Molke tropft ab (daher »abgehangener Joghurt«). Hier gibt man ihn in ein Joghurtsieb, in ein normales, mit feuchtem Mulltuch ausgelegtes Sieb oder sogar in einen Kaffeefilter. Die Molke für einen Joghurtdrink aufbewahren (s. Kapitel »Durstlöscher«).

ALEPPOPFEFFER: Eine runde, rotbraune Chilisorte aus Syrien und der östlichen Türkei. Im Handel als Pulver oder Raspel erhältlich. Wird in diesem Buch beim Zwiebelrelish mit Granatapfelsirup verwendet. Aleppopfeffer hat einen komplexen Geschmack: erdig, salzig, pikant, fruchtig und scharf zugleich. Man bekommt ihn in arabischen Geschäften. Am nächsten kommt ihm eine Mischung aus gleichen Teilen Anchochilipulver und roten scharfen Chiliflocken mit etwas Salz und Zitronensaft.

AMBA: Eine scharfe, saure Paste zum Einlegen aus Indien, dem Nahen und Mittleren Osten. Amba ist Hindi und heißt Mango. Ambapaste mit ihren Hauptzutaten Essig, Kurkuma und Bockshornklee gibt den scharfen eingelegten Gemüsen ihr Aroma, die jedes afghanische, irakische und israelische Barbecue begleiten.

ANNATTOSAMEN: Harte, eckige, rostfarbene Samen mit einem herben, erdigen Jodgeschmack. Das auch unter seinem spanischen Namen Achiote bekannte Gewürz kommt aus der Karibik und Mittelamerika. Annatto gehört unbedingt in Recado (eine Würzpaste aus Yucatán) und Tikin xik (gegrillten Fisch aus Yucatán). Die harten Samen werden auf zweierlei Weise verwendet: zu Pulver zermahlen oder in Pomeranzensaft (oder Wasser) eingeweicht und dann zerdrückt oder püriert.

BOCKSHORNKLEE: Kantige, braune Samen mit angenehm bitterem Geschmack. Wird in Indien (als Methi) und im Nahen Osten (als Hilbeh) oft verwendet.

CHAAT MASALA: Klassische indische Gewürzmischung zum Bestreuen von Salaten und kalten Grillgerichten. Ihr deutlich säuerliches, schwefliges Aroma rührt vom Zusatz von schwarzem Salz, einem schwefelreichen Mineral.

CHILLIES: Beschreibungen der verschiedenen Chilisorten s. Seite 502.

EPAZOTE: Erfrischendes, adstringierendes, stark aromatisches Kraut aus Mexiko, auch als Jesuitentee bekannt. In Europa kaum erhältlich. Eine Mischung aus Bohnenkraut, Oregano und Boldo kommt ihm aber nahe.

FISCHSAUCE (in Thailand Nam pla, in Vietnam Nuoc mam genannt): Eine salzige Würze, hergestellt aus eingelegten Anchovis. Fischsauce wird in Südostasien so verwendet wie Sojasauce in Japan und China. Während ihr Geruch eher abstoßend wirkt, bereichert ihr charakteristischer Geschmack alle Speisen, denen sie als Gewürz zugegeben wird. Fischsauce findet man in Asienläden, Delikatessengeschäften und großen Supermärkten. Die beste Qualität wird im Glas, nicht in der Plastikflasche verkauft. Fischsauce kann man durch eine kleinere Menge Sojasauce ersetzen, der Geschmack ist dann jedoch nicht ganz derselbe.

GALGANT: Eine Wurzel aus der Familie der Ingwergewächse mit pfeffrig-aromatischem Geschmack (so scharf wie Ingwer, aber ohne dessen Süße). Frisch oder gefroren in Asienläden erhältlich. Im Handel ist auch ein Pulver aus Indonesien, oft unter der Bezeichnung Laos. Als Ersatz eignet sich frischer Ingwer, vermischt mit frisch gemahlenem schwarzem Pfeffer.

GARAM MASALA: Indische Gewürzmischung aus nicht weniger als 20 verschiedenen Kräutern und Gewürzen, darunter Kreuzkümmel, Koriander, grüner und schwarzer Kardamom, schwarzer Pfeffer und Lorbeer. Auf Seite 498 finden Sie ein Rezept für selbstgemachtes Garam masala. In Delikatessengeschäften oder gut sortierten Supermärkten gibt es auch fertige Mischungen.

GARNELENPASTE: Übelriechende Paste aus fermentierten Garnelen, die in der südostasiatischen Küche, besonders in Indonesien (dort Trasi genannt) und in Malaysia (als Belacan), verwendet wird. Bereits eine erbsengroße Menge würzt intensiv. Es empfiehlt sich, die Garnelenpaste vor der Verwendung auf einer Spießspitze ein paar Minuten über dem offenen Feuer zu rösten. Steht gerade kein offenes Feuer zur

Verfügung, die Paste in der Pfanne sautieren oder auf einem Stück Alufolie unter dem Backofengrill rösten.

GRANATAPFELSIRUP: Dicker, süß-saurer Sirup aus durch Kochen eingedicktem Granatapfelsaft. Unter dem Namen Narshrab wird er in der Türkei, im Iran und in den ehemaligen zentralasiatischen Sowjetrepubliken über gegrilltes Fleisch geträufelt. Erhältlich in arabischen Geschäften.

INGWER: Fast überall erhältlich und frisch am besten. Kaufen Sie Ingwerknollen, die schwer in der Hand liegen. Je dünner die Schale, desto besser. Keinen holzigen, alten Ingwer nehmen (ein kleines Stück abbrechen, damit das Innere sichtbar wird). Ingwer am besten gerieben verarbeiten.

KACHIRIPULVER: Säuerungsmittel aus einer kleinen, runden, getrockneten Frucht aus Rajasthan. Wird in Nordindien für Grillmarinaden verwendet.

KANDELNUSS: Eine wichtige Zutat in Würzpasten aus Bali. Die Kandelnuß schmeckt in etwa wie ein bitterer Cashewkern. Erhältlich in Asienläden, die auch indonesische Zutaten führen. Geschmacklich gibt es im Westen nichts Vergleichbares. In Textur und Konsistenz ähneln ihr aber Cashewkerne und Macadamianüsse.

KARDAMOM: Ein Gewürz mit süßem, aromatischem Geschmack, das in ganz Nordafrika, dem Mittleren Osten und Indien verwendet wird. Es gibt zwei Sorten: Grüner Kardamom ist eine grünbraune Schote von der Größe einer Kaffeebohne, die kleine, duftende, schwarze Beeren enthält. Schwarzer Kardamom ist pflaumenkerngroß und hat einen rauchigen Geschmack. Grünen Kardamom findet man in fast jedem Supermarkt im Gewürzregal, schwarzen Kardamom in Indienläden.

KETJAP MANIS: Dicke, süße Sojasauce, in Indonesien Nationalwürze für Satés und Tischsaucen. Erhältlich in Asienläden und einigen Delikatessengeschäften. Nach dem Rezept auf Seite 472 kann man die Sauce originalgetreu zubereiten. Wenn es schnell gehen soll, ersetzen sie gleiche Teile normale Sojasauce und Sirup.

KICHERERBSENMEHL (Besan): Feines, aromatisches Mehl aus gerösteten Kichererbsen. Sein herber, nussiger, erdiger Geschmack ist einzigartig. Besan wird beim indischen Barbecue reichlich zum Andicken und Aromatisieren von Marinaden eingesetzt. In Südfrankreich werden damit Pfannkuchen (Socca, traditionell im Holzkohleofen) und in Nordafrika eine Art Pommes frites gebacken.

KOKOSMILCH: Eine cremige, weiße Flüssigkeit, die aus frisch geriebener Kokosnuß gewonnen wird. (Anders, als gemeinhin angenommen, ist die Flüssigkeit in der Kokosnuß nicht die Milch, sondern das Kokoswasser.) Kokosmilch wird in weiten Teilen Südostasiens, in der Karibik und Brasilien häufig verwendet. Auf Seite 522 finden Sie eine Anleitung für selbstgemachte Kokosmilch. Kokosmilch aus der Dose ist für die Rezepte dieses Buches ebensogut geeignet. Man bekommt sie im Supermarkt. Achten Sie auf eine ungesüßte Qualität, Kokoscreme hingegen ist ungeeignet.

KORIANDERGRÜN (chinesische Petersilie): Diese Pflanze mit dem stechenden Aroma ist wahrscheinlich das am häufigsten verwendete Kraut in der Welt des Barbecue. Von Malaysia bis Mexiko werden die Blätter in Salsas und Marinaden gegeben und über Grillgerichte gestreut. Korianderwurzeln sind eine wichtige Zutat in Würzpasten aus Thailand und Malaysia. Die Samen geben dem Barbecue in

Nordafrika und Indien sein typisches Aroma.

Koriandergrün findet man bei gut sortierten Kräuterständen auf Wochenmärkten, in Delikatessengeschäften und vielen Supermärkten. Das frische Kraut läßt sich nicht durch ein anderes ersetzen und nur schlecht trocknen. Dennoch kann frische Minze in vielen Rezepten statt des Koriandergrüns verwendet werden. Koriandergrün liebt man oder verabscheut man. Erinnert Sie der Geschmack an Seife, könnten Sie allergisch gegen dieses Gewürz sein.

KURKUMA: Eine Verwandte des Ingwer mit stechenderem Aroma und orangefarbenem Fleisch. Zuweilen frisch oder gefroren in Asienläden erhältlich. Wird meist als Pulver verwendet und ist als solches im Supermarkt zu finden. Frische Kurkuma ist eine wichtige Zutat in indonesischen Gewürzmischungen. Ihrem Geschmack am nächsten kommt eine Mischung aus ½ TL gemahlener Kurkuma und 1 TL frischem Ingwer.

LAVASH: Diese großen, papierdünnen Brotfladen werden im Irak, im Iran und in den Kaukasusrepubliken der früheren Sowjetunion zu Grillgerichten gereicht. Wie man in Mexiko Rind- und Schweinefleisch in Tortillas serviert, so füllt man in Zentralasien gegrilltes Lamm in Lavash. Lavash gibt es in arabischen Geschäften und manchen Supermärkten. Getrocknetes Lavash in Wasser einweichen. Kann durch Pitabrot ersetzt werden.

MIRIN: Süßer japanischer Kochwein. Eventuell durch Cream Sherry oder mit etwas Zucker oder Honig gesüßten Sake oder Weißwein ersetzen.

MISO: Hocharomatische und sehr nahrhafte Paste aus fermentierten Sojabohnen und Getreide. In Japan bereitet man eine Barbecuesauce zu gegrilltem Tofu und Auberginen aus Miso, Mirin, Zucker sowie Eigelben. Miso gibt es in vielen Farben und Geschmacksrichtungen, aber zum Grillen wird meist das weiße verwendet. Erhältlich in Japan- und Bioläden.

OLIVENÖL: Zum Marinieren und Bestreichen nur beste Qualität verwenden. (Olivenöl extra vergine hat den niedrigsten Säuregehalt und den intensivsten Geschmack). Alle Mittelmeerländer produzieren Olivenöl, und jedes schmeckt anders. Nehmen Sie spanisches Öl für spanische, italienisches für italienische Gerichte usw. Gute und preiswerte Öle kommen auch aus der Türkei, Griechenland und dem Libanon.

PALMZUCKER: Cremiger, hellbrauner Zucker aus dem Saft der Dattelpalme. Erinnert geschmacklich an Karamel- und Ahornsirup und wird in ganz Südostasien verwendet. Erhältlich in Asienläden. Kann durch braunen oder Ahornzucker ersetzt werden.

PFEFFER: Gehört zu den unverzichtbaren Barbecuegewürzen. In Nordamerika und in Europa wird eher schwarzer Pfeffer, in Asien oft weißer bevorzugt. Natürlich übertrifft nichts das Aroma frisch gemahlener Pfefferkörner, aber während des Kochens hantiere ich (vor allem mit feuchten Händen) nicht gern mit der Pfeffermühle. Ich mahle daher schwarzen und weißen Pfeffer alle paar Wochen mit einer Gewürzmühle vor und bewahre ihn in Döschen auf. So habe ich immer eine Prise zur Hand.

PIMENT: Die duftenden Beeren dieses Baumes aus der Karibik bestimmen ganz wesentlich den Geschmack von jamaikanischem Jerk. Der beste Piment kommt aus Jamaika. Erhältlich in Karibikläden. Ganze Beeren kaufen.

POMERANZE (Bitterorange): Zitrusfrucht mit dem Aussehen einer Orange (wenn auch viel ungleichmäßiger) und dem Geschmack einer Limette. Unter der spanischen Bezeichnung Naranja agria werden Pomeranzen in der Karibik und in Mittelamerika oft in Marinaden verwendet. Kann durch drei Teile Limetten- und ein Teil Orangensaft ersetzt werden.

SAFRAN: Angenehm duftende, rostfarbene Samenfäden eines Krokus, der in Spanien und Indien wächst. Safran hat eine Schlüsselrolle unter den Barbecuegewürzen im Iran, wo er sowohl Marinaden wie Mischungen zum Bestreichen verfeinert. Für ein einziges Pfund braucht man 70.000 Blüten (die alle von Hand verarbeitet werden müssen). Das erklärt den hohen Preis. Safran immer als Fäden (am besten im Glasröhrchen), nie als Pulver kaufen (weil das leichter gefälscht werden kann). Luftdicht und dunkel aufbewahrt, am besten im Kühlschrank, hält er sich monatelang. Beim Öffnen des Röhrchens sollte der Safran stark duften, sonst ist er zu alt. Die Fäden zum Mahlen in eine kleine Schale geben und mit einem hölzernen Löffelstiel zu Pulver zerreiben.

SAKE: Der japanische Reiswein ist zugleich Zutat zur Teriyakisauce wie traditionelles Getränk zum japanischen Barbecue. Ganz originalgetreu wird Sake in einem hölzernen Kästchen mit einer Prise Salz serviert.

SALZ: Wichtigstes Gewürz beim Barbecue. In vielen Ländern, darunter Argentinien und Bra-

silien, sogar das einzige Gewürz zu gegrilltem Rindfleisch. Aber Salz ist nicht gleich Salz. Am liebsten verwende ich grobkörniges Meersalz (oder koscheres Salz), das sich nicht vollständig auflöst. So hat man immer wieder Stellen mit intensivem Salzgeschmack. Die im Meersalz enthaltenen Mineralien intensivieren den Geschmack zusätzlich. Außerdem fühlt es sich zwischen den Fingerspitzen angenehm an.

SAMBAL OELEK: Feurige rote Chilipaste aus Indonesien. Erhältlich in Asienläden, Delikatessengeschäften und in vielen Supermärkten. Kann durch thailändische oder vietnamesische Chilipaste oder einen Löffel einer beliebigen scharfen Sauce ersetzt werden.

SCHWARZE SESAMKERNE: Eine glänzend schwarze Sesamsorte, die in Japan Gomen heißt. Läßt sich durch geröstete weiße Sesamkerne ersetzen.

SESAMÖL: Dunkles, nussiges Öl, das aus gerösteten Sesamkernen gewonnen wird. Findet in der japanischen und koreanischen Küche häufige Verwendung. Erhältlich in Asien- und Bioläden. Den europäischen und amerikanischen Sorten fehlt das Röstaroma der asiatischen Öle. Sie sind daher für die Gerichte in diesem Buch weniger geeignet.

SOJASAUCE: Das Herz der chinesischen und japanischen Küche. Shoyu ist japanische Sojasauce, die mit Weizen und Sojabohnen als Startern hergestellt wird. Tamari ist eine natürlich gebraute japanische Sojasauce auf Sojabohnenbasis. Wegen ihres klaren, eleganten Geschmacks ziehe ich sie deutlich vor. Chinesische Sojasauce ist dickflüssiger und süßer als die japanische. Pilzsojasauce ist eine dickflüssige, süße chinesische Sauce mit dem Aroma von Reisstrohpilzen.

STERNANIS: Getrocknete, sternförmige Frucht eines immergrünen Baumes aus der Familie der Magnoliengewächse, der im Südwesten Chinas und in Vietnam beheimatet ist. Sein rauchiger Lakritzgeschmack ist so einzigartig wie die Schote mit ihren acht Spitzen. Sternanis ist in chinesischem Fünf-Gewürze-Pulver enthalten. Zu finden in gut sortierten Supermärkten.

SUMACH: Saures lilafarbenes Pulver aus den Beeren des Sumachbaumes aus dem Nahen Osten. Der herbe, zitronenähnliche Sumach dient im ganzen Nahen Osten, in den Kaukasusrepubliken und in Zentralasien als Gewürz für gegrilltes Fleisch, Fisch und Meeresfrüchte.

TAHINI: Bezeichnet sowohl eine feinkörnige Paste aus Sesamkernen als auch eine Sauce aus dieser Paste, der Zitronensaft und Wasser beigegeben wird. Die Sauce wird gern zu Fisch und Meeresfrüchten gereicht, die nach Rezepten aus dem Libanon oder dem Nahen Osten gegrillt wurden. Tahini bekommt man in arabischen Geschäften, in Bioläden und in der Spezialitätenabteilung vieler Supermärkte. Bei Zimmertemperatur aufbewahren. Sollte sich nach einiger Zeit das Öl an der Oberfläche absetzen, vor der erneuten Verwendung mit einer Gabel glattrühren.

TAMARINDE/TAMARINDENWASSER: Die Tamarinde ist eine lange, braune tropische Samenschote, deren süßsaures Fruchtfleisch schmeckt wie ein Püree aus Trockenpflaumen mit Limettensaft. Es ist zwar wenig bekannt, aber Tamarinde gehört zu den Gewürzen in Worcestersauce und A-1-Steak-sauce. In der Karibik, Indien und Südostasien gehört Tamarinde zu den Standardgewürzen. In größeren Asien- oder Südamerikaläden bekommt man vielleicht sogar frische Tamarindenschoten. Oft werden in Asien- und Indienläden aber auch klebrige Kugeln aus Tamarindenfruchtfleisch verkauft. Gefrorenes Tamarindenpüree (auch Tamarindenwasser genannt) findet man in Südamerikaläden und gut sortierten Supermärkten.

TRAUBENSIRUP (Traubenmelasse): Herbes, sirupähnliches Süßmittel aus der Küche des Nahen Ostens und des Irans. Versuchen Sie mal ein paar Tropfen über gegrillten Kebabs oder Schweinekoteletts. Traubensirup gibt es in arabischen Geschäften.

UMEBOSHI-PFLAUMEN/PFLAUMEN-PASTE: Japanische sauer eingelegte Pflaumen, gewürzt mit dem basilikumähnlichen Kraut Shiso (Schwarznessel). Japanische Grillmeister bereiten eine pikante Umeboshi-Pflaumensauce zum Bestreichen von gegrilltem Reis oder Gemüse.

WEINBLÄTTER: Werden eingelegt im Glas oder in Folie in arabischen Geschäften und in vielen Supermärkten angeboten. In der Türkei und Georgien wird oft Fisch darin eingewickelt und gegrillt.

ZA'ATAR: Gewürzmischung aus dem Nahen Osten, bestehend aus Sumach, wildem Majoran, geröstetem Sesam und zuweilen Thymian. (Za'atar ist arabisch für wilder Majoran). In Israel und Jordanien dominiert der wilde Majoran, es entsteht eine grüne Mischung. In Armenien und Syrien wird mehr Sumach zugesetzt, der Za'atar nimmt eine rötliche Färbung an. In anderen Ländern des Nahen Ostens sorgen Kichererbsen oder Getreide für eine bräunliche Farbe.

ZITRONENGRAS: Das typische Aroma Südostasiens, wo es für unzählige Marinaden und Würzpasten verwendet wird. In Bali grillt man Garnelenmousse auf ganzen Zitronengrasstielen, und malaysische Grillmeister benutzen die blättrigen Schößlinge als Pinselchen zum Bestreichen.

Zitronengras ähnelt einer großen Lauchzwiebel: eine kleine Knolle, die in schmale, spitze Blätter ausläuft. Meist schneidet man die oberen zwei Drittel der faserigen Stiele ab, ebenso die Hüllblätter um Knolle und Wurzeln. (Ich gebe sie gern vor dem Grillen in die Bauchhöhle von Fisch oder Hähnchen). Das Innere hat einen unvergleichlichen Zitronengeschmack (jedoch ohne dessen Säure), der ausgezeichnet zu Fisch, Meeresfrüchten, Hähnchen und Rindfleisch paßt.

Frisches Zitronengras findet man in Asienläden, im Supermarkt und auf dem Wochenmarkt, getrocknetes im Bioladen. Zitronengras kann man eigentlich nicht ersetzen, zur Not frisch abgeriebene Zitronenschale nehmen.

Achten Sie beim Kauf auf feste, schwere Stiele (auf Druck mit dem Daumennagel sollte sich die Knolle unten feucht anfühlen). Zum Säubern das Wurzelende und die schmalen, grünlichen Blätter abschneiden. Es bleibt ein cremefarbener Kern von 10–15 cm Länge und ½–1 cm Durchmesser.

BEZUGSQUELLEN

Grills & Zubehör

GRILLS & ACCESSOIRES
SIA-Handelsgesellschaft mbH
Am Bahnhof
38239 Salzgitter
Tel. 05341-29410
Fax 05341-294139
Internet: www.sia.de
Haushaltsartikel, Grills und Zubehör

CHAR-BROIL
P.O. Box 1240
Columbus, GA 31902
1-800-241-7548
Alle Arten von Grills, Zubehör,
Gemüseroste, Räucherkästen etc.

WILLIAMS-SONOMA
3250 Van Ness Avenue
San Francisco, CA 94109
1-800-541-2233
Grills und Zubehör, exotische Hölzer
und Späne etc.

YEKTA MIDDLE EASTERN GROCERIES
1488 Rockville Pike
Rockville, MD 20852
1-301-984-1190
Flache Spieße für asiatische
Grillgerichte

Holz & Holzkohle

B & B CHARCOAL CO.
P. O. Box 230
Weimar, TX 78962
1-877-725-8815
Internet: www.bbcharcoal.com
Holzkohle, Grillholz, Holzspäne etc.

NATURE'S OWN/PEOPLES WOODS
55 Mill Street
Cumberland, RI 02864
1-800-729-5800
Rebholz, getrocknete Kräuter und
exotische Hölzer

Küchenzubehör

FRIEDRICH JÜRGES GMBH
Schanzenstr. 32
20357 Hamburg
Tel. 040/430 08 39
Fax 040/432 26 88
Haushaltswurstmaschine

KÜCHEN-HILFE GMBH
Neuer Wall 52
20354 Hamburg
Tel. 040-3697170
Fax 040-36971717
Ölzerstäuber etc.

MANUFACTUM
Hiberniastr. 5
45731 Waltrop
Tel. 02309-939050
Fax 02309-939800
Küchenzubehör und ausgewählte
Lebensmittel

Zutaten

Die meisten in diesem Buch emp-
fohlenen Zutaten gibt es in größeren
Supermärkten, Feinkostgeschäften, Bio-
läden, Reformhäusern sowie in speziellen
Geschäften mit exotischen Lebensmitteln.
Falls Sie dort nicht fündig werden, wenden
Sie sich an Spezialadressen überregionaler
Anbieter. Hier eine Auswahl:

DEUTSCHLAND

A. J.'S US SHOP BEDOW & GROTHE
am Eiken 2
58849 Herscheid
Tel. 02357-903358
Fax 02357-903359

AMERICAN STORE & DELI
Kastanienplatz 3
44143 Dortmund
Tel. 0231-5311687
Fax 0231-5311687
Internet: www.hajocom.com

BURKHEIMER KRÄUTERHOF
Pionweg 2
79235 Vogtsburg-Burkheim
Tel. 07662-1583
Fax 07662-1787
Internet: www.herbal-farm.com
Gewürze, Kräuter, z. B. Bockshornklee

C. M. C. TASTE AMERICA GMBH
Elbestr. 40
45478 Mülheim a. d. Ruhr
Tel. 0208-588530
Fax 0208-5885360

GEWÜRZE SCHWABE GMBH
Buchholzgärten 12
66500 Hornbach
Tel. 06338-993303
Fax 06338-993304
Internet: www.gewuerze-schwabe.de

INDIAN FOOD COMPANY
Königstr. 16 a
22767 Hamburg
Tel. 040-381178
Fax 040-387410
Internet: www.india-food.de
Küchenzubehör, Dal, Chaat masala,
Garam masala, Tamarinden etc.

KRÄUTERHEXE
Susanne Löffler
Tölzer Str. 1
83661 Lenggries
Tel. 08042-8880
Fax 08042-98406
Internet: www.hexen.de
Früchte, Kräuter, Gewürze etc.

KRÄUTER MIEKE
Leipheim
Internet: www.kraeuter-mieke.de
Garam masala etc.

NAMASTE VERSANDHANDEL E. K.
Postfach 1503
24563 Kaltenkirchen
Tel. 04191-955395
Fax 04191-955396
Internet: www.namaste.de
Reiche Palette von Gewürzen aus über
20 Nationen weltweit

NORTH AMERICAN STORES
Siedlerstr. 42
85614 Kirchseeon
Tel. 08091-3117
Fax 08091-4927

NUR NATUR
Stillern-Mooseuracher GmbH
Postfach 1609
88106 Lindau
Tel. 0180-5256246
Fax: 0180-5256245
Internet: www.nurnatur.de
Kräuter und Gewürze aus
ökologischem Anbau

SAWADDIE ASIEN-MARKT
Lange Reihe 22
24103 Kiel
Tel. 0431-9709218
Fax 0431-9709218
Internet: www.asienmarkt.de
Eine wahre Fundgrube für
Lebensmittel und exotische Gewürze

TALI
Steinstr. 18
34298 Helsa
Tel. 05604-915382
Fax 05604-915381
Internet: www.tali.de
Gewürze, Nüsse, persische
Spezialitäten

**THE GROCERY STORE, AMERICAN &
BRITISH FOODS**
Corneliusstr. 3
40215 Düsseldorf
Tel. 0211-3858501
Fax 0211-3858502

TOM'S AMERICAN SHOP
Am Hirschknock 10
96052 Bamberg
Tel. 0951-44899
Fax 0951-200032
Internet: www.american-food.com
Saucen, Salsas etc.

TRIENON HANDELS GMBH
Schloßmühlendamm 11
21073 Hamburg
Tel. 040-76655945
Fax 040-7665596
Internet: www.trienon.de
Griechische Produkte, Joghurt,
Oliven, Öl, Feta etc.

U. S. AGRICULTURAL TRADE OFFICE
Alsterufer 27/28
20354 Hamburg
Tel. 040-4146070
Tel. 040-41460720
Auf Anfrage verschickt das Office den
Katalog »American Food in Europe«,
ein Verzeichnis europäischer
Lieferanten amerikanischer Agrar-
und Nahrungsmittel, das nach
Produktgruppen geordnet ist.

ÜBERSEE

DEAN & DELUCA
Catalog Department
560 Broadway
New York, NY 10012
1-800-221-7714
Alle Arten von Öl, Essig, Gewürzen,
Saucen, exotischen Getreidesorten
aus der ganzen Welt

FRIEDA'S, INC.
4465 Corporate Center Drive
Los Alamitos, CA 90720
1-800-241-1771; 1-714-826-6100
Exotische Lebensmittel, Chillies,
Tamarinden, Tomatillos etc.

ISLA
P.O. Box 9112
San Juan, Puerto Rico
1-800-575-4752
Traditionelle puertoricanische
Gewürze und Saucen

JAMAICA GROCERIES & SPICES
Colonial Shopping Centre
9587 S.W. 160th Street
Miami, FL 33157
1-305-252-1197
Colombopulver, karibische Gewürze
etc.

THE CHILE SHOP
109 E. Water Street
Santa Fe, NM 87501
1-505-983-6080
Fax 1-505-984-0737

THE SPICE HOUSE
1031 N. Third Street
Milwaukee, WI 53203
(414) 272-9077
Gewürze aus Rußland und den Kauka-
susländern, Granatapfelsirup etc.

WEST AFRICAN GROCERY
535 9th Avenue
New York, NY 10018
1-212-695-6215

Umrechnungstabellen

FLÜSSIGKEITEN

2 EL	30 ml
3 EL	45 ml
¼ Tasse	60 ml
⅓ Tasse	75 ml
⅓ Tasse + 1 EL	90 ml
⅓ Tasse + 2 EL	100 ml
½ Tasse	125 ml
⅔ Tasse	150 ml
¾ Tasse	175 ml
¾ Tasse + 2 EL	200 ml
1 Tasse	250 ml
1 Tasse + 2 EL	275 ml
1 ¼ Tassen	300 ml
1 ⅓ Tassen	325 ml
1 ½ Tassen	350 ml
1 ⅔ Tassen	375 ml
1 ¾ Tassen	400 ml
1 ¾ Tassen + 2 EL	450 ml

GEWICHTE

½ Tasse = 8 EL = 125 g Butter

1 Tasse Mehl = 150 g

1 Tasse Zucker = 240 g

1 Tasse brauner Zucker = 180 g

1 Tasse Honig/Sirup = 300 g

1 Tasse geriebener Käse = 120 g

1 Tasse Bohnen = 180 g

1 großes Ei = 60 g = ca. ¼ Tasse

1 Eigelb = ca. 1 EL

1 Eiweiß = ca. 2 EL

Die hier angegebenen Umrechnungen sind nur Annäherungswerte.

OFENTEMPERATUR

GAS	ELEKTRO
½	120 °C
1	140 °C
2	150 °C
3	160 °C
4	180 °C
5	190 °C
6	200 °C
7	220 °C
8	230 °C
9	240 °C
10	260 °C

Hinweis: Bei Heißluftgeräten reduziert sich die erforderliche Temperatur um 20 °C.

REGISTER

C

D

I

N

O

P

Q

R

S

U

V

W

Y

Steven Raichlen ist Autor mehrerer Kochbücher sowie einer Kolumne in verschiedenen Zeitungen und Zeitschriften. Darüber hinaus gibt er Kochkurse und hält Vorträge. Von seinen Kochbüchern wurden »Miami Spice« mit dem IACP/Julia Child Award und, gleich zweifach, die Reihe »High-Flavor Low-Fat« mit dem James Beard Award ausgezeichnet. Er lebt und grillt in Coconut Grove, Florida.